Segorbe
Valencia
Orihuela
Murcia
Menorca
Palma
de Mallorca
Ibiza
Las rosas del sur
Séptimo viaje
Octavo viaje
Noveno viaje
Décimo viaje
Undécimo viaje
Duodécimo viaje
Decimotercer viaje
Decimocuarto viaje
La Laguna
Las Palmas
de Gran Canaria

Las rosas del sur

Julio Llamazares

Las rosas del sur

ALFAGUARA

Papel certificado por el Forest Stewardship Council®

MIXTO
Papel procedente de fuentes responsables
FSC® C117695

Primera edición: septiembre de 2018

Printed in Spain – Impreso en España

ISBN: 978-84-204-3236-6
Depósito legal: B-10830-2018

Compuesto en MT Color & Diseño, S. L.
Impreso en Unigraf, Móstoles (Madrid)

AL32366

Penguin
Random House
Grupo Editorial

Índice

Nota del autor 9

Séptimo viaje
MADRID, TRES MÁS UNA

1 de mayo en Madrid 13
La Virgen de los Ángeles 33
La Magistral de Alcalá 49
Epílogo quijotesco: la «catedral» de Justo Gallego 69

Octavo viaje
POR TIERRAS DE EXTREMADURA

Plasencia, la catedral demediada 89
El mantel de la Última Cena y otras reliquias
de la catedral de Coria 111
Canónigos y futbolistas 133

Noveno viaje
LA MANCHA Y ALREDEDORES

La católica montaña 161
La Virgen de Ciudad Real 187
La llanura 209
Cuenca en otoño 229
La ciudad del Doncel 249

Décimo viaje
LEVANTE: MOROS Y CRISTIANOS

La sierra de Espadán 273
Valencia, el cuerno de la abundancia 291

La patria de Miguel Hernández 313
La huerta de Murcia 329

Undécimo viaje
LAS CATEDRALES DEL MAR (BALEARES)

Menorca en invierno 349
Mallorca: las mil formas de la belleza 367
La ciudad celeste 387

Duodécimo viaje
EL VALLE DEL GUADALQUIVIR

La sombra de Machado 407
El reino de los olivos 429
Córdoba, *carpe diem* 451
La ciudad del oro 473
Los ingleses 501

Decimotercer viaje
LA FRONTERA DE GRANADA

Jerez: gitanos y señoritos 521
Las campanas de Cádiz 539
La estrella de África 557
Las palomas de Picasso 575
Las Vírgenes granadinas 597
El bueno, el feo y el malo 615
La última provincia 635

Decimocuarto viaje
LAS CATEDRALES DEL MAR (CANARIAS)

El palmeral atlántico 655
Viernes Santo en La Laguna 673

Nota del autor

Hace diez años, en la misma editorial Alfaguara, publiqué un libro titulado *Las rosas de piedra* del que éste es la continuación. El motivo de haberlo dado en dos entregas fue el largo tiempo de redacción, más de dieciséis años, así como lo voluminoso que habría resultado de haberse editado de una sola vez. En total, los dos volúmenes juntos sobrepasan las mil cien páginas.

A quienes leyeron la primera entrega únicamente me cabe decirles que esta segunda es fiel sucesión de ella, esto es, que participa de su misma concepción y estilo, sólo que referida a las catedrales de la mitad sur de España, habiendo sido aquélla el relato del viaje a las de la mitad norte. Hay que decir que en este de la segunda parte, que arranca en Madrid y termina en la isla de Tenerife, las catedrales son menos pero las distancias, mayores, incluyendo las que separan la península ibérica de los archipiélagos balear y canario. En total, entre los viajes de una parte y otra, calculo haber recorrido más de veinte mil kilómetros, la mayoría de ellos en coche, pero también en barco y avión. La geografía española es muy variopinta, como los españoles sabemos bien.

A quienes abren esta segunda entrega sin haber leído la anterior, debo decirles que no se preocupen, pues los dos libros son autónomos. Es más, los propios viajes que los componen siguen un orden circunstancial que el lector puede alterar a su gusto sin que repercuta en su comprensión del texto. Al fin y al cabo, tanto *Las rosas de piedra* como *Las rosas del sur* son un conjunto de viajes independientes que se complementan leídos uno detrás de otro pero que perfectamente podrían por separado.

Por lo demás, las citas de Fulcanelli y de Georges Duby que encabezan *Las rosas de piedra* valen para éstas del sur y lo mismo cabría decir de las advertencias del preámbulo con el que se abrían aquéllas: que éste es un libro de viajes, no de arte ni de historia, ni mucho menos de espiritualidad. Y que con él no pretendo establecer ninguna teoría ni llegar a ninguna conclusión concreta. Como en todos los libros de viajes que he escrito, lo que en él cuento es lo que vi y me ocurrió, que es lo que han hecho siempre los escritores y los viajeros que escriben y viajan por puro placer.

Madrid, 28 de abril de 2018

Séptimo viaje

MADRID: TRES MÁS UNA

1 de mayo en Madrid

Esta vez, el viajero empieza el viaje en su casa. Lo empieza y lo terminará, pues es un viaje a la región en la que vive; una región creada artificialmente tras segregarse Madrid de la histórica a la que pertenecía, la Castilla la Nueva del *Quijote,* algo que vino determinado, más que por diferencias geográficas, por razones políticas y de sobrepoblación. Y es que Madrid, que fue un pueblo hasta hace nada, tiene ya más habitantes que las dos Castillas juntas.

El viajero va pensando todo esto mientras desciende en el ascensor, cruza el portal, que hoy está vacío, y se acerca, como todas las mañanas, al quiosco de Maxi para comprar el periódico.

Maxi sí está al frente de su negocio.

—¿Tú no haces puente? —le pregunta el viajero, al ver la ciudad desierta.

—Eso es para los ricos —dice Maxi, con su retranca *atlética* y madrileñista.

—No lo dirás por mí... —le sonríe el viajero, pagándole su periódico.

Con el periódico bajo el brazo, el viajero encara la avenida, que está desierta también, no sólo porque hoy es fiesta, sino porque todavía es muy pronto. Lo cual explica que hasta se oiga a los pájaros cantar, cosa imposible en cualquier otro momento.

Por lo demás, la mañana está limpia y resplandeciente como corresponde al día: 1 de mayo, fiesta de los Trabajadores. Contra el cielo azul de la primavera, la ciudad luce con toda su arquitectura, que aquí, por Chamberí, por donde el viajero va, es uniforme y bastante hermosa. Sin embargo, a medida que desciende en dirección al Madrid antiguo, cuyos tejados rojos se ven al fondo iluminados por el resplandor del sol, la arquitectura cambia, lo mismo que los vecinos. Mientras que por Chamberí los pocos que se veían eran personas mayores, paseantes madrugadores o mujeres que compraban el periódico y el pan, por la calle Hortaleza y por la Gran Vía son jóvenes que todavía siguen de juerga o que vuelven a sus casas con los rostros demacrados y los ojos rojos de no dormir. Ya en la Puerta del Sol, más adelante, donde Madrid tiene su corazón, unos y otros se mezclan con los turistas y con los sindicalistas que ya se agrupan, con sus banderas y distintivos ondeando al viento, en torno al escenario levantado en plena plaza contra el viejo edificio de la Casa de Correos, que hoy es sede del gobierno madrileño. Una pancarta que cubre aquél pregona a los cuatro vientos el eslogan que este año los dirigentes sindicales han elegido para su fiesta: «ES EL MOMENTO DE LA IGUALDAD, EL SALARIO DIGNO Y LA INVERSIÓN PRODUCTIVA». Frente a él, la escultura del oso y el madroño que simboliza la quintaesencia de esta ciudad permanece impasible a cuanto sucede, como las putas de la Montera, que, aunque también son trabajadoras, no pueden hacer fiesta porque tienen que comer.

Calle Mayor abajo, el viajero recorre ahora en sentido inverso el camino seguido por Madrid en su desarrollo urbano, esto es, de poniente hacia levante, desde la plataforma fluvial en la que surgió hasta la Puerta del Sol, que fue su límite mucho tiempo. Las casas que flanquean su calle principal, junto con la plaza Mayor, a un lado, dan testimonio de esa evolución histórica, breve pero muy intensa. Al final ya, el edificio de Capitanía, un antiguo palacio renacentista, aparece engalanado con tapices, no para celebrar la fiesta de los Trabajadores, que a los militares debe de importarles poco, sino la de mañana, que, aparte de ser la de la Comunidad Autónoma de Madrid, este año conmemora el doscientos aniversario del acontecimiento que le dio origen y que no es otro que el levantamiento de los madrileños contra los franceses en la famosa guerra de la Independencia. Al sol de la mañana, los tapices relucen con distinción, al revés que las pancartas de los sindicalistas, más humildes y reivindicativas.

El viajero ha llegado a su destino. Tras el último edificio de la calle —una casa de seis plantas que ocupa hoy el solar de la primitiva iglesia de la Almudena (parte de cuyos cimientos pueden verse en la calleja lateral)—, aparecen la catedral y el Palacio Real, a su derecha. Dos edificios tan imponentes que se bastan por sí solos para cubrir todo el horizonte por este lado de la ciudad.

Al viajero, aunque los ha visto ya numerosas veces, continúan sorprendiéndole, tan grandes son sus volúmenes; especialmente el del palacio, concebido como un signo del poder de la monarquía española y con una plaza de Armas tan grande casi como el edificio. Frente a ella, aprovechando el resto de la terraza en la que se levantó el alcázar que dio origen a Madrid (y a su nombre: Magerit en lengua árabe), la catedral quiere prolongar su estilo, aunque su modernidad contrasta con la pureza y fina elegancia del gran edificio regio. Se nota que uno y otra son de épocas diferentes.

Y tan diferentes. Según la guía que el viajero ha traído entre sus cosas este día y que le hace parecer un turista en su ciudad, el palacio es del siglo XVIII, y la catedral no empezó a erigirse hasta finales del XIX, concluyéndose las obras más de cien años después. Un dato que la hace la más joven de todas las catedrales construidas como tales en España.

Aunque, a decir verdad, y por lo que cuenta también la guía, no empezó a construirse como catedral, pues todavía Madrid dependía por entonces de la archidiócesis de Toledo, la principal de las españolas, si bien ya se adivinaba su pronta segregación, cosa que sucedería el año 1885. Así que este enorme templo que el viajero mira ahora desde los jardines que tiene enfrente (solamente los separa la ancha calle de Bailén) es una catedral moderna, pero catedral con todas las bendiciones. Expresión nunca mejor traída, pues fue un papa el que la consagró.

Fue en 1993, según explica la guía y corrobora la placa que conmemora, en la fachada que da a la calle de Bailén, tan inolvidable fecha, así como la escultura de imponente tamaño y realismo de Juan Pablo II, que fue el papa en cuestión. De ahí que la plazoleta (que una gran verja aísla de la calle) esté dedicada a él, pese a que le rodeen otras estatuas —éstas, de bronce, sobre la verja— de personajes con más currículo en el santoral católico, como San Antonio María Claret o San Juan de Ávila.

Pero el viajero pasa de largo ante ellas. El viajero quiere entrar en el templo por la puerta principal y ésta, aunque más oculta, está donde corresponde: en la fachada que da a poniente (en realidad hacia el noroeste, pues el terreno no le permitió otra cosa), frente a la plaza de la Armería del gran Palacio Real. Una explanada enfrentada a ésta y separada de ella por otra verja permite verla a distancia, así como el espectacular paisaje que se divisa al fondo, hacia el occidente: abajo, el río Manzanares, oculto ya por los edificios, pero intuido en su vegetación, y más allá la Casa de Campo, la dehesa que es pulmón y solaz de la ciudad, y los barrios que hoy ocupan lo que fueran descampados y cultivos y que se prolongan hasta el infinito. Tanto ha crecido Madrid y tan inmensa es la urbe ya. Una ciudad que empieza a rugir tras despertar de la larga noche.

La que también ruge es la gente que llena la explanada ya a esta hora. Son turistas que visitan la ciudad, muchos de ellos españoles que aprovechan el puente que hoy se inicia para ello. Incluso se ven algunos sindicalistas que hacen tiempo hasta la hora del comienzo de la manifestación a la que han venido visitando los monumentos más destacados. A todos los unifica su actitud animosa y bullanguera y la pasión por hacerse fotos, lo que llena de destellos y de voces la explanada. Pocos se fijan en la gran mole cuya severidad contrasta con el espíritu popular y alegre de los turistas.

Enorme, de granito gris uniforme, con columnas salomónicas flanqueando su gran puerta principal, la catedral tampoco ofrece por este lado muchos detalles en los que entretener la vista. Solamente las dos torres, estrechas y puntiagudas —una, la de la derecha, llamada de los Gallegos porque fue regalada a la catedral por naturales de esa región, según la guía del viajero—, y las cinco estatuas de la cornisa (San Isidro Labrador, Santa María de la Cabeza, Santa Teresa de Jesús, San Fernando y, en medio de ellas, entronizada en una espadaña, la Virgen de la Almudena, la patrona de Madrid y de la seo) alivian la pesadez de la gran fachada, que parece un panteón más que la entrada de un templo. Una impresión que transmiten también las puertas, de bronce oscuro y macizo, y la ancha escalinata de granito que accede a ellas entre las columnas. Lo cual no impide que haya gente allí sentada descansando o fumando un cigarrillo antes de proseguir su visita.

El viajero, que está deseando ya entrar en la catedral, se detiene solamente a contemplar unos segundos los relieves de las puertas (los de la central, con el tema de la Trinidad, y los de las laterales, con el de la Reconquista y el de Hispanoamérica) y a consultar en su guía quién fue su autor (un tal Sanguino, señala ésta) y cruza la única abierta tropezando al hacerlo con los turistas que, al revés, salen, puesto que la mayoría entra por la de Bailén.

El interior de la catedral contrasta vivamente con su severidad externa. No sólo por su estilo, que es neogótico (el exterior es neoclásico y la cúpula barroca), sino por la claridad que inunda sus grandes naves y que viene de los ventanales que cubren todo el ábside y los muros laterales, así como la cúpula, que es gigantesca. Lo cual, unido a su colorido y a la modernidad del templo, que parece recién hecho, hace que éste dé la impresión de ser un trampantojo más que una catedral real.

El viajero, impresionado, se queda mirando todo sin acabar de creer que esto sea verdad. El ábside, las capillas, las pinturas de la cúpula y del techo, hasta los bancos, que están brillantes como si los acabaran de barnizar hace unos minutos, todo lo que la catedral contiene da la impresión de ser de mentira, tan nuevo está y tan resplandeciente. Y ello a pesar de la mucha gente que llena las tres naves principales y el crucero, mirándolo todo con admiración. Se ve que a la mayoría le gusta la artificiosidad.

Al viajero, en cambio, le desazona. Habituado como está a ver templos muy antiguos, lugares en los que el tiempo ha dejado su poso de misterio, éste le parece falso, pese a que todo en él sea verdadero. Porque, es cierto, es un templo de verdad, con sus naves, su girola, sus bóvedas y capillas, su presbiterio y su altar mayor, pero todo está tan resplandeciente que produce una impresión de falsedad. Una impresión que acentúa la gente, que deambula de un lado a otro sin gran respeto, hablando y haciendo fotos como en la calle, algo que es ya habitual en todos los templos, pero que aquí se cree justificado. Al fin y al cabo, tanta artificiosidad y brillo es lógico que se inmortalicen.

Y, sin embargo, cada pocos minutos, una voz por la megafonía recuerda a los turistas que están en una iglesia y que deben, por ello, guardar silencio. Advertencia que muy pocos obedecen, ocupados como están la mayoría en contar a los demás sus impresiones o en hablar por teléfono con sus amigos, como estas adolescentes que pasan ahora junto al viajero y a las que, a lo que se ve, la catedral les importa poco. ¿Qué harán aquí?, piensa mirando sus minifaldas, que tampoco parecen muy acordes con el sitio.

Aunque en realidad es él el que no está a tono con el lugar. Escéptico, reflexivo, respetuoso y hasta lento en el andar, si alguien sobra en este sitio es el viajero, empeñado en buscar belleza donde sólo hay artificio; una artificiosidad extrema que se advierte en cada detalle de la decoración del templo, especialmente en la de los techos, que se diría pintados hace dos días, y que se contagia, a lo que parece, a los visitantes, empeñados muchos de ellos en aparentar un conocimiento y una disposición estética que contradicen su aspecto y sus comentarios. «¿A que recuerda a la de la catedral de Burgos?», le dice, por ejemplo, una señora a su marido, admirando la desmesurada cúpula. «A mí me recuerda más a la de Toledo», responde el interpelado, que lleva una pegatina de Comisiones Obreras en la camisa.

No todos, sin embargo, están aquí de turistas. Los hay también, aunque menos, que han venido por motivos religiosos y que suben entre aquéllos por la escalera doble que trepa hasta un altar elevado presidido por la imagen de la Virgen, en el brazo derecho de la nave del crucero. Es, según quiere la guía, el corazón de la catedral por estar allí su patrona —Nuestra Señora de la Almudena—, y por eso es el lugar más concurrido de todo el templo. Tanto que cuesta llegar a ella, pues, además, algunas personas se arrodillan a sus pies y le rezan brevemente, quizá pidiéndole algún favor.

El viajero, por su parte, como no cree en los favores, y menos si los hace una talla de madera (distinto es que le guste que otros lo crean), desciende nuevamente hacia las naves después de admirar la imagen y el precioso retablo que la enmarca, obra de Juan de Borgoña, a saber de qué procedencia, deteniéndose a mitad de la escalera ante otro pequeño altar que escolta la sepultura donde reposan los restos de la reina María de las Mercedes, la de la famosa copla. Al parecer, fueron traídos de El Escorial, donde estaban hasta entonces —en el panteón real—, en agradecimiento a su impulso a las obras iniciales de este templo. La sepultura, de mármol, está encastrada en un arco, justo bajo el altar de la Virgen.

Ya en las naves, el viajero se dedica a ver el templo con más detalle. Lo hace con dificultad, pues cada vez hay más gente en él (¡qué paradoja!, piensa recordando otros mucho más interesantes y atractivos que estaban casi vacíos), y procurando no estorbar a los que rezan, que son una minoría. Comienza por la girola, compuesta por cinco huecos, el central dedicado a San Isidro, el patrón de Madrid y de los labradores españoles por su oficio, cuya arca funeraria (sin los restos), gótica, del siglo XIII, traída de la colegiata a la que dio nombre y que fue la catedral de Madrid hasta que se construyó esta nueva, preside otros siete túmulos, seis de los cuales esperan ya a los nuevos compañeros del que ocupa —desde el año 2006, en que murió— el anterior arzobispo de Madrid, Ángel Suquía Goicoechea. El resto de las capillas, de decoración moderna, son a cual más espantosa, comenzando por la de la Vida Mística, con unas esculturas de madera que dan miedo de lo feas, y terminando por la de San Josemaría Escrivá de Balaguer, el famoso fundador del Opus Dei, que, al parecer, era gran devoto de la Virgen de la Almudena y cuya vida y milagros reproducen dos paneles en relieve, mientras que su personalidad ha quedado inmortalizada en bronce en el centro mismo de la capilla. Nada que ver con la gran humildad que proclama al lado, en otra fea capilla, la beata madrileña Mariana de Jesús, nacida en 1565, cuyos versos no dejan lugar a dudas: «¿Cómo seré más prudente? / Obediente. / ¿Cómo mi vida se engasta? / Casta. / ¿Cómo seré que más sobre? / Pobre. / Pues, mi Dios, vuestro amor obre, / que, para no me perder, / no hay juro mejor que ser / obediente, casta y pobre».

El altar mayor no es mejor. Iluminado por las vidrieras (siete en total) que repiten en el ábside el término *palabra* en seis idiomas —latín, griego, hebreo, ruso, siríaco y español—, más el nombre de la Virgen —María— en la central, y por la que, desde la capilla de San Isidro, proyecta a todo el templo la imagen de Cristo resucitado (con la bandera de la victoria en la mano izquierda y la derecha mostrando una llaga abierta), el corazón litúrgico de la catedral se ve eclipsado, no obstante, por las enormes pinturas con formas y colores estridentes que «regaló» a la catedral uno de los gurús de la nueva Iglesia, el célebre Kiko Argüello, fundador del movimiento ultracatólico Camino Neocatecumenal. ¿Cómo van a competir la sobria piedra del altar y la silla episcopal, que es de madera, con la profusión estética, polícroma e iconográfica que conforma en su conjunto lo que las guías denominan la «corona mistérica» de la fe, proclamándola heredera del primitivo canon ortodoxo y emparentándola nada más y nada menos que con Rubliov, el mayor pintor de la Rusia antigua, pero que al viajero le hace pensar en los frescos de un mercado de Valencia? «¡Vengo pronto!», proclama el libro abierto que sostiene el pantocrátor, que es el motivo central de aquéllos, pero ni siquiera eso le hace dedicar más tiempo a su contemplación, temeroso de sufrir algún trastorno en la vista. Menos mal que, en el crucero, junto a la puerta que da a la calle de Bailén, unas tablas procedentes de un retablo de Horcajo de la Sierra, un pueblecito de la provincia, atribuido a la escuela de Berruguete le reconcilian con la pintura, si bien su reconciliación le durará muy poco, teniendo en cuenta lo que le espera: las capillas de las naves laterales, que son a cuál más horrenda.

La mayoría están dedicadas a beatos y santos madrileños, que hay más de los que cabría pensar a tenor de la corta historia de la ciudad (comparada con las de otras españolas), y muestran al visitante un mal gusto y una osadía colosales. Así, la nave del Evangelio, la más cercana al crucero, de pretendido estilo neobizantino, un verdadero homenaje al estilo *kitsch,* o la de Santa Ángela de la Cruz, fundadora de la Orden de las Hermanas de la Santa Cruz, con un retablo neobarroco que ciega de tanto oro. En la nave de la Epístola, el inventario es aún más prolijo: la del Bautismo, con un mosaico de azulejos digno de una taberna castiza, donación de la Hermandad de Daimieleños en Madrid (representa a la Virgen de las Cruces, la patrona de ese pueblo ciudadrealeño); la de Santa Josefa Sancho de Guerra, vitoriana fundadora del Instituto de las Siervas de la Caridad, cuya imagen cruza una banda que parece una bacalada; la de San Pedro Poveda, sacerdote asesinado en la guerra civil española, con tres relieves en bronce similares a los de las puertas; la de Santa María Soledad Torres Acosta, la monja fun-

dadora de las Siervas de María, canonizada en 1970, cuya estatua arrodillada ante la Virgen (las dos sobre sendas nubes) parece una escultura de Lladró; la de la Santísima Trinidad, con un retablo-escultura en el que a Dios se le representa con un triángulo en la cabeza, como en los cuentos de niños, y Cristo semeja un ninot de Fallas... El viajero, estupefacto, después de mirarlas todas, no sabe si está en el cielo o en una tienda de souvenirs.

Por fortuna, una campana le devuelve a la realidad. Es la campana que toca, a la puerta de la sacristía, el sacristán que acompaña al cura que sale de ella en este momento vestido para la misa. Tendrá lugar en otra capilla, la que sigue a la nave del crucero y ante la cual un Cristo yacente obra del escultor Juan de Ávalos continúa el mal gusto general. Menos mal que la capilla está vedada al turismo por exponerse en ella el Santísimo y el viajero se evita tener que verla.

El viajero, además, tiene ya hambre. Aún no es hora de comer, pero, como madrugó bastante, siente que ya ha llegado la hora de tomar un tentempié si quiere seguir con vida. Sobre todo, después de ver lo que ha visto, cuya sola descripción, aparte de mucha imaginación, le va a llevar largo tiempo.

Mientras lo hace en una terraza —la de El Anciano Rey de los Vinos, una vetusta taberna que ocupa el bajo del edificio alzado sobre el solar de la desaparecida iglesia de la Almudena, justo enfrente de la puerta de Bailén—, una perra se le acerca moviendo el rabo por si cae algo. El nombre del animal le recuerda que no le han puesto lo que pidió.

—¡Ginebra! —llama al can su propietaria, que está sentada en el jardincillo—. ¡Es una caradura...! —se disculpa por el atrevimiento del animal, que ya se ha comido la tapa que el viajero había pedido para sí.

Éste llama al camarero cuando vuelve:

—Le había pedido unas gotas de ginebra en el vermú... —le dice—. Y tráigame otra tapa, por favor.

Desde la terracilla la catedral se ofrece en toda su inmensidad, resaltada ahora por el resplandor del sol; un sol que pega con fuerza y que obliga al viajero a mover su mesa, pues la línea de sombra ha retrocedido. Mientras escribe, observa a los peatones, hoy convertidos en paseantes, pues es fiesta en la ciudad.

Cuando termina, se levanta decidido a proseguir su visita al templo. Le falta ver el museo, aparte de la cripta y de sus alrededores.

Al museo se accede por la puerta principal. Tras ella, un atrio conduce a la pequeña escalera que comunica las distintas salas de aquél y que termina, después de cruzarlas todas, en lo alto de la bóveda, desde donde se domina la ciudad entera. El precio de la visita son seis euros para los forasteros y cuatro para los madrileños (los curas y las monjas entran gratis, no se sabe en virtud de qué exención). Un detector de metales por el que tienen que pasar todos, incluidos los exentos de pagar, sugiere una gran riqueza que en modo alguno se corresponde con lo que de verdad el museo expone. Fuera de las coronas y de las joyas de la Virgen de la Almudena que muestran sendas vitrinas y de las vestimentas de los obispos madrileños, todas del XIX y el XX, lo demás podría encontrarse en cualquier tienda de antigüedades. Lo cual no impide que se muestre todo como si fuera un auténtico tesoro.

—Muy bonito —le dice el viajero al vigilante que se aburre al final de la escalera.

Por fortuna, las vistas desde la bóveda, que es aún más fea vista de cerca que desde lejos, con las enormes vidrieras a dos palmos de los ojos, compensan la visita y los cuatro euros. La trama urbana de Madrid, más la de algunos pueblos de alrededor y las montañas de Guadarrama en el horizonte (éstas con manchas de nieve aún), se extiende como un gran mapa inundado de sol y de sonidos y punteado por sus hitos urbanísticos. Ahí están, perfectamente identificables, las torres de las iglesias, más abundantes y destacadas en el Madrid antiguo que en el moderno, los anuncios y letreros luminosos (ahora apagados, como es natural), los rascacielos de la parte norte... El viajero, al igual que cualquier turista, se entretiene en buscar los más conocidos y en identificarlos en los paneles que los repiten a través de la terraza de la bóveda, a la que da la vuelta de esa manera. Un ejercicio de paisajismo que le reconcilia con la catedral.

—Precioso —le dice al encargado de cuidar de que ningún turista se quede perdido arriba.

Es la hora de comer. Entre unas cosas y otras (más la hora larga que pasó en la terraza tomando notas antes de subir aquí), el mediodía ha avanzado mucho y es hora de buscar un restaurante, pues no va a volver a casa. Lo tiene ya pensado y está cerca, pero no está seguro de que haya sitio.

Casa Ciriaco, que así se llama el local, que pasa por ser uno de los más castizos de los que en Madrid funcionan, está a un tiro de piedra de Bailén, en el número 84 de la también castiza calle Mayor. Aparte de su comida, su decoración antigua y la profesionalidad de sus camareros, todos vestidos con chaquetilla y haciendo gala de un madrileñismo clásico, tiene el aliciente de abrir sus puertas en el inmueble desde el que un día de mayo del año 1906 el anarquista Mateo Morral lanzó una bomba oculta en un ramo de flores al paso de la carroza en la que regresaban de casarse en los Jerónimos los reyes Alfonso XIII y Victoria Eugenia, causando una gran matanza. El magnicidio frustrado (la bomba tropezó en su recorrido con un cable que la desvió unos metros, lo que libró a los reyes de morir) lo recuerda una placa en la fachada y, ya en el interior de la taberna, un periódico de entonces, de los muchos que ilustran las paredes junto con fotografías de sus clientes más conocidos. Uno de ellos, Zuloaga, que aquí tuvo su tertulia y que cenó por última vez en la misma mesa, y otro, el gallego Julio Camba, quien precisamente estuvo implicado en el atentado de Mateo Morral, por lo que tuvo que exiliarse en Argentina algunos años, pero que, de vuelta a España, se hacía llevar cada noche la cena desde Ciriaco hasta el hotel en el que vivía.

El viajero se conforma, sin embargo, con que le dejen comer en el restaurante. Tendrá que esperar un poco porque todas las mesas están ocupadas, pero no le preocupa mucho, puesto que el bar está entretenido. Aparte de la decoración (que rematan en la vitrina un faisán disecado y un manojo de espárragos gordísimos atados con una cinta con los colores de la bandera española), la clientela y los camareros están a tono con el local. Comenzando por el que parece el dueño, que asoma cada poco a tranquilizar a los que esperan mesa y que es un verdadero *showman.*

—¿Nos toca ya? —le preguntan tres mujeres, impacientes.

—Las toco —dice, tocándolas en el hombro.

El dueño canta, dice chascarrillos, sonríe a unos y otros mientras va de la taberna al restaurante y al revés, empujando la puerta como un vaquero del Oeste. ¿Cuántas veces lo habrá hecho a lo largo de su vida?

Por fin, le llega el turno al viajero. En una pequeña mesa, al lado de una pareja que parece ser conocida del dueño. Al menos, éste se sienta con ellos, sin por eso dejar de vigilar el negocio:

—¡A ver qué va a comer el señor! —le grita a un camarero para que atienda al viajero, que ya ha leído la carta.

—Buenos días.

—Buenos días.

—Fuera de carta tiene mollejas, gallina en pepitoria, conejo a la riojana y unos espárragos fabulosos.

—Pues venga: espárragos. Pero sin mayonesa —pide el viajero, acordándose de los que campeaban en la vitrina como un trofeo.

—¿Y de segundo?

—Ensalada de cogollos con atún —decide aquél, conteniéndose. No quiere que le dé el sueño, pues le espera aún mucha tarde por delante.

—¿Para beber?

—Vino.

—¿Tinto?

—Tinto.

—¡Marchando! —grita el camarero mientras se aleja en busca de la comanda.

La comida discurre entre grandes voces; las que dan los camareros trayendo y llevando platos y las que profiere el dueño, que incluso canta cuando le apetece: «¡Ay, Macarena...!». Parecen todos contentos pese a estar trabajando en día de fiesta.

El viajero lo está también, pero por razón distinta. Hacía ya tiempo que deseaba volver a emprender un viaje (desde el que hizo por Cataluña han pasado quince meses) y echaba en falta esta sensación que le acompaña desde que se levantó: la sensación de ser un turista, aunque sea en la ciudad en la que vive.

—¡Vaya espárragos! —le dice el dueño al pasar, ahora cantando una de Los Brincos: «¡La otra noche bailando estaba con Lola...!».

En la calle, cuando sale, al viajero le recibe una algarabía distinta: la que producen los coches y el ruido de la ciudad, que está de fiesta, como ya sabe. Por las aceras, grupos de gente mayor comienzan a pasear aprovechando que hace buen tiempo.

Los alrededores de la catedral están también atestados. Tanto en el atrio que da a Bailén como en la explanada, al fondo, los turistas y los madrileños se juntan y se confunden, al revés que por la mañana, en que sólo había turistas. No es extraño que un mendigo sentado en un escalón junto a la reja del atrio que da a Bailén, con los pies metidos en una caja haya tomado ya posiciones, a la vista de la concurrencia.

—¿Y por qué tiene los pies dentro de la caja? —le pregunta el viajero, que no encuentra la razón de su actitud.

—*Tienen* frío —dice él en un extraño lenguaje que le desconcierta aún más, pues hace un día de verano.

Las puertas de la entrada de Bailén son, como las de la principal, de bronce; enormes hojas talladas que representan, igual que éstas, tres cuadros figurativos: el hallazgo en la muralla de Madrid de la talla de la Virgen de la Almudena por el rey Alfonso VI de León, la de la izquierda; la consagración de la catedral por el papa Juan Pablo II el 15 de junio de 1993 (con imágenes de los reyes, de la madre del rey, doña María de las Mercedes, y del arzobispo de Madrid entonces, Ángel Suquía), la central; y la procesión de la Virgen de la Almudena el día de su festividad por las calles de la ciudad presidida por el actual, Antonio María Rouco Varela, la de la derecha. Tres estampas sucesivas que pretenden resumir toda una historia, la de la Virgen de la Almudena, cuya imagen se venera detrás de ellas.

La catedral está abarrotada. Como por la mañana, los turistas llenan sus grandes naves, pero ahora hay también muchos madrileños que han venido a rezar o de visita. Las colas suben hacia la Virgen como si se tratara de un jubileo y continuamente llega más gente que accede al templo por sus dos entradas. Se diría que esta tarde va a suceder aquí algo especial.

Pero no. Durante toda la tarde, que transcurre lentamente como corresponde a un día cuyas horas se prolongan hasta cerca de las diez, lo único que sucede es el ir y venir de los turistas y de los madrileños que se congregan ante las diferentes capillas siguiendo sus devociones. La aglomeración es tal que el viajero apenas puede abrirse paso entre ellos, por lo que al final decide sentarse en uno de los bancos y dedicarse a tomar sus notas intentando abstraerse del barullo general. Debe de ser el único que obedece las advertencias periódicas que la megafonía repite para que los congregados guarden silencio sin que, como por la mañana, la gente parezca oírlas.

—¡Por favor, que están en un lugar sagrado! —exclama el hombre de la megafonía, cada vez de peor humor.

El viajero lo está también, pero por razón distinta. En sus idas y venidas, ha olvidado su guía en algún lado (tal vez en el restaurante) y ahora no puede tomar sus notas con la ayuda de ésta, como le gustaría. Así que las despacha como puede, da otra vuelta a las capillas y a las naves (que, a esta hora de la tarde, están todavía más luminosas) y, como la algarabía persiste, sale de nuevo al exterior, al atrio donde el mendigo sigue con los pies dentro de la caja, ahora también con un cartel que proclama: RUMANO. Como si ser rumano fuera una enfermedad.

—Tenga —le da el viajero un par de monedas, conmovido por la declaración.

El ábside de la catedral se asoma a una calle en cuesta —la llamada de la Vega— que continúa a la Mayor tras acabarse ésta en la de Bailén. La calle, que está desierta al contrario que las otras, quizá por calle en cuesta, esconde, pese a ello, dos secretos que a la mayoría de los turistas suelen pasarles desapercibidos: el lienzo de la muralla donde, al decir de la tradición, se le apareció la Virgen de la Almudena al rey Alfonso VI de León cuando éste rindió Madrid y la entrada a la cripta que, en su recuerdo, los madrileños hicieron justo donde sucedió el milagro. Si bien su construcción se demorara aún mucho tiempo, concretamente hasta principios del siglo XX, cuando se abrió al culto sin estar comenzada la catedral.

Del muro queda muy poco (apenas unos diez metros), pero la cripta, que es neorrománica (faltaba sólo este estilo, piensa el viajero al entrar en ella) y que hace las veces de parroquia en sustitución de la antigua iglesia de la Almudena, compite por su tamaño con la catedral de arriba. De hecho, tiene sus mismas dimensiones, sus mismas naves y capillas, si bien su altura y su oscuridad no tengan nada que ver con ella. Mientras que la catedral destella y sus bóvedas parecen flotar en un mar de luz, la cripta semeja una catacumba, tan baja es y tan asfixiante.

Por si faltara algo, además, cuenta tal número de columnas y éstas son tan gigantescas que su oscuridad aumenta a medida que uno se adentra en ella. Y ello a pesar de tener tres naves y de estar las laterales rodeadas de capillas, la mitad de las cuales —las del oeste— tienen también ventanales que dejan entrar la luz. El viajero, impresionado, les da la vuelta despacio sin cruzarse en su camino más que con un par de turistas y sin advertir aún que está pisando en un cementerio: el que conforman las muchas lápidas que se suceden entre las columnas.

El viajero está más atento a lo que ocurre en el altar mayor. Allí, en mitad de la cripta, a la luz de una gran lámpara y de unas cuantas velas amarillas, un cura joven y afectadísimo oficia una ceremonia para dos docenas de personas, todas de avanzada edad. Le acompaña otro sacerdote que hace las veces de monaguillo y, en un segundo plano, una mujer que canta y toca la guitarra. En la oscuridad del lugar, la escena parece casi irreal, como si se tratara de primitivos cristianos en las catacumbas de la antigua Roma.

La ceremonia es una misa, pero extraña. Trufada de oraciones y de cánticos, se prolonga indefinidamente hasta el punto de que el viajero se pregunta si será una misa normal. Por si le faltara algo, los dos curas se muestran como ausentes, como si estuvieran viviendo una experiencia mística. Cada poco caen en un profundo silencio que a veces dura varios minutos y, cuando regresan de él, parecen resucitar, tal era su inmovilidad en tanto. El viajero, oculto tras una reja, observa todo sin moverse, no vaya a romper el clímax, mientras se pregunta qué hace él allí, espiándolos como un intruso. Quizá es la misma pregunta que se hacen los asistentes, todos vestidos muy clásicos: de traje y corbata, los caballeros, y con grandes cardados y collares, las señoras. Al final, un tanto incómodo, el viajero opta por alejarse de allí, no vaya a ser que le llamen la atención por espiarlos.

Mientras la ceremonia prosigue, se dedica a ver el resto de la cripta. Ahora sí, comienza a ver ya las lápidas que cubren casi enteras las dos naves laterales, incluso las capillas y la parte final de la central. Aunque de fechas recientes (la cripta también lo es), la mayoría de ellas pertenecen a personas con títulos nobiliarios, o con varios apellidos enlazados por guiones, lo que al viajero le hace pensar no sólo en la fatuidad del mundo, sino en cuánto costará enterrarse aquí. Aunque, aun cuando fuera gratis, que no lo cree, él preferiría sin duda un sitio más soleado, pese a que le costase más alcanzar el cielo.

Los que lo van a alcanzar seguro son los curas y la gente que los sigue ajena a todo. Pues, acabada la misa (la extraña misa cantada y celebrada entre grandes gestos por los primeros), ahora rezan el rosario, también de forma muy teatral. Pero la cosa no se queda ahí. Al rosario, que dura casi una hora (entre cada letanía hay un silencio y otro más largo al final del todo), le sigue una meditación y a la meditación otro extraño rito que parece una adoración; aunque, como es en latín, es difícil saber de qué se trata. El viajero, ahora ya sí, empieza a pensar que todo es un tanto raro y que a lo que está asistiendo no es una celebración normal; una sospecha que corroboran las banderitas de España que algunos hombres lucen en sus chaquetas y las mujeres en los relojes o en las pulseras y que el viajero descubre cuando se aproxima a ellos y que confirma —cuando la adoración termina y la gente se agrupa en torno a los curas como los niños en torno a su profesor— una señora muy rubia y más cardada que el resto, quien le confiesa que pertenecen a la Asociación de la Amistad de Cristo en María-Apóstoles de la Reparación, surgida, según proclama, a raíz del estreno en Madrid de la obra del actor Pepe Rubianes *Me cago en Dios* (el título no lo dice, pero el viajero lo sabe) para defender la religión católica de las muchas ofensas que recibe últimamente, según ella.

—¿Usted es católico practicante? —le pregunta la señora a bocajarro cuando termina su explicación.

—A medias —miente el viajero, no sea que lo contrario la señora lo considere otro insulto.

—Pues pásese por aquí el próximo jueves, que todos los jueves nos reunimos para la misa de reparación a Cristo —le dice, dándole una estampita y una hoja informativa con los datos de la asociación.

La señora se va hacia el cura, que sigue departiendo con los otros (más que un maestro con sus alumnos, se asemeja a un pájaro con sus polluelos), y el viajero se queda con la estampita, desconcertado y sin saber qué hacer. Le parece que todo lo está soñando, desde la cripta a lo que sucede en ella.

—Le esperamos —le dice la señora desde lejos, provocando la curiosidad del resto.

—Necesitamos gente joven como usted —amaga un hombre con acercarse.

—Si puedo, vendré otro jueves —vuelve a mentir el viajero, escapando a toda velocidad del lugar.

—Dios nos necesita a todos —trata de convencerle aquél.

—Sin duda —dice el viajero antes de desaparecer.

Lo hace deprisa, por si las moscas, sin dejar de observar si alguien le sigue. Lo cual no le impide ver, aparte de otros detalles (el cura, que continúa hablando, la lámpara, que se apaga, la oscuridad del resto de la cripta...), ya cerca de la salida, la lápida mortuoria del marqués de Villaverde, el que fuera yerno de Franco. ¡Qué regresión a la España eterna!

En la calle luce aún el sol. El viajero lo recibe con alivio, como si retornara de una pesadilla. La cuesta de la Vega corre abajo, dando curvas y más curvas en dirección al río Manzanares y dejando a su derecha la muralla en la que se apareció la Virgen y, antes, una estatua de ésta, erguida en un pedestal. Hacia su parte alta, donde termina la cuesta, los coches pasan haciendo ruido por la vecina calle de Bailén, cuyas aceras puebla la gente que disfruta del buen tiempo y de la vida. ¡Quién diría que aquí al lado un grupo de catecúmenos vela por la salvación de todos!

Huyendo de ellos, por si aparecen (ya empieza a tener visiones), el viajero vuelve a la catedral, que ya ha cerrado sus puertas, y se asoma a contemplar, al final de ella, la caída del sol junto al palacio. Hay mucha gente que ha hecho lo mismo y que llena la explanada por completo. Pero la valla que cierra ésta, junto con la aglomeración y el ruido, hace que el viajero huya buscando un lugar mejor. Lo encuentra cerca de allí, en las terrazas de las Vistillas, tras cruzar andando el Viaducto, que salva el precipicio de la calle de Segovia y desde el que tradicionalmente se han arrojado (mientras sus barandillas no estuvieron protegidas por cristales como ahora) los suicidas madrileños. El atardecer no invita, no obstante, a hacerlo. Al contrario, los azules y los rosas velazqueños con los que, a la caída del sol, se adorna el cielo de Madrid alcanzan hoy su máxima intensidad, provocada quizá por la festividad del día. Mientras los mira sentado en una terraza, el viajero recuerda la penumbra de la cripta y piensa en el contraste que supone la vitalidad de toda esta gente que disfruta en torno a él de este atardecer magnífico delante de sus cervezas con la que en aquella dejó al salir.

—Pues nosotros nos vamos a ir a Praga —les dice una pareja a sus amigos en la mesa que tiene a su derecha.

—¡Qué suerte! —responde otro—. Nosotros nos quedamos en Madrid. Yo tengo la oposición en setiembre.

Poco a poco, mientras el sol se funde en el horizonte, el murmullo de las voces se acrecienta entremezclándose con los cláxones de los coches que pasan bajo el Viaducto y con el ruido de la ciudad, al fondo. Madrid se prepara para otra noche que, como la de ayer, será larga e intensa, pues mañana será sábado y, además, también es fiesta. El viajero, ensimismado, mira a la gente a su alrededor y decide que éste es un buen lugar para tomar las notas que aún no ha tomado.

Cuando termina, la catedral, que está justo frente a él, al otro lado del Viaducto, ya ha encendido sus luces exteriores, anticipándose a la llegada de la noche.

La Virgen de los Ángeles

Segundo día de viaje. El viajero, como ayer, se despierta muy temprano (para lo que él acostumbra) y, tras desayunar, se echa a la calle dispuesto a visitar la segunda catedral de Madrid. La de Getafe, la más moderna de las tres que existen en la provincia.

Como cada mañana, Maxi está ya en su quiosco cuando sale.

—¡Buenos días! —le saluda, igual que todos los días.

—¡Buenos días! —dice Maxi, mirándole con extrañeza—. ¿Cómo es que madrugas tanto?

—Pues ya ves —le responde el viajero, sonriendo—. Me aburría...

Debe de ser de los pocos. Por la acera se acerca una mujer portando una gran bandeja llena de bollos y de cruasanes.

—¿Tú sabes por qué no han abierto aún? —le pregunta a Maxi, por la cafetería de enfrente.

—Se dormirían —sonríe el quiosquero, que es el único en su sitio, por lo que se puede ver.

La pastelera se va con su cargamento y el viajero se dispone a hacer lo propio, tras comprarle a Maxi la prensa.

—Voy a Getafe —le comunica.

—El jueves estuve yo —le dice Maxi, sin sorprenderse.

—¿Y eso?

—Fui a un entierro —responde el quiosquero—. De un tío mío que palmó.

—¿Era mayor?

—Setenta y nueve años. Pero estaba muy jodido —dice Maxi, que no parece muy afectado por la desgracia.

Madrid está esplendorosa. Apenas si se ven coches circulando por sus calles y, por la Castellana abajo, el viajero puede admirar desde el suyo los parterres de los bulevares, llenos de rosas y tulipanes en plena explosión primaveral. En la radio, las emisoras hablan de los acontecimientos acaecidos en Madrid tal día como hoy hace dos siglos, la mayoría de ellos pintados por Goya, dice uno de los locutores. En la Cibeles, están ultimando aún los preparativos para el acto que se celebrará esta noche en conmemoración de aquéllos y que protagonizará, según los carteles, un grupo de teatro catalán. Así es Madrid, piensa el viajero al leerlos, felicitándose por su antinacionalismo.

Hasta Getafe, que está en la carretera de Toledo, apenas a media hora de la Cibeles, el viajero atraviesa la periferia de la ciudad, esa que integran sus nuevos barrios y el rosario de ciudades dormitorio y de polígonos industriales que la rodean por su parte sur. Al revés que por el norte, donde viven los más ricos, la zona sur de Madrid es la más pobre y trabajadora, aunque ha cambiado mucho en los últimos años. Tanto como para que el viajero se pierda en algún desvío y acabe en una urbanización que no sabe si es de Getafe o de Leganés.

Por fortuna, llega un taxi que le devuelve a la dirección correcta.

—Sígame —le dice el taxista—. Yo voy también hacia allí.

De no haber sido por él, el viajero continuaría aún dando vueltas por la zona, tantas son las autovías, polígonos y urbanizaciones que se suceden por todas partes. Lo que fueran pequeños pueblos hoy son ya grandes ciudades cuyo imparable desarrollo hace que se hayan unido.

—Esto es el centro de Getafe —le dice el taxista al llegar a él, señalándole una plaza con una iglesia a la derecha.

—Muchas gracias —le despide el viajero.

El taxista sigue hacia donde vaya y el viajero busca dónde aparcar, cosa que no le resulta sencillo. Al revés que el resto de la ciudad, que es moderna, aquí las calles son más estrechas, como corresponde al pueblo que Getafe fue hasta hace poco. Un pueblo agrícola y ganadero, con posadas donde comer y dormir surgidas al arrimo del camino de Madrid hacia Toledo, que se transformó por completo en unos años a raíz de su industrialización. Aunque todavía conserve en su parte antigua cierto aroma rural y pueblerino.

—En Leganés, pepineros; en Getafe, los hambrones; y, en Villaverde, la fama de los ladrones... —le recita de corrido al viajero un jubilado con el que traba conversación apenas aparca su coche. El hombre, que es muy simpático, conoce bien su ciudad, pues ha vivido en ella toda su vida—. Getafe —dice— empezó a crecer cuando pusieron la fábrica de aviones. Luego, vino la Uralita, y la Ericsson, la Siemens... Hoy ya no se lo conoce.

—¿Y usted cuánto tiempo lleva viviendo aquí? —le pregunta el viajero, interesado.

—¿Yo?... Desde los cuatro años. Mis padres vinieron de un pueblo de Toledo. La mayoría, aquí, somos de Toledo y de Extremadura —dice, mirando la plaza en la que toma el sol como cada día. Una plaza con un nombre bien curioso: del Beso, informa el letrero.

—¿Y ese nombre? —señala el viajero.

—Será porque aquí vienen las parejas...

Al otro lado de la plaza, se ve una iglesia muy grande. Es, según dice el jubilado, la iglesia de la Magdalena, hoy catedral de Getafe.

—Pero ¿es una catedral? —le pregunta el viajero, a ver qué le cuenta.

—¡Coño, claro! Tiene obispo —responde el hombre como prueba de ello.

El viajero mira la catedral con curiosidad. Así, a simple vista, no lo parece, pero tampoco lo parecía la de San Feliú y lo era. Es grande, con una torre, de mampostería y ladrillo. Se ve que, cuando la hicieron, Getafe ya no era tan pequeño.

—Yo he oído —dice el jubilado— que es del tiempo de los moros. Pero que se cayó y tuvieron que volver a hacerla.

—Pero es bonita —dice el viajero.

—Será —le concede aquél, que no parece muy convencido—. A mí es que las iglesias me dan lo mismo. Para lo que las visito...

El chico que vende flores en la plaza de la Magdalena, la que se abre enfrente de la catedral, está más informado sobre ésta, aunque solamente sea por el bien de su negocio. Negocio que, en estos días, ha trasladado hasta este lugar por mor de que a la

Virgen de los Ángeles, que es la patrona del pueblo, la han vuelto a bajar desde el cerro al que da nombre, donde reside el resto del año, siguiendo una tradición que se repite cada primavera y que concita en la catedral a cientos de getafenses, según le explica al viajero mientras atiende a su clientela.

—¿A cómo vendes las rosas? —le pregunta una señora muy pintada y enjoyada.

—A diez euros la docena.

—¿Y los claveles?

—A cinco... De primera calidad —dice el florista.

La señora tarda en decidirse. Observa todos los ramos, mirándolos uno a uno, como si no se fiara del vendedor.

—Las mujeres somos muy pesadas —se disculpa.

Desde la plaza, la catedral parece aún más modesta. Tiene una sola puerta con pórtico y en la fachada se advierte que una de las dos torres se cayó o nunca se hizo. En su lugar, un muñón macizo, de la misma traza que la torre y rematado con un tejado en forma de ese (la torre acaba en un capitel), es lo que se puede ver de ella. Así que la que hay parece única y destaca aún más sobre el edificio.

Por dentro, el templo es más armonioso. Dividido en tres naves por columnas, tres por cada fila de ellas, tiene varios retablos laterales y un ábside pentagonal cubierto ahora por una tela, un gran terciopelo rojo (azul y blanco por el envés) que pende de una corona gigantesca y que acoge en su interior una custodia también enorme y varias nubes algodonosas, no se sabe si de tela o de papel. Ante él está el altar y, a la izquierda de éste, la carroza en la que está entronizada la Virgen. Toda cubierta de flores, que llenan con su olor la catedral.

Mientras se aproxima a ella, el viajero observa a la gente que reza o charla en los bancos. Hay mucha, para la hora, lo que demuestra la devoción que los getafenses le tienen a esa figura que naufraga entre las flores que rebosan la carroza. Es muy pequeña y está vestida, por lo que sólo se le ve el rostro. Pero es bonita. Por el aspecto, parece del XVII, aunque el viajero no se atrevería a afirmarlo. La carroza, que es dorada, semeja un barco por la forma y está sujeta sobre unas andas.

—Ayer mismo la bajaron —le contesta al viajero la señora que deja en este momento otro ramo de flores a la Virgen. Ya apenas caben en la carroza.

—¿Y la traen andando hasta aquí?

—En la carroza —le dice la señora, que, al ver su gesto de estupefacción, le explica—: Son tres kilómetros desde el Cerro.

—¿Sólo?

—Por ahí habrá —dice la señora.

—Yo pensaba que estaría mucho más lejos —dice un viajero desconcertado por sus idas y venidas con el coche por la zona—. ¿El Cerro de los Ángeles no está junto a la carretera de Andalucía?

—Claro —le dice la señora, sonriendo—. Pero es que la carretera de Andalucía pasa muy cerca de Getafe...

Mientras hablan, se acerca otra mujer a besar el manto de la Virgen. La devoción popular, a lo que se ve, no ha desaparecido con la transformación del antiguo pueblo en ciudad.

El olor de las flores, la luz de la primavera, el fresco de la mañana, que aún no ha alcanzado su cenit, sumergen al viajero en un relax que le remite a lejanos tiempos, cuando de niño iba a la iglesia. Y es que la catedral de Getafe es una iglesia de pueblo a la que las circunstancias han convertido en templo catedralicio. Según una placa que hay en el pórtico, el 23 de julio de 1995, cuatro años después de la creación de la nueva diócesis.

Mientras la gente sigue llegando, el viajero echa un vistazo a lo que contiene. Es poco, como ya ha visto, pero no por ello merecedor de no ser tenido en cuenta. Y eso que su mejor pieza, que es el retablo mayor, está oculta detrás de la tramoya levantada en honor de la patrona, según le dice al pasar un cura joven y bien plantado que llega en ese momento y que resulta ser el párroco del templo. El resto son seis retablos, dos de ellos atribuidos a Alonso Cano, aunque el cura duda de la atribución.

—Yo creo que sólo son de él algunas tablas —le dice, contemplando uno de ellos, el de la nave de la derecha, que está dedicado a la Virgen (el otro, que es compañero, lo está al Nombre de Jesús).

El resto de los retablos son de menor calidad, pero también tienen su interés. Sobre todo uno churrigueresco dedicado a la Virgen de los Dolores y dos que hacen pareja, barrocos, del XVII, procedentes, al parecer, de una parroquia desaparecida. Aunque el mejor de todos, insiste el cura, es el retablo mayor, dedicado, como el templo, a Santa María Magdalena, cuya vida y milagros cuenta.

—Si puede, venga otro día, cuando pasen las fiestas de la Virgen —le dice al viajero, convencido de que le agradecerá el consejo—. De verdad que merece la pena verlo.

El cura entra en la sacristía y el viajero prosigue su visita solo, ahora centrado en la contemplación del templo, que arquitectónicamente tiene también su interés; no en vano lo levantaron, según le ha contado el cura, dos arquitectos de gran prestigio, como fueron Alonso de Covarrubias y Juan Gómez de Mora, el autor de la plaza Mayor de Madrid. Sobre todo son dignas de admiración las columnas, redondas y de gran fuste, y la cúpula central, dividida en ocho trapecios, cada uno de ellos pintado con los distintos símbolos de la pasión de Cristo (en las pechinas aparecen los cuatro evangelistas con los suyos).

Por fuera, el templo es más simple, por lo que el viajero lo ve enseguida. Así que, aprovechando que ya ha salido, se va a tomar un café hasta el bar de enfrente, que está al borde de la plaza, separado de ésta por un jardín en el que se alza la estatua del primer obispo de Getafe, un tal Francisco José Pérez Fernández-Golfín, muerto el año 2004, y junto a la que juegan a la pelota unos niños. En el bar, que se llama El Toledano, sólo hay, en cambio, además del dueño, un hombre y una mujer, él leyendo un diario deportivo y ella viendo la televisión. En la televisión de Madrid, que es la cadena que tienen puesta, están emitiendo ahora el acto de entrega de las medallas de oro de la Comunidad Autónoma a distintos madrileños destacados coincidiendo con su festividad.

El viajero, mientras toma su café, se queda también mirándola, al igual que la mujer y el dueño del bar, mientras que el hombre, que no se sabe si es el marido de aquélla, puesto que no le hace el mínimo caso, continúa concentrado en la lectura de la prensa deportiva. Solamente la abandona cuando en la televisión anuncian la entrega de una de las medallas de oro al Getafe Club de Fútbol por la gran temporada realizada por su equipo, al parecer.

Pero, para sorpresa de los presentes, el hombre que lee la prensa deportiva no se muestra muy contento, pese a ser de la ciudad como los otros. Mientras la mujer se pone a gritar «¡Geta!, ¡Geta!» a voz en cuello y el dueño de El Toledano sonríe con satisfacción, el del periódico deportivo comienza a despotricar, no tanto contra el equipo de su ciudad como contra su presidente:

—¡Chupa cámara, *jodío*!... ¡Mira cómo saca pecho! —exclama al ver cómo el presidente del Getafe recibe la medalla de manos de la presidenta de la Comunidad Autónoma de Madrid.

El dueño del bar disiente, pero el otro parece muy enfadado. «¡Tenían que recogerla los jugadores, no tú, hijo de puta! ¡Qué poca vergüenza tienes!», grita a la televisión, como si el presidente del club de fútbol pudiera oírlo, antes de salir del bar, seguramente para no seguir viendo la celebración. En fin, piensa el viajero, asombrado, nadie es profeta en su tierra...

En la plaza, cuando sale, hay dos floristas en vez de uno; cada uno a un lado de la escalera que da acceso a la puerta principal. Los dos vocean su mercancía al paso de los vecinos, que cada vez llegan en mayor número:

—¡Flores! ¡Flores para la Virgen!

En el interior del templo, los bancos están ya llenos. Son las doce menos cinco y, al parecer, va a haber una misa ahora. Un cura joven y diminuto prepara ya en el altar los aditamentos para la ceremonia, que empieza con el rezo del ángelus por todos los presentes. ¡Cuánto hacía que no escuchaba un ángelus!, piensa el viajero buscando un sitio en el que sentarse.

La misa la oficia otro cura joven que no pertenece al templo, sino a otra parroquia getafense, según dice el anterior, que le presenta, y lo hace para celebrar el cuarenta aniversario de boda de sus padres, que están en primera fila. El chico, que es animoso, oficia la ceremonia con sencillez, sin la teatralidad y la afectación de tantos de sus colegas. El sermón, que, se ve enseguida, ha preparado a conciencia, trata lógicamente del sacramento del matrimonio, aunque, como es obligado, contiene continuas alusiones a la Virgen, que sigue allí, entre las flores, concitando las miradas de la mayoría de los asistentes.

Cuando termina la misa, la gente se abalanza sobre ella en una reacción más propia de un espectáculo deportivo que de un acto religioso. Todos pugnan por tocarla, por besar el manto y las cintas que cuelgan de la carroza, por acercarse lo más posible a esa talla que asiste impávida a tanta efusión y a tanta fe incontrolada. Incluso hay un chico joven que parece no estar bien de la cabeza que recorre con la mano cada detalle de la carroza sin dejar de santiguarse y de rezar.

A la una acaba el espectáculo. Le da fin el sacristán anunciando a los que quedan que va a cerrar y que tienen que dejar la catedral. La gente se rebela ante el anuncio, pues, por lo visto, la hora fijada para el cierre es la una y media, lo que da lugar a protestas, incluso a escenas poco edificantes:

—¡Cómo que cierran ya! —exclama, airada, una mujer que hace sólo unos segundos rezaba con contrición—. ¡Tendrán vergüenza...!

Otro hombre, por su parte, se queja de que acaba de llegar.

—Pues vuelva usted por la tarde —le dice el sacristán, agitando las llaves de la puerta.

—¿Y si no puedo? —le dice el otro.

—¡Tendrá usted mucho que hacer! —interviene la señora que acompaña al sacristán, posiblemente su madre, que se desplaza con andador.

—Lo que tenga que hacer es cosa mía, no de usted —responde el hombre, con malos modos.

Poco a poco, sin embargo, van saliendo de la iglesia y el sacristán consigue cerrar la puerta, no sin dejar de escuchar protestas y hasta algún insulto aislado de parte de unas personas que hace sólo unos minutos se daban la paz en misa:

—¡Usted es un sinvergüenza! ¡Eso es lo que es usted!

El mediodía en Getafe parece más distendido, sobre todo en la calle principal, que es la que nace frente al Ayuntamiento. Los bares, los restaurantes, las terrazas en las que los getafenses acostumbran a tomar el sol y el aperitivo están llenos a esta hora de personas que celebran de otro modo el día de fiesta, ajenas a los tumultos de la catedral del pueblo. El ambiente general es de alegría, por la festividad y por el buen tiempo. La mañana de primavera luce en todo su esplendor.

En una plaza una fuentecilla reproduce la Cibeles madrileña, sólo que a pequeña escala. De ahí su nombre: Cibelina, y de ahí que en ella celebren, como los madridistas en la primera los triunfos del Real Madrid, los getafenses los de su equipo. El viajero lo sabe porque es aficionado al fútbol y porque se lo pregunta, para estar seguro de ello, al camarero de la cafetería más próxima, que lleva el nombre del monumento. Qué mejor sitio que su terraza para tomar sus anotaciones delante de una cerveza mientras contempla el ir y venir de los habitantes de esta ciudad que ya ha rebasado los ciento cincuenta mil.

De ellos, gran parte son extranjeros, comenzando por el camarero que le acaba de atender, que era del Este. Como en toda la región, la población extranjera ha aumentado últimamente en estos pueblos y su presencia se hace notar, sobre todo en la hostelería. Es ya difícil que a uno le atienda un camarero español en ningún lugar.

El del restaurante es vasco. Se lo recomendó un vecino al que el viajero se dirigió para preguntar por uno, con el argumento de que era el preferido de un cuñado («Pues si le gusta a su cuñado...», aceptó el viajero el consejo) y su decoración contrasta con la del resto de los locales que ha visto en su deambular, pese a estar en el bajo de un edificio tan moderno como todos los demás. La carta —y lo que el viajero pide: ensalada de *txangurro* y chipirones— también contrasta con el ambiente, no tanto con el de dentro, que es el de una sidrería euskaldún, como con el que quedó allá fuera. ¿Qué hará un vasco aquí perdido? se pregunta el viajero imaginando los motivos por los que un nativo de aquellas tierras ha venido a montar su negocio aquí.

A la hora de la siesta, Getafe es una ciudad fantasma. Sus calles están desiertas y lo mismo sucede con sus cafeterías. Además, el calor ha ido en aumento, lo que hace que nadie se atreva a andar fuera de las pocas sombras que los árboles de adorno, la mayoría de ellos todavía jóvenes, arrojan sobre el adoquinado. En lugar de una tarde de primavera, parece de verano y no de las más templadas.

En la calle principal, que es peatonal, y a falta de una terraza que esté a la sombra, como debiera (todas están en el lado opuesto), el viajero elige un banco en el que sentarse a la espera de que den las cinco y media, que es la hora en la que vuelven a abrir la catedral. El viajero, que anoche ha dormido poco, está cansado y con sueño y ya no tiene ni fuerzas para seguir tomando sus notas. Mientras contempla la calle, se va quedando traspuesto como esos vagabundos que hacen de la vía pública su casa y su dormitorio, sin importarles que los demás los miren. Como ellos, ni siquiera necesita recostarse para caer en un sueño profundo y no breve como quizá pensaría él mismo.

Al contrario: dormita más de una hora. Cuando despierta, son ya las cinco y por la calle se ve más gente. Muchos parecen de otros países, a juzgar por su acento y por sus rasgos.

Una visita al baño del Lido, como se llama la cafetería más próxima, para lavarse la cara con agua fría y un café en el mostrador le devuelven a la realidad y le preparan para lo que le espera. Que es el camino que anduvo antes y la aglomeración que sabe hallará en la catedral. Se la anunció el cura esta mañana al decirle que hoy comenzaba la novena en honor de la Virgen de los Ángeles.

En efecto, cuando llega a la plaza de la catedral, ésta y sus alrededores están ya llenos de gente que se dispone a participar en ella. A los floristas, que ahora son más (hay por lo menos media docena), se ha unido en el interior del pórtico un grupo de vendedores que exponen en dos vitrinas todo tipo de objetos relativos a la Virgen. Los vendedores son voluntarios, miembros de la cofradía encargada de la organización del acto y cuya relación completa figura en un listado en la pared. En total, 6.149 personas, de las cuales cinco o seis son las que se encargan hoy de venderles a los demás sus productos: rosarios, medallas, libros, insignias... La mayoría de ellos, naturalmente, con la imagen de la Virgen de los Ángeles como motivo fundamental.

En el interior del templo, la luz es preciosa ahora. Entra por el ventanal de atrás, y se proyecta entre las bancadas sobre la alfombra de color crema que recorre la nave principal. Junto al altar, la carroza de la Virgen definitivamente ya es un montón de flores cuyo penetrante olor inunda toda la iglesia. Que está atestada de gente, y eso que la novena empieza a las siete y todavía no son las seis.

Mientras espera la hora, el viajero se entretiene en contemplar el espectáculo que, dentro y fuera del templo, tiene lugar en estos momentos. Dentro, los gestos de adoración a la Virgen, a la que ya ni siquiera se puede ver de tantas flores como la cubren, y, fuera, el consumismo desaforado que se desata en el pórtico (los vendedores no dan abasto a atender a todos los que los requieren) y en la propia entrada a éste, que es donde están los floristas. Por fortuna, llega ahora el furgón que les trae material.

—¿Necesitáis más verde? —pregunta el gitano que lo conduce sin llegar a bajarse siquiera, no vaya a hacer el esfuerzo en balde.

A las siete de la tarde, en la iglesia no cabe una persona más. La gente ocupa todos los bancos, se arracima en las dos naves laterales y, en el fondo, ocupa hasta la capilla —la única en todo el templo— que hay a los pies de la de la Epístola y que se usa como baptisterio. Por fortuna, el viajero ocupó su sitio con tiempo, lo que le permite contemplar la ceremonia sentado cómodamente.

La misa la oficia el párroco y es solemne, como corresponde al día. Aparte de ser cantada, la concelebran con aquél otros dos curas, el diminuto de esta mañana y otro aún más joven, alto y moreno, que es el que dice el sermón. El público participa como el viajero no recuerda haber visto en mucho tiempo y en él hay gente de todas las edades y países, a juzgar por los rasgos de algunos de ellos. Se ve que para los getafenses, sean de origen o de adopción, la Virgen de los Ángeles es más que una simple Virgen.

Su devoción no impide, no obstante, que haya incidentes durante la ceremonia; sobre todo a la hora de la comunión, que es cuando alguno aprovecha para quitarle el sitio a los que comulgan. Es lo que hace una señora que se ha sentado junto al viajero, en el lugar dejado por la que ocupaba el sitio. Las compañeras de ésta se lo recriminan, pero ella hace como que no las oye. Incluso se niega a irse cuando la otra vuelve de comulgar.

—¡Qué cara más dura tienen algunas! —le critica una de ellas.

—¿Por qué crees que no fui yo a comulgar? —dice otra, ante la indiferencia de la usurpadora.

Terminada la misa, empieza un rosario, que reza una mujer joven y que muchos aprovechan para acercarse a mirar la Virgen, y al rosario le sigue la novena, que el viajero, en su ignorancia, pensaba sería otra cosa y no una nueva misa, que es en lo que de verdad consiste. Asustado, emprende la huida y más después de oírle a una de sus vecinas que el cura que la dice, que es mayor, es pesadísimo.

Fuera, sigue el tumulto. Tanto en el pórtico como en la plaza hay tanta gente como en el interior del templo, acrecentada ahora por la presencia de otros vecinos que aprovechan la tarde para pasear. Desde su pedestal, don Francisco José Pérez Fernández-Golfín, primer obispo de Getafe, contempla todo impasible, aunque seguramente orgulloso de la acogida de los getafenses a la Virgen de los Ángeles, patrona y alma de su diócesis.

Cae la tarde poco a poco. En el interior de la catedral, ahora, la gente canta la salve, canto con el que termina la primera jornada de las nueve con las que se honrará a la Virgen y que culminarán con la devolución de ésta a su santuario, en una nueva procesión a pie. Al viajero, cómo no, le gustaría asistir a ella, pero, como no estará (y aunque estuviera: seguro que no lo haría), la emprende ahora en su coche, guiándose por los letreros que señalan la dirección del Cerro desde Getafe y que le llevan por las afueras de la ciudad, bordeando la alambrada de su aeródromo y los escasos campos que aún se mantienen sin edificar, hasta la carretera de Andalucía. Cuatro kilómetros, en efecto, como le dijo una señora, el último de los cuales trepa a lo alto del promontorio que, según la tradición, señala el centro justo de la península ibérica y entre cuyo arbolado se ven aún domingueros recogiendo sus pertenencias para regresar a casa. Anochece y la verja está cerrada, pero, desde allá arriba, se divisa un paisaje espectacular, el mismo que dominaron las tropas republicanas durante meses y que provocó el bombardeo del Cerro por parte de la aviación franquista, con la consiguiente destrucción del santuario, en la última guerra civil española, iluminado ahora por el millón de luces de las ciudades y carreteras que se extienden hacia el sur y hacia el oeste y por el resplandor de la capital de España, que está detrás, hacia el norte, esperando ya la vuelta del viajero.

Como el de ayer, el día ha sido muy intenso y mañana, posiblemente, volverá a ocurrirle igual.

La Magistral de Alcalá

De nuevo en la carretera, el viajero, que, un día más, ha saludado a Maxi al salir de casa («¡Qué bien se está en Madrid sin gente!», le ha dicho el quiosquero, sonriendo), se felicita por el buen tiempo, que sigue siendo primaveral, mientras por la radio escucha la entrevista que le hacen a un tal Lucio, un pintoresco personaje que se define a sí mismo como anarquista, atracador, falsificador «y, sobre todo, albañil». El tal Lucio, que es un genio, declara pomposamente que atracar un banco no es un robo, sino un acto de justicia.

A la altura de Barajas (el viajero va hacia Alcalá), el ruido de los aviones le impide seguir oyéndolo, tan cerca está el aeropuerto. Tanto como para que los aviones pasen casi rozando los coches, lo que obliga a concentrarse aún más a los conductores. Menos mal que hoy son muy pocos, pues el puente continúa hasta mañana.

San Fernando, Coslada, Torrejón de Ardoz... Los pueblos que se suceden por la autovía (como Getafe, ya ciudades todos ellos) se elevan en el paisaje como un cinturón urbano que oculta el campo que les dio vida. Es la vega del río Henares, esa que nace en Guadalajara, incluso antes, por Cogolludo, y que recorre el este de la provincia de Madrid antes de unirse al Jarama, que está ya cerca. El viajero, de hecho, lo ha cruzado en San Fernando, aunque, pendiente como venía de los aviones, ni siquiera se dio cuenta.

De lo que se apercibe pronto es de la cercanía de Alcalá; no sólo por los carteles que la anticipan, que son numerosos, sino por la profusión de coches. La vieja ciudad universitaria, el solar de tanto hombre ilustre, desde Cisneros a Azaña, el presidente de la Segunda República Española, pasando por Cervantes y, antes de éste, por el autor del *Libro de buen amor,* el célebre arcipreste que tomó el nombre de Hita, es ya una gran población y su presencia se hace notar. Incluso esta mañana, que es festiva, y los alcalaínos duermen como la mayoría de los españoles.

La ciudad aparece pronto, bordeando la carretera de Zaragoza por su derecha. Siempre fue un hito importante de ésta y lo continúa siendo, aunque la carretera nueva la circunvale. Para llegar a ella, por tanto, hay que desviarse de ella y salir a la antigua, que es la que viene, por San Fernando y por Torrejón de Ardoz, a lo largo de la vega del Henares. Siguiéndola, el viajero llegará ante su muralla, que atraviesa una gran puerta, la llamada de Madrid por ser la que despedía a los viajeros que iban a esa ciudad (como la que despedía a quienes venían de allí se llamó de Alcalá), pero que hoy es sólo un adorno, puesto que los vehículos no pueden pasar por ella. El centro histórico alcalaíno es peatonal y el viajero, como todos, tiene que girar a un lado y seguir el río de coches que bordean la muralla en dirección a los barrios nuevos, que la ocultan enseguida. No es alta, ni compacta (alterna el canto con el ladrillo), y semeja, por ello, un adorno más.

La gente, además, aquí, parece tener gran prisa, por lo que en seguida pita al que, como el viajero ahora, circula con lentitud buscando dónde aparcar. ¡Quién diría que hoy es sábado, piensa mirando a los que le pitan!

Por fin, encuentra un aparcamiento y, tras abandonar su coche (y a los que se quejan de él), se dirige hacia la Puerta de Madrid, que quedó unos cuantos metros más atrás. La rodea un jardincillo, lo que le da un aspecto apacible, tan ajeno al tráfico de los coches. Una apacibilidad que confirma, en cuanto se llega a ella, la visión que, a su través, se tiene de la Alcalá histórica. Nada que ver con sus barrios nuevos, feos y sin personalidad.

El viajero, que conoce la ciudad, pero que hacía ya mucho tiempo que no la visitaba como hoy, contempla desde la puerta la vista que ésta le ofrece, que es sólo un trozo del casco histórico alcalaíno, pero que anticipa el resto: en primer plano, unas cuantas casas, blasonadas y con huerto muchas de ellas; a la izquierda, un gran jardín con un convento y un palacete; al fondo, enfrente, una plazoleta y, a la derecha de ésta, sobrevolando los edificios, una gran torre renacentista tachonada de nidos de cigüeña. El viajero cree que corresponde a la catedral, pero, como recordaba ésta más dentro del casco histórico, les pregunta a unos vecinos, por si acaso.

—Sí, es la catedral —le dicen.

Está a sólo unos cien metros; los que separan la Puerta de Madrid de la plazoleta que se abre al norte de la torre y que adornan unos castaños de Indias en plena floración primaveral. Las flores, que son rosadas, contrastan con el verde oscuro de las hojas, realzando la belleza de esa iglesia que aparece de repente frente a ellas, arrimada a la sombra de su gran torre como una niña a la de su padre. Mientras que la iglesia es gótica y alargada, la torre es ancha como un castillo.

Y algo de castillo tiene, a pesar de que la dulcifiquen los nidos de las cigüeñas, cuyas propietarias vuelan continuamente de un lado a otro o contemplan el paisaje desde aquéllos rodeadas por sus crías, dadas su envergadura y su solidez. Nada que ver con la que se eleva enfrente, pequeñita y de ladrillo (aunque también cuajada de nidos) como la ermita a la que protege.

A la izquierda de la torre, la fachada principal, a la que precede un atrio (éste cerrado por una verja, que está abierta, por fortuna), es la primera señal del estilo al que se adscribe la catedral de Alcalá: el gótico isabelino, el más tardío de todos, según les cuenta en ese momento un guía a sus seguidores, no más de media docena, que escuchan con atención (se ve que no son de «los de las ollas»). El viajero pega la oreja y así se entera, entre otras cuestiones, de lo que en la fachada se representa: la imposición de la casulla a San Ildefonso —en el medallón central—, así como dos escudos del cardenal Cisneros, que fue el constructor del templo, y de la propia historia de éste, cuyo origen hay que buscarlo, según el guía, en la pequeña capilla que erigió en el siglo v un tal Asturio, al que los historiadores tienen por el primer obispo de Alcalá, para proteger los restos de los santos niños Justo y Pastor, martirizados un siglo antes por los romanos en este mismo lugar y bajo cuya advocación se puso. Entre aquella iglesita y ésta hubo otras, como es obvio, aunque ninguna de ellas fue catedral, que se sepa, hasta que la presente se consagró como tal en 1991, año de la reinstauración de la antigua diócesis, desaparecida con la invasión de los árabes.

La actual catedral, según dice el guía, se construyó en poco tiempo (tan sólo diecisiete años, los que transcurrieron de 1497 a 1514), algo insólito en este tipo de edificios, y fue gracias al impulso del cardenal Cisneros, cuyos restos reposan en su interior. Era la época de mayor pujanza de la ciudad, cuando Alcalá vio surgir muchos de los edificios —la Universidad, el Hospital de la Misericordia o de Antezana, aún en funcionamiento (el más antiguo de Europa, al decir del guía), la llamada Casa de la Entrevista (por la que en ella tuvieron la reina Isabel la Católica y Cristóbal Colón antes de partir a América)...— que le harían acreedora, con el discurrir del tiempo, del título de Patrimonio de la Humanidad. No es de extrañar, por ello, que la entonces colegiata de los Santos Justo y Pastor no sólo se construyera en tan breve tiempo, sino que, entre sus artífices, estuvieran los mejores arquitectos del momento, comenzando por Antón y Enrique Egas, que esculpieron la fachada que el grupo está contemplando ahora, y siguiendo por Gil de Hontañón, que fue el autor de la torre, el último elemento de la iglesia en terminarse. De ahí que ya sea renacentista, al contrario que el resto de la fábrica, dice el guía.

El guía tiene aún otra cosa que contar. Se trata de una particularidad que, proclama, hace a esta catedral única en todo el país —y, junto con la de Lovaina, en Bélgica, también en el mundo entero— y que es su condición de magistral, categoría que le otorgó el que, por sus ordenanzas, sus canónigos hubieran de ser también profesores —*magistri*— de la Universidad. Algo que se mantuvo durante siglos, pero que se ha perdido según parece, aunque la catedral siga ostentando el título por un privilegio del Vaticano.

Acabada la explicación, el guía y los que le escuchan entran en el edificio y el viajero, que no se atreve a seguirlos, se queda solo en el atrio contemplando la fachada, que es hermosísima. Aparte del medallón y de los escudos, tiene un arco trebolado y un friso a modo de estela que la hace parecer casi un encaje. Ciertamente es una joya, como decía aquél en su explicación.

El interior de la catedral es otra joya del arte gótico. Restaurado no hace mucho tras su consagración como templo catedralicio, el edificio impacta por su pureza y por su perfección de líneas. Algo que debe a sus arquitectos, pero también, según dijo el guía, al hecho de que en la guerra sufriera grandes destrozos, lo que obligó a rehacerlo prácticamente entero. A cambio, le faltan muchas de sus riquezas, como el coro o el retablo principal, que ardieron en el incendio que, al parecer, se llevó por delante todo.

Pero, setenta años después, la catedral de Alcalá reluce como si fuera nueva. Restaurada piedra a piedra y borradas ya las huellas del incendio, sus tres magníficas naves presentan esta mañana un aspecto espléndido con el sol de mayo alumbrándolas y la música religiosa sonando por la megafonía. Apenas hay gente en ellas (solamente dos señoras y dos hombres que conversan, cada pareja por su lado, en dos bancos diferentes) y la paz es absoluta. Tanto que se diría un oasis en el trasiego de la ciudad.

Siguiendo al guía y su grupo, pero a distancia, para que aquél no repare en él, el viajero da una vuelta a la catedral, comenzando por la derecha, como acostumbra, quién sabe por qué motivo (es lo que hacen, por lo demás, la mayoría de las personas, como el viajero tiene observado). La nave de la Epístola es la más iluminada, como es lógico, y, como se ve en seguida, la única con capillas; seis en total, todas de la misma planta excepto la primera, que es tan espectacular que parece una iglesia en sí. Según el tríptico que el viajero ha cogido de una mesa cuando entró, es la capilla que hace de sede de la parroquia y está dedicada a San Pedro Apóstol. El resto, a partir de ella, lo están sucesivamente a la Virgen del Val, la patrona de Alcalá, cuya talla, pequeñísima, se diría que es una copia; a San Diego de Alcalá, el fundador de San Diego, en el estado de California, cuya urna funeraria conserva, según el tríptico, su cadáver incorrupto (debía de ser muy bajito); a Santa María de la Cabeza, la esposa de San Isidro (la imagen de ésta es moderna), y al Salvador y al Cristo de la Agonía, que sirve también de paso hacia el claustro y el museo, aunque ahora está cerrada a cal y canto. ¿La abrirán a lo largo de la mañana?

Las que ya no abrirán más son las capillas de la girola, ni las de la nave norte, que desaparecieron, parece, con el incendio o en alguna de las restauraciones, y que unos trampantojos intentan recordar a duras penas en los lugares en los que estuvieron. Tan sólo la portada de una de ellas, la de la capilla de la familia Contreras, a los pies de la nave del Evangelio, se mantiene, aunque ruinosa, y conserva su memoria.

Del presbiterio tampoco queda gran cosa. El retablo mayor ardió también (según el tríptico, el primitivo, que era de Bigarny y Picardo, había desaparecido ya en el siglo XVIII) y su hueco acoge ahora un trozo de sillería, el único que se salvó del incendio, y la silla episcopal original (hay otra, más moderna, a la derecha del altar, que es la que debe de utilizar el obispo). El resto del espacio, que preside una gran cruz suspendida de una corona de hierro, lo llenan el altar, renacentista, regalo del papa Sixto V por ser en el que se canonizó a San Diego; una imagen de la Virgen ante la que, según se dice, solía rezar Cisneros; la tumba de éste, frente al altar; y las rejas originales de Juan Francés, primorosamente rehabilitadas, tanto como para que se lea aún la leyenda que éste dejó grabada para la posteridad en ellas: «Juan Francés, maestro mayor de las obras de hierro en España». ¡Ahí es nada!, piensa el viajero, que es más modesto, admirando la delicada forja.

Lo mejor de la catedral, no obstante, está escondido bajo el altar. Es la cripta en que reposan las reliquias de los niños San Justo y San Pastor, en el lugar exacto en que la leyenda sitúa su decapitación. A la cripta, muy pequeña, se accede por sendas puertas, una abierta a cada nave lateral, y se conserva, parece, como en su origen, quizá porque no le afectó el incendio (según el tríptico, compartiría ese privilegio con la capilla de San Pedro Apóstol, ésta por estar tapiada en el momento de la profanación). Una urna de plata con los restos de los niños y la piedra sobre la que los martirizaron presiden este lugar en el que se ven también las esculturas de los dos mártires, que al viajero le recuerdan las que había en la iglesia de su pueblo, también dedicada a ellos, con sus palmas del martirio y su aspecto de angelotes, y un cartel con el relato de sus vidas, así como el de la peripecia vivida por sus reliquias desde que las recogieran los primitivos cristianos alcalaínos tras su decapitación a manos de los romanos hasta su instalación definitiva en la cripta después de regresar, ya en el siglo XVI, del monasterio de San Pedro el Viejo, en Huesca (¡qué hermoso sitio, piensa el viajero, para morar, siquiera sea temporalmente!), adonde las habían llevado para evitar que cayeran en manos de los árabes, cuando éstos ya cercaban Alcalá. Algo que se repetiría, sólo que mucho tiempo después, en la guerra civil española, aunque no las llevaran tan lejos. Al parecer, uno de los canónigos en una casa de la ciudad.

El viajero ha terminado su visita. En media hora le ha dado la vuelta al templo y ha visto lo que contiene, salvedad hecha de lo que esconda dentro del claustro y en el museo, que continúa cerrado, por lo que comprueba. El viajero, vista la hora, duda de que lo abran ya hoy, pero, por si se equivoca, se dirige a los dos hombres que charlaban en un banco cuando entró y que continúan haciéndolo, sólo que ahora de pie, cerca de la puerta. Uno es joven y el otro, de mediana edad.

—¿Alguno de ustedes trabaja aquí? —les pregunta, por si acaso son turistas.

—Éste —responde el mayor, por su compañero.

—¿Qué quería? —dice el otro, que se presenta como el sacristán de la catedral.

—Saber si van a abrir el museo.

—¿No está abierto? —contesta el chico, extrañado, observando desde lejos la capilla que, según proclama un letrero, hace las veces de tienda y de vestíbulo a aquél—. No me había fijado —dice.

El otro mira la hora. Van a ser las once y media.

—Pues es raro —comenta, como pensando—. Hoy es sábado...

—Y puente —dice el sacristán.

—Pero ¿quién tiene que abrirlo? —les pregunta el viajero, que no entiende su ignorancia.

—El museo lo lleva una empresa —responde el hombre mayor.

—¡Pues vaya! Se ve que trabajan mucho... —ironiza el viajero, sonriendo.

Los otros dos se encogen de hombros, sin querer compartir su apreciación. Ellos están en sus puestos, parecen indicar con su actitud, y allá los demás con sus absentismos. Aunque repiten que no les parece lógico que un sábado y, además, puente, el museo esté cerrado a las visitas.

—O sea, que ya no abren...

—No creo —responde el hombre mayor.

El viajero, que también piensa lo mismo, aprovecha que están solos (el grupo ya se ha marchado) para seguir hablando con ellos. Tiene un montón de dudas que preguntar que quizá ellos puedan satisfacerle. La primera, cómo no, sobre el incendio de la catedral.

—La guerra... —le responde el sacristán, encogiéndose de hombros como antes, cuando les preguntó si el museo abriría.

—La quemaron los rojos —dice el otro—, como les decían entonces. Metieron carros con paja y les pegaron fuego después de arrasarla entera. Sólo quedaron en pie las columnas.

—¿Ardió todo?

—Casi todo. Imagine usted que la temperatura alcanzó los tres mil grados según dicen... Hasta el tejado se vino abajo.

—Lo que me extraña es que quedara algo... —dice el viajero, impactado, contemplando la catedral en torno.

—Poco, prácticamente nada, ya digo —insiste el hombre mayor, que se ve que está ducho en la materia, mientras el sacristán escucha—. Un trozo de la sillería, que es la que está ahora tras el altar, parte de las rejas de éste, la cripta, aunque no del todo, y los sepulcros, por ser de piedra. Todo lo demás ardió o desapareció ese día... ¡Ah! —añade al inventario de desmanes cometidos por los rojos—. Y mataron a varios canónigos.

—¿También?

—También. Seis o siete por lo menos... A uno de ellos delante de esta puerta.

—¿Y usted por qué sabe tanto? —le pregunta el viajero, cada vez más intrigado. Quizá sea un cura, sopesa.

—Soy guía —responde el otro, muy serio.

LA VIDA Y MARTIRIO
DE LOS SANTOS MÁRTIRES
JUSTO Y PASTOR.
OS Santos niños Justo y Pastor
fuéron hermanos, y naturales des-
ta Villa de Alcalá de Henares, que
antiguamente se llamaba Com-
plurum. Eran hijos de padres Chris-
quasi todos los Breviarios de España se lee. Y
puédese bien creer que fuesen sus padres gente
principal, pues empleaban sus hijos, de muy pe-
queña edad, en saber letras. Ha habido algunos
en España que han querido decir que estos san-
tos niños fuéron hijos de San Marcelo el de Leon,
y así hermanos de Facundo y Primitivo, y Lu-
percio y los demas. Muévense á creerlo, por ver
que á San Marcelo se le dan en su historia, que
lee la Iglesia, doce hijos,
Tom. I.
A
con

—Perdone, no lo sabía —se disculpa el viajero, avergonzado por haberle hecho tantas preguntas ignorando que vive de responderlas.

Mitad por eso, mitad por salir del paso (la catedral continúa desierta y el museo no parece que lo vayan a abrir ya), el viajero, tras disculparse de nuevo por su torpeza, le pide al guía que se la enseñe, ahora pagándole, como es lógico.

—¿Cómo se llama?

—José Luis —le dice el guía, echando a andar hacia las capillas.

La visita es instructiva, pues José Luis está preparado. Aunque sólo hace de guía los fines de semana, según dice, sabe mucho de este templo, que enseña, eso sí, sin gracia. Como si le molestara un poco tener que contar lo mismo a cada turista.

Pese a ello, el viajero se entera de algunas cosas que el tríptico no contaba, seguramente por brevedad. Por ejemplo, que la Virgen del Val es, en efecto, una copia (la original desapareció también), así como que el bastón que porta es el que la acredita como alcaldesa honoraria de la ciudad (es también doctora *honoris causa* de su Universidad, parece, aunque no lleve la toga, ni el birrete, por fortuna), o que San Diego no era un enano, como las dimensiones de su urna sepulcral sugieren, sino que lo que sucede es que ésta sólo alberga la mitad del cuerpo del susodicho («de cintura para arriba», dice el guía), a pesar de lo cual continúa incorrupto. Se sabe, dice, porque se abre para exponerlo todos los años el día de su festividad.

Fuera de eso, José Luis le cuenta también otras curiosidades y anécdotas, alguna tan pintoresca como la de que la Virgen que hay en el presbiterio y ante la que solía rezar Cisneros es conocida popularmente como de la Sabiduría porque a ella venían los estudiantes a pedir suerte los días de sus exámenes (ahora lo hacen, al parecer, al estar la imagen tan elevada, ante un relieve de Jesucristo grabado en un medallón en la primera columna según se entra, al que los estudiantes golpean con la cabeza como los peregrinos a la escultura del Maestro Mateo, en Compostela). Aunque la mejor de todas es la que se refiere a una de las historias más conocidas de la catedral, la de las Santas Formas, las veinticuatro hostias incorruptas que, al decir de la leyenda, un ladrón arrepentido entregó a los jesuitas después de robarlas de alguna iglesia en 1597 y que, siendo la reliquia más preciada de Alcalá, unos canónigos escondieron el mismo día del incendio para evitar que las profanaran y que jamás volvieron a aparecer. Las hipótesis sobre su paradero son muy diversas: que ardieron en el incendio, que las robaron junto con la urna de plata en la que se guardaban bajo el altar y que las tiraron luego, etcétera, pero José Luis sospecha que siguen estando ocultas en alguno de los muchos pasadizos que, por lo visto, atraviesan el subsuelo de la catedral y que comunican ésta con otros edificios y conventos de Alcalá. «Yo entré en uno —dice— y dan miedo».

—¿Y no les preguntaron a los que las escondieron? —inquiere el viajero, más pragmático.

—Los mataron a los tres —responde el guía, justo en el preciso instante en el que suena una campanita. La toca Óscar, el sacristán, para avisar de que va a cerrar.

—¿Tan pronto? —se sorprende el viajero por la hora. Es la una menos cinco todavía.

—Es que —le excusa su compañero, encaminándose hacia donde aquél ya los espera— tiene que comer temprano porque esta tarde hay dos bodas, aparte de la misa y del concierto —se refiere al que anuncian los carteles de la puerta, correspondiente al Festival de Órgano—, y antes ha de prepararlo todo.

El sacristán los mira llegar con una sonrisa. El viajero le pregunta a José Luis cuánto le debe y éste le dice que la voluntad.

—¿Cinco euros está bien?

—Está bien —asiente el guía.

—Pues que aproveche —se despide el viajero de los dos, echando una última mirada a la capilla en la que está la entrada al museo—. Hoy ya no abren —dice, con resignación.

—No —confirman los otros dos, encogiéndose de hombros como antes.

Alrededor de la catedral, la primavera bulle ajena al ritmo del viejo templo. Las cigüeñas van y vienen sobrevolando la hermosa torre y los alcalaínos pasean con la satisfacción de quien está viviendo unas vacaciones, aunque éstas sólo duren hasta el lunes. Desde las copas de los castaños, los pájaros los acompañan, ellos sin plazo para su libertad.

La catedral, vista desde fuera, es más austera que en su interior. Tan sólo los contrafuertes y el ábside, pentagonal, rompen la sobriedad de la fábrica, cuya ornamentación termina en la fachada de poniente. Aun así, da sensación de armonía, quizá debido a sus proporciones, que están muy equilibradas (y que se pueden ver sin ningún obstáculo), quizá debido a los ventanales que rompen su solidez en horizontal, intercalados entre los contrafuertes. Entre éstos, a su vez, sólo que a menor altura, unos rótulos recuerdan los nombres de las capillas que se abrían a la plaza antiguamente y que por dentro se reproducen con trampantojos. Cerca de la cabecera, otra inscripción da memoria de los canónigos que fueron asesinados el 21 de julio de 1936 y los días sucesivos, cuando ya la catedral era un brasero.

Hoy, sin embargo, setenta y dos años después de aquellos sucesos, nadie los recuerda ya, excepción hecha de José Luis y de los otros guías de la catedral, cuando tienen que contarlos a la gente. Los alcalaínos de hoy están más interesados en disfrutar de la primavera, que destella esplendorosa como todos estos días, mientras realizan sus compras o toman el aperitivo en las terrazas de las calles Mayor y de los Escritorios, las dos vías principales del casco histórico de Alcalá. La Mayor, flanqueada de soportales de extremo a extremo, lo que la convierte, según parece, en la más larga de España en ese estilo.

Pero el viajero no va a recorrerla ahora. El viajero tiene sed y algo de hambre y está deseando, además, hacer un alto en su recorrido para anotar todo lo que ha visto, más lo que le contó José Luis, el guía. Así que en la primera terraza en que encuentra un sitio se sienta a hacerlo, rodeado de vecinos de la ciudad que toman el aperitivo mientras comentan sus avatares y sus desvelos, como esos profesores de la Universidad que tiene cerca de él, que critican con crueldad a todos sus compañeros, a personajes de la cultura española —muchos de ellos conocidos del viajero— y al mundo en general; como si sólo ellos fueran los rectos. Mientras tanto, por la calle, que al viajero le recuerda la película de José Antonio Bardem *Calle Mayor*, pasan los alcalaínos, cada uno a lo suyo y en una dirección: una gitana que ofrece romero y suerte a los transeúntes, dos policías municipales (los dos con la pegatina de la bandera española en el uniforme, así como en sus pistolas), un matrimonio hablando animadamente, otro cogido del brazo, varios chicos en plena explosión primaveral, como los árboles, madres con niños en sus carritos, turistas, un grupo de caballistas (éstos mirando a los peatones con la prepotencia típica de quien se cree más poderoso) y hasta un músico ambulante que toca su trompeta delante de cada bar al tiempo que la cabra que trae con él, despeluchada y flaca como una estera, trepa a lo alto de un artilugio y gira sobre sí misma al compás de la música aprendida, mientras la acompañante del músico, quizá su hija, va pidiendo por las mesas una moneda a los involuntarios espectadores del número circense... El viajero, a duras penas, puede escribir con tanto ajetreo, pero se siente a gusto viendo la vida. Tan a gusto que decide, después de acabar sus notas, tomar algo en la terraza, en lugar de buscar un restaurante, como pensaba hacer al principio. Además, apenas tiene ya hambre después de los calamares con los que acompañó la caña.

A las tres, ha terminado. Alrededor, la calle Mayor se ha vaciado de gente y el cielo se ha enrarecido, anunciando quizá una tormenta. Calle abajo, los comercios están todos cerrados, excepción hecha de los bares y de algún edificio histórico, como este que el viajero se topa ahora a su izquierda y que, aunque conoce ya de otras veces, decide visitar de nuevo. Es la casa de Cervantes, el lugar donde se supone que nació el autor del *Quijote,* y que es, por ello, uno de los más visitados de Alcalá, pese a que apenas contiene algún objeto de interés, principalmente ediciones de sus libros más famosos; lo demás es todo nuevo. Que es lo mismo que sucede —ya en la plaza de su nombre, donde desemboca la calle de los Libreros, como se llama a partir de un punto la larga calle Mayor— con la llamada capilla del Oidor: lo único que se conserva, junto con el campanario, de la antigua iglesia de Santa María, también quemada en la guerra, donde bautizaron al escritor. Cerca de ella, el corral de comedias más antiguo del país, recientemente rehabilitado, está cerrado a esta hora y ni siquiera se puede ver.

De vuelta a la catedral, el viajero entra en una tienda en busca de alguna guía (en el escaparate se muestran libros sobre la historia de Alcalá y sus pueblos). El vendedor, que parece culto, le informa, a falta de ellas, de algunas cosas curiosas, no sólo de la ciudad, sino de la catedral, que es lo que más le interesa a aquél. Así, sobre las circunstancias del incendio, que no fueron las que cuentan, según dice, o por lo menos no con exactitud:

—La catedral la quemaron los milicianos porque un grupo de rebeldes se habían hecho fuertes en la torre, donde establecieron una ametralladora. Eso por no hablar de los curas, que participaron de modo activo en la rebelión —dice el hombre, al que se ve que molesta el maniqueísmo con el que muchos cuentan la historia—. Las cosas hay que contarlas bien.

—Por supuesto —dice el viajero, que está de acuerdo con él—. Pero ¿y las demás iglesias?

—Eso ya fue otro cantar... Fue por la indignación del pueblo por el comportamiento de la Iglesia en esos días y, antes, durante la República.

El viajero le deja con sus diatribas, que comparte en cierto modo, aunque piensa que la guerra fue una catástrofe para Alcalá, y, por la calle Mayor arriba, llega de nuevo a la catedral, en la que, a lo que parece, ha comenzado la actividad: en la plaza, un centenar de personas vestidas para la ocasión esperan a que aparezcan los novios que presumiblemente se van a casar ahora. En la radiante tarde de primavera, las mujeres lucen sus mejores galas, mientras los hombres charlan en grupos, envarados en sus trajes y chaqués. La misma escena que se repite sin grandes cambios por todas partes en estos días.

Los novios tardan en aparecer y el viajero decide entrar en la catedral, cuya puerta principal ha sido abierta. Para su sorpresa, encuentra a aquéllos en su interior, fotografiándose delante del altar. Y es que la boda ya se ha celebrado. Lo que hacían los de fuera era esperarlos para fotografiarse también con ellos antes de ir al banquete juntos.

Las fotos se prolongan largo rato, con los fotógrafos haciendo su papel y los novios el suyo, ante las miradas de los asistentes, en especial las de los empleados de la catedral —entre los que el viajero ve a José Luis y a Óscar—, que aguardan impacientes a que acaben, pues pronto comenzará la segunda boda.

Al final, como los invitados de ésta empiezan a aparecer ya ante la puerta, los empleados urgen a aquéllos a que concluyan y a salir por la lateral que da a la plaza de los castaños, donde esperan los suyos desde hace rato para tirarles el arroz de la tradición. El viajero, que observa todo de cerca, oye que el recién casado le dice a la que ya es su mujer legal: «Cierra los ojos, maña, que te los van a llenar de arroz». Se ve que aquél es aragonés.

La siguiente boda tiene más empaque. Al menos, los invitados parecen más elegantes y las joyas que lucen las señoras son más ricas. El novio lleva chaqué y a la novia, que va de blanco y con cola, la siguen dos pajecitos vestidos con traje corto que al viajero le recuerdan a la representación de los Santos Niños, sólo que adaptada a los nuevos tiempos. El oficiante es un cura calvo, con voz meliflua y gestos estudiadísimos. Desde su posición en un lateral, al lado de José Luis, que mira todo con cierto hastío (está ya harto de asistir a bodas), el viajero observa la ceremonia sin perder detalle de ella, pese a que se desarrolla según el ritual sabido. Solamente los dos pajes, que se ve que lo desconocen, interrumpen su normalidad volviéndose a cada poco a mirar a sus familiares o cambiándose de sitio, ante la preocupación de los novios y los padrinos, que no saben ya qué hacer para que permanezcan quietos, y las sonrisas del resto de los presentes, a los que les divierte la situación. Lo mejor de todo, no obstante, es el sermón que pronuncia el cura (a medio metro de los novios, para darle más convicción) antes del momento cumbre. Para él, según manifiesta, siempre con su voz meliflua y con estudiada teatralidad, Silvia, la novia, fue diseñada por Dios ya en la eternidad para Luis, el novio, y al revés, y por eso se han encontrado, no por casualidad como creen. También que, al entrar aquí, los dos venían con el corazón partido y, cuando salgan, saldrán con él completo. Por último, el cura los insta a que sean un matrimonio de tres —Luis, Silvia y Dios—, porque, si no, lo serán, les dice, de cuatro: Luis, Silvia y sus abogados. Los novios y los padrinos escuchan sin pestañear (la proximidad del cura no les permite otra cosa), pero los pajecitos, a los que el sermón de éste no les interesa demasiado, continúan moviéndose y molestando a pesar de los intentos de una mujer, posiblemente la madre de uno de ellos, que lleva un lazo azul a la cintura tan enorme que le hace parecer una caja de bombones. Al final, el más inquieto de los dos niños se va a sentar entre los dos novios, que le reciben sin saber qué hacer. El cura, que ya termina, sale del paso con una gracia: «Dejadlo, que así aprende para cuando sea mayor».

La misa continúa, después del *sí* de los prometidos, siguiendo el guion litúrgico, y concluye, cómo no, con las fotografías y las felicitaciones y la salida de éstos hacia la plaza por la misma puerta que los anteriores. Por un momento, la catedral vuelve a quedar en silencio, pero pronto retorna la actividad: Óscar y José Luis, junto con otras varias personas, comienzan a colocar las sillas para la gente que asistirá al concierto que tendrá lugar dentro de una hora y que, a juzgar por las previsiones, desbordará con creces la catedral. Aunque, antes, hay un rosario para el que están sacando ya de su capilla la imagen de la Virgen del Val, que lo presidirá, así como la misa que se celebra todas las tardes, que este mes también está dedicada a ella. El viajero, sin embargo, después de la intensa boda, prefiere volver afuera a tomar una cerveza y ver la vida bullir. La tarde es tan soleada, está tan llena de luz, que es un pecado perderla oyendo rezar a otros.

Cuando regresa a la catedral, la misa está a la mitad. Aun así, el cura que la dice es tan lento que la mitad que queda se alarga infinitamente, con lo que el viajero asiste a otra celebración entera. Máxime teniendo en cuenta que ésta tiene dos epílogos, el primero protagonizado por una representante de la Congregación de la Virgen del Val, a la que pertenecen muchos de los presentes a tenor de los distintivos que lucen en sus chaquetas, y el segundo, por la presidenta del Centro Asturiano de Alcalá, que incluso lee un poema escrito por ella misma en honor de la patrona, lleno de ripios, por cierto. Tras el canto de la salve, por fin acaba la ceremonia, aunque nadie se mueve de sus asientos. Y es que la mayoría han venido no para asistir a misa, sino al concierto que va a celebrarse ahora; un concierto, según dicen los carteles de la puerta, con el que se clausurará la segunda edición del Festival de Órgano de Alcalá, que se celebra en la Magistral desde el mes de abril, y que protagonizará el alemán

Gereon Krahforst, organista titular de la catedral metropolitana de Paderborn y profesor de órgano de la Universidad de Hannover, entre otros muchos títulos y cargos.

El programa se compone de seis partes: Improvisaciones sobre «Victimae Paschali Laudes», de Tournemire; Preludio coral de «Herzlich tut mich erfreuen», de Brahms; «De la messe a l'usage des paroisses. Offertoire sur les Grandes Jeux», de Couperin; «L'Ascension», de Olivier Messiaen; y dos improvisaciones más sobre composiciones del propio Krahforst. El instrumento con el que las interpretará es el órgano catedralicio, llamado de Blancafort por su constructor y situado entre dos columnas, las primeras de la nave de la Epístola, y que, según el programa de mano del Festival, es una de las nuevas joyas de esta catedral rehecha cuyos originales órganos también ardieron en el incendio. Mientras el organista aparece, el viajero, que se ha quedado de pie, se fija en él por primera vez: es como una flor de bronce brotada entre las columnas y luces de la catedral.

¡Y cómo suena esa flor de bronce! Cuando por fin hace su presencia el músico después de la presentación de un sacerdote que, por lo visto, es el responsable del Festival y comienza a acariciarla con sus manos, la catedral entera vibra como una campana tañida por el mismo Dios. La música, torrencial, se apodera de las naves y las bóvedas, retumba como un gran trueno, se diluye por capillas y pasillos conmocionando a un público que asiste absorto a las evoluciones del organista en su inalcanzable púlpito, cerca de las altas bóvedas, desde donde las notas caen como una cascada. El viajero, como todos, le mira hacer en silencio, emocionado por su virtuosismo, tan diferente de lo que es habitual. Si Dios existe y tiene un idioma, piensa cerrando los ojos, es este que ahora suena en este templo, no el que interpretan los curas en los distintos actos y ceremonias que celebran en su honor desde hace siglos...

El despertar es como el de todo sueño: agridulce y sobrevenido como el crepúsculo que ya cae sobre Alcalá. Delante de la portada que los hermanos Antón y Enrique Egas labraron para su catedral, el viajero, antes de volver a casa, rememora todo lo vivido hoy y piensa que ha merecido la pena, aunque solamente fuera por haber podido escuchar el órgano en esta vetusta iglesia resucitada de sus cenizas como la propia ciudad sobre la que se eleva.

Es la hora de partir hacia Madrid.

Epílogo quijotesco: la «catedral» de Justo Gallego

El viaje por Madrid terminaba en Alcalá, con música religiosa y a la sombra de Cervantes y el Henares, pero el viajero, de vuelta a la capital, se desvió de su ruta, ya anocheciendo, para ver en Mejorada, al sur de Torrejón y San Fernando, el edificio que José Luis le recomendó al partir y que él ya conocía por artículos de prensa y se quedó tan impresionado por su visión que, dos días después, tras dejar pasar el domingo por estar aquél cerrado según le manifestaron vecinos de la localidad, se vuelve a echar a la carretera para visitar la «catedral» más singular de cuantas pueden verse en Madrid y en España entera. No lo es *stricto sensu,* pero en verdad merece la pena verla.

Como es lunes, la normalidad ha vuelto, comenzando por su casa, donde ya encuentra al portero («¿Qué tal?», le saluda éste, relajado después de los días de fiesta), y siguiendo por las calles, de nuevo llenas de coches y de personas que se dirigen a sus asuntos o a sus trabajos. «Que se jodan», dice Maxi, cuyo quiosco también ha recuperado la normalidad perdida.

Mejorada del Campo, pueblo agrícola durante muchos siglos, famoso por sus tomates de huerta, es hoy ya una ciudad dormitorio menor que San Fernando o que Alcalá, pero no por ello menos cambiada. Rodeada de urbanizaciones y en la ruta de aterrizaje de los aviones que continuamente llegan al aeropuerto, Mejorada, a diez kilómetros de Madrid, parecería uno más de los barrios de ésta de no ser porque aún conserva parte del campo que le dio el nombre; un campo ya medio abandonado, puesto que los vecinos de Mejorada trabajan en otras cosas.

En el centro de la población, enfrente de un jardincillo y alzada sobre una pequeña altura, la «catedral» de Justo Gallego, como la llaman todos aquí por su constructor, impresiona más que una de verdad. Su insólita envergadura, su desmesurada planta, su aspecto de sueño *kitsch* y la impresión que da de fragilidad (los ladrillos deformados, cedidos por las tejeras y fábricas de la zona por estar defectuosos, los hierros y tubos rotos, los materiales de todo tipo que se entremezclan en la construcción son los responsables de ello) sorprenden al que la ve por primera vez, pero también al que, como el viajero hoy, la contempla de nuevo a la luz del día. El sábado la intuyó, más que verla de verdad, tan tarde era cuando llegó.

Pero, ahora, a plena luz, el edificio le conmociona todavía más. En la mañana de primavera y en la tranquilidad de un pueblo cuyos vecinos andan a sus ocupaciones, la mayoría fuera de él, la «catedral» de Mejorada parece aún mayor que el sábado, cuando el viajero la vio por primera vez. Y ello a pesar de que, desde el jardín de enfrente, que es desde donde la contempla ahora después de bajar del coche, el edificio no se ve entero, como comprobará en seguida. Pero las desmesuradas torres cuya altura final no se adivina (los hierros que las prolongan apuntan al infinito), su cúpula gigantesca (también en el armazón), su ábside con templete y la gran escalinata que lo envuelve igualando el terreno bajo él dan la medida de su grandiosidad; una grandiosidad tan disparatada como el aspecto que ofrece a primera vista. El viajero, estupefacto, la mira una y otra vez sin acabar de creer que es cierto lo que está viendo y sin saber qué adjetivo final ponerle. *¿Kitsch?* ¿Neopop? ¿Surrealista?... Cualquiera de ellos se queda pobre y más sabiendo, como el viajero sabe ya, que todo esto ha sido hecho por una sola persona.

Desde la cuesta que la flanquea, mientras se aproxima a ella, el viajero mira la «catedral» de nuevo mientras recuerda lo que Internet decía: que se trata de la obra quijotesca de un hombre de este lugar, campesino como todos sus vecinos, pero que antes fue fraile lego en un monasterio del que la comunidad le echó al enfermar de tuberculosis (ante el peligro de que contagiara al resto) y que, a su regreso al pueblo, decidió dedicar todo su esfuerzo y su patrimonio a construir una catedral en honor de la Virgen del Pilar, por la que sentía gran devoción. Su nombre es Justo Gallego y el tiempo que ha tardado en construir lo que se ve, cincuenta años, pues comenzó a trabajar en 1961 y estamos ya en 2008. Aunque lo más asombroso es que todo lo ha hecho él solo, sin más ayuda que la esporádica de algún sobrino o de algún vecino de Mejorada y utilizando materiales de derribo o desechados por las tejeras de la comarca por inservibles.

¿Dónde andará ahora, por cierto?, se pregunta el viajero, contemplando las portonas de metal que cierran, como en las obras, la única entrada que puede verse. Están dobladas y retorcidas, como si llevaran mucho tiempo puestas. Tampoco se oyen sonidos dentro. ¿No decían que el tal Justo se pasaba el día entero trabajando?

Cuando ya empieza a desconfiar, el viajero ve aparecer a un hombre. No es él, porque no es mayor, pero parece trabajar aquí. Al menos, trae una carretilla, cuyo contenido vuelca en un gran montón. El viajero se dirige, lógicamente, hacia él.

—¡Buenos días! —le saluda—. ¿Se puede entrar en la catedral?

Pero el otro, al principio, no le entiende. Es extranjero, a lo que se ve, y le mira con cara de incomprensión.

—Que si se puede entrar... —repite el viajero, reforzando su pregunta con un gesto de la mano.

—Sí —le responde el hombre.

Tras él y su carretilla, el viajero entra, pues, en la catedral, o lo que sea esta construcción mezcla de nave industrial y de hangar a medio hacer en la que se acumulan sacos, ladrillos, tubos, escombros, andamios y hierros viejos, todo en desorden o amontonado a lo largo de un espacio que, vacío, parece aún mayor que desde el exterior. No se ve a nadie, pero otra carretilla con fuego, como en las obras, denuncia que hay gente aquí. Junto a ella, un gran cajón oxidado hace las veces de limosnero, a tenor de lo que dice la leyenda que hay pintada sobre él: «Para los donativos de los visitantes».

Pero el único visitante que hay ahora es el viajero. Y, junto con el de la carretilla, el único ser vivo en esta obra que dos filas de columnas hechas de hormigón armado y el armazón de la enorme cúpula convierten en una «iglesia», pero cuyas aberturas tapan tableros y plásticos extendidos, salvo en su parte más alta, que están abiertas al exterior. A través de ellas se ven las nubes y los aviones que pasan metiendo ruido camino del aeropuerto, que está muy cerca de Mejorada. ¡Qué impresión tan irreal!

—¿Y Justo? —le pregunta el viajero al de la carretilla, que se ha ido a sentar en una caja, a la espera tal vez de nuevas órdenes.

—Por ahí —contesta el hombre, señalando un pasadizo que se abre en la pared frente a la puerta y por el que se entrevé un patio lleno de más construcciones.

—¿De dónde es? —le pregunta el viajero, por su acento.

—¿Quién?

—Usted.

—De Rumanía.

—¡Ah! —exclama el viajero, absorto (no deja de mirar en torno suyo, viendo lo que le rodea)—. ¿Y está trabajando aquí?

—¿Yo?... Sí... Aquí... —dice el hombre, que quizá no le ha entendido, como antes.

Pero parece ser que es así. Porque, cuando están hablando, llega otro hombre, éste español, aunque tampoco es Justo (no tiene más de cuarenta años), y el rumano se levanta para ayudarle a descargar el material que trae, según anuncia, en la furgoneta.

Mientras lo hacen, el viajero aprovecha para ver la «catedral», o lo que quiera que sea esta construcción. Porque, efectivamente, su traza es la de un gran templo, con sus naves y columnas y su ábside a un extremo (en el otro, se ve un hueco para el coro), aunque su aspecto es el de una fábrica llena de materiales de todo tipo. Pero es una «catedral». Así lo dice toda la gente sin saber lo que significa el término y lo afirman los recortes de periódicos, la mayoría ya amarillentos, pegados en un panel cerca de la puerta y las pintadas que nombran por las paredes las capillas que irán en sus aberturas (de Nuestra Señora del Pilar, del Sagrario, etcétera) cuando la obra esté concluida. Hay también otras pintadas e inscripciones de carácter religioso y hasta pinturas murales, éstas alrededor de la cúpula, a través de la cual pasa en este momento otro avión. Si no fuera tan real, el viajero pensaría que es mentira lo que ve.

Y lo que ve ahora a través de un hueco es todavía más asombroso: un claustro de doble cuerpo, también hecho de hormigón, como la iglesia, adosado a ésta por el oeste. ¿Realmente será cierto lo que ve?

Pero lo es. Como lo son el rumano y el nuevo hombre que ha aparecido y los hierros que amontonan en la nave principal, al lado de una abertura que hay justo al final de ella. Es la entrada a la cripta, según dicen, en la que están trabajando ahora. Para ser más exactos, en la escalera que servirá de acceso hacia aquélla y que ilumina un foco de obra. A la entrada, una especie de hornacina acogerá una imagen de la Virgen, explica el de la furgoneta.

De pronto, aparece él. El viajero lo descubre al dar la vuelta, observando lo que los otros hacen. Es muy mayor, enjuto y seco como un palillo y de estatura más bien pequeña, y viste como si fuera un pobre: un guardapolvos raído, ya sin color concreto, atado a la cintura con un trozo de alambre retorcido, y la cabeza tocada con una gorra de lana roja que le da cierto aspecto de ballenero. Pero su cara no es la de un loco. Más bien la del fraile lego que fue cuando era más joven y que conserva, como la energía física, a pesar del tiempo pasado. Medio siglo, que es el que lleva ya trabajando aquí sin faltar ni un solo día, según dicen.

El viajero le saluda después de dudarlo un poco. El exmonje le produce tal respeto después de todo lo que ha leído y escuchado sobre él que no sabe cómo hacerlo. Además, está allí sin su permiso, lo que quizá no sea de su agrado. Pero Justo le contesta sin mirarlo. Está más interesado en lo que los otros hacen que en saber quién es el que le saluda.

Así que el viajero, ahora, se queda aún más indeciso. Ha venido a conocerlo hasta este pueblo, ha prolongado su viaje, que ya había concluido en Alcalá, para incluirlo en su recorrido catedralicio haciendo una excepción en su ortodoxia dada su excentricidad y, ahora que lo tiene enfrente, no sabe cómo abordarlo. Y más después de la indiferencia que él muestra hacia su persona. Ni siquiera le ha mirado al contestarle, tan pendiente está de los otros.

—¿Son todos? —pregunta, por los hierros, al de la furgoneta.

—Sí, no había más —le responde éste.

Justo no muestra ninguna reacción particular. Sin hacer ruido, como al llegar, como si fuera realmente un monje, se acerca a mirar los hierros y luego se aleja un poco. Coge un vaso de un andamio y se pone a mirar su obra como si no la hubiera visto nunca antes de hoy. ¿Qué pensará?, le mira el viajero, absorto, sabedor de su extraordinaria historia.

Porque este pequeño hombre que ahora toma su café de pie (los obreros se han sentado a fumar un cigarrillo), que tiene la piel curtida como una bota y el pelo blanco ya por la edad (ha doblado los ochenta, según dicen), es el protagonista de una de las hazañas más fabulosas que se conocen: el levantamiento de una catedral entera. Y lo está llevando a buen puerto. Al menos, se puede ver la estructura de ésta y gran parte de su construcción. Y todo sin más medios que sus manos y sin más ayuda que la de su fe. Una fe tan firme e inquebrantable como para no resquebrajarse con el paso de los años ni con la incomprensión inicial de unos vecinos que le tomaron por loco cuando comenzó su obra; algo que mucha gente sigue pensando, empezando por el viajero que, pese a ello, valora su testarudez. Porque sólo alguien muy testarudo, alguien con la cabeza como una piedra (o con la piedra dentro de la cabeza, llámesele fe o locura), puede emprender una fantasía así y perseverar en ella durante medio siglo. Y lo que le quede aún, pues no parece que, a estas alturas, Justo vaya a abandonar su sueño.

Cuando termina el café, el hombre vuelve a la actividad. Lo hace antes que los dos obreros, a los que se ve que les cuesta un poco. El viajero, por su parte, que desayunó en su casa, pero que no tiene nada que hacer aquí, se queda un rato mirándolos, sin saber qué actitud adoptar. El desinterés de Justo por él es más que evidente (ni siquiera le ha mirado al pasar cerca de él), lo cual le hace sentirse incómodo. Y más ahora, que el de la furgoneta se despide para irse (era el único que hablaba). Así que, como recurso, el viajero se va a visitar el claustro, o lo que quiera que sea esa construcción que se adivina al lado del edificio, no sin antes preguntar si puede hacerlo.

Pero Justo ni le contesta. Está agachado mirando el hueco en el que se afana hoy.

—Entre, entre —le dice el de la furgoneta, que, al parecer, es el único normal aquí.

El claustro es espectacular. Si la iglesia es imponente, con sus bóvedas altísimas y su cúpula redonda levantada contra el cielo, el claustro impresiona aún más, dados su gran tamaño y sus componentes, que son cemento y ladrillos, éstos también mal cocidos, o deformados, como los de la iglesia. Inacabado aún, como todo aquí, su estructura ya se advierte, sin embargo, y no es precisamente una obra menor. Al contrario, al viajero le recuerda, por su arcada superpuesta, al claustro de la seo de Pamplona, salvando, claro está, las diferencias. Éste ni es gótico, ni románico, ni nada que se le asemeje. Si acaso *neomodernista,* en versión, eso sí, hollywoodiense. Porque, aunque se le ve muy sólido, su tosquedad y su color gris recuerdan el decorado de cartón piedra de una película.

Pese a ello, los pájaros ya lo han tomado como si fuera un claustro de verdad. Incluso algunos han anidado en las agujas de sus pináculos y entre los ladrillos rotos. Y ahora, en plena explosión primaveral, con el sol alumbrando el mundo como si lo estrenara hoy, vuelan y cantan en este espacio que parece haber sido construido para ellos. Al fin y al cabo, nadie entra a molestarlos, salvo Justo, y a los aviones que pasan cada poco por encima ya se deben de haber acostumbrado.

Desde el lugar donde irá el jardín, que está repleto también de escombros (solamente unos cipreses plantados justo en su centro lo sugieren), una abertura permite observar la cripta a la que Justo está haciendo ahora otra entrada desde arriba. Es tan grande como el templo. Y, aunque está también inacabada, medio centenar de bancos procedentes sin duda de alguna iglesia que quizá el párroco decidió cambiar esperan a que Justo la termine, todos cubiertos de polvo, pero alineados como les corresponde. El viajero, estupefacto, cruza la cripta entre ellos (la altura se lo permite) hasta el altar que ya la preside (otro bloque gigantesco de hormigón), detrás del cual se ve la escalera en la que aquél está trabajando ahora. Los golpes de la piqueta y el resplandor del foco con que se ilumina así lo indican en la penumbra.

Tras la visita a la cripta, el viajero vuelve a la iglesia. Justo sigue trabajando y el rumano que le ayuda parece tan concentrado como él en lo que está haciendo. El viajero duda si hablarles. Teme molestar a Justo y que le eche de su «catedral». Al final, se decide a hacerlo:

—¿Qué está haciendo? —le pregunta.

—¿Cómo dice? —se vuelve Justo a mirarlo, sin dejar de poner cemento. Su voz es fina, como de monje.

—Que qué hace —baja el viajero la suya para que no resuene en el edificio.

—Una hornacina para la Virgen —responde Justo sin detenerse, demostrándole al forastero de esa manera que no le gusta que le interrumpan.

Así que éste vuelve a quedarse callado. Está claro que el exmonje no tiene ganas de conversación. ¿Qué hacer, se pregunta, entonces?

Lo mejor, se responde él mismo, será dar un paseo por el pueblo e intentarlo más tarde, a ver qué sucede. Quizá, piensa ya en la puerta, cuando Justo termine la hornacina tenga más ganas de hablar.

En el pueblo se ve más movimiento: mujeres que van o vuelven de hacer sus compras o vigilan los juegos de sus hijos y ancianos que pasean, entreteniendo el tiempo, por las aceras. En el parque, un obrero negro se afana en regar las flores, ajeno a la pintada que amenaza desde un banco: NERÓN QUEMÓ ROMA, NOSOTROS QUEMAREMOS MADRID. Otra, menos literaria, dice: INMIGRACIÓN = DESTRUCCIÓN.

En el bar de la calle principal, junto a la iglesia, los parroquianos parecen, sin embargo, muy pacíficos. La mayoría lee el periódico o mira la televisión, en la que hablan del Real Madrid, que ayer volvió a ganar la Liga española. La noticia, por sabida, no deja de emocionar a la concurrencia:

—¡Somos los mejores! —presume un joven con chándal, precisamente del Real Madrid.

—¿Y Raulito? ¿Qué me dices de Raulito?... ¡Un crack! —interviene otro, contemplando emocionado al futbolista al que la televisión entrevista ahora.

El camarero del bar, al que quizá no le gusta el fútbol, le responde al viajero mientras tanto:

—Aquí le quiere toda la gente... Al fin y al cabo, él a nadie le hace daño —dice, por Justo, con gesto serio, antes de recordar con una sonrisa los años en los que aquél le perseguía tirando piedras por ir a gastarle bromas junto a los otros niños de Mejorada.

—Ya. Pero, cuando muera, ¿qué pasará con su «catedral»? —le pregunta el viajero, mientras la televisión prosigue mostrando imágenes del Real Madrid.

—La dejarán ahí, digo yo —le contesta el camarero, sabedor de que la «catedral» de Justo carece de proyecto, de arquitecto y de licencia—. Lo que es seguro es que no se cae —afirma.

—Eso está claro —le reconoce el viajero, que ha visto la cantidad de cemento y hierro que hay invertidos en ella.

Por la calle, los vecinos corroboran la opinión del camarero. Incluso hay quien apunta, en defensa de la «catedral» de Justo, que cada día atrae a más turistas al pueblo; sobre todo, dice uno, desde que la Coca-Cola rodó un anuncio en ella. En cualquier caso, en lo que coinciden todos es en que Justo, aparte de trabajador, es un hombre listo. Una catedral así, argumenta una señora, no la hace cualquier persona. Y menos sin estudios, precisa, explicándole al viajero que Justo era un labrador como la mayoría de los vecinos de Mejorada.

Como en todo, sin embargo, hay quien disiente de la opinión general. Un jubilado que toma el sol en el jardín que mira a la «catedral» dice que Justo era un hombre rico y que malvendió las tierras «para hacer eso». «¡Si se lo hubiera gastado en mujeres!», dice.

El hombre, a pesar de ello, le reconoce su capacidad:

—Listo es, eso es verdad. Cuando trabajaba el campo, sembraba desde la mula. Y, cuando recogía las aceitunas, lo hacía desde el carro. Las que caían en éste, bien; las demás allí quedaban...

En la «catedral», en tanto, Justo sigue trabajando ajeno a los comentarios de sus vecinos. Él está ya por encima de ellos después de cincuenta años llevando a cabo su fantasía.

No está solo, sin embargo, esta mañana. Aparte del rumano que le ayuda, seguramente a cambio de un sueldo, dos personas le acompañan cuando el viajero vuelve a la «catedral». Una es un muchacho joven con cara y aire de retrasado y la otra, un hombre mayor que está sentado junto a la puerta. Desde allí, observa con atención cuanto sucede en la «catedral».

—¡Buenos días! —le saluda el viajero, al encontrarlo.

—¡Buenos días! —responde el hombre, volviéndose, eso sí, sin moverse de la silla.

El viajero se detiene junto a él, sorprendido de encontrar a más personas. Serán vecinos del pueblo, piensa.

—¿Qué le parece? —le pregunta el de la silla, que está allí como en su casa.

—Impresionante —dice el viajero.

—Esto es único en el mundo —alaba el otro.

—Sin duda —dice el viajero, observando la hornacina en la que Justo sigue metido.

—Es mi cuñado —interviene nuevamente el de la silla, que tiene ganas de conversación. Andará por la edad de Justo, pero se le ve más viejo. Y eso que es animoso y dicharachero, al revés que su pariente—: ¿De dónde viene, si no es mucho preguntar?

—En absoluto —dice el viajero, sonriendo—. De Madrid.

—¡Madrid, Madrid, Madrid...! —canturrea el hombre con su voz ronca el famoso estribillo del cuplé—. ¡Qué bonito es Madrid! —dice, mientras mira al que parece retrasado, que se ha puesto a hacer cemento por su cuenta—. ¡Quita tú de ahí —le grita—, que no sabes lo que haces!

—¿Por qué? —responde el otro con voz gangosa—. ¿Por qué no puedo ayudar?

—¡Porque estás mal de la chola! —le dice el viejo sin compasión mientras recrimina a Justo que le permita hacer lo que quiera—. ¡La culpa la tienes tú por dejarle entrar aquí!

Pero Justo no le responde. Sonríe sin ofenderse, pese a que el retrasado empieza a gritar blasfemias contra la Virgen, que es la patrona precisamente del templo.

—De bueno que es, es tonto —dice, por Justo, el cuñado, dirigiéndose al viajero nuevamente—. Todo el mundo se aprovecha de él.

—¿Y siempre fue así? —le pregunta el viajero, entretenido con la conversación del viejo.

—¡Siempre! Si le digo yo a usted que vendió todas las tierras para hacer la catedral... Y que ésta donde la ha hecho valdría hoy dos mil millones...

—Pero es su sueño...

—Eso sí —concede el viejo—. Mi cuñado siempre fue muy religioso. Con decirle que, cuando se metió de fraile, lo hizo sin avisar... Lo anduvieron buscando por todos los conventos hasta que lo encontraron ahí, por Guadalajara.

—Yo pensaba que era en Soria, en Santa María de Huerta —dice el viajero, que lo ha leído.

—O en Soria —contesta el viejo, al que le da lo mismo un sitio que otro—. Aquí empezó —continúa, indiferente— haciendo una capillita y luego siguió con la catedral...

El viejo sigue con su monólogo, apenas interrumpido por un viajero que contempla, mientras tanto, lo que hacen Justo y el otro, que siguen con sus tareas, aunque éste ha dejado de hacer cemento. Ahora se ha puesto a barrer el suelo, que es labor tan imposible como meter el mar en un cubo. El rumano, por su parte, ayuda a Justo en silencio, quizá porque no sabe español.

—Mire usted —le dice el viejo al viajero, contestando a su pregunta sobre el estado civil de Justo—. Para hacer una catedral, hay que reunir varias condiciones. La primera, ser soltero... A ver si su mujer —dice, para que lo entienda— le iba a dejar a usted hacer una catedral...

—Pues no —le reconoce el viajero al punto.

—La segunda, tener una herencia —sigue desgranando el otro—. Una tierra, quiero decir... Y la tercera, tener ganas de trabajar.

El viajero sonríe, divertido. El viajero está encantado con el viejo, que es muy simpático, aunque cascarrabias. Justo lo opuesto que su cuñado, que ni come ni disfruta de la vida según él.

—Es vegetariano, ¿sabe? —le confía el viejo ahora, como si fuera otra equivocación.

—¿Y nunca tuvo novia?

—¿Quién, mi cuñado? —el viejo baja la voz—. ¡Es virgen! —confiesa con ojos pícaros.

Definitivamente, el viajero está feliz en la «catedral». Después de intentar dos veces que Justo le hiciera caso sin conseguir de él más que monosílabos, ha encontrado al interlocutor perfecto. Aunque corre el peligro de no librarse del viejo como le siga dando conversación. Por eso, aprovecha la entrada de dos turistas, que en seguida atraen la atención de éste (el hombre parece un recepcionista), para acercarse al hueco de la escalera donde Justo y el rumano continúan a lo suyo.

—¿Qué tal? —pregunta, como saludo.

—Bien —dice Justo, sin volverse.

—¿Le queda mucho?

—Poco —dice el exmonje, contemplando la hornacina, que ya va tomando forma. Es tan absurda como todo en este edificio.

El viajero vuelve a guardar silencio. Las respuestas de Justo son tan lacónicas que desaniman al más conversador. ¡Qué distinto del cuñado, al que hay que ponerle freno!

Pero debe hacer algo. No puede irse de vacío después de haber venido hasta aquí y de conocer este disparate digno del mayor demente. Y más teniéndolo enfrente de él, como lo tiene en este momento.

—¿Podría hablar con usted? —le pregunta abiertamente, cansado de dar rodeos.

Justo le mira con desconfianza.

—¿Es periodista? —le pregunta, con recelo.

—No —miente el viajero a medias—. Estoy escribiendo un libro de catedrales y quiero incluir la suya —le confiesa, sin embargo, pues algo tiene que responderle, pensando que eso le halagará.

—Si es para un libro, no —responde Justo, muy seco, arrojándole otro jarro de agua fría—. No me dejan mis sobrinos —añade, como justificación.

El viajero acusa el golpe. De nuevo, vuelve a guardar silencio, sin saber por dónde seguir. Parece claro que el hombre no quiere hablar, o, lo que es peor, no puede, porque no le dejan sus familiares. Quizá el dinero que Coca-Cola le dio por rodar su anuncio (treinta mil euros, según la gente) ha desatado la ambición de aquéllos. Comenzando por el cuñado, que es con quien vive el exfraile lego, además de con su hijo y con su nuera (su hermana ya ha fallecido), en una casa pegada a la «catedral».

Pese a ello, el viajero hace aún una última intentona.

—¿Cuántos metros van a medir las torres? —pregunta, por decir algo.

—Treinta —le responde Justo, olvidando lo que acaba de decirle.

—¡¿Treinta?!... Va a ser como el Vaticano —le halaga el viajero, sin mucho escrúpulo.

—La cúpula es igual —dice el exmonje, olvidándose ahora de lo que estaba haciendo. Parece que, sin saberlo, el viajero le ha encontrado el punto débil: su «catedral», como no podía ser de otro modo.

—A mí me recuerda a la del Pilar —le dice, ya desbocado.

—Es que está inspirada en ella. Y en las catedrales góticas —Justo ha picado el anzuelo y se embala también sin darse cuenta—. Yo he leído muchos libros de catedrales y de castillos, ¿sabe usted? Y de ahí he sacado los planos de ésta...

Así que, cuando menos confiaba en conseguirlo, el viajero ha dado con la combinación secreta de la caja fuerte que era este hombre que ahora se explaya contando cosas y no sólo de su «catedral». También de su propia historia, que al viajero es lo que más le interesa.

—Desde pequeño fui muy piadoso. Lo heredé de mi madre, que era una santa... Ella y la Virgen María son las mejores mujeres que ha habido en este mundo para mí —confiesa el hombre con candidez, entregado ya al relato de su vida; una vida consagrada a este edificio en el que ha puesto todas sus ilusiones, su empeño y su patrimonio. Y más que hubiera puesto, según dice, de tenerlo, aunque se conforma con lo que Dios le ha dado—. Él es el albañil —afirma—; yo sólo soy un agricultor.

El viajero le escucha con gran respeto, convencido de estar ante un ser especialísimo. Lo es, sin duda ninguna, aunque sus ideas sean tan simples como confusas:

—El hombre de hoy está apartado de Dios. Y sin Dios al hombre le manda el vientre —dice, acudiendo a la Biblia, que lee todas las noches, según afirma, cuando regresa a casa de trabajar.

Sobre la política también tiene su opinión, y eso que no le dejan, según afirma, sus familiares decirla a nadie. Lógicamente, «las izquierdas», como él las llama, no le agradan lo más mínimo («Los comunistas quemaron muchas iglesias y mataron a los curas en la guerra. ¿Qué mal les haría la Iglesia?», dice, a la vez que recuerda ver pasar por Mejorada siendo niño «hasta cincuenta coches llenos de oro para Moscú»). Aunque, curiosamente, «las derechas» tampoco se libran de su condena:

—Las derechas se arriman a la Iglesia por su propio beneficio, no por la fe —afirma con convicción. Y, para demostrarlo, pone el ejemplo de una marquesa de Mejorada que, al parecer, el día de la primera comunión, daba a los niños del pueblo «un panecito» y, luego, tenía a sus obreros «comiendo nabos y remolacha»—. ¿Usted cree que hay derecho a eso? —inquiere del viajero, más por retórica que porque espere de éste una contestación.

Ni el rey se libra de su amonestación cristiana, por las mismas razones que la marquesa de Mejorada:

—La gente pasando necesidades y él de caza —le critica—. ¿Eso es ser un buen católico?

Mientras habla, el hombre sigue trabajando, empeñado en acabar esa hornacina en la que entronizará a la Virgen de Zaragoza, como él llama a la del Pilar, devoción que comparte con la de las Angustias, la patrona de su pueblo y cuya imagen pasaba en procesión frente a su casa, según afirma, en el momento en el que él venía a este mundo. Por eso, dice, piensa dedicarle una capilla, aunque la catedral se la dedique a la de Zaragoza. De hecho, estuvo en esta ciudad para ver su imagen en el único viaje largo que ha hecho en toda su vida, a excepción del que hizo al Vaticano, que es su gran referencia arquitectónica.

—Los americanos quisieron llevarme a Nueva York, pero yo no me subo a un avión ni loco —dice en el instante justo en el que uno cruza el cielo por encima de la cúpula ensordeciendo su débil voz por unos segundos.

—¿Por qué? —fuerza el viajero la suya, intentando que le oiga en medio del gran estruendo.

—¿Cómo dice?

—Que si cree que le dará tiempo a acabarla —modifica aquél su pregunta, pues le interesa más conocer la opinión de Justo sobre su «catedral» que sobre los aviones.

—No —responde éste, sin inmutarse, contemplando el edificio que se eleva sobre ellos—. Tengo ya ochenta y tres años.

—¡¿Ochenta y tres?! —le halaga el viajero su buen aspecto, esta vez sinceramente—. ¿Y qué piensa que pasará con ella? —dice, mirando la catedral.

—Él es el que lo dirige todo —responde Justo con candidez—. Yo, de momento, he hecho testamento a favor del obispo de Alcalá con una serie de condiciones y éste será el que decida.

—¡Ah! —disimula el viajero su sorpresa, no le vaya a ofender si la percibe.

Son las dos del mediodía. La hora de comer, dice el cuñado, que se despide desde la puerta después de hacer lo propio con los turistas (el rumano y el retrasado ya se han ido sin hacerlo). Justo hace un alto también en su quehacer, aunque él se queda en la «catedral». Sólo come una naranja o una manzana, según dice. Hasta las seis, cuando vuelva a casa, aguantará con ese alimento y eso que lleva desde el amanecer aquí. Quizá ello explique su fortaleza, piensa el viajero, con gran envidia, advirtiendo cómo su estómago comienza ya a hacerse notar.

Aun así, tarda en despedirse un poco. Mientras Justo come de pie (hoy toca naranja, a lo que se ve), el viajero se entretiene en dar una nueva vuelta a la «catedral», disfrutando del silencio que la envuelve en esta hora y de la luz que entra por las ventanas y por la enorme cúpula «vaticana». Es gigantesca, como las naves, como todo en este edificio creado a imagen y semejanza no de su creador, que es pequeño, sino de las catedrales en las que se ha inspirado. El viajero le mira desde lejos pelar su naranja y piensa si no será él su reflejo, su réplica envejecida, pues, mirándolo despacio, la locura del exmonje no es distinta de la suya. Uno erigiendo su «catedral» y el otro recorriendo una tras otra todas las que hay en España no dejan de ser dos locos a los que su destino ha unido esta mañana de primavera en la que el mundo parece una inmensa cúpula por la que continuamente pasan aviones metiendo ruido.

—Adiós, Justo —se despide, ya en la puerta, convencido a esas alturas de que éste no está más loco que él. Si acaso, un poco más viejo.

Octavo viaje

POR TIERRAS DE EXTREMADURA

Plasencia, la catedral demediada

Ut placeat Deo et hominibus («Para que plazca a Dios y a los hombres»), reza el escudo de la ciudad a la que el viajero llegó ayer tarde y en la que ha dormido esta noche, en un hotel tan antiguo como pretencioso y caro. Y es que no siempre el servicio está acorde con lo que sugiere el precio.

Así que, lo que es de entrada, al viajero no le ha agradado mucho Plasencia, la capital del norte de Extremadura, cuyo escudo y leyenda reproducen todos los ventanales de la escalera del gran hotel y hasta las servilletas y los folletos de propaganda. Será porque sus gestores consideran que la historia basta para agradar a sus visitantes.

El Hotel Alfonso VIII, que así se llama el establecimiento, tiene, no obstante, una cosa buena. Y es que está a tiro de piedra de la ciudad vieja de Plasencia, una de cuyas siete puertas se abre cerca de él. Es la puerta llamada de Talavera por partir de ella el camino que llevaba a esta ciudad castellana antiguamente y que por su interior conduce a la cercana plaza Mayor. Algo que, por otra parte, hacen todas las puertas y las calles, pues la ciudad vieja de Plasencia, como ciudad medieval que es, tiene una disposición radial.

El viajero, que ya la recorrió ayer por la noche, incluida la muralla, que se conserva entera prácticamente, vuelve a la plaza Mayor y se la encuentra ahora llena de gente. Y de puestos de vendedores, pues se celebra mercado en ella. Las hortalizas y las verduras, frescas y recién cortadas, estallan en bodegones bajo el radiante sol de la primavera, que se acaba de estrenar hace tres días, y el frescor de una mañana que parece dibujada de tan limpia. Al fondo, el Ayuntamiento, con sus arcadas renacentistas, preside una actividad cuyo origen se remonta, según dicen, a la misma época que la ciudad. Al menos, así lo cuentan las guías, que señalan para ambos la fecha de 1186, año en el que el rey Alfonso VIII de Castilla la reconquistó a los árabes y la fortificó de nuevo, dándole todo tipo de privilegios, entre ellos el de celebrar mercado, como el de su fundación.

En el café Español, sin embargo, bajo los soportales que rodean la plaza por el norte, los clientes, aunque orgullosos de la historia de Plasencia y de sus símbolos (el bar está decorado por un panel de azulejos que representa una dehesa de toros, de las que tanto abundan en la región), están más preocupados por el presente, o sea, por desayunar y por comentar las últimas noticias sucedidas en el mundo, cosa que hacen de pie en la barra, en grupos o de dos en dos. Los camareros, un hombre de edad mediana y una chica rubia y joven, van y vienen entre tanto atendiendo a sus pedidos, que, por la hora, son similares: café y zumo de naranja y algo de bollería. Aunque, como esto es Extremadura, muchos optan por las migas de la tierra que, sin pedirlas, sirven a todos, incluido el viajero, que no esperaba tal distinción.

—¿Y esto? —le pregunta, sorprendido, al camarero, al verle dejar un plato junto a su café con leche.

—Migas. Están recién hechas —le dice aquél, sonriendo, animándole a que dé cuenta de ellas.

Las migas están muy buenas, pero el viajero las toma con prevención, temeroso de que un desayuno así no le vaya a pesar luego, pues no está acostumbrado a él. Después, echa un vistazo a la prensa, se fuma el primer cigarro de la mañana (entre el viaje anterior y éste, ha vuelto a dar en el vicio) y regresa a la plaza, donde el mercado ha aumentado su animación. Entre los numerosos puestos, destacan por su vistosidad los que venden plantas de semillero, pues es tiempo de empezar a sembrar ya los huertos para el verano.

—¿Eso qué son?

—Cebolletas.

—¿Y eso?

—Calabacines.

—¿Y esto?

—Pimientos.

—¿Y esto de aquí?

—Tomates.

El viajero asiente a cada respuesta demostrando que pregunta por auténtico interés. Lo tiene, efectivamente, aunque lo tendría también por cualquier otro producto que expusieran en los puestos. Al fin y al cabo, lo que le atrae de éstos es su color, junto con el pintoresquismo de los vendedores. La mayoría son campesinos de los pueblos del entorno placentino.

Las catedrales de Plasencia, que son dos: la vieja y la nueva, como en Salamanca, están cerca de la plaza, al final de una calle, la de Santa Clara, y dominando otra plaza de dos niveles distintos cuyo único adorno —en el primero de los dos niveles— es una fuente de piedra llena de desperdicios y de naranjas. Son los frutos que se caen de los naranjos que le dan sombra a la fuente y los envases y plásticos que tiran al pilón los placentinos o los turistas, vaya usted a saber quién. El caso es que, ya anoche, al viajero, que lo vio, la impresión que le produjo no ayudó precisamente a mejorar la que ya traía del Hotel Alfonso VIII.

Pero ahora, con el sol de la mañana, que es espléndido, su impresión cambia a la vista de la gran fábrica catedralicia, que recorta el cielo azul al mediodía como si fuera una gran postal, y de los edificios que le dan réplica por el norte, todos ellos de gran antigüedad. Por el este, el Seminario, más moderno, con aspecto de hospital decimonónico, y, en el extremo opuesto, el Palacio Episcopal, de traza renacentista, cierran el cuadro de la gran plaza en la que, a esta hora, apenas si se ve gente, pues todavía es muy pronto para que los turistas hayan llegado. Solamente en una esquina, frente al palacio que acoge ahora los juzgados de Plasencia y su partido, varios grupos de personas esperan turno para sus juicios ante la mirada de un vigilante jurado que parece ya acostumbrado a ello. Tanto como para no inmutarse siquiera por la presencia de una pancarta que, colgada de la pared de enfrente, reclama a los fiscales y a los jueces más diligencia y profesionalidad.

—¿Y no la quitan? —le pregunta el viajero, sorprendido de que nadie le haga caso, pues da la impresión de llevar allí ya tiempo.

—Pues no —le responde el vigilante, encogiéndose de hombros, como si con él no fuera la cosa.

Desde la plaza de la catedral, el viajero mira ésta intentando descifrar su arquitectura y, sobre todo, dónde termina una y empieza otra, pues son dos, como ya ha dicho. La construcción, por fuera, es una ciudad que ocupa el costado entero del mediodía y, aparentemente al menos, no hay nada claro que diferencie las dos seos que la forman. Por si faltara algo, sobre el tejado, varias torres y espadañas superpuestas (y orientadas cada una en un sentido distinto) aumentan la confusión. Pero, a poco que uno se fije, como el viajero hace después de admirarla entera, observará distintos estilos y tamaños constructivos diferentes que delatan la existencia de dos fábricas unidas: al este, la seo nueva, plateresca en un principio y renacentista luego, y al oeste, y más pequeña, la catedral románica primitiva. O lo que queda de ella, pues parte fue arrumbada por la nueva en su avance hacia esa zona, interrumpido, según parece, por falta de presupuesto.

La catedral nueva, aun así, es imponente. De gran altura y profundidad, su fachada principal, que es la del norte, aplastada la del sur contra la muralla próxima, se eleva sobre la plaza como un tapiz fabuloso punteado de arcosolios y de adornos platerescos y coronado por frisos y agujas del mismo estilo. En especial la portada, que es un derroche de fantasía. Un derroche que realza el color ocre de la piedra, muy parecida a la de Salamanca.

Sin embargo, está cerrada. Un cartel sobre la puerta indica que, por estar en obras, la catedral de Plasencia está cerrada hasta nueva orden al tiempo que una flecha indica la dirección de la seo vieja, adonde se ha trasladado el culto entre tanto. El viajero, contrariado (no es la primera vez que le ocurre esto), admira un rato la construcción, le da una vuelta a la cabecera y, luego, sigue la flecha recorriendo con la vista, mientras pasa, la fachada, que, a medida que avanza, se vuelve renacentista para, en un momento dado, dar paso a la seo vieja. El viajero lo percibe porque la altura del edificio es más baja de repente.

La puerta de ésta se encuentra abierta. Un mendigo lo anticipa a mitad de la escalera que accede a ella desde la plaza convirtiendo la subida en una especie de pórtico. Al viajero, sin embargo, no le da tiempo a llegar a él. Cuando se dispone a hacerlo, invaden las escaleras varias docenas de jubilados que salen en ese instante de la seo vieja después de verla y decididos a hacer lo propio, por lo que escucha, con el vecino Palacio Episcopal. Como es lógico, al viajero le falta tiempo para incorporarse al grupo, pues duda de que el palacio se pueda visitar en solitario, al contrario que la catedral, que está abierta a los turistas todo el día.

Los jubilados son catalanes y demuestran una alegría propia de su situación. Camino del Palacio Episcopal lo manifiestan, sobre todo al pasar junto a una furgoneta estacionada en medio de la plaza y pintada de publicidad: «Su Majestad la Reina nos pidió 8 manosantas el 4 de noviembre de 2004. Y el 26 de enero de 2009 nos pidió otras 10 manosantas. Ya en palacio tienen 22 manosantas», dice en los dos laterales, mientras que sobre el capó proclama: «Si a ella le ha ido bien, ¿por qué no lo pruebas? Anímate por 33 euros». En el asiento del conductor, un muchacho con perilla espera pacientemente a que alguien pique el anzuelo.

—¿Qué son las manosantas? —le pregunta, intrigado, el viajero por la ventanilla.

—Unas almohadillas —le dice el chico sin apearse.

—¡Ah! —exclama el viajero, yéndose, no porque no le interesen las almohadillas, sino porque los jubilados entran ya en el Palacio Episcopal. Ninguno se ha detenido a saber qué son las manosantas que se anuncian.

El Palacio Episcopal, cuya puerta principal se abre frente por frente de la de la catedral románica (ésta, sencilla, muy primitiva, sin apenas ornamentación, excepción hecha de la de los capiteles y del relieve que tiene sobre las arquivoltas), es un edificio noble, seguramente anterior a lo que su fachada renacentista sugiere. Tras la puerta, un gran zaguán y un patio lleno de limoneros distribuyen el acceso a las distintas plantas y dependencias de un edificio que sigue siendo residencial, pese a que, en su planta baja, acoja las oficinas del obispado y hasta una librería religiosa. Mientras los jubilados hablan sin gran respeto entre ellos (ni interés por lo que la guía les cuenta), el viajero se entretiene en admirar el patio y las galerías y en espiar por las cristaleras el interior de la librería, que atiende un hombre mayor, quién sabe si sacerdote (hay también una mujer con pinta de monja), y el despacho lateral en el que se recibe al público y que está lleno de carteles con mensajes religiosos o de información puntual, entre los que destaca por su atrevimiento el de la campaña que la Iglesia española está librando en estos momentos contra la ley del aborto que el Gobierno quiere aprobar y que representa a un niño y a un lince ibérico, éste más protegido, según la Iglesia, que aquél.

La visita al palacio dura poco y el viajero vuelve a la plaza, donde la vida sigue su curso ajena a los jubilados y al lince ibérico y al acartonamiento ideológico de una Iglesia cada vez más distanciada de la sociedad a la que debería servir. Que se lo digan, si no, al mendigo que, en la puerta que da acceso a la seo vieja (que no es la principal, que está cerrada, como se ha dicho), espera unas monedas que le permitan comer este mediodía. Extrañamente, su aspecto no es el de un mendigo al uso —al contrario: viste con gran corrección—, lo que hace su presencia aún más triste y dolorosa.

El hombre, que es educado, le cuenta al viajero sus desventuras tras aceptar las monedas que éste le da, interesado por su situación. Según parece, Fernando, que así se llama el mendigo, vive en Plasencia y tiene familia, pese a lo cual se ve obligado a pedir limosna tras agotar el subsidio de desempleo después de haber perdido su trabajo hace ya tiempo. Su única esperanza, dice, es que pasen en seguida los dos años que le quedan para cumplir los sesenta y cinco y comenzar a cobrar la jubilación.

—¿Y en qué trabajaba usted? —le pregunta el viajero, conmovido por su historia.

—Era albañil —dice el hombre, que habla muy bajo, como para que nadie le pueda oír.

—¿Y sus hijos?

—Tengo seis, pero anda cada uno por su lado... Sólo hay una que vive aquí, en Plasencia, pero tampoco puede ayudarme mucho porque su marido también está en el paro.

Consternado por la historia de Fernando, de cuya sinceridad no duda pese a que sabe que muchos pedigüeños son actores, el viajero le da otras dos monedas y se despide de él, antes de cruzar la puerta, deseándole más suerte de la que está teniendo hasta ese momento. Salvo el viajero, nadie le da ni los buenos días.

La catedral vieja de Plasencia, a la que ha regresado el culto por estar la nueva en obras después de años convertida en un museo, combina ahora las dos funciones, como el viajero advierte en cuanto entra en ella. En la nave lateral que hace las veces de vestíbulo, un biombo corta el paso a los turistas, que han de pagar para ver el templo, salvo que tengan la suerte de llegar, como le ocurre al viajero, cuando hay misa en su interior. En esos casos, el chico que vende los billetes a la entrada deja pasar al que vaya a ella.

El viajero, cómo no, aprovecha la ocasión y se cuela en la nave principal, donde comienza la misa en este justo momento. Media docena de curas, todos calvos excepto uno, se alinean tras el altar procediendo un día más a celebrar lo que para ellos es el acto principal de su existencia. En un confesionario lateral, otro cura realiza sus lecturas mientras tanto a la espera de que algún pecador decida acercarse a poner su alma en paz.

El viajero, que lo es, pero que se siente en paz, sobre todo después de desayunar las migas, se entretiene en observar la catedral, que es muy pequeña, y lo que sucede en ella. En los bancos, dos docenas de personas (cuatro monjas entre ellas) siguen la misa en silencio, aunque desde fuera llega un continuo ruido de obras, que son las que están haciendo en la contigua catedral nueva. Que está detrás del altar, al que le falta el ábside primitivo, amputado por el muro con el que aquélla quedó cerrada, provisionalmente en un principio y de manera definitiva después.

El resto de la seo vieja, cuyo espacio se vio así reducido, apenas cuenta con elementos que distraigan la atención del visitante, fuera de la construcción en sí. De estilo gótico primitivo (solamente la fachada principal es románica, parece), sus tres naves subsistentes (la del crucero, que la tenía, desapareció también con el ábside), sus columnas de pilares protogóticos y sus bóvedas de crucería componen un templo mágico que el alabastro de las ventanas llena de luz a esta hora iluminando los bancos y los ropajes de los canónigos y trasladando al viajero a otras catedrales, como la vieja de Salamanca, de destino y factura semejantes. Si bien ésta es algo más moderna y está viva de momento, mientras se acaban las obras en la seo nueva.

Cuando termina la misa, el viajero sale al claustro, cuya puerta está abierta y sin protección, pues la aduana para el peaje quedó detrás. Es lo que tiene llegar a tiempo, piensa, feliz de su suerte.

El claustro, como la iglesia, es irregular. De igual estilo, aunque más tardío (el templo fue construido en el siglo XIII y el claustro, entre el XIV y el XV), tiene cierto aire románico, quizá porque ocupa el sitio del que de verdad lo fue. Como el templo, el actual se salvó de la piqueta gracias a que se acabó el dinero y ahora constituye, además de un jardín precioso, el único elemento de la catedral antigua que se conserva íntegro y sin alterar apenas. Solamente en un costado, el que limita con la catedral moderna, se advierte un muro sin terminar que corta el claustro como un telón y cuyo extremo utilizan ahora los guías para explicarles a los turistas su composición interna como el viajero verá a lo largo de todo el día.

El claustro, por lo demás, aparte de una hermosa fuente gótica en el centro cuyo chorro refresca la mañana y el granito (y alrededor de la cual varios limoneros ofrecen sus frutos amarillos a la luz), acoge unas arcadas ojivales con columnas, dobles a veces, orladas por capiteles con decoración diversa, que sostienen arcos del mismo estilo que, a su vez, sirven de base a pequeños rosetones circulares como ruedas. En la crujía del mediodía, una pequeña capilla, la única que subsiste de las varias que el claustro debió de tener en tiempos (se ven sus marcas en las paredes), en cuyo interior se exponen una pila bautismal y un par de imágenes y dos sepulcros maravillosos, uno románico y otro gótico, cualquiera de los cuales pagaría por sí solo la visita. En especial el románico, que recorren dos frisos superpuestos, el inferior compuesto por plañideras y el superior, por escenas alusivas a la muerte y al entierro de su dueño de nombre desconocido.

Una segunda capilla, ésta ya fuera del claustro, aunque se acceda a ella desde éste, a la derecha de la crujía que corta el muro, reserva al visitante una última emoción. De trazo gótico y gran altura, la capilla, que en realidad es el interior de la preciosa cúpula bizantina, hermana de las de Zamora y Toro y de la llamada Torre del Gallo de la catedral vieja salmantina, a la que se asemeja mucho (los placentinos llaman a ésta la del Melón, por el remate que la corona por el exterior: una esfera partida en varios gajos), es un espacio lleno de fantasía y un canto en piedra a la arquitectura: su cuadrada planta se convierte en una cúpula octogonal coronada por un techo cónico que parece una sombrilla cuyas varillas serían los nervios (dieciséis exactamente) y su eje, la hermosa clave que los concentra. Dedicada a San Pablo, la capilla, que habría desaparecido igualmente, como la catedral antigua y el claustro, de haberse terminado las obras de la nueva, emociona por su belleza, pero también por su sencillez. Y lo mismo pasa con la talla de la Virgen, de estilo gótico como ella y de una envergadura poco usual (andará por los dos metros como mínimo) que la preside frente a la puerta, pese a que le falte mucha de su policromía.

Visto ya todo, el viajero, relajado por la hora y por el frescor del claustro, se entretiene en observar los limoneros, en los que cantan pájaros invisibles, y las hermosas arcadas góticas, supervivientes de una amenaza que por fortuna no se cumplió, pero que evocan ahora los ruidos que llegan desde la catedral moderna. Son los de los obreros que están trabajando en ella, cuya labor, por suerte, consiste sólo en ponerla guapa sin afectar para nada a la seo antigua y cuyas voces también se oyen, a través de la pared que los separa, en el atrio que se extiende al mediodía y que las obras mantienen cerrado al turismo. Tan sólo la coincidencia de estar allí cuando llega un hombre que abre el portón de madera le permitirá al viajero contemplar por unos instantes el abandono en el que se encuentra (las hierbas crecen entre las losas, incluso hay zarzas entre algunas de ellas), así como el entramado de torres y de espadañas que miran hacia ese lado, entre ellas la famosa del Melón.

Apoyado contra el muro, mientras los pájaros siguen con el concierto ajenos a su presencia y a la invisible pero ruidosa de los obreros, el viajero toma sus notas sabedor de su privilegio, que no es otro que el de hacer lo que le gusta. ¡Qué placer estar ahí, en ese jardín fantástico, disfrutando del frescor y de la luz que el mediodía cuela entre los limoneros!

Pero lo bueno no dura siempre. Cuando más tranquilo está escribiendo en su libreta lo que ha visto hasta ese instante (y lo que entrevió ayer noche) y disfrutando de la soledad del claustro, irrumpen en él media docena de personas encabezadas por el que parece un guía. Lo es, efectivamente, y en seguida se dirige, tras explicar a los que le siguen detalles de las arcadas (que, según él, fueron hechas en dos fases diferentes y por tres maestros distintos: un tal Azoyte, de origen árabe, la primera, y Juan Martín y Pedro Ximénez, las otras), hacia el extremo del muro que cierra la catedral nueva. El viajero, que está cerca, escucha lo que el guía cuenta:

—Este muro, que pertenece a la catedral moderna, se hizo para cerrarla cuando se decidió interrumpir las obras. Como ven, está inacabado. Es muy interesante porque nos permite ver cuál es su composición, que, de otra forma, nunca veríamos —los que le siguen miran con curiosidad la estructura interior del paredón—. Como ven, es como una galleta: por fuera, piedras de sillería, pero por dentro simple mortero. Aunque, como podrán observar, para rellenar éste —dice el guía, señalando con el dedo la argamasa que compone el interior de la «galleta»— utilizaban todo lo que encontraban, hasta trozos de columnas como éste procedentes de la catedral antigua...

Los turistas se acercan a mirar y el viajero hace lo propio aprovechando su concentración. En efecto, en el interior del muro se ve un trozo de columna aprisionado entre la argamasa al igual que otras piedras menores. ¡Y pensar que por fuera el muro parece entero de sillería!...

Es mediodía. El viajero, acabadas sus anotaciones y tras dar otra vuelta al claustro, ahora sin fijarse en nada, que es también ocupación muy placentera, entra de nuevo en la catedral, por cuyas naves deambulan varios turistas. El sol, que está en lo más alto, las ilumina con mayor brillo y las pequeñas naves relucen como si fueran barcos de piedra; unos barcos cuyas proas ocupan los tres retablos barrocos que el viajero vio antes, mientras la misa, pero que ahora puede observar desde cerca. El principal, que es el mayor de los tres, está dedicado a la Virgen, representada con el Niño en la pintura que ocupa el ático superior (hay

también un crucifijo bajo ella, de marfil posiblemente, de época más tardía) y en la imagen que corona la cornisa, aquí sin el Niño ya. Los otros dos, más pequeños, acogen otra imagen de la Virgen, ésta, de talla contemporánea, y otra del Cristo de los Doctores, de estilo gótico primitivo. Lo que el viajero no sabe es si estos retablos están aquí permanentemente o si han sido traídos a raíz de restablecerse el culto para embellecer el templo desde la catedral moderna.

—Pues no se lo sé decir —le contesta, muy sincero, el chico de las entradas, al que pregunta al salir fuera.

El chico no parece saber mucho del lugar en el que está. Aunque, para vender entradas a los turistas, tampoco hay que ser un genio.

Aun así, el viajero se entretiene, aprovechando que ahora está solo, en darle conversación, por ver si le cuenta algo que él no conozca. Por ejemplo, de la leyenda del hombre volador, que anoche leyó en sus guías y que es lo que más le atrajo de las dos catedrales placentinas. Esa leyenda que se refiere al escultor del coro de la más vieja (trasladado a la nueva cuando se hizo), un tal Rodrigo Alemán, el cual fue castigado, al parecer, por la procacidad de las misericordias de los asientos, a cumplir prisión dentro de una torre, de donde intentó escapar fabricándose un artilugio con las plumas de las aves que le llevaban para comer y que pedía que se las sirvieran vivas arrojándose con él desde lo más alto, yendo a dar con sus huesos en la tierra al otro lado del río Jerte y descalabrándose para la eternidad. Aunque hay otra versión que afirma que el hombre salvó la vida y que murió de viejo cuando le llegó la hora.

—Yo sé lo que me han contado —le dice el chico de la entrada con su voz llena de sopas al viajero—. Y es más o menos lo que le han contado a usted.

—Pero ¿se mató o no?

—Eso tampoco se lo sé decir. Aquí la gente dice que se mató al caer, pero no quita que se salvara —dice el chico, encogiéndose de hombros, demostrando que le importa poco.

Pero el viajero insiste en su interrogatorio. Le divierte la conversación y ya ha visto la catedral dos veces.

—¿Y cuál fue la torre desde la que se arrojó?

—Ésta, la cuadrada —le dice el chico, indicándosela al viajero en un cartel.

—Pues menudo porrazo debió de darse —sonríe éste, calculando la altura por la foto.

—Eso seguro —responde el chico, interrumpiendo la conversación para atender a unos turistas que acaban de aparecer. Son jubilados, como la mayoría de los que el viajero ha visto desde que llegó a Plasencia—. Aquí vivimos del Imserso —comenta el chico cuando se van al enterarse de que hay que pagar para ver el templo—. ¿Quiere pasar? —le ofrece gentilmente al viajero en ese punto, alargándole una entrada y un folleto, quién sabe si por amabilidad o para que deje de hacerle ya más preguntas.

—No —le agradece éste—. Si vengo de verla ya... —le señala el interior tras el biombo.

—¿Cómo que viene de verla? —se extraña el chico, sin comprender.

—Entré cuando la misa —le confiesa el viajero, reconociéndole que aprovechó la oportunidad para ver la catedral sin pasar por la taquilla, como debería haber hecho al finalizar aquélla.

—¡Ah! —exclama el chico, entendiendo.

—De todos modos, si me das el folleto... —dice el viajero—. Me vendrá bien para compulsar mis notas.

El chico se lo da, aunque mirándolo un tanto raro, seguramente pensando que debería negárselo por haber entrado sin pagar. Justo en ese momento aparece un compañero, quizá un guía que regresa de enseñar la catedral a algún turista. Ya queda menos, le dice al de las entradas, consultando su reloj y apostándose también junto a la mesa.

—¿A qué hora cerráis? —les pregunta el viajero antes de irse.

—Ahora, a la una —le dice el recién llegado, que parece más despierto que su amigo.

En la plaza Mayor, a esa hora, el mercado bulle de actividad. Los puestos han aumentado y a las verduras y las hortalizas que copaban la mayoría al principio se han unido otros distintos que ofrecen mercancías más variadas y curiosas. Los compradores también han aumentado en número, así como los ociosos que contemplan el ir y venir de aquéllos desde la sombra de los soportales.

El viajero se entretiene en contemplar varios de los puestos nuevos. Hay uno de cencerros de latón, bruñidos, hechos a mano, para el ganado que tanto abunda en esta región, que le cautiva por su plasticidad (el vendedor, que es el que los hace, es, además, buen conversador), pero en los que se para más son el del Tío Picho, apicultor de las Hurdes, la comarca que Buñuel retrató en un documental convirtiéndola en el símbolo del subdesarrollo hispano, y el de Monserrat, una chica joven que vende la mercancía que ella fabrica: quesos de cabra y oveja, con la leche de sus propios animales. El Tío Picho, sombrerito del país y aspecto de buhonero (que reproducen las etiquetas de sus productos, lo que delata su vanidad), vende en su puesto además de miel, polen y jalea real, así como otros productos derivados de esos tres, como los caramelos de miel y polen que ha bautizado como *hurdanitos,* y es, a lo que se ve, una institución en el mercado de los martes de Plasencia. La gente, al menos, se agolpa frente a su puesto comprando lo que él proclama es «naturaleza pura». Aunque él no es tan puro como su miel. Ni tan honrado como presume mientras va y viene vendiendo tarros a las personas que se los reclaman. Al viajero le quiere cobrar el polen más caro que a los demás.

—¿No eran tres euros? —pregunta éste.

—Cuatro.

—Pero si al anterior le ha cobrado tres... —dice el viajero, un tanto ofendido, a riesgo de ofenderle a él.

—Me confundí —responde el Tío Picho.

Varios puestos más allá, en la calle que lleva hacia la Plasencia nueva, el viajero, sin embargo, compra el polen por el precio que el Tío Picho le pedía a todo el mundo salvo a él. Lo vende su propio hijo, así que no hay confusión. Monserrat, la de los quesos, es transparente, en cambio, como un espejo. Por si alguien no se fía, muestra junto a sus productos fotografías en las que aparece ella, no como ahora, que está muy guapa, vestida entera de blanco, sino con mono de trabajadora, ordeñando a las ovejas y las cabras que su marido y ella cuidan personalmente y con cuya leche hacen los quesos que venden luego por la región:

—Tiene de oveja con romero, con pimentón, con tomillo... Estos de aquí son de cabra... Y éstos, mitad de cabra y mitad de oveja.

Con su cargamento a cuestas (aparte del polen del Tío Picho —un tarro de medio kilo— y de dos bolsas de *hurdanitos,* le ha comprado a Monserrat un par de quesos), el viajero busca una mesa en los soportales donde poder comer mientras ve el mercado. La encuentra, para su suerte, en la terraza del Español, el café donde desayunó hace horas y cuyas migas le hacen pensar que su cocina no ha de estar mal. Antes de comer, no obstante, pide una cerveza fría y se relaja leyendo en sus guías de viaje la historia de la plaza en la que está, que es consustancial a la de Plasencia y que recoge, entre otros sucesos, dos dignos de ser mentados: el casamiento de Juana la Beltraneja, la sobrina y opositora de Isabel la Católica al trono de Castilla, con el rey de Portugal Alfonso V (el matrimonio sería luego anulado por el Papa por ser los cónyuges también parientes y no haber pedido dispensa) y el ajusticiamiento a la vista de todo el mundo de la Serrana de la Vera, la legendaria mujer del vecino poblado de Garganta de la Olla que, según dicen los romances, mataba a sus amantes después de haberlos seducido, al modo de las ninfas de los cuentos, y cuya historia llevó a la escena Lope de Vega.

—Hay otro —le dice el camarero, ufano de su ciudad, cuando le trae el menú que ha pedido—. Aquí se celebró la primera corrida de toros de la que se tiene noticia escrita. La cita Alfonso el Sabio en sus cantigas...

Acabada la comida, con el mercado ya recogiendo, el viajero da una vuelta por Plasencia antes de regresar a la catedral. Lo hace por su parte noble, la que está más atestada de palacios y casonas, la mayoría de ellos pertenecientes a las familias que dominaron este lugar durante muchos siglos: los Zúñiga, los Monroy, los marqueses de Mirabel, los condes de Torrejón, los Arión, los Almaraz... Viejos palacios y caserones tachonados de leyendas y de escudos que hablan de la prosapia de esta ciudad que fue la cuna de Extremadura (fue aquí donde se tomó el acuerdo, en 1653, de formar la alianza de ciudades, las principales del territorio en aquella época, que daría origen a la región) pero que en su mayoría hoy están cerrados y abandonados o mudados en museos y en hoteles. Las calles, por su parte, que el viajero encuentra ahora semidesiertas, como en la noche (la gente vive en los barrios nuevos), evocan unos tiempos ya perdidos, pero cuyos ecos suenan en cada esquina y cada rincón. Y en sus nombres, que proceden de los oficios que en ellas se acomodaron (Zapatería, de los Quesos, Caldereros...) o de los propios palacios e iglesias que en ellas se alzan: de San Martín, de San Nicolás, de Santo Domingo el Viejo... Todo un rosario de referencias que al viajero le traslada, mientras deambula sin rumbo fijo, a un mundo caballeresco hoy convertido en una ficción: la de la Plasencia antigua.

Aunque para ficción-ficción la de su catedral moderna. Cerrada a cal y canto como un cofre, o como la mayoría de los palacios que la rodean (ahora también el episcopal), la catedral nueva de Plasencia parece otro decorado que sumar al de la ciudad entera. Desde la fuente de los naranjos, mientras el agua arrulla sus pensamientos, el viajero mira en sus guías lo que la fachada oculta, resignado a no poder verlo directamente: las imponentes naves de enorme altura (las tres iguales, contra la costumbre entonces); el fabuloso arco central, uno de los mayores que se hayan hecho, no sólo aquí, sino en todo el mundo; el exquisito retablo mayor, la última obra, según parece, del vallisoletano Gregorio Fernández (y al que, por si le faltara algo, le adornan cuadros de Francisco Rizi), y, sobre todo, el controvertido coro de sesenta y tres asientos, todos con sus correspondientes misericordias fueran la perdición de su constructor, el legendario hombre volador que, a pesar de ser el mejor tallista de España cuando lo hizo (suyos son también los coros de catedrales como la de Ciudad Rodrigo), se vio en la necesidad de salir volando de la torre en la que la Inquisición le había encerrado por considerar su obra diabólica. Ese torreón cuadrado —el único de los de la catedral— en el que las campanas suenan ahora asustando a las cigüeñas que planean sobre ella.

Hay muchas, tantas como espadañas y como nidos han hecho sobre sus alturas. Las cigüeñas de Plasencia forman parte del paisaje ciudadano y estas de la catedral, en concreto, son las más fotografiadas de todas. No tanto por ellas mismas, que hay muchas en Extremadura, sino por residir en esos pináculos que, por su disposición y número (son más de media docena), constituyen los elementos más inmortalizados de las dos catedrales placentinas.

El otro es la fachada plateresca de la nueva, que el viajero vuelve a admirar, ahora con la luz del sol, que la ilumina lateralmente. Recortada contra el cielo, que está azul, con apenas unas nubes hacia el este, la hermosa obra de Enrique Egas en la que trabajarían también otros arquitectos (las guías hablan de Juan de Álava, de Covarrubias, de Siloé...) parece una filigrana de piedra ocre. Justo todo lo contrario que la fachada de la seo vieja, que, por desnuda y elemental, se ve pobre al lado de ella. Aunque de pobre no tenga nada. Solamente su portada principal —la que, cerrada, encara la puerta (también cerrada a esta hora) del vecino Palacio Episcopal, aunque ignorada por los turistas, que la deben de creer una entrada subalterna— justifica para el viajero, no sólo el viaje a Plasencia, sino todo el que piensa hacer por Extremadura. Su hermoso primitivismo, su desnudez de tallas y de ornamentos (solamente la engalanan, aparte de los capiteles, decorados con relieves zoomórficos, las singulares puntas de diamante en las que acaban las arquivoltas) hacen de ella un gran retablo lleno de expresividad y paz. La misma expresividad y paz que transmiten, en la escueta hornacina superior, el conjunto escultórico de la anunciación y, sobre él, el rosetón calado, con aire de haber sido recompuesto en algún tiempo, que completa tan fabuloso cuadro. ¡Cuánta belleza en tan poco espacio!

Por la otra puerta —la de la plaza—, que es la única que sigue abierta, guardada ahora, aparte de por Fernando, por un muchacho con pinta de drogadicto (Fernando se ha retirado hasta la escalera, quizá por no discutir con él), los turistas siguen entrando, indiferentes a aquélla, que no verán. Peor para ellos, piensa el viajero, saludando a Fernando al llegar donde él está:

—¿Qué tal la tarde?...

—Hoy está flojo —dice el mendigo.

—¿Cuánto ha sacado?

—Cincuenta céntimos...

—¿Sólo?

—Sólo.

El viajero busca en sus bolsos. Le da dos euros, que es lo que tiene en monedas.

—Gracias —dice Fernando, cogiéndolos.

—Le quitó el sitio... —le comenta el viajero, por el drogadicto.

—Ya ve —responde el mendigo, encogiéndose de hombros, como si ya estuviera habituado a que le quiten el sitio tanto en la vida como en la catedral.

Al otro lado de la puerta, el que continúa en el suyo es el muchacho de las entradas. Con cara de aburrimiento, pues ya lleva varias horas en su puesto.

—¿A qué hora acabas? —le saluda el viajero, sacándolo de su postración.

—A las seis —le responde el chico.

El viajero mira la hora. Son las cinco ya pasadas.

—¿Sigue en pie tu invitación? —le pregunta al chico, por la de esta mañana.

—¿Qué invitación? —le dice éste sin entender.

—La que me hiciste antes de comer...

—¡Ah! —comprende el chico por fin—. Pase, pase... —le señala el interior tras el biombo.

—Muchas gracias —le sonríe el viajero, complacido.

Pero, antes, se demora en contemplar la nave en la que se encuentra y cuya arquitectura contrasta con la del resto de la seo vieja, pues es de estilo renacentista. Un contraste que acentúa el altar que tiene al fondo y que la convierte en una capilla, aunque se ve que es accidental.

—Es que esta nave pertenece ya a la catedral nueva —le explica el chico de las entradas—. Si quitaran aquella pared de allí —dice, señalando al fondo—, se pasaría a ella directamente. Mírelo aquí, para que lo entienda —le muestra una fotocopia con la planta del gran complejo catedralicio, en la que se ve la nave alargarse hasta el final de la catedral antigua, sobrepasándola como un pasillo—. Si se hubiese acabado de construir, la nave del otro lado ocuparía todo lo que es el claustro —concluye el chico su explicación.

—Ahora lo entiendo —dice el viajero, comprendiendo por fin gracias al plano el galimatías de esta catedral partida, que en realidad son dos demediadas.

El interior de la más antigua está ahora bañado por el sol. Su arquitectura reluce en toda su gran belleza, que cambia con la posición de aquél. Pero no hay nadie dentro de ella. Solamente el viajero, como un zombi que regresara del tiempo en el que se hizo. ¡Qué sensación de inmortalidad!

En el claustro, en cambio, hay turistas. Como si fuera un oasis o un laberinto de piedras góticas, deambulan por las crujías asomándose a sus arcos para contemplar el jardín que encierran. E igual ocurre en la gran capilla (más por la altura que por la planta) que acoge el Melón por dentro, donde una guía explica en este momento sus características arquitectónicas al grupo que la rodea. Son jubilados, aunque se les ve muy jóvenes. O zombis, piensa el viajero, observando cómo escuchan, aburridos, a la guía. Ésta parece ya harta de contar lo mismo de siempre, aunque lo disimula con profesionalidad.

—Bueno, me voy —se despide el viajero, de vuelta de su visita, del chico de las entradas, que, éste sí, parece un zombi, de la cara de aburrimiento que tiene. Lo cual no es de extrañar a la vista de los comentarios que tiene que oír de la gente:

—¿Hay que pagar por entrar? —protesta un hombre mayor que acaba de aparecer acompañado por otros tres.

—¡Bueno, hombre! —exclama otro, dando la vuelta al oírlo—. Total, las catedrales —sentencia, ya ante la puerta—, vista una, vistas todas...

Vista ésta, que no todas, el viajero, que no comparte, evidentemente, tal opinión (lleva ocho años ya recorriéndolas), se despide definitivamente del chico —y de Fernando, al salir afuera— y se aleja por la plaza lentamente, deteniéndose al final a mirar el edificio que acoge dos en lugar de una. Con la caída del sol, que corre ya hacia su ocaso, la gran fachada catedralicia parece aún más imponente que cuando la descubrió en la noche.

Regresará a verla también ésta (en la oscuridad el templo cobra otra dimensión), pero ahora tiene prisa por partir para ver todavía de día el otro gran espectáculo que la primavera placentina ofrece: la famosa floración de los cerezos en el vecino valle del Jerte, que concita en este tiempo a visitantes de toda Extremadura.

Por fortuna, hoy es día laborable y el viajero no sólo recorre la distancia que separa Plasencia de aquél en muy poco tiempo (algo que, de otra manera, habría sido imposible: según le han dicho, se forman colas de hasta varios kilómetros de coches los domingos), sino que puede contemplar el espectáculo acompañado sólo por los lugareños. Aunque, como éstos están ya hartos de él, ni siquiera salen a contemplarlo, salvo los pocos que ahora faenan sulfatando los cerezos en las fincas. Que cubren todos los montes desde el fondo del valle hasta sus cumbres, convirtiéndolos, ahora que están floridos, en un inmenso tapiz de nieve que se confunde con la de verdad que aún queda en la cordillera. El espectáculo, no por efímero, es menos emocionante. Al revés, precisamente por su delicadeza y su fugacidad hace que hiera los ojos, a la vez que llena el alma de paz.

Al viajero, sentado en una ladera, mientras la tarde cae sobre las montañas, lo único que se le ocurre es pensar que está en Japón.

El mantel de la Última Cena y otras reliquias de la catedral de Coria

A las nueve de la mañana, en el café Español de Plasencia desayunan los mismos que ayer lo hacían, salvedad hecha de algunos vendedores del mercado, que hoy no han venido, lógicamente. Sin sus puestos, la plaza parece más pequeña y el café, en cambio, mayor.

Acodado en una esquina de la barra, el viajero desayuna mientras lee su periódico, que ha comprado al pasar por un quiosco. Le gusta hacerlo cada mañana, incluso cuando está de viaje, como hoy ocurre.

—¿Le apetecen unas migas? —le pregunta el camarero, que le trata como si fuera ya un habitual.

—No, muchas gracias —rechaza el viajero la invitación, conformándose con su café con leche. La experiencia de ayer le bastó para saber cuáles son sus límites.

—Pues están mejor que nunca —se lamenta el camarero, sin creer que no le apetezcan.

La salida de Plasencia se demora largo rato por un paisaje industrial que se prolonga varios kilómetros. Es el polígono de la ciudad, que la triplica en tamaño y en extensión. Se ve que la capital del norte de Extremadura lo es también en lo económico.

Al polígono le sucede un paisaje de dehesa que en seguida deja paso a una gran vega plagada de secaderos y de cultivos. Es la ribera del Alagón, el río que, procedente de las alturas del norte de la provincia, atraviesa por la mitad, fertilizándola con su caudal. A su vera, Galisteo, el camino que une Plasencia con Coria, las dos sedes de la Iglesia cacereña, contempla la fértil vega desde el risco en que lo alzaron, completamente cercado. Fueron los almohades los que lo hicieron para defender el pueblo de los ataques de los leoneses, que avanzaban hacia el sur por esta zona, y a ellos les debe el viajero el espectáculo que contempla esta mañana de primavera. Desde los muros de Galisteo, hechos con cantos del río Jerte, que se une al Alagón cerca del pueblo, se domina una de las perspectivas más bellas de Extremadura: al norte la cordillera, hacia Salamanca y Ávila, todavía con nieve en sus principales cumbres; al este y sur las dehesas donde pastan los millares de cabezas que hacen de la provincia de Cáceres el paraíso de la cabaña extremeña; y al oeste la amplia vega que el río Alagón bendice en su camino hacia Portugal. Galisteo, por su parte, apretado entre los muros y a la sombra de un castillo cuya torre recrecida por una espadaña vieja llena de nidos de cigüeña, presenta el trazado típico de los pueblos de la zona, con las calles retorcidas y las casas encaladas y la plaza sombreada por árboles venerables bajo los cuales los jubilados entretienen la mañana conversando de sus cosas. Aunque los hay que prefieren el bar del pueblo, que está enfrente del Ayuntamiento y en el que la conversación de hoy gira en torno a la noticia que el periódico local destaca en primera página: la visita de la reina doña Sofía al valle del Jerte para ver la floración de los cerezos. ¿La aprovechará también, piensa el viajero al leerla, para comprar otra manosanta al pasar por Plasencia en su camino?

El del viajero, dejado atrás Galisteo, le conduce nuevamente entre cultivos hacia la capital del río Alagón. Y de todo el territorio occidental de la provincia cacereña. Pues Coria, la vieja Cauria de la que Ptolomeo habla en sus *Cartas geográficas,* es, a pesar de su poca población de hoy y del traslado del obispado que durante bastantes siglos tuvo aquí su residencia, la ciudad heredera de aquel bastión militar que controlaba la ruta entre Ciudad Rodrigo y Mérida. De ahí sus rotundas murallas, que el viajero avista todavía lejos, y de ahí su emplazamiento en lo alto de una colina que el río Alagón rodea reflejándola en sus aguas al pasar. Poco, muy poco ha debido de cambiar Coria desde que los romanos andaban por estas tierras buscando oro o acarreándolo desde el norte hacia la capital augusta.

Esta mañana, no obstante, muchos años después de aquellos días, la ciudad recibe al viajero adormilada aún y casi sin gente. Por las calles que conducen hacia el centro, que se van estrechando poco a poco, sobre todo a partir de la muralla, su coche pasa sin nadie que le salude ni interrumpa su ascensión hacia la plaza en que se alza, dominando la vega del Alagón, que pasa justo debajo de ella, la segunda catedral de la provincia cacereña. Otra cosa ha de ser cuando, por San Juan los habitantes de Coria cortan las calles con talanqueras para impedir la huida del toro cuya fama corre unida a la del pueblo. Para bien y para mal, pues últimamente el toro que recorre la ciudad persiguiendo a sus vecinos y a los miles de turistas que se acercan a la fiesta está siendo contestado (el toro no, su persecución) por los defensores de los animales en España y en Europa.

Frente a la catedral, la plaza, que es uno de los lugares más concurridos en esos días (a ella, antes o después, viene a refugiarse el toro), presenta hoy un aspecto muy diferente, por su tranquilidad y calma. Sólo dos coches ocupan tan amplio espacio, que rodean viejos palacios y caserones abandonados, amén de la catedral y del hotel que ahora acoge el antiguo palacio del obispo. Que ya no reside en Coria, sino en Cáceres, aunque la diócesis siga llevando como primero el nombre de Coria (Coria-Cáceres es su denominación completa) y su catedral siga siendo ésta, mientras que la de Santa María, en Cáceres, ostenta la categoría de concatedral. Todo eso se lo cuenta al viajero un jubilado que entretiene la mañana paseando por la plaza y que, como la mayoría de sus vecinos, como el viajero comprobará a lo largo del día, está dolido con el obispo que trasladó la sede del episcopado a Cáceres. Fue hace ya cincuenta años, pero aún sigue escociendo a los corianos.

La catedral es un edificio sobrio, rectangular y de una sola torre. De estilo gótico en sus orígenes, pero renacentista en su terminación, recuerda algo a la de Plasencia, aunque es más humilde que ésta. Será porque la diócesis de Coria también lo es (fuera de su parte sur, en la que está la capital de la provincia, su territorio se extiende por las comarcas más montañosas y pobres de Cáceres, como las famosas Hurdes) o será porque el obispo ya no reside a su sombra, lo que hace que su entorno esté un tanto descuidado, en especial en las zonas menos visibles. Que son la de poniente y la del sur, donde los cactus y la maleza crecen al lado mismo de las paredes catedralicias.

La puerta que mira al norte es la única que se ve abierta. Se trata de un arco gótico encastrado entre la torre y una construcción anexa (quizá la de una capilla, aunque, de serlo, ha de ser enorme) cuya composición y adorno miran ya al Renacimiento, sin embargo. A su lado, una tronera (la que esconde la escalera de la torre) y un balcón monumental (éste en la pared contigua) muestran también una decoración plateresca, lo que le da al escenario cierto sabor salmantino. Eso y las seis ventanas abiertas —dos abajo y cuatro arriba, más pequeñas— sobre la puerta de la catedral desde las que, según las crónicas, los canónigos miraban el ir y venir del toro y de los corredores sin sufrir riesgos y, el día de las reliquias, el obispo mostraba las de la catedral desde el balcón que lleva su nombre. Una fiesta y tradición que quedaron suspendidas ya hace tiempo por los tumultos que se formaban entre la población de Coria en su deseo de tocar la más preciada de las reliquias, que no es otra que el mantel sobre el que Jesucristo y sus doce apóstoles celebraron, según aquélla, la Última Cena.

Esta mañana, contrariamente a esa situación, la soledad es casi absoluta tanto a la entrada como en el interior del templo. A excepción del empleado que, tras la puerta del claustro (que es lo que realmente escondía la construcción aneja a la principal), controla el acceso a éste —y al museo, que está en él—, la catedral está tan desierta como la plaza a la que da nombre. Lo cual es de agradecer, pues el silencio y la soledad no sólo no son obstáculos para la contemplación de un templo, sino que contribuyen a hacer ésta más completa, sobre todo si, como la catedral de Coria, se puede ver casi entera desde cualquiera de sus cuatro esquinas.

Sencilla, de nave única, con un crucero de exiguos brazos y la capilla mayor cuadrada, la primera iglesia de Coria se ofrece al que la descubre como un espacio armonioso solamente interrumpido por el coro, que ocupa el centro de él. Bellas bóvedas nervadas (la del ábside mayor es de ladrillo, consecuencia del terremoto de Lisboa, que destruyó la original de piedra según dice la inscripción que hay en su clave: EL TEMBLOR DERRIBÓ A MI ANTECESOR AÑO DE MDCCLV) y las columnas en las que se apoyan, éstas en forma de media palma, componen un escenario cuya armonía y belleza subrayan las grandes rejas del coro y de la capilla mayor y el magnífico retablo del altar, de inconfundible sabor barroco. Completan el escenario unas pocas capillas laterales, la mayoría en el muro sur (la presencia del claustro en el del norte impide que allí haya más), y un trascoro casi exento, excepción hecha de cuatro esculturas pétreas y del retablo también barroco que lo preside. Éste, lógicamente, añadido a él con el tiempo.

Echado el primer vistazo, el viajero vuelve a la entrada dispuesto a hacer la visita como le gusta y como se debe; esto es: sin prisas ni acelerones, pues le queda por delante todo el día. Y la catedral de Coria, a lo que se ve, no es la de Burgos precisamente. Otra cosa muy distinta es lo que guarde el museo, que, por lo que el viajero intuye, es la joya de este templo abandonado por su dueño.

—¡Y que lo diga! —le dice el joven que lo vigila sentado tras una mesa. El chico parece amable y tiene ganas de conversación—: El obispo de ahora viene algo más, pero los anteriores...

—¿Y los curas?

—Ésos andan liadísimos. Cada uno de ellos atiende varias parroquias; así que apenas si tienen tiempo.

—O sea, que tú eres aquí el que manda —le sonríe el viajero mientras mira las postales que se alinean delante de él. La más repetida es del mantel de la Última Cena, que también protagoniza las portadas de varios libros. Se ve que es el estandarte de la catedral cauriense.

—Es lógico —dice el muchacho, orgulloso del museo y encantado de que alguien se interese por saber lo que contiene. Quizá en toda la mañana el viajero es el primero que lo hace—. La catedral de Coria guarda reliquias importantísimas, pero el mantel de la Última Cena es la principal de todas.

—¿Y es de verdad el auténtico? —desliza aquél con escepticismo.

—Prácticamente con seguridad. Jackson, el americano que más ha estudiado el mantel, dice que es coetáneo de la Sábana

Santa de Turín —afirma el chico con convicción, habituado como ha de estar a contárselo a los turistas todos los días—. Según él, los judíos tenían la costumbre de poner sobre la mesa dos manteles, uno debajo de otro. Jackson sostiene que uno de ellos lo utilizaron luego para envolver el cuerpo de Cristo a modo de sábana, que es el que está en Turín, y el otro llegó a Coria, quizá traído por los templarios.

—¿Los templarios?

—Sí. Según la tradición, fueron éstos los que trajeron muchas de las reliquias de los lugares santos a Europa —dice el chico, que confiesa que es licenciado en Historia y que está redactando una tesis sobre la relación de la familia de Alba con Coria. Una tesis que ahora tiene interrumpida por la imposibilidad de compaginar su ocupación de guarda del museo con la investigación.

—¿Qué guía me recomiendas? —le pregunta el viajero, contemplando las que se muestran en el expositor.

—Llévese ésta —le dice el chico, cogiendo una, la más grande y más completa en apariencia—. Es la más cara, pero es la mejor de todas.

El viajero le hace caso y se lleva también una postal, lógicamente una del mantel, que aparece asomando de la arqueta en la que, al parecer, se guarda y de la que casi nunca se saca para preservarlo como merece. No en vano se trata de una reliquia que tocaron Jesucristo y sus apóstoles, según Jackson y la tradición local.

—¿A qué hora cierras? —le pregunta el viajero al muchacho antes de irse.

—A la una y media —le dice el chico.

—¡Ah! Entonces lo veo más tarde —dice el viajero, mirando el claustro en cuyas dependencias reposan las reliquias que tanto encarece aquél.

Con ayuda de la guía, que, en efecto, es muy completa, el viajero empieza su recorrido en el mismo lugar por el que entró; esto es: la puerta del Evangelio, que está pegada a la del museo. La catedral continúa desierta, lo que le anima a hacerlo todavía más. En la soledad reinante el templo parece un barco petrificado hace muchos siglos.

Ante el altar, que cierra una reja, el viajero empieza a leer la guía: «Uno de los monumentos capitales de Extremadura es la catedral de Coria, tanto por su espléndida fábrica gótico-renacentista, con añadidos barrocos, como por su contenido mueble y documental. Es un suntuoso conjunto histórico-artístico, como ya el legislador certificó al declararlo monumento nacional el 3 de junio de 1931. Además, no se comprende la milenaria, acogedora y bella ciudad de Coria sin el majestuoso y lindo perfil catedralicio que se observa al llegar desde Torrejoncillo, apenas iniciado el rápido descenso al feraz y siempre verde valle del Alagón, anchuroso río de caudalosas, vivificantes y limpias aguas flanqueado por frescas alamedas...». Como la introducción se extiende, el viajero pasa las páginas. El primer capítulo habla de la ciudad de Coria, así que también lo pasa. Y lo mismo hace con el siguiente, que habla del exterior de la catedral. Y, así, capítulo tras capítulo hasta llegar a uno que le interesa. Se titula «Una complicada historia constructiva» y relata la de la construcción del templo, que divide en cuatro fases, aparte de hacer mención del primer edificio visigótico y de la mezquita árabe que lo sustituyó (de los que nada queda, dice, en la catedral de hoy), así como de la anterior románica, alzada en el siglo XIII a raíz de la reconquista de Coria y de la que dan noticia e idea el contrato firmado por el cabildo para las obras de la actual y el tamaño del coro, que se hizo todavía para aquélla, y de dedicar dos breves epílogos a las obras del siglo XVIII, cuando la catedral ya estaba acabada, realizadas por Manuel de Larra Churriguera y encaminadas a reparar los daños que las tropas del archiduque Carlos ocasionaron en ella tras su entrada en Coria; todo ello aderezado con planos y con dibujos y relatado con minuciosidad. Pero, como la narración se extiende y el viajero lo que quiere es saber algo del templo, no hacer un estudio de él, pasa también el capítulo después de saber que el templo tardó en hacerse dos siglos, los que fueron de 1496, fecha de iniciación de las obras, hasta mediados del XVII, cuando se concluyeron oficialmente.

De su contenido artístico (que no todo ha de ser arquitectura), la guía comienza hablando de lo que el viajero tiene ahora enfrente; esto es: de la capilla mayor, que, tras la reja, luce con brillo propio. Y con el que le da el retablo, una magnífica obra dieciochesca en la que la guía dice «languidecen los últimos destellos del Barroco, calmados ya por el espíritu neoclásico que anida en su soberbia arquitectura lignaria». Verdad o no, lo cierto es que el retablo conmociona por su magnificencia, acentuada por las enormes columnas y los capiteles que las coronan y por las dos hornacinas que cobijan a la Virgen —la del centro—, patrona de la catedral a lo que se ve, y al grupo de la Piedad, la que ocupa el ático. El autor de la guía lo atribuye a dos frailes trinitarios: Juan de San Félix y José de la Santísima Trinidad, y al escultor vallisoletano Alejandro Carnicero, que fue quien hizo las esculturas, aunque también reconoce que fueron tantos artistas los que participaron en esta obra que es absurdo atribuirla a una única persona. De lo que no tiene duda alguna Florencio Javier García Mogollón, como se llama el autor del libro, es de quién la costeó: un obispo apellidado Magdaleno, a quien Dios le tenga en su gloria por haber promovido esta maravilla.

Maravillas son también al decir de aquél —pues el viajero apenas si alcanza a verlos, tanta es la distancia que le separa, por culpa de la reja, de ellos—, los dos sepulcros de mármol que se reparten el flanco izquierdo de la capilla: uno de Lucas Mitata y el otro de Copín de Holanda, ambos con las esculturas de los obispos que los ocupan (un tal García de Galarza y el otro llamado Pedro de Ximénez de Préxamo), y la propia reja que los protege, que, ésta sí, el viajero puede admirar al detalle. Pese a que, según la guía, lo que se conserva es sólo una tercera parte de lo que hubo (al parecer llegaba hasta el mismo techo), la reja es tan fabulosa que justifica casi que esté cerrada. En especial el remate, que ya es barroco (lo que indica que se hizo *a posteriori:* el resto es renacentista), hace soñar con un mundo utópico en el que las formas son las que quiere el hombre y no las que la materia le impone.

Frente a la capilla mayor, el coro también se encuentra aislado por otra reja. Debida al mismo artesano, el rejero soriano Hugo de Ras, más conocido por el apodo de Ursón, es aún más fantasiosa (la corona una bellísima crestería vegetal y recorren sus barrotes grandes hojas) y se conserva entera, al revés que aquélla. Enlaza ambas una vía sacra cuyos remates dorados brillan como grandes copas y que, por suerte, permanece en su lugar igual que el coro, al contrario de lo que sucede en la mayoría de las catedrales. Lástima que, por la reja, el viajero no pueda acceder a éste y admirar con más detalle «las hermosas tracerías ojivales de las sillas, que simulan ventanales, rosetones y vegetales en un auténtico ejercicio de caligrafía artística y originalidad», ni las misericordias que ocultan debajo de sus asientos, la mayor parte de las cuales representan motivos vegetales y geométricos, pero entre las que las hay también inspiradas en los bestiarios de la Edad Media, siempre al decir de la guía, que reproduce algunas en sus fotografías. El viajero preferiría verlas directamente, pero, como es imposible, se conforma con soñarlas mientras mira el facistol, «hermosa pieza barroca con detalles de estilo rococó» que, por estar en el centro, recibe mucha más luz, y las dos esculturas pétreas que guardan la entrada al coro, una en cada lateral.

—¿Quiere que le abra la reja?

El que ha hablado no es un cura, sino el chico del museo, que ha aparecido de pronto detrás de él. El viajero, que no le ha visto llegar, acepta, claro, su ofrecimiento:

—Si no hay problema...

Ninguno. El chico abre la reja y le invita a pasar al coro, cosa que el viajero hace con la impresión de estar violentando algo. Aunque el muchacho le tranquiliza:

—Como no hay gente... —dice mirando la catedral, que continúa vacía.

No sólo la del coro. También la del altar le abre el chico sin dudarlo, convencido de que el viajero merece su confianza y atención, o aburrido quizá de esperar en la soledad del claustro a unos turistas que hoy no aparecen. Y no sólo abre las rejas. Acompaña al viajero en su visita, explicándole lo más interesante según él; gracias a lo cual aquél, además de ver lo que antes no pudo por culpa de las rejas, se entera de más detalles de esos grandiosos sepulcros, gótico uno, clasicista el otro, pero los dos de espectacular factura, que se suceden en la pared del fondo (así, que del de Copín de Holanda falta un sagrario de alabastro que completaba su ornamentación) y de la sillería del coro, que es ciertamente una maravilla vista de cerca, con sus primorosas filigranas góticas y sus misericordias llenas de monstruos y extraños seres. Hay una, por ejemplo, de dos lobos disputándose un cordero; otra de dos humanoides con cabezas de burro, uno de espaldas al otro; otra de dos especies de grifos con cabeza de león y pies de cerdo... Las más extrañas de todas son, no obstante, para el chico del museo, las dos figuras que adornan los dos pomos de la silla episcopal: dos hombres con taparrabos y con tocados de plumas en la cabeza.

—¿Qué diría usted que son? —le pregunta al viajero, invitándole a mirarlas más de cerca.

—Dos indios.

—¿Está seguro?

—Yo creo que sí —responde el viajero.

—Y yo —le confiesa el chico, que, a lo que parece, las ha analizado mucho—. El problema —añade, con una pausa— es que este coro se hizo en 1489 y todavía no se había descubierto América.

El viajero vuelve a mirar las dos figuritas. Son dos indios, está claro, tanto por los tocados de plumas como por sus rasgos físicos. Están tan bien esculpidos que parecen de verdad.

—A lo mejor las hicieron luego... —aventura como explicación.

—No lo creo —dice el chico, que prefiere claramente mantenerla en el misterio mientras pueda. Se ve que se aburre mucho esperando todo el día a los turistas aquí solo.

—¿Vienen muchos? —le pregunta el viajero, cambiando de conversación.

—En Semana Santa y en verano sí. El resto del año pocos.

Justo cuando está diciéndolo aparecen por la puerta los primeros: dos matrimonios mayores, uno de ellos con aspecto de extranjeros. El chico sale del coro para cumplir con su obligación, pero deja que el viajero se quede dentro de él.

—Usted siga —le anima a continuar mirándolo—. Y, si descubre la explicación, me la dice —añade, por los dos indios.

Las capillas laterales son muy pocas, pero las hay también muy curiosas. Entre las de la nave sur, por ejemplo, la llamada de la Anunciación, que alberga dos retablitos barrocos (el principal de los cuales enmarca, además de la pintura que da nom-

bre a la capilla, una preciosa tabla renacentista del eccehomo), o la de San Pedro de Alcántara, que es la contigua, llamada también de Amusco por haber sido construida por un canónigo apellidado así y que, aparte de exhibir otro retablo barroco, éste mucho más grandioso, alberga en un lateral el imponente sepulcro de su mentor, una filigrana gótica llena de escudos y de ornamentación. La de al lado, más pequeña y a la que se accede a través de aquélla, es más pobre, sin embargo, aun cuando guarda un Cristo crucificado de tal belleza que sobrecoge sólo con verlo (aunque de desconocido autor, la guía quiere arrimarlo, por su pureza y su clasicismo, al taller o a la mano de Mitata).

En la nave opuesta, mientras tanto, las dos capillas existentes, una en el tramo que da al trascoro y la otra en la base de la torre, tienen también su particular belleza, en especial la primera, llamada de las Reliquias por haber guardado durante siglos las de la catedral, que ahora están en el museo casi todas, y que, aparte de una cúpula pintada, acoge dos retablos de estilo rococó (llegó a tener hasta tres, parece), el principal de los cuales custodia, ocultas tras diversas puertecitas, las que aún permanecen en la capilla. La de la torre, llamada de los Maldonado, que fue sagrario y hoy se dedica a la Inmaculada, exhibe, por su parte, amén de los correspondientes retablos, de los cuales sólo el mayor es barroco (el terremoto de Lisboa destruyó los anteriores), una curiosa imagen de San Francisco de Borja blandiendo una calavera y un crucifijo en actitud de detener los que puedan suceder en el futuro. De hecho, tiene a sus pies un templo en ruinas, representación tal vez de la catedral de Coria (sólo muestra una torre, como ésta) y, en la peana, una leyenda en latín que reza: *«Ad tutelam templi contra terremotus»*. Demostración evidente de que fue hecha con posterioridad al de Portugal.

Fuera del de las capillas, el mobiliario artístico se completa, y el viajero así lo anota en su libreta, por varios retablos más y algunos otros objetos, como los órganos, neoclásicos, cada uno de ellos suspendido sobre uno de los brazos del crucero, o el enterramiento gótico de Catalina Díaz, mujer del maestro de obras del duque de Alba en Coria, cuya ornamentación y fecha (1487) hacen pensar en el mismo autor que el del canónigo Hernando Alonso de Amusco. De los retablos, todos barrocos, como la mayoría de los de la catedral, el viajero se queda con el de San Juan Bautista, al que acompañan sendas imágenes de San Ramón Nonato y San Blas y que es todo un derroche de imaginación y estilo, aunque también recomienda —si es que alguien le hace caso todavía a estas alturas— los dos de los pies del templo, destinados a enmarcar sendos lienzos de la Virgen con Santa Ana y con el Niño y de la imposición de la casulla a San Ildefonso (dos clásicos de la imaginería española) y cuya presencia envuelven dos arcosolios renacentistas cuyo destino primero era, al parecer, acoger sepulcros de obispos. Misterios de las catedrales, que cambian continuamente, como la vida.

La visita ya está hecha. La catedral de Coria se ha terminado (por lo menos en su descubrimiento) y el viajero, satisfecho, se pregunta qué hacer ahora. Es ya la una y el templo cierra en un rato, según dijo el vigía del museo.

—¿Qué tal? —le pregunta éste, al verle llegar.

—Bien.

—¿Le gustó la catedral?

—Muy bonita. Aunque está un poco abandonada —dice el viajero, mirando el claustro, que, desde donde ellos están, forma un ángulo perfecto.

—La verdad es que es una pena —dice el chico, con tristeza.

El viajero mira el horario. La catedral cierra a la una y media, pero vuelve a abrir por la tarde otro par de horas.

—Casi lo dejo para la tarde, entonces —le dice al chico, por el museo, del que salen en ese instante varias personas. Con el transcurso de la mañana, parece que la catedral se ha animado un poco.

—Mejor —le dice el muchacho—. Le llevará por lo menos una hora y media.

—¿Tanto? —se extraña el viajero.

—Bueno —se encoge de hombros el chico—, depende de lo que usted quiera tardar...

—¿Cómo te llamas?

—Óscar.

—Pues nada, Óscar, nos vemos a las cuatro, entonces —se despide el viajero sonriendo, agradecido a su amabilidad.

La ciudad vieja de Coria, que está aislada de la nueva por completo, ofrece la misma imagen que hace unas horas, aunque se ve más gente en sus calles. El viajero las recorre lentamente observando los palacios y casonas, que son muchos, y empapándose de ese sabor popular que se acrecienta a esta hora con el mediodía. Tras los portones cerrados de la mayoría de aquéllos late un silencio ancestral, pero de las casas nuevas (o viejas, aunque habitadas) llegan sonidos diversos, así como los olores de las comidas que las corianas preparan en las cocinas, lo que indica que la vida continúa en este sitio. De cuando en cuando, una plazoleta o un gran palacio remodelado y convertido en edificio público aumentan esa sensación que tras las puertas de las murallas, como la que el viajero cruza en este momento, es ya una constatación, a la vista de la ciudad moderna. Las calles repletas de bares y los paseos atestados de personas y de coches indican que Coria no es sólo un reducto histórico, sino que sigue creciendo a pesar de haber perdido muchas de sus pasadas grandezas.

Pero al viajero le gusta más la ciudad antigua. La moderna está más viva, más llena de animación y de actividad, por lo menos a esta hora, pero el viajero prefiere la primera, no sólo por su belleza, sino también por su tranquilidad y calma. Una tranquilidad y una calma que se acentúan en dirección a la catedral, que está al final del trazado, y que le permiten disfrutar, como a él le gusta, del sol de la primavera y de las perspectivas que se suceden tras cada esquina al cruzar una calleja o al final de una plaza porticada. Muchas de ellas adornadas por unos enormes hierros que son los que, al parecer, sirven para sujetar los postes y los tablones que impiden que el toro huya, como en la calle de la Estafeta de Pamplona, en las fiestas taurinas de San Juan.

A las dos, el viajero da por concluido el paseo. Es la hora de comer y los corianos apuran sus pasos hacia sus casas, lo que le anima a buscar un sitio donde poder hacerlo él también. Al pasar, ha visto un sitio cuyo nombre le ha llamado la atención: El Bobo de Coria, nombre de un famosísimo cuadro de Velázquez que popularizó el de la ciudad más allá de Extremadura.

A la entrada, varios hombres toman el aperitivo apostados en la barra que precede al restaurante, cuya presencia se advierte tras una puerta. Desde el otro lado de la barra, el camarero contempla a los parroquianos con gesto serio.

—¿Puedo comer?

—Pase —le contesta al viajero sin mostrar ninguna emoción.

La camarera del restaurante, al menos la que al viajero le ha correspondido en suerte, tampoco se caracteriza por su expresividad. Ni por su conversación, pues no solamente ignora la composición del gazpacho extremeño, que es el primer plato del menú, sino todo lo que el viajero le pregunta sobre la ciudad de Coria. Puede que sea una descendiente del famoso bufón del cuadro de Velázquez (una reproducción del cual adorna la pared del restaurante), aquel Juan de Calabacillas que, tras entretener con sus ocurrencias al duque de Alba, que se lo trajo a Coria desde las Hurdes, donde, al parecer, nació, pasó al servicio del rey Felipe IV, a quien se lo regaló después y en cuya corte lo conoció el pintor.

Hasta las cuatro y media el viajero toma unas notas al sol sentado en las escaleras que rodean la catedral por su lado oeste, justo enfrente del palacio que fue del duque de Alba y donde vivió Juan de Calabacillas y que hoy, semiarruinado, pertenece, según le ha contado Óscar, el vigía del museo catedralicio, al escritor Rafael Sánchez Ferlosio, quien lo heredó de su padre, el también escritor Rafael Sánchez Mazas, a cuyas falangistas manos llegó por algún extraño conducto. Cerca de él, un grupo de adolescentes fuman porros al amparo del lugar mientras contemplan la vega del Alagón, que corre abajo, entre los cultivos, lejos del enorme puente que los corianos le hicieron para salvarlo, pero que el río abandonó en algún momento, posiblemente por la intervención del hombre. ¡Qué hermosa vista debe de haber desde él, con la catedral y la ciudad arriba, asomadas a la colina bajo la que el puente sueña! Como el viajero, que, mientras lo contempla, se va durmiendo también, arrullado por un silencio que sólo rompen de tanto en tanto las voces de los adolescentes y los toques de los cuartos y las medias en el campanario de la catedral y deslumbrado por la portada principal de ésta, que, aunque olvidada y un tanto sucia, es una joya renacentista de la que saca oro el sol de la tarde. La guía dice de ella, tras describir su iconografía, que es «un compendio de la teología y la moral del siglo XVI», pero ni a los adolescentes ni a nadie en Coria parece importarles mucho.

En la del norte, por el contrario, cuya puerta ya está abierta cuando el viajero llega ante ella, tres personas montan guardia aprovechando que da la sombra. Uno es Óscar, y los otros dos, hombres mayores, uno de ellos con aspecto de ser algo retrasado. Aunque es el más hablador. Sin abandonar su faria, que fuma con gran placer, cuenta, a preguntas del viajero, la composición del gazpacho extremeño, que le encanta, según dice, por lo que lo tomaría todos los días. La pena —se lamenta— es que su hermano (que es el que está junto a él) sólo lo hace de vez en cuando, pues dice que engorda mucho.

—¿Viven juntos? —le pregunta el viajero al más callado, al hilo de la confesión del otro.

—Sí, señor —contesta el del puro, anticipándose, mientras su hermano observa sin decir nada.

—Y usted es el que cocina... —se dirige a éste el viajero, interesado por su relación.

—¡Qué remedio me queda! —dice el hombre, cuyo aspecto no delata su condición.

Es cura, canónigo de la catedral de Coria, le confiesa al viajero el propio Óscar, ya en el interior de ésta. Los dos hermanos se han quedado afuera, disfrutando uno de la faria y el otro de la sobremesa. Y, en efecto, el hermano es un poco retrasado, por lo que viven juntos desde que murió la madre.

—Pues no parecía un cura —se sorprende el viajero al enterarse, recordando el aspecto del citado. Más parecía un jubilado al uso que un sacerdote con años de teología.

Óscar se encoge de hombros, no se sabe si asintiendo a lo que el viajero dice o resignado ya a la certeza de que tiene que empezar a trabajar. El trabajo no es muy duro, pero sí esclavo y muy aburrido.

—Por la tarde suele venir menos gente —dice, contemplando el claustro en cuyo interior le espera la mesa con las postales tras la que consumirá las horas que aún quedan para las siete. Venga o no venga más gente, él tiene que estar aquí.

—¿Y no aprovechas para preparar tu tesis? —le pregunta el viajero, que imagina lo aburrido que debe de resultar estar esperando aquí a que alguien aparezca por la puerta.

—Imposible —dice Óscar—. No me concentro.

Junto a la entrada para el museo, que hace el número 3.325, a saber si de este año o de su historia, Óscar le proporciona al viajero una serie de consejos para verlo. En concreto, el orden en que ha de hacerlo y las piezas que ha de ver por encima de cualquier otra: aparte del mantel, lógicamente, y de otras varias reliquias no menos espectaculares (un trozo del *lignum crucis,* una espina de la corona de Cristo, tierra del sepulcro de éste, del de la Virgen, etcétera), una hoja original de la *Summa Theologiae* de Santo Tomás de Aquino y diez pinturas flamencas que son las joyas pictóricas de la colección.

Independientemente de éstas (y del propio lugar en el que están: las dependencias capitulares de un claustro gótico cuyas crujías acogen docenas de enterramientos, todos iguales y sin un nombre), Óscar le recomienda asimismo la colección de arquetas y platería —«una de las mejores de España»—, la de ornamentos litúrgicos, la de escultura y pintura («hay imágenes de los siglos XIII al XVIII») y la de documentos. Y, por supuesto, antes de entrar en las salas donde se exponen aquéllas, dar una vuelta por el claustro, que, aparte de enterramientos, acoge también escudos y alguna imagen de interés, además de unos paneles donde se cuenta la historia de la catedral y del propio museo.

—O sea, todo... —le sonríe el viajero, antes de empezar a hacerlo.

Pero el chico tiene razón. El museo es tan abundante, está tan lleno de cosas que requiere mucho tiempo para verlo. Y no sólo lo que aquél ha encarecido. También alguna otra pieza como una pila bautismal (barroca, muy floreada, oculta en una capilla) o el propio pozo del claustro, cuya decoración de azucenas y motivos geométricos compite con la de aquélla, que, aunque menos celebrados, merecen también la pena. Aunque, evidentemente, al viajero las que más tiempo le detienen son las famosas reliquias, comenzando por el célebre mantel, que asoma de un cofrecito de plata muy repujado expuesto en una vitrina en el centro de la sala en la que están todas las demás. Todas en relicarios o en ostensorios de gran belleza, como corresponde a su contenido. ¡Ahí es nada un trozo del *lignum crucis,* un hueso de San Juan Bautista, una ampolla con leche de la Virgen, una pluma del arcángel San Gabriel...! El viajero, estupefacto, las contempla una tras otra sin saber si sentirse objeto de una gran broma o caer rendido ante ellas implorando el perdón del cielo.

—Impresionante —le dice a Óscar cuando regresa. Aunque no le especifica a qué se refiere con el adjetivo.

—Se lo dije —dice Óscar, orgulloso del museo. Y añade, al ver que el viajero es hombre que sabe apreciar las cosas—: ¿Quiere subir a la torre?

—¿Se puede?

—Tenga —le dice el chico, entregándole una llave que saca de la mesita—. Lo que no puedo hacer es acompañarlo.

—No te preocupes —le agradece el viajero la intención, así como la confianza que acaba de demostrarle.

La escalera de la torre, a la que se accede por una puerta que está en la esquina de enfrente, entre la de la catedral y la de la capilla de los Maldonado, asciende por su exterior, lo que la obliga a ser muy estrecha. De cuando en cuando una puerta da paso a alguna dependencia, pero el viajero no se detiene. Solamente, ya en lo alto, en la sala que precede al campanario, donde está la maquinaria del reloj, y, por supuesto, en aquél, desde el que contempla ya la ciudad de Coria a sus pies y, al fondo, el campo que la rodea. Todo bañado a esta hora por un sol resplandeciente, aunque no caliente mucho, pues todavía estamos en primavera.

La vista es espectacular. En cualquier dirección que mire el viajero ve a sus pies a una escala que parece de maqueta el casco viejo de Coria, con sus palacios y callejuelas y sus tejados llenos de sol, y, detrás de las murallas, de las que no falta un solo metro, el ensanche y los barrios de la nueva, que se extienden hasta donde empieza el campo. Únicamente por el sur, el cauce del río Alagón ha interrumpido su progresión, aparte de por preservar la vega, por estar a mucha menor altura. Desde su posición, el viajero, que siente algo de vértigo, imagina lo que ha de ser arrojarse volando desde aquí como la leyenda quiere que hiciera Rodrigo Alemán en Plasencia.

Pero hay más. Encima del campanario, a cuya parte alta se accede por una nueva escalera, ésta de hierro y empinadísima, están la cúpula y la linterna que rematan la corona de la torre. Y a los que también se puede subir. El viajero, sin embargo, se conforma con mirarlos desde abajo sin tentar más a la suerte, ni al vértigo, que ha ido en aumento. Al fin y al cabo, las vistas —piensa, mirando a su alrededor— no han de ser mucho mejores que las que desde donde ahora se encuentra puede admirar. Especialmente en este instante en el que las campanas retumban bajo sus pies dando las seis de la tarde, que la ciudad recibe sin inmutarse, sabedora de que detrás de las seis vendrán las siete, y detrás de éstas, las ocho, y así sucesivamente. Son muchos siglos oyendo el sonido de estos familiares bronces y viendo pasar un día detrás de otro.

A las seis —había dicho Óscar, al que el viajero descubre junto a la puerta al llegar abajo, preocupado quizá por su tardanza—, había anunciada una misa, la que se dice todas las tardes, al parecer, por las intenciones de algún fiel de la ciudad, pero hoy no ha debido de haber ninguna, puesto que la misa se ha suspendido, según el guía.

—¿Y el cura?

—No ha venido —dice Óscar, empujando la puerta de la torre para comprobar que queda cerrada.

Falta ya poco para que el chico haga lo mismo con la de la catedral también. El viajero aprovecha para darle una última vuelta pese a que cada vez está más oscura (el sol empieza a caer), y luego vuelve al altar. En la penumbra en la que se encuentran, las dos efigies arrodilladas de los obispos Galarza y Préxamo siguen rezando sobre sus tumbas como desde que las esculpieron. Y continuarán haciéndolo cuando la catedral se cierre y la oscuridad se cierna definitivamente sobre este sitio, pues ése fue el deseo de sus mentores. Salvo que —piensa el viajero, imaginando las esculturas no tan inmóviles, tales son su perfección y realismo—, cuando eso ocurra, se pongan en movimiento y se levanten de sus sepulcros como en los cuentos góticos de terror.

Por si acaso, él estará ya muy lejos. Cuando la noche caiga sobre la catedral de Coria, él andará camino de Cáceres, donde piensa dormir hoy para mañana no tener que recorrer tantos kilómetros (de Coria hasta Badajoz hay que cruzar media Extremadura). Aunque antes habrá visto el viejo puente del Alagón —ese que, por repudiarlo el río, ya sólo cruzan los campesinos y los corianos que hacen deporte por los caminos de la ribera— y contemplado el atardecer desde su pretil antes de volver arriba para contemplar lo mismo, sólo que en sentido inverso, antes de coger su coche y abandonar la ciudad de Coria por el mismo laberinto de callejas y plazuelas retorcidas que le trajo esta mañana hasta el lugar en el que está ahora.

—¿Y ahora? —le dice a Óscar, mientras le mira cerrar la puerta.

—Ahora nada —dice éste—. A descansar y mañana otra vez aquí.

—¿Y la tesis?

—¡Huy, la tesis! —exclama el chico con melancolía no exenta de escepticismo—. Mientras no deje el museo...

—Hazla sobre las reliquias —le sonríe el viajero, despidiéndose y prometiéndole que volverá a visitarlo, si sigue aquí, alguna vez.

—A saber —dice Óscar, echando a andar por la plaza, de la que se ha ido ya el sol.

Canónigos y futbolistas

El amanecer en Cáceres es una maravilla más, un espectáculo que se repite todos los días y que acrecienta el encanto de una ciudad cuya belleza y conservación la equiparan a las más hermosas de Europa, desde Avignon a la misma Florencia, a pesar de ser más pequeña. ¡Cuántas quisieran tener estas perspectivas, estos jardines ocultos, estos palacios, estas torres coronadas de cigüeñas! El viajero, que la conocía ya, ha madrugado para disfrutar de ella y del momento en el que es más bella, que es este en el que el sol asoma levantando una bruma de oro sobre su perfil granítico.

Así que a las nueve en punto está ya ante Santa María, la nueva iglesia concatedral desde que el obispo Llopis decidiera trasladar su residencia de Coria a la capital provincial para estar más cerca de los poderes políticos. Para llegar a ella, el viajero ha cruzado el casco viejo cacereño desde la plaza Mayor, cerca de la que durmió esta noche, hasta este hermoso espacio irregular sobre el que la concatedral eleva su torre compitiendo con las docenas que se disputan el privilegio de contemplar primero el amanecer. Algo que sólo comparten unos pocos vecinos madrugadores, trabajadores de la limpieza o de los edificios públicos que aquí se asientan, a esta hora en la que el resto sigue durmiendo según parece. Y es que Cáceres, al contrario que Plasencia, continúa siendo una ciudad muy tranquila, como lo ha sido durante siglos.

El principal ejemplo de ello es el propio Palacio Episcopal. Frente por frente de la concatedral, está cerrado, al igual que ésta, prueba evidente de que el obispo todavía duerme o se está levantando aún. Mientras, a su alrededor, los otros dos poderes que rigen la provincia: el económico y el político, que ocupan dos palacios tan antiguos como el de él, acaban de abrir las puertas para recibir a sus trabajadores, que son muy diferentes a juzgar por su aspecto y por cómo visten: mientras que los de la Diputación son gente normal, los de la Caja de Extremadura (que, a tenor de los coches en los que llegan, todos con conductor oficial, celebra esta mañana una reunión de sus directivos) visten trajes y corbatas, como corresponde a su posición económica. El viajero los observa divertido, comprobando cómo el mundo es igual aquí que en todos los sitios, mientras espera a que la concatedral se abra para poder visitarla por dentro y no sólo por fuera como hasta este momento. Pero los minutos pasan, los directivos de la Caja de Extremadura desaparecen uno tras otro en el interior de su hermosa sede (un palacio del siglo XVI) dejando solos a los conductores y lo mismo hacen, aunque sin tanta prosopopeya, los empleados de la Diputación, y la concatedral continúa cerrada sin que parezca que nadie vaya a venir a abrirla. De hecho, van a ser las nueve y media y el viajero sigue esperando, cansado ya de mirar la puerta y la imponente fábrica de granito de la que sobresale una altiva torre coronada por tres flameros.

—Creo que abre a las diez —le dice una mujer que atraviesa la plaza con el carro de la compra, deteniéndose un instante a mirar también el templo.

—¡Ah! —exclama el viajero, desconcertado, pues le habían dicho que abría a las nueve.

Al final, es un sacerdote joven (de paisano, pero sacerdote) el que le aclara sus dudas antes de desaparecer también tras la puerta del Palacio Episcopal, que abre con llave desde el exterior (quizá viene a despertar a los de dentro). Tanto la concatedral como aquél, le anuncia, no abren hasta las diez, como la señora dijo.

Pero el viajero no puede esperar más tiempo. Al viajero le aguarda aún un largo camino hasta Badajoz, que es su destino de hoy, así que se despide de la concatedral de Cáceres sin poder admirar sus naves, que son seis según las guías, ni sus dos joyas más reputadas; a saber: el retablo mayor, obra de Roque Balduque y Guillén Ferrant, de cedro sin policromar, y el famoso Cristo Negro del que tan devotos son los cacereños, siempre según aquéllas. Tiempo tendrá de verlos en otra ocasión.

La carretera de Badajoz, que atraviesa la sierra de San Pedro, la cadena montañosa que separa las dos provincias de Extremadura (las dos mayores de España, como el viajero aprendió en la escuela), cruza una inmensa región cuya extensión va pareja a la belleza de sus horizontes. Hasta coronar la sierra, las dehesas cacereñas se suceden con su perfil de encinas y casas solas, muchas de ellas auténticos palacios, en las que pastan vacas de toda raza y color, mientras que, a partir de aquélla, el terreno se suaviza dando paso a los olivos y a los cultivos de cereal característicos de la provincia de Badajoz. A un lado y otro de la sierra, los pájaros, las abejas, las retamas florecidas de amarillo y los juncos que verdean en las charcas alegran la faz de un campo en el que la primavera estalla con todo su poderío como cada año por estas fechas. Sólo por esto —piensa el viajero mientras conduce— merecían la pena el viaje y el madrugón que se ha dado hoy.

En las proximidades de Badajoz, cuyo caserío avista surgiendo en la lejanía como una ilusión borrosa (las brumas del río Guadiana y la reverberación del sol, que ya calienta a esta hora, son los responsables de ello), los campos de cereal y los olivos dejan su sitio a modernos cultivos extensivos producidos por la conjunción de aquéllos. Tomates, maíz, pimientos acompañan al viajero hasta las mismas puertas de una ciudad que, aun alejada del resto junto a la raya de Portugal y de tradición agrícola, es la más poblada de Extremadura. Lo cual se advierte al verla de cerca, desde la orilla opuesta del río Guadiana, que fue su foso de protección a lo largo de su accidentada historia, pero que ha desbordado ya, y, por supuesto, al entrar en ella, cosa que el viajero hace, como la mayoría de los que llegan a Badajoz desde el norte, cruzando aquél por el puente que hoy utilizan los coches en sustitución del que durante siglos sirvió de nexo entre ambas orillas y que ahora es sólo para los peatones.

Del otro lado del río, la ciudad lo ocupa ya todo. Desde el cerro que domina su alcazaba, hoy convertido en un parque y en recinto de la Universidad, se extiende en círculos hacia el sur atravesados por viejas y estrechas calles en cuyas casas abunda el color albero; algo que la asemeja a Sevilla, con la que la provincia de Badajoz limita y cuya influencia es patente no sólo en la arquitectura de sus ciudades, sino en el habla y en el carácter de las personas, tan diferentes de los de los cacereños. Y es que la Extremadura leonesa, como durante siglos se la denominó para diferenciarla de la castellana, que es la provincia de Soria («Soria fría, Soria pura, cabeza de Extremadura», reza el escudo de esta pequeña ciudad), y de la portuguesa Estremadura (ésta con ese, según su idioma), en alusión a los extremos o fronteras del río Duero en tiempos en los que éste separaba a árabes y a cristianos, la forman dos territorios distintos y no sólo administrativamente. Mientras que el del norte es sobrio, granítico y ganadero, como corresponde a su vecindad con Gredos, el del sur, que es Badajoz, muestra la impronta árabe y andaluza que le dieron su larga historia de reino de taifa y su proximidad a Sevilla y Huelva. Una impronta aderezada —en las comarcas de la provincia que lindan con Portugal, como ocurre con la misma capital— por las costumbres propias de este país, del que Badajoz dista sólo cinco kilómetros.

Todo ello el viajero va pensándolo mientras, a la escasa velocidad con la que la densidad del tráfico y la estrechez de las calles le obligan a circular, intenta llegar al centro, cuya situación supone por la presencia de una alta torre que imagina ha de ser de la catedral. Algo que no le resulta fácil, pues a los coches se suman algunas obras que están haciendo en varias de aquéllas. Al final, cansado de ir tan despacio (y convencido de que la catedral debe de estar ya muy cerca), el viajero decide dejar el coche en un parking público, el primero que encuentra en su camino.

La torre que divisaba está, en efecto, muy cerca, al final de la calle a la que sale desde el aparcamiento, que está tomada por gente ociosa, parte de ella con pinta de drogadicta. Una constante que viene viendo desde Plasencia y que le hace pensar que en Extremadura la heroína sigue estando muy presente, al contrario que en el resto del país, donde, por suerte, su consumo está en declive. Debe de ser el subdesarrollo, que golpea también de esta manera.

La torre, que es muy antigua, no pertenece a la catedral, como el viajero venía pensando por el camino. Tampoco a ninguna iglesia, pues está sola en un descampado. Aparte de que su aspecto, vista ya desde más cerca, delata su origen árabe, que comparte con el muro que la une a la alcazaba por detrás. El viajero le pregunta a un jubilado que toma el sol a unos pocos metros:

—¿Qué torre es ésta?

—La de Espantaperros.

—¿Y la catedral?

—¿La catedral?... Mire usted: allí la tiene —responde el hombre, indicándole otra torre que se eleva sobre los edificios próximos a unos trescientos metros de donde ellos conversan. Está en sentido contrario al que tomó el viajero al salir del parking.

—¿Y de dónde viene lo de Espantaperros? —le pregunta éste al vecino, volviendo a mirar la que tiene enfrente. Es de planta octogonal y recuerda a la del Oro de Sevilla.

—De que había una campana —dice el hombre— que, cuando la tocaban, espantaba a todos los perros.

Pero esta mañana no se ven perros. Tan sólo algún jubilado que pasea como aquél haciendo tiempo para comer y dos o tres drogadictos que esperan quién sabe qué. A éstos no parece que la torre los espante. Al contrario, son ellos los que deben de espantar a los turistas, pues no se ve ni uno por la zona, a pesar de que la torre parece de obligada visita.

—En este tiempo vienen muy pocos —le dicen al viajero en la oficina de turismo, que se encuentra en su camino cerca ya de la catedral. Antes ha vuelto a desayunar (de la primera vez que lo hizo han pasado cuatro horas) en un café muy antiguo con nombre de cafetería de lujo: el Gran Café Victoria.

La catedral está a pocos metros, en el centro de una plaza que preside junto con el Ayuntamiento; un edificio, éste, rectangular pintado también de color albero. La catedral, en cambio, muestra sus piedras desnudas tanto en la torre, que es gigantesca (está adosada a su planta, en vez de encastrada en ella), como en la nave, que tiene algo de fortaleza. Y de portuguesa, por el estilo. Al viajero, al menos, se le asemeja a algunas de las que ha visto en el vecino país, tan próximo a donde ahora está.

Mientras, desde la ampulosa plaza, que la gente atraviesa en su caminar, o en sus paseos los jubilados y los policías del Ayuntamiento, contempla la hermosa torre, el viajero recibe una llamada de Cerebro, como todos los amigos llaman a Manuel González, escritor, editor y exfutbolista afincado en Badajoz desde hace mucho y en cuya casa dormirá esta noche. Cerebro ya está esperándolo, aunque no quiere interferir, dice, en sus planes. ¿Qué tal, pregunta, si quedan para comer?

—Perfecto —dice el viajero, que, aunque está deseando verlo, antes prefiere visitar la catedral.

—A la una y media te espero en Paco Jerez —oye a Cerebro por el auricular—. Está al lado del Ayuntamiento.

—De acuerdo —le responde el viajero, rastreando los letreros de los bares que se ven cerca de éste. Ninguno se llama Paco Jerez, pero lo encontrará.

Lo que no encuentra para su sorpresa es una entrada a la catedral. Sus dos puertas principales están cerradas a cal y canto y nada indica que haya otra abierta (hacia la parte del mediodía, el edificio está rodeado de construcciones, seguramente pertenecientes a él, pero secundarias). Y, por la hora que es, no lo encuentra lógico. ¿No será que cierra hoy?

—Hoy... y todos los días del año —recalca con intención el policía municipal al que el viajero termina por preguntar, desconcertado por la situación—. Esta catedral es única —añade el hombre con ironía antes de seguir contando—: Se gastaron cien millones de los contribuyentes en arreglarla y ahora la tienen cerrada. Esto sólo pasa en Badajoz.

—¿Y por qué, si puede saberse? —le pregunta el viajero, contemplando el edificio, que, en efecto, parece muy restaurado.

—¡Ah, eso lo sabrán los curas! —le dice el municipal, que, a lo que se puede ver, no comulga con la decisión de éstos. Aunque, a continuación, añade, señalando la parte de atrás de la catedral—: La única forma de poder verla es entrando por el museo.

—Pagando... —dice el viajero.

—¡Hombre, claro!

El policía sigue su ronda, que comprende, por lo visto, los alrededores del Ayuntamiento, y el viajero cruza la plaza de nuevo en dirección hacia donde aquél le ha dicho. Por fin, encuentra una puerta con un cartel que pregona: MUSEO. Es una puerta pequeña, como de sacristía o portería conventual.

Tras la puerta hay sentado un chico enorme, con cara de fraile lego, más que de vigilante de un museo. El viajero duda de que lo sea realmente, sobre todo cuando le escucha hablar.

—La vizit dura cuarencinco minut y comprendel muzé y la catedral —le dice con voz muy rara, como de zarabeto, respondiendo a su pregunta de qué se puede ver con la entrada.

—¿Y puedo quedarme luego?

—¿Cóm? —pregunta el chico, sin comprender.

—Que si luego me puedo quedar en la catedral.

—No. La vizitdura lo que le he di.

—Ya —insiste el viajero a pesar de todo—. Pero me gustaría quedarme luego.

—Nozepué —dice el chico, que no entiende la razón de que el viajero quiera alargar la visita más de lo que está permitido.

—Y, si vuelvo por la tarde, ¿tengo que pagar otra vez la entrada? —cambia éste de estrategia.

—Trezeur.

—Eso ya me lo has dicho. Lo que te pregunto es si tengo quc volvcr a pagar la entrada.

El chico, ahora, no le responde. Encorvado en el pasillo que hace las veces de recibidor (y en el que hay una mesita con postales, como en el museo de Coria), mira al viajero con extrañeza, como si desconfiara de sus intenciones. Parece un cancerbero desbordado por una situación inesperada.

—No te preocupes —le tranquiliza el viajero al verlo tan confundido—. Volveré por la tarde a ver el museo.

De nuevo en el exterior, el viajero medita ahora qué puede hacer hasta el mediodía. Tiene dos posibilidades: o entretener el resto de la mañana paseando por la plaza como el policía del Ayuntamiento (al que vuelve a ver a lo lejos) o recurrir a algo que le desagrada un poco. A lo largo de sus viajes ha evitado hacerlo siempre, pero ahora parece la única solución. Salvo que quiera pasarse el día rondando por los alrededores de la catedral como los drogadictos de Espantaperros.

—¿Don Felipe Albarrán, por favor?

La conserje del Palacio Episcopal, un edificio de noble planta cuya puerta principal mira a la torre, en la esquina contraria a la del Ayuntamiento, le observa con atención antes de responder:

—Don Felipe Albarrán no trabaja aquí.

—¿...?

—Colabora con el obispado —confirma la mujer, que lo conoce—, pero él no trabaja aquí.

—¿Y no vendrá esta mañana?

—No creo.

El viajero mira a su alrededor. El vestíbulo del palacio, donde está la secretaría (una especie de oficina separada por cristales, a la izquierda de la puerta principal), está lleno de carteles y de anuncios, como ocurría en el de Plasencia. Aunque éste es más luminoso. Se nota que Badajoz está al sur de Extremadura.

—¿Y por qué está cerrada la catedral? —cambia el viajero de tercio al ver fallida su pretensión (don Felipe Benicio Albarrán Vargas-Zúñiga, el encargado de protocolo del arzobispado de Mérida-Badajoz, a quien no conoce personalmente pero que le escribió una carta a raíz de haber leído la primera entrega de su viaje a las catedrales de España para ponerse a su disposición cuando pasara por Badajoz, trabaja en otro lugar, por lo que no puede recurrir a él para intentar entrar en la catedral).

—No está cerrada —responde la mujer, poniendo cara de gran sorpresa.

—¿Cómo que no está cerrada? —el viajero es el sorprendido ahora.

—Como que no —dice la mujer—. El museo está abierto hasta la una.

—Yo digo la catedral.

—Ya. Pero es que, entrando por el museo, también la puede ver.

—Pagando...

—Como en todas las catedrales de España.

—Eso no es cierto.

—Yo creo que sí —porfía la mujer, ignorante de que está hablando con una persona que ha recorrido ya la mitad de ellas.

—Le digo yo a usted que no —sonríe el viajero con ironía, sin desvelarle el motivo de su convencimiento.

—Pues yo estuve en la de Burgos —dice ella— y cobraban por visitarla.

—Y en la de Ávila. Y en muchas de Cataluña. Pero en la mayoría la entrada es libre.

—De todos modos —encuentra la mujer una salida a su situación—, ésta abre también para las misas.

—¿Cuándo?

—Por las mañanas. De nueve a once.

—Claro —dice el viajero con ironía—. Y, si uno llega más tarde de las once, se queda sin poder verla.

—Pues espere usted a mañana —le dice la mujer, como si todo el mundo pudiera hacerlo.

El viajero no tiene ganas de discutir. El viajero ya está harto de pagar por poder ver lo que, al fin y al cabo, es suyo también y, mucho más que eso, de pelearse con empleados que, como esta del obispado de Badajoz, defienden la posición de sus superiores con más fervor que ellos mismos.

—Total: que don Felipe Albarrán no va a venir por aquí ya hoy.

—No creo —responde la mujer, volviendo al tema anterior—. De todos modos, si quiere verlo —añade, como si lo recordara ahora—, tiene el despacho aquí al lado.

—¿Dónde? —recupera el viajero la esperanza cuando creía que había perdido todas.

—En esta misma calle —señala la conserje la que arranca de la plaza justo al lado del Palacio Episcopal—, dos portales más abajo, por la acera de la izquierda. Creo que pone «Administración de fincas».

—¡Ah!... ¿Pero no es un cura?

—No. Es administrador de fincas. Y abogado también, me parece.

Desconcertado, el viajero sale a la calle y se va en busca del tal Felipe Albarrán, a quien imaginaba un cura del arzobispado de Mérida-Badajoz por su condición de jefe de protocolo, pero que ha resultado ser un administrador de fincas. Eso sí, con peso sin duda alguna en el arzobispado a tenor del cargo que ostenta.

En el arzobispado y en la sociedad pacense. Porque Felipe Benicio Albarrán Vargas-Zúñiga, cuyo peso corporal también es notable —pasa de los cien kilos sin mucho esfuerzo—, aparte de administrador de fincas, de asesor inmobiliario y de inversiones, de perito y tasador de fincas rústicas y urbanizables y de encargado del protocolo del arzobispado de Mérida-Badajoz, que todas esas cosas figuran en su tarjeta, pertenece, al parecer, a una de las familias de más abolengo local, como al viajero le contará Cerebro más tarde. Aunque él lo había supuesto por el aspecto del susodicho: gafas redondas, como de notario antiguo, e impecable traje de corte, y por sus exquisitos modales y educación:

—Pase, por favor —le invita a entrar a su despacho, del que ha salido rápidamente en cuanto su secretaria ha dicho su nombre.

—Sólo un segundo. No quiero interrumpirle —se disculpa el viajero por la intromisión.

—No me interrumpe —dice el administrador de fincas, acercándole una silla para que tome asiento antes de ocupar la suya detrás de la enorme mesa atestada de carpetas y expedientes—. Es un honor conocerlo.

El despacho, un tanto adusto, está a tono con el dueño. De aire procedimental, tiene el aroma de los antiguos registros o notarías, con sus armarios llenos de documentos y numerosos cuadros y distinciones por las paredes. Hay también amontonados muchos libros, prueba evidente de que Felipe Albarrán es un gran lector.

—Sólo he venido a saludarlo —miente el viajero sin atreverse a decirle el verdadero motivo de su visita.

—Pues se lo agradezco mucho.

—La secretaria del obispado me ha dado su dirección... Pensé que trabajaría allí.

—No. Yo colaboro con el arzobispado en asuntos de protocolo. Pero mi profesión es ésta —dice Felipe Albarrán, mirando a su alrededor como si los expedientes hablaran por ellos mismos.

La conversación se extiende dando meandros como el Guadiana por aspectos de la vida de uno y otro y, sobre todo, por el motivo que al viajero le ha traído a Badajoz y que es lo que más interesa a ambos, antes de que éste se atreva a exponerle abiertamente a don Felipe el motivo de su presencia en esta oficina:

—¿Sería posible entrar en la catedral?

—¿No le han dejado? —se alarma aquél ante la pregunta.

—Sí, pero sólo tres cuartos de hora, que es lo que dura la visita del museo —se apresura el viajero a tranquilizarlo—. Y a mí me gustaría verla con calma. Como usted ha leído la primera parte de mi libro, sabrá a lo que me refiero.

—No se preocupe, que le acompaño yo —se levanta don Felipe de su silla, decidido a hacer uso de su influencia ante lo que considera, a lo que se ve, una visita que hay que cuidar.

—No quisiera molestarlo —vuelve a decirle el viajero, agradecido por su disposición.

—No se preocupe —le dice don Felipe ya en la puerta—. Para mí es un placer atenderlo —y luego, dirigiéndose a su secretaria, que interrumpe la conversación que tiene por el teléfono—: Si llama o viene alguien, he salido.

Camino de la catedral, de la que don Felipe dice que está cerrada por falta de presupuesto (el obispado no tiene para pagar a un vigilante durante todo el día, asegura), el viajero observa al jefe de protocolo, que parece un personaje de otra época tanto por su indumentaria como por su aspecto físico. El traje le queda corto, dejando ver enteros unos zapatos limpísimos, y las gafas le dan un aire de pendolista o de aristócrata extremeño del XVIII. No resulta difícil imaginarlo viviendo en aquellos tiempos a poco que uno se ponga a ello.

—Este templo es interesantísimo —comenta don Felipe ya en la plaza, que el sol alumbra con intensidad—. Como habrá advertido ya, aúna varios estilos, puesto que se construyó durante varios siglos. Además, cumplió funciones de fortaleza en las distintas guerras contra los portugueses.

—Se nota por las almenas —dice el viajero, al que le recuerdan las de la catedral de Tuy.

Es por lo único. El resto aparece tan restaurado que más recuerda a un convento que a una catedral antigua. Incluso la altiva torre, que mide cuarenta metros al decir del jefe de protocolo, muestra un aspecto apacible con sus dos relojes enormes, su campanario abierto a los cuatro vientos y sus ventanas grandes y nada hostiles. Éstas, además, orladas con filigranas acordonadas al más puro estilo portugués.

A la derecha de la torre, la puerta principal está cerrada (no es muy bonita, pese a lo que don Felipe quiere), pero, un poco más allá, otra puerta más pequeña permite a éste y al viajero acceder al interior del edificio tras abrirla el jefe de protocolo con la llave que ha ido a pedir en el obispado (la del museo estaba cerrada, quizá porque el vigilante está con una visita).

El interior de la catedral sorprende por su fastuosidad. Iluminados por las vidrieras, que el sol alumbra con fuerza, los retablos y las rejas que la adornan componen un decorado pleno de brillos y de colores que la asemejan a un relicario gigante más que al edificio gótico que en realidad es por su arquitectura; eso sí, no toda ella, puesto que a los pies del templo y en las capillas que se suceden a lo largo de las naves laterales, todas llenas de retablos y pinturas, se advierten ya claramente las huellas del Renacimiento y aun del Barroco en algunas zonas. Por lo demás, las bóvedas de crucería, la gran capilla mayor (con un retablo barroco que parece arder de tanto como resplandece) y el fabuloso coro que ocupa el centro, como mandan los cánones religiosos, completan un escenario cuya fastuosidad sorprende dada la austeridad que el edificio muestra por fuera. El viajero, conmovido, le confiesa a don Felipe que no esperaba encontrar una catedral tan bella.

—Es una desconocida —contesta éste, orgulloso—. La gente cree que es una catedral menor cuando en realidad se trata de una de las mejores de España. Y más ahora, después de ser restaurada... —añade con satisfacción.

Justo cuando está diciéndolo, aparece en la nave principal el muchacho del museo junto con un matrimonio al que está enseñando la catedral. Don Felipe le saluda y le pide que le traiga un ejemplar del libro que, por lo visto, el obispado acaba de publicar sobre ésta. Es un libro magnífico, asegura.

Y contundente, sin duda alguna. Cuando el muchacho lo trae, el viajero está a punto de rechazarlo, tales son sus dimensiones y su peso. Más que un libro parece una piedra de sillería.

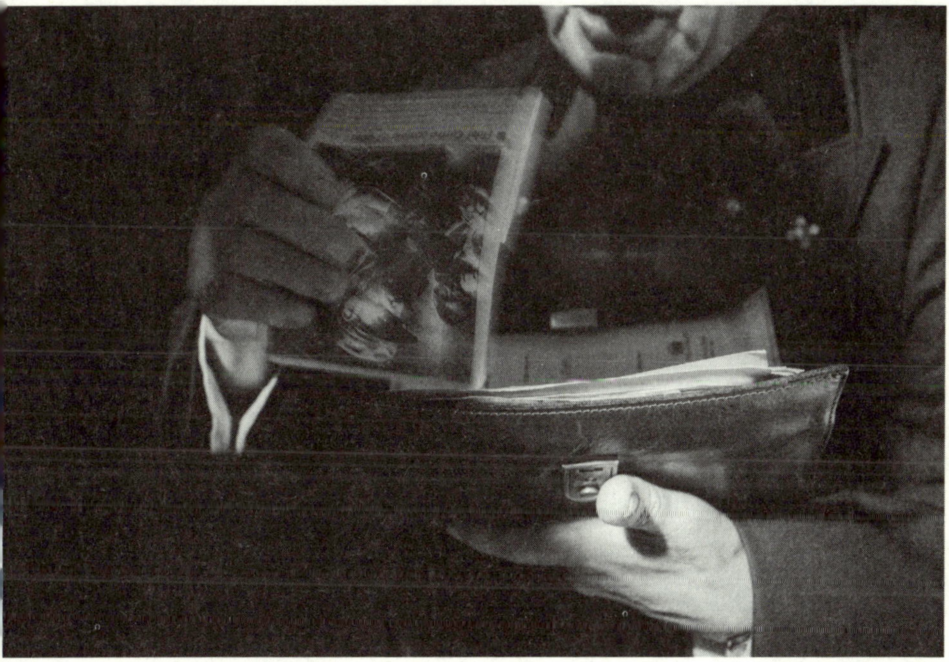

—¡Cómo pesa! —exclama, no sabe si agradecido o consternado por el obsequio.

—Es una edición espléndida —repite don Felipe con orgullo.

Lo que queda de la mañana (cuando llegaron era la una y el viajero se ha citado con Cerebro a la una y media), don Felipe y él lo emplean en echarle un primer vistazo a la catedral, sabedor éste de que a la tarde podrá verla con más detenimiento. El muchacho del museo ya ha entendido que es amigo del jefe de protocolo.

—¿Y a qué se debe su filantropía? —le pregunta el viajero a don Felipe cuando éste le desvela que, aparte de hacer de jefe de protocolo del arzobispado de Mérida-Badajoz sin recibir ningún sueldo a cambio, ha financiado de su bolsillo la pintura de la puerta principal, que no estaba incluida en el presupuesto.

—Mire usted: como no tengo hijos, lo gasto en esto —responde el hombre, antes de contar también que todos los años compra la producción de naranjas y de limones de los árboles del claustro para ayudar con ello a la catedral.

—Pues va a ir al cielo —le sonríe el viajero, ya en la plaza, donde la luz continúa en aumento, así como la animación de la gente.

Al cielo quizá no —al menos no mientras viva—, pero a donde sí va don Felipe, invitado por el viajero, que no sabe cómo pagarle tanta amabilidad con él, es al bar en el que éste se ha citado con Cerebro y que resulta que ha cambiado de nombre. Ya no se llama Paco Jerez, sino Mundial; por eso el viajero no lo veía. Don Felipe y Cerebro, aunque no se conocían, sí saben uno del otro, pues los dos son muy populares en Badajoz, el primero en los sectores eclesiástico y social (también en el de los toros, pues escribe la crítica taurina en el periódico) y el segundo en el futbolístico y literario. No en vano, aparte de haber jugado en el Badajoz, que fue lo que le trajo a esta ciudad, Cerebro ha publicado varios libros y edita los de otros muchos autores. Fuera de eso, pocas cosas más los unen:

—Yo quiero un vino.

—Yo, un zumo de tomate, por favor.

A la hora de comer (don Felipe se va pronto, después de tomar su zumo de tomate, camino de su domicilio), Cerebro lleva al viajero al restaurante de otro futbolista que, como él, vino por dos temporadas y se quedó en Badajoz a vivir. Se llama Azcona y es vasco y pasa de los ochenta años. Su restaurante, que es muy famoso, está en un antiguo chalet, al otro lado del río, en la carretera que lleva hacia Portugal. Cuando Azcona lo abrió, recuerda, sólo había en la zona cuatro casas; ahora está todo construido.

Tras la comida —copiosa y muy bien regada—, Cerebro se va a su casa a dormir la siesta, aunque antes deja al viajero en la catedral. La plaza está animada, como antes, y en las terrazas hay gente tomando el sol. Pero aquélla sigue cerrada. Sólo el chico del museo aguarda en su madriguera, sabedor de que el viajero iba a volver después de comer.

—¿Han venido más personas?

—Ninguna —dice el chico, alargándole la entrada.

Aun así, esperan unos minutos hasta que, convencido de que no va a venir más gente, el chico cierra la puerta decidido a hacer la visita únicamente para el viajero. A éste le perturba un poco, pero al chico no parece importarle demasiado. Se ve que está ya habituado a ello.

—Por las tard nozuel venirturizt —dice, con resignación.

El museo ocupa unas cuantas salas, todas iluminadas muy tenuemente como aconseja la museografía, en lo que se dirían antiguas habitaciones o dependencias de los canónigos. Cada una está dedicada a un tema (arqueología, escultura, pintura, orfebrería, vestimentas...), como todos los museos de este estilo, aunque Jesús, que es como se llama el guía (el chico se ha presentado antes de empezar a hablar), sostiene que es el único de España que está ordenado de esta manera. Jesús mantiene, además (con esa forma de hablar tan particular que al viajero obliga a un enorme esfuerzo para entenderlo), que es también uno de los más valiosos, pese a que no sea muy conocido. Y, como prueba, le muestra al viajero dos veneras que, según él, emocionan a los arqueólogos alemanes, «que zon lozmejó del mundo». Se trata de dos piezas visigodas datadas en el siglo VII.

Junto con las dos veneras visigodas y el alfar árabe recientemente descubierto en el subsuelo de la catedral y que demuestra la preexistencia en este lugar de una zona industrial islámica (las veneras proceden de otro yacimiento, por lo que no presuponen la de un templo visigótico anterior), las joyas del museo son dos hermosos marfiles, uno de San Juan Bautista y otro de San Miguel Arcángel, originarios de Filipinas y de un metro de altura cada uno, el importante conjunto documental (en el que destaca una carta de donación del rey Alfonso X el Sabio al obispo Pedro Pérez, de 1256), cinco cuadros de Morales, el llamado Divino por su virtuosidad, pacense de nacimiento, un relieve en alabastro de *La madona con el Niño,* obra de Desiderio da Settignano, discípulo de Donatello, y una custodia procesional de metro y medio de altura cincelada en estilo plateresco por el célebre platero castellano Juan de Burgos. Aunque Jesús, por iniciativa propia o porque se lo ha escuchado a alguien, extiende tal condición a un sinfín de piezas más, de diferentes épocas y naturaleza: las dos tablas procedentes de un políptico (*El abrazo de San Joaquín y Santa Ana ante la Puerta Dorada* y *La anunciación*) que, al parecer, estuvo en la catedral, la Inmaculada con orla de flores atribuida a Juan de Arellano, el llamado pintor de las flores, un tríptico del XVI que representa las tribulaciones de Nuestra Señora y que también procede de la catedral, dos cuadros de Palomino, otros dos de Bocanegra, un crucifijo de marfil atribuido a Luis Salvador Carmona, media docena de cantorales de los siglos XV y XVI...

—O sea, todo —le concede el viajero, ya en el claustro, donde el museo continúa y con él la relación que de sus maravillas hace su ángel guardián.

—Ya le dij que era de los mejore de Ezpañ —presume éste, que desconoce lo que contienen otros de su naturaleza. El de Coria, sin ir más lejos.

En la catedral, Jesús prosigue su perorata con el viajero encantado por su dedicación y entrega (ya han sobrepasado en mucho el tiempo de la visita y no parece que a aquél le importe) aunque un tanto cansado de hacer esfuerzos para entenderlo. El chico habla como si comiera migas:

—La catedral de Badaj —farfulla en medio de las naves— zecomenzó a cozt al poco de la reconqdelaciudad a loz árab por el rey leonéAlfonIX. Primero era en la alcazab y luego sehizoézta eztramuros de la muralla en un campo llamadde Zan Juan. Su construc duró varioziglos y por culpa de laz guerraz tuvo que recoztruirze. Por ezo tiene variosestil: gótico, renacentis, barroco...

—Pues es preciosa —le interrumpe el viajero para que descanse un poco.

—Y muy rica —insiste él—. Aquí trabajartizt detodozlozzitio de Ezpañ. Y también de Portugal. ¿No ve lasrej?

—Lo veo —dice el viajero, mirando el templo.

La visita empieza por las capillas, todas cerradas con rejas, efectivamente (la mayoría son de aire portugués, como bien dice Jesús, cuyo conocimiento de la catedral es muy superior a lo que su dicción sugiere), y continúa luego por las tres naves, desde el coro al altar mayor. En conjunto, un compendio de arte y arquitectura que el viajero ya atisbó brevemente esta mañana, pero que, ahora, con la luz de la tarde fluyendo por las vidrieras y el silencio sepulcral en el que la catedral se halla, cobra aún mayor esplendor y mayor intensidad en la mirada. Una mirada —la del viajero— emocionada por la belleza de esta catedral ignota y cerrada a la de las demás personas.

—¿Qué le dij? —presume Jesús de ella.

Lo mejor de la catedral, aparte del altar mayor y el coro, son las exuberantes rejas que, además de proteger éstos, cierran también las capillas e incluso la entrada a la sacristía. La mayoría de ellas son de finales del XVII, renacentistas por tanto, aunque las hay anteriores (de 1500 la más antigua, según afirma Jesús, pronunciando, esta vez sí, el año letra por letra). Con su restauración, no obstante, el hierro brilla como si fuera nuevo. E igual sucede con los tres órganos (Jesús sostiene que ésta es la única catedral con tres órganos y que el mayor tiene dos mil tubos; a saber si eso es verdad) y con los púlpitos del presbiterio y con las vidrieras (alguna parece nueva) y con la impresionante lámpara que alumbra la nave central del templo, incluso ahora que está apagada, y que pesa, según pregona Jesús, nada más y nada menos que ¡7.350 kilos!

—Y tiene zientodó brazo.

El coro, que es plateresco, tiene la mitad de asientos, pero su aspecto es espectacular también. Bruñidos como patenas, los respaldos de las sillas reproducen cada uno la imagen de una figura del santoral, comenzando por la de San Juan Bautista, que es el patrón de la catedral moderna. Presidiéndolos, la imagen del Salvador y, a su lado, la de la Virgen, patrona de la catedral antigua (la que estuvo en la alcazaba antes de que hicieran ésta), completan el maravilloso friso que Jesús atribuye a Hans de Bruselas (Juan, dice él, convencido) y a Jerónimo de Valencia, dos de los grandes artistas de la escultura en madera del XVI.

Una vuelta a las capillas, todas cuajadas de retablos y protegidas por bellas rejas resplandecientes tras su reciente restauración (los retablos son en su mayoría de los siglos XVII y XVIII y en gran parte de influencia sevillana, lo que hace que la catedral parezca más andaluza ya que extremeña), y Jesús y el viajero llegan por fin a la que es la mejor de todas; no porque sea la mayor, sino por lo que contiene. Comenzando por la reja, que Jesús abre para pasar, al contrario que las otras, una auténtica fantasía en hierro, y terminando por el altar, todo en ella destella, además, como en un sueño; el sueño de una espiritualidad que, como en tantos otros lugares, decayó con el paso de los siglos, pero que renace ahora ficticiamente gracias a su restauración: el altar, preciosa mesa de madera y ónice escoltada por cuatro ángeles de bronce y con un relicario en su interior; la sede episcopal, también tallada en estilo gótico y con ángeles de bronce embelleciéndola, y el fabuloso retablo lleno de esplendor barroco cuya profusión de ángeles, dorados y columnitas al viajero le recuerda al del Cristo de la catedral de Orense, aquel en cuya capilla quedó encerrado por unas horas. Éste también le asfixia sólo con verlo, pero la compañía de Jesús le hace sentir menos claustrofobia.

Mientras lo contemplan, aparece una señora que, al parecer, es la encargada de la limpieza. Lo es, en efecto, aunque no se trata de una empleada, sino de una de las dos monjas que se ocupan de cuidar del templo. Aunque ahora está ella sola, por lo visto, pues la otra ya es muy vieja y se ha ido al convento de la orden, según dice su compañera. La monja, que también es muy mayor, pone unas flores en un jarrón mientras cariñosamente riñe a Jesús por lo abandonado que tiene el claustro:

—Mira a ver si lo limpias —le reconviene, pasando el plumero por el retablo como hacía la cuidadora del de la catedral de Orense.

Antes de salir al claustro, Jesús hace pasar al viajero por la sacristía, o, mejor, por las sacristías, pues son dos: una para uso del obispo y otra para el de los canónigos. Hay también una antesacristía en la que antiguamente los monaguillos esperaban a que éstos se vistieran. Fuera de las cajoneras, apenas hay nada en ellas digno de recomendación, salvo lo que Jesús denomina el «cabildo de piedra» (hay uno en la sacristía de los canónigos y otro en la antesacristía), especie de mesa de piedra poligonal en la que los canónigos y los monaguillos se apoyaban para dirimir sus cuitas antes de atender al culto o cuando terminaban éste. Los canónigos siguen haciéndolo según Jesús, pero los monaguillos no, puesto que ya ni siquiera existen. En su «cabildo», sin embargo, permanecen las huellas de los que hubo, algunas de hace cien años, escritas sobre la superficie.

El claustro es luminosísimo. A la luz de esta tarde de primavera y después de la oscuridad de la catedral, las encaladas crujías y la vegetación del centro lo convierten en una especie de gran patio conventual o de palacio extremeño o andaluz. El olor, además, del azahar, que en estos días pinta de nieve las copas de los naranjos, unido al de las flores del manto de la Virgen, como Jesús dice que se llama una planta que florece en un rincón y que, por lo visto, también lo hace por estas fechas, llena la atmósfera de este abandonado espacio cuyo silencio y frescura, a la que contribuye un pozo con un pilón adosado a modo de abrevadero (en realidad es un sarcófago medieval), le dan un aire de jardín romántico. Hasta Jesús, que no parece un alma sensible, se contagia del ambiente y se deja llevar por la poesía al enumerar las plantas que en él se ven:

—Éztoz zon limone de luna... Ézte, er galán de noshe... Ézte, er manto de la Virg...

—¿Limones de luna has dicho? —le pregunta el viajero, que cree no haberle entendido bien.

—Zí. Porque florez cada luna —dice el chico.

—¿Y lo de galán de noche?

—Ezo e porq zólo florez por la noshe...

Para completar el cuadro, una gran lauda sepulcral de bronce, en la pared de una de las crujías, transporta a guía y a viajero al tiempo en que las leyendas todavía tenían un halo de irrealidad. La lauda, fechada en el año de 1503 en Venecia, donde se fundió y labró, fue encargada para su sepultura por el caballero de Badajoz Lorenzo Suárez de Figueroa y Mendoza, embajador de los Reyes Católicos en aquella República, pero nunca llegó a utilizarse, ni por él ni por su mujer. Según cuenta Jesús, él se quedó en Venecia, donde permanece aún, y su esposa no quiso ser enterrada bajo ella como represalia contra su marido por haberla dejado sola en Extremadura. De hecho, en su testamento, doña Isabel de Aguilar, que así se llamaba la olvidada esposa, dejó escrito expresamente que en el sepulcro en que ella estuviera no se enterrara a ninguna persona más, «pues es justo que quien tan sola fue en la vida no tenga compañía en la muerte». Ni el mismo Bécquer hubiera escrito una historia así, piensa el viajero evocando al lejano embajador (al que imagina con el aspecto de don Felipe Benicio Albarrán Vargas-Zúñiga) mientras lee en la lauda sepulcral la descripción que dejó de sí: «En la juventud hizo según la edad y en las armas usó lo que convenía. Lo que del más sucediere dígalo su sucesor».

Cae la tarde sobre el claustro. El sol ya ha desaparecido y los pájaros cantan a todo pulmón mientras Jesús y el viajero apuran los últimos pasos de una visita cuyo final tendrá lugar en una capilla, la del llamado Cristo del Claustro por la imagen del Crucificado que en ella esconde su dramatismo. Ahora está cerrada y sola, pero en tiempos fue muy visitada, por ser el Cristo muy popular.

—Zacabó —dice Jesús, mirando al viajero interrogativamente. Parece como si tuviera dudas de que éste haya quedado satisfecho con lo visto.

—Pues muchas gracias —le tranquiliza el viajero, que no esperaba tanta dedicación—. Te invito a tomar algo —le dice antes de salir afuera.

—No bebo —responde el chico, agitando el manojo con las llaves con las que todavía tiene que cerrar las puertas. Hacerlo le llevará su tiempo, pues en este momento hace su aparición un grupo que, al parecer, viene a ensayar ahora aquí.

—Pues que te vaya bien —le sonríe el viajero, despidiéndose.

En la vecina plaza de la catedral, el atardecer avanza hacia la cercana noche llenándola de paseantes y de niños que juegan a perseguirse ante la mirada de sus progenitores. Las terrazas de los bares, por su parte, están llenas de personas que disfrutan del buen tiempo, que aquí es muy habitual. Más que a una tarde del mes de marzo, parece que el tiempo correspondiera al mes de mayo o de junio.

—¿Qué, te cundió? —le pregunta al viajero Cerebro cuando viene a rescatarlo a las ocho, como habían convenido. Lo de rescatarlo se refiere al acoso al que un par de drogadictos, uno de ellos cadavérico, le han sometido mientras escribía. Apenas si ha podido tomar unas cuantas notas, tanta era su insistencia—. ¡Es un pesado! —dice Cerebro por el cadavérico, al que al parecer conoce.

En las terrazas de la plaza Alta, recientemente rehabilitada y convertida ahora en lugar de moda después de años de ser un sitio muerto por su degradación, la gente charla con tranquilidad. Y lo mismo sucede en el par de bares a los que Cerebro lleva al viajero a continuación evocando la costumbre de su tierra de tomar vinos con tapas en vez de cenar formalmente. En uno de ellos, lleno de fotografías (algunas de ellas del Fútbol Club Badajoz), Cerebro encuentra a un amigo, un antiguo compañero de fatigas balompédicas, Lavado de nombre profesional. Los dos posan en una de las fotos con muchos años menos y Cerebro con pelo todavía. Ahora está calvo como una peonza.

—¿Qué tal jugaba? —le pregunta el viajero, por él, al tal Lavado, con intención de tomarle el que aún le queda.

—¡Muy bien! —dice Lavado, sin advertir aquélla—. Era el mejor del equipo con diferencia. Él jugaba y los demás corríamos.

—¡Bueno, bueno...! —le interrumpe Cerebro, avergonzado, pues es hombre muy modesto, mientras pide más vino al camarero.

El vino, el fútbol, el jamón... La noche pasa animadamente y concluye ya muy tarde en un local en el que un grupo teatral ha reunido a un montón de jóvenes con ganas de divertirse y entre los que Cerebro y el viajero toman el postrer gin-tonic, los dos contentos por el encuentro y el segundo, además, por haber concluido un viaje, el de las catedrales de Extremadura, que, aunque corto, ha sido muy sustancioso. Al menos eso piensa mientras se duerme en la habitación del hijo de Cerebro, que ya no vive con la familia, sin saber que el viaje no ha terminado, puesto que se prolongará mañana por unas horas.

No se trata del viaje de regreso, que ése no va a contarlo, sino al apéndice que añadirá al ya escrito tras volver a visitar la catedral de Badajoz animado por Cerebro, que le convence para que la vea abierta. Algo que siempre le agradecerá a su amigo, pues en esas dos horas descubrirá más cosas que ayer en toda la tarde.

Comenzando por la fauna que puebla la sacristía. Viejos canónigos octogenarios que se disponen a celebrar sus misas y entre los que destacan por su sabiduría don Cristino, autor de una guía de la catedral, que conoce como nadie al decir de los demás, y por su pintoresquismo y heterodoxia don Apolonio, toda una institución en Badajoz por su prodigalidad como capellán de diferentes instituciones: la Policía Nacional, la Guardia Civil, el Hospital Militar, la plaza de toros, el Regimiento de Caballería, el Frente de Juventudes, la Asociación de Mutilados Militares y el Fútbol Club Badajoz, donde lo conoció Cerebro, y por su curiosa estampa, con la sotana llena de condecoraciones (la de la Policía Nacional, la de la Guardia Civil, la del Ejército, la de la Falange...) que, junto con la bandera de España que también porta con gran orgullo al lado de aquéllas, le hacen parecer un cura de aquellos que acompañaban en la guerra al bando vencedor. A pesar de lo cual, don Apolonio goza de gran sentido del humor, virtud que contrarresta su imagen ultramontana y su ideología franquista, que ni esconde ni le avergüenza; al revés, se enorgullece de ella tanto como de sus capellanías, que conjuga con otras actividades de las que también presume y que enumera con rima y todo:

—Don Apolonio no es un demonio. / Don Apolonio es organista y maestro de capilla, / cazador y pescador / y en los ratos de ocio / se dedica al sacerdocio —dice en una retahíla que se tiene ya aprendida de memoria y que demuestra sacando de una cartera de mano fotografías y recortes de periódico que prueban todo lo anterior.

Don Apolonio se va a decir su misa y el viajero, en compañía de Cerebro y de Jesús, que se ha acercado nada más verlos, da una nueva vuelta a la catedral, que ahora lo es de verdad, con la gente rezando en las capillas y los canónigos yendo y viniendo por las deslumbrantes naves. ¡Qué contraste con la soledad de ayer!

Pero la visita no se limita a la catedral. Autorizados por el deán, que ha venido a saludarlos (se ve que el jefe de protocolo le ha debido de advertir de su presencia), los tres visitan también, aparte de la capilla en la que unas restauradoras trabajan en la recuperación de los tapices que pertenecen a la sacristía y de cuya gran belleza les advirtió don Cristino («Son lo mejor de la catedral», les aseguró), las cubiertas del propio templo catedralicio, a las que acceden por una escalera oculta tras una puerta que Jesús abre con una de sus llaves y desde las que contemplan la plaza y todo el entorno bajo la rutilante mañana de primavera. Alrededor de la catedral, la ciudad expele un murmullo sordo, suma de sus muchos ruidos y de las mismas voces de sus vecinos, algunos de los cuales pasean allá abajo, por la plaza, sin sospechar que los miran desde las alturas.

—A que nunca habías subido aquí... —dice el viajero a Cerebro, que contempla la ciudad en la que vive con la curiosidad del que la descubre por primera vez.

—Pues no —responde el exfutbolista, satisfecho por la oportunidad.

Cuando regresan abajo, van a ser casi las once; esto es, la hora en la que la catedral se cierra, acabadas las misas de los canónigos, y vuelve a la soledad de siempre. Sólo Jesús y sor Juana, la monja que cuida de ella, quedarán disfrutando de su belleza, aunque quizá ya no la perciban.

—Bueno, Jesús —se despide el viajero, ya en la puerta, por la que salen los últimos feligreses—. Ahora sí me voy de verdad.

—Adió —le contesta el chico, estrechándole la mano mientras con la otra sujeta el manojo con las llaves entre las que está la que cerrará la puerta.

Pero todavía queda alguien por salir: don Apolonio. El viejo cura aparece apurado en el trascoro, procedente de la sacristía.

—No me cierres —grita, acelerando el paso. Y, al salir a la plaza, cuya luminosidad le ciega—: Cualquier día me deja aquí encerrado —bromea, dirigiéndose a Cerebro y al viajero, a los que vuelve a unirse con ganas de conversación.

De eso no le falta al viejo cura franquista. No sólo por su locuacidad, que, aunque aprendida y nada espontánea (la mayoría de las historias que cuenta las ha contado un millón de veces), tiene la gracia de lo heterodoxo, sino porque todo el mundo lo conoce y le saluda al pasar al lado:

—¡Hasta luego, don Apolonio!... ¡Buenos días, don Apolonio!... ¡Qué tal, don Apolonio!...

El cura conoce a todos y, cuando no, pregunta al que le saluda:

—¿Quién eres?

—¿No me conoce? —le responde, sonriendo divertido, un hombre que se ha aproximado al verlo. La mujer con la que está sonríe también divertida.

—Me suenas... —dice el cura, sin caer.

—Amantegui —responde el interpelado, con inequívoco acento del norte.

—¡Amantegui! —exclama el cura, cogiéndole por el brazo mientras busca en su memoria futbolística su posición exacta en el campo—: Defensa derecho.

—Izquierdo —le corrige el otro, sorprendido de que se acuerde de él.

De él y de la alineación entera. Aun cuando don Apolonio ha visto pasar por el Badajoz a cientos de futbolistas, se acuerda de la mayoría y eso que dice que la memoria le falla ya, con esa falsa modestia de los ancianos que conservan sus facultades casi al completo. Entre ellas, la curiosidad:

—¿Y qué ha sido de tu vida? —le pregunta a Amantegui antes de que se despida.

—Pues bien —responde éste sin dejar de sonreír, al igual que Cerebro y el viajero, que asisten como testigos a tan curiosa conversación—. Jubilado ya.

—¿Dónde vives?

—En mi tierra —dice Amantegui, refiriéndose sin duda al País Vasco—. Pero mi mujer —dice, señalándola— es de aquí, de Badajoz, y me trae todos los años.

—¡Ay, amigo! —exclama don Apolonio, como si tuviera experiencia en esas cuestiones.

Es la hora de marchar. El viajero aprovecha que Amantegui y su esposa se despiden —después, eso sí, de recordar el exjugador algunas anécdotas de su época en el Badajoz, todas con don Apolonio como protagonista (la mejor es la referida a la costumbre de éste de llevar las perdices que cazaba en los bolsillos de la sotana para enseñárselas a los jugadores, aunque luego nunca les daba ninguna; «¡Hombre, claro! ¡Con lo que cuesta cazarlas!», se defiende el aludido, malicioso)— para comenzar a hacer él lo propio, pues la mañana se le echa encima y hasta Madrid le queda un buen viaje. Pero don Apolonio no lo consiente. El cura está encantado de tener quien le haga caso y no parece dispuesto a soltar sus presas tan fácilmente:

—¿Qué prisa tenéis? —dice, mirando el reloj, que señala las once y media de la mañana—. Habrá que tomar algo primero...

Obedientes, Cerebro y el viajero le acompañan y en la cafetería de enfrente se toman otro café mientras don Apolonio, las condecoraciones brillando como patenas y la cartera con los recortes y las fotografías siempre presta a renovar su anecdotario, pide una copa de sol y sombra ante la estupefacción de aquellos.

—Es lo que pide el día —dice, señalando al cielo—. Nubes y claros..., pues sol y sombra.

Noveno viaje

LA MANCHA Y ALREDEDORES

La católica montaña

Para imaginar Toledo hay que pensar en un río que forma un bucle casi completo en torno a un cerro redondo sobre el que se amontonan como un enjambre de abejas centenares de edificios y palacios cuyos tejados conformarían un todo único, tan uniformes son sus colores (ocres y tierras, como el paisaje), si no fuera por las torres que se elevan hacia el cielo sobre ellos y entre las que destacan por su espectacularidad y altura las de dos fabulosos edificios, uno cuadrado y de inspiración castrense —el alcázar— y el otro religioso y, por lo tanto, más fantasioso: la catedral de Santa María. El viajero, que la ha visto muchas veces y que, por ello, no necesita imaginar Toledo (aparte de que la tiene enfrente de nuevo), mientras rodea su caserío siguiendo el bucle del Tajo en busca del hotel en el que dormirá esta noche recuerda la definición que ha leído en una guía que trae consigo y piensa que no puede ser más certera: la católica montaña. Lo que no sabría decir es a qué se ajusta más, si a la ciudad o a la catedral, pues ambas tienen ese carácter de monte adusto y espiritual al que se refiere el libro, la una con sus historias de resistentes franquistas y numantinos y la otra con su vitola de catedral primada de España, es decir, la primera y más principal de todas. Seguramente a las dos les viene bien el calificativo, pues, al final, las dos comparten un mismo sueño: ser el centro de un imperio que sólo existe ya en su imaginario íntimo.

Y en la publicidad. Lo primero que el viajero ve al entrar en el Hotel Eurico (nombre de rey visigodo, normal en una ciudad que fuera su capital y corte) es un cartel que proclama la condición imperial de Toledo. La chica de la recepción, que ignora el porqué del título, se muestra, empero, más orgullosa del que reza en otro cartel: «Toledo, la Ciudad de las Tres Culturas».

Según dice la muchacha, se debe a que aquí vivieron en armonía judíos, moros y cristianos durante bastantes siglos. El viajero, más escéptico, duda de que fuera así (la historia todo lo embellece), pero no va a ponerse a discutirlo ahora con ella. El viajero lo que quiere es dejar su maleta en el hotel y lanzarse a la calle, que ya es hora, pues, aunque salió de Madrid temprano, el tráfico le ha hecho tardar más de lo previsto en llegar hasta Toledo.

Por fortuna para él, la catedral está cerca del hotel. De hecho, la ve sobre su cabeza en cuanto pone el pie en la puerta de éste, cosa que hace en una calleja típica del Toledo viejo, ese que todavía pervive a pesar o merced a los turistas que invaden diariamente la ciudad por su singular belleza y por su cercanía a Madrid. Incluso en este tiempo, en que ya hace frío, la ciudad está llena de forasteros, como el viajero advierte camino de la catedral.

Ésta aparece de golpe al final de la calleja del hotel (y de otra que la prolonga) peraltada sobre el costado de una gran plaza cuya construcción comparte con otros dos grandes edificios: el del Ayuntamiento y el Palacio Arzobispal. La plaza, que lleva el nombre del consistorio, parece un muelle portuario, tal es la concentración de gente.

—¡Hoy no hay nada! Si viera usted en verano... —le defrauda al viajero el dueño del casetón cuya única mercancía a la venta son postales de Toledo y su provincia.

Pese a ello, la guía de un grupo de turistas ha perdido a la mitad de éstos. Los compañeros de los desaparecidos dicen que se han quedado detrás comprando lotería en una tienda, cosa que a la mujer le sorprende aún más:

—¿Lotería? ¿Y no la pueden comprar después?...

Pues no. Por lo que parece, no. Al final, la pobre mujer tiene que retroceder y buscar a los rezagados como si fueran alumnos de un parvulario para poder seguir su camino.

—Son como niños —sonríe el de las postales, divertido con la situación.

Sobre la plaza, la catedral se alza como una gran nave embarrancada en este lugar que de portuario sólo tiene la apariencia. Sobre ella, la altiva y enorme torre (noventa metros en vertical al decir de las guías oficiales) parece el mástil, si bien que fuera de sitio: a la izquierda de la puerta principal, que formaría la popa de la embarcación. Aunque al viajero le cuesta comprenderlo en un principio, precisamente por el emplazamiento de la torre, que es la única del templo.

La fachada, por su parte, responde a la categoría de éste (y eso que las guías dicen que es la de menor interés artístico; ¿cómo serán las otras?, piensa el viajero al leerlo), con sus arcos ojivales y sus bajorrelieves que representan la imposición de la casulla a San Ildefonso por la Virgen —el central, popularmente conocido como del Perdón porque en él se ganaban indulgencias— y el infierno y el juicio final —los de los lados—. Hay también esculturas de los apóstoles y una del Salvador, en el parteluz del arco central, que también merecen la pena verse. Si bien hoy, al estar cerrada la puerta (sólo se abre en las grandes ocasiones, como la visita de un jefe de Estado o la toma de posesión de un nuevo arzobispo), la gente pasa de largo sin prestarles mucha atención.

A la izquierda de la torre, otra puerta más pequeña tampoco logra llamar la atención de los visitantes; no así la del viajero, que desde que leyó su nombre estaba deseando verla. Es una puerta sencilla, perdida en la gran fachada, pero ante la que se repartía a los pobres molletes de pan en épocas no muy remotas; de ahí su nombre: del Mollete. Aunque, por lo que parece (la puerta está cerrada a cal y canto), el nombre es lo único que conserva de su antiguo cometido.

Calle arriba, la catedral se confunde con los edificios que se han ido adosando a ella quién sabe por qué razón y con qué permiso. Incluso desaparece por un momento detrás de ellos como si la especulación urbanística hubiera acabado también con su integridad. Pero en la esquina su traza reaparece enseñando al final de un callejón (el formado por las casas adosadas y por un muro perteneciente a ella) una nueva puerta, que es por la que entra la gente al templo, a lo que se ve. Con varios nombres a sus espaldas según las guías (de la Feria —por la que se celebraba aquí—, de la Chapinería, del Niño Perdido —a saber el porqué de este apelativo— o de los Reyes), el que ha triunfado es el que le dio el reloj que preside la fachada en la que está, que es la que mira al norte y, al decir de los estudiosos, la más antigua de la catedral. Verdad o no, lo cierto es que es muy arcaica y que todo evoca en ella al gótico más francés, desde la espectacular imagen de la Virgen con el Niño que preside el parteluz hasta el delicado tímpano con escenas de la Natividad esculpidas en varias bandas o frisos. Lástima que la mendiga que pide al que se aproxima a ellas no esté para mucho arte. Ni para conversación. Aparte de su origen portugués, no suelta prenda sobre su vida amparándose en que no habla el español.

—Lo habla perfectamente —la delata un segundo pedigüeño, apostado a poca distancia—. Enséñele otra moneda y verá cómo le contesta.

Tras la puerta del Reloj, la catedral se abre como una flor gigantesca cuyo tamaño impresiona tanto como su monumentalidad. No en vano es de las mayores de toda España y, junto a las de León y Burgos, la que compone la trilogía más celebrada dentro del estilo gótico. Sus ciento trece metros de longitud, sus cincuenta y siete de anchura y los cuarenta y cinco que mide del suelo al techo junto con sus setenta cúpulas, sus ochenta y ocho columnas de sostén o de ornamento y sus setecientas cincuenta vidrieras son datos que así lo avalan, al margen, claro está, de sus riquezas. Que son inconmensurables según proclaman las guías, pero que desde el corralito que han hecho con una verja en la nave lateral frente a la puerta para impedir el acceso libre del público al edificio (solamente se permite a la capilla de la izquierda, que es donde tienen lugar las misas) son imposibles de vislumbrar.

—¿Y para visitar el resto? —le pregunta el viajero a una señora que parece de Toledo por su aspecto.

—Hay que entrar por otra puerta —le responde la señora, señalándole la pared del fondo, al otro lado de donde están.

—Pagando, claro...

—Cinco euros, creo.

Lo suponía. Tanto turista en esta ciudad, tanto negocio en torno a su historia y a sus muchos monumentos y bellezas no iba a quedar ajeno a una institución que, si se caracteriza por algo desde su origen, es por sacar dinero de todo. En lugar de repartir molletes entre los pobres, ahora los que se dedican a pedir son los canónigos. Y ni siquiera, puesto que han delegado ese cometido en personas contratadas a tal fin, amén de para preservar el orden.

—Los domingos las visitas son de dos a seis y media —le desvela al viajero una de ellas, el responsable de que la gente no salga del corralito de la capilla. Aparte del uniforme, le delata un radiotransmisor con el que se comunica con sus compañeros—: Hay dos personas en la girola. ¿Las habéis dejado pasar vosotros?...

En la zona permitida, mientras tanto, los turistas se agolpan junto a la verja intentando poder ver algo del templo al tiempo que otras personas participan de la misa que se celebra a esta hora en la capilla de libre acceso, que se llama del Santísimo, al parecer. Están sentadas en unos bancos que continúan los que hay en ésta, si bien están separados por las puertas de cristal que aíslan la nave de la capilla, seguramente para amortiguar el ruido. A través de ellas, no obstante, el viajero alcanza a ver —tratando de no estorbar la visión de los demás mientras lo hace— lo que ocurre en su interior, que es una misa, como ya sabe (por la megafonía que permite escucharla a los de fuera), y, sobre todo, la arquitectura de la capilla, que es espectacular, como todo en esta catedral: aparte de su gran cúpula pintada al fresco y de los maravillosos mármoles que revisten sus paredes por completo (de Carrara y Estremoz), el baldaquino lleno de ángeles y sujeto sobre una peana de plata que cobija a la Virgen del Sagrario no desmerece de ella, y eso que la patrona de Toledo es, según dicen las guías, una talla de origen visigodo procedente de la primitiva iglesia que fue el embrión de esta catedral y que apareció en un pozo en el que habría sido escondida cuando los musulmanes tomaron Toledo y del que emergió por sí misma trescientos años después portando una vela encendida. Verdad o no, lo que es indiscutible es su belleza, que contrasta grandemente con la falta de un retablo más acorde con su historia y con la insipidez del cura que celebra la misa delante de ella ayudado por un compañero y entre cuyas virtudes no está la de la oratoria. Desde que el viajero ha empezado a oírlo lleva el hombre intentando relatar a los presentes la parábola de las diez doncellas, cinco sensatas y cinco necias, que esperan en la noche la llegada del esposo, y no consigue avanzar en ella por más vueltas que le da: que si las necias eran indolentes y las sensatas todo lo contrario, que si aparece el esposo, que si las doncellas duermen, que si unas tienen aceite para encender sus alcuzas y otras no, que si las que lo tienen no quieren darles a las otras, que si el esposo pasa de largo... Menos mal que a los que le escuchan les debe de dar lo mismo lo que les cuenten, que, si no, ya se habría quedado solo.

Entre los que no le escuchan hay alguno, sin embargo, al que le gustaría sin duda poder hacerlo. Y no son los japoneses precisamente, de los que hay ahora varios en el corralito. A los que les gustaría escuchar al cura es a esos cardenales cuyas soberbias lápidas sepulcrales demuestran su apego al mundo y que, a falta de espacio en la capilla, continúan por la nave lateral formando una especie de vía crucis frente a la Virgen. La mayoría de ellas están llenas de inscripciones en latín (el nombre del sepultado, su período como cardenal de la sede primada de Toledo, sus fechas de nacimiento y de defunción, incluso su lugar de nacimiento y su historial), aunque hay una que destaca precisamente por lo contrario. Es la primera frente a la entrada de la capilla y el epitafio consta tan sólo de seis palabras: HIC IACET PULVIS, CINIS ET NIHIL; es decir, «aquí yace polvo, ceniza y nada». Ni un nombre, ni una fecha, ni nada que indique quién las mandó grabar en la lápida. Aunque lo que parece claro es que de una inscripción así sólo el que yace debajo de ella pudo ser su inspirador.

—Portocarrero, un obispo del siglo XVII —le informa de mala gana al viajero el de la seguridad, más pendiente de la verja que de él. Y es que, desde hace algunos minutos, la afluencia de gente a la catedral ha comenzado a aumentar notablemente.

Lo curioso es que parte de ella está dentro de las naves. Ha debido de entrar por otra puerta, pero el viajero no entiende cómo. ¿No le habían dicho que la visita turística no empezaba hasta las dos?

—Es que hoy, al ser domingo, la misa de las doce se celebra en el altar mayor —admite el de la seguridad.

—¿Y por dónde se puede entrar? —le pregunta el viajero, que cada vez comprende menos lo que sucede.

—Yo le abro —dice el otro, abriendo un trozo del corralito por el que de inmediato empieza a pasar la gente; el barullo que se forma hace pensar en el ganado cuando lo transportan—. ¡La misa dura una hora y la puerta se cierra hasta que termina! —advierte, más que informa, el vigilante a los que cruzan la verja, como ahora hace el viajero. Sólo le falta decir que a los que no comulguen los echarán.

Pero el viajero no tiene miedo. El viajero ya ha vivido situaciones como ésta y se va hacia el altar mayor a coger un sitio, no vaya a quedarse de pie. Aunque en la capilla mayor y fuera de ella (en el espacio que la separa del coro) hay gran número de bancos, la gente que sigue entrando amenaza con ocuparlos todos en seguida. Y, además, él quiere estar entre los primeros. No por fervor religioso, que lo perdió con la adolescencia, sino para poder admirar a gusto esa fantástica filigrana que constituye el retablo mayor, una de las maravillas de esta católica montaña de Toledo. Por la tarde ya tendrá tiempo de ver el resto, cuando vuelva junto a todos los turistas.

El retablo le deslumbra de tal modo que apenas si se fija en otra cosa. Y eso que para llegar a estar ante él ha tenido que cruzar hasta tres naves (la catedral tiene cinco, amén de la del crucero) y la maravillosa reja que cierra el altar mayor cuando no hay misa y que es otra filigrana. Lo mismo que la del coro, que en este justo momento atraviesa un grupo de niños vestidos de blanco y rojo siguiendo a un hombre mayor; deben de ser los niños cantores.

Pero en seguida aparece una comitiva que le hace olvidarse de los niños. Se trata de cuatro curas vestidos de ceremonia (tres de verde y uno de morado y negro; a saber el porqué de esa diferencia) precedidos por seis jóvenes, los seis vestidos de blanco y tres de ellos portando dos faroles y una cruz. Al final iba a ser verdad, piensa el viajero viéndolos acercarse, la advertencia del de la seguridad cuando dijo que la misa de las doce no era ninguna broma. Pero ni aun así se asusta. Al contrario, cuanto más dure la misa, de más tiempo dispondrá para admirar ese ensueño gótico que imaginaron para el altar mayor de Toledo varios de los más grandes artistas del 1500, que fue cuando se talló y pintó, entre ellos Copín de Holanda, Francisco de Amberes, Enrique Egas, Pedro Gumiel, Petit-Jean o Felipe Vigarny. Dividido en cinco espacios verticales y cada uno de éstos en cuatro compartimentos, cuenta como en un cómic de fantasía la vida de Jesucristo, enmarcada cada escena por una especie de encaje de oro que hace que todo reluzca como en los sueños. Si no fuera tan real, el viajero pensaría que está sumergido en uno y que lo que está mirando es fruto de su imaginación.

Imbuido de esa idea y degustando una por una, con delectación casi voluptuosa, las escenas que componen el maravilloso «cómic» (el anuncio del ángel a María, el nacimiento del Niño Jesús, la adoración de los Reyes Magos y la de los pastores, la presentación de aquél en el templo y, así, sucesivamente hasta la crucifixión y la resurrección de Cristo), tarda en apercibirse de que, entre tanto, la misa ya ha comenzado y que la cosa va en serio, como se presumía. El sacerdote que lleva la voz cantante, un hombre calvo como el de la capilla pero con más facilidad de palabra, se regodea en cada pasaje de aquélla, desde la presentación de sus acompañantes, que hace como si fueran actores: «Hermano capitular, querido diácono, queridos seminaristas, queridos seises...», hasta la lectura de los diferentes textos. Los cánticos de los niños subrayan, además, cada uno de esos momentos convirtiendo la misa en otra ensoñación de los sentidos que se suma (en el caso del viajero por lo menos) a la que ya está viviendo con el retablo. Pero no a todo el mundo le sucede igual. Sea por su juventud, sea porque está de espaldas a él, al diácono, que es jovencísimo a pesar de compartir ya con los cuatro canónigos la misa principal de este domingo, le ha dado un ataque de hilaridad, quién sabe por qué motivo, que le está haciendo pasarlo verdaderamente mal. Con disimulo intenta ocultar el rostro, quizá se muerda los labios para con el dolor combatir la risa, hasta es posible que esté pensando en la muerte, que es método muy eficaz cuando todos los demás fracasan y que en su caso no le debe de resultar difícil ante la cercanía de los enterramientos que hay encastrados a media altura en torno al retablo y que pertenecen, según las guías, nada más y nada menos que a tres reyes de Castilla: Alfonso VII el Emperador, Sancho III y Sancho IV el Bravo, y a un hijo bastardo de Alfonso XI (hay también otro sarcófago en el muro plateresco de la izquierda, construido para recoger los restos del que fuera su constructor, el poderoso cardenal Mendoza), pero el chico no logra superar la crisis. Y eso ante más de doscientas personas, que serán más o menos las que hoy asisten a la solemne misa de doce en la capilla mayor de Toledo. Menos mal que sólo unas pocas se han dado cuenta de lo que ocurre, pues la mayoría están concentradas en la ceremonia.

Por fortuna para el joven aspirante a sacerdote, el mal trago se le pasa y consigue reponerse finalmente antes de que le toque leer la epístola de este domingo, que es la de las diez doncellas, cinco sensatas y cinco necias, que esperando al esposo se quedan dormidas, etcétera. El viajero, al escucharlo, está a punto de escapar, temeroso de que el cura principal la comente también en su sermón y con el mismo éxito que el de la capilla. Y así ocurre, aunque, por suerte para los que le escuchan, éste es mucho más concreto y en seguida le cuadran las necias, las sensatas y hasta las alcuzas.

Tras el sermón, la misa sigue su curso sin otros incidentes que anotar (salvo la voz de una chica joven que se presta a leer las peticiones y que parece la de una opositora; nada que ver con las de los seises) para alcanzar su momento cumbre en la comunión, que toman la mayoría de los presentes, lo que obliga a intervenir a los cuatro curas. Tenía razón el de la seguridad cuando dijo que esta misa iba a ser larga.

Pero también se termina. Como todas las misas, llega un momento en que se termina y el viajero puede por fin dejar su sitio junto a la reja y perderse entre los asistentes por las naves que recorrerá esta tarde. Pero los vigilantes apenas se lo permiten. Como si fueran guardas de una propiedad privada, detienen a todo el mundo y lo dirigen hacia las puertas sin dejar que nadie vea lo que no debe. Esto es celo y no el de la policía, piensa el viajero saliendo fuera por la puerta por la que entró al llegar.

Todavía es pronto para comer, así que deja la catedral atrás y se encamina hacia el Zocodover, la vieja plaza que constituye el corazón y el alma de Toledo, en la que todo el mundo confluye tarde o temprano y que él conoció hace muchos años (¡treinta y cinco, se sobresalta al hacer la cuenta!), cuando vino a hacer la mili a esta ciudad. Como ya sucedía entonces, el recorrido hasta el Zocodover es una auténtica romería. Toledo, desde hace mucho, se ha convertido en una gran tienda que ofrece a los turistas sus productos más famosos, esto es, las espadas y armaduras cuyo temple tanto prestigio le dieron en la Edad Media, los mazapanes de almendra que hacían sus monjas y que hoy se fabrican ya de modo industrial y los damasquinados, artesanía decorativa de origen árabe (de Damasco le viene el nombre), pero que es típica también de la ciudad, y que aquéllos compran a manos llenas, como si el mundo fuera a acabarse. Junto a ellos hay de todo, como es lógico: carteles, platos, botellas, productos de la matanza o del olivar, mantelerías, libros, postales, reproducciones en miniatura de la ciudad y sus monumentos, posters de toros y de flamenco y hasta llaveros con personajes famosos, entre los que destacan por su anacronismo —¡ay, la ciudad de las tres culturas!— Francisco Franco y Tejero, los dos grandes golpistas del siglo xx español. Pareciera que Toledo quedó parada en la historia cuando el viajero hizo la mili.

La que no quedó parada, aunque la apariencia engañe, es la plaza del Zocodover. Sigue teniendo el mismo aspecto de siempre, con sus árboles de sombra y su traza irregular, pero el antiguo zoco árabe *de ver* que la toponimia popular pretende ha perdido el aroma provinciano y la gracia que tuvo en otro tiempo. Para empezar, ya no está en su sitio el café más tradicional, el célebre Telesforo que salía hasta en las guías de Toledo (eso sí, advirtiendo del mal humor de sus camareros) y, a cambio, proliferan las franquicias y los comercios para turistas. Al final, lo único que le da su antigua impronta, aparte de los edificios que la rodean, que, éstos sí, siguen siendo los de siempre, es la parada de los autobuses, que continúa al lado del arco que da vista a la hoz del Tajo —y, al otro lado de ésta, a la colina en la que se alzan el castillo de San Servando y la Academia de Infantería, en la que el viajero pasó el verano del año 1976— y en la que esperan los toledanos en amigable conversación el transporte que los llevará a sus casas.

Los alrededores del Zocodover son una prolongación de éste, es decir, un rosario de bares y restaurantes dirigidos principalmente a los turistas y en los que el reclamo más habitual, por lo tanto, es el dibujo de una paella. A la puerta de esos sitios, camareros vestidos al modo tradicional (con entorchados como los del Telesforo) proclaman las virtudes de sus cocinas disputándose la atención de los clientes. Hasta cuesta trabajo desembarazarse de ellos, dadas su perseverancia y la estrechez de las calles en las que muchos de esos locales abren las puertas, que a veces apenas dejan pasar a cuatro personas juntas. Y es que la parte antigua de Toledo (la nueva, que es donde vive la mayoría de sus vecinos, está abajo, en campo abierto) es un auténtico laberinto de plazas y callejuelas que se suceden unas a otras desvelando ante los ojos del turista palacios y sinagogas, conventos y celosías, edificios oficiales y recoletas casas de vecindad. Un laberinto que se solaza a medida que el viajero se va alejando del Zocodover hasta alcanzar en algunas calles la soledad y el silencio que las demás ya perdieron.

Ni la soledad ni el silencio abundan en el restaurante que elige al paso para comer (atraído por la presencia de toledanos, tan escasos en los que dejó detrás), como tampoco abunda la contención entre los presentes, típicos provincianos a la hora del aperitivo dominical. Así que el viajero aligera la faena y en una hora ya está en la calle decidido a volver a la catedral. Por la noche ya tendrá tiempo, piensa mientras se dirige a ella, de anotar en su libreta todo lo sucedido hasta ahora, algo que pensaba hacer en el restaurante, pero que las circunstancias le desaconsejaron.

La entrada a la catedral es por la puerta que llaman Llana por carecer de escalones y que comparte con la de los Leones la fachada del mediodía del templo. Aunque no hay comparación entre las dos. Mientras que la puerta Llana es un frontón de granito con columnas de estilo neoclásico (se abrió en el año 1808), la de los Leones es la más bella de todo el templo, en opinión del viajero cuando menos. Obra, como el retablo mayor, de varios artistas, aunque Hanequin de Bruselas figure como el principal (por algo era el maestro de obras de la catedral cuando se esculpió), corresponde a un gótico ya tardío pero de deslumbrante y límpido virtuosismo. Las figuras de las jambas, que representan a los doce apóstoles, y la de la Virgen, en el parteluz central, sostienen la ligereza de unas bellísimas arquivoltas cuya decoración integran hileras de querubines y ángeles músicos repetidos hasta la extenuación. A pesar de ello, el nombre de la puerta se lo dan (y, a cambio, ellos se llevan el honor de ser nombrados, pese a no ser tallas de gran valor) los leones que coronan las columnas sobre los que sujeta la verja que impide acercarse al atrio, si bien que compartido con otro muy popular en Toledo, como es el de la Alegría, que al viajero le desvela la señora de la tienda de recuerdos y postales que hay justo enfrente de la puerta.

—¿Y eso? —le pregunta el viajero a la señora, sin comprender el porqué del nombre.

—Por la Virgen —le responde ésta, señalándola.

—¿Se llama de la Alegría?

—No; es la Virgen de la Asunción. Lo de la Alegría —explica la señora con orgullo de *su* Virgen (así se refiere a ella)— es porque, al subir al cielo cuando murió, se evitó la podredumbre del sepulcro.

—¡Claro! —exclama el viajero, sorprendido por el razonamiento.

La siguiente sorpresa se la dan —en la oficina que, frente a la puerta Llana, expende los billetes y las guías para la visita a la catedral— las chicas que se encargan de ello. Resulta que, al ser domingo, la entrada es gratis para los españoles.

—¡Qué detalle! —ironiza el viajero cogiendo el papelito que, aun así, se necesita para atravesar la puerta.

La entrada a la catedral deslumbra por la monumentalidad de ésta. Aunque el viajero ya lo intuyó esta mañana desde la capilla del Santísimo, primero, y en el trayecto vigilado entre ella y la capilla mayor, después, la visión de esta fantástica construcción cuyo volumen y dimensiones rivalizan solamente con la

abundancia de los tesoros que guarda dentro le sobrecoge, un sentimiento que ya conoce y que le lleva a experimentar a veces una especie de síndrome de Stendhal, esto es, de angustia ante tanta belleza. Que es lo que le ocurre ahora ante la monumentalidad de esta catedral.

Para relajarse un poco, busca en las guías su historia, que se remonta, según las crónicas, al año 1227, cuando se colocó la primera piedra siendo rey de Castilla Fernando III el Santo y arzobispo de Toledo un tal Rodrigo Jiménez de Rada. Parece también, no obstante, que en el mismo lugar hubo antes una iglesia visigoda de la que procedería la imagen de la Virgen del Sagrario y que habría levantado el rey godo Recaredo, el que se convirtió al cristianismo con todos los suyos en el año 587, y más tarde una mezquita, la Gran Mezquita de Toledo, de la que la actual catedral heredaría sus dimensiones. Y la catedralidad, puesto que durante cerca de siglo y medio, que fue el tiempo que pasó entre el año 1085, fecha de la reconquista de la ciudad por el rey Alfonso VI de León, y el de la colocación de la primera piedra de este edificio, la mezquita hizo las veces de catedral por decisión personal de la reina y del obispo, que la consagraron por su cuenta y riesgo sin respetar el pacto que Alfonso VI, que se encontraba fuera de la ciudad en ese momento, había hecho con los árabes que decidieron permanecer en ella; algo que enfureció mucho al engañado rey, pese a que no revocó la decisión de aquéllos. Y es que con la mujer y el obispo en contra...

En cualquier caso, en el año 1227 se coloca la primera piedra de la que pretendía ser en ese momento la mayor catedral de España. No llegó a tanto, pero anduvo cerca, como se puede ver en cuanto se accede a ella y, luego, deambulando, como ahora hace el viajero, por sus cinco inmensas naves, todas de gran anchura y profundidad, y por la original girola de doble tramo producida por la duplicidad de las laterales. Flanqueando unas y otra, cerca de treinta capillas jalonan un recorrido que se hace necesariamente lento dadas su espectacularidad y belleza.

Así, entre la puerta Llana y la sala capitular, una bellísima dependencia adosada a la girola en el siglo XVI por mandato del cardenal Cisneros, el viajero encuentra las siguientes: la de San Eugenio, la de San José, la de los Reyes Viejos, la de Santa Ana, la de San Juan Bautista y la de San Gil, aparte de una pintura mural de Gabriel de Rueda impresionante por sus dimensiones en un paño lateral de la pared y el interior de la puerta de los Leones. Cada una de ellas merecería al menos quince minutos, pero el viajero no dispone de tanto tiempo. Así que se limita a contemplarlas casi al paso como hacen la mayoría de los turistas (algunos ni siquiera eso) y a detenerse ante las más valiosas o ante las que más llaman su atención por algún motivo; en concreto, en este tramo, las capillas de San Eugenio y de los Reyes Viejos, la primera por su retablo renacentista, diseñado por Enrique Egas y ejecutado por Oliver y Juan de Borgoña, y por los dos sepulcros que lo acompañan, uno mudéjar, del siglo XIV, perteneciente al alguacil Fernán Gudiel, y el otro —el del arzobispo Carrillo— plateresco, y la segunda por su portada y sus tres altares del mismo estilo, todos de primorosa factura, así como por el cuadro de la Santa Faz que el papa Inocencio XI regaló a la catedral (hay también sobre el altar central una Virgen con la enseña española en bandolera que, según proclama un cartel, es la que vivió el asedio al alcázar, cuyo nombre llevaría desde entonces). Del interior de la puerta de los Leones es más difícil destacar algo. Desde las dos hojas de la gran puerta, con casetones renacentistas profusamente adornados, hasta el rosetón de arriba, tan bello como sus compañeros (el de la fachada norte y el de la principal, éste llamado popularmente la Dalia por su parecido con esa flor), pasando por el relieve del tímpano, que representa el árbol genealógico de la Virgen, y el medallón plateresco de su remate —con la coronación de ésta como motivo—, todo es digno de admiración y de dedicarle un tiempo que el viajero no tiene, para su desgracia: a las seis y media le cierran.

En la sala capitular la sensación de falta de tiempo vuelve a asaltarlo; incluso le produce una ligera ansiedad. Y es que sólo la portada de estilo gótico depuradísimo, obra de Copín de Holanda, y la antesala con su magnífico artesonado mudéjar y los dos armarios de peral, uno del siglo XVI y el otro, del XVIII, que ocupan las dos paredes merecerían quedarse aquí todo el día, cuánto más la grandiosa dependencia que sirve de lugar de reunión a los canónigos en las grandes ocasiones (en las demás, lo hacen en otro salón, le revela al viajero el hombre que la vigila sentado al lado de la puerta ante una pequeña mesa que le sirve para descansar los brazos) y en cuyas cuatro paredes se alinean, bajo el artesonado mudéjar que las recubre, los retratos de todos los arzobispos de Toledo, los más antiguos (desde San Eugenio, que fue el primero, a Cisneros) pintados por Juan de Borgoña. Entre el artesonado y ellos, pinturas alusivas a la vida de Jesús completan la decoración junto con los escaños corridos y sin respaldo que recorren toda la sala y en los que se supone se sientan los canónigos cuando el cabildo se reúne aquí. Impresionado, el viajero deja vagar la vista por las pinturas durante un rato antes de comenzar a buscar entre los retratos el del arzobispo cuyo epitafio le persigue con su eco desde que lo leyó hace horas: Portocarrero.

—Aquél es —le señala el vigilante en una esquina cuando recurre a él pidiendo su ayuda. Aunque en cada retrato figura el nombre del titular, hay tantos que no resulta fácil encontrar uno.

El viajero se estira para observarlo. El cordón que lo protege no le permite aproximarse más y el que le interesa a él es de los más alejados. Aun así, alcanza a atisbar el rostro. Los rasgos no demuestran la humildad que delataba el epitafio de la tumba; al contrario, parecen más bien los de alguien soberbio.

—Y lo era —le dice el vigilante regresando hacia su puesto—. ¿Por qué cree usted que mandó escribirlo? —el vigilante se responde él mismo—: Para que todo el mundo hablase de él.

El viajero no lo había visto así. Ni lo ve, con el permiso del vigilante, al que se lo dice. Antes bien, al viajero la inscripción le parece una declaración de humildad y un rasgo de nihilismo impropio, en todo caso, de un arzobispo, al que se le supone creería en la resurrección de los cuerpos, cosa difícil si ya no hay nada.

—Yo le digo que era un vanidoso. Por eso no puso el nombre en la lápida —insiste, pese a todo, el vigilante, al que da la impresión de que Portocarrero no le cae bien por algún motivo.

—Yo creo que era masón —le da el viajero una nueva idea para que se entretenga mientras vigila lo que queda de la tarde antes del cierre.

—Pues no me extrañaría... —acepta el hombre ante su sorpresa.

Tres capillas más allá (las dos que hay antes, aun siendo antiguas —de los siglos XIII y XIV—, el viajero se las salta para no perder más tiempo), la de San Ildefonso, en el eje de la girola, constituye otra parada obligatoria. Y no sólo por los frescos de la bóveda, que representan al arzobispo Illán, el mismo que coronara al rey Alfonso VIII de Castilla desde la Torre de San Román de Toledo, ni por el medallón de mármol en el que se representa la escena que da nombre a la capilla: la imposición por la Virgen de la casulla a San Ildefonso, de tanta tradición en la ciudad en la que aconteció el portento, sino por los enterramientos que ocupan toda la estancia, en especial el del centro, perteneciente al cardenal Gil Carrillo de Albornoz, el fundador del Colegio de España en Bolonia y cuyos restos fueron traídos a hombros desde Viterbo, donde murió, hasta Toledo por voluntarios que se turnaron durante los tres mil kilómetros que dicen hay entre las dos ciudades. A cambio, eso sí, el papa Urbano V les concedió una indulgencia plenaria que se supone les alcanzaría para conseguir el cielo cuando les llegó su hora.

A los que no les ha alcanzado aún, y eso que fueron arzobispos, es a los propietarios de los sepulcros que se alinean delante del Transparente, el fastuoso altar de jaspes y mármol que ocupa el envés del altar mayor y cuyo barroca iconografía ilumina una linterna abierta en la bóveda que se comunica con una vidriera cubierta por un sol de bronce que la transfiere a su vez a todo el conjunto (de ahí el apelativo de Transparente), justo enfrente de la capilla de San Ildefonso. Según le cuenta una guía a su grupo, los capelos o sombreros que penden sobre las sepulturas sujetos por un cordón a la bóveda pertenecieron en vida a los difuntos y la superstición pretende que, cuando caigan, las almas de éstos subirán al cielo. «Pero, como verán —añade la mujer con impostada improvisación antes de seguir camino—, parecen bastante sujetos...». Como las esculturas del Transparente, ante las que el viajero se extasía durante largos minutos intentando absorber toda su belleza sin importarle que el tiempo se le termine, como hasta ahora.

Las capillas de Santiago y la de los Reyes Nuevos, a continuación de la de San Ildefonso, le devuelven la angustia por la fugacidad de aquél. Los sepulcros de don Álvaro de Luna y de su esposa, impresionantes túmulos del siglo XV que recuerdan por su decoración y aspecto (son blancos como la nieve) a los de los condestables de la catedral de Burgos, en la primera, y el conjunto de altares y enterramientos, entre los que están los de seis reyes y reinas de Castilla: Enrique II y Juana Manuel, Enrique III y Catalina de Lancaster y Juan I y Leonor de Aragón (está también el de Juan II, pero, al parecer, el rey no se encuentra en él), en la segunda, le hacen sentirla en toda su crudeza, si bien aún no ha llegado lo peor; quiere decir, lo más importante, que es lo que le aguarda en la sacristía, la verdadera joya de la catedral junto con la capilla en la que está el Tesoro.

Si para imaginar Toledo hay que pensar en un río que forma un bucle casi perfecto en torno a un cerro redondo en el que se amontonan como un enjambre de abejas centenares de edificios etcétera, para hacerse una idea de lo que guarda en la sacristía su catedral hay que pensar en un gran museo (el del Prado madrileño, por ejemplo), dejarlo en su quintaesencia, añadirle una colección de joyas, objetos y vestimentas a cuál más rico y original y disponerlo todo sin ningún énfasis, como si fuera algo normal, bajo el impresionante fresco de Lucas Jordán que cubre toda la sala y que reproduce, cómo no, la imposición por la Virgen de la casulla a San Ildefonso, pero que es casi una obra menor considerando las que la acompañan: Tizianos, Grecos, Bellinis, Rubens, Van Dycks, Caravaggios, Pedros de Mena, un cuadro de Rafael —*La Virgen del velo*—, un Velázquez —el retrato del cardenal Borja—, dos Goyas... Y lo mismo sucede en el vestuario contiguo a la sacristía, donde los ornamentos del cardenal Mendoza dan paso a los estandartes ganados en las batallas de las Navas de Tolosa y el Salado a los musulmanes y éstos, por su parte, a las cuatro esferas de plata que representan los cuatro continentes conocidos en su tiempo (simbolizados por animales y objetos típicos de cada uno de ellos), regalo de la reina María Ana de Neoburgo, la mujer de Carlos II, a la catedral de Toledo, y éstas, a su vez, a la capa de seda del siglo XIII que perteneció al arzobispo Sancho de Aragón o a la mitra de dueño desconocido elaborada con plumas de colibrí. El inventario de arte es tan asombroso que costaría hasta imaginarlo si no se viera. Aunque el joven que entra ahora con su novia o su mujer a contemplarlo en seguida advierte su gran valor económico: «Mira —le hace notar a aquélla al tiempo que los señala—, sólo aquí, en este rincón, los *colegas* (por los curas) tienen un Rafael, un Tiziano y un Velázquez... Sólo con estos tres quitaban el hambre de África durante un año».

El hambre no, pero el tiempo sí que se lo han quitado al viajero, que, emocionado por lo que está mirando (ahora el cuadro de *El expolio,* uno de los más emotivos del Greco, del que hay casi una docena en esta sala), no se da cuenta de que aquél pasa y que ya pronto serán las seis. Cuando lo advierte, abandona la sacristía casi corriendo sin detenerse a ver las vitrinas donde se exponen espadas y otros objetos reales, como la corona del rey Sancho IV el Bravo de Castilla, ni pasar por el Ochavo, la octogonal sala adyacente a la principal en la que reposan los relicarios de varios santos y santas, así como un *lignum crucis* y el guion del cardenal Mendoza que ondeara en la Torre de la Vela de Granada el año 1492, según dice un letrero bajo él. En la media hora que le queda tiene que ver aún media catedral.

Y lo hace. A toda prisa, pero lo hace. Con el corazón trotándole y a riesgo de sucumbir definitivamente al síndrome stendhaliano, el viajero recorre las capillas que le restan, algunas tan importantes como la de San Pedro, con una portada gótica de lo mejor de la catedral pese a que pasa casi desapercibida por la zona en la que está —entre la puerta del Reloj y el claustro—, o la de la Descensión (ésta dentro de la nave lateral y que dicen fue el lugar donde sucedió el portento de la imposición por la Virgen de la casulla a San Ildefonso, de la que sería testigo un trozo de piedra que se conserva tras una reja), y el impresionante claustro, ahora en semipenumbra, pues ya es de noche, lo que no impide ver su tamaño ni las dos plantas que lo componen (la de abajo con pinturas de Maella y de Bayeu), antes de recalar en la sala-capilla del Tesoro, junto con la sacristía el alma y la caja fuerte de esta riquísima catedral. Tras la puerta plateresca de Alonso de Covarrubias, la pequeña capilla que se abre en la base de la torre apenas si deja ver (por la gran cantidad de turistas que hay siempre dentro de ella) las extraordinarias piezas que alberga: desde los tres volúmenes de la llamada Biblia de San Luis, regalo de ese monarca francés a la catedral, que embellecen cientos de miniaturas pintadas con pan de oro, a la bandeja de plata que representa el rapto de las sabinas y que se atribuye a Matías Melinc; desde el joyero en forma de carabela, de plata y cristal de roca, que perteneció a la reina Juana la Loca a la maravillosa cruz de madera pintada por Fra Angélico, el dominico italiano del que se dice nunca pintó una cruz «sin que las lágrimas resbalaran de emoción por sus mejillas». Si bien la pieza más conocida de este Tesoro, la que se saca de procesión el día del Corpus Christi y que se considera universalmente uno de los trabajos de orfebrería más fabulosos de la cristiandad, es la custodia de Enrique de Arfe, esa gran torre de plata y oro que mide más de dos metros y pesa doscientos kilos y que componen cinco mil piezas ensambladas con tal arte y maestría que es imposible advertirlo; mucho más con la luz artificial de esta capilla y con la gente agolpándose frente a ella para fotografiarla.

—Perdone, pero está prohibido hacer fotos —repite cansinamente a cada uno de los turistas que rompen la prohibición el vigilante encargado de mantenerla.

Por suerte para el viajero, la capilla mozárabe está cerrada, lo que le facilita poder ver lo que le queda; a saber: la capilla mayor y el coro y los muros exteriores de ambos cuerpos, que no desmerecen en absoluto de su interior. Según el vigilante de la sala del Tesoro, la capilla mozárabe sólo se abre por las mañanas, concretamente a las nueve, para la misa que se celebra en ella todos los días en el rito que regía en toda Europa antes de la llegada del gregoriano, que es el que se impuso luego, y que en esta capilla se mantiene por una excepción papal cuya raíz habría que ir a buscar en la fidelidad de los mozárabes toledanos a ese culto primitivo, fidelidad que los llevó a enfrentarse hasta al mismo rey, el famoso Alfonso VI de León, quien, alentado por su esposa y el obispo nuevamente, pretendía su sustitución por el nuevo culto. La disputa, según parece, llegó a tal punto que se organizó un torneo para dirimir el pleito (torneo en el que venció el caballero que defendía los intereses de los mozárabes) y hasta una prueba de la voluntad de Dios, decidida por el rey ante su fracaso en ese primer intento y que consistió en arrojar dos misales al fuego, uno mozárabe y otro gregoriano, que ganaría el que sobreviviera a aquél. No es de extrañar que, ante la nueva victoria del primitivo, que quedó intacto según la historia mientras el gregoriano ardía como una yesca, el propio rey le pidiera al papa que les permitiera a los toledanos conservar su antiguo rito y que el cardenal Cisneros, siglos después, ordenara construir para él esta capilla en la que trabajaron alarifes moros y cuya portada ya es suficiente anticipo de lo que debe de ser por dentro: tras la gran reja gótica que la protege, creación del famoso rejero Juan Francés, un trampantojo decorativo pintado en el mismo estilo ocupa el arco que cierra la catedral por su parte sur en el lado opuesto a la torre.

A las capillas siguientes les pasa lo mismo: que están cerradas por grandes rejas; unas magníficas rejas que rivalizan en hermosura con los retablos que se adivinan detrás de ellas, que son góticos también (dos de Francisco de Amberes), y con los sepulcros de sus fundadores. Aunque las rejas más fabulosas (por su tamaño y su exuberancia) son las de la capilla mayor y el coro, principalmente la primera.

El viajero ya la ha visto esta mañana, pues estuvo sentado junto a ella mientras la misa, pero le emociona volver a contemplarla, tal es su grandiosidad y su fantasía. Y es que Francisco de Villalpando, que fue su autor (tardó en hacerla seis años según las crónicas), puso en la mezcla de hierro y cobre que utilizó para realizarla todo su arte y su imaginación. No es de extrañar que al pie de uno de los dos púlpitos que también hizo junto con la reja el maestro escribiera esta leyenda: LABOR UBICUMQUE, es decir: «Trabajo por todas partes». ¿Qué pensaría de ello su compañero Domingo de Céspedes, quien, al decir de las crónicas, se arruinó al hacer la reja de enfrente —la del coro— por calcular mal el presupuesto, lo que no fue inconveniente para que la terminara dejando para la posteridad una de sus mejores obras y a su familia en la más completa ruina.

—¿Me da tiempo? —le pregunta el viajero al vigilante que le mira llegar junto a la reja.

—Cinco minutos —le contesta éste sin necesidad de comprobar la hora.

Cinco minutos, que son de los que dispone, no le darían al viajero para contemplar siquiera uno de los bajorrelieves que adornan los ciento veinte asientos de nogal que en dos filas superpuestas, una —la de abajo— tallada por el Maese Rodrigo en el siglo XV y la otra, por Felipe de Borgoña y el castellano Alonso de Berruguete (autor también del grupo escultórico que representa la transfiguración de Cristo que corona la cenefa sobre el asiento del arzobispo) en el XVI, integran la sillería considerada por mucha gente como la mejor de España. Vista en conjunto, en efecto, parece un bosque fantástico, mientras que en el detalle semeja una gran viñeta que no se termina nunca, tan grande es la sillería. Ni siquiera la imagen de la Virgen Blanca, una bellísima talla de compositor anónimo que la contempla desde el altar de prima (en el que se decía la primera misa), alcanza a competir con ella, y eso que es gótica, del siglo XIII, el tiempo en el que se hizo el edificio de la catedral.

—Hasta otra —se despide del vigilante el viajero, lamentando que el tiempo de la visita sea tan corto o, al revés, la catedral de Toledo tan gigantesca.

—Adiós —le responde el hombre, que, como trabaja en ella, debe de estar ya harto de contemplarla.

Pero al viajero aún le quedan unos minutos, los que los vigilantes tarden en empujar a los últimos visitantes hacia la salida y en comprobar que ninguno se ha quedado despistado en algún sitio, cosa que a veces sucede, según el que cierra el coro, y los aprovecha para seguir mirando esta catedral cuyas monumentales naves parecen agrandarse en esta hora en la que los turistas han desaparecido y las vidrieras ya no se ven, borradas por la oscuridad como le pasaba al claustro. Y eso que ahora, con la luz eléctrica, la noche ya no es lo que era antiguamente, en los tiempos en los que se levantó este templo y hasta bien avanzado el siglo XIX, cuando la catedral la alumbraban tan sólo algunas antorchas dispuestas por las columnas y las luces de las velas que ardían en los altares y ante las Vírgenes. Y lo mismo le pasaba a la ciudad, que desde las colinas que la rodean debía de parecer una inmensa sombra solamente punteada por las lámparas de aceite que ardían dentro de las casas y las teas de resina de los que se aventuraban a caminar de noche por sus callejas. Por suerte para el viajero, ya no se precisa antorcha, pues las calles están muy iluminadas, así que puede desandar lo andado y, tras dejar atrás la puerta de los Leones, que queda al fondo, en la oscuridad (ni siquiera los leones de la verja se ven ya), salir de nuevo a la plaza del Consistorio, cuyos edificios brillan como si fueran joyas, especialmente la catedral, cuya torre parece otra custodia por sus brillos, y bordeando la fachada norte recorrer el camino que hizo a mediodía y que recorría cada día hacia esta hora cuando el viajero cumplía con el ejército en esta ciudad una curiosa mujer, enigmática y coqueta como pocas vio en su vida, de vuelta de su comercio, que tenía por aquí, y camino de su casa, al otro lado del Zocodover, en cuyas terrazas los turistas interrumpían sus conversaciones para mirarla cuando cruzaba, tal era su poderío. ¿Qué habrá sido de ella, si es que aún vive?

—Murió. No hace mucho... Hará seis o siete años —le responde al viajero una señora a la que le preguntó sin mucha esperanza de que se acordara de ella con esos datos—. La llamaban la Buscapisos.

—¿Y eso?

—Porque siempre iba mirando hacia lo alto —sonríe la señora antes de seguir contando—: Estaba algo trastornada. Al parecer, la había dejado un novio y nunca se recuperó del golpe.

—Pues era guapa... ¿Qué edad tendría hace treinta y cinco años, cuando yo la conocí?

—Cuarenta, no creo que más —calcula la señora antes de añadir un dato—: La pobre murió de un cáncer muy malo...

—¡Vaya, hombre! —se compadece el viajero de la Buscapisos, cuya verdadera historia ha tardado tanto tiempo en conocer.

La historia del alcázar de Toledo, ante el que llega después de cruzar el Zocodover, la conoce desde que era muy pequeño, pues venía en los libros de Historia de la escuela como uno de los hitos más heroicos de la reciente —entonces— guerra civil española. En realidad, lo que venía en los libros era una caricatura, pues lo que se contaba en ellos era la versión del Régimen, que era la única que podía saberse y según la cual un puñado de soldados nacionales, es decir, los del bando vencedor, resistieron durante setenta días el asedio de los rojos, o sea, los republicanos, sin rendirse pese a su inferioridad numérica. Cuando Franco llegó en su ayuda, entre los escombros del derruido alcázar, el general Moscardó, que fue quien lo defendió, pronunció aquella frase que se convertiría en histórica gracias a la propaganda de la dictadura: «¡Mi general, sin novedad en el alcázar!». Una frase lapidaria que ahora resulta ridícula a la vista de este edificio recuperado para museo cuyas elefantiásicas proporciones rompen la gracia de una ciudad medieval cuya estampa acogota con su perspectiva.

Menos mal que el viajero no la ve, acodado como está en este momento sobre el muro del jardín que, en un plano inferior al del alcázar, se asoma al cauce del Tajo y frente al que se divisan las luces de las ventanas del edificio que sustituyó al alcázar como Academia de Infantería y en cuyo patio todos los sábados unos universitarios —él entre ellos— obligados a cumplir con el Ejército cantaban mientras desfilaban: «¡Ardor guerrero vibra en nuestros pechos / y de amor sacro henchido el corazón / entonemos el himno sacrosanto / del deber, de la patria y del honor...!». ¿Qué habrá sido de aquellos muchachos?

La Virgen de Ciudad Real

Amanece en Toledo un nuevo día de otoño. Encapotado, como el de ayer. La lluvia ha mojado levemente la ciudad, que resplandece como si fuera un espejo. Hay que aprovechar el tiempo, piensa el viajero mientras se ducha en su habitación del Hotel Eurico.

Su intención es partir hacia Ciudad Real antes de las nueve. Ha consultado los mapas y ha visto que no está cerca; a hora y media de camino por lo menos. Pero, entre unas cosas y otras, cuando sale del hotel son ya las nueve, como se encarga de señalarle una campana de la catedral, a saber si la famosa Gorda (la de las 1.543 arrobas de peso) o alguna de sus compañeras, que toca en este momento.

La campana le recuerda, aparte de la hora que desgrana, que en este instante comienza todos los días en la capilla mozárabe de la catedral la misa por ese rito que el viajero desconoce y que le atrae tanto observar. Así que, dicho y hecho, deja al punto el equipaje en el hotel y se va a toda prisa hacia la catedral, de la que ingenuamente pensaba se había despedido ayer.

En la puerta Llana, el guarda le franquea el paso (cuando hay misa en la capilla la entrada es libre, le dice). La catedral, detrás de él, aparece, empero, desierta, aunque al fondo, a los pies de la nave del Evangelio, la reja de la capilla mozárabe se advierte abierta, lo que hace presumir que haya gente en su interior. Y la hay. No mucha, siete personas, todos canónigos salvo uno. Es un hombre con perilla y traje oscuro cuya presencia testimonial contrasta con la de los seis canónigos, dos de ellos tras el altar —los que dirigen la ceremonia— y los otros cuatro en el coro, que está cerrado por otra reja, todos cantando en latín unos cantos que conocen de memoria pese a que sostengan entre las manos los libros en los que vienen escritos. La reunión parece la de una secta. Entre las sobrepellices negras de los cuatro canónigos del coro (tan sólo los del altar visten con casullas verdes), los latines de sus cantos monocordes, el olor a incienso y a viejo (el de los bancos que llenan toda la estancia) y la decoración y traza de ésta, con una cúpula octogonal y las paredes pintadas con grandes frescos, al viajero le parece haber entrado en un tiempo muy antiguo y estar asistiendo ahora a una reunión prohibida; una de aquellas reuniones de los primeros cristianos de Roma o de la propia Toledo en época de los árabes. Y como, por otra parte, desconoce por completo el desarrollo de la ceremonia y su duración, así como lo que cantan los seis canónigos, por más que el hombre de la perilla se haya acercado a entregarle un libro como el de ellos señalándole la página que están entonando ahora, permanece en su sitio sin atreverse a moverse ni siquiera para ver lo que tiene alrededor. Que es una decoración profusa, de frescos en las paredes que representan escenas bélicas (luego leerá en sus guías que de la toma de Orán por el cardenal Cisneros, que fue quien los sufragó) y motivos geométricos en la linterna del techo, obra, parece ser, de un hijo del Greco. Tras el altar, un retablo de estructura neoclásica pero integrado por tablas góticas —lo que demuestra que no es el original— acoge un bello mosaico de la Virgen con el Niño que también tiene su leyenda, pues, según dicen las guías, permaneció varios días bajo las aguas del mar al zozobrar el barco que lo traía de Italia, y un crucifijo de raíz de hinojo hecho en América por los indios y regalado a la catedral de Toledo por el predicador dominico fray Gabriel de San José hace cuatrocientos años.

La ceremonia sigue su curso sin que nadie se incorpore ni deserte de su puesto y el viajero, repuesto ya de la primera impresión y de su curiosidad, que era mucha, se empieza a poner nervioso, pues barrunta que aquélla va para largo. Lleva, de hecho, quince minutos aquí sentado y los cánticos son los mismos o parecidos. Y, lo que es más preocupante, nada cambia ni se mueve en torno a él, como si, en vez de a una misa, fuera a un cántico coral a lo que asiste; un cántico ininteligible, además, para él, a pesar de tener un libro con las partituras. ¡Qué razón tenía el papa —piensa mirando hacia la linterna— cuando decidió cambiar el rito mozárabe por el moderno, por más que les molestara a los toledanos!...

A la una, a las dos y a las tres... De dos zancadas, el viajero alcanza la puerta y abandona la capilla con alivio y con la sensación de dejar tras él, aparte de las miradas reprobadoras de los canónigos, un mundo antiguo y anquilosado, casi una ficción del tiempo. Tanto como para que la catedral con sus grandes naves le parezca un edificio luminoso y actual y no digamos la calle, a la que regresa al fin después de cruzar aquélla y de despedir al guarda, ahora sí definitivamente.

Hasta su coche y después en éste, mientras circula con dificultad por unas callejas hechas para caballerías, el viajero absorbe la mañana intentando olvidar la regresión en el tiempo que acaba de experimentar y que hace que ahora Toledo, sin haber mudado una sola piedra, se le antoje una ciudad moderna. Especialmente donde lo es de verdad: extramuros del río y de sus almenas, donde sus célebres cigarrales (casas de campo con vistas sobre Toledo) se asoman al horizonte conformando un paisaje singular y amabilísimo, un paisaje que ya glosaron los escritores, desde Lope de Vega al médico Marañón. ¡Cuánta dulzura en esos cipreses, en esos muros de piedra, en esos tejados ocres que se recortan en el cielo sobre lo alto de las colinas y desde los que sus propietarios, unos privilegiados a todas luces, gozan del lujo de contemplar la ciudad imperial enfrente de ellos!

Poco a poco, sin embargo, la carretera se va alejando de ésta dejando atrás sus altivas torres y su bucle fluvial y geológico. La geología, no obstante, sigue marcando con su rigor el paisaje, que aparece solamente salpicado, aparte de por carreteras (las que van hacia los pueblos del entorno de Toledo), por algún bosquete de encinas y por urbanizaciones que asemejan grandes panales de miel a cuyo reclamo acuden las clases medias de una ciudad que ha abandonado su casco antiguo, convertido ya sólo en un gran comercio para turistas y en decorado para rodajes de cine.

Cobisa, Argés, Layos, Burguillos... Al viajero estos nombres, que divisa en los carteles, le traen recuerdos de su milicia, que aquí pasó haciendo marchas uniformadas con el mosquetón a cuestas y cuarenta grados de temperatura. Así que no los añora. Al revés, los deletrea como si fueran parte de una condena que por fortuna quedó muy lejos. Tanto como la gasolinera que acaba de dejar atrás abstraído como iba en la contemplación de esos nombres y del paisaje, algo de lo que se arrepentirá más tarde, cuando la carretera y sus circunstancias le pongan contra las cuerdas.

Ajofrín, Sonseca, Orgaz... La carretera bordea esos pueblos para hacer más fluida la circulación, lo que la convierte, al tiempo, en más aburrida. Ni siquiera se ve gente. Solamente la que pasa en dirección contraria en sus automóviles o la poca que reposta en algún bar o cafetería como la Posada de la Cal, de Orgaz. Apenas cuatro clientes, uno leyendo el periódico, otro desayunando en la barra y otros dos sentados en una mesa conversando sobre sus intereses: el tabaco, que uno acaba de dejar al parecer («¡Lo echo de menos...!», exclama con resignación), y la caza, que gusta a ambos, pese a que el del tabaco ya no cace por su estado de salud. Aparte de sus años, que son muchos, se le ve gordo y sin agilidad. Posiblemente sea el dueño de la posada, a juzgar por su presencia tan temprana en el local.

A partir de Orgaz (la del Caballero, piensa el viajero evocando el cuadro del Greco), un campo ya adehesado borra de la carretera cualquier tipo de cartel. Ni un pueblo en el horizonte. Ni un tractor en el paisaje. Sólo colinas y olivos que en seguida se convierten en montes bajos y en encinares. Son los montes de Toledo, esa cadena montañosa que parte Castilla la Nueva en dos y que Daniel Sueiro y Roberto Llamas, escritor y fotógrafo, ambos cazadores, recorrieron hace tres décadas para cantar su desolación. Una desolación que hoy, comenzando noviembre de 2011, ya no se advierte como entonces, entre otras cosas por las comunicaciones. No tanto por la abundancia de repostajes, que no aparecen por parte alguna, circunstancia que al viajero le comienza a preocupar. Desde la que dejó a la altura de Burguillos hace más de media hora, no ha vuelto a ver una gasolinera. Y su depósito está en la reserva.

Los Yébenes ya no existe (quiere decirse: junto al camino). El túnel que salva el puerto al que da su nombre deja el pueblo lejos de él y con él la posibilidad de que haya un surtidor donde poder llenar el coche de gasolina. Pero a partir de ahí es todavía peor. Los kilómetros se suceden sin que nada altere el paisaje (que, ahora sí, es un coto de caza todo él), lo que hace que el viajero empiece a considerar la posibilidad de quedarse sin gasolina en cualquier momento. Ya se ve con la lata en una mano pidiendo auxilio a los automovilistas.

Veinte kilómetros... Diez... Cero... Cero, cero, cero, cero. El marcador de la gasolina no admite error: marca cero desde hace unos minutos. Es decir, ya no queda ni una gota, sólo la que haya en el tubo. Pero, aun así, el coche sigue sin detenerse. Despacio, pues el viajero ya ni siquiera se atreve a pisar el acelerador (solamente lo mantiene presionado lo suficiente para que el motor no pare), continúa cubriendo kilómetros más por inercia que por razones físicas. El viajero se santigua varias veces, pone el motor en su punto muerto cuando la carretera parece inclinarse un poco, se encomienda a la Virgen de Ciudad Real, que todavía no ha visto, y a todas las que conoce, que son docenas, se incorpora en el asiento para ayudar al coche a avanzar sin acudir a la gasolina... Pero el surtidor soñado no aparece por ninguna parte. Ni siquiera ese letrero que lo anuncie y que le dé esperanzas de llegar a él. Tan sólo montes y montes y la carretera cada vez más sola...

Por fin, cuando ya pensaba que nada le salvaría de quedarse parado al borde de ella, divisa un pueblo en el horizonte. Y un cartel que lo aproxima: «Fuente el Fresno, 3 km». ¡Tres kilómetros! ¡Tiene que llegar a él! Ya lo ve dibujarse ante sus ojos. Ya ve el cartel de la gasolinera, que la anticipa desde mucho antes. Ya ve a un vecino en un olivar. Y a otros dos que vienen dando un paseo... Ya ve las primeras casas. Ya ve la gasolinera a trescientos metros... ¡Ha llegado!... ¡Lo ha conseguido!...

Al viajero sólo le falta abrazarse al de la gasolinera. Está charlando con otro hombre, un camionero que acaba de repostar su camión, cuya cabina indica su procedencia: Olías del Rey (Toledo). El viajero, ya en la tierra (la real y la soñada), se interesa por su situación. Está en Ciudad Real, cuya frontera ha cruzado hace seis kilómetros.

—¿Y en toda la provincia de Toledo no hay una gasolinera, fuera de las de la ciudad?

—Sí hay... —le mira el camionero con extrañeza, como si no comprendiera lo que el viajero pregunta.

—Pues yo no he visto ninguna.

—Es que —interviene el del surtidor, comprendiendo él sí lo que le ha sucedido a éste— están dentro de los pueblos. En Orgaz, por ejemplo, tenía una.

—Pues podían avisar —exclama el viajero, al que todavía le dura el susto.

—En eso no le falta a usted razón —acepta el de la gasolinera mientras le cobra.

Con el depósito lleno y ya más tranquilo, el viajero cubre el escaso trayecto que le queda hasta Ciudad Real y que discurre, además, por tierras más habitadas. Malagón y el río Guadiana llenan de vida este territorio incluso ahora, que ya es noviembre. Enseguida, además, las urbanizaciones de Ciudad Real salen al paso de los automovilistas distrayéndolos hasta llegar a ésta, que aparece en la llanura como si fuera un poblachón más. Por mucho que quieran sus habitantes, Ciudad Real sigue siendo un pueblo grande pese a su nombre.

Dos o tres vueltas por su interior, un par de cambios de dirección en función de lo que le dicen o de lo que imagina él mismo, y el viajero ya está en el centro, que es tanto como decir frente por frente de la catedral. Para ser más exactos, en la calle que bordea el jardín al que se asoma y que sin duda alguna fue el prado que da nombre a su patrona, la Virgen para la que se erigió.

Mientras la observa desde su coche, aparcado ya junto a los demás, el viajero rememora la historia de esta iglesia tardogótica elevada a catedral en el siglo XIX que leyó anoche antes de dormirse. Una historia que comienza en este sitio, hoy un jardín pero en tiempos un prado de la aldehuela surgida en torno a un pozo —el Pozuelo Seco de Don Gil— en la tierra de nadie que existía entre las fronteras de los reinos musulmanes y cristianos cuando éstos sobrepasaron el río Tajo. Según ella, la comitiva que trasladaba hacia Andalucía la imagen de una Virgen a la que el rey Alfonso

VI de León —el que conquistó Toledo— tenía gran devoción y que había dejado en esa ciudad (motivo por el cual, pensaría luego, había sufrido una gran derrota en el avance hacia Badajoz, por lo que la reclamó en seguida) se detuvo a descansar en este prado que hoy es un jardín urbano pero que entonces sombrearían unas encinas o robles bajo los que pastarían ovejas y algún animal de carga. Sigue la historia contando que los vecinos de la aldehuela se quedaron tan impresionados por la belleza de aquella Virgen que le pidieron al capellán que la transportaba que la dejara en aquel lugar, petición a la que éste, lógicamente, no prestó oídos, pues pertenecía al rey, y concluye, como todos los milagros de la Virgen, con ésta volviendo al prado de noche y negándose a abandonarlo cuando la comitiva real regresó a buscarla creyendo que se la habían robado. De ahí a construir un templo, primero ermita y más tarde iglesia, sólo hay el paso que va del milagro al cuento y de la transformación de un prado y una aldehuela en una ciudad real, cosa que sucedería pasado el tiempo, cuando el rey Alfonso el Sabio de Castilla ordenó construir en este lugar una población civil que protegiera los territorios reconquistados a la morisma al sur de Toledo y que hasta entonces eran defendidos por las órdenes militares de Santiago y Calatrava, cuyo poder comenzaba a amenazar el del propio rey. De ahí que la diócesis que se constituiría andando la historia (en 1980) y de la que esta iglesia del Prado es sede catedralicia lleve, como sus obispos, el nombre de aquellas órdenes junto al de Ciudad Real.

Todo esto, por supuesto, lo ignoran muchos ciudadrealeños y a buen seguro este grupo que disfruta del jardín esta mañana en torno a un cartón de vino en animada y peculiar tertulia. A juzgar por sus aspectos ninguno de ellos debe de trabajar y, si lo hace, lo disimula mucho. Justo todo lo contrario que el mendigo que monta guardia cerca de ellos ante la verja de la catedral, que lo que trata de justificar es su situación ahora:

—Yo he trabajado toda mi vida. Lo que pasa es que temporalmente estoy sin trabajo.

Cerca de él, la gitana rumana que también pide junto a la puerta (¡dos pedigüeños para una iglesia tan pobre!, piensa el viajero observando el templo) le dice a éste que no le haga caso:

—Cobra una pensión muy buena. Y encima viene a pedir aquí...

El otro escucha sin contradecirla. Se ve que se llevan mal, pero se soportan a falta de otra solución mejor. Eso sí, se mantienen a una prudente distancia, el hombre junto a la verja y la gitana dentro del pórtico, sentada sobre las losas, en el acceso a la catedral. Tanto ésta como el pórtico delatan su origen gótico, si bien el grueso de la construcción es ya de estilo renacentista. Al viajero le recuerda a la catedral de Getafe, por eso y por su aparejo, mezcla de piedra y de mampostería sencilla.

Como la catedral de Getafe, además, presenta una sola torre, aunque, a diferencia de la madrileña, ésta no está a los pies de la fábrica, sino en el centro, coronándola como una suerte de chimenea. El perfil que ofrece es así más de un barco que de una iglesia, si bien el pabellón añadido que la prolonga por la fachada del mediodía le da un aire conventual, con sus filas de ventanas superpuestas y su tejado de tejas rojas, especialmente vista desde el jardín.

Por dentro, la catedral es una iglesia de pueblo. Más pobre aún que la de Getafe, si eso es posible, salvo por el retablo principal, que es imponente. Con la Virgen del Prado iluminada en su hornacina (el resto del retablo está en penumbra, pese a lo cual se intuye su maravillosa labra), domina todo la iglesia, que es de una sola nave y sin más capillas que las dos que forman la del crucero y otra a los pies de su parte sur; nada del otro mundo, por otro lado, a primera vista. La nave, eso sí, es enorme, lo que le da cierta solidez. La recorren diez columnas —cinco y cinco— adosadas a los muros laterales que aguantan las cinco bóvedas de crucería, todas de decoración distinta, y entre las que sobreviven un par de altares y las dos puertas, la del sur y la del norte..., y pare usted de contar.

¿Tan pronto? El viajero, sentado frente al altar, piensa en lo aleatorio que es todo. Esta mañana, en Toledo, aún sentía la resaca del síndrome de ansiedad que ayer le embargó de pronto ante la fastuosidad de la catedral primada y ahora aquí, ante esta otra, siente que ya ha visto todo lo que tenía que ver salvo gran sorpresa. Eso sí, lo ha visto muy por encima, en una primera aproximación a una iglesia que, por lo demás, está bastante animada. Dos docenas de personas rezan sentadas o de rodillas en los numerosos bancos que cubren la enorme nave —prueba evidente de que se llena, al menos en ocasiones— y continuamente aparecen otras que sustituyen a las que se van. Y lo mismo sucede en la capilla de la izquierda, la más grande de las tres con las que cuenta la catedral y en la que, al parecer, se dice la misa cuando la gente que asiste es poca.

—¿A qué hora es?

—Ya ha sido —le responde al viajero el chico joven, con la cabeza rapada al cero, al que aquél se ha dirigido al verlo ir y venir por el templo. Si no es el sacristán, no anda muy lejos.

—¿Y no hay más misas? —le pregunta el viajero por saberlo, no porque le interese mucho.

—Otra, a las ocho —le dice el sacristán, que lo es, según le confiesa, en sustitución del titular, que descansa hoy.

—¿Y encienden el retablo para ella?

—Sí, pero, si lo quiere ver, se lo enciendo ahora —se ofrece el chico con amabilidad, consciente seguramente de que es casi lo único que merece verse aquí.

—No, muchas gracias —le responde el viajero, que no quiere privilegios y que prefiere esperar, por ello, a ver el retablo cuando lo enciendan para la misa. Así, además, tendrá un aliciente para aguantar aquí hasta las ocho dándole vueltas a esta catedral vacía.

La primera la da por su exterior, saliendo por su puerta norte. Es la más simple de las tres con las que cuenta la catedral, si bien una está cerrada. Se trata de la principal, superviviente de la primitiva iglesia y de estilo protogótico o románico (fue hecha en el siglo XIII), pese a lo cual está llena de excrementos y de plumas de palomas, prueba de su abandono y de su inutilización. La del norte, que sí se usa, es mucho menos valiosa. Presenta un arco apuntado con pequeñas arquivoltas interiores sin dibujo (salvo una, la del centro, decorada con motivos vegetales y florales) y un tímpano con un escudo y una inscripción: «El Excmo. y Rvdmo. Sr. D. Juan Hervás, obispo prior de las órdenes militares, defensor en el Concilio Vaticano II del título de María Santísima Madre de la Iglesia, restauró y consagró esta S. I. Prioral Santuario de N. S. del Prado. Año 1967». El escudo, dividido en dos cuarteles, muestra el cáliz con la Sagrada Forma, en el de la izquierda, y un pastor con un cordero a hombros, en el de la derecha, ensoñación que sobre sí mismo debió de tener el obispo Hervás.

¿Pero por qué la puerta principal, con lo bonita que es, está cerrada y llena de palominas? Parado enfrente de ella, junto a la verja que la protege (de las agresiones físicas, no de las químicas: aparte de los excrementos de las palomas, los coches pasan a pocos metros), el viajero observa la arcada, cuya tosquedad impacta, así como su composición: flanqueada por dos cipreses y dos anchos y robustos contrafuertes que la ocultan de la vista lateral al tiempo que la protegen (hundida al fondo de ellos, sólo se puede ver desde la frontal) y que le da a la iglesia un aire de fortaleza por este lado, el triple arco que la compone tiene ecos bizantinos o por lo menos le parece a él. Por contra, el rosetón que se abre encima de ella y que integran docena y media de pequeñas rosas (de vidrio, que no de piedra, piensa el viajero evocando el título de su libro) se diría más tardío, lo que los separaría en su origen. Lo cual no impide que formen un conjunto de magnífica belleza a pesar del abandono y el olvido en el que están.

El olvido no afecta sólo a esta puerta, sino a la catedral entera, a lo que parece. Al menos, nadie se ha interesado por ella para escribir una guía de sus terosos. Se lo dice al viajero el dueño de la librería que abre su puerta frente a la principal del templo. Aun así, le remite a una tienda de productos religiosos que está a la vuelta de la esquina, en la misma acera.

Pero tampoco en ésta tienen nada que le sirva. La tienda, aparte de imágenes y souvenirs, apenas vende algún libro de devoción, que no es lo que el viajero busca precisamente. La dependienta le desanima, pues no hay nada publicado sobre la catedral de Ciudad Real, le dice.

—Bueno, pues deme una figurita de ésas —se conforma el viajero mirando los futbolistas en miniatura que comparten una vitrina con otras de la Virgen en todas sus advocaciones y de diferentes santos, cada uno con su representación.

—¿De qué equipo?

NOVENA
A LA BEATA
DOLORES SOPEÑA
Dolores R. Sopeña
CENTENARIO
1918-2018

—Del Atlético de Madrid —responde el viajero, que la quiere para su hijo, que juega en los infantiles de ese equipo madrileño y al que supone le divertirá tenerla.

En el jardín siguen los de antes, indiferentes a la realidad del día. Se les ha unido algún paseante de perro y algún vagabundo más. Pese al frío, parecen encantados a la sombra de los árboles, pues no buscan el sol fuera de ellos. Se ve que el vino también calienta.

El mendigo de la verja habla ahora con un matrimonio. Se conocen seguramente de otras mañanas. El pedigüeño se queja —oye el viajero al pasar al lado— de que el Gobierno no se preocupa de los parados y que por eso él tiene que pedir limosna. La gitana rumana, que lo escucha, se toca el rostro con una mano, mirando hacia el viajero, en inconfundible gesto.

—¡Tendrá cara! —exclama a pesar de ello, por si el viajero no la ha entendido.

Pero el viajero está ahora a otra cosa. El viajero, parado cerca de la gitana (que está sentada en el suelo, quizá desde que llegó hace horas), contempla la portada y el arco que la antecede formando un nártex de estilo gótico muy sencillo, pero de gran belleza compositiva: mientras que el primer arco, más apuntado, se apoya sobre dos ménsulas pegadas a la pared, las dos decoradas con grandes hojas, el de la puerta, que es triple, se apoya sobre columnas, lo que produce un efecto óptico singular; una especie de atracción o impulso de acogimiento que llama a cruzar el pórtico y que junto con la proximidad del jardín explica que esta puerta sea ahora la principal, olvidada como está la primitiva. Para completar el cuadro, tres relieves alusivos a la historia de la iglesia sobre el primero de los dos arcos: un escudo de las órdenes militares que dieron paso a la diócesis, el jarrón de azucenas distintivo de la Virgen, la advocación del templo desde que se construyó, y el escudo de Ciudad Real (con el rey Alfonso X envuelto por sus murallas, ya desaparecidas), y un tímpano más reciente dentro del triple arco de la puerta subrayan la relevancia de esta portada del mediodía que ahora lo es por partida doble: aparte de darle el sol como corresponde a su orientación, éste lo hace desde su posición más alta.

En el interior de la catedral, no obstante, la gente reza ajena a la claridad de fuera. La escasa iluminación unida al recogimiento de los presentes hacen que el mediodía parezca lejos, lo mismo que la ciudad. El viajero, lentamente, le da otra vuelta a la catedral sin encontrar en qué detenerse. Lo que merece la pena, como el retablo mayor, está sumido en la oscuridad y lo que se puede ver no tiene gran interés. Hasta la Virgen, que es lo único alumbrado del retablo, en cuyo centro brilla como una estrella, parece copia de alguna antigua e igual sucede con las imágenes de las capillas, que son pocas y modernas. El viajero se pregunta la razón de tanto despojamiento. Al fin y al cabo, aunque como catedral es joven, la iglesia tiene quinientos años. Y, además, debió de ser la primera de una ciudad a la que se supone favorecida por la monarquía española, puesto que un rey fue su fundador.

—La guerra. La desvalijaron y se llevaron todo. Quedó el edificio y porque lo utilizaron para guardar camiones.

El que habla es el director del Museo López Villaseñor, vecino de la catedral y radicado en la antigua casa de una familia noble ciudadrealeña, los Hernández del Pulgar, uno de cuyos miembros destacó como soldado en la toma de Granada, así como en otras gestas, siempre junto a los Reyes Católicos, lo que le valió el sobrenombre histórico de Hernán el de las Hazañas. El director del museo —Charly para el viajero— fue compañero de éste en los viejos tiempos del instituto, allá, en su León de origen, cuando uno no sabía que iba a dar en arqueólogo y el otro, en trotamundos y poeta. Se reencontraron por casualidad hace algunos años con ocasión de un viaje de éste y ahora se vuelven a ver, como entonces casi por casualidad: al pasar frente al museo, el viajero recordó que en él trabajaba Charly y entró a ver si seguía allí.

—¿Adónde voy a ir ya a mi edad? —le responde.

—¡A tu edad!... —le halaga el viajero, halagándose a sí mismo de esa forma, pues son de la misma quinta.

Charly, aquel muchacho del instituto de rostro adusto y ceñudo, pero de inteligencia innata, tiene ya el cabello blanco, lo que resalta aún más sus claros ojos azules. De arqueólogo de la

Diputación ha pasado a dirigir los cuatro museos municipales y es una autoridad en Ciudad Real. Tanto como para conseguirle sin salir siquiera de su despacho lo que el viajero buscaba en las librerías y que le dijeron que no existía: un libro de la catedral, y también, si lo desea, una visita guiada a ésta en compañía de la persona que más y mejor la conoce, el cura que dirige el Museo Diocesano, proposición que el viajero rechaza al punto, pues su intención no es hacer una tesis sobre la catedral, sino contar su impresión de ella. Aun así, Charly se ofrece a llamar al director del museo para que, aunque está cerrado, por ser hoy lunes, le enseñe algunos de los tesoros que pertenecieron a la catedral y que se pudieron recuperar del expolio que sufrió en la guerra civil, algunos tan importantes como el portapaz de Uclés, una magnífica pieza de oro de ley de cuatro kilos de peso procedente del convento de esa localidad conquense y de la que sólo se recuperó algún trozo.

—Déjalo, Charly —le agradece el viajero la intención.

—¿De verdad que no quieres verlo?

—Otro día —le da largas el viajero, que prefiere ir a su aire, como siempre, motivo por el que ni siquiera invita a comer a su antiguo amigo.

Aparte de que éste ya le ha dicho que hoy no puede acompañarlo, pues se va de viaje en cuanto termine.

—¿Adónde?

—Al pueblo de mi mujer.

—Ya sé por qué te quedaste aquí —le dice el viajero, malicioso, ante la complicidad de Charly, que le sonríe con sus ojos grises (grises o azules, depende de cada momento).

El Hotel Santa Cecilia, junto a la plaza del Ayuntamiento, es un hotel moderno, de cuatro estrellas; un lujo para el viajero, pero que se lo permite de cuando en cuando. La comida en él, además, no es más cara que en cualquier otro lugar y está más rica y mejor servida. Y, al terminar, la habitación le ofrece el silencio que necesita para poner en orden sus notas y descansar un rato después de ello. Hasta las seis, la catedral no vuelve a abrir nuevamente, cosa que el viajero aplaude. Y eso que con el libro que le dio Charly (una edición no venal patrocinada por la Diputación, de ahí que no esté a la venta) ha de cobrar mucho más sentido.

A la hora de volver, Ciudad Real bulle de animación. Hace frío, pero la gente llena las calles como si no lo sintiera o le preocupara poco. Incluso hay grupos de jóvenes (y no tan jóvenes) sentados en las terrazas. La ciudad, por lo demás, no tiene gran interés, así que no se ve a nadie que no parezca vivir en ella, al revés de lo que ocurría en Toledo. Quizá sólo el viajero esté de paso en este sitio esta tarde de noviembre que debería ser otoñal, pero que ya anticipa el invierno a causa del frío.

A los que el frío no les importa es a los del jardín del Prado. Impasibles en sus bancos, junto al templete para la música, siguen bebiendo y de charla ajenos al frío y a la climatología. Ni siquiera las estatuas con las que comparten la despojada fronda ni las que el viajero ha visto viniendo desde el hotel —dos dedicadas a don Quijote, el gran héroe de esta tierra, y a su creador, Cervantes, y otra a las espigadoras— parecen tan adaptadas como ellos a la temperatura ambiente. Una de las del jardín tiene una dedicatoria extraña: «A la Pandorga». Representa a un hombre vestido con traje tradicional. La otra, de un joven músico, es mucho más transparente: «A Javier Segovia, cantautor y compositor. Autor del himno de la Pandorga». Del busto del joven músico cuelga un cartel de metal con lo que se supone un verso: «La noche y el tiempo se marchan contentos. Mañana cantarán». ¿Será del himno de la Pandorga?

—¿Qué es la Pandorga? —le pregunta el viajero, señalándole la estatua, a un paseante de perro que se aproxima a donde está él.

—Una fiesta —le dice el hombre mirando aquélla—. Se celebra en el mes de julio y es muy famosa en Ciudad Real.

—¿Y lo del nombre de la Pandorga...?

—La Pandorga y el Pandorgo —dice el hombre sin dejar de sonreír—. La Pandorga es la fiesta y el Pandorgo el hombre que la preside, que se elige cada año y va vestido como el de la escultura... Ahora, ¿de qué viene el nombre?... —se encoge de hombros en gesto muy expresivo.

La catedral está iluminada. Aunque aún no ha anochecido (lo hará ya pronto, hacia las seis y media), se ha anticipado a la noche y luce como una estrella al otro lado del jardín, que se va quedando en penumbra. Iluminada, la vieja iglesia ciudadrealeña parece más hermosa que de día, cuando su aparejo muestra su doble naturaleza, de iglesia y de catedral. Sobre la fábrica, la solitaria torre agradece también la iluminación eléctrica, pues la hace más elegante y altiva.

Lo que no cambia es la vigilancia. El mismo pobre de la mañana continúa al lado de la verja, inasequible al frío y al desaliento. Si realmente es un caradura, como quería su colega la gitana (que, por cierto, ha desaparecido ya), le cuesta cara la impostación. Estar aquí todo el día con frío o con calor como hace él es un trabajo como cualquier otro.

La catedral ahora está menos concurrida. Hasta la hora de la misa falta tiempo todavía y apenas media docena de feligreses rezan en la soledad del templo. Éste, no obstante, se ve mejor, pues también está iluminado. El retablo mayor, sin embargo, sigue sumido en la oscuridad, que ahora es mayor que por la mañana, pues ya empieza a anochecer.

Con el libro que Charly le regaló, el viajero, pese a ello, puede imaginar sus formas. Aparte de su descripción, contiene fotos de él, así como de cada elemento y dependencia de la catedral. Así, el viajero constata, aunque lo intuía, que la torre es de nueva construcción (de principios del siglo XIX), pues la anterior se cayó a consecuencia del terremoto de Lisboa, y lo mismo sucede con la Virgen del Prado y otras tallas, que son copias de las primitivas, sustraídas o quemadas en la guerra. La Virgen del Prado era románica y estaba en este lugar desde la primera iglesia.

Por lo demás, poco que añadir. Que las dos capillas laterales llevan el nombre del Sagrado Corazón de Jesús y de Santo Tomás de Villanueva, y el de la Virgen de los Dolores la de los pies de la iglesia en su lado sur; que hay otras dos más pequeñas, pero ya dentro del presbiterio (una de ellas sirve ahora de sala capitular); que la puerta principal se llama del Perdón (a las otras se las conoce por su orientación geográfica: del Norte y del Mediodía); que la sillería del coro ardió también en la guerra y que la que ahora se puede ver al pie del retablo es lo que sobrevivió de ella; que, cuando recientemente se hicieron obras en el altar, aparecieron varias calaveras (una de ellas con una flecha clavada aún) y, en fin, que el retablo mayor, que sí es el original pese a que tuvieran que rehacerle algunas imágenes, como la de la propia Virgen, que también desaparecieron en la contienda civil, es obra del XVII de Giraldo de Merlo, escultor flamenco afincado en Toledo que también hizo el de la catedral de Sigüenza y el del santuario extremeño de Guadalupe.

—¿Quiere que se lo ilumine?

—No, espero a la misa ya —le agradece nuevamente el viajero su propuesta al sacristán, que se la acaba de repetir al verlo con el libro parado enfrente del presbiterio.

Pero todavía queda una hora. El viajero le da otra vuelta a la catedral y, cuando la termina, comprueba que todavía no son las siete. ¿Qué hacer hasta la hora de la misa?

Muy fácil: ir a tomar un café. Aparte de que le despejará, le servirá para entretener el tiempo. Y para pulsar de nuevo, de paso, la vida de Ciudad Real, pues, dejándose arrastrar por la corriente, esto es, por la gente que pasea por las calles del entorno, llega a la plaza Mayor, que es donde confluyen todas. Lástima que el escenario no corresponda a lo que se podía esperar de él. Con pocos restos de sus antiguas casas tradicionales (esas casonas manchegas de grandes puertas y corralones) y la omnipresencia de un Ayuntamiento que, con su aspecto de palafito nórdico, constituye uno de los anacronismos mayores de cuantos ha producido la arquitectura moderna española, la plaza Mayor de Ciudad Real no pasará a la historia como ejemplo de respeto y buen gusto arquitectónico. Lo cual no impide que siga siendo, a lo que parece, el centro de la ciudad o, por lo menos, el lugar donde se citan todas las tardes los ciudadrealeños. De ahí que cueste encontrar un sitio donde tomar un café, pues todos los bares están repletos, y de ahí que, cuando el viajero por fin lo encuentra, le cueste que se lo sirvan, tanta es la concurrencia en el Enrypas, la pastelería donde lo solicita. Un nombre muy acorde con una plaza en la que es fea hasta la iluminación.

La que es una maravilla es la de la catedral ahora. Con todas las luces dadas, incluida la del altar, pues la misa va a iniciarse en seguida, la catedral prioral de Ciudad Real, como se la conoce y hay que llamarla con propiedad (lo de prioral le viene de que lo fue de las órdenes militares), brilla en todo su esplendor, que no es mucho, ciertamente, si bien el retablo mayor le baste para compensar el resto. En especial ahora, con todas las miradas, que son muchas, pues muchas son las personas que han llegado para asistir a la misa, puestas sobre su dibujo.

Mientras ocupa su sitio al lado de una señora que se ha movido para permitirle hacerlo, el viajero mira el retablo, que resplandece como el de Toledo ayer (es como si lo hubiesen despertado de un sueño de muchas horas, las que han debido de transcurrir desde que terminó la misa de anoche). La comparación con el de Toledo no es excesiva, pues si bien éste es una filigrana de oro, el de Giraldo de Merlo no le va a la zaga ni desmerece de él en ningún sentido. Claro que la comparación no es fácil, pues el de Toledo es gótico y éste del último Renacimiento (el decadente que ya da paso al Barroco), y que el entorno y el acompañamiento favorecen a uno más que al otro, pero en conjunto este retablo mayor de Ciudad Real puede competir en belleza y composición no sólo con el de Toledo, sino con cualquiera de los que el viajero ha visto. Y eso que varias de sus imágenes son copia de las primitivas, según María del Pilar Pérez Nieto-Sandoval, la autora del libro de la Diputación.

Con ayuda de él y mientras da comienzo la misa, primero, y luego —cuando por fin el cura aparece— durante el transcurso de la ceremonia, el viajero recorre tabla por tabla el maravilloso cómic que tiene frente a sus ojos y en cuyo centro la Virgen sigue brillando como una estrella. De abajo arriba, como hay que verlo, el retablo lo componen cuatro cuerpos (tres calles más la predela), cada uno con seis tablas o imágenes en relieve o directamente puestas en las hornacinas. En conjunto, las tablas desarrollan un programa iconográfico dedicado a la Virgen como patrona del templo (solamente la predela recoge escenas de la pasión de Cristo), mientras que las imágenes de bulto representan al apostolado y a otras figuras del santoral. De unos y otras destaca un relieve —en la primera calle— de la anunciación, del que el arcángel parece que fuera a salirse, de tan definido. Por último, rematan el conjunto en lo más alto un Cristo crucificado

(¿copia del original?) y un medallón con la imagen del Salvador en relieve rodeado por las tres virtudes.

—Demos gracias al Señor Nuestro Dios...

La admonición del cura, que parece hecha para la creación de De Merlo, saca al viajero de su ensimismamiento y le devuelve a la realidad más próxima, es decir, a la misa que está teniendo lugar y que se encamina hacia su momento cumbre. El viajero se fija en el celebrante, cuya potente voz le ha acompañado hasta ahora sin que reparara mucho en cómo es su dueño: un cura joven, con barba (¿será fraile en vez de cura?), que conduce la misa con profesionalidad y sin la teatralidad de otros. Llama la atención por ello y por su juventud, tan poco habitual entre los canónigos. Como también la llama la gran cantidad de gente que llena la catedral a esta hora, a pesar de ser lunes y de hacer frío. Quizá tenga algo que ver el cura con todo ello.

—Así, acabada la cena, tomó pan y lo bendijo...

Media hora más y la catedral ya cierra. El sacristán empieza a apagar las luces y a disponerlo todo para el día siguiente. Por fin, cuando ya ha acabado, procede al acto con que termina y que es al que el viajero espera. Y eso que desde hace dos años, según le ha contado él mismo, no tiene ya la dificultad que tenía antes, cuando los sacristanes habían de hacer a mano subiendo por una escala hasta la hornacina lo que ahora hacen con un dispositivo electrónico que activan desde abajo con un mando a distancia: darle la vuelta a la Virgen del Prado para que durante la noche se la pueda ver desde fuera, a través de una claraboya abierta en el ábside.

—¿Tanta devoción le tienen? —le pregunta el viajero, asombrado por la originalidad del truco.

—Mucha. Toda la gente que pasa por delante de ella se para a verla —le dice el sacristán, devolviendo el mando a su sitio.

—¿Los vagabundos del parque también?

—Ésos les tienen más devoción a otras cosas... —sonríe el sacristán, entrando en la sacristía.

Y acierta, pues los vagabundos siguen, a pesar del frío y de la noche, donde el viajero los dejó hace un rato y donde ya estaban por la mañana cuando llegó. Eso sí es fidelidad y no la de los ciudadrealeños a una Virgen que ahora mira hacia la calle a través de la ventanita abierta en el corazón del ábside para permitírselo. Y eso que ya hay dos personas, un hombre y una mujer, rezando frente a ella en plena acera, como si no tuvieran bastante con haberlo hecho en la catedral.

La verdad es que así, detrás de la ventanita, la Virgen del Prado parece una aparición en la noche de la capital manchega.

La llanura

Entre Ciudad Real y Albacete (más de doscientos kilómetros), la gran llanura de la Mancha cobra su dimensión más profunda. Sólo al principio, cerca de Ciudad Real, se avistan hacia el norte, en la lejanía, las elevaciones de los montes de Toledo que el viajero cruzó ayer viniendo de la ciudad que les da su nombre, pero a partir de Daimiel, la de las famosas Tablas, el horizonte desaparece y se vuelve plano. La autovía de Albacete (que sigue luego hasta el Mediterráneo; desde la provincia de Ciudad Real aún tiene que hacerlo hasta Extremadura) es, además, una recta, lo que convierte el paisaje en una ilusión geométrica en la que la horizontal lo domina todo. Y como los colores en este tiempo, recogidas ya las cosechas, tampoco son muy variados (solamente los viñedos pintan de amarillo y rojo algunos trozos de la llanura; el resto es ocre y marrón) y los pueblos quedan lejos, el viaje se hace monótono a pesar de la radio, que siempre entretiene un poco, y del día, que ha amanecido soleado al contrario que el de ayer. Viendo esta inmensa llanura, mirando en el horizonte los pueblos —Manzanares, Herrera, Argamasilla de Alba, Tomelloso... , que semejan ilusiones más que pueblos de verdad, contemplando la planicie interminable y monocroma que se extiende kilómetros y kilómetros en todas las direcciones, se entiende que don Quijote perdiera la razón y lo que no se comprende es que sus convecinos siguieran cuerdos. Y más con este viento que la bate algunos días como hoy, que parece que fuera a borrarlo todo.

—¡Cómo sopla! —se sorprende el viajero al bajar del coche en la gasolinera de Villarrobledo, pues no pensaba que fuera tan despiadado (la ausencia de árboles por el camino le había engañado hasta ese momento).

—Como aquí no hay nada que lo pare... —le sonríe el empleado, un chico joven que dice ser de Villarrobledo, que queda al otro lado de la autovía, a unos quinientos metros de donde están.

—Es grande Villarrobledo... —dice el viajero, observándolo.

—Veintiocho mil.

—¿Y Tomelloso?

—Más.

—Aquí los pueblos son grandes...

—No todos. Los hay pequeños —dice el chico, yendo a atender a un cliente que le reclama desde su automóvil.

El viajero se va a tomar un café hasta el bar. Es el típico bar de carretera, de camioneros y automovilistas. Eso sí, moderno e impersonal como todos los de las autovías.

—¿Cuánto queda hasta Albacete?

—Una hora... Depende de por dónde vaya —le dice el camarero, que también es vecino de Villarrobledo—. Yo suelo ir por Barrax. Es carretera, pero está muy bien.

—¿Y por la autovía?

—Se da más vuelta.

—¿Y se tarda igual o más?

—Igual... Pero a mí me gusta menos. Se me hace muy aburrida —responde el camarero poniéndole al viajero en una duda, pues ya no sabe por dónde ir. Al final, decide seguir por la autovía, ante el temor de que por donde le dice aquél se acabe perdiendo, ya que hay un par de desvíos, y tarde más en llegar.

Pero por donde se pierde es por la autovía. Resulta que a pocos kilómetros de Villarrobledo, ésta cruza la que viene de Madrid, que es la que va hacia Albacete, pero él continúa por la que venía sin darse cuenta de que no es ésa la dirección que le recomiendan. Cuando lo hace es tarde para dar la vuelta. Lo intenta por un camino que retrocede campo a través, pero lo único que consigue es terminar en medio de las fincas, con lo que tiene que desandar lo andado y seguir por la autovía en sentido contrario hasta San Clemente, donde hay una salida de verdad. Y, entre unas cosas y otras, pierde otra media hora y cuando avista Albacete son ya cerca de las doce. Y eso que salió de Ciudad Real a las ocho y media.

Albacete se presenta haciendo honor a su nombre, esto es, surgiendo de la llanura en la que se alza, que es aún más plana, si cabe, que la de Ciudad Real. De ahí que los árabes llamaran *al-basit,* esto es, la llanura, a este lugar y de ahí que la ciudad se divise pronto, aunque se tarde en llegar a ella. Y eso que ahora la autovía deja de lado los pueblos y los polígonos industriales que la anticipan desde mucho antes. La ciudad, por lo demás, es moderna, fruto de un gran crecimiento urbanístico (es la mayor de su autonomía) y de la destrucción que sufrió en la guerra civil por ser el cuartel general de las Brigadas Internacionales que vinieron a España a defender la República, lo que hace que no sea difícil llegar al centro, pues todas las calles están muy bien señaladas y el tráfico por ellas es fluido, por ser rectas.

La catedral, además, se distingue pronto. Entre tanto edificio nuevo destaca por su antigüedad, y eso que tiene en su entorno un par de viejos palacios, de los pocos que deben de quedar en Albacete. Lo difícil es aparcar cerca de ella. El viajero da varias vueltas antes de poder hacerlo, pero lo consigue al fin, no muy lejos de donde se alza.

Lo de que se alza no es una licencia. Porque la catedral de San Juan Bautista, como se llama la seo —igual que la de Badajoz—, según dicen los carteles, se eleva sobre una plaza aupada sobre las calles y sobre los edificios de los alrededores. O era la única elevación del terreno o se la hicieron artificialmente para darle importancia a la catedral.

En cualquier caso, si se hizo artificialmente, no fue una solución muy sabia. La elevación de la catedral obligó a sus arquitectos a construirle unas escaleras que, por su complejidad, recuerdan a un laberinto más que a una vía de acceso, e igual sucede en su fachada meridional, donde a la catedral le precede una desnuda explanada que, al estar rodeada por edificios modernos, parece más el patio de un gran centro comercial que la plaza de la primera iglesia de Albacete. Por si le faltara algo, además, a ésta, el viajero ya ha visto que sus dos puertas, la principal y la del mediodía (por el norte no tiene, por el desnivel), son dos remedos arquitectónicos, uno en estilo neogótico y el otro en neorrománico, que es peor. Por lo menos la puerta neogótica está acorde con el templo, que, como la catedral de Ciudad Real, es mitad gótico, mitad del Renacimiento.

Aun así, el viajero accede a él por la puerta neorrománica (ya tendrá tiempo de hacerlo por la principal si quiere), que es la que se halla más cerca. Lo hace justo en el momento en el que acaba la misa de las once (supone que sea ésa, por la hora) con la habitual despedida litúrgica: «Podéis ir en paz». No ha entrado aún y le están echando, piensa para sus adentros.

Al que no le ha dado tiempo a ver es al que la dijo. O lo hizo yéndose ya del altar o es muy rápido desapareciendo. El caso es que el viajero, cuando mira al presbiterio, encuentra éste vacío, al contrario que los bancos, que continúan llenos de gente. Casi todos son personas ya mayores, principalmente mujeres, que empiezan a levantarse para marchar. Aunque otras siguen sentadas o rezando arrodilladas en los bancos, sobre todo en la nave de la izquierda, frente a una imagen de la Virgen que preside la capilla de su ábside. Y es que la catedral de Albacete tiene tres naves, las tres, eso sí, de la misma altura, al contrario que la de Ciudad Real, que tenía una sola. Las delimitan cuatro columnas de estilo jónico cuyo tamaño es espectacular. Posiblemente sean lo mejor del templo, con permiso de alguna imagen o alguna joya escondida.

De momento no parece que haya muchas. Salvo la Virgen ante la que rezan todos y que, en efecto, es la de los Llanos, la patrona de Albacete y de su diócesis, y las pinturas que decoran por completo las paredes, tan gigantescas como de dudoso gusto, no hay mucho más en lo que fijarse, como ayer sucedía en Ciudad Real. Por no tener, esta catedral no tiene retablo mayor siquiera. Aunque, eso sí, muestra unas cuantas capillas, la mayoría de ellas iguales y de construcción, parece, reciente.

La impresión que produce, pues, es que, como la catedral de Ciudad Real, se trata de una iglesia convertida en catedral por azares de la historia y por ser la más antigua o la mayor de la ciudad, no por su relevancia artística. Y así ocurrió, ciertamente, según confirma el viajero leyendo las pocas hojas que encontró en Internet sobre ella y que ahora hojea junto a una columna (una de esas cuatro moles que sostienen el edificio entero). Según esas pocas hojas, la catedral de Albacete lo es, en efecto, desde hace apenas sesenta años, cuando se constituyó la diócesis que abarca la hoy provincia manchega pero que entonces pertenecía a Murcia, de cuya circunscripción eclesiástica dependía también. Aunque la iglesia de San Juan Bautista existía mucho antes, por supuesto. Concretamente, en su versión actual, desde el año 1515, que fue cuando se erigió, y en la anterior, que era de estilo mudéjar, a saber desde qué siglo. Lo que también cuentan las hojas es que ha sufrido diversas transformaciones, bien por problemas estructurales, bien por caprichos de algún obispo o arquitecto, las últimas, ya en el pasado siglo, las que afectaron a las dos fachadas y a la decoración interior del templo.

Esta decoración, que es pictórica y que ejecutó un tal Casimiro Escribá, presbítero de un pueblo de la provincia, es coetánea de la portada seudorrománica y se terminó en el año 1960, esto es, con la iglesia de San Juan ya catedral. Si la portada seudorrománica ya era atrevida, la decoración del templo raya en la exageración. Y es que ver una iglesia cubierta de pinturas como los primitivos templos del cristianismo —o de otras religiones— verdaderamente impacta si uno no se lo espera y no está avisado. Si además esas pinturas están hechas siguiendo el patrón artístico de las ilustraciones de los libros religiosos de la época, el resultado puede ser hasta peligroso. La prueba es que, aunque los años lo suavizan todo y ya han pasado cincuenta desde que se colocaron donde ahora están, las pinturas del presbítero Escribá continúan golpeando por su trazo y sus colores al que las ve por primera vez, incluso al que está acostumbrado a verlas, como estos feligreses que rezan ante la Virgen, se atrevería a decir el viajero. Y no digamos ya su descomunal tamaño y las escenas que representan, la mayoría de ellas sacadas del Evangelio pero con una composición que evoca a las antiguas películas de cine de tema bíblico. No es extraño que algún propagandista poco crítico del templo presuma de que es uno de los que más superficie pintada tiene del mundo, sin decir nada de su calidad artística.

Y, sin embargo, de lo que puede presumir esta catedral, que son sus cuatro columnas jónicas y las bóvedas barrocas que sostienen, también pintadas profusamente, pero con mucha más calidad que las de los muros, apenas dicen sus propagandistas nada. De las columnas, que miden catorce metros de altura y que fueron diseñadas, que no hechas, por el mismísimo Diego de Siloé, y de las hermosas bóvedas, que las hizo el santanderino Gregorio Díaz de Palacios en 1690 para sustituir a las originales góticas, que no llegaron a aguantar un siglo. Y, la verdad, fuera de estos detalles biográficos, se trata en los dos casos de obras de gran belleza, lo que realza todavía más la mediocridad general del templo.

De la mediocridad del templo se salva también una Virgen, la de la Estrella, oculta en una de las capillas (el resto de las imágenes son de escayola, como las de la catedral de Ciudad Real, consecuencia de la misma guerra y del mismo uso: ésta sirvió también de garaje, durante su transcurso) y que, al decir de la información de Internet, fue la patrona de la ciudad antes de que la desplazara la de los Llanos, y por supuesto ésta, auténtico corazón de la catedral, como la del Prado lo era de la ciudadrealeña. La de la Estrella tiene una extraña belleza (dicen que es italiana) y a la de los Llanos, que es del tipo llamado de vestir, o sea, que no tiene cuerpo, la belleza se la dan su popularidad y su historia y el retablo en el que está puesta; un retablito renacentista con unas tablas pintadas que posiblemente sean lo mejor de la catedral junto con las columnas jónicas.

Mientras intenta saber qué es lo que representan (una sin duda la anunciación, pero las otras no está tan claro; quizá la oración en el huerto y la resurrección de Cristo), el viajero ve llegar a la capilla a un hombre de mediana edad y sacar una escalera que había escondida en un lateral. Sorprendido, el viajero observa qué ha venido a hacer, cosa que averigua pronto, pues el hombre habla solo mientras trabaja: está arreglando una luz que al parecer no funciona como debería. Cuando termina, el viajero se aproxima a él. Le enseña las cuatro hojas que ha encontrado en Internet sobre esta iglesia y le pregunta si existe alguna guía publicada de ella. El hombre niega con la cabeza (al viajero le recuerda por su rusticidad y su desaliño a Benito, el sacristán de la catedral de Orense), pero se pone a su disposición para lo que necesite. Incluso le invita a ir con él a la sacristía para que vea unas pinturas que, «según dicen los que saben», merece la pena ver, le asegura. Antes, no obstante, le enseña unas cuantas cosas en las que el viajero no ha reparado o, si lo hizo, no supo interpretar.

—Ésta no es la original —le dice, por ejemplo, de la Virgen de los Llanos, que es más pequeña vista de cerca que desde lejos (el viajero la tiene ahora a menos de medio metro)—. La original la rompieron en la guerra. Era de piedra y los trozos que se recuperaron están dentro del cuerpo de ésta.

—¿Cómo del cuerpo de ésta?

—Sí, en un hueco que hay en el tronco, que es de madera. No se ve porque lo tapa el manto... Los guardaron ahí para que no se perdieran.

Ya fuera de la capilla, el hombre enseña al viajero la fecha de las pinturas de las paredes en una esquina: 1958-1960, así como la firma del autor: «Casimiro Escribá. Presbítero de Ayora», y luego, llevándole hacia el altar e indicándole la bóveda que la cubre, que es la única que no tiene pinturas, le desvela la razón de una carencia que no es tal en realidad:

—Cuando rascaron la bóveda vieron que había pinturas debajo y las dejaron como estaban. Para no estropearlas, claro... ¿No ve que allí falta un trozo?

—Lo veo —dice el viajero, contemplando la huella de la cata, que han dejado, en efecto, sin tapar.

—Los agujeros son de las bombas.

—¿De las bombas?

—De los aviones. Como se escondían aquí, los bombardeaban.

—¿Quiénes?

—Los nacionales, que se decía.

—Pero la bóveda se desplomaría...

—Pues no —mantiene el sacristán, convencido de lo que le cuenta.

—No sé yo... —duda el viajero, observando los numerosos boquetes—. ¿No serían proyectiles?

—Bombas. Hágame caso, que yo sé lo que le digo.

La sacristía está tras la nave norte, a pocos metros de la capilla de la patrona de la ciudad. Se trata de un cuarto rectangular al que se accede por un pasillo que desemboca también en otras habitaciones y cuyo aspecto no parece haber cambiado en mucho tiempo. Siguiendo a Juanjo, el sacristán suplente del titular, que tales son el nombre y el oficio del hombre de la escalera, el viajero llega hasta ella y descubre, aparte de unos hermosos armarios decimonónicos o dieciochescos —los de las cajoneras en las que se guardan las vestimentas y otros objetos de los canónigos—, las pinturas de las que le hablara aquél. Ciertamente tenía razón en que son de mérito. Sin llegar a ser las de la catedral de Vic, son grisallas muy hermosas, hechas con técnica manierista, que representan escenas del Evangelio. Lástima que los reflejos que sobre ellas proyecta la luz del sol, que entra con fuerza por la ventana, no dejen verlas como le gustaría al viajero.

—¿Eran buenas sí o no? —le pregunta Juanjo, enseñándole ahora (sin esperar a que aquél responda) la para él segunda joya de la sacristía: una fuente adosada a una pared en la que los sacerdotes se lavan las manos antes de decir la misa—. Es de mármol —golpea el sacristán sobre la pila para que el viajero admire la calidad del material del que está hecha al tiempo que arroja en ella la ceniza del cigarro que ha encendido al entrar en su territorio.

—¿A qué hora cierra la catedral? —le pregunta el viajero antes de volver afuera.

—A la una —dice Juanjo.

—Entonces ya le queda poco... —le anima agradeciéndole el detalle que ha tenido al invitarle a entrar con él en la sacristía.

La una llega en seguida, efectivamente. La campanada suena solemne avisando a las personas que aún permanecen en la catedral y que se cuentan con una mano y aún sobran dedos. Hay más pidiendo a la puerta que dentro, como comprueba el viajero al salir de ella después de darle otra vuelta entera por la costumbre, no porque espere ver algo nuevo. ¿Llevarán toda la mañana aquí?

Alrededor de la catedral se ve, en cambio, poca gente; apenas un par de grupos en la terraza de la cafetería que hay enfrente de la puerta principal y algunas madres con sus hijos en el pequeño

jardín del fondo, entre el Ayuntamiento y el Museo de la Cuchillería. Justo todo lo contrario que en las calles aledañas, en las que la animación es tal que hasta cuesta caminar por las aceras. Es mediodía y los albaceteños van de un lugar a otro haciendo sus recados y sus compras y dejando un rastro de actividad que al viajero le sorprende, pues pensaba que Albacete sería como Ciudad Real. Y no lo es, a lo que se ve. Al contrario, recuerda más a una gran ciudad tanto por sus edificios como por su agitación urbana, salvadas, por supuesto, todas las comparaciones. Aunque Albacete ha crecido mucho de un tiempo acá, no llega aún a los doscientos mil vecinos.

En lo que no tiene nada que envidiar a ninguna otra ciudad grande o pequeña es en la gracia de sus mujeres, cuya belleza remite al tipo mediterráneo, de herencia mora y oscuros ojos. El viajero lo ha observado por la calle y lo confirma ahora en el Altozano, la plaza que hace de centro de la ciudad y cuyo jardín oculta un refugio subterráneo de la guerra que Juanjo, el sacristán, le encomendó que viniera a ver para comprobar *in situ* la crueldad de los bombardeos que Albacete sufrió en aquellos días: las dos chicas que se encargan de atender a los turistas son a cuál más guapa y más atractiva. Y encantadoras de trato, además. Sorprendidas de que haya un turista en Albacete este martes de noviembre, le dan al viajero toda suerte de explicaciones sobre el refugio y hasta le recomiendan que vuelva a verlo más tarde, puesto que ahora apenas si le va a dar tiempo. Cierran en quince minutos, le comunican.

—Pues vuelvo por la tarde —acepta aquél, convencido por sus explicaciones—. Si vosotras me lo decís...

—¿De dónde viene? —le pregunta una de las dos chicas para apuntarlo en la lista de visitantes para la estadística municipal, se supone.

—¿Yo?... Yo no tengo patria —le contesta el viajero jugando a crear misterio en torno a sí mismo para estirar la conversación con las dos muchachas.

Pero éstas no tienen un pelo de ingenuas. Desde el principio se han dado cuenta de que lo que el viajero tiene son ganas de conversar y, como ellas también las tienen (deben de estar aburridas), le siguen la corriente sin demostrar ninguna sorpresa. Eso sí, sonriéndose entre ellas y luego a él, por si desconfía.

—Entonces, le pongo apátrida... —dice la de la estadística.

—Lo que tú quieras.

—No, lo que usted me diga —sonríe la muchacha, cada vez más divertida, haciendo el gesto de obedecer.

—Pon de Villarrobledo —se decide el viajero después de pensarlo un poco.

Las chicas rompen abiertamente a reír. Se las ve divertidas con el viajero o quizá animadas por la proximidad del cierre. Ha de ser muy aburrido estar todo el día aquí vigilando un refugio subterráneo de la guerra en el que en este tiempo apenas deben de entrar personas. Los albaceteños lo conocerán ya todos y turistas no parece que haya muchos.

—¿Me recomendáis un sitio para comer?

—No podemos —se disculpan las dos chicas, sonriendo.

—Ya sé que no podéis, pero nadie se va a enterar —insiste el viajero a pesar de todo. Sabe que, como empleadas del Ayuntamiento, las muchachas no pueden recomendarle un sitio para comer, pero como albaceteñas seguro que tienen sus preferidos.

—En la calle Tejares tiene varios... —le dice finalmente una de ellas señalándole en un plano la citada entre el puzle de rayas de la ciudad. No está lejos, por lo que el viajero ve.

—¿A qué hora abrís por la tarde? —pregunta.

—A las cuatro —dicen las chicas.

—Pues a las cuatro nos vemos —anuncia, más que concluye, el viajero, que si pudiera se quedaría hablando con ellas hasta esa hora.

Pero a las cuatro no ha regresado, contra lo que les prometió a las chicas. Y no por falta de ganas, sino porque Albacete tiene más cosas que ver de las que imaginó al llegar (en la calle Marqués de Molins, sobre todo, donde quedan bastantes edificios modernistas, o un pasaje comercial del mismo estilo con una bóveda de cristal preciosa, entre las calles Mayor y del Tinte), y porque, tras el almuerzo, estuvo casi una hora anotando en su libreta todo lo visto hasta este momento, que ha sido más de lo que pensaba. Por eso, cuando por fin aparece en el Altozano, se disculpa ante las chicas por incumplir su palabra y llegar tan tarde.

—¿Comió bien por lo menos...? —le disculpan ellas con sus mejores sonrisas.

—Así, así... —mueve el viajero la mano.

—¿Dónde comió? —se interesan las dos chicas, preocupadas de repente por su suerte.

—No os lo puedo decir —ríe el viajero con picardía, imitando su ambigüedad obligada de hace unas horas.

El refugio se ve en cinco minutos. Es grande y se conserva perfectamente (gracias a que sirvió de almacén de los jardineros municipales durante décadas, según dicen las dos chicas), pero, fuera de la construcción, no tiene mucho más que ver, excepción hecha de una pequeña película que cuenta en bucle en uno de sus pasillos la historia de los bombardeos que Albacete sufrió en la guerra civil y de algún objeto y pasquín de la época colocados como ambientación. Aun así, supone un viaje en el tiempo. Y en la conciencia de una humanidad que es capaz a la vez de destruirse a sí misma con tanta furia y de dibujar sonrisas como las de las dos muchachas encargadas de recordar lo primero a los visitantes.

—¿A que merecía la pena verlo despacio? —le preguntan al viajero cuando sale, en la escalera en la que tienen su puesto de recepción.

—No sé yo... —les sonríe el viajero, frunciendo el ceño con ironía.

A las seis y media abre de nuevo la catedral. Faltan aún algunos minutos, así que el viajero se entretiene, mientras se dirige a ella, en admirar algunos comercios, tales como el estudio de fotografía Belda, una auténtica reliquia del pasado albaceteño, del que expone en su escaparate varias imágenes, o la tienda de cuchillos Amós Núñez, donde se entera —por boca del propietario, que es un enamorado de su trabajo, tan típico de Albacete, a la que se conoce por él en todo el país— que hay navajas cuyas cachas son de hueso de mamut, de los que encuentran en los yacimientos. Vivir para conocer, piensa el viajero mirando una, que cuesta una fortuna, como es lógico.

Lo que no cuesta nada por el momento es entrar en la catedral. A la espera de que eso ocurra y como por la mañana ya sucediera, varias mujeres rezan sentadas o arrodilladas en su interior ajenas a la algarabía de fuera, que desaparece al cerrar la puerta. Como tantas otras iglesias, la catedral de Albacete es un reducto de paz y un lugar en el que el silencio se vuelve casi tangible de tan perfecto. Sobre todo a esta hora de la tarde en la que ni el sacristán deambula por ella poniendo orden. Así que si, como además sucede, el sol entra en sus tres naves a través del rosetón que da a poniente, lo normal es que el visitante llegue a quedarse traspuesto o directamente dormido, a poco que se descuide. Al viajero ya le ha ocurrido más de una vez.

En esta ocasión, no obstante, la presencia de personas que entran y salen haciendo ruido al abrir la puerta impide que eso le ocurra, pese a que las circunstancias son muy propicias para dormirse. Eso y el aviso del obispo de Albacete, don Ciriaco Benavente, en la homilía dominical impresa que el viajero ha cogido de una mesa cuando entró y desde la que el purpurado llama a sus feligreses a estar despiertos y vigilantes «porque no sabéis el día ni la hora». En «La enfermedad del sueño», como titula su pastoral el obispo, que no escribe nada mal, por cierto, comenta la parábola de las diez doncellas (¡otra vez!, exclama para sí mismo el viajero al leerlo), pero, entre medias, deja algún pensamiento novedoso y hasta alguna perla filosófica: «Se ve que el sueño es una enfermedad contagiosa. Lo era ayer y lo es hoy». O bien: «Hay una hora que es la hora de la verdad, del encuentro, como si la eternidad atravesara el tiempo». Como para dormirse después de leer estas cosas...

En su capilla, la Virgen de los Llanos, mientras tanto, continúa recibiendo la visita de personas que se ve que vienen aquí sólo por rezarle a ella. Raro es el que reza a otras imágenes. La patrona de Albacete, con su inexpresividad y su pequeñez, no parece sorprenderse de su éxito, pues está acostumbrada a él, no sólo ahora, que ocupa un sitio de preferencia en la catedral, sino cuando se exponía en su primitiva ermita al cuidado de los frailes franciscanos del convento de su nombre, en el mismo lugar en el que, al decir de la tradición, un labrador la sacó con su arado de su escondite bajo la tierra, donde reposaría desde hacía varios siglos. Para unos, desde el octavo, cuando alguien la habría enterrado allí para evitar que cayera en manos de los invasores árabes y, para otros, desde el primero, cuando Santiago el Mayor la habría traído hasta esta llanura en su peregrinación a lo largo de toda Europa. Lo que no dicen es por qué la dejó aquí.

Por lo demás, la talla, que es más manto que otra cosa (a excepción de la corona, sólo la adorna una luna con dos estrellas en los extremos, símbolo de su virtud), no es ni siquiera la original, como ya se sabe. Pero todo eso no quita para que los albaceteños le tengan gran devoción, como lo confirma el hecho de que siempre haya gente rezando ante su capilla y que muchas de las ceremonias litúrgicas tengan lugar en presencia de ella. El rosario vespertino, por ejemplo, que da comienzo a las siete y que sorprende al viajero sentado en el primer banco abstraído en su contemplación.

—En el nombre del Padre, del Hijo y del Espíritu Santo...

Sobresaltado, el viajero se vuelve a mirar quién reza en alto detrás de él. Se trata de una señora que está sentada en el tercer banco, pese a lo cual domina la situación:

—Misterios dolorosos del Santísimo Rosario —continúa después de persignarse, gesto en el que la secundan todos—. Primer misterio: la oración de Nuestro Señor en el huerto...

El viajero duda qué hacer. Levantarse y salir huyendo no parece muy correcto, pero quedarse sentado donde está ahora, delante de la señora que protagoniza el rezo, le condena a escuchar el rosario entero, algo que no tenía previsto. Al final, como en Toledo, decide que su libertad está antes que la educación y se levanta y deja su sitio sin preocuparse de que los demás le miren. Son dos docenas de vejestorios, dicho sea con todos los respetos.

Respeto, lo que se dice respeto no parecen tener mucho, ni a su integridad física ni a la de las demás personas, los adolescentes que saltan de un muro a otro en las escalinatas de la catedral. Mientras comienza ya a anochecer, practican una afición novedosa e importada de los Estados Unidos de América ajenos a los que rezan dentro el rosario y a los clientes de la cafetería de enfrente.

—¿Cómo se llama lo que hacéis? —les pregunta el viajero, que lo ha oído, pero que lo olvidó en cuanto se lo dijeron.

—No sabemos —se encoge de hombros uno de los chicos que está mirando a sus compañeros; hay uno que da unos saltos verdaderamente increíbles—. Nosotros sabemos que lo hacemos —se justifica sin mucho esfuerzo—, pero no cómo se llama.

Aunque hay uno que lo sabe:

—*Parkour* —dice desde donde está.

—¿Cómo?

—*Parkour*... P-a-r-k-o-u-r —le deletrea para que lo entienda.

—Pues tened cuidado con el *parkour* —dice el viajero alejándose, no vayan a llevarle por delante mientras los observa.

Hacia las siete y media, ya anochecido, empieza a llegar más gente a la catedral. A las ocho hay una misa, la última del día, que por lo visto es muy concurrida. El viajero, después de tomar un café en un bar, regresa también al templo, que ya ha sido iluminado por completo tanto por fuera como en su interior. Por fuera, la vieja iglesia parece a causa de ello más grande y bella de lo que es (hasta la torre, cuadrada y de un solo cuerpo, luce con más gallardía) y, en su interior, las pinturas del presbítero Escribá parecen también mejores.

El cura de la misa de las ocho, que comparece con puntualidad británica, es joven para lo que se podría esperar. Aunque no es lo que más sorprende de él. Lo que más sorprende de él, al viajero por lo menos, es su acento, que delata su procedencia centroamericana, posiblemente venezolana o nicaragüense. El acento choca, en cualquier caso, en esta iglesia y esta ciudad tan alejadas de la remota América. ¿Tan mal estamos de curas que hay que importarlos del extranjero como el *parkour*?

Entre la misa y la hora del cierre, el viajero le da otra vuelta a la catedral. Como al llegar a ella por la mañana, recorre una por una las capillas, en las que las imágenes siguen inmóviles, sin nadie que las visite o les ponga velas como hacen con la Virgen de los Llanos cada poco, contempla las pinturas del presbítero Escribá, cuyo tamaño parece mayor ahora con esta luz, se demora, en fin, nuevamente admirando las columnas y las bóvedas barrocas y tratando de adivinar, en la del presbiterio, si los agujeros que muestra son de proyectiles o de las pesadas bombas de la aviación franquista. Después de ver el refugio del Altozano el viajero no se cree que la catedral siguiera de pie si la hubieran bombardeado con obuses como hicieron con aquél.

Pero los bombardeos quedan ya lejos. Tanto el refugio del Altozano como los agujeros del techo de la catedral se van borrando en la noche mientras la gente abandona el templo y el silencio se apodera de él poco a poco. Solamente ante la Virgen permanecen rezando algunas personas y en una de las capillas —la última de la nave, que preside desde el ábside del fondo— dos chicos le dejan flores a una Dolorosa que está metida en una gran urna que aparece rodeada de más ramos como el suyo. Son margaritas que cultiva en el huerto de su casa uno de ellos, según dice, y que le trae a esta Dolorosa, de cuya cofradía es miembro, antes de que se estropeen.

—Total, para lo que me iban a dar por ellas en las floristerías...

Los chicos son los últimos en irse. Tras ellos ya sólo quedan dentro del templo, además del viajero, el cura y Juanjo en la sacristía. El viajero espera para despedirse de éste, pero ni uno ni otro dan signos de aparecer. Los minutos van pasando y ni el sacristán ni el cura hacen acto de presencia, ni siquiera para cerrar las puertas. ¿Habrá otra por la que se han ido ya?

Ante la duda, el viajero se asoma a la de la sacristía. Al fondo ve una luz en un despacho y en él al cura y al sacristán hablando. El viajero se acerca a ellos carraspeando para que le vean.

—Perdón. Yo venía a despedirme —dice, en referencia a Juanjo.

—Espere un segundo —le dice éste entrando en la sacristía por la puerta que está a continuación. Cuando reaparece, lo hace con un librito—. Tenga, por si le interesa.

El viajero lo mira con curiosidad. Es un libro de la Virgen de los Llanos, edición del obispado de Albacete.

—Muchas gracias —le agradece el viajero al sacristán la deferencia, que se une a la de esta mañana en la sacristía. El cura mira intrigado, pero sin entrometerse en la conversación.

—De nada, hombre. Que lo disfrute —se despide Juanjo volviendo al tema que los ocupaba.

La catedral sobrecoge de tan vacía mientras el viajero la cruza en busca de la puerta principal y de la calle. Desde su camarín, la Virgen le despide, hierática en su peana, en la que lleva ya varios siglos. Los que ya no están afuera son los chicos que saltaban hace un rato en la escalera. La noche lo cubre todo y apenas si se ve gente, salvedad hecha de la de la cafetería. El viajero, calle abajo, se va buscando otro bar que sabe que no está lejos y a cuyo dueño conoce de compartir alguna noche con él en sus visitas a esta ciudad por motivos diferentes al de hoy. Ya no recuerda su nombre, pero sí el del bar, aunque no muy bien.

—¿El Indio, por favor?

—El Indiano. Ahí lo tiene, en esa esquina...

El dueño del local se llama José Luis Aínsa. Y está en su puesto, por suerte para el viajero.

—¡Qué sorpresa! —le dice al verlo aparecer.

—Pensaba que a lo mejor ya no estarías aquí —le saluda el viajero observando el bar, que sigue igual que lo recordaba.

—Pues ya ves: aquí sigo —le dice José Luis levantándose a su encuentro, para lo que abandona la charla que mantenía con un cliente. Después de años atendiendo el bar, ya ha pasado a este lado de la barra.

La cerveza le sabe al viajero a gloria. Y la conversación, que, tras pasar revista a la catedral, que es el motivo que ha vuelto a unirlos («¿Pero vas a escribir de ésta?», se sorprende José Luis), retorna hacia las noches que el viajero ha pasado en este bar, no muchas, pero sí largas, y hacia los amigos aragoneses que ambos comparten, pues José Luis es aragonés aunque viva en Albacete hace ya tiempo. Un amor de juventud tuvo la culpa.

—Se van muriendo —dice con melancolía señalándole al viajero el altarcito que ha hecho entre las botellas con fotos y algunos libros de dos de aquéllos: el músico Labordeta y el escritor Félix Romeo Pescador, desaparecidos los dos no hace mucho—. ¡Qué putada lo de Félix! —exclama, por su juventud.

Pero la melancolía no le dura mucho. En seguida se repone y le pide a la empleada otras cervezas mientras pregunta al viajero si ya ha cenado y si se queda a dormir esta noche en Albacete.

—Sí y no —le responde éste—. Me quedo a dormir, pero no he cenado.

—Pues tómate la cerveza, que te voy a llevar al mejor sitio de esta ciudad.

Y no es ninguna exageración. Aunque el bar Vidal no sea el sitio más lujoso de Albacete ni su decoración pueda competir con la de ningún otro restaurante, por más humilde que sea éste, la última tasca antigua que, al decir de José Luis, sigue abierta en la ciudad es una auténtica maravilla tanto por su cocina como por su popular ambiente; un ambiente que remite a épocas muy remotas (al viajero a la de su juventud) y una cocina modesta pero sabrosa hecha a conciencia y sin demasiado adorno. El adorno se lo ponen ya los ajos al cordero (de la Manchuela, nada grasiento) y el punto exacto de los calamares fritos y el remate lo establecen unos higos mojados en cazalla que para sí quisiera el mejor restaurante de París.

—Impresionantes —le dice el viajero a José Luis ante la mirada impasible del dueño del local, un antiguo boxeador que no ha vuelto a abrir la boca desde que los saludó al llegar.

—Te dije que te iba a traer al mejor sitio de Albacete —presume ya en la calle José Luis, regresando de nuevo hacia su bar, donde quién sabe a qué hora despedirá el viajero este día.

Cuenca en otoño

No lo despidió muy tarde. Al final, se impuso en él la cordura y se fue a dormir al hotel a una hora prudencial y ahora, de mañana, lo agradece mientras avanza en su coche por la llanura, que queda, como Albacete, cubierta por la neblina con la que se ha despertado el día.

La llanura, que es la misma que el viajero cruzó ayer viniendo por la autovía, prosigue muchos kilómetros, incluso después de dejada aquélla para coger rumbo al norte la carretera que va a Motilla del Palancar y de este pueblo a la capital de la provincia a la que pertenece: la bellísima y remota Cuenca. A partir de un punto, no obstante, el paisaje, aun sin dejar de ser llano, se empieza a ondular un poco y comienzan a aparecer también algunos árboles y viñedos que le ponen algo de color (amarillo y granate sobre todo) al territorio. Los pueblos, por su parte, sin ser muchos, empiezan a sucederse con más frecuencia, lo que hace que el viaje sea más entretenido.

Motilla del Palancar, la capital de la Manchuela conquense, es un hito principal en el camino entre Madrid y Valencia, por una parte, y Albacete y Cuenca, por la otra, lo que ha hecho del pueblo una referencia entre los automovilistas que frecuentan estas rutas, que saben que en él tienen parada casi obligatoria. O, mejor dicho, tenían, pues desde que la carretera Madrid-Valencia se convirtió en autovía y se desvió del pueblo éste perdió gran parte de su actividad, como el viajero advierte al llegar a él a una hora en que sus bares y restaurantes deberían estar llenos de camioneros y otros viajeros desayunando. El declive de Motilla es tan notable que al viajero hasta le cuesta encontrar un bar abierto donde poder tomar el segundo café del día, ese que le despertará del todo.

De Motilla del Palancar a Cuenca el paisaje se quiebra y se hace boscoso, lo que reafirma al viajero en la sensación que el pueblo que dejó atrás le produjo hoy: la de ser un poblado del Oeste, sólo que en versión manchega. La soledad es tan imponente y la carretera da tantas curvas que da la impresión de que en cualquier momento van a aparecer los indios. Pero es sólo la impresión. Durante muchos kilómetros, el viajero cruza montes y más montes, atraviesa manchas y más manchas de pinos (también de carrascos viejos), avista una y otra vez pequeños valles detrás de aquéllos sin encontrar una sola aldea, ni siquiera a un campesino en su tractor labrando en el horizonte como en la zona de Motilla. La tierra aquí es tan delgada que apenas da sino piedras y matojos aromáticos.

Por fin, detrás de un vallejo nuevo, al coronar la enésima cuesta, surge en la lejanía la mancha blanca de Cuenca. Recostada en el regazo de otro monte y con la serranía a la que da nombre recortando ya el paisaje detrás de ella, la capital del Júcar y el Huécar parece casi un oasis en medio de los pinares y de los despoblados campos que el viajero ha cruzado viniendo desde Motilla. No es extraño que la ciudad sea tan pequeña teniendo como tiene una provincia prácticamente vacía.

Cincuenta mil habitantes, de los que la mayoría viven en su parte nueva, esto es, la que contempla la Cuenca histórica, que está subida en el espigón al que los ríos Júcar y Huécar hacen de fosos, desde el fondo del valle al que se asoma, son, en efecto, como el viajero ha leído ya, toda la población que atesora esta pequeña ciudad que pasa, empero, por ser una de las más bellas de España y con toda la razón; no en vano, aparte de su emplazamiento, que la obliga a suspenderse físicamente sobre el vacío, agrupa en su caserío no menos de cien palacios, conventos, torres y casas nobles a cuál más cautivador. A lo que habría que añadir sus espectaculares vistas, que ahora, en la plenitud del otoño, son todavía más imponentes, con las hoces de los ríos que la cercan convertidas allá abajo en dos cintas amarillas (las de los chopos y los alisos que acompañan a ambos cauces como ejércitos) y los primeros crestones de la serranía pintando el cielo de gris y verde a su alrededor. Todo ello el viajero lo va viendo mientras asciende hacia la parte alta en el autobús que tomó en la nueva, donde dejó su automóvil, rodeado de vecinos que, como la señora Máxima, han bajado a hacer sus compras y regresan a sus casas conversando entre ellos, pues en Cuenca se conocen casi todos.

—Ochenta —le responde a otra vecina, que le acaba de preguntar la edad—. Pero no creas... Estoy bien, pero me canso mucho —se lamenta de sus limitaciones.

La conversación prosigue mientras el autobús asciende con las dificultades propias de la estrechez y de las curvas de la carretera. Como la señora Máxima, se ve que también se cansa de subir y bajar la cuesta. Lo consigue, no obstante, en pocos minutos, los que tarda en alcanzar los arcos del Ayuntamiento y, tras ellos, la pequeña plaza Mayor de Cuenca, corazón de su casco histórico aunque no su punto más elevado. Su punto más elevado está en el barrio del Castillo, que es donde vive la señora Máxima.

—Adiós —se despide de su interlocutora, que se baja en la plaza Mayor junto a la mayoría de los viajeros que venían en el autobús.

La plaza Mayor sigue como estuvo siempre; si acaso algo más remozada por la pintura de algunas casas, cuyos colores recuerdan a las de Florencia. En lo demás sigue siendo la placita recogida, con la catedral a un lado y el Ayuntamiento al otro, que prolonga la cuesta de subida aunque de forma un poco más suave hacia la parte más alta de la ciudad. Los mismos bares y restaurantes, las mismas casas en torno a ella, hasta los mismos turistas haciendo fotografías de unos y otras que el viajero recuerda de otras visitas a Cuenca componen el decorado de esta pequeña placita cuyo nombre contrasta con sus dimensiones: no más de treinta metros por sesenta medidos a ojo de buen cubero. Y, sin embargo, cuánta belleza en tan poco espacio, cuánta armonía y pintoresquismo, piensa el viajero desde su centro girando para contemplarla entera.

Antes de entrar en la catedral, cuyas escalinatas están llenas de personas tomando el sol o haciéndose fotos, el viajero se sienta enfrente de ella, en el muro que separa la plaza Mayor de una callejuela que desciende hacia las casas que se precipitan a la hoz del Júcar (al otro lado de la plaza, otras lo hacen a la del Huécar), a continuar mirándola unos minutos. A su lado, un vecino hace lo propio mientras fuma con delectación un puro.

—Es el tercero —dice con una sonrisa.

—¡¿El tercero?! —exclama el viajero mirando el puro, que no es pequeño precisamente—. ¿Cuántos fuma?

—Ahora pocos: diez al día —vuelve a sonreír el hombre. Y añade, con cierta melancolía—: Cuando trabajaba, llegué a fumar hasta veinte, pero ahora sólo fumo la mitad.

—No está mal —dice el viajero, que también fumó lo suyo, pero lo dejó hace meses.

—Yo soy la prueba —proclama el hombre, que está aquí, según parece, esperando a un familiar que ha venido al obispado a hacer papeles— de que el tabaco no puede ser tan malo como nos dicen. Si no, yo ya me habría muerto hace años.

—¿Cuántos tiene?

—Setenta y cinco —responde el hombre, dándole otra calada al puro mientras mira la plaza con curiosidad.

El viajero le secunda, aunque a él los ojos se le van pronto hacia la fachada de la catedral, que se alza sobre sus escalinatas enfrente justo de donde están los dos. Inacabada, parece un decorado o un trampantojo, si bien concuerda con la condición del templo: es gótica como éste, aunque fue construida en el siglo XX. Según las guías del viajero —que en este caso abundan, no como en el de las catedrales de Ciudad Real y Albacete, dada la categoría del templo—, la anterior fachada sufrió daños de importancia el año 1902 al caerle encima la torre, que arrastraba deficiencias como ella y se desplomó un buen día, derrumbe que aprovechó el arquitecto Vicente Lampérez para derribarla entera y construir una nueva neogótica inspirada en la de la catedral de Reims; si bien la diferencia de criterios con otros arquitectos de la época, que añoraban la portada original y criticaban la nueva obra, provocó que ésta quedara a medias, solamente con dos cuerpos construidos y sin las torres que tenía previstas. El resultado es cuando menos dudoso: no desentona del todo, pero tampoco es ningún prodigio.

—Me voy a verla —le dice, por la catedral, el viajero a su vecino el de los puros, levantándose del muro en el que éste lleva sentado una hora.

—Yo a ver si viene el sobrino y nos vamos para casa —dice el hombre.

—¿Dónde vive?

—En Tiradores —y al ver que el viajero no lo conoce—: Un barrio de la parte nueva.

En las escalinatas de la catedral, entre los turistas y los curiosos que pululan ahora por ellas tomando el sol o haciéndose fotos, un hombre flaco, con trazas de vagabundo, pinta ayudándose de un caballete pequeño. El motivo de su cuadro, que acaba de comenzar, es el lado contrario de la plaza, desde el Ayuntamiento al convento de las Petras. No es mal pintor, pero tampoco un genio, a lo que se ve. Aunque sí es un magnífico relaciones públicas. Como vive de lo que pinta, en seguida traba conversación con el forastero, cosa que con el viajero es fácil, pues le gusta hablar con toda la gente. Sobre todo si, como es el caso del pintor bohemio, tiene una amplia cultura y un secreto familiar que desvelar:

—Soy hijo de Arturo Pomar, el niño prodigio del ajedrez español —le confía al viajero al cabo de un rato, al preguntarle éste su nombre.

—¿Qué me dices? —se sorprende el viajero al conocer el dato, pues es aficionado a ese deporte (o lo que sea) y sabe quién era Arturo Pomar: el muchacho mallorquín que con doce años tan sólo le hizo tablas a Alekhine, que era el campeón del mundo.

El hijo, al que los gitanos de Cuenca, dice, apodan Kandinski («No saben que Kandinski hacía pintura abstracta y yo pinto figurativo», sonríe al contar la historia), ha seguido otro camino y no es precisamente ningún prodigio. Más bien es un hijo pródigo, según él mismo reconoce, y ello a causa de su vida, cuyas destructivas huellas delata a las claras su rostro: está chupado como una pasa y apenas le quedan dientes. Pero tiene sentido del humor. Tanto como para soportar, aparte de la pobreza (él, que es de familia rica de Barcelona), la vida en un pueblecito conquense de nombre Valparaíso («Como la ciudad de Chile, que fundaron unos de allí»), en el que vive desde hace tiempo, en la casa que fuera de la criada de su familia cuando era niño, en compañía de apenas una docena de vecinos. De ahí que cada pocos días venga hasta Cuenca a respirar el aire de la ciudad y a pintar algún cuadrito que vende luego al que se lo compre, aunque las más de las veces —imagina el viajero, que no tiene pruebas de ello, pero conoce casos muy similares— acabe en manos de los gitanos que no distinguen la pintura abstracta de la figurativa, pero que sí saben de negocios, a cambio de vaya usted a saber qué sustancias.

Para ver la catedral hay que pagar. Nada más cruzar la puerta el visitante se encuentra con una verja y una cabina en la que una mujer joven ejerce de taquillera. Después de las catedrales de Albacete y de Ciudad Real, el viajero se había acostumbrado mal y le cuesta volver a aceptar un hecho que por desgracia se va extendiendo por España a imitación de otros países vecinos: el cobro por permitir la entrada a los templos. No es que le cueste mucho pagar tres euros, es que lo considera un abuso. ¿No son los templos de todos? ¿No pagan su mantenimiento todos los españoles, católicos y no católicos, creyentes y no creyentes, con el dinero de sus impuestos? Y sobre todo: ¿las iglesias son museos o lugares de acogida y religión?

—Son iglesias, pero también son museos —le dice la taquillera ante su retahíla de consideraciones, acostumbrada quizá ya a recibirlas.

—No, son museos. La prueba es que los de Cuenca no entran —dice el viajero, por los que están ahora dentro, que son todos turistas claramente—. ¿A que los de aquí no entran?

—Alguno... —se defiende torpemente la mujer, que, al fin y al cabo, vive gracias a que cobran por entrar.

La catedral, en todo caso, vale los tres euros. Y trescientos, si hiciera falta pagarlos. Como la de Toledo, asombra sólo con verla, a pesar de que es más pequeña. Además, la audioguía que al viajero le han prestado con la entrada (tiene que devolverla al salir) permite verla con cierto orden y sin necesidad de leer su guía en cada lugar. Al final va a resultar que la explotación turística no es tan descabellada idea, piensa el viajero mirando a su alrededor.

El recorrido de la audioguía es el más lógico, naturalmente: de atrás hacia delante y de derecha a izquierda, con paradas en el centro —para ver la capilla mayor y el coro— y en el claustro, que da al norte (se ve que al sur no quedaba sitio), que es el que el viajero haría. La primera parada está a la entrada del templo y sirve para conocer su historia y sus características arquitectónicas generales.

La historia, pese a que debe de ser extensa, la resume la audioguía en dos apuntes: el primero, que se trata de una iglesia construida sobre la planta de una mezquita anterior, y el segundo, que se empezó a edificar en 1196, diecinueve años después de que el rey Alfonso VIII de Castilla reconquistara Cuenca a los árabes y catorce de la constitución de la nueva diócesis, que sustituía a las visigodas de Segóbriga, Ercávica y Valeria, desaparecidas al llegar aquéllos. En las características arquitectónicas se extiende más. No en vano se trata, según proclama, de la primera catedral gótica de España, lo que explicaría su originalidad. Eso y que en ella trabajaron arquitectos y canteros franceses y anglonormandos cuya presencia habría reclamado Leonor Plantagenet, la esposa de Alfonso VIII, cuya influencia en la corte de éste era muy notable. De ahí que la catedral evoque a las de Soissons, Laon o París pese a que los cinco ábsides escalonados que tuvo, de los que sólo queda el central, se comenzaran en el estilo imperante aún en Castilla, el austero y ya declinante románico. Por lo demás —concluye su relato la audioguía— se trata de una iglesia con tres naves más transepto y una girola doble hecha a imitación de la de la catedral de Toledo en el siglo XV, que fue el motivo de que se derribaran cuatro de los primitivos ábsides.

Cada locución la audioguía la concluye con un pitido estridente que al viajero, hasta que se acostumbra a él, le sobresalta y le precipita en la realidad. Y es que la catedral es tan fascinante que, sumido en su contemplación, se pierde. Y más con las explicaciones de la audioguía, a las que sólo falta una dramatización de algunas de las historias que cuenta.

A falta de ella, el viajero se concentra en lo que ve, como ahora hace ante las dos primeras capillas. La primera se llama del Pilar y es de estilo rococó y está construida como una iglesia en miniatura, esto es, con su nave y su crucero y su pequeño altar en la cabecera. La segunda, que es más grande (el doble posiblemente que la anterior) y más antigua en su construcción (es del siglo XVI), tiene dos rejas repujadísimas, la de la entrada y la de un comulgatorio, y una portada plateresca que la audioguía proclama una de las más valiosas de la arquitectura renacentista española, cosa que quizá sea cierta. Lo que está claro es que tanto la portada como las rejas son obras de gran altura (la primera la audioguía la atribuye a Antonio Flórez y Juan de Alviz y las rejas, a Esteban de Lemosín, un francés que trabajó mucho en Cuenca, donde murió) e igual sucede con las columnas, seis en total, decoradas en estilo plateresco como aquéllas, que sostienen las dos bóvedas nervadas, típicas del clasicismo, y con los tres pequeños retablos que ocupan los laterales de la capilla, especialmente el que le da nombre, dedicado a los apóstoles y obra de Pedro y Gonzalo Castro y de Martín Gómez el Viejo, tres de los principales representantes de la pintura renacentista española.

Tras esas dos capillas iniciales, la audioguía se detiene —y con ella el viajero, claro está— en la que dice es la más vieja de todas. En el siglo XIII la data, esto es, en los comienzos mismos de la construcción del templo. Aunque también tiene tres retablos y hasta una pintura gótica firmada por un tal Johanes del que poco más se conoce, la capilla lleva el nombre del Bautismo por la pila bautismal que allí se guarda, de bellísima labra renacentista.

A continuación, la audioguía va llevando al viajero por la nave, deteniéndose en cada capilla y en todos los elementos arquitectónicos, lo que haría de su relato una agotadora lista. Así que, para no cansarse, anota en su libreta solamente los mejores o los que por algún motivo le parecen merecedores de ser contados a otros. Así, sin dejar la nave de la derecha, pero ya dentro del transepto, la capilla llamada del Obispo, cuya maravillosa portada gótica tiene un calvario de piedra policromada conmovedor, y las laudas funerarias —éstas en el exterior del muro— de los obispos don Juan Yáñez, don García, don Lope y don Pedro Laurencio, el primero, tercero, cuarto y octavo de la sede episcopal conquense, y, ya pasada la puerta que comunica la catedral con el palacio del actual, que está adosado a su muro sur, la primorosa capilla de San Martín, con un retablo dedicado al santo (cuya popular historia recrea también la reja), obra de un tal Giraldo de Flugo, y los sepulcros de los Montemayor, nobles conquenses cuyas estatuas yacentes enmarca un bello arcosolio y que proceden al parecer de una extinta iglesia, la de Santa María de Gracia, que fue antes la sinagoga judía de Cuenca.

La girola es ya un catálogo de obras de arte y arquitectónicas. En el mismo pilar con el que se inicia, dos retablitos —uno por cada lado de él— veneran a San Fabián y San Sebastián y a San José, el primero de estilo plateresco y el segundo rococó, éste adornado por veintitrés espejos, y enfrente del pilar, adosado al muro exterior del templo, un altarcito con una Virgen del siglo XV de gran belleza llamado el altar del Alba porque en él se celebró durante siglos la primera misa del día en la catedral. Al otro lado de la girola, en el exterior del muro de la capilla mayor, dos capillitas, la llamada Vieja de San Julián y la del Arcipreste Barba, las dos cerradas con nobles rejas, homenajean respectivamente al segundo obispo de Cuenca y patrono de la seo junto con la Virgen, cuyos restos reposaron en ella al principio y a un clérigo de la catedral cuyo peculio particular debía de ser cuantioso a tenor de a quién se la mandó hacer: nada más y nada menos que a Andrés de Vandelvira, el considerado el primer arquitecto español del Renacimiento.

La capilla del Sagrario, la última por la derecha antes de la sacristía, es una auténtica iglesia y, como tal, tiene hasta crucero y todo. Pero no es eso lo mejor de ella. Ni siquiera sus tres retablos renacentistas, los tres con tablas de Andrés de Vargas como el de la capilla del Arcipreste Barba, o el deslumbrante revestimiento de mármol de sus paredes que realizaron los genoveses Juan Bautista y Jacome Semeria (la obra la firmó el carmelita Alberto de la Madre de Dios). Lo mejor de la capilla es la Virgen del Sagrario, para acoger a la cual se hizo, y que, según la tradición pretende, es la misma que el rey Alfonso VIII de Castilla, el conquistador de Cuenca, llevaba a todas sus batallas, de ahí que fuera conocida como la Virgen de las Batallas antes de llegar aquí. Eso sí, la talla, que es románica, del XII, está partida por la mitad, consecuencia del capricho del autor de la capilla o del cabildo que gobernaba la catedral en aquel momento, a fin de exponerla al culto como si fuera un busto, «transformándola al gusto de la época». ¡Pi!

El pitido de la audioguía se confunde con el sonido de una campana que da la media en alguna parte (de las doce, según mira el viajero en su reloj). Le queda, pues, sólo media hora antes de que la catedral se cierre para el descanso del mediodía, que se prolongará hasta después de las cuatro.

En la media hora que le queda le da tiempo, sin embargo, a ver lo que aún le resta de la girola: la sacristía, la sala capitular y las capillas del eje y de la parte norte. Aunque lo mejor de todo es la luz que inunda el templo y el silencio en el que está sumido. Como hay muy pocos turistas y de Cuenca no parece que haya nadie a excepción del vigilante —un muchacho que va y viene comprobando, más que que la gente no robe nada, que no haga fotos, que es lo que más preocupa al cabildo a lo que se ve (el negocio de postales es la clave)—, la catedral es un oasis de paz iluminado por una luz irisada que viene de las vidrieras, pintadas muchas de ellas por algunos de los pintores abstractos relacionados con Cuenca, como Gustavo Torner o Gerardo Rueda, en los años noventa del pasado siglo.

A donde no llega la luz es a las tres estancias que sobresalen del eje de la girola hasta parecer exentas y que son, de derecha a izquierda, la sacristía, la sala capitular y la llamada por su desnivel respecto de las demás la capilla honda. Al decir de la audioguía, está más baja que el resto porque ocupa la planta de la mezquita que sustituyó la seo y que hizo las veces de catedral hasta la consagración de ésta. Quizá por eso conserve aún cierto aroma primitivo, que acentúan sus dos puertas, una del siglo XII y otra del XIII, las dos de estilo mudéjar, y su fantástico artesonado, cuya decoración se basa en el triángulo, que forma rombos y estrellas, algunos tan espectaculares como los dos colgantes del centro, aunque el friso esté lleno de animales y de extrañas cabezas de personas. Fuera de ello, la capilla, que cobijó hasta su emplazamiento actual a la Virgen de las Batallas de Alfonso VIII, muestra diversas obras pictóricas y un par de retablos más, uno de ellos, el de María Auxiliadora, con una hermosa pintura de la Virgen de la Leche fechada en el 1600. La sacristía y la sala capitular, por su parte, son dos estancias también muy hermosas. La primera, por ejemplo, aparte de una portada gótico-plateresca de delicada y original factura,

guarda una fabulosa cajonería del XVIII, así como dos armarios de la misma época, mientras que la segunda tiene un artesonado renacentista y unas pinturas murales de García Salmerón, pintor del siglo XVII, que no desmerecen nada de las dos puertas, obra según algunos de Berruguete. Todo ello sin contar las numerosas obras de arte que las dos estancias acogen, desde una conmovedora Virgen de Pedro de Mena hasta la propia mesa de la sacristía, un tablero de mármol de una sola pieza esculpido en el siglo XVIII.

Enfrente de la capilla honda, en el exterior del vértice de la capilla mayor, un Transparente neoclásico con un óculo en lo alto intenta emular al de la catedral de Toledo sin mucho éxito a pesar de su fina labra escultórica, realizada en mármoles italianos por Francisco de Vergara pero ideada por el inevitable Ventura Rodríguez, y de acoger la urna de San Julián, el segundo obispo de Cuenca, cuyos restos, sin embargo, desaparecieron como tantas cosas en la guerra (fueron quemados, según parece, en el patio del vecino Palacio Episcopal). La urna tampoco es la de entonces. Era de plata y desapareció también.

La portada y el retablo del escultor francés Esteban Jamete y la reja de Hernando de Arenas, en la pequeña capilla llamada de Santa Elena, el retablo hispano-flamenco de la del Socorro —una filigrana gótica comparable a cualquiera de las de su estilo gracias a sus diecisiete tallas repartidas de dos en dos en las hornacinas más la Virgen con el Niño en la central—, los sepulcros de la de Santiago, con esculturas yacentes del siglo XV, la maravillosa reja de la de los Peso, también de Esteban de Lemosín y, al decir de la audioguía, la más bella de la catedral de Cuenca, y la simbología de la de Covarrubias, el canónigo autor del célebre *Tesoro de la lengua castellana* (aparte de la pintura de Luis de Morales que guarda dentro) son las cosas que el viajero anota para contarlas, pero podían ser muchas más dada la gran cantidad de capillas, altares y obras de arte que la catedral alberga sólo en el eje y el tramo norte de la girola. Menos mal que ya es la una y el viajero va a poder poner en orden sus emociones.

Y sus recuerdos. Porque de tanto ver y anotar detalles, de tanto detenerse y asombrarse ante lo que sus ojos iban descubriendo, de tanto ir y venir de un lugar a otro sin pausa casi para la recapitulación, el viajero ha olvidado que Cuenca es una ciudad que también merece la pena verse, por más que ya la conozca. Sobre todo en un día como éste en el que la luz del otoño lo envuelve todo, como si la serranía estuviera más cerca de lo que está.

—¡Vaya día! —exclama el viajero al salir fuera y encontrarse con el sol de frente.

El grupo de chicas jóvenes que se hacen fotos unas a otras junto a la puerta (dando gritos muchas de ellas como si fuera algo muy divertido) le mira con extrañeza. Como si la exclamación del viajero les pareciera fuera de lugar.

Así que éste desiste de decir más y se pierde plaza abajo en dirección a los arcos del Ayuntamiento. Bajo ellos se cruza con tres señoras que le preguntan por un lugar en el que comer. Se ve que le han confundido con un nativo.

—Cualquiera de éstos, supongo —les dice, por los que los rodean.

—¿No es de aquí? —le preguntan las señoras.

—No, pero como si lo fuera ya... ¿Y ustedes?

—Somos de Madrid —le dicen.

—Yo también —sonríe él.

Las señoras se van en busca de un restaurante y el viajero sigue a lo suyo, que es recorrer el casco antiguo de Cuenca, a la que no venía desde hacía ya tiempo. El laberinto de callejuelas y pasadizos que lo componen le resulta familiar, pero hay alguno que le desconcierta un poco. Quizá porque nunca lo había visto hasta este día o porque la luz del otoño lo dulcifica o, al revés, lo vuelve más misterioso. Cuánta razón tenía Federico Muelas, el poeta más conocido de Cuenca y de su provincia, autor de una de las guías que el viajero rescató antes de emprender el viaje de entre los libros de su biblioteca, cuando escribió con su lírico y enfático estilo, tan característico de los de su generación: «Durante siglos la luz merodeó los adentros de la vieja ciudad filtrándose como podía, imitando al viento y al agua, casi apalancando con delgados estiletes de claridad en la juntura de los prietos bloques de edificios que ceñía el duro cinturón de muralla, el lírico abrazo del río. Las rosadas claridades del alba, los sangrientos arreboles del ocaso, el implacable rigor luminoso del mediodía o el misterioso o triste desvelo lunar cortejaban a la ciudad doblemente fajada de piedras y aguas con el ansia secreta de descubrir el misterio de sus callejas, el fino cuarteado de aquella cristalización urbana, de aquella superposición de volúmenes implacables en los que vértices y aristas parecían desempeñar un difícil puesto de centinela...».

Una parada para comer (en el mismo restaurante casualmente en que lo hacen las tres señoras madrileñas y en el que repone fuerzas también Kandinski con una tapa en la barra a la que le invitará el viajero) y éste ya está preparado para volver a la catedral a acabar de verla. Aunque antes se detiene nuevamente a ver la plaza desde el mismo lugar de esta mañana: el muro que la recorta por el oeste, entre el Ayuntamiento y el convento de las Petras. En vez del hombre de los puros ahora hay uno con dos perros, vecino, dice, de una calle próxima.

Otro vecino, éste ya de más edad, que recibe instrucciones o reproches de su esposa a pocos metros (en la parada del autobús, que no viene señalada en ningún sitio pero que todo el mundo sabe cuál es), se acerca a saludar al de los perros antes de que llegue aquél. El de los perros le compadece a la vez que le da un consejo:

—No dejes que te avasalle, ponte en tu sitio —le dice, por la mujer.

—Con no oírla... —contesta el otro.

El autobús llega en ese momento y la mujer le requiere para que vaya. El hombre obedece y suben a él y los dos desaparecen junto con el autobús en dirección a los arcos del Ayuntamiento.

—Yo a la mía la mandé a tomar por el culo —le confía al viajero el de los perros sin importarle no conocerle de nada; se trata de un hombre de mediana edad, vestido desaliñadamente—. ¿Qué es eso de tener que estar obedeciéndolas todo el rato? —dice con indignación. Y prosigue, ya cogida la carrera—: ¡Si para un gusto que dan, te dan mil disgustos...! Mire usted, yo ahora vivo como quiero, con mis perros, sin que nadie me toque los cojones. Y, cuando me entran las ganas, me voy de putas y en paz... Que encima sale más barato —añade.

—¿Cómo se llaman los perros?

—Bull. Y el cachorrito Lobo.

Rumiando la diatriba «feminista» de su dueño, el viajero vuelve a la catedral decidido a emplear el tiempo en cosas más provechosas. A la entrada, sin embargo, la taquillera le hace recordar aquélla, no porque le riña a nadie, sino por su condición de mujer.

—¿Tengo que volver a pagar la entrada? —le pregunta el viajero, por si acaso.

—No —le responde ella con una sonrisa que le reconcilia con las de su condición.

La catedral tiene ahora una luz de miel que la hace más hermosa todavía. La luz entra por el rosetón de atrás, lo que acentúa la profundidad del templo. ¿Por dónde seguir la visita?, piensa el viajero, en mitad de éste. ¿Por donde la dejó a la una? ¿Por la capilla mayor, que ahora tiene enfrente? ¿Por el claustro, antes de que se vaya la luz?

Al final, el viajero decide seguir la visita donde la dejó a la una, esto es, en la capilla de los Albornoz, más conocida como de los Caballeros, justo a la entrada de la girola, en la nave izquierda. Panteón de la familia Carrillo de Albornoz, la capilla —la mejor de la catedral según la audioguía— acoge varios sepulcros de miembros de esa familia, uno de ellos, el de la esposa del fundador, doña Teresa de Luna, impresionante por su originalidad y por su concepción artística: sobre una maciza lápida de pizarra negra el escultor talló solamente la cara y manos de la difunta (en piedra blanca además), dejando el cuerpo apenas dibujado por unas líneas, adelantándose así a su tiempo (el sepulcro es del siglo XIV). El resto de los enterramientos, ya más tardíos, son, sin embargo, mucho más clásicos. La capilla la completan una portada renacentista de Antonio Flórez —el mismo autor de la de los Apóstoles— en cuyo frontispicio campea el símbolo de la muerte con la leyenda *«Devictis militibus mors triumphat»* y una reja de Esteban de Lemosín —autor asimismo de la de la capilla de los Apóstoles (se ve que Flórez y él solían trabajar juntos)—, de la que también destaca, aparte de la crestería, que es una labor excelsa, un medallón con la escena de la anunciación. Dentro de la capilla, frente a los sepulcros, tres retablos de Yáñez de la Almedina, el introductor en España de la pintura renacentista italiana y del que se dice colaboró con el mismísimo Leonardo en la pintura del desaparecido mural *La batalla de Anghiari* en Florencia, representan sucesivamente la adoración de los Reyes Magos, la piedad y la crucifixión, ocupando el centro de la predela de éste, que es el mayor, una imagen de Cristo resucitado con el donante de la capilla, el canónigo de la catedral don Gómez Carrillo de Albornoz, en escena que contemplan San Pedro y San Pablo desde la izquierda y los Santos Juanes desde la derecha. Para que luego digan que todos somos iguales después de muertos.

—¿Cómo dice? —le pregunta al viajero el vigilante, que pasa en este momento delante de la capilla.

—Nada. Pensaba en alto —se disculpa aquél.

La capilla de los Muñoz, que es la que la sigue, también fue donada por un canónigo, de cuyo apellido recibió el nombre, y también es obra muy destacada según parece. Al menos, la audioguía le dedica una explicación larguísima. El problema para el viajero es que, al estar tapada por un panel que aísla de las miradas de los turistas al restaurador de un cuadro que trabaja dentro de la capilla con ayuda de un foco muy potente, tiene que conformarse con admirar el arco de la portada, polilobulado y de gran belleza, eso sí, y una ventana del mismo estilo —el plateresco de la mayoría del templo— con una reja de comulgatorio. Alrededor de esta ventanita, un conjunto de cariátides y de imágenes de santos, muchos con atormentados gestos, compensan en cierto modo no poder ver la capilla y, en ella, el retablo del que la audioguía dice es uno de los mejores del templo, que es decir mucho hablando de éste.

El Arco de Jamete, que va a continuación, es a la catedral de Cuenca lo que el Pórtico de la Gloria a la de Santiago o la Escalera Dorada a la de Santa María de Burgos: su elemento decorativo más emblemático o cuando menos más popular. Construido a mediados del siglo XVI por el francés Esteban Jamete, autor de muchas más obras en la catedral de Cuenca, como el viajero ha podido ver en su recorrido, se lo considera una de sus mejores realizaciones y una cumbre indiscutible del arte renacentista español. Compuesto por el arco, un zaguán y una portada, integra un rosetón gótico (el del norte del crucero, cuyo brazo cierra ésta) y sirve de acceso al claustro, que nada tiene que ver con él, para su desgracia: aunque las guías dicen que es armonioso, su rigidez herreriana y su frialdad granítica contrastan notablemente con la emoción que desprende la esplendorosa obra de Jamete. Al viajero por lo menos el claustro le echa para atrás, esto es, de vuelta al templo, que muy bien podía haber prescindido de él, considera.

Dos o tres capillas más y un sepulcro de alabastro —el del arcediano de la catedral Gómez Ballo—, así como dos retablos exentos, uno barroco y otro plateresco (el barroco, dedicado a la Virgen de las Nieves, a la que los conquenses tienen gran devoción desde que los libró de una peste el año 1492, de tanto significado para el país), cierran el recorrido de la audioguía por las dos naves y enfrentan definitivamente al viajero a la principal. Que no es la mejor del templo, aunque sí sea digna de visitarse, siquiera sea porque desde ella se ve completo el triforio que recorre las dos naves laterales por arriba y que, según proclama la guía (desde abajo no se distingue, por tanto hay que imaginarlo), tiene una enorme riqueza decorativa, esculturas incluidas, que lo hacen diferente a otros triforios catedralicios. Lástima que la capilla mayor y el coro no lo acompañen como deberían a pesar de las bellas rejas que los protegen (una de ellas, la principal del altar mayor, del famoso Juan Francés), pues la primera es obra ya neoclásica y al coro le falta la sillería gótica primitiva, sustituida por otra nueva en el XVIII. Lo que no dice la audioguía es qué fue del altar gótico que sin duda la catedral hubo de tener ni por qué la sillería del coro fue trasladada a Belmonte, cuya colegiata hay que visitar para poder verla. ¡Piiii...!

El pitido, esta vez, es el final. Suena por ello más estridente, aunque con cierta melancolía, si se le puede llamar así. Como todo lo que se termina, produce cierto desasosiego. En esta ocasión, sin embargo, el viajero se ha alegrado de escucharlo, pues tiene miedo de que se le haga de noche.

—¿Se va?

—De la catedral sí. Pero no de Cuenca —le sonríe a la taquillera echándole un último vistazo al templo antes de cruzar la puerta.

En la plaza comienza a atardecer. Suavemente, como acostumbra en esta ciudad cuyo emplazamiento en lo alto del espolón rocoso hace que la luz decaiga casi a la vez que en el horizonte. De hecho, el sol ya empieza a ponerse en su parte baja y todavía aguanta muchos minutos en los alrededores de la catedral y sobre sus escalinatas, que están ahora llenas de gente precisamente por eso: por apurar la última luz del día.

Calle arriba, en dirección al barrio del Castillo, el sol aguanta todavía más, incluso se vuelve a alzar en el horizonte, en el que ya empezaba a caer, a medida que el viajero va ascendiendo. A un lado y a otro, en sus hoces, los ríos Huécar y Júcar, en cambio, hace ya tiempo que lo despidieron, pese a que sus arboledas parezcan reflejarlo aún, de tan amarillas como están sus hojas. Oro viejo, diría Federico Muelas, a cuyo florido verbo vuelve a acudir el viajero para disfrutar aún más la belleza de este lugar fabuloso. Sobre todo viéndolo desde el castillo, cuya muralla domina la ciudad vieja y la nueva, aparte de las dos hoces que le sirvieron de fosos mientras permaneció en el cerro, y desde la que el viajero observa ahora el caserío. Dice Federico Muelas: «Toda la Ciudad, lector amigo, está colgada, más aún, aleteando como esos alcaravanes que, al volar contra el viento, equilibran de tal modo su avance que quedan quietos, suspendidos, vibrantes, magníficos. Toda la Ciudad es un noble intento de ascensión, como si desarraigarse quisiera de la roca; y, al tiempo, de audaz desafío al abismo en los frágiles muros, que los alarifes de Cuenca crearon con incorruptible madera de sabina y un leve entramado de cal, de yeso pardo, de plata empavonada. Casi fuselaje de avión. Las casas colgadas son una muestra más de este común hacer, resto último de la serie que coronaba uno de los peldaños roqueros de la hoz del Huécar...».

La literatura del poeta conquense (falangista y farmacéutico además, aunque esto ya a nadie importe) acompaña al viajero largo rato mientras desde su atalaya contempla el anochecer, que llega con melancolía, primero como una sombra que trepa por la ciudad como si fuera la de un avión (el del fuselaje de Federico Muelas) y luego como oscuridad completa; oscuridad que acentúan las luces de las farolas y de las casas al encenderse y los focos de los coches allá abajo, en la carreterita que acompaña al Huécar, o al fondo, en la parte nueva y más habitada de la ciudad. La antigua, en cambio, se va quedando casi sin gente, lo que la hace aún más misteriosa. El viajero, de vuelta a la catedral, la recorre, de hecho, sin cruzarse más que a algún grupo de turistas y algún vecino de retirada. Y también —casualidades de su condición errante—, entre las ruinas de una antigua iglesia —la de San Pantaleón, según un letrero— rehabilitadas con gusto romanticista (los cipreses y la estatua que las guardan lo delatan), al mismísimo Federico Muelas inmortalizado para la eternidad como debió de vestir en vida: con traje y gafas de hombre modesto y contemplando Cuenca como le gustaba hacer: solo y reconcentrado en sus emociones. El viajero, sorprendido, le saluda y en homenaje a él abre su guía al azar y le lee: «Nosotros diríamos al viajero: pasee su mirada por ambas hoces, la del Júcar y la del Huécar; contemple la audacia de sus rascacielos, de sus voladizos; siga la línea atrevida en el verde cristal de las aguas del Júcar, detenidas, asombradas ante la Ciudad, de puntillas sobre sus treinta columnas. Si arriba a Cuenca en la apoteosis dorada del otoño, suba peldaño a peldaño las hojas de oro de los chopos y, cuando llegue a la cima, lance los ojos al aire para vararlos aún más altos, mucho más altos, donde las gentes de Cuenca, sencillamente, anidan ganando solares al espacio».

—Ya lo he hecho —le responde el viajero mientras se aleja dejándole de nuevo solo bajo la noche.

Como a la catedral, cuya linterna, que hace las veces de torre, recorta ahora la luna, la misma luna a la que cantó el poeta.

La ciudad del Doncel

«Alzada en limpia sinrazón altiva / —pedestal de crepúsculos soñados—, / ¿subes orgullos? ¿Bajas derrocados / sueños de un dios en celestial deriva? / ¡Oh, tantálico esfuerzo en piedra viva! / ¡Oh, aventura de cielos despeñados! / Cuenca, en volandas de celestes prados, / de peldaño en peldaño fugitiva. / Gallarda entraña de cristal que azores / en piedra guardan, mientras plisa el viento / de tu chopo el audaz escalofrío. / ¡Cuenca, cristalizada en mis amores! / Hilván dorado al aire del lamento. / Cuenca, cierta y soñada, en cielo y río».

El viajero cierra la guía y mira a lo alto: hacia la ciudad roqueña que va quedando detrás, al otro lado de la hoz del Júcar, que es una llamarada de oro, como la de su compañero el Huécar, esta mañana de otoño. Ciertamente, reconoce, no ha podido llegar a ella en mejor momento.

Pero la carretera le reclama ya. La carretera y otra ciudad lejana, a la que tardará en llegar hora y media a tenor de lo que le han dicho en la cafetería en la que desayunó. Una pareja de guardias civiles que también desayunaba a esa hora se lo demostró en el mapa.

Y no se equivocaron lo más mínimo. Es más, se quedaron cortos, pues el viajero, amante como es de los paisajes, se entretuvo en su camino mirando los que cruzaba, que eran los solitarios y montaraces de la literaria Alcarria (por el libro de Camilo José Cela, que fue el que la hizo famosa, pero también por los del Arcipreste de Hita, del alcarreño Antonio Pareja, de Pío Baroja, de José Esteban...), lo que alargó aún más el trayecto. Y eso que sólo paró dos veces, una al pasar Sacedón, a la vista del pantano de Entrepeñas, ya en tierra de Guadalajara, para coger un ramo de unos matojos que vino viendo todo el camino y cuyo color rojizo volvía incandescentes las laderas de los montes, y otra cerca de Cifuentes, frente a la central nuclear de Trillo, para ver un zorro muerto y abandonado junto al arcén. Seguramente lo atropellaría un coche tan solitario como el del viajero.

Y es que, desde que salió de Cuenca, éste apenas se ha cruzado con vehículos ni gente. Ni siquiera al atravesar Cifuentes, el primer pueblo grande por el que pasa, desierto bajo la lluvia que de pronto ha comenzado a caer. Sólo al llegar a la carretera de Madrid a Zaragoza, a mitad de camino entre Cifuentes y Sigüenza, el viajero recuperó por unos minutos los sonidos habituales de su vida, que son los de los vehículos cortando el aire al pasar.

El paisaje de la tierra de Sigüenza es aún más pobre que el de la vecina Alcarria. El paisaje de Sigüenza ni siquiera tiene un Tajo que lo riegue (el río Henares, que es el que debería hacerlo, apenas es un arroyo aún al pasar por él), lo que hace que la vegetación sea prácticamente anecdótica. E igual sucede con los cultivos, relegados a las laderas y al fondo de los vallejos en los que se precipitan los descarnados montes; montes ocres y rojizos como las casas de las aldeas que los cultivan desde hace siglos y como las piedras de la ciudad que les da su nombre: Sigüenza, la muy noble y fidelísima ciudad, la fortaleza arévaca casi irreductible, la Segontia romana y visigoda, la fronteriza medina árabe que conociera el paso del Cid camino de su destierro y los constantes enfrentamientos entre cristianos y musulmanes de la Edad Media, la de los cardenales y obispos que eran a la vez sus dueños y que por eso entraban en ella (y continúan entrando cuando la encuentran) a lomos de una mula blanca...

A lomos de una mula blanca no, pero sí en su coche entra en Sigüenza el viajero después de bajar la cuesta que comunica el páramo con el río y desde la que la ciudad se le ofrece en toda su magnitud: extendida en la ladera cara al norte, con los pies metidos en el Henares y el caserío trepando hacia su castillo, que es ahora un parador de turismo. Y en el medio, ocupando una extensión mayor todavía que la de éste, que ya es decir, el edificio de la catedral, rojo como el caserío y almenado como un fuerte medieval.

El edificio del seminario es mucho menos vistoso, pero impresiona también por sus dimensiones. Se alza a la entrada de la ciudad, ocupando todo un flanco de la calle que se interna en diagonal hacia su centro, pero está cerrado desde hace tiempo; desde que el anterior obispo trasladó su residencia a Guadalajara, algo que no le perdonan los seguntinos, como el viajero comprueba en cuanto baja de su vehículo tras aparcarlo frente a los muros del antiguo obrador de sacerdotes.

—Ya ve usted: tanto edificio y cerrado —se lamenta la señora que le ha contado todo lo anterior.

—A Sigüenza la hizo polvo —la secunda otro vecino que se suma a la conversación.

—¿Quién?

—El obispo... ¿Quién si no? —dice el hombre, resignado.

Al final de la calle, otro vecino, jubilado también como los anteriores (no parece que en Sigüenza haya mucha gente joven), comparte sus sentimientos aunque no dramatiza tanto la decisión del obispo de irse a Guadalajara. Quizá porque, según confiesa, fue el encargado de conducir la mula en la que hicieron su entrada los dos últimos en la ciudad, lo que le comportó ser invitado al banquete con todas las autoridades luego.

—Bueno, la segunda vez ya no era una mula, era un caballo —declara el hombre con honradez—. Es que ya no quedan mulas en toda Guadalajara...

—¿Y a los obispos no les da apuro tener que entrar a caballo en Sigüenza? —le pregunta el viajero, imaginando la situación.

—Si se lo da, lo disimulan bien —responde el hombre, al que se le ve contento de hablar con alguien desconocido. Debe de ser aburrido hacerlo siempre con la misma gente.

La conversación prosigue por múltiples vericuetos, que alcanzan los Pirineos, donde el hombre hizo la mili y le tocó combatir al maquis, hasta la guerra civil española, cuyo comienzo, asegura, vivió en directo:

—Yo estaba aquí, en este mismo sitio, con mi madre, cuando pasó un avión tirando papeles. La gente corrió a cogerlos y entonces llegó otro avión y empezó a dispararle sin avisar. Murieron muchas personas. Yo me libré porque tenía tres años. Si hubiese sido mayor, habría corrido también a coger los papeles...

—¿Y se acuerda de aquello con tres años? —se sorprende el viajero mirando al hombre con envidia.

—Perfectamente —responde éste sin vacilar. Como tampoco duda al situar las posiciones del frente bélico, que aquí cambió de manos dos o tres veces, por lo que dice—: En Sigüenza entraron primero los republicanos; venían en camiones llenos de milicianos con banderas. Los nacionales estaban allí —señala el cerro que le sirve de horizonte por el norte, al otro lado del valle sobre el que la ciudad se asienta—. ¡Aquí se pasó mucho! —exclama el hombre, recordando—. Murieron muchas personas. Al obispo que había entonces lo fusilaron en la carretera de Alcolea...

—Ahora se vive mejor... —dice el viajero con una sonrisa.

—No lo dude —coincide el hombre de la mula.

A poco más de cien metros, al final de la calle que viene del seminario, levanta su enorme fábrica la catedral. El edificio impresiona por su volumen y por su belicoso aspecto y su primera visión produce una impresión semejante a la de Sigüenza. Altiva como una fortaleza, la catedral se yergue en medio de dos torreones (hay otro al mediodía, más delgado), cuya perfecta visión facilita el atrio que antecede a la fachada principal. Un atrio de estilo renacentista cerrado por una verja que se sujeta sobre columnas de piedra coronadas por leones que subrayan la ferocidad del templo.

La fachada, por su parte, es muy severa también. Enmarcada por el atrio y protegida por las dos torres, que comunica a menor altura, dos adustos contrafuertes la dividen en tres partes, lo que acentúa su primitivismo. Pero también su belleza. Y es que, aunque la conjunción de estilos es muy diversa (mientras que las tres puertas y el rosetón central son románicos, los arcos y las ventanas son góticos y la balaustrada y la decoración, barrocas), el resultado es de una plasticidad magnífica, efecto al que contribuye el color rojo de los sillares, ese rojizo ferruginoso que pinta toda Sigüenza y que al viajero le tiene enamorado desde que lo descubrió. Si acaso sobraría algo, es el medallón central, que rompe con la armonía románica de la puerta, que carece de ornamentación alguna.

La fachada del mediodía es más compleja y abigarrada. Y no porque lo sea de por sí, que no lo debía de ser, sino por tener adosada a ella un pórtico clasicista y una torre tan alta como las de poniente, aunque más delicada y esbelta. Para empezar, es la mitad de ancha que aquéllas y termina en un campanario en vez de en almenas. Vista desde la distancia, la torre recuerda lejanamente a la de la catedral de Vic, aunque quizá no sea tan antigua.

La que sí es tan antigua como ésta es la estructura de la catedral. La iniciación de su construcción en los albores del siglo XII por el obispo Bernardo de Agén —personaje que manejaba la espada y la cruz con igual soltura según los historiadores y que había sido nombrado obispo de la villa seguntina por su compatriota el arzobispo de Toledo Bernardo de Sédirac (aquel exmonje francés que junto con la reina consagró la mezquita toledana como iglesia mientras el rey Alfonso VI estaba fuera de la ciudad)— tres años antes de conquistar la plaza, lo que demuestra su fe en que lo haría, prueba su contemporaneidad por más que el grueso del templo se levantara durante los siguientes siglos.

Por dentro la catedral sobrecoge por su severidad, pese a ello. La oscuridad en la que se encuentra (el cielo, afuera, está encapotado y las vidrieras no alcanzan a iluminarla apenas) y el silencio que la envuelve (un silencio solamente interrumpido por el órgano que alguien está afinando en el coro a la luz de una bombillita que es la única que se ve en la catedral) acentúan su aire cidiano, tan perceptible ya en su estructura. Parecería como si de un momento a otro el propio Cid fuera a aparecer abriéndose paso en la oscuridad del templo. Pero no aparece nadie. El viajero le da una vuelta completa y lo único que se encuentra, aparte de las imágenes que duermen el sueño eterno del tiempo en sus hornacinas, es el silencio que lo envuelve todo.

Impresionado por la enormidad del templo (la altura de sus naves es brutal, quién sabe si aumentada esa impresión por la oscuridad), imposibilitado por esta misma para admirar no sólo las altas bóvedas, sino también lo que tiene cerca, el viajero se detiene en la girola sin saber qué hacer. Duda si volver afuera. Total, para no ver nada... Pero continúa andando. Continúa su paseo por el templo, cuyas gastadas losas repiten el sonido de sus pasos como un eco, hasta llegar de nuevo al lado del coro, donde la lucecita del órgano sigue encendida alumbrando a la persona que lo afina, a la que no se ve desde donde está. Debe de ser el único ser vivo que hay en el templo, piensa el viajero mirando a su alrededor.

Falsa impresión, descubrirá, empero, muy pronto. Cuando ya empezaba a pensar que nadie más que él iba a entrar esta mañana en la catedral, el viajero descubre a un sacerdote que acaba de aparecer por la nave opuesta y se dispone a entrar en la sacristía (lo de la sacristía lo imagina él, pues no tiene ningún dato en el que fundamentar su suposición). Lógicamente, se precipita a su encuentro. Lo alcanza justo en la puerta, detrás de la que se entrevé una gran estancia, ésta ya llena de luz, que posiblemente sea, en efecto, la sacristía a juzgar por las cajoneras y los armarios que la recorren.

El sacerdote se gira al verlo llegar.

—¿Va a haber una misa ahora? —le pregunta el viajero fingiendo interés en ello.

El sacerdote, un hombre mayor pero erguido y saludable de apariencia, mira al viajero con atención antes de responder negativamente:

—Por la tarde —le dice al tiempo que se fija en la guía que éste porta y cuyo título, *La catedral de Sigüenza,* destaca en letras muy grandes—. ¿De dónde la ha sacado? —le pregunta.

—La tenía en casa —dice el viajero, mostrándosela.

—Pues ya tiene sus años... —le sonríe el sacerdote, que resulta ser su autor, según él mismo revela con indisimulado orgullo.

Así pues, la casualidad ha hecho que el viajero se encuentre ante la persona que más debe de saber de este edificio, habida cuenta de lo que ha escrito de él. Porque don Felipe-Gil Peces Rata, que tal es su nombre exacto, aparte de escribir la guía, ha dedicado miles de horas a desentrañar su historia en su doble condición de canónigo archivero y de enamorado de la catedral. No es de extrañar que la hermana, con la que vive, le recrimine, según él mismo dice al viajero, que pase aquí más tiempo que en casa.

—Me dice que ya sólo me falta traer la cama a la catedral... —sonríe mientras le invita a entrar con él en la sacristía, que tal es, en efecto, la estancia ante la que están (el viajero imaginó bien), para darle un ejemplar de su guía actualizada, que se acaba de reeditar hace poco.

—Pero me la dedica... —le solicita el viajero, sabiendo que eso le halagará.

Y es que don Felipe-Gil Peces Rata, el canónigo archivero de Sigüenza, ciudad en la que nació hace setenta y cinco años y en la que ha vivido toda su vida (solamente faltó de ella el tiempo en el que estuvo destinado como párroco en dos pueblos de la diócesis recién salido del seminario), está orgulloso de su trabajo y no oculta su satisfacción por él. Como tampoco oculta —al revés: presume de ellos— sus muchos conocimientos de este edificio en el que pasa las horas muertas desde hace décadas. Y hoy tiene con quien hacerlo, pues el viajero parece culto, a lo que se ve.

—¿Y usted cómo sabe tanto de catedrales? —le pregunta el archivero, sorprendido por sus comentarios.

—Porque me gustan —dice el viajero, sin revelar el motivo de su presencia en la de Sigüenza.

Aunque a don Felipe esto le interesa poco. Don Felipe-Gil Peces Rata, el canónigo archivero de Sigüenza y cronista oficioso de su ciudad, de la que también ha escrito bastantes libros, prefiere hablar a escuchar y le da igual del tema que sea. De todo sabe y de todo opina, ya sea de genealogía (de sus apellidos explica, por ejemplo, que Peces es genovés, de una familia de caldereros que se estableció en Toledo en la alta Edad Media y se desperdigó después por toda Castilla, mientras que el Rata lo despacha con un simple «viene de Soria», se nota que le gusta menos); la historia de la sede seguntina y sus obispos (está acabando su episcopologio); de la decadencia de la ciudad en la que nació y reside, que atribuye a una serie de acontecimientos, de algunos de los cuales culpa a sus superiores: («Dicen que somos la Iglesia de los pobres, pero algunos obispos se arriman al poder en cuanto pueden», dice); del abandono de la enseñanza escolar del latín y del griego (aquí el viajero le vuelve a sorprender al recitar de memoria el comienzo de la primera *Bucólica* de Virgilio en la lengua en la que la redactó el poeta, fruto de sus cuatro años en un seminario de capuchinos); y hasta de la crisis de vocaciones sacerdotales (esto a propósito del cierre del Seminario Menor de Sigüenza), que no es cierta, según él, sino producto de la desidia de la propia Iglesia:

—Decía un obispo vasco que veraneaba en Sigüenza que lo primero que hay que pedirles a los obispos es que crean en Dios —dice mirando al viajero con ojos de picardía, como si esperara de éste más comprensión que de otro cualquiera—. Usted vaya a la sustancia de la frase, no se quede en la superficie —le recomienda, a pesar de ello, no vaya a ser que le interprete mal.

Pero el viajero le ha entendido bien. El viajero ya ha comprendido que don Felipe es un hombre con ideas muy pensadas, fruto quizá de sus muchas horas solo en el archivo de la catedral. Por eso está tan a gusto hablando con él, tanto como el propio cura, que no encontraba, a lo que parece, un interlocutor tan interesado como el viajero desde hacía ya tiempo. Y eso que ha tenido muchos, desde el obispo vasco que veraneaba en Sigüenza y que tanto le marcó con sus opiniones al estudiante italiano que apareció un día por la ciudad haciendo turismo y terminó escribiendo su biografía por encarecimiento y encargo del archivero, que le ayudó a publicarla después.

—Tenga, llévesela también —se la entrega al viajero sacándola del cajón en el que guarda todas sus publicaciones.

Otro al que don Felipe captó también, en este caso para sacristán, es el hombre que aparece en la sacristía en este momento conduciendo a un pequeño grupo que se dispone a visitar la catedral con él. Se trata de Óscar, un argentino alto y de mediana edad, cuyo conocimiento del templo le faculta también para hacer de guía.

—Le he preparado yo —le dice al viajero don Felipe al tiempo que le aconseja que se una al grupo, cuya visita va a comenzar ahora—. Óscar es mi discípulo.

Y aunque no lo fuera. Seguir al argentino, cuya altura le obliga a andar medio encorvado, es la única manera de poder ver la catedral con luz. A cambio, hay, eso sí, que pagar cuatro euros, que es lo que cuesta el billete que el sacristán reparte entre los asistentes y cuyo talonario guarda en la sacristía. Por eso han venido aquí.

La visita, sin embargo, se inicia en la nave opuesta, en el extremo meridional del transepto, como con gran precisión lingüística la denomina el bueno de don Felipe en su guía turística, ante la capilla que se considera la joya de la catedral. Se trata de la célebre capilla del Doncel, la escultura funeraria que es emblema de Sigüenza y de este templo y que es famosa en el mundo, aparte de por su belleza, por ser el primer sepulcro en que al yacente se le representa vivo. Si bien, antes de acceder a verlo, Óscar hace su propia presentación, que es muy breve (tan sólo dice su nombre y su profesión, nada de su procedencia), así como una introducción general a la catedral, por fortuna tampoco muy extensa: que se empezó a construir en el año 1124 por orden de don Bernardo de Agén, el primer obispo de Sigüenza, que las obras se prolongaron hasta el siglo XVI y la ornamentación hasta el XVIII, que su estilo primitivo era el románico pero evolucionó hacia el gótico, que es el que la define, y que, en fin, su planta es de cruz latina y consta de una girola en su cabecera, así como de numerosas capillas.

—¿Y por qué es tan importante? —le pregunta uno de los visitantes, ya dentro de la del Doncel, contemplando la estatua, que brilla como la cera, lo mismo que el mausoleo y el arcosolio que enmarca a ambos.

—Por varias razones —sonríe Óscar, encantado, se le nota, de volver a repetir lo que ya ha contado un millón de veces—. Aparte de su singularidad artística, que hace pensar en un italiano aunque se ignore quién fue su autor; la riqueza iconográfica que muestra: el libro, la cruz roja de la Orden de Santiago, el puñal y la armadura, los dos pajes y las flores del sepulcro, la cota y malla del Doncel; la serenidad que desprende el gesto de éste y el hecho de tener una pierna flexionada, como si se sintiera ajeno a la muerte, y, por último, la dimensión simbólica que muchos han querido ver en él, desde los escritores de la generación del 98, que consideraban esta escultura la representación del renacer de España después de siglos de decadencia, hasta don José Ortega y Gasset, el filósofo, gran asiduo de Sigüenza y de esta catedral, que la definió como una de las más bellas del mundo... Como la mayoría de las grandes obras españolas, es anónima —concluye Óscar su exposición después de invitar a los que le escuchan a fijarse en las pronunciadas venas que se transparentan en las manos y en el cuello del Doncel, «que le dan todavía más vida a su cuerpo», en los iris azulados de sus ojos, «que parecen ver de tan expresivos», en el león que lame sus pies, «símbolo de la inmortalidad», y en las dos pinturas flamencas que ocupan la parte alta del arcosolio y que representan sendas escenas de la pasión de Cristo en unos tonos rojos y negros que contrastan fuertemente con el blanco del alabastro del que está hecho el Doncel.

Y, por supuesto, encima de éste, en el centro de la hornacina y del mausoleo, en la inscripción en la que se cuenta (en letras graves y antiguas) su desdichada muerte para la posteridad: «Aquí yace Martín Vázquez de Arce, caballero de la Orden de Santiago, que mataron los moros socorriendo al muy ilustre señor duque del Infantado, su señor, a cierta gente de Jaén, a la Acequia Gorda, en la vega de Granada. Cobró en la hora su cuerpo Fernando de Arce, su padre, y sepultolo en esta capilla año 1486. Este año tomaron la ciudad de Loja, las villas de Ilora, Moclín y Montefrío por cercos en que padre e hijo se hallaron».

Precisamente el padre del Doncel descansa junto a su esposa, doña Catalina de Sosa, enfrente de éste, en el mausoleo que ocupa el centro de la capilla, los dos en la posición yacente tradicional (don Fernando, con los pies apoyados en un león, que representa la fuerza que tuvo en vida, y doña Catalina, en un perro, que simboliza su fidelidad), y, a su alrededor, varias sepulturas más, entre ellas la de otro hijo de ambos —y hermano del Doncel, por tanto— también llamado Fernando, como su padre, y que, desde su prelatura episcopal en Canarias, hasta la que llegó siguiendo la petición de Martín antes de morir, según dice Óscar (al parecer, el Doncel le habría pedido a su padre, que le sujetaba en brazos, que le encomendara a su hermano que hiciera caso a su madre y siguiera el cultivo de las letras

en vez del de las armas como hizo él sin prestarle oídos), mandó embellecer la capilla como correspondía a su condición de panteón familiar.

—Verdad o no —prosigue Óscar su exposición—, lo que salta a la vista es el acierto que tuvo al encargar su ornamentación a Francisco de Baeza (la adoración de los Reyes Magos del tímpano de la entrada es de las mejores obras del plateresco español), autor también de la del altar de Santa Librada, la segunda joya de la catedral, que ahora verán.

En efecto, el retablo-altar de Santa Librada es la siguiente etapa de la visita, aunque Óscar se para antes un poco, a la salida misma de la capilla en la que el Doncel se vuelve a quedar a oscuras, pues el guía apaga la luz al salir de ella, para mostrar a los que le siguen las tablas que se conservan de un desmembrado retablo gótico cuya belleza debió de ser espectacular. Las que faltan, dice Óscar, desaparecieron en los diversos saqueos de la catedral o están en el Museo del Prado de Madrid, adonde fueron llevadas para que las restauraran y de donde jamás volvieron.

—Como dice don Felipe, el canónigo al que vieron en la sacristía, lo que sale de Sigüenza ya no vuelve.

Por fortuna, el retablo-altar de Santa Librada sigue en su sitio, entre otras cosas porque es imposible moverlo de donde está. De varios metros de altura y adosado al brazo norte del crucero, cuya perspectiva cierra, constituye un auténtico monumento en piedra, mezcla de altar, retablo y sepulcro, puesto que las tres cosas es a la vez (retablo por partida doble, pues al que compone él mismo, de tres cuerpos más el zócalo, todos profusamente labrados, se une el que guarda en su arco inferior, que contiene también un altar y que es el que da nombre al conjunto: un precioso retablito rafaelesco que representa escenas de la vida de la patrona de la diócesis seguntina). Diseñado por Covarrubias y ejecutado bajo la dirección de Baeza, el monumento incluye una segunda hornacina, ésta cubierta por una reja, que contiene la urna funeraria de la santa y está llena de esculturas y relieves alusivos a ésta y a otros motivos; muchos de ellos de carácter mitológico, algo inusual cuando se labró. Completan el monumento un gran frontón triangular con un relieve de la anunciación, alusión a la invocación de la catedral, y ocho pequeñas efigies, las de las ocho hermanas de Santa Librada, todas nacidas el mismo día y todas santas igual que ella, según dice Óscar.

—¡¿Que todas nacieron el mismo día...?! —exclama uno de los presentes haciendo de portavoz del resto.

—Para Dios nada es imposible —contesta Óscar, sonriendo.

La complicidad del guía es especialmente notoria con el único del grupo que no pertenece a él, o sea, con el viajero, quizá porque le supone amigo de don Felipe. Sea por eso o porque le cree más interesado en lo que están viendo, se dirige de cuando en cuando a él para deslizar un dato o para ampliar una explicación, como si sólo él fuera a comprenderla. Así, ante el retablo-altar de Santa Librada, al hacerle reparar en el detalle de que el friso que corona la tabla inferior central representa los trabajos mitológicos de Hércules («que simbolizan el triunfo frente al mal», le dice), o ante el mausoleo de don Fadrique de Portugal, contiguo a aquél y del mismo autor, del mejor plateresco español por lo tanto, al traducirle a él solo del latín, mientras los demás se alejan, la inscripción funeraria en la que se cuenta el parentesco de su fundador con la casa real portuguesa, así como su condición de obispo de Sigüenza en los tiempos en los que Portugal y España estuvieron unidas. El retablo, cuya policromía se conserva íntegra, como la de Santa Librada, está tan finamente tallado que no parece de piedra y, aparte del escudo de armas del obispo y de las esculturas de bulto de cuatro santos: San Francisco, San Andrés, San Pedro y San Pablo, contiene, de abajo arriba, una hornacina con el relieve de don Fadrique en actitud orante acompañado de otros dos clérigos, otro de la piedad y un calvario, así como un sinfín de pilastras, balaustres y grutescos platerescos.

—Lo que no sé es quién era Santa Librada —le confiesa al guía el viajero.

—Es una santa muy complicada —le responde Óscar—. Según la tradición, era hija de un rey de Portugal, de ahí la devoción que el obispo don Fadrique mostró por ella, hasta el punto de costear su retablo y de hacer lo propio después con otro que le sirviera de sepultura a él a su lado, que por eso están los dos juntos, y la leyenda cuenta que se martirizó a sí misma dejando de comer, lo que le provocó un desarreglo hormonal que hizo que le saliera barba, para evitar que su padre la casara con un rey moro. De ahí que algunos la confundan con un hombre.

—Pero aquí se ve claro que es una mujer —dice el viajero observándola en la pintura del retablito que da nombre al gran retablo de caliza que lo envuelve.

—Aquí sí, pero hay otras representaciones, abundantísimas en toda Europa —se explaya Óscar con delectación—, en las que Santa Librada o Santa Liberata, que de las dos maneras se la conoce, aparece con barba y vello y crucificada como el propio Cristo... Según algunos estudiosos, se trataría de un cruce de tradiciones que mezclarían viejas creencias, incluso de Alemania y de Inglaterra, con la religión católica. Hasta ha habido quien ha visto en ella a la primera anoréxica de la historia.

—¿La primera anoréxica de la historia? —exclama el viajero con estupor contemplando a la santa nuevamente, que en su retablo aparece sentada y leyendo un libro como el Doncel y sin atisbo de barba alguno. Se ve que aún no había dejado de comer.

—Sí. Por lo visto uno de los efectos de la anorexia —confirma Óscar la teoría— es el crecimiento del vello, consecuencia del desarreglo hormonal que produce.

—No está mal —dice el viajero, al que este tipo de tradiciones le gustan en particular—. Ahora —vuelve a la afirmación de antes—, lo de que sus ocho hermanas nacieron el mismo día que ella...

—Y del mismo parto —sonríe Óscar con complicidad.

La tercera estación del recorrido tiene lugar en la sacristía mayor (hay otras dos, según dice el guía: la de los Mercenarios, que es la que se utiliza ahora por los canónigos —«Donde empezó la visita», aclara a los que le escuchan—, y la de Santa Librada, que está al lado del retablo de la santa), también llamada de las Cabezas por la decoración de su techo. Rectangular y de gran tamaño, su bóveda de cañón está cubierta por casetones adornados por cabezas de personas. Hasta trescientos nueve según el guía, que las ha contado cientos de veces (se pasa las horas muertas en el invierno mirándolas, dice, puesto que apenas llegan turistas en ese tiempo), a las que hay que añadir otras tres mil más pequeñas dispersas por medallones, angelotes y hasta rosas (las que alternan en las claves con aquéllas).

—¿Que a quiénes representan? —se pregunta a sí mismo Óscar para poder contárselo a sus seguidores—. Pues a obispos, personajes de la Biblia y del Nuevo Testamento, reyes, nobles, campesinos, artesanos... Eso sí, la mayoría son de personas desconocidas.

—¡Qué espectáculo! —exclama uno de los presentes, abrumado por la profusión de rostros.

—La cajonería es de nogal, de Martín Vandoma —señala Óscar el mobiliario—. Y las puertas también. Platerescas como la decoración del techo. El tapiz —añade por el del fondo antes de salir— es flamenco, del XVII. Representa el rapto de las sabinas...

El recorrido por la catedral podría prolongarse durante horas, pero es la una y hay que acabar. Óscar lo anuncia en el claustro, de estilo gótico cisterciense pero al que se accede por una puerta, la conocida como de Jaspes por los multicolores que la embellecen y cuya decoración plateresca remite a la del altar de Santa Librada y del mausoleo de don Fadrique de Portugal, que están contiguos a ella, y al que se le ve tristón a pesar de tener más luz. Será el cielo, encapotado desde que amaneció, o su antigua función de cementerio, que recuerdan los cipreses que hay en él.

—Muchas gracias —se despide el argentino, ya en el patio de poniente, antes de cerrar la puerta, la única de la catedral que se abre a diario. Las otras están cerradas a cal y canto, como las propias rejas de las capillas.

—¿Y cómo llegó usted aquí? —le pregunta el viajero antes de irse cuando los demás turistas se alejan.

—Me trajeron el corralito y un sacerdote de Sigüenza que estaba destinado en Santa Fe, que es mi ciudad —sonríe Óscar sin dar más explicaciones. Se nota que no quiere hablar de él.

El mediodía y la tarde el viajero la dedica a callejear por Sigüenza, que es tan hermosa como su catedral. Hasta las cinco ésta permanecerá cerrada, por lo que no tiene prisa en volver a ella. Sigüenza, además, merece una visita despaciosa. Tanto en el entorno de la catedral como en su parte alta, junto al castillo, o abajo, en la alameda ajardinada que ocupa el fondo del valle por el que el río Henares se abre camino, la ciudad, apenas un pueblo grande, constituye un canto a la arquitectura y un homenaje a su larga historia. Ambos los hace, además, con la misma piedra —la piedra roja, arenisca, que aflora en esta región— con la que se hicieron la catedral y sus altas torres, mudas vigías desde hace siglos de los avatares de este rincón del mundo. Aunque alguna muestre las huellas de antiguas guerras, como la del mediodía, esbelta y estilizada como un campanil pero en la que se pueden ver los impactos de los obuses de la última guerra civil española. Al parecer, la torre volvió a cumplir en varias fases de ésta, cuando la catedral sirvió de refugio a docenas de soldados y civiles seguntinos ante el asedio de los franquistas a la ciudad, la función para la que se construyó, que era la de servir de atalaya y de cuerpo de defensa. De ahí que, en vez de ventanas, tenga saeteras.

Frente a ella, la plaza Mayor de Sigüenza es un compendio de su arquitectura. Inclinada como toda la ciudad, que se adapta a la pendiente de la loma que corona el parador, y de inequívoco aroma renacentista, tiene por el este y el sur soportales en los que resguardarse, mientras que por el oeste corre una calle que delimita un monumental palacio. Es el edificio de la Contaduría, construido por el cardenal Mendoza, que fue el promotor también de todo el entorno. El edificio de doble arcada que cierra la plaza por el sur se construyó también en la misma época y, aunque continúa llevando el nombre de sus originales dueños: palacio de los Deanes, hoy sirve de Ayuntamiento. En el rectángulo que hay entre ellos, empedrado como todas las calles de Sigüenza, tienen lugar desde el siglo XVI, cuando se trazó la plaza, todos los grandes acontecimientos de la ciudad, si bien las corridas de toros, pese a la puerta de la muralla que aún se llama del Toril, ya no se lidien en ella. Hoy, amenazando lluvia y siendo un día laborable, apenas una docena de personas toman el aperitivo en las terrazas de los dos bares que se reparten el espacio público cuando el viajero pasa junto a ellas.

El viajero va mirando el perfil de la ciudad, impresionado por su gran belleza y embriagado por ese color rojizo que tinta todas sus piedras, tanto las de los edificios como las del pavimento, que se conserva como el primer día. Calle arriba, en dirección al castillo —el actual parador de turismo de Sigüenza—, cuyas torres almenadas se alzan sobre el caserío, las piedras y el horizonte dan cuerpo y forma a grandes iglesias, a palacios y a casas más humildes, todas del mismo color y aspecto salvo excepciones. Se ve que la ciudad busca mantener su espíritu, ese por el que algunos la creen Patrimonio de la Humanidad. No lo es por el momento, pero lo será algún día, piensa el viajero mientras asciende hacia el parador, la medieval fortaleza que dio origen a Sigüenza y cuya silueta oscura aparece al final de la larga cuesta que lo comunica con la catedral. Entre una y otra hay varios siglos de diferencia, pero a ambas las unifica su recio primitivismo. Y eso que en la explanada que antecede al castillo hoy parador varios automóviles de lujo lo convierten en un espacio moderno.

—Celebramos un *training* para dueños de concesionarios de Mercedes —explica la presencia de los coches una de las personas que hay junto a ellos y a las que el viajero pregunta cuando las alcanza.

El *training,* en efecto, tiene lugar en el parador, que está lleno de hombres encorbatados y de mujeres con traje chaqueta hablando por los pasillos y en el jardín. Han debido de hacer un receso para comer. Así que el viajero, que pensaba hacer lo propio en este sitio, antigua fortaleza musulmana heredera de la arévaca primitiva, luego palacio de los obispos de Sigüenza y hoy parador de turismo, gracias a lo que se conserva posiblemente, decide poner pies en polvorosa y buscar otro sitio para comer, seguramente menos antiguo pero donde los comensales vistan y hablen normal. Lo del *training* le ha dejado impresionado.

Normal no hablan, pero se los soporta. En el asador en el que recala, en una calle del centro, cerca de la catedral, y cuya especialidad es el cabrito al horno, el plato típico de Sigüenza según su dueño, los clientes hablan a voces (sobre todo en la mesa en la que come un equipo de televisión), aunque el cabrito asado lo compensa. Lástima que a la salida, frente a la puerta que da a lo que debe de ser la cocina del restaurante, un camión esté descargando docenas de cabritos desollados que cuelgan ensangrentados en grandes piñas de la trasera, lo que hace sentirse al viajero un caníbal que se arrepiente de su condición. Y eso que los cabritos no tienen nombre como las tres cabezas de toros que adornan las paredes de la Zapatería Toro (no podía ser de otra manera) una calle más arriba, cuyo propietario charla con un vecino a falta de clientes a esta hora. Los toros, cuyas cornamentas asustan pese a estar muertos, se llamaron Caleño, Macareno y Damasquillo y perdieron la vida respectivamente en Zaragoza, Bilbao y Teruel, según dicen las cartelas que hay debajo.

—¿Y cómo vinieron a parar aquí? —se sorprende el viajero al conocer los sitios en los que terminaron.

—Las compró el anterior dueño —dice el actual, que es nuevo. No así la zapatería, que se la ve con décadas de antigüedad.

—Pero aquí hay plaza de toros...

—Y grande —dice el dueño de la zapatería—. Pero apenas si hay tres corridas al año. Por las fiestas.

—Es tan grande —apuntala el amigo con el que el zapatero estaba de conversación— que cabríamos todos los de Sigüenza si fuéramos.

—¿Cuántos vecinos tiene Sigüenza?

—Cinco mil —responde el hombre.

—Yo pensé que tendría más —dice el viajero.

—Pues se equivoca —le sonríen los dos amigos con complicidad—. Cinco mil... y no sé si llegaremos.

De vuelta a la catedral, el viajero se entretiene en contemplarla por el exterior, ya que, aunque abierta, está tan oscura ahora que no merece la pena entrar. Mejor volver a las siete, que hay una misa, según le ha indicado Óscar, que es el único ser vivo que hay ahora dentro de ella. Para esa hora la iluminan.

Frente a la fachada del mediodía, eclipsada por el pórtico neoclásico que oculta la portada original, románica según la guía de don Felipe (el rosetón de arriba da fe de ello), el viajero se entretiene en mirar las cicatrices que la guerra civil dejó impresas en ella. Especialmente en la torre, en torno a sus saeteras, desde donde dispararían los milicianos que se refugiaron en el interior. La señora que viene de paseo, doña Purificación de nombre, dice que la catedral quedó tan maltrecha que, al terminar la guerra civil, tuvieron que reconstruirla. Los de Regiones Devastadas, dice observándola junto al viajero.

Doña Purificación pasea todas las tardes a esta misma hora. Y lo hace por los mismos sitios: los alrededores de la catedral y el centro y la barriada a extramuros de chalets de veraneo a la que se accede a través del arco que comunica la plaza Mayor con la torrentera que bordea la muralla de Sigüenza por el este; de ahí que a la puerta le digan la del Sol. Tras ella, un pequeño puente salva el barranco lleno de chopos que en tiempos sirvió de foso de protección al casco urbano de Sigüenza, que continúa por este lado protegido por la muralla que antiguamente lo debía de envolver entero. El amarillo de la vegetación y el carácter tranquilo y solitario del entorno hacen que esta zona sea una de las preferidas por los seguntinos para pasear. Del otro lado del torrente, un mirador permite, además, contemplar el pueblo, que por aquí no ha cambiado apenas desde los tiempos de la Reconquista.

—¡Qué bonito! —le dice el viajero a doña Purificación contemplando el perfil de la catedral recortándose entre los chopos por encima de la muralla, que la oculta a medias.

—Sí, es muy bonito —asiente la señora, orgullosa de su pueblo.

Al otro lado del puente, a unos cien metros del mirador, ahora ocupado por una pareja (¡qué afición la de las parejas a alejarse del mundanal *ruido*!), la colonia de chalets tampoco se queda atrás en romanticismo, si bien éste sea distinto. Típicos de los sesenta, los chalets de la colonia recuerdan aquella época del veraneo del interior en la que la tranquilidad primaba sobre cualquier otra idea de bienestar. Y más en un sitio así, donde nada debe de alterar el discurrir de los días, salvo las estaciones.

Ahora es otoño y la paz es casi absoluta, con sólo algunos vecinos volviendo a casa de trabajar o paseando como doña Purificación. También hay algunos niños jugando ante los jardines, cuyos árboles y setos compiten en colores otoñales —rojos, amarillos, ocres— con los de la vegetación de la torrentera y la del monte que sucede a los chalets. De vuelta hacia la ciudad, el viajero y doña Purificación asisten a un atardecer magnífico, con el sol dorando los chopos y las murallas de Sigüenza como desde hace mil años. Sobre éstas, las torres de la catedral evocan más las de un monasterio, pues la ciudad no se alcanza a ver, oculta por la vegetación.

—¡Qué maravilla! No me extraña que venga de paseo por aquí —dice el viajero a doña Purificación mientras contemplan la postal que se les ofrece.

—Pues quédese a vivir —le sonríe la señora, que está feliz con su compañía.

Pero el viajero quiere volver a la catedral. Y la señora Purificación, a su casa, pues pronto se hará de noche. Las luces de las farolas, que ya empiezan a encenderse, convierten Sigüenza en un decorado, mitad diurno y mitad nocturno.

Dentro de la catedral, la disyuntiva continúa también: mientras las dos naves laterales y la girola están a oscuras completamente, la zona del trascoro aprovecha la luz que le llega de una capilla lateral, la primera de la nave del Evangelio, que es donde se celebrará la misa de las siete. Ya hay, de hecho, algunas personas esperando, la mayoría de avanzada edad.

A pesar de la oscuridad, el viajero, mientras empieza la misa, recorre la catedral en penumbra imaginando los santos y las capillas que están borrados por ella y que hasta mañana, cuando salga el sol, no recuperarán sus formas. La del célebre Doncel la primera, pero también las de la girola, que el viajero recorre sin poder ver nada; solamente imaginando lo que luego verá en la guía de don Felipe sentado en la capilla de San Pedro Apóstol mientras espera a que dé comienzo la misa.

La capilla de San Pedro, que, según la guía del archivero, cumple la función de parroquia, es una gran estancia de estilo plateresco y contiene el selpulcro del obispo Fernando de Luxán, una magnífica escultura funeraria gótica, así como un grupo escultórico en el altar, de 1861, de Mariano Bellver, también de gran interés. La cierra, aunque ahora esté abierta, la mejor reja de la catedral al decir de don Felipe Peces Rata, obra de Juan Francés, como varias de ellas. Por don Felipe el viajero se entera también de que en la oscuridad del templo duermen el sueño de los justos, aparte del Doncel y de otras figuras, varios obispos y canónigos bajo la piedra noble de sus mausoleos rodeados de retablos y de imágenes de todos los estilos y las épocas bajo los nervios y las ojivas de las inmensas bóvedas románico-góticas de esta enorme catedral, ejemplo del mejor estilo cisterciense de Castilla.

La misa empieza puntual. La oficia un cura calvo, no muy mayor, y asisten a ella docena y media de personas, el viajero entre ellas, aunque no participe de la ceremonia. Está más interesado en mirar en la guía de don Felipe las maravillas que no ha podido admirar por estar cerradas y en tomar algunas notas de lo que le ha sucedido hoy. Que ha sido más de lo que creía, desde que salió de Cuenca hasta ahora. Es lo que tiene ir y venir: que el tiempo fluye con más ligereza. Sin ir más lejos, el de la misa, que ya camina hacia su final: «Daos fraternalmente la paz», ordena el cura en este momento.

La misa se termina y con ella la actividad en la catedral. Poco a poco la gente empieza a salir, si bien alguno se demora en contarle al cura alguna confidencia o en conversar con los otros asistentes. Antes de que la cierren del todo, el viajero le da otra vuelta a la catedral y se para ante la reja del Doncel a despedirse. Una noche más éste se quedará dormido, sin nadie que lo contemple, como el resto de las imágenes y las efigies de los sepulcros. Sin duda debe de dar miedo quedarse a solas con ellas en la oscuridad del templo, piensa el viajero saliendo al atrio y oyendo cómo la puerta se cierra detrás de él. Los leones que coronan las columnas que soportan las rejas que las unen y que cierran el atrio por las noches parecen darle la razón mientras desde el patio admira por última vez antes de marcharse la medieval fachada de poniente y el edificio de la Contaduría de los Canónigos, donde ahora viven algunos de ellos según le han dicho, iluminados ambos por la misma luz que las calles de alrededor y que el parador en lo alto de Sigüenza. Viéndola ahora bajo la noche, nadie diría que esta ciudad pertenece al siglo XXI y no al del cardenal Mendoza.

Décimo viaje

LEVANTE: MOROS Y CRISTIANOS

La sierra de Espadán

Cuando era niño, al viajero le hablaron muchas veces de esta sierra que ahora tiene ante sus ojos recortándose a lo lejos detrás de los edificios de Segorbe, en el corazón de la serranía de Castellón. Su padre, al que le tocó vivir la guerra por esta zona, desde Teruel al Mediterráneo y del Mediterráneo hacia el interior de nuevo, recordaba esta sierra como el peor de los escenarios en los que le tocó luchar, tanto como para asegurar que salió vivo de milagro. El viajero entonces apenas si le hacía caso, como suele ocurrir con los niños, pero el nombre se le quedó grabado y ahora recuerda a su padre y trata de imaginarlo trepando por esas crestas que divisa desde la ventana de su hotel, al que llegó ya de noche desde Madrid.

El hotel lo eligió por el nombre, María de Luna, sin saber que era el de una segorbina que llegó a ser reina de Aragón y cuya influencia sobre su marido, el rey Martín el Humano, fue tanta que hasta le hizo establecer su trono a temporadas en este lugar. De ello le queda a Segorbe un aura antigua de realeza y un aroma episcopal y caballeresco que sus vecinos se esfuerzan en conservar a pesar de su decadencia. En medio del camino de Valencia hacia Aragón pero a desmano ya de las grandes vías de comunicación, que corren junto a la costa, Segorbe ha ido perdiendo la importancia que tuvo durante siglos, tanta como para haber sido residencia de un rey y capitalidad episcopal en época visigoda. Tras el fin de la dominación musulmana la recuperó al heredar la antigua de Albarracín, que se trasladó a Segorbe, y, tras ser dividida en dos por la Santa Sede, una de nuevo con sede en Albarracín, de manera independiente a partir de 1577. Y así ha seguido hasta hoy, si bien desde hace medio siglo comparta el nombre y la titularidad de la diócesis con Castellón, la capital administrativa de la provincia, donde reside el obispo en la actualidad.

Así que aquí está el viajero ahora viendo esta vieja ciudad levantina con sus torres medievales y edificios más modernos y al fondo la mítica para él sierra de Espadán desde la ventana de la habitación en la que durmió esta noche sin saber cómo eran una y otra, pues llegó a Segorbe ya tarde. El sol que ahora las alumbra, limpio sol de primavera, que aquí se anuncia con antelación sobre la meseta, ilumina la ciudad y las montañas, cuya paz en estos momentos hace difícil imaginar la batalla que en ellas tuvo lugar y de la que su padre salió vivo de milagro. Prácticamente toda su compañía murió y él se salvó porque se estropeó la radio a cargo de la cual estaba con otro radiotelegrafista, por lo que se pudieron quedar atrás en la descubierta. Es decir, que si el viajero está aquí mirando Segorbe es gracias a esa casualidad que permitió a su padre seguir con vida y reanudarla cuando la guerra se terminó.

Segorbe, sin embargo, ya no recuerda esos días, aquellas fechas tan desoladas y tan sangrientas. Al contrario, la ciudad se despierta con desgana, como si le costara mucho enfrentarse a un nuevo día una mañana más. Por las calles que el viajero va recorriendo hacia el centro, que alternan casas antiguas con otras nuevas, prueba de que sigue viva, tan sólo algunos vecinos miran su paso y eso que son ya más de las nueve. Se ve que Segorbe no madruga mucho o que los que sí lo hacen andan a sus ocupaciones.

Uno de ellos es el hombre que prepara en la catedral el altar para la misa de las nueve y media. Es la única del día y por eso el viajero está ahora ya aquí. Ni siquiera le ha dado tiempo de ver el templo por fuera, sólo su irregularidad, forzada por el lugar en el que lo hicieron, en lo alto de la población y en cuesta. Hasta la torre es irregular, trapezoidal o algo por el estilo. Dentro, en cambio, la catedral es un gran rectángulo lleno de luz a esta hora, con el sol entrando por sus vidrieras y todas las luces encendidas. De estilo clasicista, al revés que el exterior, de un gótico medieval, su única nave es un gran espacio difícil de imaginar antes de acceder a ella. Su soledad acentúa además su gran pureza de líneas, que realzan estucados y dorados en el techo y las paredes y en el ábside de la cabecera, presidida por una imagen de la Virgen, advocación de la catedral, a juzgar por ello.

—Sí, señor, es la Asunción —confirma el hombre que va y viene preparando el altar para la misa. No es sacerdote, sino un seglar que hace las veces de sacristán a falta de uno titular—. Aquí no hay dinero para esos lujos —dice sonriendo al viajero, que se lo ha preguntado directamente.

Y debe de tener razón. Sólo la iluminación del templo ha de ser una sangría, habida cuenta de sus dimensiones y de la carencia de una capilla para el culto de diario, que es donde suelen celebrarlo en otros. Aquí la catedral se ilumina entera para las dos docenas de personas que asisten a la misa matinal, de ahí que el cura se dirija a ellas con familiaridad. Sólo el viajero llama su atención en la ojeada que ha echado a la feligresía antes de dar comienzo a la misa.

Mientras se celebra ésta, el viajero se dedica a contemplar la catedral, especialmente la cabecera, que es lo que tiene ante sí. Se trata de un ábside semicircular de proporciones grandiosas en cuya cáscara un fresco abigarradísimo representa la advocación de la catedral. Debajo de él, un doble arco de mármol rosa enmarca la figura de la Virgen, vestida de color rosa y azul y ascendiendo hacia el cielo como le corresponde. A sus pies, la cátedra episcopal da fe de que, aunque el obispo de Segorbe viva ahora en Castellón, ésta es su principal sede.

El resto de la nave se ve mucho más desnudo, con sólo seis capillas (tres en cada lateral) y sin imágenes ni retablos en las paredes. Sólo los estucados y los dorados rompen su monotonía, además de dos púlpitos y del coro a los pies del templo. A falta de una puerta principal por esa parte, que el emplazamiento de la catedral debe de impedir, el coro ocupa el fondo de ésta en lugar de un tramo intermedio como es lo común en ellos, dándole a toda la nave la profundidad que en otras se echa a faltar.

Cuando termina la misa y mientras los asistentes salen del templo (todos excepto una señora han ido a comulgar esta mañana, el cura estará contento), el viajero se da prisa en echarle un vistazo más de cerca, pues pronto lo cerrarán. Y ya no vuelve a abrirse al público hasta mañana, según le han dicho. De su rápido recorrido saca una impresión global: que se trata de una gran caja de música, con sus vitrales y medallones decorados al estilo clasicista, así como una guirnalda que recorre todo el borde de la bóveda, también dorada como los medallones, y una serie de anotaciones en su libreta tomadas con apresuramiento. A saber: que ninguna de las capillas guarda obras de interés, tan sólo la de San Vicente Ferrer una urna con reliquias de San Félix (quién sabe cuál de los muchos San Félix que figuran en el santoral cristiano); que la reja que cierra el coro es renacentista y la sillería barroca (luego leerá en una guía que fue quemada en la guerra y restaurada por un escultor local); que en el interior del coro hay dos órganos, uno en cada pared lateral, y, en fin, que a la construcción de éstos contribuyeron varias personas de Segorbe con donaciones, entre ellos dos canónigos hermanos cuyos nombres figuran en una placa junto a la reja del coro: José y Jesús Blasco Aguilar, prefectos de Música y de Sagrada Liturgia respectivamente (otra en el lado opuesto agradece «a los piadosos consortes don Gonzalo Valero Agius y doña Vicenta Valenciano Barea su generosa contribución al estucado de esta Santa Iglesia Catedral...»).

—¿Va a cerrar ya? —le pregunta el viajero al sacristán aficionado al verlo dirigirse hacia la puerta. Ya sólo quedan ellos y dos señoras.

—Sí, pero no se preocupe. Termine de ver lo que quiera —ofrece el hombre con amabilidad.

Manuel, que ése es su nombre, tiene la amabilidad por norma, a lo que se ve. No sólo hace de sacristán, sino que ejerce también de guía turístico para un viajero que lo ignora todo de Segorbe. Llegó anoche y, ya lo ha dicho, ni siquiera ha tenido tiempo de conocer la ciudad.

—Yo tampoco soy de aquí —dice Manuel, calvo y con barba muy arreglada y modales un poco curiles—. Soy gallego, de La Coruña. Pero llevo ya treinta y seis años en Segorbe.

—¿Y cómo llegó aquí, tan lejos?

—Por trabajo. Era agente comercial. Me destinaron aquí, me casé con una segorbina y aquí sigo. Y aquí me moriré ya, supongo...

—Cuanto más tarde mejor —le sonríe el viajero mirando la plazoleta que se abre frente a ellos, al pie de las escaleras, y en cuyo centro una escultura de bronce recuerda a un obispo segorbino, de nombre Luis Amigó.

Por consejo de Manuel, que se queda cerrando la puerta, una de las dos del templo (la otra es la del museo, que está en el claustro, en la parte opuesta), el viajero se encamina hacia una pastelería, Mauro Torres, en la calle principal, a tiro de piedra de la catedral. De hecho, en sus mesas se encuentra desayunando a varias de las señoras que asistieron a la misa junto a él. Lo deben de hacer todos los días, lo de asistir a la misa y lo de desayunar en la pastelería Mauro Torres. El viajero, que desayunó hace poco (él no tenía que comulgar), se conforma con un café para despertarse definitivamente y encarar la visita a Segorbe y a su catedral con brío.

Aunque lo necesitará tampoco Segorbe es una gran ciudad, como su catedral no es un templo enorme. Con nueve mil habitantes apenas, la capital del Alto Palancia, como se denomina la comarca que preside por el río que la atraviesa procedente de los montes de Teruel, la ciudad de María de Luna, sede por influencia de ella del Reino de Aragón durante el reinado de su marido, Martín I, es una población pequeña apiñada sobre un promontorio en cuya cúspide se alzó un gran castillo hoy prácticamente desaparecido. Según la guía del viajero, las sucesivas guerras sufridas por Segorbe, desde las de la Reconquista contra los árabes hasta la fratricida española de 1936, pasando por las carlistas y por la invasión francesa, fueron mermando sus piedras, como las de la muralla de la ciudad, hasta dejarlas casi en un testimonio. El viajero aún no lo ha visto, pero se lo imagina mirando las fotografías de su guía, en la que aparecen también los monumentos más emblemáticos de Segorbe: la catedral, por supuesto, la muralla medieval y el acueducto (apenas un par de ojos), media docena de iglesias, el edificio del Ayuntamiento (antiguo palacio de los duques de Segorbe) y una gran fuente llamada de los Cincuenta Caños porque posiblemente los tenga. En la fotografía no se ven todos.

Animado por el café, el viajero se echa a la calle Colón, que tal es la principal y más comercial de Segorbe y que separa la parte antigua de la nueva. Se ve más gente por ella, pero tampoco es que esté animadísima. En eso no se diferencia del museo de la catedral, hasta el que el viajero llega cruzando un arco de la muralla contra la que se arrimó en un tiempo y subiendo por una calleja que rodea la catedral por el norte. Gemma, la vigilante del museo, es la única persona que hay ahora dentro de él.

El viajero la ha encontrado después de cruzar una puerta (la de Santa María, dice un azulejo antiguo) forrada de chapa y de gran altura que parecía cerrada pero está abierta. Da al claustro de la catedral, en cuya primera panda Gemma tiene montado su tenderete.

Hasta la entrada es pequeña aquí, apenas un billetito del tamaño de una caja de cerillas que el viajero paga de muy buen grado viendo a la chica tan sola y tan aburrida en este lugar. Gemma, que estudió Historia del Arte en Valencia, de donde es, reconoce que a diario vienen pocos visitantes al museo. Y eso que, dice, es el mejor de pintura gótica de toda Valencia.

—Pues vamos a verlo... —le sonríe el viajero cogiendo la hoja informativa que la chica le entrega también para la visita.

El museo está repartido por las capillas del claustro, pequeño y de estilo gótico y con los arcos acristalados para que los pájaros no entren en él. Como la torre, también es trapezoidal (la muralla le obligó a ello) y en su centro hay cipreses y algún naranjo y un limonero lleno de frutos; se ve que nadie los coge. Sobre los arcos de medio punto otros mucho más pequeños (éstos de estilo renacentista) sugieren la existencia de una galería sobre las bóvedas de las crujías, de crucería de terceletes.

La primera capilla del museo es la de las Santas Clara y Eulalia y acoge uno de sus iconos, un relieve de la Virgen con el Niño atribuido al escultor italiano Donato di Niccolò, más conocido como Donatello. De mármol de Carrara y apenas noventa por cincuenta y ocho centímetros, conserva restos de policromía y procede del castillo de Segorbe, cuya capilla privada adornaba mientras existió.

La capilla contigua, del siglo XV, como la anterior, es la de los Santos Antonios y guarda el retablo que antes estuvo en aquélla, el de las Santas Clara y Eulalia, que le dieron nombre.

Del siglo XV también, se compone de tres calles dedicadas a las vidas de las santas, ambas representadas en diferentes escenas, Santa Clara con el hábito de monja y Santa Eulalia martirizada por los sayones romanos. La obra, de una serena belleza, está firmada por Pere Serra, un pintor muy activo en la Corona de Aragón, según la hoja informativa, en los años finales del siglo XIV y principios del XV.

La principal capilla del museo es, no obstante, la siguiente, ya en la crujía oriental del claustro, llamada del Salvador por haber albergado un retablo dedicado a Cristo del que sólo se conserva su cabeza. De gran tamaño y cubierta con bóvedas de crucería, guarda la joya de la corona de este museo, que no es otra que un sepulcro, el de los Vallterra, maravilloso túmulo hecho en piedra caliza y con la policromía intacta sobre el que reposan —en plano inclinado— dentro de un arco apuntado y adornado con cardinas las estatuas yacentes de Juan de Vallterra y Violante de Castellví, padres del obispo Íñigo de Vallterra, que lo encargó para su sepultura. En el frontal y en los laterales, los escudos de armas del matrimonio (flores de lis y barras por él y tres escudos por ella) alternan la decoración con monjes en actitud de orar y de fondo, en la pared del nicho, tras el sepulcro, una estela horizontal recrea la procesión del entierro, que encabeza el obispo Vallterra, bajo un friso más pequeño en el que se ve a unos ángeles recibir las almas de los dos difuntos, todo pintado con una policromía vivísima. Sólo por esta pieza merecería ya ser visitado este museo, pero es que, además, en la misma capilla del Salvador, que, según la hoja informativa, llegó a albergar hasta cinco altares, tales son sus dimensiones, se pueden ver otros tres retablos, uno de estilo gótico, el de la Santa Cena, obra bellísima del catalán Joan Reixach, y dos renacentistas, el de San Lucas, del siglo XV y de autor desconocido, y el impresionante retablo mayor antiguo de la catedral, de Vicente Macip y Juan de Juanes, aunque de él sólo se muestren las pinturas que lo componían y no al completo. Faltan el armazón y la tabla central, que desaparecerían vaya usted a saber en qué momento. Pero las maravillas de la capilla del Salvador no acaban ahí. La portada que da al claustro, formada por un arco apuntado sin tímpano ni decoración escultórica, es de una hermosura excelsa, e igual sucede con la puerta, barroca, procedente, según la hoja informativa, de un monasterio cercano a Segorbe, el de la cartuja de Vall de Cristo, desamortizado en el siglo XIX y abandonado como tantos otros.

Las siguientes capillas son más pequeñas, pero el viajero hace un alto fuera de la del Salvador para contemplar el claustro y asimilar todo lo que ha visto. Tras los arcos observa a Gemma pasear aburrida junto a su tenderete. Sigue sin llegar nadie a visitar el museo esta mañana de martes que estrena el mes de marzo del año 2016.

Quinientos años antes, Martín Torner, pintor mallorquín, trabajaba ya en un retablo, el de la Vida de María, que se expone ahora en el museo catedralicio de Segorbe, en la capilla contigua a la del Salvador, y aun mucho antes, en 1417, se construía la sala capitular de este claustro gótico que el viajero visita en solitario y que acoge en su soledad, junto a una galería de lienzos de los obispos de la diócesis ordenados por antigüedad, otro retablo, el de la Visitación, coetáneo del de la Vida de María y de similar belleza, como también sucede con el de San Jerónimo en la capilla de los Beneficiados, y con los dedicados a la Vida y Milagros de San Martín de Tours, del catalán Joan Reixach, en la de la Santa Cruz, y los de las Almas y Misa de San Gregorio y de San Valero, de Jaume Mateu, en la que lleva el nombre de este santo aragonés. Si añadimos a ellos los restos de otros retablos y las imágenes y esculturas que se intercalan en el silencio de las capillas y en las crujías, incluidas tres claves policromadas de la catedral antigua, se comprenderá que el viajero, conmovido ante tanta belleza, le dé la razón a Gemma cuando consideraba que éste era el mejor museo de pintura gótica de toda Valencia. Y de más allá de Valencia, añadiría él si la vigilante pudiera escucharlo en este momento.

Pero, antes de volver a donde la chica, al viajero le aguarda aún la guinda final del museo, que no es otra que la catedral, a la que se accede desde el propio claustro a través de una puerta abierta en una de sus esquinas. Sin nadie dentro, la enorme nave catedralicia parece todavía mayor y su decoración academicista,

más deslumbrante. La música que suena contribuye a trasladar al visitante al tiempo en el que fue hecha, si no por fuera, sí en su interior. El viajero, mientras la escucha, se siente por lo menos transportado a aquella época en la que los decoradores y los yesistas se afanaban en adornar esta gran iglesia que ahora luce esplendorosa solamente para él.

Por la cabeza del viajero pasó la idea de llevarse un recordatorio, algo que no tuviera mucho valor y que ni siquiera fueran a echar en falta los cuidadores, tal era la soledad de la catedral, pero se impuso su sensatez y ahora se lo cuenta a Gemma, que no se sorprende de su confesión:

—Es facilísimo. Como no puedo estar aquí y allí...

En realidad no haría falta que estuviera en ninguno de los dos lados, en el claustro y en la iglesia, pues, en cuanto el viajero se vaya, se quedará sola por completo vigilando un tesoro inmenso que nadie vendrá a ver ya esta mañana, por lo que se intuye. Un tesoro que en cualquier otro lugar del mundo atraería colas de visitantes interesados en el arte gótico.

—¿A qué hora cierras?

—A la una y media —dice la vigilante comprobando en su reloj que ya le queda sólo una hora.

Es mediodía. El viajero recorre Segorbe dejándose llevar por la intuición, primero por la parte vieja, prácticamente desierta (hay una calle en ella dedicada al Papa Luna, que al parecer fue canónigo de la seo segorbina), y luego por la nueva, donde están todos los comercios y donde como es lógico hay más gente atareada con sus diligencias. La impresión general es de que se trata de un pueblo por más que tenga el título de ciudad y que sus habitantes viven ajenos a la prosperidad de la costa de Castellón, enriscados en su viejo emplazamiento en las estribaciones de la sierra de Espadán, en el camino de Sagunto hacia Teruel. La vida al menos esta mañana corre tranquila, con los tenderos vendiendo el género sin grandes aglomeraciones y con los funcionarios de los distintos organismos oficiales atendiendo a los vecinos sin estrés. Corre un vientecillo suave que trae aromas de la sierra, lo que hace que el viajero sienta que está en un pueblo y no en una ciudad.

Pero lo es. Hay edificios como el antiguo seminario, en la calle principal, que hablan de la importancia histórica de Segorbe, lo mismo que las iglesias (hasta cuatro se cruza el viajero en su camino) y que los lienzos supervivientes de la muralla medieval, confundidos entre los edificios pero visibles en algunos tramos. Aunque el edificio que mejor habla de la importancia histórica de Segorbe es el Palacio Ducal, hoy sede del Ayuntamiento y —en un lateral— del Casino, cuya fachada pintada de color albero se abre a una plaza con jardín que lo realza todavía más. Pero lo mejor está en su interior. Se trata de los artesonados, anteriores al edificio y de estilo mudéjar, que son las joyas de éste. Al viajero se los dejan ver un funcionario municipal —el del salón de plenos del Ayuntamiento— y el matrimonio que lleva el bar del Casino, tan decadente como sus salones, el que cubre uno de éstos. Según un tertuliano del Casino que toma el aperitivo junto a otros dos, los artesonados proceden del antiguo castillo de la Estrella, como se le conoce popularmente en Segorbe por el nombre del cerro en el que se alzó, desde donde los trasladaron a este palacio sus dueños, los duques de Segorbe y Medinaceli, cuando lo construyeron para su residencia. Era el siglo XVI y el castillo les resultaba ya muy incómodo.

Incómodo no pero sí sin gracia es el comedor del bar que Gemma, la del museo, recomendó al viajero para comer con el aval de que el deán de la catedral («Yo como siempre en mi casa», se disculpó la mujer) almuerza en él todas las semanas. Se llama Equs y está enfrente justo del Ayuntamiento y cerca del otro lugar que la vigilante le recomendó también que visitara en Segorbe: el Centro de Interpretación de la Entrada de Toros y Caballos, un museo dedicado en exclusiva a una tradición local que al parecer es el distintivo de la ciudad.

La comida del Equs tampoco es nada del otro mundo, pero, efectivamente, el viajero la compartirá a distancia con el deán de la catedral, que, como todos los martes, está comiendo en el restaurante. Lo hace con otros dos sacerdotes, uno mayor, como él, y otro de mediana edad, que conversan de sus cosas mientras dan cumplida cuenta de una olla segorbina, la especialidad local, que el viajero también ha pedido por ver lo que es. Se trata de un potaje amarillento heredero quizá de la olla podrida quijotesca que lleva cardo y alubias y embutido y carne de cerdo. Al cura más joven, que está muy gordo, se ve que le gusta mucho, puesto que, sin dejar de hablar, la termina en un santiamén, mientras que a los dos mayores les cuesta más vaciar sus platos. Los tres hablan de problemas de la diócesis, desasistida de sacerdotes como todas las del país en estos momentos.

—Perdonen una pregunta —interfiere el viajero desde su mesa, acabado ya el postre, en su conversación—. ¿Ésa es la sierra de Espadán? —les señala la fotografía en la que ésta aparece nevada detrás de Segorbe, que también lo está.

—Exacto —dice el más joven de los tres curas mirando la fotografía, que queda a su espalda, en la pared junto a la que está su mesa. Sus compañeros miran al viajero sin intervenir.

—¿Y nieva tanto aquí?

—Hay años que sí —responde el cura joven—. Depende —se encoge de hombros girándose hacia sus compañeros para continuar con su conversación.

El Centro de Interpretación de la Entrada de Toros y Caballos está cerrado aún cuando el viajero sale del restaurante Equs. Así que hasta que abra (a las cinco, dice un cartel a la puerta) decide dar otra vuelta por Segorbe que terminará llevándolo hasta la catedral de nuevo y luego hasta el castillo, en lo más alto de la ciudad. Junto a la catedral sólo el obispo Luis Amigó sigue impasible ante ella contemplando en silencio la plazoleta en la que se alza su efigie. Frente a él, la puerta principal del templo, doble y de inspiración clasicista pese a estar en la pared en la que mejor se advierte el origen gótico de éste (por los arcos apuntados que aún se divisan en su estructura y por los contrafuertes que la sujetan), permanece cerrada a cal y canto, como si el templo no fuera a abrir nunca más.

El que ya no abrirá nunca más sus puertas, pues desaparecieron con él hace mucho tiempo, es el castillo de la Estrella, del que apenas quedan algunos muros dispersos entre los pinos que ahora ocupan lo que fue su planta en lo alto del cerro a cuya ladera sur se agarra Segorbe y desde el que se domina toda la sierra de Espadán, en la lejanía, y abajo el valle del río Palancia, que traza un bucle en torno a él. Entre el río y la sierra varios pueblos se reparten los cultivos del Palancia, que desde lo alto del cerro no se diferencian bien. Aunque se ve que muchos son de frutales, seguramente almendros y olivos, dadas las características del terreno.

Del castillo de Segorbe —el que fuera residencia del rey de Aragón Martín I el Humano— dice la guía del viajero que fue alcázar musulmán y antes fortín visigodo y que ocupaba toda la cima del cerro, siendo un baluarte firme en la ruta entre Valencia y Aragón. De hecho, fue el elegido para su residencia dos siglos antes de que lo hiciera el rey Martín el Humano por un rey moro de Valencia, un tal Zayd Abu Zayd, tras su desplazamiento del trono por un opositor, lo que le llevaría a jurar vasallaje al rey Jaime I y a ayudarle en la reconquista de su antiguo reino. Los remontados carlistas también lo usaron como refugio en sus guerras decimonónicas, para lo que lo fortalecieron y reconstruyeron algo, pero ya para entonces el castillo había sucumbido a su incuria y a su utilización como cantera por los vecinos de Segorbe para sus construcciones privadas y públicas. La guerra civil de 1936 acabó de aventar sus piedras, así que lo que queda ahora son unos pocos muros y un baluarte defensivo que en la contienda civil española se utilizó como polvorín.

—Yo lo conocí ya así —responde sin interés a la pregunta del viajero sobre la peripecia última de la fortaleza un hombre que mira el paisaje mientras deja que su perro corra.

La vuelta hacia el centro de Segorbe el viajero la hace por un camino de tierra que como un paseo de ronda bordea la loma por su parte oeste dejando a un lado el trozo más grande y mejor conservado de la muralla medieval y abajo, a la derecha, el valle del río Palancia, cuyo cauce delatan juncales y verdes y en el que se adivina gente trabajando en las fincas y en las casitas de campo. La muralla prosigue durante bastantes metros hasta llegar a la carretera que viene de aquéllas y que entra en la ciudad, después de una larga cuesta, abriéndose paso entre la muralla y los arcos supervivientes de lo que fue un acueducto. Por esta carretera, a tenor de los carteles que rememoran la fiesta, entran los toros en la ciudad de Segorbe entre la multitud que sale a esperarlos hasta este lugar. La torre circular que lo preside y que, según un letrero, lleva el nombre del Botxí (el Verdugo, en catalán) por residir éste en ella mientras lo hubo es la encargada de saludar también a los caballistas, que aguardan allí a los toros rememorando los tiempos en los que todos los segorbinos lo eran.

—La primera referencia escrita sobre la Entrada de Toros y Caballos en Segorbe data de 1386 —le dice al viajero la encargada del museo dedicado a esa fiesta tradicional declarada de Interés Turístico Internacional y de la que los segorbinos se sienten tan orgullosos. Se celebra cada año la segunda semana de setiembre y acuden miles de personas.

El museo, una construcción moderna a espaldas del Ayuntamiento, cuenta en paneles y en proyecciones el desarrollo de la fiesta, que, a lo que se ve, consiste en que los toros que pastan en las riberas del río Palancia son subidos por los vaqueros hasta Segorbe, donde los esperan trece caballistas y una multitud ingente que se abre como una marea humana durante los quinientos metros que torada y caballos corren a toda velocidad por la calle Colón, la principal de la parte antigua, hasta llegar a un corral preparado para recibirlos. Así que tan protagonistas son los caballos y sus jinetes como los toros, que no reciben ningún castigo en su recorrido ni al final de éste, que al día siguiente vuelven a hacer y así durante varios días, como muestran los paneles y los audiovisuales que se proyectan en una pequeña sala, algunos de ellos de época antigua. Hay también en el museo elementos de la fiesta, como los garrotes que los caballistas usan para conducir los toros o los pañuelos que portan al cuello y que forman parte ya de la iconografía de la ciudad de Segorbe.

—Para los segorbinos es la fiesta principal —confirma la cuidadora del museo, junto a la que el viajero vuelve cuando termina de recorrerlo. Como en el museo de la catedral, es el único visitante en este momento.

—¿Y qué hacen luego con los toros? —le pregunta a la cuidadora sin acabar de creer que los dejen volver a su dehesa en paz.

—Nada. Se los lleva el ganadero cuando terminan las fiestas —responde la mujer con una sonrisa, divertida, se ve, por la desconfianza que muestra el viajero.

—Pues qué suerte —dice éste.

En la librería Athenas, a la que entra a husmear un poco de camino nuevamente hacia el castillo, desde el que quiere ver el atardecer, para el que todavía falta, el viajero compra un libro, *Entre Peñagolosa y Espadán. Secretos de un campo de batalla,* de un tal Clemente González García, con la esperanza de encontrar en él lo que su padre le contó hace mucho y a lo que él no prestó atención, y en la pastelería Mauro Torres se toma otro café, ahora con un trozo de bizcocho, pues la olla segorbina ya quedó lejos. A su alrededor, varias señoras mayores hacen lo mismo que él aunque ellas con chocolate en vez de con café.

Llega por fin el atardecer. En dirección al castillo, con las calles cada vez más solitarias y vacías, al viajero Segorbe se le antoja un pueblo antiguo, una de aquellas ciudades de la posguerra española ancladas en sus viejas glorias y sin mucho presente ni futuro. Y ello a pesar de que en la lejanía, en el fondo del valle del Palancia, junto a la carretera de circunvalación que conduce hacia Teruel y hacia Sagunto sin entrar en la ciudad, como la vieja, una sucesión de naves hablan de una actividad económica que contradice la impresión del Segorbe antiguo, adormecido en sus pastelerías y sus comercios tradicionales y en las venerables piedras de sus iglesias y sus casonas que arropa bajo las suyas la catedral, con su torre recortando el horizonte, que ya se empieza a teñir de rosa. En la hora dudosa del atardecer, la vieja ciudad castellonense, el bastión en la frontera entre Valencia y Aragón, la arriscada sede episcopal que tantas gestas viviera antes de sucumbir a su decadencia de hoy flota más que se asienta en su emplazamiento rocoso rodeada de montañas que se borran como ella poco a poco mientras que en las riberas del río Palancia comienzan a iluminarse los pueblos y pedanías de alrededor. Desde el cerro de la Estrella, desde el que el atardecer ya es un sueño de irrealidad como los restos de muro del castillo al que dio su nombre, José, vecino de uno de aquéllos, que hace tiempo espera a que su hijo salga de la academia en la que recibe clases de inglés para regresar al pueblo y que, mientras lo espera, mira el paisaje como cada tarde, se los nombra al viajero señalándolos: Altura, Navajas, Geldo, Castellnovo, que es donde vive... José, que además de campesino es senderista según dice y que conoce por ello todos los montes de alrededor, que ha recorrido mil veces, asegura que están llenos de trincheras y de huellas de la guerra, incluidas bombas sin estallar y huesos de los soldados muertos.

—De vez en cuando aparecen —señala en la lejanía.

—¿Cuál es el pico Espadán?

—Aquél. El más alto de todos. El que se ve más lejos...

El viajero lo mira con melancolía. El viajero, a estas alturas del atardecer, empieza a sentir el peso de la memoria y se arrepiente de no haber escuchado más a su padre cuando debía, cuando todavía podía contarle historias de la guerra, de esa guerra que vivió con sólo diecinueve años y que le trajo desde su pueblo leonés hasta esa sierra castellonense que el viajero ahora contempla, violeta en la lejanía, ensoñadora y fantasmal a un tiempo. Una sierra de la que su padre volvió con mucha fortuna tras estar a punto de dejar la vida en ella como tantos de sus compañeros. Sólo por ello merecía que el viajero viajara hasta este lugar cuyo paisaje comienza a borrar la noche de un mes de marzo que hoy se inaugura pero que ya tiene aromas de primavera. Y campanadas cercanas, las de la catedral de Segorbe, que dan ya las ocho.

Valencia, el cuerno de la abundancia

De Segorbe a Valencia cambia el paisaje, pero también el clima y hasta la vitalidad del mundo. La proximidad del mar junto a la horizontalidad de la tierra, que los naranjos y otros cultivos de huerta llenan de verde y de geometría, hacen que, a pesar de estar cerca una de la otra, las dos ciudades sean muy diferentes, no sólo por su tamaño y su población, sino por su aspecto urbano. Así como Segorbe es una ciudad de interior, enriscada en sus montañas y ensimismada en su lejanía, Valencia está abierta al mundo, un mundo que se adivina infinito desde su puerto y desde sus enormes playas, curvas de arena llenas de sol y de sal.

En poco tiempo todo ha cambiado radicalmente. Mientras camina por la avenida ancha y repleta de coches que le conduce hacia el centro, el viajero va mirando a los viandantes, el tráfico ruidosísimo, los carteles de publicidad, los edificios que le flanquean, algunos ya casi rascacielos, y siente que en apenas una hora ha pasado del siglo XX al actual. Y a la vez de una España a otra, pese a que Segorbe sea tan valenciana como Valencia. Y es que no sólo España es muy variopinta, también Valencia, como las demás regiones.

La más conocida, empero, es esta que el viajero ve: la Valencia urbana y huertana a un tiempo, llena de prosperidad, la ciudad que crece desde hace tiempo sin reparar en sus dimensiones ni en su origen campesino y pescador llevada por dos vientos favorables, los de la industria y el turismo, pero también por su buena fama. Y es que aquí el clima es una bendición, una bula permanente que la naturaleza concede a los elegidos y que permite a los valencianos disfrutar de una primavera si no perpetua, sí prolongada y plena de luz. La prueba está en los árboles que sombrean sus jardines, en sus macizos de flores, en la felicidad que se advierte en las miradas de unos peatones que caminan disfrutando del buen tiempo que ya en marzo les permite pasear en manga corta. Suerte que tienen, piensa el viajero recordando otras ciudades en las que en este tiempo estarán con el abrigo puesto.

Tras la Puerta de Quart, no obstante, la Valencia menestral se estrecha y la escasez de sol a esta hora (son las diez de la mañana) hace que la comparación no sea cierta del todo y que el viajero la reconsidere un poco. No hay que lanzar las campanas al vuelo, piensa adentrándose en el casco viejo valenciano después de admirar y fotografiar con su teléfono móvil la única puerta de la muralla antigua de Valencia que aún se conserva y por la que, según la leyenda, entró el Cid Campeador en la ciudad como antes y después lo harían otros muchos viajeros y conquistadores. Convertida hoy en un monumento al borde de una avenida, ya no se abre ni se cierra, pero sigue concitando el interés de los que llegan, como esta mañana el viajero, a conquistar Valencia también, si bien sea sólo de modo turístico y comercial.

El comercio es precisamente lo que mantiene en pie el casco viejo valenciano, un rosario de callejas y plazuelas que recuerdan lejanamente a las del Barrio Gótico de Barcelona, si bien aquí el gótico sólo se conserva ya en unos pocos edificios. El del palacio de la Generalitat es uno y el de la antigua Lonja de la Seda, otro. Entre ellos, casas antiguas y más modernas acogen a un vecindario valencianísimo pero que vive de los turistas que desde primera hora de la mañana se mezclan con él y que llenan los comercios y terrazas de los bares. En las de la plaza de la catedral, que son unas cuantas, el lleno es casi total, pues en ella da el sol de pleno y sus vistas son las mejores.

—Un zumo de naranja y un café —pide sentándose en una de ellas un viajero contagiado por la vitalidad que advierte a su alrededor y por la amabilidad de la camarera. Es una africana guapa, de Guinea, le contará más tarde la chica.

Desde su sitio, el viajero contempla el paisaje a su alrededor. Frente a él, la catedral y otra gran iglesia (la catedral semioculta desde su perspectiva por un edificio) cierran el irregular espacio que recibe a los visitantes que llegan procedentes de la Puerta de Quart por la calle de los Caballeros (por el camino habrán visto el palacio de la Generalitat, sede de la presidencia del gobierno de Valencia y uno de los edificios góticos más populares de la ciudad) y que se reparten por él en grupos, especialmente los escolares, que son bastantes esta mañana. Alrededor, curiosos y vendedores observan cuanto sucede, unos sin más interés que pasar el rato y los otros a la espera de compradores. Hay vendedores de todo tipo de cosas: de golosinas, de artesanía, de souvenirs, de pañuelos... Compiten con los comercios establecidos, cuyas puertas ya están abiertas desde hace rato también, lo que le da a la plaza un cierto aire de zoco moro, aquel que debió de existir aquí cuando Valencia era la capital de un reino de taifa musulmán. La catedral ocupa, de hecho, según la guía del viajero, el emplazamiento de su mezquita mayor, siendo su célebre Miguelete, como los valencianos llaman a su única torre, un recuerdo del minarete de aquélla, que se alzaría en el mismo sitio.

Pero de eso hace ya muchos siglos. Desde que Jaime I de Aragón la conquistó en 1238, Valencia ha sido cristiana y como tal ha crecido llenándose de conventos y de parroquias, de las que son las primeras las dos que el viajero observa desde su sitio. Una, la catedral, es la que a él le ha traído hasta aquí, pero la otra es la más popular entre los vecinos de Valencia, que ponen por tradición a sus hijas el nombre de la Virgen que está entronizada en ella y que nombra también a la plaza a la que abre sus puertas: la Virgen de los Desamparados. Ella es la verdadera reina de Valencia y no ninguna de las imágenes que el viajero verá en la catedral.

La entrada a ésta se hace por la puerta de poniente, que se abre a otra plaza contigua, la de la Reina, lo que obliga al viajero a darle la vuelta entera. Por el camino pasa junto al Miguelete y, antes, frente a la puerta ante la que se celebra todos los jueves al mediodía (hoy es miércoles, ¡qué pena!) la reunión del Tribunal de las Aguas, ese jurado antiquísimo que de modo consuetudinario y directo dirime los conflictos sobre el uso del agua de las acequias entre los labradores de la huerta de Valencia (el viajero luego podrá enterarse de su funcionamiento e historia en el portal que hay enfrente, en el que se exponen fotografías del Tribunal y en el que se guarda cuando termina su actuación la verja tras la que hace justicia). Se trata de la portada de los Apóstoles, que corresponde al brazo izquierdo de la nave del crucero y cuya factura gótica y originalidad (abocinada sobre un muro resaltado en la fachada que encuadra las arquivoltas y las estatuas de piedra de los apóstoles que le dan el nombre a la puerta, destacan sobre ella un rosetón con la estrella de David, nada común en una iglesia católica, y un tímpano con la imagen de la Virgen, advocación de la catedral) explican a duras penas que esté cerrada. La de poniente, que es más moderna (su barroquismo así lo delata), está, sin embargo, abierta de par en par aunque en su interior un mostrador detiene a las personas que entran en la catedral por ella.

—Ya me parecía a mí —exclama el viajero, provocativo, dispuesto a apoquinar el precio de la entrada.

—Son cinco euros —le dice una de las chicas que venden los tiques y entrega las audioguías a los visitantes que las solicitan.

—Pero podré salir y volver a entrar... —le dice el viajero anunciándole su intención de no dar por vista la catedral en unos minutos.

—Sí, pero tiene que dejar la audioguía aquí si sale.

Ni en unos minutos, ni en una hora, ni en una mañana entera. La catedral de Valencia, a la que el viajero se asoma al fin después de coger el tique, es tan grandiosa y está tan llena de obras artísticas que necesitará todo el día para verla y aun así no la verá del todo. Se lo dice a sí mismo mientras la mira fascinado por su luminosidad. Desde los pies del templo, donde sus tres naves se unen, la catedral parece un joyero enorme de tanta luz.

La culpa es de las vidrieras, pero también de los mármoles, que cubren todos sus suelos reflejando la claridad que aquéllas les arrojan, sobre todo al fondo, en el presbiterio, que corona el enorme cimborrio que el viajero admiró desde su terraza mientras tomaba café antes de entrar en la catedral. Destacado sobre el edificio, casi a la altura del Miguelete (cuarenta metros del cimborrio contra los cincuenta de éste), con el que comparte estilo (el gótico valenciano característico de la región), su concepción constructiva le permite acoger dos filas de arcos por cuyos alabastros translúcidos la luz penetra en la catedral como si el cimborrio entero fuera transparente. Y las naves lo agradecen, especialmente la central, que al ser de mayor altura no puede beneficiarse tanto como las laterales de las vidrieras de éstas, cuya luz es también alabastrina.

Con ayuda de la audioguía, el viajero da comienzo a su visita escuchando la introducción que ésta hace de la catedral. En resumen y para no aburrir al lector: que se alza sobre el solar de un templo romano dedicado a Júpiter o Diana, esto no se sabe bien, que con posterioridad dio paso a la primera catedral visigoda y más tarde a la mezquita mayor de Valencia, llamada de Balansiya; que se empezó a construir en el siglo XIII, una vez expulsados los musulmanes de Valencia; que sus estilos predominantes son el gótico y el barroco, si bien también hay románico (la tercera de sus puertas, conocida como de la Almoina, lo es entera al parecer), renacentista y neoclásico; que su planta es de cruz latina, con tres naves más la del crucero, y que contiene un ingente tesoro artístico en el que, aparte de las pinturas quatrocentistas encargadas por el futuro papa Alejandro VI cuando aún era el cardenal Rodrigo de Borja a los mejores artistas italianos de la época, destaca el cáliz que le regaló a la seo el rey de Aragón Alfonso V el Magnánimo en 1437 y que algunos quieren que sea el verdadero Santo Grial, el cáliz en el que Jesucristo bebió en su última cena, aunque el autor del texto de la audioguía, siguiendo seguramente instrucciones del arzobispado de Valencia o del cabildo de la catedral, no se atreva a suscribirlo. Se limita a afirmar que es del siglo I. Finalmente, la audioguía recomienda realizar la visita al templo en silencio, pues se trata, dice, de un lugar sagrado.

Faltaría más, piensa el viajero empezando a andar. Si hay alguien al que le molesten las conversaciones en alta voz y no digamos ya los gritos que en ocasiones se escuchan en las iglesias es a él, habituado a soportarlos en catedrales como la de Valencia, que reciben mucho turismo. Esta mañana, sin ir más lejos, la seo valenciana parece un romería de la cantidad de gente que la está visitando a la vez.

Por la nave de la Epístola, por fortuna, la concurrencia es menor que en la principal, en cuyos bancos están sentados muchos turistas contemplando la catedral desde sus asientos, lo que permite al viajero hacer la visita sin mucho agobio, incluso detenerse donde le parece. Ante la capilla de San Pedro, por ejemplo, de decoración barroca, que sirve de baptisterio y hace de paso a la del Santo Cáliz, que la audioguía deja para el final. O ante la neoclásica de San Francisco de Borja, cuyo altar preside un hermoso lienzo de Mariano Salvador Maella, *La conversión de San Francisco,* del año 1788, al que acompañan en las paredes laterales otros dos de Francisco de Goya, uno representando a San Francisco de Borja despidiéndose de sus familiares en el Palacio Ducal de Gandía para entrar en la Compañía de Jesús y el otro al mismo ya sacerdote asistiendo a un moribundo, del mismo año que el de Maella. Las otras dos capillas de la nave, la de San José y la de Santo Tomás de Villanueva, arzobispo que fue de Valencia, tienen ya menos interés, si bien ésta alberga las sepulturas de tres arzobispos y la lauda sepulcral del titular de la capilla, así como sus reliquias.

En el brazo derecho del crucero, el de la puerta de la Almoina, que está cerrada también, como la de los Apóstoles (se trata de que nadie entre en la catedral sin pagar), la estela que recuerda al gran poeta Ausiàs March, el considerado padre de las letras valencianas cuyos medievales huesos reposan en algún lugar inconcreto del templo, es más moderna (de 1950), pero también emociona al que la descubre; sobre todo por los versos del poeta que el Ayuntamiento de Valencia, que fue quien la mandó fundir, eligió para grabar sobre ella: *Jo sóc aquest qui en la mort delit prenc, puix que no tolc la causa per què em ve* («Yo soy este que en la muerte encuentra placer, porque no rehúyo la causa por la que me viene»). A su lado, dos grandes lienzos del XVIII representan los martirios de San Erasmo y de San Vicente, patrono de la ciudad de Valencia.

Pero lo mejor está enfrente de ellos. En el altar mayor, que ocupa el eje de las dos naves, la del crucero y la principal, y cuya luminosidad deslumbra tanto como su riqueza. Como, además, está abierto a aquéllas, sin verjas que lo clausuren ni nada que impida el paso hasta el altar mismo, atrae como un imán, tanto que la gente en él es ahora multitud. Un grupo de ella son italianos que atienden a las explicaciones que les da una guía en su idioma.

Lo primero en lo que el viajero se fija es en el alto cimborrio, cuya luz ilumina todo el presbiterio, convertido así en el centro de la catedral. Que lo es, pero desde arriba aún más, pues a la mesa del altar, de piedra de una sola pieza, y a la sillería del coro, trasladada aquí según la audioguía al finalizar la guerra civil, en la que sufrió grandes pérdidas, y dispuesta en modo semicircular en torno a la cátedra arzobispal al pie del retablo mayor, se une la fastuosidad de éste, decorado con bellas pinturas renacentistas, y el cascarón del ábside que lo acoge, de estilo gótico y ornamentación barroca pero cuyas pinturas originales, que representan a ángeles músicos, descubiertas y rescatadas recientemente de debajo de la decoración barroca, son del más puro estilo renacentista. Según la guía italiana (que, como es lógico, hace hincapié en lo que atañe a su país, que es mucho: el mármol de los relieves del ábside vino de Génova, las pinturas del retablo —que en realidad es un armario que guarda un relicario dentro— son obra de dos discípulos de Leonardo da Vinci, Fernando Yáñez de la Almedina y Hernando de los Llanos, que trabajaron con él en Florencia, y la lámpara del techo es de cristal de Murano, traída desde Italia hasta Valencia por el arzobispo Rocabertí en el siglo XVII), los frescos de la bóveda del ábside fueron pintados en el XIV por sus compatriotas Paolo de San Leocadio y Francesco Pagano por encargo del futuro papa Alejandro VI, el cardenal Rodrigo de Borja, y se conservan tan bien como pueden verse porque durante trescientos años permanecieron ocultos detrás de una falsa bóveda.

El retablo mayor nunca fue ocultado, pero sus pinturas están también como el primer día. Y son tan hermosas como las del ábside. Representan escenas de la vida de la Virgen y Jesús (la adoración de los pastores, la de los Magos, la Pascua de Pentecostés, la ascensión al cielo...) y son doce en total, si bien sólo la mitad pueden contemplarse a un tiempo, pues la otra mitad está por dentro de las dos puertas que cierran el armario relicario que es el retablo en realidad. De estilo renacentista y vivos colores, recuerdan efectivamente a obras de Leonardo da Vinci tanto por las escenas como por su composición.

—*Andiamo* —dice la guía italiana a los que la escuchan, encaminándolos hacia la girola.

El viajero lo hace también, pero dejando que se alejen un poco de él. Para ello se demora en la contemplación del ábside y del retablo y del rosetón de enfrente (el del brazo izquierdo del crucero, que incluye una gran estrella judía), que es un auténtico caleidoscopio. Su luz de colores contrasta con la del cimborrio, alabastrina y casi translúcida.

En la girola, las capillas se suceden como en una corona de cualquiera de las Vírgenes que guardan. Aunque de arquitectura gótica, la mayoría están decoradas siguiendo el gusto neoclásico, que al parecer era el dominante en toda la catedral hasta su reforma de fines del siglo XX. Destacan entre ellas la del Cristo de la Buena Muerte, con un Crucificado de madera procedente de un monasterio desaparecido, el del Socós, de Valencia, que está entre los mejores que el viajero haya visto, y un óleo del Buen Ladrón, obra de Miguel Esteve, del XVI, al que estuvo dedicada la capilla en otro tiempo; la de San Jaime Apóstol (Santiago el Mayor), que debe su fama a su retablo repujado en plata y a que en ella el tercer obispo de Valencia, fray Andrés de Albalat, cuyo sepulcro está en la capilla del Cristo de la Buena Muerte, colocó el 10 de junio de 1262 la primera piedra de la catedral; la de San Dionisio y Santa Margarita, que aparte de haber recobrado su estilo gótico original gracias a una reciente restauración cobija un maravilloso retablo renacentista de Vicente Macip, del que el viajero vio algunas tablas (las que sobrevivieron del gran retablo mayor de la catedral de Segorbe) ayer en esa ciudad, y sobre todo la de la Resurrección, en el trasaltar, que es la más rica de todas. Realizada en alabastro por entero y cerrada por un pórtico de tres arcos, renacentistas, con sendas rejas, guarda como principal tesoro un bellísimo altorrelieve de la resurrección de Cristo, de ahí el nombre de la capilla, atribuido a Gregorio de Bigarny. Aunque lo que más llama la atención de los turistas es la reliquia del brazo momificado de San Vicente, el patrón de la diócesis de Valencia, que se expone en una urna a la contemplación de todos.

—¡Qué asco! —dice una señora que acaba de darse cuenta de que es un brazo de verdad.

Y eso que no conoce las vueltas que el brazo ha dado antes de llegar aquí. Según la guía del viajero, que se extiende en abundancia en ese punto, la reliquia vicentina fue llevada por el obispo mozárabe de Valencia Teudovildo en el año 1104 en su peregrinación a Jerusalén, pero, al fallecer en Bari, quedó en Italia, por donde rodó durante varios siglos. En 1962, el veneciano Pietro Zampieri, que la había comprado no se sabe a quién y que la tenía depositada en una iglesia de Padua, decidió devolverla a Valencia, a cuya catedral llegó el 16 de octubre de 1970 después de que el arzobispado realizara una serie de comprobaciones para asegurarse de que el brazo era el de San Vicente y no de un mortal cualquiera. El donante, generoso, regaló también a la catedral la artística urna en la que la reliquia se muestra al público, obra de un paisano suyo.

—¿Usted cree que es de verdad? —le pregunta el viajero a la señora que acaba de conmoverse al ver la reliquia.

—Pues será, yo qué sé —exclama la mujer.

Enfrente, ante una Virgen sedente, junto a la capilla del eje de la girola pero por fuera, otras tres mujeres rezan, a coro, muy sonrientes y, por lo que se las ve, felices; nada que ver con la de la reliquia de San Vicente, que continúa mirándola con gesto de repugnancia pero no se va. Se trata de una madre y de dos hijas, una de ellas embarazada de varios meses.

—Pedimos a la Virgen un buen parto —dice la madre con acento vasco. Y entre las tres le explican al viajero que es tradición que las valencianas, y ellas lo son ya por residencia, vengan aquí a pedírselo a esta Virgen sedente que está rodeada de ramos de flores (se ve que es muy visitada), para lo que han de dar nueve vueltas a la catedral, una por cada mes que dura la gestación, y rezarle otras tantas veces, al llegar junto a ella, la oración que traen en una estampita—. No falla —insiste la madre—. Yo lo hice con mis hijas y ellas lo han hecho también. Goizalde —dice, por la embarazada— es ya la segunda vez.

Mónica también lo ha hecho. Acaba de aparecer acompañada por su marido llevando a un bebé en los brazos para dejarle a la Virgen un ramo de flores en agradecimiento por haberle dado un buen parto, según proclama:

—Ni me enteré. Tres empujones y fuera... Ni siquiera me tuvieron que dar puntos.

El viajero está entusiasmado. Después de un rato sin hablar con nadie, sólo con las de la entrada al templo, entre el brazo incorrupto de San Vicente y la Virgen del Coro (como se conoce a la de las embarazadas, quizá por haber estado en el de la catedral en tiempos; policromada y de tamaño natural, la talla es, según su cartela, obra del valenciano Juan Castellnou, artista del siglo XV) le han permitido olvidar la audioguía y conocer el pulso de la catedral auténtica. No la que viene en las guías, sino la que se desarrolla en el día a día entre los turistas.

—¿Y cuántas vueltas dicen que dan? —les pregunta a las valencianas-vascas, que reaparecen por la girola después de dar una más.

—Nueve.

—¿Y cuántas lleváis? —el viajero cambia del usted al tú.

—Tres —dice la embarazada, que anda ya con torpeza por su estado.

—Pues ánimo —les dice el viajero—. Y que tengas un buen parto —le desea a ésta, despidiéndose.

Del resto de las capillas, tanto de la girola como de la nave del Evangelio, que son otra media docena, todas de estilo clasicista, anota ya pocas cosas en su libreta, no se sabe si porque está saturado de tanto arte o porque verdaderamente no lo merecen tanto como las anteriores. En concreto, de la capilla de San Vicente Ferrer, patrón de la Comunidad Valenciana, los tres magníficos óleos de Vicente Inglés, del siglo XIX, uno, el del altar central, representando la aparición de la Virgen con el Niño Jesús al santo, al que entregan una azucena, símbolo de la pureza, y una corona de laurel —el del triunfo—, y los otros dos, uno en cada lateral de la capilla, dos conocidos milagros de aquél: la conversión de unos judíos en Salamanca y la resurrección de una muerta también en esta ciudad; y de la capilla de San Luis Obispo, que

es la contigua, la urna con las reliquias del titular, que trajo desde Marsella el rey de Aragón Alfonso V el Magnánimo junto con las cadenas que protegían su puerto tras el saqueo de la ciudad francesa a Valencia (las cadenas están colgadas, según parece, en la capilla del Santo Cáliz, que al viajero le falta por ver) y un bello cuadro de San Antonio Abad que, junto a otro del mismo pintor, el valenciano Vicente López, sustituyó a los tres de José Vergara dedicados a la vida y milagros de San Luis que desaparecieron en el transcurso de la guerra civil española. A lo que se ve, esta guerra fue particularmente desastrosa para la catedral de Valencia, que sufrió numerosos expolios y robos, amén de servir de almacén militar, con los consiguientes daños para su arquitectura.

Entre unas cosas y otras, la mañana ha ido transcurriendo y en poco tiempo será ya la hora de comer. Así que el viajero, que pretendía salir de la catedral para descansar un rato, duda si hacerlo o subir al Miguelete, ante cuya puerta está (aún le queda por ver también la capilla del Santo Cáliz, que es la más rica de todas según la cartelería). Por fin, decide hacer las dos cosas: salir un rato a la calle pero volver a entrar pronto para que le dé tiempo a subir al Miguelete antes de comer. Con lo que, en lugar de tomar un aperitivo, como pensaba, en una de las terrazas de la plaza de la Reina, mucho mayor que la de la Virgen y ajardinada en algunas zonas, se limita a contemplar la barroquísima puerta del mediodía, a la que apenas prestó atención cuando llegó por estar deseando ver la catedral por dentro. Es una puerta retablo de tres alturas diseñada por un escultor austríaco, Konrad Rudolf, en 1713 y a la que los valencianos conocen como de los Hierros por la verja que la aísla de la plaza cuando la catedral está cerrada al público. Dedicada a la Virgen, su advocación, muestra entre otras estatuas las de los dos papas valencianos que ha habido hasta el día de hoy, Calixto III y Alejandro VI, los dos de la misma familia, los Borja.

—¿Y eso fue casualidad? —le pregunta el viajero al vigilante del Miguelete cuando regresa.

—Como todo, imagino —dice el hombre.

Está detrás de otro mostrador, en la entrada al campanario, al que se accede desde la catedral, pese a lo cual hay que pagar otro tique por verlo. Esperemos que en la capilla del Santo Cáliz no haya que pagar también, dice el viajero para sus adentros.

—¿Cómo dice?

—Que espero que para ver la capilla del Santo Cáliz no haya que pagar también... —se lamenta el viajero.

—No, allí no tiene que pagar —le tranquiliza el guarda del Miguelete, que lleva un abrigo puesto porque dentro del torreón hace frío.

Aunque el viajero en seguida entrará en calor. Los doscientos siete peldaños que, según le ha advertido aquél, ha de subir dando vueltas a la escalera de caracol que trepa a lo alto del campanario pronto le harán espantar el frío y olvidarse de sus lamentaciones. La estrechez de la escalera le obliga a concentrarse en la subida, lo que no le impide disfrutar, mientras va ascendiendo, de las vistas que de Valencia le ofrecen las aspilleras que dan luz a la escalera cada poco; en muchas de ellas están posadas palomas que ni siquiera se espantan de su presencia (se ve que han visto a muchos turistas). Por fin, tras varios minutos y tras cruzar la estancia, primero, en la que se refugiaban los perseguidos por la justicia que se acogían a la protección de la Iglesia y la que sobre ella sirvió de vivienda a los campaneros mientras los hubo, después, llega a la sala de las campanas, que tiene ya huecos de gran tamaño para facilitarle al tañido de éstas extenderse por toda la ciudad. De estilo gótico valenciano, como la torre, que por fuera lleva adornos remarcando cada uno de sus cuerpos, el campanario acoge catorce campanas de muy diferentes tamaños y pesos. La mayor, de nombre Miguel por haberse inaugurado el día de San Miguel del año 1539, es la que toca las horas y la que bautizó a la torre que hoy es símbolo de toda la ciudad. La más pequeña, conocida como el Cimborriet, pesa apenas dieciséis kilos.

Unos cuantos escalones más y el viajero alcanzará la azotea de la torre, cuya luz ya ve sobre su cabeza, pero, mientras los asciende, comienza a escuchar unas explosiones y un ruido como de avión que en un principio le sorprenden (tanto el avión como las explosiones suenan muy cerca) y que luego le hacen temer lo peor. Y más en estos días en los que los bombardeos sobre Siria e Irak y los atentados yihadistas en Europa llenan de miedo su imaginario. Por si faltara algo, el Miguel da las campanadas de las dos, que hacen retumbar la torre justo en el instante mismo en el que el viajero alcanza su azotea, en la que encuentra a varios turistas. Todos están mirando en la dirección en la que espesas nubes de humo se elevan sobre los edificios señalando el lugar en el que se están produciendo las explosiones. Pues éstas siguen, cada vez más fuertes, mientras el helicóptero (no era un avión, aunque se ve uno pasar a lo lejos) sobrevuela la zona metiendo un enorme ruido. Al fin, el viajero comprende qué es lo que está ocurriendo. No es ningún bombardeo como temió. Ni tampoco unas explosiones a causa de un atentado, yihadista o no. La tranquilidad con la que contemplan lo que sucede los turistas que hay asomados a la torre, cuyos cincuenta metros permiten ver toda la ciudad y aún más allá, hasta el mar y la huerta de Valencia, le hace intuir lo que significa: que se trata de las famosas *mascletàs* o explosiones de pólvora festivas que anuncian las Fallas de San José, las famosas fiestas locales, para las que ya faltan pocos días (las *mascletàs* empiezan el 1 de marzo y se producen todos los días a las dos en la plaza del Ayuntamiento hasta que llega el día de San José, le explicará después el guarda del Miguelete cuando regrese al pie de la torre).

El humo se va extendiendo sobre los edificios junto a los que la *mascletà* se oye y pronto lo hace a toda la ciudad, cuya silueta queda difuminada durante un rato dificultando su contemplación, así como la identificación de sus monumentos. Pero hay que volver abajo. A las dos y media, ha avisado el guarda, cierran la entrada del Miguelete y el viajero no quiere ser el último en bajar, no vaya a olvidarse de él. No quisiera tener que esperar a que el guarda vuelva encerrado en la torre y sin comer.

—Le recomiendo un buen restaurante —le dice el guarda antes de que se despida.

El restaurante está cerca, en el Carrer del Mar, y lo encuentra pronto. Su nombre alude a la gran *riuà* (riada) que la ciudad de Valencia sufrió en el año 1957, que provocó más de ochenta muertos y llevó a las autoridades a la idea de desviar el cauce del río Turia, como se hizo, y es un restaurante valenciano típico, especializado en paellas y en otros productos de la región. De su calidad da fe un viajero feliz, que entretiene la espera de su paella con un *esgarrat* de pimiento rojo con bacalao y aceitunas negras, y de su animación también. Aparte de que está lleno, La Riuà es centro de reunión de valencianos castizos, como ese matrimonio que a pocos metros del viajero asegura a los de otra mesa venir a comer todos los días después de asistir a la *mascletà*. De edad ya más que avanzada, el matrimonio compite, llegado el momento, con otra cliente que ha venido acompañada por una sobrina en quién tiene más años con coquetería de viejos:

—Yo tengo noventa y uno.

—Pues está usted estupenda.

La sobremesa el viajero la emplea en pasear por el entorno de la catedral, semivacío de gente a esta hora, lo que le permite verla con tranquilidad. Así, la puerta románica de la Almoina, enfrente del Palacio Episcopal, una concha de arquivoltas sin demasiada ornamentación pero de una extraordinaria belleza y que debe su nombre, según parece, a la puerta de la antigua mezquita que ocupaba su sitio y que era donde se daba la *almoina* (la limosna) a los mendigos. También la llamada Obra Nova, una galería triple (la más alta sin cerrar) con aire de circo romano que rodea el ábside de la catedral por fuera y que fue construida en el siglo XVI para que los canónigos pudieran asistir desde ella a los espectáculos que se celebraban en la plaza de la Virgen, lo mismo da que fueran ejecuciones o procesiones que fiestas. La que no puede ver, porque está cerrada, es la capilla de San Jorge, adosada también al ábside por su exterior y en la que, según la tradición, el rey Jaime I ordenó decir la primera misa tras la conquista de Valencia, en la que se supone le ayudó San Jorge. Frente a la fachada opuesta, el viajero acaba su recorrido visitando el portal en el que se guardan la verja y los asientos del Tribunal de las Aguas, cada uno con el nombre de la acequia a la que su titular representa: la de Quart, la de Benàger i Faitanar, la de Tormos, la de Mislata, la de Mestalla, la de Favara, la de Rascanya, la de Rovella y la de Chirivella. Alrededor, en fotografías se muestran escenas de su actuación mientras que unos paneles cuentan su historia.

Antes de regresar a la catedral, el viajero da otra vuelta por la zona, que ya empieza a animarse nuevamente. En la plaza de la Virgen, los turistas se mezclan con los devotos que entran y salen de la basílica de los Desamparados, redonda y muy concurrida, e igual sucede en las tiendas y en las cafeterías de los alrededores. La mayoría de ellas son franquicias comerciales, lo que le da un aire impersonal a todo. Tan sólo algunos negocios, como la pasamanería Las Tres Avemarías o la librería París-Valencia, que vende libros de segunda mano y nuevos, mantienen el aroma del antiguo comercio tradicional, que está desapareciendo.

De vuelta a la catedral, que a las cinco y media deja de cobrar la entrada para convertirse en lo que siempre fue: un lugar de culto (ya era hora, piensa el viajero), éste repite el itinerario de la mañana confirmando que lo que vio no lo imaginó. La luz de la tarde, menos intensa, llena además el templo de claroscuros, lo que lo hace más fabuloso si cabe. El rosetón con la estrella de David del crucero, por ejemplo, tiene irisaciones nuevas y lo mismo ocurre con las pinturas renacentistas de la capilla mayor, que parecen más vivas y más azules. En la girola, en cambio, con menos luz, las imágenes se han ido apagando, incluso algunas, dentro de las capillas, han desaparecido del todo. La Virgen del Coro, empero, sigue en su pedestal rodeada de flores recibiendo a embarazadas en un goteo incesante que indica que la superstición religiosa no conoce edad. Los turistas, en cambio, han disminuido en número, se conoce que porque ya están viendo otros monumentos.

En la capilla del Santo Cáliz, separada de la catedral por un pasillo intermedio, a la que el viajero entra por fin (durante todo el día ha ido retrasando su visita por aquello de dejar lo mejor para el final), hay mucha gente, sin embargo, incluso a esta hora. La antigua sala capitular adosada a la nave del Evangelio en su tramo último y comunicada con ella por una antesala tan interesante como la capilla misma (diseñada en estilo gótico valenciano, lo mismo que ésta, por Pere Comte, el autor de la Lonja de la Seda, entre otros edificios, en 1496, acoge varios sepulcros de obispos, uno de ellos el que mandó edificar el conjunto, y una pintura al fresco del italiano Paolo de San Leocadio, la *Adoración de los pastores,* en muy mal estado de conservación pero considerada la primera pintura renacentista de la península) es el lugar más rico del templo y el colofón perfecto para su visita. Tras su portalada gótica —un verdadero paso hacia lo maravilloso, hacia el misterio y la fantasía que encierra el pequeño cáliz de ágata y piedras preciosas que preside la enorme estancia desde una urna de cristal—, sus enormes dimensiones, trece metros de lado por dieciséis de altura, la hacen parecer casi una basílica. Y lo sería de no haber sido unida a la catedral por el pasillo de Pere Comte dada la devoción que le tienen al llamado Santo Cáliz los vecinos de Valencia, que están convencidos de que se trata del Santo Grial, esto es, del cáliz en el que Jesucristo bebió en su última cena y que habría llegado hasta aquí después de múltiples avatares, dirigidos todos ellos, por supuesto, por la divina providencia. De aquí que se le venere en medio de un gran retablo de alabastro, obra de Antoni Dalmau y Damià lo Florentí, escultores del siglo XV, cuyos relieves y estatuas policromadas (de la Virgen con el Niño, de San Luis y de Santa Elena) compiten con él en belleza, que no en misterio y en admiración. En su fanal de cristal, el cáliz, de ágata de color rojo oriental y engastado en una estructura de oro y piedras preciosas, refulge como un corazón, el de esta oscura capilla que parece existir sólo para él. Todo lo demás, de hecho —las nervaduras góticas de la bóveda, que forman una preciosa estrella de ocho puntas, el púlpito de la época desde el que, según la tradición, predicó San Vicente Ferrer o las cadenas que Alfonso V el Magnánimo trajo desde Marsella como botín y regaló a la catedral de Valencia y que cuelgan de los dos muros laterales— ocupa un segundo plano pese a ser reliquias también notables. ¡Cómo competir con el Santo Grial, ese del que hay tantas copias repartidas por el mundo que nadie puede saber cuál es el auténtico!

—¡Claro que se sabe! ¡Es éste! —le responde al viajero el señor al que le pregunta con ganas de provocar más que de resolver su duda.

—Pues en León dicen que es el que tienen ellos...

—¡Sí, hombre, sí, ahora nos van a quitar el cáliz...! —contesta contrariado el hombre.

—El cáliz no, pero lo del Grial... —vuelve a meter el dedo en la llaga el viajero.

—¡Sólo faltaba ya eso!

—Entonces —dice el viajero, tratando de tranquilizar a aquél— usted está convencido de que este que estamos viendo es el auténtico Santo Grial...

—Sin duda ninguna —le responde el hombre, que está esperando para una misa que, al parecer, se va a celebrar en esta capilla.

En la nave principal, un canónigo al que encuentra (el primero en todo el día) y al que el viajero pregunta lo mismo no es tan tajante sobre que el Santo Cáliz sea el mismo en el que bebió Jesucristo por última vez antes de su muerte:

—Puede que lo sea y puede que no... Lo que sí está demostrado es que es del tiempo de Jesús y que la copa es como la describen las Escrituras: de piedra de ágata y en forma de cuenco. Lo importante —añade—, de todos modos, no es si es el de la Última Cena o no. El cáliz es un símbolo, una representación de la Eucaristía y así lo sienten los valencianos... ¿Ha visto —dice, cambiando de tema— el relieve del cuerno de la abundancia?

—Pues no —se sorprende el viajero.

—Pues vaya a verlo, merece la pena. Está en la segunda capilla de la girola por la derecha —le indica el canónigo, que se pierde camino de la sacristía.

Al viajero le cuesta verlo por la oscuridad. Pero lo localiza. En el tímpano del retablo (nada del otro mundo, por otra parte) que representa el milagro de la Virgen del Puig, cuya imagen fue encontrada, al parecer, en una montaña cercana a Valencia por las tropas de Jaime I cuando se preparaban para la toma de la ciudad, lo que les dio más moral de victoria, y que da nombre a la capilla. Se trata de un relieve muy pequeño, quizá de piedra, aunque desde donde el viajero está no se ve muy bien. Su guía, que afirma que sí lo es, añade que fue hallado en el subsuelo de Valencia, de la que sería su símbolo en época romana. De hecho, aparece también en monedas de bronce acuñadas por el mismo tiempo. No es extraño, piensa el viajero observando la cornucopia en relieve y evocando a la vez la abundancia de Valencia, que se advierte por toda la ciudad.

Nueva vuelta a la girola, cada vez más solitaria a pesar de que sigue el goteo de embarazadas que dan las vueltas al templo para postrarse ante la Virgen del Coro, y el viajero, que ya le ha dado unas cuantas también (podría tener un buen parto, se dice para sus adentros), empieza a pensar en dar por terminado el día pese a que aún queda hora y media para que la catedral se cierre. Total, ya la ha visto entera y cada vez está más adormecida...

Justo cuando comenzaba a considerar la idea aparece un grupo de gente que se encamina hacia una capilla lateral. Se trata de una cofradía, según le cuentan, que tiene su patrona en ella: la Inmaculada Concepción. Por eso asisten a la misa que va a celebrarse ahora. Pero la cosa no termina ahí. Cuando concluye la misa en la capilla de la Inmaculada Concepción, a la que el viajero asiste por curiosidad (por el aspecto de los cofrades más que nada: todos llevan una banda azul), empieza otra en la capilla contigua, la de San Vicente Ferrer, que convoca a más feligreses que la anterior y que el viajero también aguanta hasta la mitad porque, al iluminarse para la celebración, puede verla en su plenitud y disfrutar, sobre todo, de los tres óleos de Vicente Inglés que esta mañana tuvo que ver a través de la reja.

A las ocho parece que definitivamente la catedral de Valencia se apaga, pero eso sólo es verdad a medias. En la capilla del Santo Cáliz, a la que el viajero se asoma antes de despedirse de ella, un cura está adoctrinando a una docena de parejas que, sentadas en los bancos, le escuchan con gran atención. Son parejas cuyos hijos van a ser bautizados próximamente y que están recibiendo las instrucciones de rigor para que la ceremonia se desarrolle a la perfección. Pero el cura es tan pesado que parece que más que a un bautismo, los que le escuchan van a protagonizar una obra de teatro, de tanta advertencia como les da.

Cinco minutos antes de que la catedral se cierre, el viajero sale a la calle, que está animadísima y llena de gente. La plaza de la Reina bulle de agitación en la noche, que ya ha caído sobre Valencia. El Miguelete, iluminado, y el olor a azahar que lo impregna todo le dan a la plaza un aire de primavera, la que llegará ya pronto, como las *mascletàs* anuncian desde ayer y las fallas pronto confirmarán en las calles. El viajero, deslumbrado por la vida y por las luces, se abre paso entre la gente y, tras mirar por última vez la torre del Miguelete, faro en la noche como lo fuera de verdad en tiempos, antes de la luz eléctrica, cruza la ciudad en taxi y se va al Cabanyal, el viejo barrio de los pescadores, donde ha quedado a cenar con una amiga con la que luego paseará por la playa de la Malvarrosa sintiendo el olor del mar y del azahar mezclados mientras el cuerno de la abundancia romano sigue sonando sobre los edificios y las avenidas de esta ciudad que cada día que pasa es más rica.

La patria de Miguel Hernández

La distancia más larga entre ciudades que el viajero ha de hacer en esta etapa levantina (y posiblemente en todo su viaje de catedral en catedral por España, excepción hecha de las de las islas) es la que le espera hoy entre Valencia y Orihuela, la histórica cabecera episcopal de Alicante, con la que se la reparte ahora. Por eso madruga mucho, todavía con el olor del Mediterráneo en la memoria.

—Precioso día —le dice a la recepcionista del hotel en el que ha dormido, en la zona nueva de Valencia.

—Sí. Parece que lo va a ser —le responde la muchacha mirando a través de las cristaleras.

Y acierta, lo cual no era muy difícil. Durante todo el día y, antes, durante las tres horas que tardará en llegar a Orihuela cruzando las dos terceras partes de la región (solamente Castellón quedó detrás), el cielo se muestra azul y la temperatura se mantiene invariable. Y eso que en su camino el viajero atraviesa paisajes distintos, de la huerta y los valles interiores de Valencia, llenos de naranjales y de cultivos agrícolas, a las colinas de la serranía, patria de los olivos y los almendros, y de éstas a los de la costa, cerca de la cual está Orihuela. Rodeada de montañas descarnadas y palmeras como Elche, lo que le da un aire un tanto africano, tan diferente del de La Font de la Figuera, el pueblo en el que el viajero hizo su única parada en las tres horas, en un bar de camioneros, y cuyo emplazamiento en la confluencia de tres provincias —Valencia, Albacete y Alicante— lo convertía en una especie de territorio mixto y fronterizo. Hasta la carretera allí se volvía mestiza, con la autovía a medio construir y la vieja carretera de Valencia retorciéndose por las colinas hasta alcanzar la autovía que baja de Albacete hacia la costa.

La llegada a Orihuela después de tres horas tuvo algo, pues, de consecución, de meta conseguida con gran esfuerzo, de jubileo ganado a base de conducir con prisa para que la mañana no se pasara del todo y la catedral no cerrara para comer antes de que el viajero pudiera alcanzar a verla. Y es que, además de llegar a la ciudad del Segura, cuyo cauce riega las huertas y las palmeras que la asemejan a un gran oasis al pie de un cerro tan descarnado como la sierra a la que se adelanta, hay que estacionar el coche y buscar la iglesia en la que el obispo de Orihuela tiene su silla episcopal por más que se siente más a menudo desde hace años en la que en la concatedral de San Nicolás de Bari de Alicante bendijo un antecesor suyo, el que trasladó su residencia a la capital provincial en 1959. Por fortuna, Orihuela es ciudad pequeña y el viajero en seguida da con la catedral siguiendo las instrucciones de los vecinos, cuyo acento es ya más murciano que valenciano, no en vano Orihuela está en la frontera con esta región.

Orihuela —lee en su guía apoyado en un puente sobre el Segura, que baja canalizado y con poco caudal, como corresponde a un río mediterráneo, dividiendo la ciudad en dos: a su izquierda la Orihuela antigua, con su catedral en medio, y a su derecha los barrios modernos, ya en comunicación con la huerta— se fundó en épocas muy remotas, dicen que prehistóricas, y no ha dejado de reflejarse en el río Segura desde entonces, como el viajero mientras lee. Su silueta es, por ello, celtíbera, griega, cartaginesa, romana, visigoda, árabe, aragonesa y castellana, pues tales son las culturas que durante más o menos tiempo la dominaron y conformaron, si bien la influencia de algunas haya sido mayor que la de las otras. En concreto, las tres últimas son las que mayor impronta dejaron en ella, sin duda por haber sido las más recientes; la árabe en los aprovechamientos y en los cultivos de la feraz huerta del Segura, cuyo paisaje modificaron y conformaron tal como es hoy, y la aragonesa y la castellana en la fisonomía urbana de la ciudad.

Desde el puente de Poniente, al parecer uno de los cuatro o cinco que cruzan el Segura en Orihuela, la ciudad vieja se alcanza pronto, pues está pegada a la margen izquierda del río, entre éste y la montaña que domina el caserío y en cuya cima se ve un enorme edificio con trazas de gran convento o cuartel (es el seminario, o la «fábrica de curas», como le dirá al viajero un vecino al que preguntará cruzado ya el puente), y se recorre entera en quince minutos. Otra cosa es la Orihuela nueva, que queda en la otra margen del río y que cuatriplica en tamaño a la original.

—Treinta y dos mil habitantes, eche usted la cuenta... —le dice al viajero el mismo vecino, al que se le ve informado sobre su ciudad.

Debe de ser el único. A todos los demás a los que pregunta algo, tanto jóvenes como mayores, incluida la mujer que guarda la entrada a la catedral, para acceder a la cual hay que pagar dos euros, o no saben o no contestan o lo hacen de modo lacónico, como esta última. Y eso que lo que pregunta el viajero mientras camina en dirección a la catedral por una calle llena de tiendas y de edificios antiguos, primero, o ya en la catedral, cuando llega a ella por fin, son cosas simples y de poca o ninguna complicación: cómo se llama esta iglesia, por qué está cerrada esta otra, a quién pertenece este caserón... Todos le miran como sin entenderle, incluso alguno se desentiende de sus preguntas remitiéndole a otras personas, como es el caso de la camarera de la terraza del bar de enfrente de la catedral:

—No sé —le responde a su pregunta sobre qué hay ahora en el Palacio Episcopal, que ocupa toda la acera contraria—. Me suena que hay un museo, pero no se lo digo fijo.

A la catedral se accede, después de recorrer toda la calle que discurre en paralelo al río Segura, cruzando un atrio pequeño sobre el que se levanta una maciza torre, la única de la iglesia, y que hace de antesala a la puerta principal; la conocida como de las Cadenas por las que la protegen, según el viajero lee en su guía, que ha vuelto a sacar del bolso a la vista de los informantes últimos. De la torre la guía dice que se empezó a construir en el siglo XIII y que, como la catedral, es de estilo gótico, y de la puerta de las Cadenas, que es la más antigua de las tres con las que la iglesia cuenta. Abocinada y compuesta por seis arcos apuntados, el interior lobulado y de cierto aroma morisco, es la mejor carta de presentación de una catedral pequeña pero hermosísima, como el viajero descubrirá en seguida.

Aunque lo tendrá que hacer por su cuenta. Rosa Gil (lo pone en el letrerito que cuelga de su chaqueta), la mujer que vende las entradas y que está ahora sola en la catedral, no sólo no le ayuda a empezar a deshojarla sino que le contesta con contrariedad cuando insiste en preguntarle alguna cosa. Así que el viajero se sienta en el primer banco, pasado el coro, que ocupa el lugar que le corresponde en el tramo final de la nave principal, al revés que en la catedral de Valencia, y lee en su guía: construida sobre la antigua mezquita aljama inicialmente como iglesia por orden de Alfonso X el Sabio, el conquistador de la plaza para Castilla, la catedral de Orihuela pasó posteriormente a ser arciprestal, colegial más tarde (en 1413, por una bula de Benedicto XIII, el famoso Papa Luna) y por fin catedral en 1510 por decisión de Julio II, si bien no se consagraría como tal hasta 1597, treinta y tres años después de que Orihuela alcanzara el rango de diócesis. En lo constructivo, el templo tiene tres naves y una girola rectangular (desde su banco, el viajero puede verlas sólo en parte y muy oscuras: hay poca luz en la catedral) y capillas entre los contrafuertes, que, éstas sí, ni siquiera puede intuir en la oscuridad desde donde está. La disposición del coro en su sitio y la escasez de aberturas al exterior convierten la catedral en un claroscuro que, unido a su soledad, la hacen parecer más sobria de lo que verdaderamente es, como el viajero descubrirá también en seguida.

Lo hace dándole una vuelta entera primero, como acostumbra, fijándose en sus perspectivas y en los estilos que complementan al principal (el gótico valenciano, llamado así por su preponderancia en la región y por sus diferencias con el castellano: más dulce, menos adusto, más ajustado a la sensibilidad local), y luego comenzando por la nave de la Epístola, cosa que suele hacer siempre, aunque no sabe por qué. Quizá sea la querencia, o la costumbre, que ha adquirido después de ver tanta catedral como lleva vista. Si sus cálculos son correctos, ésta hace la número cincuenta y seis.

Conociendo ya también —porque lo leyó en su guía— que Orihuela pasó de manos castellanas a aragonesas tras un tratado arbitral entre los dos reinos que dos siglos más tarde se unirían en uno solo, y sabiendo por la misma que la catedral ha experimentado diversas transformaciones —la principal de las cuales fue la apertura de un crucero por el sistema de suprimir dos pilares del altar mayor y de igualar la altura de las tres naves ante la falta de espacio fuera para construir uno de verdad—, el viajero empieza su recorrido convencido de que va a encontrar cosas originales, como corresponde a una catedral fronteriza. Y las encuentra. No sólo en su arquitectura, que mezcla estilos e intervenciones por más que el gótico sea el dominante en ella, sino también en su contenido, que es muy diverso en su inspiración. Así, en las capillas de las dos naves laterales y de la girola, el viajero descubre obras de muy diferentes estilos (desde el rococó absoluto del retablo de la Virgen del Rosario, en la cabecera de la nave de la Epístola, al sobrio renacimiento del sobrecogedor Cristo del Calvario, en la del Evangelio, y desde el barroco del busto de la dolorosa de la capilla de la Comunión, obra del murciano Salzillo, al gótico valenciano del retablo de Santa Catalina, en la capilla del mismo nombre). Y lo mismo en la nave central, donde se mezclan las bóvedas góticas del altar mayor con el barroco tardío del coro, obra en nogal del siglo XVIII, o el romanticista del órgano, que se construyó por las mismas fechas. Por el camino, imágenes y pinturas de todos los estilos y las épocas y el repertorio de rejas góticas y renacentistas que cierran capillas y la vía sacra, que también se conserva en su sitio como el coro, y que, al decir de la guía del viajero, convierten a la catedral de Orihuela en una de las más ricas de Levante en ese apartado.

El mestizaje se advierte también en otros elementos, como la heráldica de los escudos que adornan algunas rejas, incluso claves de la crucería, y en los que se entremezclan los emblemas de Castilla con los palos de Aragón al igual que ocurrió en la historia de Orihuela, o el propio arco polilobulado de la puerta de las Cadenas, que constituye la principal huella mudéjar del templo. Y que el viajero volverá a cruzar muy pronto, pues Rosa Gil, la guardiana, ya ha venido a recordarle que la catedral cierra a la una y media y faltan quince minutos para esa hora.

—¿Y a qué hora abre por la tarde? —le pregunta el viajero, resignado a salir ya sin haber visto apenas la catedral.

—A las cuatro —le responde la guardiana.

—¿Hasta...?

—Hasta las seis y media.

—¿Sólo?

—Para los turistas sí. Luego, a las siete hay una misa —concede la vigilante, que se ve que está deseando cerrar para irse a su casa a comer.

—¡Ah, entonces tengo tiempo suficiente para verla! —dice el viajero mirando la catedral, a la que el rosetón le da una luz especial y muy diluida.

Lo ha dicho intentando conformar a la mujer, pero se ve que hoy no tiene su día bueno o que todos los tiene así, el caso es que ni le contesta, pese a que el viajero intenta mostrarse lo más amable posible con ella.

—¡Hasta la tarde! —se despide saliendo de la catedral, a pesar de que todavía quedan quince minutos para cerrar.

—Hasta luego —le responde la mujer sin expresar ninguna emoción, ni buena ni mala.

En la calle la luz es primaveral. E intensa, a pesar de las estrecheces del casco antiguo de Orihuela. Entre la catedral y el Palacio Episcopal, por ejemplo, no hay más de dos o tres metros —lo justo para que pasen los coches— y lo mismo sucede por la fachada norte del templo, si bien allí el espacio es algo más ancho. Hasta ha permitido hacer una plazoleta con surtidores de agua al nivel del suelo y su estatua de rigor; una escultura que representa a un cura con sotana y gafas a cuyas piernas se abrazan dos niños. Nada que ver con la que está a la sombra de la torre, que es la de un caballero con sombrero y capa semienvuelto en el estandarte que porta. Una señora mayor, la única que hay por la zona en este momento, le revela al viajero que el cura del grupo escultórico era un sacerdote que siempre se preocupó de la educación de los niños pobres de Orihuela y que el caballero del estandarte es una figura tradicional de la Semana Santa local —«que es muy famosa», presume— y a la que se conoce como el Caballero Cubierto.

—Mira tú —dice el viajero, agradeciendo con una sonrisa a la señora su explicación. Sin cobrar ya le ha contado más cosas que la guardiana de la catedral.

De las dos puertas que, al norte y al sur, la comunican con el exterior (cuando las abren, que no parece que sea a menudo; la del norte tiene hasta musgo), será su guía, sin embargo, la que le cuente al viajero que ésta, de estilo renacentista y que semeja un arco de triunfo, y la del mediodía, de estilo gótico, se llaman respectivamente de la Anunciación y de la Virgen de Loreto, a las que están dedicadas, si bien a la del mediodía se la conozca también como de los Músicos por los que decoran las arquivoltas que la componen. La señora, pese a su buena intención, no sabe nada de todo eso.

La fábrica de la catedral la concluye un claustro como de juguete que además está en la cabeza del ábside y abierto a la ciudad como un jardín, lo que lo hace muy singular. De doble piso y estilo renacentista (sólo la cruz del centro parece gótica), no es el original de la catedral, que no lo llegó a tener, y procede, según la guía del viajero, de un monasterio desaparecido, ocupando el espacio del antiguo cementerio de la catedral, que ése sí que existió. La cruz, por su parte, vino de Denia, aunque la actual es copia de la original, según dicen.

Verdad o no, pastiche o trampantojo arquitectónico, impostación o reproducción en piedra, el caso es que se está bien en el jardín del claustro a esta hora, con los oriolanos encaminándose hacia sus casas para comer, por lo que el viajero aprovecha para tomar las notas correspondientes a lo que ha visto hasta ahora sentado en uno de sus banquetes y sintiendo el frescor de la vegetación en torno antes de regresar a su coche, que dejó aparcado en la parte nueva de Orihuela (enfrente del bar de la Peña Barcelonista de la ciudad, cuya fachada pintada con los colores azul y grana del club de fútbol catalán se ve a metros de distancia), y conducirlo al aparcamiento del hotel en el que dormirá esta noche, que resulta que estaba cerca de la catedral. Palacio de Tudemir es su nombre y homenajea a un personaje de la historia de Orihuela, el noble visigodo que rindió la plaza a los árabes con la condición de que respetaran su independencia, cosa que hicieron, pero sólo mientras él vivió. Aunque los verdaderos constructores del palacio que el hotel ocupa en la actualidad fueron los condes de Luna, según reza un cartel en el vestíbulo, señorial y lleno de antigüedades. Algunas proceden de la excavación arqueológica que, al hacer la reforma del hotel, encontraron en su subsuelo, según la recepcionista.

La cocina del Tudemir no debe de estar nada mal a juzgar por los pinchos de la cafetería, pero el viajero prefiere buscar otro lugar en el que comer para pasear un poco por Orihuela, que apenas si pudo ver con las prisas por llegar a la catedral antes de que la cerraran. Ahora, sin embargo, lo que está cerrado ya es todo. Salvo los bares, que no se ven muchos y los que hay apenas si tienen gente, todo el comercio ha cerrado para comer, lo que le da al casco antiguo de Orihuela un aspecto de domingo o de festivo que no es tal. Es laborable, como lo demuestran los estudiantes de un instituto que entretienen el tiempo en la terraza del bar Manolo, que está pegado al pretil del río. La mayoría con ese aire de estar ya de vuelta de todo que después no tendrán, cuando de verdad lo estén.

Desandando sus pasos, el viajero se encamina, superados de nuevo la catedral y su hotel (en el que se arrepiente de no haber comido; el menú de Casa Manolo no fue el mejor de los que recuerda), hacia la casa de Miguel Hernández, que las señales indican en la dirección contraria a la que tomó al principio, después de dejar el coche en el Tudemir. La casa de Miguel Hernández y el convento de Santo Domingo, que, al decir de las guías y los carteles indicadores, es el mayor de todo Levante con sus dieciocho mil metros cuadrados construidos y su fachada de más de ciento veinte lineales, lo que debe de suponer una conmoción visual en una ciudad tan pequeña como es Orihuela.

La casa de Miguel Hernández y el monumental convento están una al lado del otro. Al final de una hilera de casas bajas, ampliación de la ciudad vieja pero sin nada que ver con el resto de ella, que ocupan mayoritariamente gitanos, algunos de los cuales miran pasar al viajero sentados en la calle, a la puerta de sus viviendas. Un gallo corre entre ellos y varios niños hacen lo propio, la mayoría a medio vestir. La casa —que hoy es museo— del poeta que escribió *Perito en lunas,* entre otros libros ya clásicos de la poesía española del siglo XX, es la última de todas y la más arrimada al cerro que flanquea Orihuela por el norte. Tanto que tiene varias alturas para adaptarse al terreno, desde la

parte baja de la vivienda, que da a la calle, al corral y a la cuadra de las ovejas, que trepan escalonados por la ladera. En la vivienda, un hombre y una mujer, miembros de la asociación que rige el museo, charlan en una pequeña sala, desocupados por falta de visitantes a lo que se ve. El viajero es el primero que aparece desde que abrieron hace una hora, según le dicen.

Aunque voluntarios, tampoco se esfuerzan mucho en la recepción. Amablemente, eso sí, le cuentan dos o tres cosas del lugar en el que se encuentran (sobre todo la historia de su recuperación y conversión en museo por parte del Ayuntamiento oriolano, que lo abrió al público el año 1985) y de la historia de la familia del poeta, que vivió allí hasta su desaparición, y se remiten al folletito que le dan, pues tampoco hay demasiado que explicar de una casa que, aparte de característica de una familia de campesinos humildes, no contiene otra cosa que objetos y muebles aproximados a los que debió de tener cuando era habitada y algunas fotos y versos del poeta que nació allí; como éstos: «Volverás a mi huerto y a mi higuera: / por los altos andamios de las flores / pajareará tu alma colmenera / de angelicales ceras y labores...». Las dependencias y la vivienda, es verdad, reproducen a la perfección la atmósfera de la época en la que Miguel Hernández y su familia vivían en ella y hasta el espíritu de libertad del poeta: «Es la casa un palomar / y la cama un jazminero. / Las puertas de par en par / y en el fondo el mundo entero», resuenan aún sus palabras mientras el viajero recorre, después de ver las habitaciones (una de ellas la que Miguel compartía con su hermano Vicente), el corral con el pozo y el huerto y el abandonado establo de las cabras que el poeta cuidó mientras vivió con sus padres, llevándolas a pastar a la montaña que se alza encima de él, antes de trasladarse a Madrid y encontrarse al poco de llegar a la capital con la guerra civil y, finalizada ésta, con la prisión y la muerte por tuberculosis. La verdad es que tuvo mala suerte, piensa el viajero mirando la pobre vida que Miguel Hernández llevó y la temprana muerte que le sucedió mientras a otros todo les sopla de cara.

—¡Buenas tardes! —se despide de los cuidadores de la memoria del poeta, tan maltratada por el franquismo como él lo fuera en vida.

La memoria de los dominicos de Orihuela, aquellos que edificaron la primera Universidad de la Vega Baja del Segura, que en el siglo XVI equivalía a decir de Alicante entero (la hoy capital provincial era una ciudad menor; las importantes eran Orihuela y Denia), tampoco tuvo mucha suerte, habida cuenta del semiolvido en el que se encuentra ahora, abandonado su monumental cenobio por la comunidad de frailes y condenada la antigua universidad paredaña a servir a otras funciones, la mayoría de ellas impropias de su categoría. Por fortuna, el edificio conserva su majestuosa fachada y su torre, aquélla con dos portadas renacentistas y ésta barroca, y en su interior los dos patios, uno renacentista y otro barroco también, correspondientes a sus dos funciones, la conventual y la universitaria. ¡Lo que debió de ser cuando estaba a pleno funcionamiento, allá por los siglos XVII y XVIII, incluso en los primeros años del XIX (la universidad se cerró en 1826)!, piensa el viajero mirándolo con la impresión de estar ante un espejismo y más después de haber visitado la diminuta casa de Miguel Hernández.

Tras ver el convento de Santo Domingo hasta la catedral le parecerá pequeña. Y eso que, cuando regresa a ella, la luz de la tarde entra por el rosetón de atrás iluminándola casi por entero y realzando sus proporciones. Parece mayor que por la mañana. Aunque a su vigilante eso no le ha cambiado la disposición. Recibe a los visitantes con la misma frialdad que hace unas horas.

Pero al viajero le da lo mismo. Hasta las ocho (y aún son las seis) tiene dos horas para ver el templo y piensa hacerlo con calma, le guste o no a Rosa Gil. Por la mañana apenas le pudo dar una vuelta de reconocimiento.

La nueva, más detenida, le reafirma en sus impresiones. La catedral de Orihuela, dentro de su pequeñez, es un compendio de arquitecturas y atesora un valioso patrimonio artístico. La luz del rosetón, que ilumina las capillas laterales que por la mañana apenas si podían verse por la oscuridad, muestra la gran riqueza de alguna, como la de Santa Catalina, presidida por un precioso retablo gótico que representa el martirio de la santa de la rueda, o como la de Santa Bárbara, que cobija un lienzo italiano de la Virgen del Pópulo del XVI de gran finura y delicadeza y la pila bautismal, de mármol blanco, del XVIII, a cuyo pie descansa el obispo Esteve, que fue quien consagró la catedral en 1597. La de la Comunión, en el eje de la girola, casi una iglesia por sus dimensiones, acoge, por su parte, tres altares clasicistas (en uno de los cuales está encastrado uno de los tres lienzos que el madrileño Eduardo Vicente pintó para la catedral de Orihuela; los otros dos están en la capilla de San Pedro, la primera de la nave de la Epístola) y el busto de la dolorosa de Salzillo que al viajero ya le emocionó esta mañana cuando lo vio.

La capilla mayor, cubierta por una cúpula de media naranja ligeramente ovalada, tiene en sus rejas de protección, del siglo XV, obra del oriolano Pedro Moreno, de estilo gótico, su principal atractivo, aunque la cruz de plata del XVI y el sagrario neoclásico del XVIII que la presiden no la desmerecen; al contrario, justifican tan maravillosa verja. No es de extrañar que el obispo Antonio Sánchez de Castellar, que lo fue en el siglo XVII, y, antes, don Miguel Molsas, presbítero de la aún colegiata (murió en el año 1435), quisieran descansar detrás de ella, al pie del altar mayor el primero y en el espacio que le antecede el segundo. En la hornacina en la que se supone yacen sus restos mortales, la imagen del presbítero reza con gran devoción desde entonces.

Aunque para devoción la de los autores del coro catedralicio, cuyas cuarenta y cinco sillas de nogal macizo, más otra para el obispo, adornan imágenes copiadas de la famosa Biblia de Lyon (lástima que apenas se vean, como el facistol del centro, por la oscuridad), y la de los oriolanos anónimos (oriolanas principalmente) que han llenado la reja de la capilla de Santa Bárbara de cintas con papelitos escritos pidiéndole a San Ramón, el patrón de las embarazadas, cuya imagen se venera también en ella, un buen parto, según le explica al viajero Rosa Gil, quien, ante la perspectiva de terminar su jornada laboral ya pronto, parece más comunicativa.

—Como la Virgen de la catedral de Valencia... —intenta el viajero darle carrete, no vaya a ser que se arrepienta y se suma de nuevo en su laconismo.

—No la conozco —responde la mujer cortando el hilo.

El hilo y la conversación. Ni siquiera las preguntas del viajero acerca de los papelitos que, en lugar de un buen parto, le piden a San Ramón otras cosas: aprobar un examen o sanar de una enfermedad («Diabetes», especifica una peticionaria, como si San Ramón necesitara saberlo), por ejemplo, o el motivo del nombre de un Cristo procesional —el Ahogado— que al parecer es muy popular en toda Orihuela la hacen abandonar su apatía. La mujer responde con monosílabos mientras pasea de un lado a otro con cara de aburrimiento:

«Sí... No... No sé...»

Menos mal que no todos son como ella. Al hombre, por ejemplo, que ha comenzado a hablar al final del templo y cuya voz retumba diáfana en el silencio de la catedral en este momento, se lo ve lleno de convicción. Por lo que el viajero oye, se trata de un sacerdote que habla para las personas que, mientras él veía las capillas, empezaron a entrar por el pasadizo que comunica el claustro con la catedral y por la puerta del mediodía, que acaban de abrir también (coincide su apertura con el cierre de la de los turistas, pues ya no tiene sentido tenerla abierta: pueden entrar por las otras) y por la que acceden en un goteo más feligreses que acuden al Jubileo de la Misericordia, que es lo que se celebra ahora según el viajero lee en un cartelito a la entrada de la capilla de la Comunión, donde tiene lugar, y que dirige el cura de la voz tronante. Se trata de un hombre mayor, pero en plena forma por lo que se advierte, cuya calva brilla a la luz de las velas de un modo intensísimo. «Don Antonio Martín, una excelente persona», le susurra al viajero una feligresa que llega detrás de él y a la que se la ve que conoce bien al que parece ser su predicador preferido: «¡Tiene una voz...!».

Cuando termina la predicación, en la misma capilla don Antonio procede a decir la misa, que es el último acto, al parecer, que tendrá lugar por hoy en la catedral. Rosa Gil, después de cerrar la puerta, se ha ido y en el templo quedan ya sólo don Antonio Martín y sus feligreses y un viajero que deambula en solitario por las naves disfrutando de su última visión. La luz del atardecer apenas alcanza ya a iluminarlas y aún menos a las capillas, cuya oscuridad va en aumento a cada minuto. Sólo las de la girola, que se aprovechan de la iluminación de la que están celebrando la misa ahora, se pueden ver sin dificultad. El resto, como la vía sacra y el coro, o como la propia capilla mayor, pese a estar enfrente, se van difuminando poco a poco llenando de claroscuros y de misterio una catedral que se convierte en un espejismo a medida que la penumbra se va adueñando de ella. Menos mal que la voz de don Antonio sigue resonando al fondo; si no, el viajero creería que está olvidado en este lugar.

Antes de que de verdad lo esté y dado que don Antonio Martín no parece que vaya a abreviar la misa (se ve que se gusta hablando; no es extraño: tiene voz de locutor), el viajero sale a la calle, en la que la vida sigue pese a que el sol se está empezando a poner. Terminará de hacerlo mientras el viajero sube, después de dejar atrás la catedral y el casco viejo de Orihuela, cuyos comercios comienzan a cerrar ya, por la carreterita que trepa en zigzag la montaña contra la que se apoya aquél y en la que está el edificio que domina la ciudad y su horizonte y cuya magnificencia llamó la atención del viajero esta mañana cuando lo avistó de lejos. Lo hace entre más personas, gente que sube o que vuelve de dar su paseo diario o corriendo para mantenerse en forma y parejas que buscan en la soledad del monte la discreción que precisan para sus intenciones. Nada que ver con las del viajero, que lo único que busca en este sitio es el paisaje de la ciudad, que desde arriba es una postal, con el sol ensangrentando el horizonte de la vega, en la que ya comienzan a encenderse luces, las de las pedanías y las casitas de campo que la salpican hasta donde se alcanza a ver, y sacando los últimos resplandores de los cristales y de las torres de la ciudad (la de la catedral, a los pies, es la principal de todas), y el aroma a plantas de monte que invade el aire del atardecer en los alrededores del seminario y de los restos de la fortaleza que fue Orihuela en sus orígenes, que se distinguen por encima de éste.

—¿Pero quedan seminaristas?

—Sí. Diez o quince creo que hay —le responde al viajero un chico joven que llega arriba a la vez que él.

—¿No serás tú uno de ellos?

—No —sonríe el chico, divertido.

El chico se da la vuelta y empieza a bajar de nuevo (ahora corriendo; por la ropa que lleva puesta es un deportista) y el viajero se queda solo ante el seminario, que parece un trasatlántico con sus luces ya encendidas, pese a que todavía se puede ver con luz natural. Son las ocho. Lo anuncian las campanadas de la catedral, cuya torre se eleva entre los tejados del casco viejo de Orihuela casi a los mismos pies del viajero. Otras torres (de iglesias y de conventos) se alzan también por toda la ciudad, algunas de ellas ya iluminadas, delatando la antigua condición episcopal de Orihuela, como sus avenidas y edificios nuevos denuncian su crecimiento y modernidad actuales. Un crecimiento que mucho tiene que ver con su situación, en el corazón de la vega baja del Segura, tan próspera desde la antigüedad, y cerca del Mediterráneo, cuyo turismo ha traído más trabajo y más riqueza a los vecinos, y una modernidad urbanística que se advierte en la altura y extensión de sus barrios nuevos. Todos iluminados desde hace rato, como las avenidas que los comunican con la parte antigua a través de los varios puentes que ahora salvan la corriente del Segura.

Por uno de ellos, cuando la noche ya haya caído del todo, el viajero cruzará hacia la Orihuela nueva para mezclarse con sus habitantes, más numerosos que los de la parte antigua, y para celebrar en un par de bares que la gastronomía oriolana no tiene nada que ver con la del mediodía. Luego, medianoche ya, de regreso hacia su hotel, se asomará al pretil del puente de Levante para ver la luna y la catedral reflejarse en el río, cuyo caudal de agua es tan magro que parece una emanación de aquéllas.

La huerta de Murcia

Si de Valencia a Orihuela el viajero hubo de recorrer la distancia más larga de su periplo hasta el día de hoy, de Orihuela a Murcia posiblemente le está esperando la más pequeña: apenas treinta kilómetros, que son los que separan las dos ciudades del río Segura, lo que hace que el viajero no madrugue como ayer. Incluso se permite volver a la catedral a darle una última vuelta antes de partir. Aun así, llega a Murcia a buena hora después de cruzar despacio —para disfrutar de su contemplación— la feraz vega de Orihuela, primero, y la huerta murciana, a continuación, prolongación la una de la otra como sucede con las montañas (peladas, resplandecientes, de colores ocres y oscuros) que las flanquean en la lejanía. Por el camino, riadas de vehículos le demostraron que la comarca está muy poblada y es floreciente.

Murcia, de hecho, es una gran ciudad. Extendida por la huerta a la que da nombre, que a duras penas sobrevive ante la invasión de los barrios nuevos y los polígonos industriales que delatan su crecimiento imparable, recuerda un poco a Valencia, aunque es la mitad que ésta. Como la ciudad del Turia, su horizontalidad es tal que al viajero le cuesta orientarse por ella pese a la ayuda del GPS y no termina de hacerlo hasta que no divisa la torre de la catedral al fondo. Su desmesurada altura la convierte en un faro en el *skyline* de los edificios de la ciudad, la mayoría de ellos de construcción reciente. Sólo en el entorno de la catedral y en la ribera izquierda del río Segura, donde están el Ayuntamiento y algunos otros edificios nobles, Murcia conserva el aroma de tiempos pasados aunque nada o casi nada quede ya de su arquitectura árabe. El viajero, que conoce la ciudad, sabe que aquélla desapareció casi por entero en sus sucesivas remodelaciones, la última de ellas la que arrasó en los años cincuenta del siglo xx los baños árabes que eran la joya de la ciudad para abrir la actual Gran Vía. Siglos antes, el rey Alfonso X el Sabio, el conquistador de Murcia a los almohades siendo aún infante, en el siglo XIII, y todos los que le sucedieron se encargaron de borrar la huella islámica de una ciudad que fue capital de una taifa árabe muy poderosa y cuya influencia cultural llega hasta el día de hoy. La propia demarcación del Reino de Murcia, plantilla de la actual comunidad autónoma, por ejemplo, así lo demuestra.

Con la catedral sucede lo mismo. Pese a su arquitectura inequívocamente cristiana, a caballo entre dos estilos arquitectónicos, el gótico y el barroco, típicamente europeos, su planta y sus proporciones, de características majestuosas, remiten a su pasado como mezquita, la que en su lugar se alzó durante varios siglos. Y, a pesar de su ubicación en el centro de una gran plaza barroca (el Palacio Episcopal, enfrente de su fachada principal, es su mayor exponente junto con ésta), evoca el aire de aquellos tiempos en los que por estas calles caminarían gentes vestidas al estilo árabe en lugar de, como hoy, españoles y turistas de todos los colores y las razas. Algunos de ellos, eso sí, vestidos de forma extraña, pues frente a la catedral se celebra hoy un mercadillo medieval.

—Pruebe, pruebe —le reclaman al viajero los vendedores de los diferentes puestos, mostrándole sus mercancías.

Pero al viajero le interesa más lo que está viendo detrás de los puestos, esto es, el edificio cuya monumental fachada se eleva sobre la plaza y contra el azul del cielo, en el que se clava la altísima torre que se alza detrás de aquélla. La fachada, de tres cuerpos, uno por cada puerta de acceso (la del medio, que es la grande, está cerrada), es un auténtico retablo en piedra cuya iconografía el viajero descifrará después. Ahora le basta con admirarla de cerca entre los peatones que van y vienen junto a ella antes de dar la vuelta a la catedral girando por el soportal de casas que hay adosadas a ella y que va a dar a la plazoleta sobre la que se levantan la fachada norte y la base de la torre-campanario, impresionante y aún más robusta vista desde allí. Junto a la torre, un atrio rodeado por cadenas protege y nombra a la puerta renacentista que da acceso al brazo izquierdo del crucero. La puerta de las Cadenas, como se la conoce, se diferencia así de las tres de los pies del templo, cuya concepción barroca poco tiene que ver con la suya.

Mientras contempla la puerta (también el crucero de piedra que hay en el medio de la plazoleta), el viajero se fija en unas personas que le llaman la atención por lo que hacen. Al otro lado de aquél, donde la plazoleta da paso a una calle con tráfico, un cura de mediana edad y otro joven ayudan a subir a un coche a un compañero mayor que ya no puede hacerlo por sí mismo. El joven, al que el viajero aborda cuando los otros dos se van, el de mediana edad conduciendo el coche, resulta finalmente que no es cura pese a que su atildamiento y su complicidad con aquéllos así lo hacían parecer.

—¡Qué va! Yo de cura tengo lo que usted. Lo que pasa es que al que me vio ayudar a subir al coche lo conozco porque era amigo de mi padre y siempre que puedo le echo una mano, porque el pobre ya está muy torpe. Además, que, como vengo mucho a la catedral, pues el arte es mi pasión, conozco a todos los curas y los ayudo en todo lo que necesitan.

—Entonces conocerás la catedral muy bien... —se interesa el viajero, que intuye que el muchacho le puede introducir en ella.

—Bueno..., la conozco —sonríe el chico con humildad ofreciéndose a contarle algunas cosas al curioso forastero que le ha abordado sin conocerlo.

Así que de la mano de Jesús, que es como se llama el chico, que dice ser licenciado en Arte y profesor de instituto (de momento a la espera de plaza, pues es interino), el viajero se entera antes de entrar a la catedral de Murcia de algunos de sus secretos, que son a cuál más valioso. Comenzando por la capilla de los Vélez, que es lo primero que Jesús le muestra y cuyas dimensiones y ornamentación externa le hacen ser la principal del templo, con su cadena de piedra envolviéndola, obra de un arquitecto del que la leyenda dice que al acabarla lo dejaron ciego para que no pudiera reproducirla en otro lugar, y siguiendo por el ajuar de la Virgen de la Fuensanta, la patrona de Murcia, que no se puede ver porque lo robaron pero del que Jesús le confía al viajero que está empezando a recuperarse después de cuarenta años en paradero desconocido gracias a Internet.

—Esto es una primicia —dice el muchacho con una sonrisa—, porque está pasando estos días.

Las historias de Jesús no sólo abarcan la catedral real sino que también se extienden a la imaginaria; esto es, a esa catedral fantástica que ha alimentado leyendas como la de que se comunica por túneles subterráneos con el monte Agudo, a tres kilómetros de distancia, y que procederían del tiempo de la mezquita mayor, cuando en el monte Agudo había un palacio árabe en lugar del monumento al Sagrado Corazón que ahora lo corona al parecer, o la de que en la capilla mayor se conserva el corazón de Alfonso X el Sabio por voluntad del rey, que tenía debilidad por Murcia. Todas esas historias, más otras muchas que a Jesús no le da tiempo a contar, pues se tiene que ir a sus asuntos, las encontrará el viajero, le dice el chico antes de despedirse, en un libro escrito por un canónigo, don Faustino Fernández —«sordo, huraño y mala sombra, pero que es el que más sabe de la catedral»—, que vive en las casas de los canónigos (las de los soportales) pero que apenas sale de la suya desde que murió su madre, con la que vivía.

—No se habla casi con nadie.

—¡Pues vaya! —dice el viajero a Jesús, al que en agradecimiento a sus explicaciones invita a tomar café en la cafetería de enfrente de la llamada puerta de los Apóstoles, que es la del brazo sur del crucero, por los cuatro que representan sus arquivoltas: San Pedro, San Pablo, San Andrés y Santiago, como el rosetón de encima, de un gótico maravilloso.

—Pues en Astorga —le cuenta el chico al conocer su origen— estuvo de obispo un murciano, don Jesús Mérida, que tenía un ojo de cristal y que parece ser dejaba todas las noches en un vaso con agua antes de dormir. La primera noche en el Palacio Episcopal de Astorga, el mayordomo, que le veía por primera vez quitarse el ojo de cristal, le preguntó si quería otro vaso para el otro ojo... Lo contaba el obispo muerto de risa.

De nuevo ante la fachada principal, el viajero, tras despedirse de Jesús, saca la guía del bolso, que compró al pasar por un quiosco de prensa, y se dispone a dar comienzo por su cuenta a la visita a la catedral de Murcia; un monumento con todas las de la ley tanto por sus proporciones como por su gran riqueza arquitectónica, que anuda estilos tan diferentes como el barroco y el gótico, como el viajero ya ha visto en su primer vistazo a la construcción. El gótico habla de sus orígenes medievales, cuando la catedral se alzó en el lugar que ocupó la mezquita aljama de Murcia poco después del traslado de la rehabilitada diócesis cartaginense (una de las primeras de España, según la historia) desde Cartagena hasta Murcia por la inseguridad de las costas mediterráneas en aquella época o por la ambición de la capital del Reino, no se sabe bien, y el barroco, de la prosperidad y el carácter de Murcia, que pasó de ser la capital mundial de la seda en época de los musulmanes a la de la horticultura gracias a su feraz huerta y a su buen clima, en los posteriores siglos. El mejor ejemplo de esa riqueza es la fachada-retablo que cubre los pies del templo y que constituye su imagen más conocida junto con la torre, cuyo campanario alcanza los noventa y tantos metros. Proyectada en el XVIII y considerada una de las principales obras de la arquitectura barroca española, incluye un gran programa iconográfico dedicado a la Virgen María, que es la advocación del templo, y del que destacan la imagen de ésta en el cuerpo central y las esculturas de los doce apóstoles —en el zócalo inferior—, así como las de cuatro santos hermanos de Cartagena: San Leandro, San Fulgencio, San Isidoro y Santa Florentina, en el intercolumnio del primer cuerpo. Hubo también en lo alto del imafronte, como la guía llama al original frontón, otra estatua de Santiago que recordaba la tradición según la cual el apóstol entró en Hispania por Cartagena, pero cuyo excesivo peso hizo que fuera quitada del sitio.

Ahora el viajero tiene que decidir por cuál de las dos puertas laterales (la central, que es la mayor, está cerrada, ya se ha dicho) entra en el templo, momento que ya demora en exceso. La puerta de la derecha, llamada del Cabildo, se ve coronada por el escudo de Murcia y una escultura de San José y la de la izquierda, conocida como la del Obispo, por otra de San Juan Bautista y por el escudo del cardenal Belluga, promotor de algunas de las obras más importantes de la catedral y que da su nombre a la plaza. Al final, el viajero, como es su costumbre, entra por la de la derecha y lo hace en el instante exacto en el que las campanas de la catedral dan las doce.

Sea por el momento, sea por la luz de fuera, sea por la claridad de la catedral, cuyas naves se abren como transparencias al atravesar la puerta, el viajero experimenta una emoción infinita al contemplar ante sí el fabuloso edificio que desde fuera se adivinaba aunque no del todo. Pese a que el coro está en su lugar, esto es, en el centro de la nave principal, lo que impide su visión completa, la luminosidad de la catedral es tan grande que parece que levitara sobre sí misma. Y ello a pesar de que está llena de personas, algo también sorprendente para lo que el viajero está acostumbrado a ver en estos lugares. Quizá se deba (y esto es también otra sorpresa para él) a que la catedral está abierta al público, lo que hace que la gente la visite y entre en ella con naturalidad.

Dice la guía del viajero que el gótico mediterráneo de la catedral de Murcia, cuyos rasgos más puros se advierten en la girola, posee una doble influencia, castellana y aragonesa, que explicaría la mayor altura de la nave central respecto de las laterales y que el cimborrio esté a los pies del templo en lugar de en el centro de la nave del crucero, respectivamente, y razón debe de tener, pues el aspecto de la catedral no coincide con el de otras catedrales góticas de las muchas que el viajero lleva ya vistas. Aparte de su mayor amplitud, sus bóvedas son más bajas de lo habitual, lo que le da al conjunto un aspecto de gran salón luminoso. Otro detalle que se advierte pronto (el viajero, por lo menos, lo hace antes de leerlo en ningún lado) es que el crucero no es regular, pues tiene el brazo del norte más largo que el del mediodía. Independientemente de todo ello, no obstante, la sensación de armonía que la catedral produce en el visitante es tal que ni siquiera el ir y venir de la gente la condiciona; al contrario, contribuye a su percepción.

En la monumental capilla de los Vélez, a la derecha de la del eje de la girola traspasadas la puerta de los Apóstoles y otras tres capillas menores, la sensación de armonía es todavía más fuerte debido a su gran tamaño y a su circularidad. De un gótico flamígero que conmueve y cubierta por una cúpula en forma de estrella de diez puntas, la capilla del Adelantado Mayor del Reino de Murcia, el representante máximo del rey de Castilla en él y por lo tanto hombre poderosísimo, recuerda mucho a la de los Condestables de la catedral de Burgos y a la de su homólogo don Álvaro de Luna, en la de Toledo, tanto por sus proporciones como por su disposición. De autor desconocido y terminada en 1507 siendo el adelantado de Murcia don Pedro Fajardo, marqués de los Vélez, de ahí su nombre, esta de aquí semeja un caleidoscopio, tal es su altura y profundidad, y al mismo tiempo un pozo invertido, un elegante y airoso pozo de piedra que da vueltas al mirarlo merced a las muchas luces que entran por sus vidrieras y por la que recibe de la catedral. Lo de menos son ya la decoración, profusa y figurativa y en la que abundan los adornos vegetales sobre todo, los sepulcros de la familia fundadora y la fabulosa reja, gótica como la capilla, que recuerda que ésta es independiente del resto del templo. La vista del visitante no se despega de ese magnífico caleidoscopio que enfoca al cielo y de la maravillosa estrella que lo corona engarzando los nervios de las columnas que la sostienen.

Dando la vuelta a la girola y tras pasar varias capillitas más, la catedral se vuelve a abrir a la luz del fondo, aún más intensa ahora por el mediodía. El viajero contempla el templo de nuevo en toda su dimensión, que frente a la capilla mayor agiganta el crucero, cuyas dos enormes puertas, la de las Cadenas y la de los Apóstoles, no paran de abrirse para dejar entrar a más gente. Da gusto ver esta catedral, abierta y viva como una iglesia rural, no como tantas otras convertidas ya en museos religiosos.

—Yo vengo todos los días a rezarles a las almas del purgatorio. Soy muy devota de ellas. Y del ángel de la guarda —le cuenta al viajero Fina, una murciana originaria de Calasparra («el pueblo del arroz») que vive cerca de la catedral. La mujer está arrodillada frente a un cuadrito de las ánimas benditas en la pared exterior de la capilla mayor—. El mejor arroz es el de Calasparra —aprovecha para hacer publicidad de su pueblo antes de seguir rezando.

De la capilla mayor, ante la que mucha gente reza también arrodillada en los bancos que llenan el amplio espacio que hay entre aquélla y el coro (otros descansan sin más sentados en ellos) y cuya intimidad protege una reja gótica con florones en las lanzas tan fabulosa como la de Orihuela, dicen las guías que tuvo dos retablos anteriores, uno del siglo XV, de estilo gótico, y otro renacentista, del XVI, que ardió en el incendio de 1854 que destruyó también por completo la sillería del coro y el órgano. El retablo actual, neogótico, engaña un poco a primera vista, pero en seguida se advierte que es impostado. Lo que no es impostado es el altar, de plata maciza como la urna sepulcral que guarda los restos de los famosos santos hermanos de Cartagena. Aunque la que le da a la capilla mayor su condición de real es la que enfrente de ella, en la pared del lado del Evangelio, cobija las entrañas y el corazón del rey Alfonso X el Sabio, el conquistador de Murcia a los musulmanes que, aunque falleció en Sevilla, quiso que su corazón reposara para siempre aquí.

—El corazón lo entiendo... ¿Pero las entrañas...? —le pregunta el viajero a un sacristán que viene de la sacristía a disponer el altar para alguna celebración.

—Pues ahí están, con el corazón —se encoge éste de hombros—. O eso dicen —añade para demostrar que él no ha visto ni una cosa ni la otra.

Impresionado, el viajero mira la urna, de piedra o mármol (desde donde está no se aprecia bien) y flanqueada por dos figuras con sendas mazas que parecen dispuestas a defenderla del que se acerque. No es fácil, pues la urna está dentro de una hornacina a media altura de la pared y protegida por la gran reja de la capilla, que según dicen mandó hacer el emperador Carlos V a tal fin cuando ordenó trasladar las entrañas de su predecesor hasta este lugar desde el monasterio murciano del Real Alcázar, donde se encontraban. De paso, ordenó también que ninguna otra persona, fuera del rango que fuera, pudiera ser enterrada en esta capilla.

De todos modos, no hay gran problema. Hasta veintitrés capillas dice la guía que hay en la catedral de Murcia, no se sabe si contando la mayor o no, para enterrar a obispos y a cardenales, incluso a nobles como los Vélez o a escritores como Saavedra Fajardo, el autor de *República literaria,* esa sátira vitriólica que imaginaba un Estado compuesto solamente por escritores y artistas.

CALLE
DE LOS
APOSTOLES

Como el viajero verá en su recorrido por ellas, que emprende después de entrever el coro (la oscuridad en él es mayor que en cualquier otra zona de la catedral), cuya actual sillería, plateresca, procede de un monasterio de Madrid, siendo donación real (de la reina Isabel II, en concreto) a la catedral de Murcia, los sepulcros y enterramientos abundan en su interior. No en vano, sobre la lápida que cubre el suyo en la capilla que patrocinó y que, junto con la de los Vélez, está considerada la principal de la catedral, el arcediano de Lorca Gil Rodríguez de Junterón mandó poner: «Aquí viene a parar la vida». No es mal lugar si tenemos en cuenta la extraordinaria belleza de la capilla, decorada con relieves en estilo plateresco y coronada por una bóveda elíptica cuya originalidad la convierte en un emblema del templo y de Murcia entera, y que, durante varios siglos, el arcediano lorquino estuvo enterrado en un sarcófago romano que se hizo traer de Italia a tal fin.

De las veintiuna capillas restantes, que el viajero recorre antes de comer, pues, después de desayunar dos veces —la primera en el hotel de Orihuela apenas se levantó y otra en Murcia cuando invitó a café a Jesús—, no tiene ninguna prisa en hacerlo, anota para su recuerdo tres: la de la Inmaculada, de estilo barroco y autor anónimo, situada en el trascoro, frente a la contraportada de la puerta principal; la de San Antonio —la más antigua de todas—, fundada en el siglo XIV por un obispo para su enterramiento y cuya crucería gótica policromada acuna también el sueño eterno de Jacobo de las Leyes, colaborador del rey Alfonso X el Sabio en la redacción de *Las siete partidas*, y la del Socorro o de San Antón, en la girola, cuyo precioso retablo barroco acoge en una hornacina una no menos hermosa imagen de la Virgen con el Niño de Salzillo. Frente a la de la Inmaculada, cuyos mármoles blancos y negros envuelven un lienzo de la Santa Faz de Ribera, así como la imagen de la titular, de cuyo culto fue pionera en el mundo según las guías, la más pequeña del baptisterio guarda aún otra sorpresa: un retablo genovés de mármol blanco y una gran pila bautismal cuyo sabor italianizante es innegable también. Lástima que ya haya sido bautizado, piensa el viajero admirándola, finalizado ya su periplo por las veintitrés capillas de la catedral.

Ahora sí hay que ir a comer. No tanto porque tenga hambre, que sigue sin tener mucha, como por la hora que es. De camino hacia algún restaurante, después de cruzar la plaza, cuyas terrazas están llenas de gente (la primavera ha llegado a Murcia), el viajero se demora, sin embargo, contemplando las calles de los alrededores, que están también animadísimas a esta hora, y los edificios nobles que va encontrando a su paso. Muchos de ellos modernistas, como el Casino o los de la Confederación Hidrográfica del Segura y el de la Comunidad de Regantes del Trasvase Tajo-Segura, que están enfrente. El Palacio Episcopal, en cambio, que es de estilo barroco-rococó, remite a Italia por su arquitectura y por estar pintado en color rojo pompeyano, con espacios en blanco a modo de grandes flores. Curiosa la afición que Murcia muestra por lo italiano, piensa el viajero plantado ante el edificio.

El restaurante Los Zagales, auténtico museo vivo de la historia murciana del siglo XX, especialmente de la de su deporte (sus paredes están forradas de fotos del Real Murcia y de antiguas competiciones ciclistas, también de toros y de instantáneas de la ciudad), inclina sus preferencias, en cambio, hacia lo murciano, tanto en su decoración como en su gastronomía. Las verduras y productos de la huerta y las carnes de cordero y de conejo integran su menú del día, que el viajero comparte con dos docenas de personas que llenan las mesas de un comedor tan vetusto como el edificio entero: de 1926 data su inauguración. A la izquierda del viajero, en una mesa, un matrimonio mayor y dos chicos jóvenes, él, hijo del matrimonio y ella, la novia a lo que se intuye (los cuatro están envarados y sin saber de qué hablar al principio; seguramente es la presentación oficial de la novia a los padres por parte del chico), y a su derecha un grupo de jubilados todavía jóvenes, éstos desenfadados y sueltos como corresponde a su categoría social, entretienen la soledad de un viajero que a duras penas se concentra ni en la comida ni en sus anotaciones de lo que ha visto desde que llegara a Murcia. Por si faltara algo, los jubilados se animan a medida que la comida va transcurriendo, sobre todo uno con gorra, que no calla ni para masticar: «Este sábado tenéis que venir a Cieza a ver la floración de los cerezos... ¡Y a Cuba, en Semana Santa!», les dice a sus compañeros, dos hombres y cuatro mujeres, ninguno emparejado entre ellos, parece. «Yo me apunto a todas las excursiones», sigue diciendo el de la visera al tiempo que presume de formar parte de un coro y del club de lectura de una biblioteca. «¡Yo no me privo de nada!», ríe chocando su vaso con el de enfrente. De ahí a afirmar que él es muy murciano y que las mujeres más guapas (esto lo dice mirando a las de la mesa) son las murcianas sólo hay un paso, el que va del segundo plato a los postres. En la mesa de la izquierda, a esas alturas, los comensales también se han animado un poco; al menos hablan más distendidamente entre ellos. En un momento dado, incluso, el que parece el padre del chico le pasa el brazo por los hombros a su presumible nuera ante la mirada de reprobación de su mujer, que lo controla todo desde que se sentó.

—¿Me trae la cuenta? —le pide el viajero al camarero antes de que las cosas vayan a más.

—En seguida —le responde éste, pasando sin detenerse delante de él.

Del «museo» de Los Zagales al de la catedral hay trescientos metros, pero los separan siglos de historia y de importancia artística y cultural. Situado en el antiguo claustro catedralicio, en el apéndice constructivo que ocupa parte del espacio de éste y que en una de sus zonas —la de los soportales— acoge las casas de los canónigos, el museo de la catedral de Murcia guarda verdaderas joyas, algunas de ellas de origen árabe, incluso anteriores, como el sarcófago romano del siglo III que acogió mucho tiempo los restos de Junterón. Dividido en dos plantas y en varias salas, cada una de éstas dedicada a una época o a un autor, lo guardan y lo vigilan tres chicas jóvenes que a la vez enseñan la torre por turnos a quien lo desea. Para el museo los visitantes se han de apañar por sí solos, lo que el viajero agradece, pues, después de comer en Los Zagales, necesita un poco de paz a su alrededor. Y la tendrá, sin duda ninguna. En las dos horas que le lleva recorrer las distintas salas del museo, a cuál más llena de grandes obras, especialmente las dedicadas a la imaginería barroca, apenas se cruzará con diez o doce visitantes, todos muy respetuosos. El museo ciertamente lo merece. Desde la campana llamada Mora, la primera que tuvo la catedral de Murcia (data de 1383, cuando ésta aún era iglesia a secas), y que se tocaba para conjurar las tormentas y los desbordamientos y plagas del río Segura, hasta la famosísima custodia barroca del Corpus Christi, la joya de la orfebrería litúrgica del museo, apenas si hay un momento de descanso para un viajero que no renuncia a admirar todas y cada una de las maravillas que en él tienen acomodo. Los dos retablos de Bernabé de Módena, pintor italiano del Trecento (otra vez Italia); las pinturas renacentistas de Hernando de los Llanos, discípulo que fuera de Leonardo da Vinci; los sarcófagos romanos de la época imperial; los restos de las capillas que se conservan del claustro gótico (las más antiguas de la catedral) o tres obras principales del imaginero local Francisco Salzillo, el principal escultor del Barroco español y el impulsor de la Semana Santa de Murcia: la impresionante talla de San Jerónimo procedente del desamortizado monasterio de los Jerónimos de la Ñora, del que también se trajo a la catedral la Inmaculada de la capilla de la girola, el medallón de la Virgen de la Leche, un óvalo delicadísimo en el que a la Madre de Dios se la representa dando de mamar al Niño y a éste jugando con San Juanito, y el Cristo llamado del Facistol por el lugar que ocupó en el coro antes de venir aquí son lo más destacable del museo, pero hay más, bastante más. Objetos y obras tan singulares como la portada gótica de la Anunciación, antigua entrada al claustro catedralicio por el oeste, o como la popular Virgen de las Carrericas, la versión murciana de la del Coro de la seo de Valencia y del San Ramón de la de Orihuela y cuyo sobrenombre habla a las claras de su patronazgo (las parturientas de Murcia tienen, de hecho, acceso libre al museo para rezarle sólo con mostrar la tripa), que por sí solas merecerían la tarde y el día entero. ¡Cuánta belleza y cuánta emoción hay encerradas en este museo!

Pero al viajero le falta aún por ver la torre, esa espectacular aguja desde la que la ciudad de Murcia debe de verse como en miniatura, no en vano mide casi cien metros. Y ya es la hora de la visita, le dice una de las tres chicas del museo, que es la que la va a enseñar. A él y a otra media docena de personas, dos menores entre ellas, que ya le esperan frente a la puerta de las Cadenas.

—Buenas tardes —saluda la guía al grupo, dirigiéndose hacia la puerta de la torre.

La visita a ésta dura otra hora desde que empieza hasta que se termina. La guía, que es muy simpática, no tiene prisa; se ve que lo prefiere a estar en el museo haciendo guardia aburrida. Y eso que exige un esfuerzo físico, pues a los cien metros de subida se unen las rampas por las que ha de hacerse; unas rampas que delatan los antecedentes árabes de la catedral. Los árabes, dice la guía mientras las suben, las hacían así para que el muecín pudiera subir a rezar en burro.

Al margen de sus antecedentes (antes de la actual hubo otra, al parecer, de estilo gótico, más pequeña), la torre la componen cinco cuerpos que, por lo que se tardó en hacerlos (el primero se comenzó en 1521 y el último se terminó en 1793, así que la obra duró casi tres siglos), responden a otros tantos estilos arquitectónicos. Los dos primeros, que se hicieron de una vez aunque por arquitectos distintos, son claramente renacentistas, mientras que los dos siguientes son barrocos, y el quinto (el campanario), rococó, y la cúpula que lo corona, neoclásica. Toda una lección de arte, pues, que se complementa con su contenido, que va de la sacristía, que ocupa el primero de los cinco cuerpos (se accede sólo desde la catedral), a los conjuratorios del cuarto y a las campanas del quinto y último, pasando por el archivo catedralicio —en el segundo— y por la vivienda de los campaneros, en el tercero. El último, dice la chica, se llamó Antonio Lechuga y murió hace ya mucho tiempo. Pero la antigua vivienda del campanero tiene un interés añadido y es la reverberación del sonido que sus paredes cóncavas proporcionan y que es la principal atracción para los más jóvenes: pegando la oreja a la pared se oye lo que otro dice en voz baja en la opuesta.

—¡Es verdad! —grita uno de los menores emocionado, invitando a sus padres a comprobar el fenómeno acústico.

Al final, todos los visitantes le imitan, comprobando que es cierto que una palabra dicha en voz baja en una esquina de la vacía sala se oye en la opuesta con claridad milagrosa.

Del campanario, que acoge un total de veinte campanas, todas con su nombre propio, a la cúpula que remata el edificio se sube por una escalera de caracol, prueba de que cuando se hizo la huella árabe se había difuminado del todo. Obra del omnipresente arquitecto Ventura Rodríguez, padre del clasicismo español, le da a esta torre los noventa y tres metros de altura que la convierten en la tercera de España (la segunda de las catedrales después de la Giralda de Sevilla) y al que la alcanza una visión de Murcia y su huerta que hace que la dificultad y el esfuerzo de la subida se olviden pronto. Sobre todo en este momento en el que el sol está empezando a caer y la ciudad entera reverbera como si de un espejismo se tratara. Por si faltara algo, el reloj, que ahora ya es digital y que, según la guía, está conectado por vía satélite con el reloj atómico de Alemania, da las siete campanadas que señalan el final de una jornada para muchos. Lo hace en las cuatro direcciones para que todo el mundo las oiga y recordando así que hasta no hace mucho los campesinos murcianos se guiaban por ellas tanto para los turnos de riego como para saber qué hora era, a falta de reloj propio.

—Ahora ya no hay campesinos... —dice el padre de los dos menores, que ya ha subido hasta aquí más veces, como se ha encargado de repetir cada poco tiempo.

—¡Hombre, algunos todavía quedan! —le contradice la guía, asomada como todos al vacío junto a la protección que rodea la cúpula, sobre la que se destaca un balconcillo de hierro desde el que, según la chica, antiguamente los sacerdotes bendecían la ciudad y conjuraban las tormentas que se acercaban a ella.

—¡Qué vértigo! —contestan todos al alimón, imaginando al cura con el hisopo asomado al vacío de verdad.

De regreso a tierra firme, el viajero reconsidera su situación, pues no tiene claro qué hacer ahora. En realidad, sigue sin decidir si quedarse a dormir esta noche en Murcia o regresar a Madrid, hasta donde hay cuatro horas de viaje. A su alrededor, la gente continúa paseando por el entorno de la catedral, que permanece abierta y ya ha sido iluminada hace un buen rato. ¿A qué hora cerrará? Por si acaso, el viajero compra en la pastelería Roses un hojaldre de carne, la especialidad de la casa según su publicidad, no sea que luego no cene, si finalmente decide volver a Madrid sin perder más tiempo. El hojaldre de carne, en cualquier caso, está tan bueno que, haga lo que haga, no se arrepentirá de haberlo pedido.

Dentro de la catedral, la animación no remite pese a la hora, incluso se diría que ha ido a más a juzgar por la gran cantidad de gente que hay visitándola en este momento. Llama, además, la atención el gran número de jóvenes que continuamente entran por las distintas puertas del templo y se dirigen hacia la sacristía, que está al comienzo de la girola, frente por frente de la capilla mayor. El viajero, sorprendido, le pregunta a uno de ellos a qué se debe su presencia aquí. Va a haber una celebración a las ocho a la que acuden todos los seminaristas, que es lo que son todos ellos, le dice el chico entrando a la sacristía para vestirse. Como sus compañeros, lo hará con un alba blanca ceñida a la cintura con un cordón que les da a todos un aire de seres puros, sobre todo a los más pequeños, que aún no han alcanzado la adolescencia. Serán medio centenar, lo que indica la buena salud vocacional de la diócesis, comparada con otras del país. Hasta les da a los chavales para formar dos filas nutridas y ensayar una procesión hasta sus asientos, que son los primeros bancos delante del presbiterio, cuya verja ha sido abierta a la vez que se ha iluminado. Cerrando la procesión, cuatro sacerdotes hacen las veces de pastores ante la mirada atenta de todos los presentes, muchos de ellos familiares de los seminaristas, por lo que el viajero entiende. La mayoría de ellos ocupan los bancos que quedan libres detrás de los seminaristas, cuyas albas blancas destacan en los delanteros.

La celebración religiosa, que, al parecer, tiene lugar todos los años por estas fechas y que conlleva que la catedral permanezca abierta toda la noche, comienza con una serie de cánticos por parte de los seminaristas dirigidos por dos de ellos, cada uno desde un atril, a los que se les ve ya maneras de curas y cierta experiencia (deben de estar a punto de cantar misa, por la edad), a los que sucede un sermón de uno de los curas de verdad, el rector del seminario, por lo que se deduce de lo que les dice. Lo hace en un tono melifluo y halagador tanto para los seminaristas como para sus familiares con el que trata de convencerlos a unos y a otros de que son la tierra fértil en la que la semilla de la vocación prospera si se la riega y cuida como se debe; una metáfora muy apropiada estando en Murcia, donde la huerta ha sido la ocupación principal de sus vecinos durante siglos. Y aún sigue siéndolo hoy para algunos de ellos, como demuestran las manos del que el viajero tiene a su lado en esta extraña celebración que le ha cogido por sorpresa al regresar a la catedral para despedirse de ella. Con lo que ya no se deja sorprender es, a la finalización del sermón del rector, que se prolonga durante bastante tiempo, con la misa que empieza acto seguido y que va a ser cantada, a lo que parece, por todos los seminaristas a coro. Antes de que sea tarde, se levanta y se escabulle de su sitio y se despide —ahora sí, por fin— de la catedral de Murcia, cuya iluminación la hace aún más imponente que de día. En el exterior, además, el olor a azahar y la primavera la vuelven más sensual y más barroca, lo que hace que muchos murcianos se acerquen a verla a esta hora, con lo que las terrazas de la plaza están animadísimas.

Pero el viajero tiene prisa por ir a buscar su coche y poner rumbo a Madrid, adonde llegará ya de madrugada después de cruzar en la oscuridad la Mancha, en esa inmensa extensión de tierra plana que separa el Levante de la capital del país.

Undécimo viaje

LAS CATEDRALES DEL MAR (BALEARES)

Menorca en invierno

Desde la ventana de la habitación de Nuestra Señora de las Mercedes, la casa de campo en la que su amiga Mariona organiza talleres de literatura y arte y vive durante todo el año en compañía de una yegua —Jefa—, un perro ya casi inválido —Luis— y unas cuantas gallinas ponedoras, el viajero mira el amanecer menorquín, tan dulce como una pintura inglesa. Los árboles del entorno y las paredes de piedra seca organizan el paisaje de tal forma que el sol sólo tiene que arrojar su luz para componer una típica postal campestre. Si además los pájaros cantan en el jardín y el olor a café sube de la cocina donde Mariona prepara el desayuno ya (le ha prometido al viajero acercarlo hasta la vecina Mahón, donde ha de tomar el autobús para Ciudadela, al otro lado de la isla), no es de extrañar que se sienta pletórico, con ganas de comenzar un nuevo viaje catedralicio, el undécimo de su recorrido, que es el de las Baleares.

En la estación de autobuses de Mahón, la capital oficial de Menorca desde que los británicos lo decidieran así (antes lo era Ciudadela), Mariona se despide y retorna hacia su casa, donde dejó a sus animales solos, cosa que evita hacer mucho tiempo, y el viajero, mientras espera a que su autobús llegue de Ciudadela, se da una vuelta por la ciudad, que todavía está despertando en esos momentos. Por la calle principal, que baja hasta la bahía que la hizo famosa en tiempos ya muy remotos, no en vano es una de las mayores del mundo, y junto a la que están los antiguos cuarteles militares y la iglesia principal de la ciudad, los mahoneses abren sus tiendas y sus negocios mientras algún vecino madrugador se entretiene paseando y mirándolos hacer. No parece que Mahón se estrese demasiado en el invierno.

Los menorquines que viajan con el viajero en el autobús que, atravesando la isla de punta a punta, le dejará en Ciudadela al cabo de una hora tampoco parecen muy estresados, entre otras cosas porque la mayoría son ya mayores o se trata de turistas como él. En los tres pueblos en los que se detiene: Alaior, Mercadal y Ferreries, algunos bajan y otros los sustituyen, pero a todos se los ve tranquilos y relajados. No es de extrañar viendo este paisaje dulce por el que el autobús discurre, con apacibles granjas de vacas y casas de campesinos alternándose por unas colinas verdes y llenas de *vinagrellas,* como le dice al viajero que llaman aquí a las pequeñas flores amarillas que llenan en invierno los prados menorquines su compañera de asiento, y recorridas por muros de piedra seca y caminos que van de un lugar a otro sin violentar la armonía de esta pacífica isla. Una isla a la que, por fortuna para sus pobladores, el turismo tardó en llegar más tiempo que a Mallorca o a Ibiza, lo que le ha valido para permanecer más pura.

Ciudadela, adonde el viajero llega después de una hora de viaje, aparece al final de la carretera como una prolongación de ésta, con sus casas bajas acompañándola a cada lado a partir de un punto y su traza de ciudad apacible y tranquila como la isla. No hay nada que choque con el paisaje a primera vista salvo la estación de autobuses en la que se detiene finalmente el del viajero, que es, como todas las estaciones, de cemento y bulliciosa y huele a gasolina y a neumático de coche. Pero, en cuanto sale de ella, el viajero se encuentra caminando entre edificios de una planta, de dos o tres como mucho, por una avenida ancha y sombreada de árboles y de parterres por la que la gente va a sus asuntos sin prisa, como sucedía en Mahón. Y, al igual que en esta ciudad, el mar se intuye detrás de los edificios que hasta llegar a su orilla misma lo ocultan.

Con ayuda de dos jubilados, uno local y otro de origen peninsular, andaluz para más señas, pero que lleva viviendo aquí muchos años, que pasean juntos por la avenida, el viajero deja sus cosas en el hotel y se encamina hacia la Ciudadela antigua, que está a tiro de piedra («Aquí todo está a la mano, esto es un pueblo», le previnieron los jubilados antes de despedirse de él), detrás de una enorme plaza que lleva el nombre del Born y en la que se concentran, de un lado, el Ayuntamiento, majestuoso, asomado al mar, y del otro varios palacios también enormes que pertenecen ya al casco antiguo de Ciudadela, dejando en medio un gran obelisco y unos jardines sobre los que campean varias palmeras. El espacio es tan ampuloso que no da pie a imaginar las estrecheces de la Ciudadela antigua, en cuyo centro está el objetivo del viajero.

Lo encuentra pronto, tras los palacios que cierran el Born por su lado este, entre otros más escondidos y al borde de una plazuela que le hace las veces de recibidor. De tamaño no muy grande pero de factura gótica, que la distingue de los demás edificios, la catedral de Menorca o de Ciudadela, que de las dos maneras se la conoce, pues la diócesis lleva el nombre de la isla pero su sede está en su capital histórica, no en la oficial, se alza sin gran boato, como si fuera una iglesia más. De hecho, frente a su puerta hay puestos de cartón piedra de un carnaval infantil que se ha celebrado ayer, según le cuenta al viajero el chico que está quitando un cartel pegado en la fachada de la catedral que dice: «El centro comercial más antiguo de Menorca». No se trata de una pintada anticlerical pese a lo que parece, sino un letrero del mercadillo infantil, le dice aquél a un viajero sorprendido de que los curas les permitieran poner un cartel así donde está.

—Pues la verdad es que no lo había pensado... —sonríe el chico sin dejar de frotar con un cepillo las piedras para quitar los restos de pegamento.

A la catedral se accede por una breve escalera que da a su puerta del mediodía, que es la única que se abre a diario, a lo que se ve. La principal, que es la de los pies y que emboza un pórtico neoclásico añadido en época posterior, está cerrada por una reja y llena de excrementos de palomas o gaviotas, lo que indica que no se debe de abrir a menudo. Tampoco habrá necesidad de ello, pues no parece que la catedral de Menorca tenga mucha vida, lo cual no es de extrañar a la vista de su desnudez. Al viajero la primera mirada a su interior le desconcierta, pues esperaba bastante más de ella.

La explicación a su desnudez, que a la vez que sorprende permite descubrir de un golpe toda la fábrica, de gran pureza y simplicidad (tiene una sola nave sin crucero y una docena de capillas, las de su lado norte o del Evangelio comunicadas unas con otras por unos pequeños arcos abiertos en las separaciones, y un presbiterio también muy simple), está en lo que el viajero imagina ya y que un hombre que reza delante de una capilla, el único que hay en la catedral ahora, le confirma cuando se lo pregunta: la catedral fue desvalijada en la guerra civil como tantas otras.

—Menorca fue la única isla de las Baleares que permaneció fiel a la República —añade el hombre como explicación.

—Comprendo —le responde el viajero contemplando el templo desnudo, en el que apenas se ven tres tallas tras el altar, en el ábside transparente, una de ellas de la Virgen, la advocación de la catedral, y una serie de retablos y de tallas en las capillas laterales, la mayoría de ellos de hace dos días, como el que dice.

El hombre que rezaba se va pronto y el viajero se queda solo en la catedral. Lo estará la mayor parte del día, salvo cuando entren grupos de jubilados, que no permanecen dentro muchos minutos, o algún vecino de Ciudadela como el que acaba de despedirse, que viene a rezar un poco. Excepto a primera hora, que hay una misa que ya pasó, no hay más celebraciones religiosas en todo el día, según ya sabe el viajero.

Arquitectónicamente, eso sí, el templo es interesante. Su ábside salpicado de vidrieras, sus bóvedas de crucería, sus pequeñas capillas con arcos de medio punto, una de ellas más profunda que las otras y en la que al parecer se expone el Santísimo, componen un edificio de gran pureza y esbeltez góticas que realza una restauración reciente. Pero no hay más. Salvo la fábrica y las vidrieras, no hay mucho más que mirar y, dado su tamaño, tampoco se tarda en hacerlo. En apenas diez minutos el viajero le ha dado la vuelta entera y ha visto todo lo que hay que ver. Pero no lo que hay que saber sobre ella. Eso lo encuentra en Internet usando el teléfono móvil, pues ni siquiera guías hay publicadas sobre la catedral de Menorca, de tan pobre y despojada como está. De la isla sí, pero de la catedral no hay nada, le dijo la dueña de la librería-quiosco que el viajero halló en su camino hacia ella.

«La Santa Iglesia Catedral-Basílica de Santa María —lee el viajero en la Wikipedia, esa enciclopedia anónima de la que nunca sabe si fiarse o no, pero a la que se ve obligado a acudir a falta de otras, sentado en uno de los bancos frente a la puerta— se encuentra en el centro y punto más alto de la ciudad de Ciudadela de Menorca, perteneciendo a la diócesis de Menorca. Se trata de un templo de estilo gótico catalán construido entre los siglos XIII y XIV por expresa orden de Alfonso III de Aragón tras la conquista de la isla a los musulmanes, en 1287. La catedral recibió el título de basílica menor en 1953, concedido por Pío XII...».

La Wikipedia continúa diciendo que el templo fue construido sobre una antigua mezquita, de la que se conservan los arcos del campanario, restos de su minarete; que en 1558 fue asaltado por los turcos, que lo saquearon como a la ciudad entera; que a principios del siglo XVII se derrumbó una parte del edificio, que hubo que reconstruir; que sufrió cambios importantes en los siglos XVIII y XIX, como el añadido neoclásico de su portada principal, y, en fin, que, tras sufrir más robos y saqueos por parte de los ocupantes de la isla menorquina a lo largo de la historia, en la guerra civil española perdió lo que le quedaba de su patrimonio artístico y documental. Pese a ello, asegura la Wikipedia, la catedral sigue siendo el edificio más destacable de Ciudadela y uno de los pocos góticos que se conservan en una ciudad cuyo crecimiento principal se corresponde con los siglos XVII y XVIII, épocas del Renacimiento y el Barroco.

De las capillas, que son muy pocas, doce en total, todas pequeñas excepto una, la Wikipedia se limita a dar sus nombres, cosa que no es de extrañar habida cuenta de lo que contienen. Salvo la de las Ánimas, de decoración barroca, el resto guarda retablos e imágenes nuevos y a cuál más infortunado. Dicho sea con todos los respetos para sus autores, cuya buena intención el viajero no pone en duda, sí su talento como imagineros. Mejor habría hecho el cabildo decorando las capillas con las imágenes y los retablos que al parecer se guardan en el museo catedralicio, que está cerrado hasta mayo, pues en invierno apenas vienen turistas, según le contó al viajero el vecino que rezaba en solitario cuando entró en la catedral.

—Pero si encuentra al párroco y se lo dice, se lo enseña —le dijo al ver su contrariedad.

Sin embargo, no parece que el párroco vaya a venir por la catedral si no hay gente. Excepto un grupo de jubilados de la península, nadie más ha entrado en ella desde que el viajero hizo lo propio y va para media hora. Así que, después de darle otra vuelta, sale a la calle a verla por fuera y, de paso, tomar otro café. Desde el que le sirvió Mariona ya ha pasado mucho tiempo.

Justo cuando está saliendo, suenan las doce del mediodía, que se oyen en toda la ciudad. Ciudadela es pequeña, especialmente su parte antigua, que se visita en muy poco tiempo, como el viajero comprobará al recorrer la calle de Ses Voltes, así denominada por los arcos (*voltes,* en catalán) que a modo de capillas comerciales flanquean la que fuera arteria principal de la ciudad (antes de derribar sus murallas y extenderse por el campo abierto), llegar a la plaza Nueva, llena de bares y de cafés, y hacer lo mismo con la de Alfonso III, ésta ya grande y ajardinada, al otro lado de la cual discurre la avenida de Jaime I el Conquistador, que circunvala toda la Ciudadela antigua. Enfrente, haciendo esquina con la que toma el nombre del antiguo camino de Mahón, que es lo que fue, un antiguo molino convertido en restaurante alza sus aspas sobre los edificios. Molí des Comte, reza el letrero que hay en la puerta recordando que en Menorca la aristocracia rural fue dueña de todo hasta hace muy poco. Lo tendrá en cuenta para comer, piensa el viajero mientras desayuna en él, observando las mesas ya dispuestas a tal fin.

De regreso hacia la catedral, el viajero se adentra por las callejas que parten de la calle de Ses Voltes, cada vez más llena de gente (se nota que es mediodía), y que conforman el plano urbano de la Ciudadela antigua, cuyo trazado y palacios recuerdan ciertas ciudades italianas por sus colores ocres y rosas y su arquitectura noble y renacentista; también, a veces, barroca. Una de esas callejuelas, la que bordea la catedral por detrás del ábside, a cuya pared se adosa un gran caserón, le lleva ante la portada de otro palacio imponente (Can Squella, del siglo XVIII) y, girando casi en redondo frente a su puerta, a la calle del Obispo, que ocupa entera el de éste, cuya fachada alargada y su jardín interior ocultan la de la catedral casi por completo. Por suerte, la puerta del Palacio Episcopal está abierta a las visitas, lo que permite al viajero ver el jardín y la catedral por su lado norte, sobre los que se alza la torre en competencia con los cipreses de aquél y de un templete romanticista lleno de encanto. A la izquierda, el Palacio Episcopal acoge en su parte baja las oficinas del obispado, en las que trabajan dos hombres y una mujer, ninguno de ellos con aspecto de religiosos.

—¡Buenos días! —saluda el viajero educadamente al verlos, antes de seguir camino.

Dentro de la catedral hay ahora más personas. Dos grupos de jubilados que han coincidido en visitarla a la vez, lo que hace que por unos minutos el templo se llene de ruido. ¿Qué sería de las catedrales hoy de no ser por los jubilados que las visitan en sus excursiones?, piensa el viajero viéndolos mirar la nada (y hacerle fotos con sus teléfonos móviles, algunos de ellos), pues nada hay en la catedral de valor salvo el edificio. Aunque los hay con menos interés, como estos dos cuya conversación discurre por derroteros más costumbristas, se ve que cansados ya de ver tanto monumento:

—Pues mi hijo mayor es estreñido como yo —le dice uno a su compañero, que asiente con resignación.

Hasta la hora de comer, los grupos de jubilados entrarán y saldrán de la catedral cada poco tiempo, lo que le sirve a ésta para adquirir cierta animación. Porque salvo ellos apenas entra más gente. ¿Quién va a entrar en este templo en el que no hay una sola celebración religiosa a partir de la misa de primera hora y en el que tan pocas cosas hay que ver? Yo, se responde el viajero a sí mismo, aceptando ya que la catedral de Menorca no le va a dar mucho que escribir.

Buscándolo, recorre otra vez la nave, ahora parándose ante cada capilla y ante cada detalle de lo que contienen por pequeño que sea su interés. Pero es inútil. Excepto la hermosa fábrica del edificio, resplandeciente ahora con el sol del mediodía, nada hay que justifique una visita a la catedral. Que lo es, por cierto, desde hace sólo dos siglos, que fue cuando se creó la diócesis de Menorca, cuyo territorio antes pertenecía a la de Mallorca. De hecho, según ya sabe el viajero (por Internet y por lo que contó en el autobús de Mahón su compañera de asiento, una vecina de Ferreries que se bajó al llegar a su pueblo), el centro espiritual de la isla menorquina no es este en el que se encuentra por más que sea el principal a efectos canónicos, sino el santuario de la Virgen de Monte Toro, en el que se venera, según parece, a la patrona de la catedral y de la diócesis menorquina. El nombre les viene a la Virgen y al santuario de la leyenda que dice que la imagen de aquélla apareció en una cueva, donde la encontrarían unos frailes mercedarios que siguieron a un toro que los condujo hasta ella, aunque los estudiosos prefieren decir que fue la imagen que trajo con él el rey de Aragón Alfonso III en 1287, lo que la convertiría en la más antigua de la isla. La talla que se venera en la catedral formando un calvario con otras dos sería una copia de ella, como copias son todas las demás imágenes que se pueden ver en el templo, éstas por causa de la destrucción o el robo de las originales.

Fuera de ellas y del rosetón del fondo, que ilumina la nave junto con las vidrieras del ábside (las paredes son macizas hasta más de la mitad), sólo un reloj de pared colocado sobre la puerta del mediodía —con una fecha (1946) y una palabra inquietante: «VIGÍLATE»—, un órgano también nuevo junto a una pila en forma de concha, ésta situada al lado del presbiterio, y el coro con la silla episcopal que cubre el ábside tras el altar son todo lo que se ofrece a la vista. El resto es pared desnuda e imágenes a cuál más fea, incluidas las de la capilla grande, que es donde se expone el Santísimo y donde se debe de celebrar la misa a diario para no tener que iluminar la catedral entera.

—¿Usted no será el párroco...?

—No —le decepciona al viajero un hombre que acaba de aparecer en este momento y que por el aspecto bien podría serlo. Viste muy sobrio y se ha santiguado al entrar, cosa que muy pocos hacen, ni siquiera entre los jubilados.

Así que nada que hacer. Mejor es, piensa mirando a su alrededor, salir a dar otra vuelta e ir a buscar a un amigo del que sabe que vive en Ciudadela pero al que hace ya mucho tiempo que no ve. Se llama Iñaki y tiene una tienda de artesanía en la

que trabaja el cuero, que vende mayoritariamente a los turistas. Vino a Menorca hace muchos años y ya nunca se movió de aquí.

—En la primera calle tiene la tienda, pero no lo encontrará. Sólo abre en el verano —le indica al viajero una chica joven que conoce a Iñaki perfectamente. En Ciudadela se conocen todos.

Y en efecto: la tienda está cerrada igual que todas las de la calle, que parecen dormitar en el invierno a la espera de que el buen tiempo las despierte con la llegada en masa de los turistas. En el escaparate, bolsos de cuero y otros objetos de artesanía, algunos de ellos muy pintorescos, dan fe de que ello es así, lo mismo que el letrero de la puerta: «Iñaki Sampedro», reza. Por si acaso, el viajero toca el timbre. Nada, no hay nadie, como en toda la calle en la que está, pese a que acoge en un lateral el edificio del seminario, tan gigantesco que ocupa la mitad de ella.

Decidido a hacer ya tiempo para comer (es la una y media del mediodía), el viajero se interna por otra calle que gira a la derecha y en la que tampoco hay gente. Pero ¡sorpresa!... Cuando lleva caminados unos metros, mientras contempla la puerta de otro palacio del XVII (Cas Duc Martorell es su nombre), aparece al fondo andando hacia él Iñaki, al que reconoce al punto, como éste a él, pese a su sorpresa. Iñaki sí que no podía imaginar que encontraría al viajero aquí y lo demuestra con su expresión.

—Te fui a buscar a la tienda, pero no estabas —se justifica el viajero, como si lo necesitara.

—Es que entro por detrás. La tienda la tengo cerrada hasta el mes de mayo. Sólo vengo al taller a trabajar —dice Iñaki sin salir de su sorpresa.

—Estoy visitando la catedral —le dice el viajero para explicarle su presencia aquí.

—Pues yo iba a tomar un vino —le invita Iñaki a que se le una sin esperar más explicaciones. Se ve que está acostumbrado a ver aparecer y desaparecer a gente sin que se las den.

Como el amigo con el que ha quedado. Un madrileño aficionado al mar que vive parte del año en Menorca, donde tiene un pequeño barco, y otra en la capital, donde trabajó en el cine. Ahora ya no lo hace, pero va y viene, pues, según dice, tiene a su pareja allí. Iñaki y él, en la pequeña terraza del bar Ulises, frente al mercado de Ciudadela, que ya ha cerrado sus puertas, parecen dos veteranos de viejas guerras varados en esta isla de cuyo paisaje forman ya parte después de años en ella.

—Treinta y cinco —dice Iñaki, al que el viajero conoció en Madrid antes de que emigrara a Ibiza, desde donde pasó a Menorca.

El aperitivo en el bar Ulises, de espacio tan reducido que nadie lo toma dentro, se prolonga durante largo rato con el viajero e Iñaki pasando revista a los conocidos, tanto de los que tienen noticias como a los que desaparecieron. Algunos de ellos siguen viviendo en Menorca e Iñaki invita al viajero a comer con ellos, no hoy, sino al día siguiente, que es martes de Carnaval.

—Mañana aquí cierra todo. La gente se va al campo o a la playa a hacer torradas de sobrasada con la familia o con los amigos. Es una tradición en Ciudadela.

—Te llamo —le dice el viajero a Iñaki, pues aún no sabe cuándo viajará a Mallorca.

La comida en el Molí des Comte no es tan festiva ni tradicional pero le sirve para recuperar las fuerzas y para tomar unas cuantas notas de lo visto en Menorca desde que llegó ayer noche. Aún tiene en la retina el aterrizaje en el aeropuerto de Mahón y el camino hasta la casa de Mariona con ésta conduciendo en plena noche por carreteras por las que no pasaba un coche a esa hora.

—¿Y no te da miedo vivir aquí tú sola? —recuerda que le preguntó a su amiga.

—Tengo a mis animales y a mis amigos —sonrió Mariona, que se ve que es una mujer valiente.

Valiente fue también otra mujer a la que el viajero conoció hace mucho y que dejó Madrid por Menorca al mismo tiempo que Iñaki y otros amigos de entonces y que, por lo que el viajero sabe, abrió en Ciudadela una librería cuyo nombre es todo un golpe de imaginación: La Torre de Papel. Ya la ha vendido, pero, como se la encuentra al paso, el viajero entra a conocerla haciendo como que no lo sabe. El tipo que la regenta no muestra gran interés en el forastero, que trastea un poco en los libros y se va dejándolo solo de nuevo. ¡Qué solos están los libreros!, remeda el viajero el verso de Machado mientras se aleja en dirección al centro.

La parte antigua de Ciudadela no es que esté mucho más viva. A las cinco de la tarde de un 27 de febrero, la capital histórica de Menorca parece un pecio varado como muchos de sus vecinos y sus turistas. La mayoría de ellos son ya mayores, como corresponde a la época del año y al lugar.

—Ciudadela en invierno está muerta —le dijo al viajero Iñaki cuando se despedían—. Pero a mí me gusta así más que cuando se llena.

Si Ciudadela está adormecida (a la hora y a la época del año se suma que se ha levantado viento, la tramontana que viene de Cataluña, que ha vaciado las terrazas), la catedral es ya directamente un sonámbulo. A la luz gris de febrero que ha sustituido al sol que hasta hace un rato iluminaba sus piedras ocres parece aún más desolada tanto por fuera como en su interior. Hasta que enciendan las luces irá languideciendo más y más, con un viajero yendo y viniendo por sus capillas en busca de algo que le entretenga un poco. ¡Cuál no será su desolación que lo único que capta su atención son los enterramientos de los obispos que han querido reposar para siempre en este lugar! El último sepultado en él, un tal Bartolomé Pascual Marroig, lo fue delante justo del presbiterio en el año 1967 tras un episcopado longevo que duró desde 1939. Es decir, fue el obispo al que le tocó rescatar el templo de la ruina en la que la guerra civil lo dejó al decir de todos los testimonios.

Del primer obispo, sin embargo, sólo se sabe su nombre, Severo, y la época en la que vivió: principios del siglo v, como le cuenta en este momento a un matrimonio mayor un hombre flaco y pulido al que se le ve que conoce la catedral muy bien. Los tres acaban de entrar y están frente al presbiterio, cerca del banco en el que el viajero se volvió a sentar cansado de no ver nada que le interese.

—¿Ven en el ábside que pone Severus Episcopus...? Fue el primer obispo del que se tienen noticias en esta isla. Al lado está el nombre de otro: Macarius. Los dos son del siglo v... Luego, ya no se sabe de más hasta que se recuperó la diócesis en 1795.

El viajero presta atención. No le supone ningún esfuerzo, pues el silencio sólo lo rompe la voz del hombre. Tal vez sea un sacerdote, por la forma en que se explica y lo que sabe:

—El obispo actual lleva apenas mes y medio. Viene de Elche. Don Francisco Simón Conesa, se llama. A ver lo que nos dura... A casi todos —prosigue el hombre con ironía—, al cabo de un tiempo, se los llevan para Cataluña. Yo siempre digo que aquí los formamos como obispos y luego se los llevan los catalanes...

¿Quién será este personaje que sabe tanto de obispos y de la catedral de Menorca? Ahora les cuenta a sus acompañantes (y al viajero, puesto que se escucha todo) que el interior de la torre, cuya base ocupa el hueco de una capilla y que conserva una ventanita mozárabe, en lugar de escalera tiene rampas, lo que demuestra que era un minarete. El minarete de la mezquita mayor de la Ciudadela árabe, de la que es el único resto.

—Y el único en toda la ciudad. Y eso que estuvieron aquí cuatro siglos.

La visita del trío continúa por el templo con el viajero deseando sumarse a ella pero sin atreverse a hacerlo por discreción. Aunque ya lo ha visto todo, seguramente aprendería algo que no conoce. En particular, lo que más le interesa a él, que es saber dónde está el museo y si lo podrá ver en algún momento.

—¿Usted es el párroco de la catedral? —se dirige al que podría serlo de los tres cuando regresan hacia la puerta decididos a irse ya, a lo que se ve.

—¿Yo...? —sonríe el interpelado con extrañeza—. ¿Tengo pinta de cura...? —le pregunta a su vez al viajero mientras sus acompañantes asisten en silencio a la conversación.

—Como sabe tanto de la catedral... —se justifica el viajero por si le hubiera ofendido.

—No —le contesta éste—. Yo soy un particular... Pero el párroco no andará lejos, supongo —dice, mirando hacia la sacristía.

—Pues no lo he visto. Y llevo aquí todo el día —le responde el viajero mirando también hacia allí.

—¿Probó a ver en el despacho parroquial...? Se entra por fuera. A la izquierda según sale de aquí —le dice el otro comenzando a andar.

—Tampoco le quiero molestar...

—No le molesta. Es un hombre encantador —contesta saliendo fuera tras cederles el paso a sus acompañantes.

El viajero ha vuelto a quedarse solo. Como por la mañana, la catedral es una caja vacía en que la soledad se estanca, solamente interrumpida por algún vecino que entra, reza un instante y se va. O ni siquiera eso. Los hay que se asoman a la puerta y sin entrar del todo vuelven a irse. Seguramente les impresionan la soledad y el silencio del templo, que la falta de luz hace más sólidos a cada minuto. Pronto la oscuridad lo sepultará del todo y con ella a un viajero al que cada vez le supone un mayor esfuerzo ver lo que tiene a su alrededor.

Por fin, encienden las luces (¿quién?, ¿desde dónde?, ¿con qué sistema?) y la catedral se ilumina completamente adquiriendo una altura y profundidad mayores que las que tenía, o al menos es la impresión que produce. El viajero, agradecido, le da otra vuelta a la nave antes de regresar junto al presbiterio, desde donde contempla el ábside, cuya reciente restauración se aprecia mejor ahora con tanta luz. E igual sucede con las paredes del templo, cuyas piedras parecen recién pulidas, como las bóvedas. Definitivamente la catedral da la impresión de haber salido de un sueño, tal es su luminosidad.

Pero el viajero se cansa también de ella. Después de mirarla un rato y viendo que el párroco no representa, decide ir a dar otra vuelta por Ciudadela, ahora iluminada ya, pues la noche ha caído del todo. Por las calles solitarias y vacías, en dirección al puerto, que está muy cerca pero que no se ve casi hasta llegar a él, oculto como está por los edificios próximos (la antigua muralla ya ha desaparecido), la pequeña bocana que en el verano está animadísima y llena de luces, las de los bares y restaurantes que se suceden por sus orillas, aparece tan desierta como las callejuelas que descendían hacia ella. Sólo las barcas que cabecean bajo la luna, que también ha hecho acto de aparición, y el reflejo de los edificios próximos dan fe de que sigue vivo. La confusión de luces y de sonidos (un perro que ladra lejos, voces que llegan de alguna casa, el ruido de una moto que circula por las calles allá arriba) junto con la humedad de la noche hacen, no obstante, del puerto una fantasía de la que el viajero es el único espectador, como le sucedió viniendo hacia aquí. Ciudadela bajo la noche es un espejismo, igual que su catedral.

Una campana, previsiblemente la de ésta, rompe esa sugestión de pronto. Siete, cuenta el viajero las campanadas. Pero parece ya medianoche. El invierno en Menorca debe de ser muy largo, tanto como las noches de esta ciudad.

Y como las de su catedral. Continúa abierta, posiblemente hasta las ocho, pero en su interior no hay nadie. Ya ha pasado una hora larga desde que el viajero la abandonó y se la vuelve a encontrar igual: en total silencio y vacía.

Y así sigue hasta las ocho, hora en la que presuntamente la cierran, aunque tampoco llega nadie para hacerlo. Dan las ocho, pero las luces siguen encendidas y la puerta abierta como durante todo el día. Aburrido, el viajero desiste de ver su cierre (que le permitiría tal vez conocer al párroco, ese que no ha aparecido en toda la tarde y que por algún lugar andará) y, tras despedirse de la Inmaculada de la capilla a la que da nombre y a la que su madre, que le debía el suyo también, tenía gran devoción —lo que le ha hecho recordarla ahora—, abandona el templo de una vez por todas, convencido de que el párroco de la catedral no existe. O, si existe, se ha ido de Ciudadela, pues ni para cerrar la catedral se presenta.

Y puede que no sea el único, piensa el viajero cruzando las callejuelas que dan al Born, todas tan solitarias y tan desiertas en este momento casi como la catedral. Quizá ya se han ido todos a las torradas de sobrasada del Carnaval o tal vez la gente de Ciudadela cena muy pronto, como en el resto de Europa, por herencia de la presencia inglesa en Menorca. Al viajero, al que la soledad no le asusta pero que gusta de ver a gente en los bares al menos, la de esta ciudad isleña cuya belleza corre pareja a su melancolía invernal le empieza a pesar un poco mientras camina de un sitio a otro buscando un lugar abierto en el que no sentirse tan solo. Ni en la plaza del Born lo encuentra más allá de un par de cafeterías con tres clientes contados en cada una, ni en la avenida principal que parte de ella y que rodea la Ciudadela antigua como un cordón. Todos los bares están cerrados o agonizan en la noche sin nadie que los anime ni les dé vida salvo los camareros. Incluso el viejo Casino, que vio al pasar esta tarde regresando de comer y que estaba lleno de gente, apenas alberga ahora a cuatro o cinco personas, según ve por las cristaleras. ¡Qué panorama!, piensa el viajero volviendo sobre sus pasos y buscando en la parte antigua el único sitio en el que le han dicho podrá tomar unas tapas, que no cenar. Ni lo desea ni podría hacerlo, por lo que ve.

El lugar indicado es un local en la calle de Ses Voltes en el que deben de estar todos los turistas y los vecinos de Ciudadela que no están ya en casa a esta hora. Y sirve tapas, efectivamente, que el cliente ha de pedir a unos camareros que van y vienen de mesa en mesa apuntando la comanda en un papel. El viajero se conforma con una tosta de ensaladilla y un par de copas de vino que le ayuden a dormir, pues va a tener que acostarse pronto. Si a las nueve de la noche Ciudadela está tan vacía, cómo estará dentro de dos horas.

Pues igual, comprueba cuando, después de tomar café y de anotar en su cuadernillo de viaje lo sucedido desde el mediodía, que apenas le dio para un par de páginas, se encamina hacia su hotel, al otro lado del Born, cruzando de nuevo las callejuelas de la Ciudadela vieja, en cuyo centro la catedral sigue iluminada, ahora ya sólo por fuera, pues han cerrado la puerta por fin. En lo alto, el campanario semeja un faro marítimo, uno más de los de esta isla que los cuenta por docenas y que iluminan toda su costa para avisar a los marineros de su presencia en la noche desde hace miles de años. Aunque éste lo único que ilumina es esta ciudad vacía por la que el viajero pasa como un espectro en busca del refugio de su hotel, donde escribirá al llegar, no sea que se le olvide, el título de este capítulo: «Menorca en invierno».

Mallorca: las mil formas de la belleza

El amanecer de Alcudia, capital oriental de la isla de Mallorca, llega antes que al resto de ésta, aunque sólo sea unos segundos. Y es tan hermoso como el de Nuestra Señora de las Mercedes, la casa menorquina de Mariona, como el viajero comprueba desde la calle que le conduce a la parada de los autobuses, ya fuera de las murallas de la preciosa villa medieval cuyo trazado ha sobrevivido al tiempo y al impacto turístico que soporta, como toda Mallorca, desde hace décadas. El viajero lo comprobó ayer noche antes de retirarse a dormir tras llegar en ferry desde Ciudadela y todavía tiene en su subconsciente la imagen de una ciudad dormida y llena de sombras, pero habitada y con vida también en el invierno. Justo la que le falta ahora, tan de mañana, pese a su rutilante amanecer, que la visión del mar a lo lejos hace más hermoso aún. En la bahía y hasta donde la vista alcanza, los arreboles y el azul del mar se funden y se confunden con los reflejos del sol naciente. ¡Qué espectáculo tan fabuloso!, piensa el viajero mientras espera el autobús de Palma junto a las dos únicas personas que lo acompañan esta mañana de fiesta en toda la isla. Es el Día de Baleares, le han dicho en Casa Llabrés, la fonda en la que durmió y en cuyo bar ha desayunado, lo que explica que todo el mundo duerma.

El autobús para Palma llega puntual, con tan sólo otras dos personas que lo han cogido en el puerto. Situado a kilómetro y medio de la ciudad, a punto estuvo el viajero anoche de tener que venir andando hasta ésta, pues cuando desembarcó del ferry ya no había taxis que le trajeran. Menos mal que una mujer que había venido de Palma a buscar a un hijo se compadeció de él y le acercó de paso hacia su destino. Que es el mismo del viajero hoy, esa Palma lejana que se asienta en el extremo opuesto de esta isla que el autobús tardará en cruzar lo mismo que el de Mahón hasta Ciudadela. Y, como éste, por el camino le mostrará una isla cuyo paisaje comienza a animarse ya con la llegada de la primavera. Pronto todo se llenará de flores, si bien algunos árboles ya las tienen.

A Palma, que aparece de repente como antes Inca y otras poblaciones que jalonan el camino desde Alcudia (Inca es la mayor de todas), el autobús del viajero llega a la hora prevista, lo que demuestra la profesionalidad del chófer. Ni un minuto antes ni uno después. El autobús se detiene en una estación que, a diferencia de la de Ciudadela, está bajo tierra. Pero huele igual. Todas las estaciones del mundo huelen igual, piensa el viajero subiendo las escaleras que le conducirán a la superficie junto al resto de los viajeros que venían de Alcudia y de otros pueblos de la isla.

Un taxi hasta el hotel y otro hasta la catedral, el primero para dejar su maleta y el segundo para no perder mucho tiempo, pues el hotel está retirado del centro, le permiten contemplar la capital de una isla que es la mayor de las Baleares, por lo que ella también lo es a su vez respecto de las otras. Cuatrocientas mil personas la habitan según su censo, que no cuenta los miles de turistas que la visitan durante todo el año. Hoy mismo, que aún es invierno (1 de marzo de 2017, dice el periódico), la ciudad se la ve atestada de gente cuyo atuendo y aspecto físico no engañan. En los alrededores de la catedral sobre todo, los grupos de turistas llenan las calles a esta hora ya mientras el taxi del viajero se acerca a ella. Está en el borde del mar, lo que la hace distinta al resto de las catedrales.

Desde la plazoleta a la que da su fachada principal, donde el taxi ha de dar la vuelta, pues ya no puede seguir, y que la catedral comparte con el palacio de la Almudaina —la antigua Zuda árabe reconstruida y reconvertida en palacio de los reyes de Mallorca y de Aragón por éstos y más tarde de la Corona real española cuando sus miembros están en la isla—, el viajero observa ambas construcciones mientras escucha las voces de los cocheros de los carruajes antiguos que reclaman la atención de los turistas tocando palmas y cantando o invitándolos directamente a subir, y las de los guías de éstos, que intentan que no se les pierdan. Al fondo, entre el palacio de la Almudaina y la catedral, el ruido de las gaviotas y el sonido de los coches y los barcos que llega del paseo marítimo completan la banda sonora de una ciudad que acaba en el mar, que frente a ella forma una bahía perfecta. Y eso que no se ve entera, limitada su visión por la propia catedral.

—¿Un paseo, *cabayero*? —le tienta otro de los cocheros arrastrando gitanamente la *y* mientras el caballo le mira con aburrimiento.

El palacio de la Almudaina y la catedral se miran también con aburrimiento. Llevan ya así varios siglos, enfrentados a un lado y otro de la plazoleta, el palacio apuntando en dirección a la catedral dos cañones antiguos que recuerdan que la Almudaina, aparte de residencia de la familia real española en sus vacaciones, es también en una parte la sede de la Capitanía General de las Baleares. De hecho, se ve a un soldado a través de la mirilla de la puerta principal. Pero los cañones no dan ya ningún miedo. Al contrario, muchos turistas se fotografían con ellos antes de entrar en la catedral, que hoy está abierta de par en par, pues es la fiesta de la región.

Siete euros cuesta hacerlo cualquier otro día, como bien recuerda un cartel en la puerta de acceso, que es la del norte (doble y con arco ojival, junto al campanario), por la que continuamente entran y salen personas aprovechando que hoy el acceso es gratuito. De lo que no cuesta, llena la cesta, deben de pensar algunos que en cualquier otra ocasión se habrían dado la vuelta, por lo que la catedral está de bote en bote a pesar de su colosal proporción. La primera impresión que produce es de majestuosidad. Pero también de fragilidad, por su altura y su atmósfera irreal, fruto de su iluminación. El rosetón del ábside, que es gigantesco, ilumina la nave central de tal modo que ésta parece flotar en una neblina que hace que las columnas también parezcan más altas de lo que son. Y eso que lo son mucho. Como el propio rosetón, considerado el mayor del gótico de toda Europa, las columnas son las más altas de todas las catedrales góticas europeas al decir de los estudiosos.

Repuesto de la primera impresión, mientras observa a los cientos de turistas que circulan por la nave principal y a los que miran la catedral sentados desde los bancos que la recorren en dos hileras de extremo a extremo (el coro ha desaparecido de su lugar habitual en el centro de ella), posiblemente mientras se recuperan también de la conmoción que como a él les ha producido al entrar, el viajero contempla al tiempo la enorme fábrica, cuya majestuosidad y altura le dan un aire de fantasía. Y más con la dulce luz que la ilumina en estos instantes y que, entrando por las vidrieras de la fachada del mediodía y por el rosetón del ábside, viene a caer sobre el pavimento de la nave lateral del Evangelio y especialmente sobre la puerta del norte (por la que entran los visitantes) y sobre la capilla que se abre a su izquierda, tan original como fastuosa. Aunque de traza y decoración góticas, la precede un atrio de arcos renacentistas que sorprende por su disposición. Parece un trampantojo y más con el irisado que la luz proyecta ahora sobre él.

La misma luz colorida de las vidrieras, que están muy altas, y de los rosetones del ábside y de la fachada principal, que es más pequeño, llena las naves de magia, una magia que engrandece el templo entero, que por momentos flota en la irrealidad. El rosetón del ábside, que es gigantesco (tan gigantesco que él solo llena la iglesia entera de luz), atrae todas las miradas, fascinadas por sus proporciones y por los mil colores que lo componen, que lo convierten en un caleidoscopio fabuloso. E igual sucede con los de al lado, los dos de las dos capillas absidiales, más pequeños pero no por ello menos coloridos. Ciertamente, toda la catedral de Palma parece flotar en una irrealidad de color y luz que contrasta con su grandiosidad.

O la acentúa, no se sabe bien. Porque a medida que la mirada se va acostumbrando a ambas —a la irrealidad y a la grandiosidad del templo—, uno comienza a tener una sensación de paz que amortigua el sobrecogimiento de la primera impresión. Sobre todo si, como hace el viajero ahora, se sienta en uno de los bancos y se queda contemplando unos minutos el juego de los colores de las vidrieras, la inmensa altura de las bóvedas, la belleza de las lámparas —la de la nave principal también enorme, de forma cónica y miles de lucecitas—, el rumor de las personas que van y vienen de un lado a otro admirándose de la catedral y haciendo fotos de cada detalle y a cada paso con sus teléfonos móviles o sus cámaras de verdad. La maravilla del majestuoso templo se advierte en toda su plenitud desde el centro de él, que es donde está el viajero sentado mirándolo.

Tras hacerlo unos minutos, se levanta y se dirige muy despacio —para no romper la fascinación— hacia su parte delantera, que es donde hay concentrada más gente, pues es donde están las capillas más populares al parecer. La mayor porque la decoró Gaudí, y la de la derecha porque con ella hizo lo mismo Miquel Barceló, el pintor local cuya fama es ya universal también y cuya intervención en la catedral de Mallorca se hizo muy conocida en seguida por cuanto llenó la capilla objeto de ella de conchas, arena de mar y ánforas, introduciendo en el templo gótico un golpe de modernidad. Aunque la decoración de Gaudí tampoco se había quedado atrás en su día: el baldaquino que cubre el altar mayor rompe completamente con el estilo gótico de la capilla e igual sucede con la iluminación, compuesta por centenares de bombillitas de colores, ahora apagadas, que le dan un aire de verbena.

Un vistazo a la capilla de la izquierda, cuyo retablo barroco policromado que representa la Última Cena merece menos atención de los visitantes siendo como es lo mejor de la catedral quizá (por lo menos para el viajero lo es de todo lo que ha visto hasta ahora), convence a éste de que se ha de tomar con calma la visita al templo palmense, tal es su grandiosidad y tantas las maravillas que en un primer vistazo se advierte ya que atesora. El problema, además, es que está sin guía, sin la cual será aún más difícil poder descubrirlas todas. Las que ojeó en las tiendas de souvenirs de los alrededores no le ofrecieron mucha confianza por su abundancia de fotos y escasez de texto. Es lo que pide la gente, le dijo una de las vendedoras, quien recalcó que hoy ya nadie lee apenas.

Y no le faltaba razón. Aparte de que la gente ya apenas si compra guías en papel, pues lo consulta todo en el ordenador o el móvil, la que las compra desecha el exceso de texto, como el viajero descubre de pronto al encontrar encima de una mesa, en medio de dos capillas, en la nave del Evangelio, una serie de publicaciones, entre ellas media docena de guías de la catedral de Mallorca ya antiguas (del año 1977) a las que nadie hace ningún caso. Ni siquiera su precio reducido, que el comprador debe depositar en una cajita a modo de limosna, puesto que nadie se encarga de vender los libros, despierta el interés de unos visitantes que pasan junto a la mesa sin detenerse, la mayoría sin fijarse en ellos.

Encantado con su hallazgo (y más que lo estará al final del día, pues la guía de la catedral de Mallorca del canónigo-director del Museo Capitular don Baltasar Coll Tomás —¿vivirá aún después de cuarenta años?— está muy bien escrita y razonada), el viajero sale a la calle para empezar como Dios manda su visita, pues con la curiosidad de encontrarla abierta, que no esperaba, entró en la catedral sin verla por fuera antes, que es lo que debe hacerse con cualquiera de ellas. Y más tratándose de ésta, que es conocida en el mundo entero por ser la única que se refleja en el mar. O se reflejaba, pues la construcción del nuevo paseo marítimo ha desplazado aquél unos cuantos metros. Lo que no quita para que su fachada más emblemática y más conocida, que es ésta del mediodía o del Mirador (por el que se abre al mar frente a ella), que desde lejos semeja un órgano por la disposición de sus contrafuertes y sus agujas, continúe atrayendo la atención de los marineros y los viajeros de los cruceros y de los yates que se acercan a Mallorca y que la contemplan con la ciudad detrás. El viajero trata de imaginarlo, pero desde el mirador tiene la construcción tan cerca que le falta perspectiva para ello.

A cambio, eso sí, la puede ver con todo detalle. Los 118,4 metros que, al decir del canónigo don Baltasar Coll Tomás, mide de largo la fachada que alguien, afirma, calificó como «el más bello de los muros» y de la que por su disposición sobre el paramento de la muralla de la ciudadela palmense llevó a compararla a otro con el Partenón de Atenas ofrecen vistos de cerca la explicación a la imagen del órgano que tan socorrida se ha hecho para definirla. Ocho contrafuertes altos y catorce más bajos alternados y cuya función, parece, es meramente decorativa, pues no soportan ningún peso como aquéllos, son los culpables de esa sugestión poética unida al color de la piedra, tostado como trigo al sol. En medio de todo ello, el portal de entrada, que interrumpe el juego de los contrafuertes y de sus claroscuros (dependiendo de la hora y de la posición del sol la luz incide en unos u otros), supone otra maravilla en sí mismo pese a que desde la lejanía del mar o del paseo marítimo no se advierta. Proyectado en el siglo XIV en estilo gótico por el imaginero mayor de la catedral Pere Morey, que cobró por hacerlo seis sueldos al día mientras que su ayudante cobraba la mitad, según los libros de obras, lo componen un arco exterior apuntado con ornamentación geométrica y vegetal y un espacioso atrio interior cubierto por una bóveda de crucería e integrado por un frontón y tres arquivoltas decorados por una hermosa cabeza del Salvador, el primero, y flores y ángeles y profetas, las arquivoltas. El tímpano, finalmente, obra según parece de Jean de Valenciennes, acoge una de las tres representaciones mejores de la Última Cena que, al decir del canónigo Baltasar Coll, hay en el arte gótico de toda España y que en la catedral de Mallorca parece tiene mucha tradición. El viajero, al menos, ya ha visto dos y las dos espléndidas.

Entre gaviotas y algún turista (la mayoría están dentro de la catedral), el viajero alcanza ahora la cabecera de ésta, compuesta por tres ábsides, el del centro más sobresaliente, que por lo visto se explican por la megalomanía del rey Jaime II de Mallorca, que fue el primero de los tres que tuvo la isla, quien habría querido convertir la primitiva catedral de una sola nave que su padre Jaime I el Conquistador ordenó construir en el lugar en el que se alzaba la mezquita mayor de Mallorca para celebrar la conquista de la isla en una de tres. El resultado, que la proximidad de otras construcciones y el entramado de otras anejas del propio templo catedralicio impide ver en su perspectiva, es un apéndice constructivo cuya rusticidad no se corresponde con la época en la que se hizo y sí con los contrafuertes —ocho en total— que le añadieron, no se sabe si por necesidad o no.

Envuelto entre callejuelas, tampoco el viajero se encuentra a nadie a quien preguntar sus dudas, así que sigue su camino, que le lleva de vuelta a la zona norte del templo tras bordear el claustro, que está hoy cerrado, como el museo, por ser fiesta en Baleares, pero cuya vegetación se adivina tras una puerta con reja. Frente a otra, un ciego que vende cupones y un acuarelista árabe que hace lo propio con sus creaciones no parece que vayan a resolvérselas. Están hablando de fútbol, del partido que jugaron anoche el Real Madrid y el Las Palmas y que, al parecer, terminó en empate. El acuarelista egipcio, que tienta al viajero al verlo llegar, tiene claro que el fútbol es cosa de hombres y que por eso el Madrid no ganó el partido de ayer, cosa que al ciego no le gusta mucho, pues simpatiza con ese equipo, según reconoce.

—Si compra una, le regalo otra —ofrece el acuarelista a la desesperada ya al ver que el viajero sigue su camino sin comprarle ni a él ni al ciego de los cupones.

A la fachada del norte de la catedral de Palma la llaman, según don Baltasar Coll, la de la Almoina, o sea, la de la Limosna, que antiguamente el cabildo repartía a los pobres de la ciudad frente a su portal, edificado según los libros de obras en 1498, una vez terminadas las del campanario anexo. Que con sus cuarenta y ocho metros de altura y su planta cuadrada y maciza es otro de los grandes símbolos del templo por su inconfundible aspecto (visto de lejos parece otro contrafuerte aunque más compacto) y por albergar en su campanario, que delatan las tres filas de ventanas de su cuerpo superior, las nueve campanas de la catedral, una de ellas llamada en el dialecto mallorquín N'Eloy por las tres figuras de San Eloy que según dicen hay grabadas en ella, pesa más de cuatro toneladas. Según parece también, sólo se toca en la festividad del Corpus y necesita del concurso de varios hombres para voltearla. Por lo demás, la fachada de la Almoina es la mitad que la del Mirador, precisamente por la presencia del campanario y alguna otra construcción aneja.

La principal, por su parte, a cuyos pies el viajero ha llegado ya después de darle la vuelta entera a la catedral, aparte de más pequeña es un gran pastiche, el que levantó en el siglo XIX un tal Juan Bautista Peyronnet para sustituir a la inacabada gótica que amenazaba ruina tras un terremoto en un pretendido estilo neogótico cuya impostura salta a la vista en seguida. Suerte que el pórtico es el original, un arco triunfal plateresco de gran altura y profundidad cuya iconografía está dedicada a la Virgen, a la que

está consagrada la catedral. Hasta quince símbolos marianos (el ciprés, el lirio, el pozo, el espejo, la estrella...) identifica don Baltasar Coll en su guía entre los que rodean la imagen de la Virgen en el tímpano de tan grandioso retablo de piedra.

—¡Venga, amigo, dese una *vueltesita*...! —le vuelve a proponer al viajero el gitano de antes desde la sombra a la que está acogido. El caballo sigue rumiando su aburrimiento.

—Otro día —le torea el viajero con una sonrisa.

Es la hora de pensar. En si entrar en la catedral de nuevo o dar antes una vuelta por la zona, pues en el taxi apenas pudo ver la Palma vieja mientras venía. El viajero se decide por esta segunda opción, pues necesita, además, volver a desayunar, puesto que el desayuno de Alcudia ya lo digirió hace mucho. Para ver la catedral tiene todo el día, pues hoy no cierra ni siquiera al mediodía por la fiesta.

El paseo por Palma le lleva hasta la plaza Mayor, a cuyo alrededor se extiende la ciudad antigua, toda con un aroma mediterráneo y un aire gótico que recuerda al Raval barcelonés. Aunque aquí todo está más limpio y a la vez más desnaturalizado. Se ve que a Palma llegó el turismo masivo mucho antes que a Barcelona. Salvo los edificios oficiales y algún comercio menor, todo son tiendas para turistas y locales de franquicias de marcas internacionales. Si no fuera por aquéllos y por el trazado urbano de la ciudad, medieval aún, uno podría imaginar que está en cualquier lugar de Europa o de Norteamérica. Y más mirando a la gente que continuamente pasa de un lado a otro siguiendo a guías o por su cuenta o se sienta en las terrazas de los hoteles y los bares que llenan plazas y calles. En la plaza Mayor, por ejemplo, se juntan unas con otras sin dejar paso casi a los peatones.

—¿Y está así todo el año? —le pregunta el viajero a la camarera del bar en el que se sienta, en la vecina plaza de Cort, que parece algo más tranquila. Enfrente tiene el Ayuntamiento, un edificio de gran empaque y antigüedad.

—Ahora no hay nada. Verá dentro de un rato... —le responde la chica, que tampoco es española por el acento.

Pero el viajero no aguarda para ver si es cierto. El viajero tiene otros intereses y ésos están en la catedral, que le está esperando abierta de par en par y con todas sus maravillas a su disposición. Las mil formas de la belleza, escribirá el viajero al final del día después de admirarlas todas y tras sentir algo parecido a lo que Stendhal sintió en Florencia ante la acumulación de arte y belleza de la ciudad.

La primera maravilla, que al entrar antes en la catedral le pasó desapercibida por la aglomeración de gente que había, la descubre en la misma puerta de entrada (la de la Almoina) y es el mosaico del suelo, proyectado por Gaudí, según don Baltasar Coll, que lo sabe todo del templo. Sabe, por ejemplo, sus dimensiones exactas: 6.600 metros de planta por 19,40 y 10,03 de altura sus naves (19,40 la central y 10,03 las laterales), pero también lo que de él dijeron personas como el pintor catalán Rusiñol: «No creo pueda verse un templo que con mayor simplicidad de medios llegue a la más alta belleza, que con menos líneas alcance más arte y con menos medios de construcción consiga más armonía».

Las dimensiones y las medidas siguen sobrecogiendo a los visitantes, incluido un viajero que ya las conoce y al que no le pillan por sorpresa. ¿Cómo no maravillarse ante el tamaño y el colorido del rosetón del ábside principal (hay otro, más pequeño, en la pared de detrás de él, y otros dos en las de los lados), al que por algo llaman el Ojo del Gótico, ante las treinta y cinco vidrieras (de las ochenta y siete que hubo, según parece) que iluminan las tres naves con su luz, ante la levedad y firmeza que unas columnas de veintiún metros no muy robustas y sin molduras transmiten y que han llevado a alguno a compararlas con juncos de piedra a pesar de los candelabros de hierro en forma de anillo que Gaudí les puso en su parte baja y que les restan esbeltez y altura, tanto que los mallorquines las bautizaron con el irónico nombre de Trobigueres (*ligas,* en catalán)?

La visita detallada (la de antes fue una vuelta de reconocimiento) el viajero intenta iniciarla, siguiendo el consejo de don Baltasar Coll, por la absidiola del eje del presbiterio responsable junto a los ábsides de lo pronunciado de la cabecera de la catedral y conocida como la capilla de la Santísima Trinidad, pero está en obras. Así que se queda sin ver la azulejería mudéjar del siglo XIV del suelo y los «primores ornamentales» a los que se refiere el canónigo en su libro, pero sobre todo los dos sarcófagos tallados en alabastro por Frederic Marès para acoger la memoria de dos de los cuatro reyes que tuvo el Reino de Mallorca, Jaime II y Jaime III, antes de disolverse de nuevo en la Corona de Aragón de la que nació.

La capilla real efectiva por ser el lugar en el que se coronaron los monarcas de Mallorca y se celebraron las exequias del primero, Jaime II, hijo de Jaime I de Aragón, el conquistador de la isla a los árabes, es la capilla mayor propiamente dicha, que ocupa el ábside principal y tiene dimensiones de una verdadera iglesia. Redecorada a principios del siglo XX por el catalán Gaudí, contrasta el gótico clásico de su construcción con las aportaciones de éste, que van desde la barandilla de hierro forjado que impide el acceso desde la nave a la iluminación pasando por el baldaquino (en realidad, una maqueta en cartón y madera que, al no llegar a sustituirse, se ha quedado de manera permanente) y las tribunas laterales hechas por el arquitecto catalán con elementos sobrantes del antiguo coro y que fueron pensadas para que los canónigos y los niños cantores pudieran seguir la misa de cerca pero que don Baltasar Coll critica por «estéticamente pesadas, además de innecesarias». Y tiene toda la razón. ¡Con lo bien que quedaría el altar (una gran pieza de alabastro sujeta por ocho columnas y otra central que para algunos procedería de la mezquita mayor de Mallorca) en el centro de este fastuoso espacio rodeado solamente, como estaba antes de llegar Gaudí, por la sillería del coro renacentista, la cátedra episcopal —tallada en mármol de Italia en el siglo XIII y empotrada en una hornacina gótica— y los dos fabulosos púlpitos del XVI obra del aragonés Juan de Salas!

La capilla del ábside del Evangelio, por suerte, se conserva tal como estaba cuando Gaudí reformó la mayor o real y es de agradecer por cuanto a su pureza gótica une su gran retablo barroco dedicado a la Última Cena, que es una maravilla; tanto que la tradición afirma que el papa Urbano VIII quiso cambiarlo por uno de plata de idénticas proporciones, pretensión a la que afortunadamente se opuso el cabildo palmense. Tallado por el artista Jaume Blanquer, que al parecer está enterrado detrás de él, es de tal plasticidad que se diría hecho en barro en vez de en madera. Sobre todo el relieve central, que representa la Sagrada Cena, labrada en plano inclinado para poder ser vista mejor. No es de extrañar, piensa el viajero mirándola después de admirar los ángeles músicos y los apóstoles y santos diversos que llenan todo el retablo, que el primer obispo de Mallorca, un tal Ramón de Torrella, que ocupó la sede en el siglo XIII, quisiera reposar cerca de él, cosa que hace bajo su estatua yacente y en medio de pinturas funerarias de la época en la pared lateral izquierda de la capilla.

Ante la que decoró Miquel Barceló, en el lado contrario de la cabecera, continúa la aglomeración de turistas, algo que por lo visto es una constante. Al viajero se lo dice la mujer de la limpieza, una africana muy sonriente que pasa el polvo de las capillas de aquella zona, menos iluminadas por ser las del mediodía y estar las vidrieras bajas tapadas por los retablos. En algunas no importa mucho, pero en otras es una pena, por cuanto la semipenumbra impide ver lo que guardan bien. Recorriendo la nave hacia los pies, en la de San Antonio de Padua, que es la primera, un gran retablo barroco; en la de Nuestra Señora de la Corona —la que está a continuación—, otro de estilo churrigueresco, precioso; en la de San Martín de Tours, el dedicado al santo titular, de madera dorada, barroco; en la que ocupa el interior del portal del Mirador, el antiguo retablo mayor, trasladado allí por Gaudí cuando reformó el altar y cuya belleza gótica no merecía tal cambio; en la de Nuestra Señora de la Grada, la imagen de la titular, del siglo XIV; en la de San Benito de Nursia, otro retablo barroco, muy suntuoso, y la reja de protección labrada con la inscripción en latín que alude a su anterior advocación, que era la Virgen de los Navegantes, y, en fin, en la capilla del Baptisterio, que es ya la última, la magnífica pila bautismal de jaspe encarnado de una sola pieza y con forma de óvalo acampanado.

—¿De dónde eres? —le pregunta, cuando termina, el viajero a la mujer de la limpieza.

—De Guinea.

—¡¿De Guinea?!... —se sorprende el viajero sin saber por qué.

La mujer sigue a lo suyo, esto es, limpiando el polvo de las capillas ajena al trasiego de los turistas, y el viajero prosigue con su recorrido, ahora por la nave opuesta. Antes se fija en el rosetón de atrás, que, aunque menor que el del ábside, tampoco es que sea pequeño. Al contrario: en muchas catedrales sería una de sus atracciones. Le falta, eso sí, el acompañamiento de los laterales, que el arquitecto Peyronnet cegó en su desafortunada reforma de la fachada principal, según el canónigo Coll.

Las capillas de la nave del Evangelio son idénticas a las de la de la Epístola, esto es, de tracería gótica y gran altura, y como aquéllas esconden un gran tesoro artístico y ornamental. Así, la de la Inmaculada Concepción, que es la segunda desde los pies, una preciosa imagen de la patrona de Mallorca con corona y gloria de plata, y las dos siguientes, dedicadas a San Sebastián y a San José respectivamente, otra del santo asaeteado, patrón de la ciudad de Palma, de transición del Barroco al clasicismo, y una fabulosa reja, gótica y de doble hoja, que para algunos es la mejor de la catedral. Aunque las capillas más ricas son las que siguen al portal del norte, por el que no paran de entrar turistas. La primera, que es la del atrio del coro que, cuando lo hizo el viajero, le deslumbró por su colorido y su originalidad, fue la primera capilla claustral y se nota: aparte de sus dimensiones, que son mayores que las del resto de las capillas, tiene una portada gótica en cuyo tímpano se representa a la Virgen acompañada de ángeles genuflexos cuya restauración también critica el canónigo Coll en su libro pero que al viajero le conmueve igual. Las tres capillas siguientes antes de la de la Última Cena son la de la Piedad, la del Santo Cristo del Descendimiento y la de San Jerónimo y, junto a su perfección constructiva gótica, acogen varios tesoros dignos de ser admirados. En concreto, en la de la Piedad, el arco escarzano de entrada a la capilla, de estilo gótico-plateresco, y las pinturas barroquizantes de la bóveda, así como el órgano que hay sobre ella, de proporciones acordes con las de la catedral; en la del Descendimiento, un lienzo de Santa Cecilia obra del pintor local Guillem Mesquida, que lo pintó a comienzos del XVIII, y el sepulcro plateresco de Arnau Marí de Santacília, obispo de Mallorca en el siglo XV; y en la de San Jerónimo, que es ya la última de la nave, vecina a la de la Última Cena, el precioso retablo plateresco del titular con imagen de bulto de éste y diez pinturas flamencas que algunos creen obra de Gaspar Homs pero que, sea quien haya sido su autor, es otra joya a sumar a las anteriores. Y, entre ellas, el viajero deja sin anotar otras muchas, pues ni su libreta ni su capacidad de admiración y sorpresa le admiten más.

Mejor será que descanse un poco. Se lo dice a sí mismo mientras contempla de nuevo el relieve de la Última Cena, que le tiene fascinado por completo, y, después, cuando se para también de nuevo ante el altar mayor y desde allí se vuelve a mirar la catedral, cuya altura parece aumentar con las horas. El sol, a medida que éstas transcurren, se ha desplazado de donde estaba y ahora la ilumina más.

De la comida el viajero no guardará gran memoria, ni del paseo que antes y después se dio por Palma buscando un restaurante que no fuera una franquicia comercial —al ir— y un café que tampoco lo fuera —al volver— donde poder tomar unas cuantas notas y que le llevó pasada la plaza de España, en cuyo centro la estatua de Jaime I el Conquistador continúa conquistando la ciudad desde su pedestal de piedra. Sí de su acercamiento hasta la bahía, desde donde contempló la catedral-órgano como lo hacen los marineros y los viajeros que llegan en crucero a la ciudad y donde disfrutó del olor del mar y de la paz del paseo marítimo hasta que regresó en dirección a aquélla cruzando los jardines y pasadizos que rodean los muros de la Almudaina pasadas ya un par de horas. ¡Se estaba tan a gusto sentado al borde del mar mirando la ciudad enfrente!...

Dentro de la catedral tampoco se está mal que se diga a esta hora. La afluencia de turistas ha bajado considerablemente y hasta se escucha en algún momento el silencio, cuando las pisadas de los que hay se detienen. Y la luz de las vidrieras, que el sol ya alumbra en oblicuo (ahora es el rosetón de atrás el que resplandece con todo su colorido), baña de una extraña paz las naves, que permanecen como cuando las dejó. No así las capillas de las laterales, que se han oscurecido poco a poco hasta el extremo de que algunas están ya en penumbra total. La vuelta de reconocimiento que el viajero les da antes de sentarse le sirve para constatarlo.

Desde la nave central, en cuyos bancos busca un asiento, se entretiene en volver a admirar las bóvedas (ingrávidas, como flotantes) y el fuste alto de las columnas, que en la oscuridad de arriba casi desaparecen de puro esbeltas. Parece un milagro que la catedral se sostenga sólo sobre sus apoyos, tan grandiosa y colosal es su cubierta.

Milagro parece también que las maravillas que encierra debajo de ella y que la oscuridad y la luz ahora cubren y alumbran de modo irregular hayan llegado hasta el día de hoy con la cantidad de accidentes históricos (terremotos, rayos, invasiones, la propia especulación financiera, que es el mayor peligro) que esta magnífica catedral ha sufrido desde que se empezó a erigir al poco de que la isla de Mallorca fuera reconquistada a los árabes, en el año 1229. Restauraciones, reformas y otras intervenciones históricas tampoco contribuyeron a proteger su belleza a veces, pero aquí sigue, de pie e incólume a todas ellas, mostrándola a los visitantes casi como el primer día. No es de extrañar que al viajero, junto con la comparación con el órgano de piedra, que no es suya, la catedral de Mallorca le sugiera otra más ligada a la literatura árabe, presente aún en las vecinas torres y almenas del antiguo alcázar musulmán y hoy palacio cristiano de la Almudaina: las mil formas de la belleza.

Y más, si se relataran todas. Pero el viajero no tiene tiempo ya de volver a verlas (ni ganas, pues está cansado), salvo las que de repente la iluminación eléctrica ha rescatado de la oscuridad, puesto que va a haber ahora una celebración litúrgica en la capilla mayor, según parece. Aparte de iluminarla y de abrir la verja, han comenzado a aparecer en el altar mayor una serie de personas disponiendo micrófonos y otros elementos y los bancos en los que está el viajero se han empezado a llenar de gente; no de turistas, sino de mallorquines, a juzgar por su aspecto y forma de hablar.

—¿Va a haber misa? —le pregunta el viajero a una señora que se sienta junto a él con otras dos.

—Sí, a las siete.

—¿Por la fiesta de las Baleares?

—No, por el Miércoles de Ceniza —responde la señora, muy escueta, dejando en evidencia a un viajero que hace tiempo que ya no se entera de las festividades litúrgicas religiosas.

—¡Ah!

La celebración o misa, que tampoco sabría decir de qué se trata realmente, empieza, en efecto, a las siete y se desarrolla con gran teatralidad y pompa: veinte curas por lo menos preceden al obispo en su aparición mientras un coro de niños cantores llenan la catedral con sus voces desde uno de los dos templetes que diseñó Gaudí a tal efecto. El obispo, que es el más bajo de todos los curas, preside el acto con su majestad pese a que, al parecer, no lo es todavía del todo. Lo es, pero de Barcelona (auxiliar del arzobispo de esa diócesis), desde donde administra la de Mallorca a la espera de que el papa lo confirme o nombre a otro, según le susurra al viajero su compañera de banco, que lo sabe todo de él:

—Es menorquín. Un hombre formidable —sentencia.

—¿Lo conoce?

—No, pero me lo han dicho.

—¿Y usted por qué está tan informada? —le pregunta el viajero, sorprendido.

—Soy religiosa —le dice la señora, que resulta ser monja, como sus compañeras.

Así que aquí está el viajero presenciando la celebración del Miércoles de Ceniza en la catedral de Palma de Mallorca acompañado por tres monjas y un centenar de asistentes, la mayoría catalanoparlantes. Lo descubre cuando un sacristán reparte un cuadernillo con la liturgia que se va a seguir y las canciones que se cantarán. Menos mal que el viajero el catalán escrito lo entiende (y hablado si hace un esfuerzo), que, si no, no se enteraría de nada. Entre que la liturgia es en catalán y que no frecuenta la iglesia desde que era joven...

Pero aun así la ceremonia se le hace eterna. Pese a que al principio se entretiene viendo los movimientos de los oficiantes, con el obispo en funciones a la cabeza, al que quitan y ponen continuamente la mitra y cuyo anillo refulge como un destello al mover la mano, y con los cánticos de los niños y los de los propios curas, que alternan con los de éstos, al viajero la celebración se le hace larga e ininteligible, pues son tantas las idas y venidas del obispo de su cátedra al altar y las veces que inciensa éste dándole vueltas o lo bendice con el hisopo que, al final, no se sabe qué está haciendo, si celebrando una misa o exorcizando la catedral. Que se trata de una misa el viajero lo entenderá al llegar a la consagración, que el obispo lleva a cabo con gran boato, y al reparto de la comunión entre los asistentes, que comulgan casi todos, antes de proceder a imponer la ceniza en la frente como manda la tradición litúrgica de una fecha que el viajero recuerda de cuando era chaval y la recibía en la iglesia de su pueblo de manos de don Argimiro, al que sirvió de monaguillo algún tiempo. El recuerdo, junto con el simbolismo de la ceremonia, que se celebra a los pies del altar que Gaudí llenó de luces y modernismo, y con la intervención de todo un obispo aunque esté en funciones, le lleva al viajero a pensar por un instante en que quizá debería aprovechar la ocasión para rememorar los tiempos en los que creía que polvo somos y en polvo nos convertiremos, pero resucitando el día del juicio final. La idea la desecha pronto, convencido de que se le iba a notar su descreimiento. De hecho, sus compañeras de banco ya le miran hace rato de reojo, alertadas porque no responde a las oraciones ni canta cuando hay que hacerlo.

Nadie podrá decirle, no obstante, que no se comporta con educación. Ni que no se levanta cuando los demás lo hacen ni se sienta cuando el oficiante manda. En eso, sus años de monaguillo y en el colegio de frailes en el que estudió algún tiempo le han dejado un conocimiento de la liturgia religiosa y un respeto por los que la practican. Tanto como para decirle a su compañera de asiento cuando la celebración termina con el obispo y todo su séquito retirándose hacia la sacristía que, en efecto, aquél parece un hombre sensato y que ojalá el papa le nombre pronto obispo titular de Mallorca.

—Dios le oiga —dice la religiosa, resistiéndose como sus compañeras a abandonar el banco aunque la ceremonia ya se ha acabado.

—Buenas noches —se despide el viajero, que estaba ya deseando hacerlo tras hora larga de misa.

Y, sin esperar por más, sale por la misma puerta por la que entró al llegar hace horas dejando detrás de él una catedral oscura en la que ni las vidrieras ni las capillas se pueden intuir siquiera.

En la calle ya es de noche. Alrededor de la catedral y en torno al palacio de la Almudaina y de los edificios que lo rodean la iluminación eléctrica otorga perspectivas nuevas no sólo de sus contornos, sino de las personas que transitan a esta hora por la zona, que no son muchas. Nada que ver con lo de esta mañana, cuando las calles y el mirador de la catedral estaban llenos de gente.

¿Qué hacer ahora?, piensa el viajero observando el paseo marítimo que desde el mirador ofrece también una perspectiva nueva, iluminado por las farolas y por los focos de los coches y por las luces de los edificios del puerto y de las colinas que extienden Palma por el oeste. Lo suyo quizá sería bajar al paseo marítimo para ver la catedral iluminada desde allí (desde el mirador queda demasiado cerca), pero le da pereza volver a hacerlo. Mejor ir hacia el centro para observar la vida de la ciudad, que apenas si ha contemplado hasta ahora, antes de que a las nueve y media acuda a su cita con Heike, una amiga alemana que vive en Palma desde hace poco y con la que ha quedado para cenar.

La Palma vieja se la ve más concurrida ahora e igual sucede con las avenidas nuevas y con la plaza de España, donde la estatua de Jaime I el Conquistador sigue impertérrita en su pedestal, ajena a la vida de una ciudad que para él se quedó parada en su tiempo.

La ciudad celeste

Desde San Rafael, donde se une a la carretera de San Antonio de Portmany a Ibiza la que viene de Buscastell, donde vive Neus, amiga de muchos años del viajero que, aparte de acogerlo en su casa en los veranos, lo lleva ahora en su coche, la ciudadela de Ibiza se divisa al fondo recortada contra el cielo como la ciudad celeste, esa que tanto han representado en pinturas y en relieves escultóricos los artistas de catedrales e iglesias cristianas de todos los tiempos. Con la catedral arriba como la ciudad de Dios que idealizó una concepción teológica que imaginaba el mundo espiritual como una pirámide coronada por ella, Dalt Vila o la ciudad vieja de Ibiza la representa a la perfección y no sólo en su apariencia, sino en su composición también: arriba la ciudad celeste y abajo la terrenal, junto al mar. Ese mar Mediterráneo que acompaña al viajero desde Menorca y cuyo azul intenso se funde esta mañana con el gris de un cielo habitualmente también azul pero que hoy amenaza lluvia. Ojalá no llegue a caer, piensa el viajero en el coche por las calles ya de Ibiza.

Su amiga Neus lo deja cerca del centro, cuya plaza principal, la de Vara del Rey, está en obras, y se vuelve a Buscastell con la discreción de la que siempre hace gala: no quiere acompañarlo como otras veces para que pueda visitar la catedral a solas. Y volverá a buscarlo esta tarde-noche, cuando la llame, para tomar unos vinos con Jabuto y con Daniel, los dos amigos de ambos con los que han quedado para esa hora. Ya se vieron ayer cuando llegó y estuvieron haciendo lo mismo por una Ibiza muy diferente de la que los turistas conocen o se imaginan por la publicidad.

Y es que Ibiza fuera de temporada turística es una ciudad tranquila, con poca gente y un cierto aire provinciano muy agradable que contrasta enormemente con el abigarramiento de gente y el ruido de sus terrazas y discotecas de moda que no cierran ni de día ni de noche en el verano. Ahora Ibiza se parece más a la ciudad que los hippies de los cincuenta y los primeros turistas de los sesenta conocieron y que permanecía aún sumida en el arcadismo de un campo pobre y muy primitivo y de unos pueblos de pescadores sin apenas relación con la península y con toda su belleza intacta. Esa belleza que aún pervive en algunas zonas, muy pocas, del interior y el norte de la isla en las que es posible evocar la Ebusus cartaginesa y romana y la Yebisah árabe musulmana de las que de cuando en cuando aparecen restos arqueológicos y de las que heredó el nombre y una cultura que se entrelaza con la catalana que implantó al conquistar la isla el arzobispo de Tarragona Guillem de Montgrí el año 1235.

La tranquilidad se nota todavía más en cuanto se atraviesa la muralla de Dalt Vila, cosa que el viajero hace por la puerta de Ses Taules, a la que solo le falta el puente levadizo a cuyas tablas se refiere el nombre. En el verano, esta puerta está llena de puestos de venta y de turistas que bajan o suben hacia Dalt Vila, pero esta mañana sólo el viajero pasa por ella. E igual sucede por las callejas que la continúan, cuyos bares y terrazas están todos cerrados a esta hora y posiblemente lo estén también por la noche. En invierno Dalt Vila está muerta, le han advertido sus amigos que viven aquí.

Tras el Museo de Arte Contemporáneo, que ocupa un antiguo polvorín de la ciudadela cuyos baluartes se asoman al mar y a la Ibiza nueva —antiguamente la marina cuyo puerto defendían sus cañones—, el viajero se encuentra en un pequeño jardín la efigie egregia de don Isidoro Macabich i Llobet, que ya conoce de otras visitas. Flaquísimo y con sotana y sombrero de teja, que al parecer llevó siempre, al erudito canónigo, toda una institución en una isla cuya historia y costumbres estudió mientras vivió, sólo le falta hablar, tan expresiva es su estatua de bronce. Tanto que al viajero le entra la duda de si lo hará si le dice algo. Pero, aunque los pájaros son los únicos que podrían oírle, no se atreve a hacerlo. A la vuelta, piensa mientras continúa andando por las callejas que suben en zigzag en dirección a la catedral, que ve sobre su cabeza.

Lo que ve es principalmente su torre, que tiene aspecto de torreón defensivo. La falta de aberturas en su mitad inferior la hace parecer así tanto como su situación dominante y altiva en el punto más alto de la ciudad. Desde ella se debe de dominar entera y, alrededor, parte de la isla y el mar que la rodea como si fuera un enorme coral verdoso. O eso imagina el viajero mientras trepa por el Carrer de Santa María, una cuesta pedregosa que sube casi en vertical hacia la catedral, de ahí su nombre, para no tener que dar muchas vueltas por las callejas por las que van los coches. Pocos, pues ya ha dicho que Dalt Vila en el invierno está muerta y más a esta hora de la mañana.

Tras coronar la cuesta y andar unos cuantos metros más, ahora ya por la calle Mayor, que lleva directamente a la catedral, el viajero la contempla frente a él, alzada su planta gótica junto a la torre, que también es de ese estilo, sobre la pequeña plaza que se abre delante de ella y a cuyos lados están el Palacio Episcopal y un mirador desde el que se debe de ver toda la ciudad abajo. Se trata de la corona de la Jerusalén celeste que el viajero imaginó viéndola a lo lejos y que desde aquí arriba se ve aún más clara. Por encima de la catedral sólo el antiguo castillo pugna por destronar a su torre, cuyos dos cuerpos superiores, éstos ya con arcos campaniles, hacen inútil su intento. E igual sucede con los palacios y caserones de alrededor, la mayoría de ellos cerrados a juzgar por su silencio.

La que no está cerrada es la catedral. Ni la oficina de turismo, que ocupa una de las casas en el extremo del muro que hace de parapeto del mirador y desde el que, como imaginó el viajero, se domina la ciudad entera. Aunque eso no parece que le impresione a la mujer de la oficina de turismo, que, cuando el viajero llega, está discutiendo por teléfono con alguien y no de muy buen humor. Se trata de cuestiones laborales, por lo que aquél oye desde la puerta.

Cuando termina de discutir, el viajero saluda educadamente, pues intuye que el horno no está para muchos bollos, y, tras pedirle a la chica un plano de Ibiza, que ésta le da, e información sobre la catedral, de la que no dispone (quizá en la catedral, le dice), le pregunta por el obispo de Ibiza, al que supone, insinúa, con mucho trabajo dada la fama de pecadora de su demarcación religiosa. Pero la chica no está para bromas y le contesta con sequedad que no sabe si el obispo tiene mucho trabajo o no. Bastante tengo yo con el mío, parece querer decirle al viajero con su respuesta, pese a que acaba de abrir la oficina y éste es el primero que ha llegado hasta aquí arriba a molestar.

Menos mal que en la catedral, a la que entra tras contemplarla un poco por fuera (desde la plaza la construcción da la impresión de ser un tanto más grande, no mucho, que desde lejos y la torre muestra más claramente la planta trapezoidal de sus dos cuerpos superiores, que indica que fueron hechos con posterioridad al resto), la persona que la cuida tiene un carácter más dulce y está de mejor humor que la de la oficina de turismo. La hermana Rosa, que así se llama, es de Jalapa, guatemalteca, y está también sola en su puesto, un despachito cerca de la puerta, pero recibe al viajero con toda la amabilidad del mundo. Incluso deja de leer su libro religioso cuando se dirige a ella para preguntarle si tiene alguna guía o libro sobre la catedral.

—No —le responde la monja con una sonrisa, disculpándose casi por no poder ofrecérselo—. Tendrá que preguntar abajo —se refiere a la Ibiza nueva—, pero guías de la catedral no hay —dice mirando ésta desde su chiscón, como dando a entender al viajero así que difícilmente puede existir una guía de una catedral tan pobre—. Lo único que tenemos —añade, entregándosela— es esta hoja que cuenta un poco su historia.

Se trata de una fotocopia de un escrito encabezado por el escudo del Consell Insular d'Eivissa i Formentera y firmado por la Conselleria de Patrimoni Històric que el viajero agradece a la hermana Rosa, pues algo es algo, al menos para empezar. Como de la catedral de Menorca, apenas había encontrado información pese a buscarla por Internet antes de dormirse anoche.

—¿Y cómo ha llegado hasta Ibiza? —le pregunta a la monja guatemalteca, después de darle las gracias por el regalo. Le sorprende verla en una ciudad que es el símbolo del turismo frívolo y de la diversión vip internacional.

—Somos tres —le dice la hermana Rosa, gordita y de gesto dulce que acentúan unas gafas que la hacen parecer mayor—, las tres guatemaltecas. Pertenecemos a la Orden de Marta y María y estamos repartidas en varias casas por la península. Yo, antes de venir aquí, estuve en Madrid. Nos dedicamos a cuidar de lugares religiosos y a personas enfermas.

—O sea, que cuidan la catedral... —deduce el viajero.

—Y atendemos el Palacio Episcopal —añade la monja con una sonrisa.

—¿Y dónde viven, en un convento?

—No, en el palacio. Tenemos una parte reservada para nosotras.

Satisfecha su curiosidad y agradecido a la hermana Rosa por su recibimiento y por la hoja informativa, que algo le ayudará, el viajero se dispone a descubrir la catedral, labor que a primera vista no le llevará gran tiempo. Aparte de ser pequeña, prácticamente una iglesia de pueblo, no tiene mucho que ver, pues tanto el altar mayor como las capillas apenas muestran nada de interés, como el viajero observa en seguida. En dos minutos lo ha visto todo, al margen de que lo vuelva a hacer más despacio de nuevo en más ocasiones. Hasta la una, que la cierran, el viajero no piensa salir de aquí. Así que lo mejor es que comience leyendo la hoja informativa del Consell que le dio la monja, que de concisa parece el prospecto de una medicina.

En síntesis viene a decir que la catedral de Ibiza, aunque proyectada desde el momento mismo de la recuperación de la isla por el arzobispo tarraconense Montgrí, no se empezó a edificar hasta un siglo después y no fue consagrada como tal hasta el año 1782, cuando el papa Pío VI constituyó la diócesis de Ibiza y Formentera desgajándola de la de Tarragona, de la que siguió siendo sufragánea a pesar de ello. Dice también la hoja informativa del Consell que al principio la parroquia de Santa María de las Nieves, así bautizada por el arzobispo Montgrí por ser la festividad de la Virgen más próxima a la fecha de la conquista de Ibiza (8 de agosto de 1235), pudo ocupar la antigua mezquita de la ciudad, aunque no hay ningún dato objetivo que lo avale, y que como todas las iglesias medievales sufrió diversas transformaciones, bien de reforma, bien de reconstrucción, siendo las dos principales la del siglo xv, cuando se construyó la capilla llamada Honda por su profundidad, y la del siglo xviii, que le dio el aspecto barroco que continúa teniendo a día de hoy. En cuanto a obras de arte, aparte del templo, la hoja informativa del Consell habla de una custodia de plata dorada gótica y de dos tablas del mismo estilo que representan a Santa Tecla y a San Antonio, así como de otras renacentistas, éstas de San Jaime y San Matías, pero el viajero no las ha visto. Quizá estén en el museo, que lo habrá sin duda como en toda catedral.

—Sí, pero está cerrado —le dice la hermana Rosa señalando la capilla Honda, al otro lado de la nave, y en cuyo lateral, en efecto, un cartel indica la presencia del museo sobre la puerta que le da acceso.

—Viene poca gente ahora... —insinúa el viajero la razón.

—Viene —dice la monja con una sonrisa—. En verano mucho más, pero siempre viene.

—¿Y todos esos nombres? —le pregunta el viajero por la lápida que en la pared trasera del templo, donde iría la puerta principal si la tuviera, relaciona la tradicional lista de muertos «Caídos por Dios y por España» tan habitual por todo el país.

—Son mártires de la guerra —dice la monja sin darle a la expresión ningún énfasis, simplemente es que lo debe de haber aprendido así.

—¿Tantos? —se sorprende el viajero, contándolos uno por uno. Hay ciento trece en total, la mayoría de ellos sacerdotes, según parece. Hoy no los habrá en Ibiza.

—Ni la mitad —le dice la hermana Rosa—. Creo que no llegan a treinta...

—¿En Ibiza o en toda la isla? —se sorprende de nuevo el viajero, que sabe que la isla pasa ya de las cien mil personas.

—En toda la isla —dice la monja.

No es de extrañar que no haya ninguno aquí, piensa volviendo a andar la catedral el viajero, ahora empezando por la capilla Honda, que es la única que atraviesa el muro y que es la que hace las veces de parroquia según la monja. En la catedral hay ya algunos turistas que han llegado hasta aquí arriba caminando y que concluyen, como es de rigor, su visita en ella. Más allá sólo está el castillo y el baluarte que mira el mar desde su trasera.

La capilla Honda acoge un retablo feo y la pila bautismal de piedra, pero es más de lo que guardan las cinco que la acompañan en la pared del lado de la Epístola, cuyos retablos son también bastante feos. Se nota que aquí la guerra se llevó por delante todo lo que había, como en Menorca. El altar mayor no es mucho mejor. Tiene, eso sí, el ábside gótico con sus vidrieras iluminando la elipsis que subraya la sillería puesta en semicírculo con la cátedra episcopal en el medio y, entre ésta y el altar, el templete-baldaquino con la Virgen de las Nieves, que le da cierto aire distinguido. Y lo mismo sucede con las capillas del Evangelio, iguales a las de la Epístola pero un poco más afortunadas en lo que a decoración artística se refiere. Aparte de dos retablitos barrocos de cierto valor, el de San Ciriaco, patrón de Ibiza, y el de San Antonio Abad, hay un cuadro dedicado al obispo muerto en la guerra civil y ya beato Salvi Huix i Miralpeix, que gobernó la diócesis ibicenca entre los años 1927 y 1935 según un cartel al pie, y frente al altar mayor, en el suelo, la lápida de azulejos del sepulcro de Mariano Balanzat y sus descendientes fechada en el año 1469. ¿Quién era Mariano Balanzat? El viajero lo consulta en Internet: el iniciador de una saga de militares ibicencos que llega casi hasta hoy.

Y nada más. No hay mucho más que ver ni que anotar de la catedral de Ibiza. El viajero mira a su alrededor y concluye que es así, lo cual no lo desanima, al contrario. No todas las catedrales van a ser como la de Mallorca ni por el hecho de ser más pobres merecen menos su atención. A veces —lo sabe por experiencia—, en los lugares pequeños y en las iglesias más simples es donde mejor se encuentra la verdadera esencia del territorio al que pertenecen. Sentado en uno de los bancos, el viajero se entretiene, primero, en contemplar las vidrieras del ábside, en las cuales se transparenta de cuando en cuando el vuelo de una gaviota que ha llegado hasta aquí arriba desde el puerto, y después se dedica a dibujar el plano del templo, cosa que lleva a cabo con mucho esfuerzo, pues el dibujo no es una de sus virtudes. Como lo hace sobre el reverso de la hoja informativa del Consell, se entiende que es la catedral de Ibiza pero difícilmente alguien la reconocería. Eso sí, al viajero le servirá para refrescar su imagen cuando escriba el capítulo correspondiente a ella a falta de otra publicada, que parece que no la hay.

Mientras dibuja, siguen llegando al templo turistas, algunos con niños pequeños que corren entre los bancos sin que los padres les llamen la atención. Los de unos escoceses, sin embargo, no sólo guardan la compostura sino que cantan junto a la madre una canción en inglés que suena en la catedral como una oración. Lo es, le dice el padre a un viajero que desearía que no dejaran de cantar nunca, tan bien suenan las voces de la madre y de los niños.

Pero se van. Todos los que entran se van salvo el viajero y la hermana Rosa, que sigue en su despachito junto a la puerta leyendo su libro religioso. Lo hará hasta la una, cuando cierre la catedral para no volver a abrirla hasta el día siguiente. Ni siquiera los domingos, le dice al viajero, la catedral abre por la tarde.

—¡Pues vaya! —se lamenta éste, que no sabe qué hará el resto del día, con la catedral cerrada, que es lo que ha venido a ver.

—Yo abro y cierro cuando me dicen —se disculpa la hermana Rosa con la sonrisa más dulce de su repertorio.

—Lo sé —le dice el viajero.

Sin querer se ha ido pasando la mañana. El viajero, que ha salido a la calle un par de veces, una para tomar un café, cosa imposible, pues no hay ningún bar abierto en la zona, y otra para reconocer la catedral por fuera (por la parte de atrás su silueta se confunde con las de las fortificaciones del baluarte y del antiguo castillo, del que es vecina), le da una última vuelta al templo antes de que la hermana Rosa lo cierre, para lo que ya falta muy poco: la campana ha dado la una. Lo último que el viajero observa es el rostro de la Virgen de las Nieves (de las Neus en catalán, de ahí el nombre de su amiga, que en Ibiza es muy común) y en la puerta el de la monja guatemalteca, que sonríe igual que la Virgen, quién sabe si no será su reencarnación.

—¿Le gustó la catedral? —le pregunta al viajero antes de irse, cerrada ya la puerta con llave hasta el día siguiente.

—Bueno... —la decepciona el viajero, decepcionado a su vez de la catedral—. No es la mejor, pero no está mal —le concede.

—Que disfrute de su estancia en Ibiza —se despide la monja mientras se aleja hacia el Palacio Episcopal caminando como otra gaviota.

Desde el mirador de enfrente, la Ibiza nueva ruge como un gran crucero con el ir y venir de los coches y de los barcos en el malecón del puerto. Los yates brillan en los amarres bajo el cielo gris y nuboso y en torno a ellos y sobre los edificios próximos las gaviotas suben y bajan trazando elipsis y círculos en el aire. En primer plano, a los pies del viajero, Dalt Vila, en cambio, sigue semivacía y tranquila, con apenas algunas personas transitando sus callejuelas estrechas y sus plazoletas breves de inconfundible sabor moruno. Contemplándola desde el mirador, al viajero le da por pensar que las tres capitales de Baleares, teniendo la misma o parecida historia, son muy diferentes: Ciudadela es veneciana; Palma, catalana y gótica, e Ibiza, árabe y tal vez fenicia.

Lo de fenicia no es una lucubración. Aun en temporada baja, el tópico del comerciante fenicio se advierte en toda la ciudad, tanto en Dalt Vila como en su parte nueva, que están llenas de comercios y de bares. En Dalt Vila sobre todo la mayoría cierran en el invierno, pero hay tantos que en verano apenas se puede andar entre ellos. Incluso ahora a algunos se los ve llenos, como el que el viajero elige para comer (precisamente por estar lleno) después de descender callejeando hasta Vara del Rey y encontrar cerrado por vacaciones su preferido: el San Juan, una casa de comidas típicamente ibicenca a la que le trajo la primera vez su amigo el poeta Antonio Colinas, que durante bastantes años habitó en la isla.

El que elige no tiene nada que ver (es de decoración moderna y su cocina también lo es), pero dispone de un patio interior agradable incluso hoy, que no luce el sol. Las mesas están llenas de clientes, todos jóvenes y esbeltos, lo mismo ellos que ellas, como es habitual en la isla; parece que los seleccionan al subir al avión para que no estropeen su imagen. A la izquierda del viajero, una extranjera con aire de escandinava y atuendo nada discreto (de las gafas de sol al vestido, que es transparente, todo delata una personalidad esnob), y a la derecha dos catalanes y una argentina también vestidos a la ibicenca se disputan entre ellos quién dedica más horas a cuidar su cuerpo. «Si tú cuidas tu cuerpo, el cuerpo te cuida a ti», dice uno de los dos hombres, brazos tatuados y pelo de surfista, como si hubiera descubierto la pólvora. «Yo soy un enfermo del deporte», dice el otro, cuyo físico delata que es cierta su afirmación. «Lo de *mens sana in corpore sano* hay que invertirlo, es al revés», sentencia la argentina, por su parte, con un acento que no ofrece lugar a dudas, consiguiendo que el viajero, que escucha la conversación mientras hace que lee, cierre el periódico, no lo vayan a tomar por intelectual. En la isla de los elegidos por los dioses, donde los cuerpos y los idiomas se mezclan como en Babel, un comensal leyendo el periódico es sospechoso.

Por el paseo del puerto, cuando acaba de comer, la figura sospechosa del viajero se aleja hacia el espigón sin más compañía que la de las gaviotas y la de los operarios de las navieras que unen Ibiza con Palma y con la península o de los yates de lujo atracados en la zona deportiva. Hay también algún pescador, pero pocos. Es la hora de la sobremesa e Ibiza duerme la siesta invernal más como una Vetusta isleña que como la capital del turismo internacional que es. Al final del paseo del puerto, el viajero ya es el único ser vivo fuera de un gato y un perro y de los pájaros que sobrevuelan los barcos en busca de algo que llevarse al pico. Mala suerte, les dice el viajero andando ya por el espigón que se adentra en el mar cortando la bahía y desde el que se divisan los barrios nuevos de Ibiza, al lado opuesto de Dalt Vila, y detrás, dominando la ciudad, los baluartes en forma de estrella de la ciudadela y en lo más alto la catedral, a cuya protección se acoge como una camada de polluelos a la gallina.

Por entre los polluelos blancos vuelve a subir en dirección a ella el viajero después de tomar café en el Pereira, un clásico de la noche ibicenca, antiguo teatro de la ciudad y desde hace años bar musical, casi vacío a esta hora, pese a que sabe que está cerrada y que no podrá verla excepto por fuera. Es lo que tiene que hacer salvo que llame a Neus y a sus amigos, que ahora dormirán la siesta.

Dalt Vila duerme también la suya encaramada al cerro en el que lleva ya tantos siglos que ni ella misma sabe cuántos son. ¿Veinte? ¿Treinta? Sean los que hayan sido se notan tanto en su trazado urbano como en su arquitectura. Lo dice el poeta Marià Villangómez, cuyos versos reproducen por las calles varias placas, como estos que el viajero lee ahora en la pared de una antigua iglesia: «Fijeza de la piedra, altas murallas guarnecidas / de verdes racimos, las arremolinadas / casitas, al pie, y las alzadas / ventanas, entre ramas, de miradas fijas. / Lamidas a la cal de las húmedas brisas / y la roca profunda con las oleadas. / De noche la piedra empuja las esquinas, / hay rincones y estrellas mal clareadas». O estos otros, en un callejón más arriba: «Alta en zócalos de roca amarillentos / te miro encumbrada sobre el mar, / —mar que cura, por joven, toda llaga / y te sonríe animada por todos los vientos—».

Hoy no hay viento pero el oleaje se nota lo mismo que la brisa húmeda de un mar tan cercano y viejo (lo de joven el viajero no lo comparte con Villangómez pese a contar con todos sus respetos: el mar de Ibiza es el mismo al que cantó Homero, el mar del color del vino que tanta historia ha vivido después de él) que forma parte ya de estas callejuelas en las que los gitanos ibicencos continúan teniendo su asentamiento principal, en unas casitas bajas llenas de color y vida que comparten de un tiempo acá con todo tipo de gente y desde siempre con las monjitas del convento de San Cristóbal, popularmente conocidas como las Canonesas (¿por el canon de la Orden?) y famosas por su repostería. La anuncian junto a la puerta: cocas dulces, de manzana, de pimientos, empanadas, *orelletes...*, por la que se accede al torno al que hay que llamar para que te atiendan:

—¡Ave María purísima!

—Sin pecado concebida, hermana.

La contraseña surte su efecto, pues la desconocida hermana abre la cortinilla que tapa la reja de al lado y se aparece en carne mortal al viajero, que no contaba con ello. Es oriental (filipina, como cuatro de las cinco monjas del convento; sólo la madre superiora es nacional, ibicenca) y tiene una sonrisa que no le cabe en la boca. Hasta la hermana Rosa, la de la catedral, parecería seria a su lado.

Ésta se llama Evelyn y tiene cincuenta años, de los cuales lleva ya varios aquí, en este monasterio de clausura que habría cerrado ya de no ser por ella y sus compañeras filipinas. Sor Evelyn está orgullosa de ello. Y de vivir en Ibiza aunque apenas vea la ciudad, pues su clausura es muy rigurosa. Lo que no le impide pegar la hebra con un viajero que está tan interesado en saber su vida como ella en conversar con él. Los dulces son una excusa para romper el silencio de la clausura por unos minutos.

—Pues me voy a llevar una coca de manzana —se decide el viajero por fin después de dar muchas vueltas, puesto que está muy a gusto hablando con sor Evelyn—. O, mejor dicho, cuatro —le dice pensando en Neus, Jabuto y Daniel, a los que verá ya pronto.

—Verá cómo le gustan —le dice sor Evelyn, que aprendió la repostería ibicenca de las monjas nativas cuando llegó al monasterio.

—Seguro —dice el viajero, probando ya la suya pese a que no hace aún dos horas que terminó de comer.

Calle arriba, cada vez más vacía de gente, el viajero en seguida avista la catedral de nuevo. Sus muros de piedra ocre destacan entre las casas encaladas de Dalt Vila y más con el cielo gris recortando unos y otras. Ni gitanos hay ya por aquí viviendo. ¿Serán el obispo de Ibiza y las monjas, las que atienden el Palacio Episcopal y la catedral y las Canonesas de San Cristóbal, los únicos habitantes de la corona de la ciudad celeste ibicenca?

Puede que sea como piensa o puede que no, el caso es que la parte alta de Dalt Vila está aún más desierta ahora que por la mañana cuando llegó. Ni gatos hay por las calles, con la cantidad de ellos que deben de vivir aquí. Pero para sorpresa del viajero la catedral está abierta. ¿Será su imaginación? No lo es, en absoluto. La puerta está abierta como por la mañana pese a lo que la hermana Rosa y el cartel con el horario de la entrada le advirtieron. ¿Entonces...?

El viajero entra en la catedral y descubre dentro a cuatro personas, un cura y tres monjas de negro, una de ellas la hermana Rosa. Las otras dos deben de ser las compañeras guatemaltecas de las que le habló. Están rezando el vía crucis, como el viajero no tarda en comprender. Pero lo que no comprende (o mejor: tarda en comprender más tiempo) es por qué la hermana Rosa y otra compañera se arrodillan en cada estación mientras que la tercera monja, que tiene la toca gris en lugar de blanca como ellas, y el cura se quedan de pie, como también hace el viajero, que se ha unido a la comitiva sin pedir permiso. Por ver qué hacían, no porque quiera rezar.

El vía crucis dura un buen rato, tiempo que el viajero emplea en observar a las monjas y al cura, que viste de traje negro, con alzacuellos. Las dos monjas que se arrodillan rezan alternativamente las oraciones de cada estación mientras que aquél y la otra monja contestan; no así un viajero que ya ni siquiera sabe las oraciones. Y así hasta que llegan a la estación número XII y última después de darle la vuelta a la catedral entera.

—¡Hola! —saluda el viajero a la hermana Rosa, que le sonríe con timidez.

—¡Hola!... Es el de esta mañana —les explica la hermana Rosa a sus compañeras, que le saludan muy sonrientes también; a saber qué les contaría de él. Entre tanto, el cura empieza a apagar las luces, lo que le lleva lejos de donde están. Se ve que a él el forastero no le interesa, ni siquiera por curiosidad.

Pero al viajero sí le interesa el cura. Y, como le interesa, va en busca de él mientras las tres monjitas se quedan junto a la puerta esperando para salir.

—Perdone —se disculpa el viajero con el cura, sabedor de que los hay reticentes a hablar con desconocidos y más cuando se están yendo, como es el caso—. ¿Le puedo hacer una pregunta?

—Dígame —responde el cura a la defensiva.

—¿Cómo es que el obispo mártir murió en la guerra civil —le dice el viajero señalando el cuadro del ya beato que cuelga de la pared al fondo— si el cartel dice que fue en 1935?

—No —responde el cura, extrañado y un tanto incómodo por la pregunta del forastero (por la pregunta y porque se haya fijado en el cuadro del obispo asesinado)—. Lo que dice el cartel es que fue obispo de Ibiza hasta 1935. Lo mataron en Lérida, que es adonde lo trasladaron.

—¡Ah! —exclama el viajero, entendiendo—. Y todos éstos —pregunta ahora por la lápida de los caídos, cerca de la que se encuentran— ¿eran sacerdotes?

—La mayoría —responde el cura, cada vez más incómodo con la conversación. Las tres monjas, entre tanto, esperan junto a la puerta a que terminen para salir.

—Pero aquí triunfó el levantamiento, según he leído, como en Mallorca... —dice el viajero sin comprender.

—Sí —dice el cura comenzando a andar hacia la salida—. Pero hubo una expedición de milicianos de la península que tomaron la isla por unos días y que fueron los autores de los fusilamientos. Al parecer, metieron a todos en el castillo, aquí al lado, y los mataron a tiros y con granadas antes de abandonar la isla, pues llegaban ya refuerzos. Fue una carnicería, según cuentan...

De repente el cura hace un movimiento extraño y deja a la vista la cruz que lleva en el pecho. Es un crucifijo grande, característico del rango episcopal junto con el anillo, que también lleva (el viajero tampoco se había fijado en él hasta ese momento), y en las celebraciones religiosas el báculo y la mitra.

—¿Usted es el obispo...? —pregunta, sin acabar de creerlo, un viajero acostumbrado a ver a los obispos acompañados siempre de una cohorte de sacerdotes.

—Sí —responde el obispo de Ibiza, que tal es, en efecto, su interlocutor (Vicente Juan Segura, de Tabernes de Valldigna, Valencia, leerá después el viajero en la Wikipedia), aunque su único séquito sean ahora las tres monjitas guatemaltecas. Con ellas cruza la plaza después de cerrar la puerta hacia el vecino Palacio Episcopal, cuyas llaves también porta él en persona, y en el que desaparecen dejando al viajero solo en la noche. Porque es ya noche cerrada en Ibiza. El vía crucis duró más de lo que pensaba.

Desde el mirador, no obstante, Ibiza es un mar de luces resplandecientes que hacen la noche más llevadera. Incluso las callejuelas de Dalt Vila se ven perfectamente a la luz de sus farolas desde la privilegiada atalaya en la que el viajero es ahora el único centinela de la ciudad, al revés que en tiempos pasados, cuando desde cada baluarte de la muralla un vigía oteaba día y noche el horizonte a la búsqueda de barcos sospechosos que se acercaran a la isla con ignorados propósitos como aquellos de los piratas berberiscos que durante siglos saquearon la pobre tierra ibicenca, cuyos pobladores se refugiaban en las iglesias, que hacían al mismo tiempo de iglesia y de fortaleza, lo que justifica su peculiar aspecto. La propia catedral de Ibiza es un ejemplo de ello.

—¿Y usted, don Isidoro, no echa de menos aquellos tiempos? —le pregunta a la estatua de don Isidoro Macabich i Llobet el viajero al pasar junto a ella sin que ésta le responda, dormida en la eternidad como está. ¿Cómo añorar los tiempos pasados si los suyos no tienen ya otra dimensión que la de la felicidad sin fin?

—Pensábamos que ya no volvías —saluda al viajero, en lugar del canónigo, su amigo Jabuto en el bar en el que le espera junto con Daniel y Neus. Es el mismo bar de anoche.

Neus es ibicenca. Pero Jabuto y Daniel representan a los nuevos piratas berberiscos que se han asentado en esta isla acogedora en la que hasta el obispo abre y cierra la catedral él mismo y nadie repara en lo que hacen los demás, ocupado cada uno en ser feliz. En la ciudad celeste no hay sitio para la ambición, la envidia, la vanidad, sólo para la lujuria y otros pecados mortales más placenteros, sobre todo en invierno, cuando no hay ni ruido.

—¿Una coca de manzana? —les ofrece el viajero a sus amigos, que la aceptan con sorpresa, especialmente Jabuto, que ya ha empezado a beber su vino—. Son de las monjas de Dalt Vila.

—En ese caso... —dice Daniel.

—Son las mejores de Ibiza —dice Neus.

Alrededor, el bar está lleno de personas que viven en esta isla ajenas a lo que ocurre en el mundo y aun en sus propios países de procedencia, los extranjeros.

Ibiza es su ciudad celeste.

Duodécimo viaje

EL VALLE DEL GUADALQUIVIR

La sombra de Machado

«Campo, campo, campo. / Entre los olivos, / los cortijos blancos...»

Mientras conduce por Andalucía, el viajero recita los versos de Antonio Machado, esos que escribió en Baeza cuando, huyendo de Soria y de la depresión que la pérdida de su mujer Leonor le causó, recaló en la ciudad jiennense como profesor de Gramática Francesa, su profesión aparte de escribir. El viajero ha dejado atrás la Mancha de don Quijote, una llanura infinita de cereal y añil bajo el sol de julio, y las gargantas de Despeñaperros y ahora circula por la provincia de Jaén camino de la misma ciudad en la que Machado ejerció su profesión entre los años 1912 y 1919 y donde le espera, como a él, la primera catedral de las doce que, incluyendo entre ellas la de Ceuta, cuya dependencia orgánica del obispado de Cádiz la hace andaluza a pesar de estar en el norte de África, cuenta Andalucía. El viajero pensaba visitar las doce seguidas, pero la sensatez le ha llevado a dividirlas en dos partes, lo que le obligará a hacer dos viajes aunque le permitirá a cambio tener las ideas frescas al terminar cada uno de ellos. Doce catedrales una detrás de otra son muchas para rememorarlas luego y más con el tiempo que pasará hasta describirlas todas.

«Campo, campo, campo. / Entre los olivos, / los cortijos blancos...», repite el viajero por la carretera que une Bailén con Linares, primero, y, desde la ciudad minera, en cuyos alrededores se ven restos de minas y escombreras olvidadas, con las dos antiguas ciudades moras que, tras su reincorporación al Reino de Castilla (luego al de España), vieron cómo el Renacimiento las convertía en sendos reflejos de la italiana Florencia, tanto como para que hoy presuman de ser Patrimonio de la Humanidad:

Baeza y Úbeda. El viajero las vio una vez y quedó tan prendado de ellas que no le importa volver a visitar Baeza, aunque eso le haya supuesto tener que madrugar más de la cuenta y hacer tres horas de coche desde Madrid. Más le esperan por hacer hasta llegar de Baeza a Huelva y —en su segundo viaje— hasta Almería, donde terminará su periplo por la región más grande y poblada de España: Andalucía.

A Baeza se llega por varios caminos, pero por el de Linares la ciudad se la avista con Sierra Mágina al fondo y entre medias el valle del Guadalquivir, o sea, envuelta en olivos como en un tapiz bordado de ellos. Las torres de la ciudad, la de la catedral entre ellas, coronan el caserío tiñendo de ocre el verde intensísimo y el azul del cielo, en el que esta mañana no se ve una nube. El mes de julio comienza sin mucho calor (para lo que podría ofrecer) pero con el cielo limpio como una patena.

Una calle ancha y muy larga, dos o tres más a continuación, éstas ya algo más estrechas, y el viajero alcanza una carretera que parte el pueblo por la mitad. Cruzándola hay una fuente y detrás un par de edificios nobles (el de las Carnicerías Antiguas y el de la Casa del Pópulo, que da nombre a todo el sitio) que anticipan ya la ciudad antigua de Baeza; esa de la que la historia dice que fue ceca y obispado desde tiempos muy remotos (desde los visigodos al menos) y capital efímera de una taifa mora y del reino cristiano que la sustituyó, que perdió en favor de Jaén, como la del episcopado, en 1248, tras la conquista de esta ciudad a los árabes. Sólo, pues, veintiún años le duró esta vez a Baeza la capitalidad de su vieja diócesis, que había restituido tras su definitiva reconquista (hubo otra un siglo antes a cargo del rey Alfonso VII de León que duró muy poco) el rey de Castilla Fernando III el Santo en 1227. De su presente, en cambio, dicen las guías que el aceite de sus millones de olivos es el causante de su prosperidad junto con el turismo.

Y al viajero no le sorprende. El viajero ha visto los olivares sin fin que rodean la ciudad y sus aldeas y recuerda también los cientos de turistas que, atraídos por su singular belleza, la visitan, como a Úbeda, la ciudad vecina y rival, capitales ambas de la conocida Loma, la comarca central de la provincia jiennense, sobre la ribera norte del Guadalquivir. Ocho kilómetros las separan pero las unen la economía y la historia y, sobre todo, el Renacimiento, que ha hecho de ellas sendas Florencias, las Florencias de Andalucía.

La Casa del Pópulo y la de las Carnicerías Antiguas son los primeros ejemplos de esa arquitectura que el viajero ve, así como la fuente que ocupa el centro de la plaza y de cuyos leones dice la tradición que proceden de la ciudad romana de Cástulo, próxima a Baeza, pero pronto serán decenas tanto dentro como fuera del recinto murado de la ciudad. Palacios, torres, iglesias, la antigua Universidad, el seminario, conventos, la mayoría de ellos edificados en los siglos XVI y XVII, cuando la ciudad vivió su mayor esplendor merced a su producción agrícola y ganadera y a su industria de curtiduría, la salpican por doquier dándole su peculiar aspecto, a caballo entre una ciudad castellana antigua y la andaluza que es en realidad. Y todo ello en esa pequeña escala que le dan sus apenas dieciséis mil habitantes, cifra en torno a la cual siempre ha oscilado, incluso en sus mejores tiempos.

Aparcado el coche frente a la muralla, en una calle que es su paseo exterior (de hecho, se llama así: paseo de las Murallas), el viajero mira a su alrededor tratando de recordar detalles de su primera visita sin conseguir convocar ninguno. Tiene una imagen de la ciudad, pero no recuerda sus monumentos concretos, salvo el aula del instituto en el que Machado enseñó francés y que han convertido en museo y la catedral un poco. Quizá cuando vuelva a verlos lo haga, piensa mientras se encamina cruzando el arco de la muralla que se abre detrás de la Casa del Pópulo, donde está la oficina de información, hacia la Baeza vieja. Aunque no ha andado veinte metros y le sale al paso un chico joven con un cuaderno en la mano que resulta ser la carta de un restaurante cuyo menú del día le recomienda. Lo hace con voz gangosa, recitándolo de memoria:

—Tiene tres primeros para elegir: ensalada mixta, ensaladilla rusa y gazpacho; tres segundos: bacalao a la baezana, rabo de toro y hamburguesa con patatas fritas; postre y vino. Todo casero y muy rico y por sólo doce euros. Y si prefiere comer a la carta...

—Gracias, lo tendré en cuenta —le interrumpe el viajero ante la posibilidad de que se la recite entera.

—Le garantizo que el menú del día está muy bien. No encontrará otro mejor en Baeza —le persigue su asaltante calle arriba indicándole la dirección del restaurante que le recomienda, que está en la parte moderna de la ciudad, pero muy cerca—. Bajando por esta calle a cinco minutos —insiste el cazaturistas persiguiéndolo aún algunos metros.

Calle arriba, el viajero se encuentra más restaurantes y algún turista que, como él, es abordado por los propagandistas de los primeros en cuanto lo ven venir. Debe de ser que en Baeza hay mucha competencia gastronómica o que los turistas que vienen son pocos para la oferta que hay. Y eso que se ven bastantes, principalmente en las terrazas de los dos bares que ocupan un lateral de la calle frente a la fachada del instituto en el que Machado impartió sus clases, que al parecer continúa siéndolo si bien naciera como universidad. Lo delata su majestuosidad, propia de un edificio importante más que de un simple instituto de enseñanza media por más que Machado diera sus clases en él. Por desgracia, hoy el aula no se puede visitar, pues la orquesta municipal de Baeza está ensayando en el claustro para el concierto que dará esta noche, lo que obliga al viajero, como al resto de los visitantes, a conformarse con contemplar la fachada del edificio (enorme, de estilo manierista y un medallón en el centro con el tema de la Santísima Trinidad, la advocación de la Universidad cuando todavía lo era) y el claustro en el que practican los músicos ante la mirada de algún familiar.

—Y el aula de Machado ¿no se puede ver?

—No. Hoy no, porque está cerrada —le responde al viajero una señora encargada de que nadie interrumpa a los intérpretes.

Al vecino palacio de Jabalquinto, una auténtica filigrana en piedra considerada uno de los símbolos arquitectónicos de Baeza (su gótico flamígero es el mejor de toda Andalucía para muchos), y a la románica iglesia de Santa Cruz, enfrente de él, el viajero ni siquiera intenta entrar. Está deseando llegar a la catedral, pues, entre unas cosas y otras, son ya las doce del mediodía y teme que la cierren pronto. Menos mal que está ya cerca, detrás de otro edificio majestuoso, el antiguo seminario de San Francisco Neri, hoy sede de la Universidad Internacional andaluza, y de la plaza en cuesta que la precede, en el medio de la cual una fabulosa fuente, llamada de Santa María como la plaza y la catedral, refresca el calor con sus varios caños. Edificada en 1564 para celebrar la traída de aguas a la ciudad, parece un arco de triunfo más que una fuente para beber.

Sentado sobre su pretil, el viajero mira la catedral enfrente como la debieron de ver los viajeros que a lo largo de la historia de Baeza llegaron a la ciudad atraídos por su arquitectura y por la fama de sus olivos, que aún continúa (en su paseo hasta aquí ya ha visto dos o tres tiendas de aceite para turistas catalogado y envasado de mil maneras de acuerdo con su calidad y su procedencia). La fachada principal, que mira al norte obligada por las características del terreno y por las construcciones que rodean al templo como el viajero verá cuando haga lo mismo, es larga y rectangular a pesar del adosamiento a su parte izquierda de un edificio añadido y de su única torre a la esquina derecha y, aun cuando muestra en su centro una portada renacentista cuya presencia engrandece la escalinata que asciende a ella desde la plaza, que está a un nivel inferior, muestra vestigios del anterior templo gótico, principalmente los dos arcos apuntados de la antigua puerta de acceso a él. Lo que no se aprecian son restos de la mezquita sobre la que según parece se edificó y mucho menos de la basílica visigoda que antes que ésta también habría, puesto que ya Baeza era sede episcopal en aquel tiempo.

Donde sí se advierten vestigios anteriores a la catedral gótica cuya arruinada fábrica remodeló a mediados del siglo XVI el famoso arquitecto albaceteño Andrés de Vandelvira —que trabajó también en la de Jaén y por encargo del mismo obispo: Pedro Pacheco, siguiendo el modelo humanista del Renacimiento— es en la torre y en la fachada occidental, popularmente conocida como de la Luna, a saber por qué. La base de la torre, maciza y de caja cúbica, algunos la identifican con el minarete árabe, y en la fachada de la Luna, al lado de ella, un arco polilobulado de claro estilo mudéjar y un rosetón de estilo tardorrománico hablan de pasados tiempos. Finalmente, la puerta del Perdón, que esconden las construcciones pegadas a la fachada del mediodía, que es la del claustro en realidad, es de un gótico flamígero cuya belleza (y la de su entorno) se pierden muchos turistas, oculta como está en el callejón que a modo de pasadizo bordea la catedral entre palacios y caserones contemporáneos de ella y aún más antiguos. El conjunto semeja una escenografía de cine por su conservación y al parecer lo ha sido en efecto en más de una ocasión últimamente.

A la catedral se entra por la puerta de la Luna, que es la única que se ve abierta y que conduce hacia un mostrador donde una mujer joven despacha las entradas y vende libros y souvenirs a quien los desea. Hay de todo, como en la mayoría de las catedrales en las que ya cobran por entrar, convertidas en museos por los mismos que deberían abrirlas al público, pues su función primera es la religiosa. Cuatro euros son esta vez la llave de una puerta que al viajero por lo menos le servirá para todo el día.

—Por supuesto que puede entrar y salir tantas veces quiera —le dice la mujer de las entradas, entregándole la suya junto con la audioguía que lo acompañará.

Tras el panel que separa la tienda de la catedral, ésta se abre esplendorosa, llena de luz y resplandeciente, grandiosa como desde fuera ya imaginaba el viajero, que comienza a recordarla poco a poco al tiempo que la contempla. Apenas se ven personas en ella, lo que la hace todavía más clara. Y lo mismo sucede con el claustro, al que se accede por una puerta a la derecha según se entra, entre las dos capillas laterales del final de la nave de la Epístola, y en el que los pájaros son los únicos que ahora disfrutan de su tranquilidad.

En su primera vuelta a la catedral, el viajero la mira sin el socorro de la audioguía, a la que recurrirá después, cuando ya la haya visto y pensado por él mismo. Aunque reconoce el valor de la información que tanto las audioguías como las guías de papel aportan al visitante de un monumento, da igual que sea una catedral que un castillo, el viajero prefiere imaginar su historia y sus peripecias por su cuenta antes de confirmar sus suposiciones con aquéllas. Pensar e imaginar por uno mismo es tan interesante como leer o escuchar al que sabe más, que al fin y al cabo tuvo que imaginar también. No digamos ya los creadores de estos templos, que hubieron de soñarlos antes de hacerlos realidad, como el genial Vandelvira, del que sus admiradores dicen que construía con luz, más que con piedra, sus obras. La catedral de Baeza es claro ejemplo de ello y lo mismo cabe decir de la de Jaén, que el viajero verá mañana.

Los dos templos —pertenecientes a la misma diócesis pero los dos con el título de catedral merced a una antigua bula que el papa Inocencio IV otorgó a la de Baeza al trasladar la sede a Jaén— participan de la misma arquitectura, mezcla del gótico original y de las intervenciones renacentistas que Vandelvira llevó a cabo sobre ellas, dada su situación de ruina, en el siglo XVI. En el caso de la de Baeza, la intervención fue menor, según la audioguía, pero modificó el aspecto de un templo que padecía continuos desplomes, el último en 1567. Vandelvira, que no llegó a ver su obra acabada puesto que murió en seguida, respetó las columnas y las bóvedas góticas de la cabecera, así como el muro axial, que sobrevivía también, y le dio a la catedral su actual imagen, esa que los turistas admiran maravillados y sorprendidos de su luminosidad. A caballo entre el gótico y el Renacimiento y con unas cuantas gotas mudéjares (en la fachada occidental y en el claustro principalmente), la catedral baezana constituye una sorpresa vista desde dentro y más una mañana tan luminosa como esta de julio.

Por lo demás, su planta basilical, sus tres naves ampulosas, la conjunción de los arcos ojivales góticos y los de medio punto renacentistas, las bóvedas baídas que sujetan, especialmente la del crucero, que es fabulosa (de altura y de decoración), y el pavimento ajedrezado y pulido tras la reciente restauración de todo el conjunto, que al parecer llevó varios años, añaden a la luz una calidad que va más allá de su esencia misma para convertirla casi en una emoción. Con un temblor especial, la luz vibra sobre la materia en esta catedral hecha de piedra pero que parece etérea, tal es su falta de pesadez. Ciertamente Vandelvira, piensa el viajero admirando el templo desde su centro, dominaba la luz como pocos arquitectos.

De vuelta al final del templo (o al principio, si se hace caso a la audioguía, que comienza la visita desde atrás), el viajero escucha las explicaciones de ésta, que confirman sus consideraciones a la vez que añaden algunos datos a ellas. El principal de todos, el que recuerda que la catedral de Baeza fue la primera de Andalucía. No es de extrañar que el obispo de Jaén, de cuya autoridad depende, la visite cada poco, al contrario que otros obispos desplazados de su sede original, como el viajero ha visto en su recorrido.

—Hoy mismo estuvo diciendo misa en esa capilla —le confió la chica de las entradas cuando le preguntó por ello, señalándole la que tiene enfrente, que es la llamada Dorada por el color de su ornamentación.

Se trata de la capilla más destacada de la catedral al decir de la audioguía y de la guía de carne y hueso que se la está enseñando a un grupo de turistas, prácticamente los únicos que hay en la catedral ahora. Según la mujer, que habla de memoria, se trata de un espacio que ordenó construir un deán de la catedral de Lima, en Perú, a finales del siglo XVI para su enterramiento y el de sus familiares y cuyo gusto sigue modelos vandelviranos pese a que el arquitecto ya no vivía cuando se hizo. De planta rectangular y cubierta por una bóveda de cañón, la guía destaca de ella, aparte de su decoración, la espectacular portada de piedra y la reja (ésta ya protobarroca, según ella) y los nichos funerarios de los muros, pertenecientes a la familia del deán y decorados con escenas escultóricas (la adoración de los Reyes Magos, la de los pastores, la epifanía...), así como el retablo de Sebastián Solís, «que no por estar incompleto es menos hermoso». Sólo el relieve del banco central, que representa la natividad de la Virgen, la advocación de la catedral tras haberlo sido al principio San Isidoro por deseo del rey de León Alfonso VII, el primer conquistador de Baeza, dice la mujer, justificaría por sí solo la visita a esta capilla, que con razón la llaman Dorada, pues el oro la cubre casi entera.

A continuación de ella, el claustro catedralicio espera a los visitantes tras una puerta que los turistas dejan de lado (lo verán al final de su visita), lo que le permite al viajero disfrutarlo a solas, con las únicas explicaciones de su audioguía, cosa que le preocupa poco. Aparte de que son más que suficientes, no hay que ser un gran entendido en arte para advertir que este pequeño espacio rectangular rodeado de arcos de medio punto formados por pilares simples y que según algunos ocupa el patio de la mezquita que arrumbó la catedral es de concepción gótica, si bien en algunas zonas se conserven restos de la yesería árabe, lo que confirmaría la teoría de aquéllos. Las capillas, sin apenas nada en su interior salvo las dos del museo, que ocupa las de la esquina del suroeste, y la ornamentación, muy simple (tan sólo plantas sobre macetas y un pozo central de piedra), le dan un aire un tanto primitivo muy diferente a la grandiosidad del templo. Ciertamente, el arte renacentista y el gótico están a años luz el uno del otro pese a su proximidad en la Historia, piensa el viajero regresando a aquél. Tanto el museo como las capillas los deja para la tarde, pues le llevarán un tiempo del que ahora no dispone.

Nuevamente en su interior, la audioguía conduce al viajero a través de la catedral en un circuito circular que prosigue por la nave de la Epístola, donde comenzó, para terminar a los pies de la del Evangelio después de ver el altar mayor y otras capillas y dependencias, incluidas la sacristía y la torre. De las capillas laterales, la audioguía se detiene (y el viajero, que la obedece punto por punto, como la mayoría de los turistas, que ya son más) en media docena, las consideradas más interesantes. En la nave de la Epístola y, aparte de la Dorada, que quedó atrás, en la de los Dolores, de factura medieval, con un cuadro de la titular barroco en el que la Virgen aparece atravesada por una espada, y en la del Sagrario, en la cabecera, espectacular espacio cuadrado que acoge un retablo también barroco y un Cristo gótico del siglo XIV que la convierten en una de las principales del templo, y en la nave del Evangelio, al otro lado del altar mayor, las tres capillas diseñadas por Andrés de Vandelvira o atribuidas a su inspiración: la de San Miguel, la de San José y la de Santiago. Sin separación apenas entre ellas, las tres capillas vandelviranas, tres arcosolios en realidad dibujados sobre el ancho muro, constituyen un ejercicio de virtuosismo del estilo del que su autor fue maestro y una de las paradas obligadas en la visita a la catedral de Baeza; especialmente la de San Miguel, policromada y llena de sugerencias y con un relieve apaisado del descendimiento de la Cruz que eclipsa al lienzo barroco del titular que sustituyó en el centro al retablo original. Cerca de ellas, en el testero de la cabecera, la capilla de los Díaz de Quesada, de principios del siglo xv, perdió su aspecto original después de varias restauraciones, la última de ellas en el xviii, pero guarda dos lienzos que la audioguía recomienda (el viajero más el segundo que el primero): el encuentro de la Virgen con su Hijo que ocupa el centro del retablo y el de las once mil vírgenes, de preciosista estilo barroco, en un lateral.

La principal capilla, no obstante, con permiso de la Dorada, es la mayor, no tanto porque lo sea litúrgicamente, sino porque lo es también desde el punto de vista artístico. Su arquitectura gótica y su decoración barroca, compuesta principalmente por el retablo, de impresionantes dimensiones, ajustadas al arco de la cabecera, la elevan sobre las demás al igual que hizo su constructor sobre el suelo, lo que realza su magnificencia. Bajo los nervios de crucería que alzan su bóveda al cielo y entre los pilares góticos, si bien que redecorados —sus capiteles— por Vandelvira a la *renacentista,* que delimitan su espacio, el altar y la cátedra anteceden a la filigrana de oro que es el grandioso retablo que el arquitecto y escultor Manuel García del Álamo pergeñó en el siglo xvii para admiración de los baezanos y de los forasteros que se acercaban a la ciudad del Guadalquivir. Si había alguna duda de que esta catedral seguía siéndolo como las demás, este retablo lo demostraría, debió de pensar su autor, al que años más tarde el cabildo baezano, que continuaba existiendo, apuntaló en su intención al incorporar a su obra la urna con las reliquias de San Pedro Pascual, el obispo de Jaén martirizado en Granada en el 1300 por el rey nazarí Muhammad II y que es el patrón de la diócesis jiennense desde entonces. Que esté en esta catedral y no en la de Jaén subraya su condición y más sabiendo que la tradición popular dice que fue un burro, el que trasladaba los restos desde Granada una vez reconquistada esta ciudad por los Reyes

IMPERII ROMANI

Católicos, el que eligió el destino en el que descansarían para siempre. El templete dieciochesco en que lo hacen se acopla de tal manera con el retablo que desde lejos nada lo diferencia de él, dorado todo hasta el último rincón y ornamentado con varias esculturas y dos lienzos entre los que destacan, en la calle central, la de la Virgen, apodada de los Mártires por haber aparecido en las excavaciones que en busca de éstos se hicieron a comienzos del siglo XVII en el antiguo alcázar de Baeza, y sobre ella la de San Andrés, el patrón de la ciudad.

Un púlpito policromado de hierro y madera del que la leyenda dice que en él predicó San Vicente Ferrer y sobre el que se representan escenas de la vida de Sansón, así como los apóstoles San Pedro y San Andrés y los cuatro obispos fundadores de Baeza, y una gigantesca lámpara completan el escenario de la capilla mayor y el arranque de la nave principal junto con la decoración de sus altas bóvedas, ajena ya a Vandelvira pero adecuada a su concepción del templo. La del crucero, por ejemplo, una media naranja de gran dimensión, atrae todas las miradas no sólo por ésta sino por su decoración en relieve hecha a base de círculos concéntricos y con los cuatro evangelistas en las pechinas contemplando al que los mira desde abajo con el hieratismo de quien está ya en el cielo. Aunque para hieratismo el de la custodia eucarística, joya de la platería andaluza del siglo XVIII, según la audioguía, que el cabildo ha guardado en una hornacina a los pies del templo protegida por un cristal antibalas y que, pese a sus dos con veinte de altura, gira al encender la luz para que los turistas la puedan ver completa, y la del capitán Lechuga, nacido en 1557 en Baeza y muerto en 1622 según un cartel moderno y cuya militar efigie reposa detrás de una bella reja sobre el sepulcro en el que lo hacen sus restos. Nada que ver con el San Cristobalón que contempla el templo desde la pared contigua y que no es otro que el que mereció los célebres versos del Machado más inspirado cantando a Baeza y a su catedral. También se muestran en la pared, junto al San Cristobalón: «Sobre el olivar, / se vio a la lechuza / volar y volar. / Campo, campo, campo. / Entre los olivos, / los cortijos blancos. / Y la encina negra, / a medio camino / de Úbeda a Baeza. / Por un ventanal, / entró la lechuza / en la catedral. / San Cristobalón / la quiso espantar / al ver que bebía / del velón de aceite / de Santa María. / La Virgen habló: / Déjala que beba, / San Cristobalón. / Sobre el olivar, / se vio a la lechuza / volar y volar. / A Santa María / un ramito verde / volando traía...».

—Vamos a cerrar ya.

La advertencia de la mujer, que se ha asomado para decírselo, sobresalta a un viajero ensimismado, concentrado en la lectura de los versos que ante el cuadro al que se refieren alcanzan mayor emoción.

—¿Ya?...

—Son las dos —le sonríe la mujer.

—¡Cómo se pasa el tiempo! —hace lo propio el viajero dirigiéndose hacia el mostrador, donde devuelve a aquélla la audioguía. Es el último en salir, a lo que se ve—. Hasta las cuatro —se despide.

—Hasta luego —le responde la mujer.

Hasta las cuatro al viajero le da tiempo a trasladar sus cosas al hotel, que no está muy lejos, recorrer un poco Baeza, que hoy sábado muestra una tranquilidad festiva, como de domingo ya, y a tomar unas tapas en un bar de la plaza, justo enfrente del que le recomendó al llegar el chico que lo asaltó cuando se dirigía hacia la catedral. La plaza, que es alargada y está ajardinada en parte, sirve de conjunción a las dos Baezas, la moderna y la antigua, lo que hace que durante todo el día los baezanos pasen por ella, como el viajero comprobará. A mediodía lo más concurrido son sus soportales, donde están los restaurantes y las tiendas, pero de noche lo serán los bancos y el paseo, especialmente en este tiempo.

Alrededor de la plaza la ciudad se abre en dirección a las dos Baezas componiendo una especie de abanico que el viajero, después de tomar café, recorre en ambos sentidos para hacerse una idea de cómo son. Poco a poco, la gente ha desaparecido y a las cuatro apenas quedan los turistas. Como es natural, éstos están en la parte antigua, aunque en la nueva también hay monumentos que merece la pena visitar. La antigua cárcel, hoy Ayuntamiento, por ejemplo, o las ruinas vandelviranas del monasterio de San Francisco, obra cumbre de su autor que la invasión francesa y un terremoto convirtieron en lo que ahora se ve.

De vuelta a la catedral, el viajero admira otros monumentos, unos ya vistos y otros desconocidos, que lo convencen definitivamente de estar en una ciudad de cuento, en un decorado histórico cuyas piedras y cipreses acrecientan la impresión de irrealidad y más a esta hora de la siesta en la que prácticamente nadie anda por sus calles. Tan sólo en algunos bares se ve a algún camarero recogiendo aún o a turistas rezagados apurando sus consumiciones antes de regresar a su condición. En la catedral, entre tanto, la chica de las entradas ocupa ya su puesto a la espera de que lleguen sin perder su hermosa sonrisa pero con cara de aburrimiento. En cuanto ve al viajero le da su audioguía al tiempo que le pregunta:

—¿Qué tal le ha ido por Baeza?

—Bien —le responde el viajero, agradecido.

—¿Comió bien?

—Normal. Unas tapas en la plaza... Me reservo para la cena —sonríe el viajero a su vez.

—Hay muchos sitios para cenar en Baeza —dice ella.

—Luego te preguntaré.

Antes de proseguir su visita, a la que ya le quedan pocas cosas, el viajero se sienta en el claustro un rato a tomar las notas que dejó a medias para comer aprovechando que no hay nadie en él ahora. Como por la mañana, sólo los pájaros y alguna abeja trinan y zumban sobre su cabeza concentrada en la escritura aunque de cuando en cuando la levante para admirar el hermoso espacio en el que se encuentra. Solamente al acabar ve llegar a un matrimonio que, como él, visita Baeza y su catedral vacía. Tras ellos se va al museo no sin antes contemplar las tres capillas cuyas yeserías mudéjares hablan bien a las claras de su pasado morisco, que no necesita que nadie lo reivindique.

El museo ocupa la antigua sala capitular, que a su vez ocupó un par de capillas de la esquina suroeste, y dos salas más pequeñas comunicadas para esa función. Dada su pequeñez no guarda demasiadas cosas, pero las que tiene son muy valiosas. La biblioteca, formada con fondos del seminario y la catedral, así como de los conventos desamortizados, que fueron varios en Baeza (el de San Francisco el principal de ellos), y la colección de libros corales, la mayoría del siglo XVI, son lo que más llama la atención, pero las tablas renacentistas de los apóstoles Pedro y Pablo obra de Antón Becerra, padre del escultor Gaspar Becerra, que era de Baeza, son lo que más conmueve al viajero junto con una puerta de sagrario de alabastro y un relicario italiano de coral con un *lignum crucis,* ambos del siglo XVIII. Al matrimonio que ha coincidido con él visitando el museo lo que más le impresiona, en cambio, a juzgar por sus comentarios, son las ropas litúrgicas y otros objetos pertenecientes al obispo Rubín de Ceballos, natural también de Baeza y último inquisidor general de España, que vivió en el siglo XVIII, y, ya mucho más modernos, de apenas hace unos años, los de don José Melgares Raya, el canónigo que está enterrado en una capilla del claustro y que, según parece, fue el alma de esta catedral en vida. Artículos y fotos así lo dicen en las paredes, que muestran también el estado de aquélla antes de su restauración, que al parecer promovió el canónigo: «En su tiempo se reparó el templo, en su día se afianzó el santuario (Eclesiastés, 50:2)», reza sobre su sepultura bajo los años en los que nació y murió: 1929-2007.

En la crujía opuesta a la del museo, la sacristía ocupó todas las capillas, por lo que el claustro se acaba en ella sin más adornos. Los adornos están dentro de la sacristía, a la que hay que acceder a través del templo, por una puerta, por cierto, de gran belleza llamada de San Andrés; es del siglo XVI y de estilo plateresco y perteneció a la capilla de la catedral que, unida a las tres del claustro, daría lugar a la sacristía. Como la sala capitular, ésta ha sido convertida en un museo, con varios cuadros y objetos de irregular interés y mérito.

Unas cuantas piezas sueltas, algunas fuera de las capillas (una imagen de la Virgen con el Niño plateresca, una Sagrada Familia de Valdés Leal, la antigua reja del coro, obra del maestro Bartolomé, el autor de la de la capilla real de Granada, o los restos de la antigua sillería, distribuidos por diferentes espacios del templo) y otras dentro de ellas, como la pila bautismal renacentista, en la conocida como de los Viedma, y otro vistazo a las bóvedas y el viajero está ya dispuesto para subir a la torre, cuya visita ha dejado para el final. Quiere admirar Baeza desde allá arriba con luz poniente y a esta hora, aunque los días son largos, habrá empezado a caer. Y, además, ya no le queda mucho tiempo: son las seis y veinticinco y a las siete cierran la catedral.

Por la escalera arriba, el viajero va reservando fuerzas, pues es empinada y larga, condicionada por la estrechez de la torre y obligada por su considerable altura. Al principio, la escalera es de metal, casi como si fuera de un submarino o una escalera de incendios, pero en seguida la sustituye otra de piedra que conduce ya hasta lo más alto girando como un caracol o como una soga enrollada sobre sí misma (mirada de arriba abajo, semeja un pozo, al revés). El viajero sube solo, pero a mitad de la torre se encuentra con dos mujeres, una madre y una niña, que ascienden mucho más lento, pues ésta tiene dificultad para hacerlo. Se detienen cada poco a mirar por las luceras o hacia abajo, pero antes del campanario se dan la vuelta, pues la niña tiene vértigo. O la madre por ella, no se sabe bien. Así que al campanario el viajero se asoma solo y durante unos minutos se entretiene en contemplar Baeza desde las alturas entre los huecos que las campanas dejan para poder hacerlo. Baeza, reverberante a esta hora como el horizonte, sobre todo hacia el sur, donde Sierra Mágina lo corta a pocos kilómetros (hacia el norte, Sierra Morena también lo hace, pero lejísimos), es un mar de tejados rojos y casas blancas y ocres sobre los que sobresalen las torres de sus palacios e iglesias y los cipreses y los frutales de sus jardines. Y alrededor de ella los olivares se extienden por las montañas y las colinas y por la hondonada del Guadalquivir, que pasa abajo, muy lejos, invisible para los baezanos y para un viajero que inútilmente lo busca durante un rato entre la vegetación. ¡Qué vista tan extraordinaria!, piensa mientras se demora en ello.

Pero ya tiene que bajar. No vaya a ser que le cierren y le dejen dentro. Al fin y al cabo, la chica de las entradas no sabe que está en la torre. Mientras baja, el viajero, que es claustrofóbico, empieza a imaginar que eso ocurriera y le dejaran toda la noche en la catedral como alguna vez escuchó de alguien en la de León. ¿Qué haría si eso pasara? Llamaría desesperadamente con su teléfono móvil hasta que viniera a abrirle la policía o quien fuera. La sola idea de quedarse toda la noche en la catedral a oscuras, o peor, viendo a la luz de las pocas velas que quedarán encendidas en la capilla Dorada o en la mayor para acompañar al Santísimo las imágenes de santos y los sepulcros, le produce taquicardia, una sensación que acrecienta el estrechamiento de la escalera de metal, que bajando parece aún más angosta que al subirla, como si efectivamente fuera la escala de un pozo o de un submarino. La taquicardia deja de serlo para convertirse en conato de paro cardíaco cuando el viajero descubre al llegar al final del todo que la puerta de la torre está cerrada y que lo está por fuera y no va a poder salir...

El golpe es tan estruendoso que la chica de las entradas y otra persona, un hombre que resulta ser el sacristán, aparecen corriendo al fondo de la catedral asustados por él tanto o más que el propio viajero. Éste ha empujado con tanta fuerza la puerta que el golpe ha sonado como si se descerrajara.

—¡Perdón! —se excusa el viajero, al advertir el susto de los otros dos.

Resulta que la puerta estaba abierta pero no lo ha sabido hasta que la empujó con fuerza.

—Pensé que se había caído alguna cosa —justifica su susto la de las entradas.

—No, fui yo, que creía que me habían dejado encerrado en la torre... —se disculpa el viajero con cierta vergüenza.

A la salida ya se ha calmado. La tarde avanza con lentitud pero alrededor de la catedral hay más gente, personas que se dirigen hacia la Baeza moderna o, al revés, suben hacia la vieja dando un paseo. Frente a la puerta de la Luna, mientras la chica de las entradas se aleja tras despedirse (el sacristán ha quedado dentro), el viajero mira la torre en la que hace unos minutos pensó que se quedaría y respira con satisfacción. Aunque bien pensado —considera ahora— no habría estado nada mal contemplar el atardecer desde allá arriba, desde el campanario gótico (reconstruido tras desplomarse en el siglo XIX al parecer) que en el XVI le añadieron a la base del alminar mudéjar.

A falta de esa posibilidad, el viajero la sustituye por otra opción que, además de factible, tiene a la mano en este momento. Ya la tenía pensada desde que llegó a Baeza y se enteró de que Antonio Machado era la que prefería, tanto como para que hoy en ese lugar le hayan dedicado un mirador. Se trata del paseo que bordeando el antiguo alcázar de Baeza, hoy convertido en campo de excavaciones o en descampado sin más, rodea la colina en la que asentó sus muros asomado al valle del Guadalquivir y a las montañas de Sierra Mágina y Aznaitín, tan colosales como la hondonada de éste. Desde él y a esta hora ya avanzada de la tarde, la vista es tan fabulosa que al viajero no le sorprende que fuera la preferida de don Antonio Machado los años que pasó en Baeza: «Desde mi ventana / campo de Baeza / a la luna clara. / ¡Montes de Cazorla, / Aznaitín y Mágina! / ¡De luna y de piedra / también los cachorros / de Sierra Morena! (...) / ¡Campo de Baeza, / soñaré contigo / cuando no te vea!», escribió una tarde parecida a ésta o el viajero al menos lo quiere pensar así. Que en los versos salga la luna y el sol ahora sea el que ilumina el paisaje, cierto que cada vez con menos fuerza, no le supone ningún obstáculo para ello. Todo es cuestión de imaginación, se dice.

La vuelta a la catedral, que hace por entre casitas bajas a cuya puerta algunos vecinos toman el fresco o miran jugar a sus perros y palacios cerrados quién sabe desde hace cuánto tiempo, al viajero le tiene reservada otra sorpresa. Aunque a las siete cerró para las visitas, la catedral tiene abierta su puerta principal de par en par para una boda a cuyos protagonistas ya esperan los invitados ataviados como es de rigor y turistas y vecinos de Baeza atraídos por la curiosidad. La escalinata está cubierta por una alfombra y llena de flores y en torno a ella los invitados forman grupos, mientras que los curiosos se arremolinan principalmente junto a la fuente haciendo comentarios sobre sus atuendos:

—¡A quién se le ocurre traer tacones! —critica una señora viendo a unas invitadas andar por el empedrado como patinando por culpa de ellos.

Por fin llegan la novia y el padrino nada más y nada menos que en calesa con cocheros y además tirada por dos percherones negros cuyos cascos resuenan sobre las piedras sacando chispas.

El espectáculo es decimonónico. Por el atuendo de los cocheros, que representan su papel con gran perfección, y por la imagen del carruaje y de los caballos dando la vuelta a la plaza como si fuera una boda de alcurnia. Algo que no parece a juzgar por otra vecina que lo comenta con la anterior al lado del viajero:

—Pero ¿de dónde sacarán el dinero éstos?

Lo mejor es que, al acabarse la boda, a la que el viajero asiste sentado entre los invitados para poder ver la catedral en todo su esplendor (y aprovechando para tomar unas cuantas notas entre rezo y rezo), se enterará de que las dos señoras no se conocen de nada pese a su complicidad. Es más, una de ellas ni siquiera es de Baeza:

—Yo soy de Salamanca —le dice a la otra llegado un momento mientras esperan a que los novios salgan—. Estoy en Baeza de paso.

El que ya no espera más, ni a los novios ni a que la catedral se cierre, es el viajero, que lleva aquí todo el día y que empieza a tener ganas de cenar, pues a mediodía apenas tomó un aperitivo. Así que, tras contemplar por última vez la plaza, en la que continúan los invitados y los curiosos y, por supuesto, el carruaje con los dos percherones negros y los cocheros para llevarse a los novios al lugar donde se celebrará el banquete, se pierde por una esquina en busca de su propia mesa, que no tardará en encontrar. En el jardín del hotel Puerta de la Luna, cerca de la de la catedral, donde se regala una cena de auténtico lujo sentado al lado de la piscina, entre naranjos y en compañía de unos extranjeros, mientras ve sobre su cabeza la torre iluminada en la que a punto estuvo de quedarse encerrado hace unas horas y que parece un faro en la noche de la Baeza antigua e inmortal. Luego, como un baezano más, bajará caminando hasta la plaza principal, atestada de gente en la noche de julio, que además es de sábado y la primera de las vacaciones para más de uno. Para él no, pero no le importa, porque viajar para él es una pasión, no un trabajo. Se lo dice a sí mismo mientras pasea viendo palacios e iglesias y la propia animación de la ciudad, que no decae, y se lo cuenta después a la estatua de don Antonio Machado, junto a la que se sienta de vuelta a su hotel, que está cerca. Unos metros más allá, el Casino que el poeta conoció acoge esta noche un baile a lo que se ve, quizá el de la boda de la catedral.

«Este hombre del casino provinciano / que vio a Carancha recibir un día / tiene mustia la tez, el pelo cano...», leerá el viajero después, ya en su habitación, antes de dormirse.

El reino de los olivos

En Jaén el olivo lo preside todo: el paisaje, la ciudad, la iconografía de los establecimientos, hasta las camisas de los guías turísticos, que se identifican con una ramita de olivo a modo de insignia. En Jaén y en su provincia el olivo es, más que un árbol, el símbolo de su identidad.

El viajero, al que le despertaron las campanadas de las iglesias de Baeza y que desayunó un pan con aceite en una terraza junto a su hotel antes de recorrer los cincuenta kilómetros que separan La Loma de la capital, todos entre olivares por autovía, va pensando lo anterior mientras asciende la calle que le conduce hacia la Jaén antigua, que ocupa la parte alta de la ladera de la montaña sobre la que la ciudad se extiende como una sábana puesta a secar al sol. Más arriba, separado bastantes metros de ella, el castillo-parador que le dio origen domina el millón de olivos que rodean la ciudad hasta donde la vista alcanza. O, mejor: los millones de olivos, pues son incontables los que la ciudad contempla.

Por lo demás, el aire huele a aceite a pesar de que hoy es domingo y las cooperativas tienen paradas sus almazaras, aparte de que no es época de molienda. Se ve que el olor a aceite está tan metido ya en la propia atmósfera que es imposible que se desprenda de él. Y más con los continuos recuerdos que la ciudad tiene para su producto estrella, como las tiendas que lo ofrecen cada poco por las calles o el monumento que le ha dedicado en una plazuela, no muy bonito, es verdad, pero sí elocuente y muy realista: unas cántaras de barro puestas en círculo en torno a un alfar de los muchos que hubo en Jaén para su fabricación, pues eran el mejor sistema para almacenar el aceite y transportarlo de un sitio a otro. Hoy ya apenas si se usan, pero en la memoria de los jiennenses las cántaras del aceite siguen tan vivas que ni los chinos con sus inventos modernos podrán acabar con ellas. No así con el aceite mismo, que el jubilado con el que el viajero pega la hebra y al que pregunta por el futuro del oro verde de su provincia, dice que se acabará, puesto que los asiáticos están plantando muchos olivos «y, como venderán el aceite más barato, como todo, terminarán con el de Jaén».

—¿Usted cree? —pone en duda el viajero su opinión.

—¿Usted no? —le devuelve la duda el jubilado mientras se aleja andando con su bastón.

Sin necesidad de él, pero con más esfuerzo, pues va hacia arriba, el viajero continúa su camino, del que ya le queda muy poco, pues la catedral asoma ya sus dos torres sobre los edificios que le separan de ella, todos modernos salvo el de la Diputación. Se trata de un gran palacio decimonónico levantado al gusto barroco en el solar de un antiguo convento y, según la información de la placa en la que el viajero lo lee, el edificio civil más importante de la ciudad.

Sobre el religioso no hay ninguna duda. No sólo por su categoría, sino por su tamaño, que es fabuloso, parece claro que la catedral es la construcción jiennense más importante y valiosa, incluidas las civiles. Sólo el castillo, que está allá arriba, enriscado en la montaña a la que Jaén se agarra y transformado en parador de turismo para darle un uso, podría hacerle alguna sombra, pero está tan lejos que los vecinos no lo consideran de la ciudad como a los demás. Y aunque estuviera más cerca. Difícilmente competiría con esta inmensa mole de piedra cuya presencia en medio de la ciudad hace pensar en que se cayó del cielo más que en que brotara de ella. Pese a lo cual tiene una armonía que sorprende al que la descubre por vez primera al final de la calle que en pendiente comunica la parte baja de Jaén con la enorme plaza que se abre detrás de ella (delante en términos arquitectónicos: da a su fachada principal) y que es tan impresionante como el propio templo. Cuesta creer que una ciudad tan pequeña construyera una catedral tan grande por más que cuando lo hizo fuera la capital de un reino.

¿Cuántos miles, millones de toneladas de piedra habrá en este edificio? ¿Cuántos hombres dejarían su esfuerzo y hasta sus vidas para conseguir alzarlo? Mientras lo mira aturdido, el viajero piensa en esas cosas sin alcanzar a comprender qué empeño pudo llevar a sus hacedores a construir una catedral tan ciclópea. Que se levantara sobre el solar de la antigua mezquita aljama de Jaén como parece ser que ocurrió y que cuando se construyó la ciudad jiennense acabara de estrenar la capitalidad de su reino y de la diócesis que le arrebató a Baeza no explica esta desmesura ni la desproporción de tamaño y altura respecto al resto de la ciudad. Ni siquiera la presencia del Palacio Episcopal y del Municipal enfrente logran a contrarrestarlas un poco y mucho menos con una plaza tan gigantesca como hay en medio. Todo es tan desmesurado aquí que, más que maravillar, impone, hasta que se acostumbra uno.

Pero el viajero no tiene mucho tiempo para ello. Al viajero, entre dejar sus cosas en el hotel y subir hasta aquí después, más el tiempo que empleó en llegar desde Baeza, se le ha ido media mañana y no quiere perder la otra mitad; y menos viendo las dimensiones de este edificio que por dentro imagina tan gigantesco como por fuera. Así que, tras contemplar unos instantes la fachada principal, un portentoso retablo en piedra enmarcado por las dos torres que dominan la catedral y la plaza y hasta la ciudad entera, que parece aplastada bajo ellas, se dirige hacia sus puertas, que son tres, las tres protegidas por una verja sostenida por columnas acordes con la proporción del templo. La verdad es que se diría que éste fue construido por gigantes y no por hombres normales.

Por dentro la sensación es la misma. El volumen interior es tan enorme que impresiona tanto o más que el exterior. Aunque a la vez es tan luminoso (la famosa luz de Vandelvira, que el viajero ya sabe fue su arquitecto principal) que la impresión se suaviza y lo hace más humano y apacible. La posición del coro en su sitio ayuda, además, a que sea así, pues interrumpe su visión completa, e igual sucede con el silencio, que contrasta con la algarabía que había en la plaza, llena de gente, sobre todo hombres mayores que charlaban animadamente en grupos mientras las palomas revoloteaban a su alrededor. Dentro de la catedral, en cambio, los que hay susurran para no molestar al resto o rezan arrodillados delante de alguna imagen aprovechando que hoy es domingo y pueden entrar libremente.

Lo que no podrían ya hacer si quisieran es visitar la sala capitular y la sacristía, así como el museo, pues a las doce y a la una hay sendas misas, por lo que las visitas turísticas (culturales, les dicen aquí) se acabaron ya. Al viajero se lo cuenta la chica de las entradas, que, como la de Baeza, regenta también una tiendecita con libros y souvenirs en el espacio que ocupa los pies de la nave de la Epístola, sin duda una antigua capilla habilitada para tal función.

—Pero son las once... —comprueba el viajero en su reloj la hora.

—Por eso. La última visita acaba de entrar —le responde la mujer, que es tan amable como la de Baeza.

—¿Y por la tarde?

—Por la tarde no abrimos —dice la mujer, mirándolo—. ¿No vio el horario al entrar?

—¿Que no abren por la tarde? —se alarma el viajero al enterarse de ello. Si es así, sólo tiene la mañana para ver la catedral—. Pero si hoy es domingo... —alega.

—Por eso. Todas las catedrales cierran los domingos por la tarde —dice la mujer.

—No es verdad —contesta el viajero.

—Yo creo que sí.

—Pues se equivoca... ¿Y qué hago yo toda la tarde en Jaén?... Vine a ver la catedral expresamente —se lamenta el viajero mirando a su interlocutora mientras ella lo observa con expresión apenada.

—Pues por la tarde aquí cierran todo —le advierte.

—¡Pues qué bien! —exclama el viajero pagándole los dos libros que coge del expositor: *Las catedrales de Vandelvira (Jaén-Baeza),* de Pedro A. Galera Andreu, y una guía de Jaén. A cambio, la mujer le regala otra, mucho más pequeña: la de la visita a la catedral jiennense.

Con ellas en la mano y comprobando el tiempo del que dispone (menos de tres horas) para ver esta catedral inmensa, el viajero abandona la tienda de souvenirs y se lanza a hacerlo con prisa, puesto que, además, la chica de las entradas le ha dicho que mientras se celebran las misas no podrá andar por determinadas zonas. Encima, piensa resignado a ello y dispuesto a ver lo que pueda ver, que no será todo, se teme.

Como la capilla mayor y la nave principal podrá admirarlas durante las misas, lo que hace el viajero es comenzar, al revés que siempre, por las laterales y el deambulatorio, que es recto como el de Baeza. Se ve que a Vandelvira, como a sus contemporáneos, le gustaba más la línea recta que la curva en concordancia con su concepción del mundo: tras la sombría mística medieval, la luz del Renacimiento necesitaba espacios más amplios y susceptibles de iluminarse naturalmente. Incluso en catedrales como esta de Jaén, o como la de Baeza, que es coetánea, cuyas estructuras originales son góticas, las intervenciones de Vandelvira y sus continuadores en ellas las convirtieron en templos llenos de luz, una luz suave y nada violenta pese a estar en Andalucía, donde la luz a veces quema los ojos. No hoy ni ayer, por suerte para un viajero al que el calor de Jaén le preocupa más que lo que hará por la tarde, con la catedral cerrada.

Antes de empezar a verla, la pared del trascoro reclama su atención y le advierte, de paso, de que la catedral de Jaén, aun siendo renacentista en su concepción (y gótica en sus orígenes), tardó en concluirse tres siglos, lo que la convierte en un compendio de estilos. Así, el trascoro, que es portentoso, se despega claramente del Renacimiento para adscribirse al estilo neoclásico, lo cual es lógico, pues se ejecutó en el último tercio del siglo XVIII. Incluso se retocó todavía en el XIX parece ser, sustituyendo las dos tallas que tenía de David y Salomón por otras de San Lorenzo y Santo Toribio de Liébana, que son las que muestra ahora. El lienzo que lo preside, del valenciano Salvador Maella, representa a la Sagrada Familia, si bien es más conocido como la Virgen de Belén y, también, como el cuadro de las tijeras por las que se ven en él y que al parecer conceden un deseo al que se lo pide.

Pero el deseo que el viajero pediría ahora, que es que le dejen ver este templo con tranquilidad, no se lo pueden conceder, así que comienza su andadura por las naves laterales, primero la de la Epístola y luego la del Evangelio, para poder contemplarlas antes de que se inicie la misa de doce. Lo logra a medias, pues las capillas son tantas en ambas naves que salvo que las mirara sin detenerse no le habría dado tiempo a escudriñarlas todas. Menos mal que las guías le señalan las mejores, que son fundamentalmente las de San Sebastián y la de la Virgen de los Dolores, en la nave de la Epístola, y la de San Miguel, en la del Evangelio. La de San Sebastián por ser la capilla sacramental y por el sugerente lienzo del titular de Sebastián Martínez, pintor jiennense del XVIII, y las de la Virgen de los Dolores y de San Miguel por el retablo en forma de medallón con lienzo de la transfixión de la Virgen del sevillano Domingo Martínez, también del siglo XVIII, y por la decoración barroca que cubre toda la capilla y el retablo ovalado de San Miguel con cuadro del titular en el centro y otro sobre cristal de la Virgen del Alcázar de Baeza debajo, respectivamente.

Entre capilla y capilla, el viajero anota también algunas obras de interés, como la custodia que hay en la antesacristía, a la derecha del crucero, en una hornacina, y que gira como la de Baeza para poder ser vista por ambos lados pero que resulta ser copia de la original, destruida en la guerra civil, o el cuadro del San Cristobalón del muro contiguo, que también recuerda al de Baeza (se ve que por estas tierras San Cristobalón es santo muy venerado), y alguna que otra curiosidad, como los confesionarios de la nave de la Epístola, todos a pleno rendimiento en este momento, o los sepulcros de obispos que se ven por todos los lados, muchos de ellos con calaveras grabadas al pie de sus nombres en alusión nada sutil a la muerte. Aunque, a decir verdad, esas notas el viajero las toma sentado frente al altar mientras transcurre la misa del mediodía, que oficia un cura calvo ayudado por otro y un sacristán. Los tres andarán por la cincuentena, como la mayoría de los asistentes. Desde su banco, el viajero aprovecha la misa para contemplar también la capilla mayor y la parte delantera de la nave principal, cuyas fabulosas bóvedas recuerdan a las de la catedral de Baeza. Es natural, pues siguen el canon renacentista de Vandelvira, aunque, como aquéllas, las ejecutaran sus continuadores. En concreto, la cúpula del crucero, una circunferencia de doce metros y medio de diámetro por cincuenta de altura, según la guía turística, es obra de Juan de Aranda Salazar, arquitecto jiennense con varias obras en su provincia y en las de alrededor. Bajo la cúpula, los bancos de los feligreses son reflejo de su luz e igual sucede con el altar mayor, enfrente de ellos, que también ilumina indirectamente con su linterna pese a que para la misa se ha encendido la iluminación eléctrica. Entre las dos resaltan cada detalle del presbiterio y todo su entorno, tanto los capiteles de las columnas, que son enormes también, como el altar mayor y el sagrario que hay al fondo, detrás de la cátedra del obispo, que es de madera. El altar es una mesa de mármol rojo que costeó el obispo Rubín de Ceballos (aquel cuyas vestimentas se exhibían en el museo de la catedral de Baeza), mientras que el tabernáculo del sagrario, que mide más de tres metros, es una hermosa pieza de orfebrería elaborada con jaspes y bronces, también con cristal y mármoles (el de los ángeles que hacen que lo sujetan, por ejemplo) según la guía turística, aunque desde donde está sentado el viajero no los distinga bien. Y aún menos que él el retablo mayor, semioculto por el tabernáculo y separado del presbiterio por una reja, que ocupa el arco inferior del testero.

Hacia él se dirige el viajero cuando termina la misa, pues en la guía ha leído también que, aparte de su valor intrínseco, guarda la joya de las reliquias de la catedral jiennense, que no es otra que el lienzo con la Santa Faz de Cristo, la misma que según la tradición quedó impresa en él cuando le secó el sudor la Verónica. El retablo resulta ser un puzle hecho con piezas de varios estilos, desde el neoclásico de su arquitectura, que acoge de abajo arriba los tres órdenes helénicos: el dórico, el jónico y el corintio, al gótico de la Virgen que ocupa el hueco central y que según la leyenda fue regalo del rey Fernando III el Santo, que la portaba en sus batallas, a Jaén, y la reliquia resulta que está escondida en su caja fuerte, o mejor, en sus cajas fuertes, pues son varias las que oculta según parece la tabla en la que la reprodujo el pintor local Sebastián Martínez. El lienzo sólo se saca para exponerlo a la veneración del público en contadas ocasiones, lo cual no es de extrañar habida cuenta de su valor y de las vicisitudes por las que ha pasado desde su milagrosa llegada a Jaén traído, según unos, por el obispo Nicolás de Biedma, al que se lo habría regalado el papa Gregorio XI, en el siglo XIV y, según otros, más fantasiosos, el mismísimo San Eufrasio, fundador en el siglo I de la diócesis de Iliturgi, antecedente de la de Jaén, que lo habría obtenido del papa correspondiente tras volar por los cielos hasta Roma para advertirle de que una mujer en la que confiaba era el demonio, y de la que no fue la menor su desaparición en la guerra civil española, pues, cuando se recuperó (en un garaje de París, al año de terminar aquélla), le faltaba el lazo de brillantes que le había mandado hacer para embellecerlo una duquesa devota a comienzos del siglo XIX.

A la izquierda de la capilla mayor, la que ocupa el testero del lado del Evangelio no tiene una reliquia del valor del Santo Rostro pero sí un cuadro de Valdés Leal del rey Fernando III el Santo encargado al pintor por el cabildo de la catedral jiennense con motivo de su canonización en 1671 que la destaca sobre las demás capillas del deambulatorio. Y lo mismo sucede con la de San Benito, ésta por el retablo de Pedro Duque Cornejo, pintor y escultor barroco del XVIII, mandada hacer por el obispo Benito Martín, cuya imponente lápida sepulcral, que adornan dos esqueletos, ocupa el suelo debajo de él. Las demás tienen ya menos interés, aunque alguna hace pararse al viajero para anotar las curiosidades que encierran, como es el caso de la de Santa Teresa, contigua a la de San Benito y del mismo estilo que ella, en la que un cuadro-exvoto recuerda al padre Poveda, fundador de la Institución Teresiana nacido en Linares y asesinado en la guerra civil en Madrid, canonizado ya por la Iglesia católica como el rey Fernando, o como el de la del Niño Jesús, en la nave opuesta, donde la fotografía de un paisano suyo, un tal Manuel Lozano Garrido, alias *Lolo,* espera a serlo también, para lo que cuenta con los mismos méritos o más: el tal Lolo, aparte de haber sido miembro de Acción Católica y de haber desarrollado un gran trabajo como propagandista radiofónico de la religión, era ciego y paralítico, pese a lo cual nunca perdió la fe.

Aunque para devoción y fe, piensa el viajero mirándolos con sorpresa (en el exterior del muro de la capilla donde está

Lolo, en el brazo izquierdo del crucero), la de los depositantes de todos estos exvotos que cuelgan a los pies de un Cristo y con los que le agradecen los favores recibidos o le piden que se los conceda. Hay de todo: reproducciones de brazos y piernas en miniatura, medallas, escapularios, cruces, cartas, hasta fotografías. Por haber hay hasta una ecografía de un feto con un mensaje escrito en letra muy torpe que dice: «Cristo de la Misericordia, que sea una niña sana, salud». El Cristo crucificado no dice nada pero se le ve que lo escucha todo.

El sonido de una campanilla, la que anuncia la misa de la una, sorprende al viajero ya parado ante una columna de las que separan el presbiterio del coro, o sea, donde están los bancos, en la que una placa de mármol recoge unos cuantos nombres bajo la leyenda «Reverendos Sacerdotes Diocesanos asesinados en la Revolución Marxista. Julio de 1936 a Marzo de 1939». La relación, como la de la catedral de Ibiza, es nutrida y la encabeza el obispo Manuel Basulto y Jiménez. Al viajero, en cualquier caso, lo que más le llama la atención es la expresión «revolución marxista» para referirse a la guerra civil española y que se mantenga aún a fecha de hoy dentro de una catedral. ¿No es la Iglesia de la reconciliación?

Durante toda la misa, que oficia el cura que en la anterior hacía de segundón tras invertir su puesto con el compañero, el viajero le da vueltas a la frase mientras observa que placas como la que acaba de ver ocupan también las otras columnas que separan el presbiterio del coro, todas con nombres de asesinados en esa revolución marxista que para quien las mandó grabar fue la guerra civil española, contra toda veracidad histórica. Al viajero le extraña, además, que sigan aquí después de que una ley, la conocida como de la Memoria Histórica, obligue a quitar de los sitios públicos cualquier alusión partidista a ese enfrentamiento en pro de la reconciliación de los españoles. Algo que precisamente pondera el oficiante de la misa en este momento al hablar del perdón como gran virtud.

—¿No cree que deberían quitar ya lo de la revolución marxista? —le pregunta no a él, sino al sacristán, cuando termina la misa, un viajero decidido a meter el dedo en la llaga aunque sin imaginar que tanto: el sacristán, que se ha detenido al verlo, le mira con ojos de estupefacción.

—¿Usted piensa eso? —responde—. Pues me parece muy bien. Pero yo no voy a hablar con usted —añade, echando a andar hacia la sacristía.

—Perdone —le dice el viajero, siguiéndolo—. Yo le he preguntado con educación.

—Y yo le he dicho que no voy a hablar con usted —repite el sacristán, visiblemente enojado.

—Yo no le estoy diciendo que quiten las placas con los nombres. Digo que no es verdad lo de la revolución marxista —intenta razonar sin elevar la voz el viajero— y que deberían quitarlo.

—Ésa es su opinión —dice el sacristán, volviéndose—. La mía no es ésa. Así que no voy a seguir hablando con usted —repite.

—Pues muy bien. Luego se quejan de que la gente critique a la Iglesia... —le dice el viajero.

—Primero, yo no soy cura. Y, segundo, no estoy de acuerdo con que no fuera una revolución —responde el sacristán, al que se le nota cada vez más incómodo y molesto.

—Fue un levantamiento militar —le dice el viajero.

—Provocado por una revolución comunista... ¡Que le he dicho que no voy a hablar con usted! —se arrepiente el sacristán de seguir haciéndolo. Aunque en seguida añade—: Usted en su casa haga lo que quiera. Nosotros en la nuestra pondremos lo que queramos.

—Perdone —le corta el viajero antes de que vuelva a andar—. Yo soy católico y esta catedral es tan mía como suya.

—Que le he dicho que no voy a hablar más con usted —repite el sacristán escapando hacia la sacristía, en cuya puerta se topa con los dos curas, que salen en este momento ya vestidos de calle para irse. Algo les dice al cruzarse con ellos, pues los dos curas miran hacia donde está el viajero, que se ha quedado parado en mitad de la nave lateral.

Desconcertado, temiendo que los curas y el sacristán vengan a echarle de la catedral, el viajero se acerca al coro, que es lo que le queda por ver aún y no es poca cosa habida cuenta de su

tamaño, porque, como todo aquí, es gigantesco. De hecho, sobrepasa el espacio que le correspondería en el tercer intercolumnio de la nave principal e invade el cuarto y parte del segundo, donde están los bancos para los asistentes a las celebraciones. Parece ser que en su construcción hubo disputas entre arquitectos y que su profundidad se debe a la gran cantidad de asientos que exigía el elevado número de canónigos que había en Jaén por aquella época. Ciento cuarenta y ocho sitiales hay en total, todos tallados en nogal, lo que lo convierte, según las guías, en uno de los mayores de todo el país. Su minuciosa labra plateresca se advierte a pesar de la oscuridad que lo inunda ahora e igual sucede con las numerosas lápidas sepulcrales de obispos que hay dentro de él, todas de mármol de diferentes colores. Los que no se adivinan son los grafitis que, al decir de una de las guías, grabaron a navaja algunas de las personas que estuvieron presas dentro del coro en los primeros meses de la guerra, cuando la catedral de Jaén sirvió de cárcel improvisada para los detenidos por los republicanos, entre los cuales posiblemente estuvieran parte de los que aparecen en las placas de mármol de los asesinados en lo que para el sacristán fue una revolución y no un golpe militar.

Testigo mudo de aquellos hechos, el órgano original, que era de estilo barroco, sufrió la guerra también al utilizar los republicanos sus tubos para simulación de defensas aéreas tanto en el castillo de Santa Catalina como en la propia catedral, por lo que tuvo que ser rehecho después de aquélla, si bien la caja que el viajero mira es la auténtica, que milagrosamente se conservó.

—Vaya saliendo, que voy a cerrar.

La voz del sacristán le sobresalta, por lo inesperada y por lo imperativa. Se ve que no le ha gustado la conversación que acaban de tener.

—¿Ya? —se sorprende el viajero al comprobar que aún faltan quince minutos para las dos, que es la hora anunciada para el cierre.

Pero el sacristán ni siquiera le responde. Acompañado por su familia, o al menos eso parece, camina hacia la puerta de salida diciéndoles a los que quedan que salgan, que va a cerrar ya. Lo hace con tal sequedad que cualquiera se atreve a contradecirlo. Y menos un viajero que, aparte de saberse vigilado, en el fondo hasta le agradece el adelanto de la hora de cierre, pues quizá le dé tiempo así a llegar a los baños árabes, el mayor monumento histórico junto a la catedral de Jaén, que aunque con prisas ya ha visto entera.

A los baños árabes llega con el tiempo justo después de recorrer la distancia que los separa de la catedral entre gente que toma el aperitivo en los bares o se sienta ya en las terrazas para comer. Parece que el viajero hoy tiene que hacerlo todo corriendo, pues en Jaén dentro de una hora se acaba el mundo. Y si no se acaba quedará en suspenso como el tiempo en estas arcadas moriscas del siglo XI conservadas prácticamente tal como eran en origen gracias a que permanecieron ocultas durante siglos debajo de un palacio señorial, el de Villardompardo, residencia de una familia enriquecida con la conquista de América, y a la precisa y cuidada restauración a la que se los sometió el pasado siglo. Tras la inmersión en el arte renacentista de la catedral, el descenso a este hammán del siglo XI, el mayor de cuantos se conservan en España de su especie, supone un auténtico viaje en el tiempo para un viajero que apenas si lo ha tenido para mentalizarse ante tan enorme salto.

El siguiente lo dará a la actualidad. Que es la que se encuentra luego por las callejas de la Jaén antigua, animadas por vecinos y turistas que se aprestan a comer o ya lo hacen en las terrazas y restaurantes que llenan sus calles más transitadas. Tras dudar entre varios de ellos, el viajero elige un clásico no sólo por lo concurrido sino por su decoración, que hace honor a su nombre: Peña Flamenca de Jaén. Al viajero el flamenco ni le gusta ni le deja de gustar, pero, puesto a elegir un sitio para comer, prefiere éste, que es el que está más animado de todos.

A las cuatro y media, Jaén es un desierto completo pese a que el calor no apriete o por lo menos no tanto como a principios del mes de julio podría ocurrir. El viajero, calle Maestra adelante, ve las terrazas semivacías y los comercios cerrados a cal y canto y piensa en la larga tarde que le espera dando vueltas por una ciudad vacía y sin gente como corresponde a un domingo del mes de julio. Su llegada a la plaza de la catedral le reafirma en sus presentimientos, pues, a diferencia de por la mañana, apenas dos docenas de personas se reparten los bancos en los que hay sombra, la mitad gente mayor y la otra mitad adolescentes que coquetean entre ellos o juegan con sus teléfonos móviles para matar el aburrimiento. En el Palacio Episcopal, entre tanto, el silencio es absoluto e igual ocurre en el resto de los edificios, catedral incluida, que forman la plaza, que, al ser todos oficiales, están cerrados por ser domingo. Desde su banco, que comparte con tres chicas, las tres absortas en sus teléfonos, el viajero contempla la catedral frente a él y de nuevo tiene la impresión de estar ante un gran retablo de piedra construido por un cíclope más que por un arquitecto de carne y hueso. Que se llamara Eufrasio López de Rojas (el primero, pues a su muerte le sucedió su discípulo Blas Antonio Delgado, que fue quien, según las guías, la concluyó) y que viviera en el siglo XVII, época del esplendor del Barroco, a cuyo estilo se adscribe su creación, no le disipa de la cabeza la idea, y más a la vista de las columnas que enmarcan las cinco calles del retablo, más propias de una película de titanes que de una obra de la Edad Moderna. Junto a ellas, las dos torres, con ser altísimas, parecen más terrenales, pues carecen de su majestuosidad y de la escenografía escultórica que Pedro Roldán, gran escultor del Barroco andaluz y padre de la famosa Roldana, la primera escultora española, creó para darles vida. Desde donde el viajero está no se distinguen muy bien, pero en ella posan, según la guía, San Pedro y San Pablo, abajo, en el primer cuerpo, y arriba, en la galería, otra vez San Pedro, San Agustín, San Gregorio Magno, San Mateo y San Juan, el rey Fernando III el Santo, el conquistador de Jaén, los evangelistas Marcos y Lucas, San Ambrosio, San Jerónimo y San Pablo nuevamente, contemplando la plaza desde sus hornacinas. Algo que también hace la Virgen, patrona de la catedral, ésta desde el relieve que la representa sobre la puerta central, que es la más alta de las tres, y debajo de otro relieve que reproduce la imagen del Santo Rostro.

La tarde avanza con aburrimiento. El calor, sin ser excesivo, sigue aplastando Jaén y el viajero, que ya ha mirado la fachada de la catedral mil veces, se dispone a ver ésta por sus otras caras no vaya a ser que se quede dormido como el hombre que está sentado en un banco próximo. Es gordo y lleva sombrero y, a lo que se ve, la plaza y el sol le producen sueño.

Peleando contra el suyo, el viajero rodea la catedral por su lado sur, el más pegado a los edificios y por ello quizá el menos transitado. Aparte de que el desnivel del suelo obliga a la fachada a levantarse progresivamente sobre él, lo que hace que la portada quede elevada y fuera de uso. Pero es de Vandelvira y el relieve de la asunción de la Virgen que le da nombre merece ser contemplado tanto o más que el retablo de Pedro Roldán de la principal.

La fachada de saliente da a un jardín y ello hace que se pueda ver con más perspectiva, aparte de que está a la sombra. Es la pared de la cabecera y lo más antiguo de la catedral a juzgar por el friso gótico que la recorre de extremo a extremo a pocos metros del suelo y que perteneció a la primitiva iglesia. Frente a él, la estatua en bronce de Vandelvira da la impresión de corroborarlo con su presencia, pues fue quien seguramente mejor la conoció, no en vano ayudó a que renaciera de sus cenizas. Y lo de que renaciera no es una metáfora, piensa el viajero mirando la catedral de nuevo. Como por su lado sur, por el este también parece más alta debido al desnivel de la ladera en la que se cimientan tanto ella como la ciudad entera.

La fachada del norte, que se abre a la calle principal, el viajero ya la vio esta mañana al subir, bien es verdad que desde la calle, así que la deja para más tarde, cuando regrese de dar una vuelta por la ciudad. El viajero quiere buscar un jardín con una terraza a la sombra en la que tomar las notas de lo que ha visto hasta este momento y no parece que por aquí arriba lo haya a excepción de este en el que está ahora, que sólo tiene unos pocos bancos para sentarse. Y él necesita un café que le espante la modorra que le ha entrado desde que comió en la Peña Flamenca.

—Hay uno, pero está lejos. El parque de la Victoria —le dice una señora que se cruza por la calle, después de pensarlo un rato—. Está cerca de la estación del tren —le señala al viajero en su plano.

—¿Media hora?

—¡Menos! —exclama la señora—. Aquí está todo muy cerca —sonríe.

Y además es cuesta abajo, añadiría el viajero si la señora no se hubiera alejado ya al ver que lo que subió esta mañana en coche es un descenso muy pronunciado. Jaén, efectivamente, se tiende por la ladera de la montaña como una sábana cuyo borde inferior se apoya ya en las vallinas que se extienden frente a ella llenas de olivos y carreteras que van en todas las direcciones.

El jardín de la Victoria, cuyo nombre han mudado recientemente por el de la Concordia (¿qué pensará el sacristán de la catedral de esto?), está ya bastante abajo, cerca de la estación del tren, y tiene, en efecto, un bar con terraza que es justo lo que buscaba el viajero. Sentado en ella en compañía de una pareja de enamorados —la chica tatuada de arriba abajo y el chico con barba y coleta—, y de los pájaros que van y vienen volando de un sitio a otro, durante más de una hora se entrega al menos a la escritura de su cuaderno de viaje olvidado de todo y de todos y ajeno a una ciudad que queda lejos, difuminados sus edificios por la arboleda y sus pocos ruidos por la algarabía pajaril. Tan sólo algunas personas que pasan por la acera más cercana con sus maletas hacia la estación del tren recuerdan que está habitada, aunque sea por poca gente por ser festivo.

—En verano, los domingos la mitad de la gente de Jaén se va a las playas de Granada, que están a hora y media de coche —le dice el dueño del bar-terraza, que tiene ganas de conversación. Durante un rato largo, de hecho, ha estado hablando con un matrimonio de Cádiz que, camino de la estación del tren, se detuvo a tomar un café mientras esperaba la hora de salida del suyo y que, como el viajero, estaban sorprendidos de que en Jaén todo estuviera cerrado los domingos por la tarde. «No sabemos explotar lo que tenemos», fue la respuesta que les dio el del bar.

Hacia las siete, la terraza se anima con algún cliente, entre ellos dos señoras muy mayores que al parecer vienen todas las tardes a merendar pan con aceite y café («Como mi madre», dice el del bar), y con niños que juegan en el jardín bajo la atenta mirada de sus cuidadores. Pero para esa hora el viajero ya ha terminado de escribir, así que no le importa despedirse del lugar después de pagar su café con hielo y de recibir del dueño del bar-terraza una última recomendación:

—Fíjese en la catedral según sube a ver si encuentra la Mona —y, ante su mirada de sorpresa, le explica que en la pared de la cabecera hay una mona esculpida en piedra que para algunos es el demonio.

—Me fijaré —le agradece el viajero la recomendación, así como el buen rato que ha pasado en su terraza escribiendo sin que nadie le molestara.

De regreso a la catedral, lo primero que el viajero hace, naturalmente, es acercarse a buscar la Mona de la que le habló el del bar y que encuentra por fin en el friso gótico, justo enfrente de la escultura de Vandelvira, con ayuda de un señor muy trajeado que está sentado en el banco más próximo y que, pese a que ve ya poco, se esfuerza en localizar aquélla. Cae la tarde en el jardín y la pared de la cabecera está ya medio en penumbra, a pesar de lo cual se ve perfectamente la Mona. Mona o demonio, la esculturita llama la atención y en Jaén al parecer todos la conocen. Otra cosa es que sepan qué simboliza, como le pasa a Paco, el hombre del traje impecable (y anillo casi episcopal) que la mira junto con el viajero.

—Pues no le puedo decir a usted.

Paco, a pesar de su aspecto, trabajó en una refinería de aceite toda su vida y a sus ochenta y seis años mira pasar la tarde con displicencia, entre otras cosas porque ve muy poco. «Los bultos», dice mirando hacia la pared donde la Mona continúa impertérrita.

—Será un anuncio de ésos, como el del Lagarto —sugiere al cabo de unos segundos.

—¿El Lagarto? —le pregunta el viajero, sorprendido.

—¿Nunca lo ha oído nombrar? —le pregunta el hombre.

Pues no. El viajero no ha oído hablar del Lagarto ni de la Mona ni de ningún otro animal de piedra ni de verdad hasta que el del bar y él se los mencionaron. A la Mona acaba de verla, pero el Lagarto no sabe dónde está.

—Pues es muy famoso —continúa Paco—. Dicen que vivía por el barrio de la Magdalena y que medía como una persona.

—¿Y...? —le azuza el viajero al ver que deja de hablar.

—Yo no sé bien la historia —le decepciona Paco, que, aparte de no ver bien, se nota que le falla también la cabeza un poco.

—Pero ¿qué hacía el Lagarto? —intenta tirar de él el viajero.

—Pues no le sé decir —le vuelve a decepcionar el hombre, que es muy amable pero se le ve que no está muy ducho en las leyendas de su ciudad. Ni siquiera en las más populares, que suelen ser las que mejor conocen las personas como él.

—¿No lo sabe o no se acuerda? —insiste el viajero a pesar de todo.

—¿Qué hora tiene? —le pregunta Paco, que no le ha escuchado.

—Las ocho y cuarto —dice el viajero.

—Pues me va a disculpar usted —dice Paco levantándose del banco. Lo hace con dificultad, en parte porque no ve bien y en parte por su avanzada edad—. Voy ahora a la misa de San Ildefonso —explica.

—¿Quiere que lo acompañe? —se ofrece el viajero por si necesita ayuda.

—No se preocupe. Voy despacio y está cerca —rechaza el hombre su ofrecimiento comenzando a andar por el jardincillo.

De nuevo solo, el viajero vuelve a la plaza de la catedral, que está otra vez concurrida aunque no tanto como por la mañana. El sol ya busca su lecho detrás de la montaña de Jabalcuz, de la que sobresale el cerro al que se encarama el castillo de Santa Catalina, y los jiennenses salen de sus viviendas buscando el fresco del atardecer y la luz de oro que poco a poco va cubriendo la ciudad ladera abajo. En medio de ella, la catedral parece absorberla toda, elevada como está sobre el caserío y sobre el paisaje que se dibuja en la lejanía en dirección a Baeza y a las serranías del norte. Al sur, la sierra de la Pandera delimita el horizonte hacia Granada, cuya amenazante presencia hay que imaginar en los tiempos en los que Jaén hacía de frontera con el reino nazarí.

¿Qué hacer ahora? ¿Me quedo aquí hasta que se haga de noche viendo la catedral y su plaza como todas estas personas o me animo a subir hasta el castillo aprovechando que aún quedan dos horas de luz, pues hasta las diez y pico no anochece? El viajero duda qué hacer mientras contempla la catedral frente a él, ese retablo de piedra y esas dos torres altísimas que parecen hacerse mayores a cada momento. Al final, el viajero opta por la segunda opción, que es la de subir al castillo pese a que el ascenso se promete duro, y se dispone a ello con decisión encarando la calle que sube en cuesta por la esquina del Palacio Episcopal, que continúa en silencio y cerrado como todos los edificios de alrededor. Calle arriba, sin embargo, la vida le sale al paso al viajero con los vecinos que van y vienen de un sitio a otro o contemplan la tarde desde la puerta de sus viviendas y aún se animará más a medida que ascienda por las estrechas callejas que cada vez se vuelven más empinadas hasta el extremo de necesitar escaleras algunas de ellas para que los peatones puedan escalarlas. A un lado y otro, las viviendas son más humildes, como los vecinos que habitan en ellas, muchos de ellos sus propios constructores. Entre unas y otras, de cuando en cuando, huertos pequeños dejan subir sobre los tejados algunos árboles y tendejones que demuestran que sus dueños, aparte de trabajar en otras cosas, cuidan también animales y plantan algunas verduras para el consumo de sus familias. Son esos hombres y mujeres que contestan al saludo del viajero cuando pasa a la vez que le aconsejan por dónde subir mejor. Eso sí, a los que les pregunta por dónde hacerlo al castillo le desaniman todos diciéndole que queda mucho y se le va a hacer de noche antes de llegar.

—¿Tanto queda? —desconfía el viajero mirando el monte encima de los tejados en cuya cresta se adivinan las torres de la fortaleza que fue el origen de Jaén.

—Andando más de una hora —le responde una señora que sube con su marido por una de las callejas con mucha dificultad.

—¡Qué va a tardar una hora! —la contradice el marido indicándole al viajero por dónde debe subir—: Al final de las casas hay un sendero que sube recto. Si va por la carretera claro que tarda una hora. Excepto que tenga coche —le mira.

—Lo tengo, pero abajo —dice el viajero señalando con la cabeza la catedral y detrás de ella Jaén.

—Pues entonces... —dice el hombre.

Pues entonces, decide al fin el viajero mientras corona la última calle que sube a la carretera que bordea la ciudad por allá arriba haciéndole de circunvalación, lo más sensato es pararse en ésta y hacer lo que hacen muchos jiennenses, vecinos de estas casitas o de los barrios bajos de Jaén que han subido en coche o en moto, que es contemplar el atardecer desde este balcón desde el que se domina la ciudad entera y las colinas y sierras en varios kilómetros igual que desde el parador de turismo y sin necesidad de seguir subiendo. Entre otras cosas, porque a partir de la carretera la subida es monte a través y le puede *atardecer* en él, piensa el viajero mirándolo con respeto.

Hacia abajo, en lugar de respeto, la vista de Jaén lo que produce es serenidad. El color dorado de la luz unido al verde de los olivos, al fondo, y el variopinto de los edificios, en primer plano, producen en esta hora un sentimiento de placidez que se va intensificando al paso de los minutos a medida que los colores y las formas se desvanecen, primero en la lejanía y luego en la ciudad, más cerca. Hasta la catedral parece perder solidez y forma, difuminadas ambas por el atardecer pese a su majestuosidad. Poco a poco, también, el ruido de Jaén va perdiendo fuerza y las voces de sus vecinos se escuchan más claramente. La sensación de paz es tal que en la carretera los que, como el viajero, contemplan Jaén se quedan callados. Y los aromas de la vegetación se agitan, quizá como sus corazones. ¿Será el crepúsculo, que lo resucita todo?

El momento de suspensión dura un rato largo. Quizá media hora o más. Pero de repente la catedral se ilumina y la noche queda inaugurada en Jaén. Hasta en eso la omnipresencia del edificio de Vandelvira lo domina todo en ella. No sólo rige la vida de los jiennenses con sus campanas y su reloj, sino que marca la línea entre el día y la noche, entre la luz y la oscuridad, entre la realidad y la fantasía, que es la que dibuja ya el perfil de la ciudad y el paisaje alrededor para el viajero.

Córdoba, *carpe diem*

Los olivares de Jaén, tan verdes como interminables (hasta sesenta millones de olivos dicen que hay en esta provincia), vuelven a acompañar a un viajero que no ha dejado de verlos desde Santa Elena, al pie de Despeñaperros, la actual puerta de Andalucía tras obviar el ferrocarril y la carretera nueva el cervantino puerto del Muradal por el que durante siglos cruzó Sierra Morena el camino de Granada hacia Madrid. Desde las mismas casas de Jaén hasta la raya con la provincia de Córdoba el paisaje es una sucesión de olivos que la carretera nacional atraviesa sin ver a nadie ni cruzar a nadie, como si todo el campo jiennense estuviera desierto. Solamente algún tractor en las proximidades de los pocos pueblos —Torredelcampo, Torredonjimeno, Porcuna...— que encuentra en muchos kilómetros dan fe de que hay vida en él, si bien en este tiempo se recoja en esos caseríos blancos, grandes como ciudades menores —Torredonjimeno— o derramados por las laderas de las colinas sobre las que se alzan como si fueran nata vertida —Porcuna—, que ponen el contrapunto de la cal al verde uniforme de los olivares. Un verde que continúa por la provincia de Córdoba, al principio también de modo uniforme, pero que poco a poco empieza a alternarse con otros colores, los de los cultivos de girasol y de cereal que les disputan a los olivos el dominio de la campiña cordobesa. Ya en la ribera del Guadalquivir, al que la carretera de Jaén avista en las proximidades del pueblo de El Carpio, el verde del regadío borra de golpe el de los olivos aunque el árbol andaluz por excelencia siga hasta Córdoba, incluso dentro de ella, por los parques y jardines que prolongan el campo algunos kilómetros, los que la ciudad tarda en arracimarse en torno a su mezquita y a sus barrios judío y musulmán. Allí son los naranjos y otros árboles de olor los que le ponen al blanco intenso del caserío el contrapunto del verde, los dos colores de Andalucía.

El relato de su recorrido en coche por la vieja judería cordobesa hasta alcanzar el hotel en el que descansará esta noche y cuyo nombre fue el que le decidió a elegirlo: Carpe Diem (vive el día), el viajero se lo ahorra a sus lectores. Basta con que éstos sepan que para llegar a su latinista hotel tuvo que atravesar calles peatonales y maniobrar en alguna esquina como si fuera un mago de la circulación. Pero el caso es que llegó y que ahora, tras dejar sus cosas en el hotel, que es pequeño, camina por el mismo laberinto de callejas estrechísimas, llenas de gente y animación, evocando la historia de esta bimilenaria ciudad que conoció la presencia de los romanos y de los árabes, de cuyo célebre califato fue capital. Dicen que por entonces llegó a tener un millón de habitantes (¡en el siglo x!), lo que la convertía en la mayor ciudad del mundo conocido, aunque ya en épocas anteriores era ciudad importante como lo prueban las edificaciones que los romanos dejaron en ella y que en Córdoba nacieran personajes como el poeta Lucano o el filósofo Séneca. En tiempo de los árabes su aportación a la cultura no fue menor, con nombres como el del filósofo musulmán Maimónides y el judío Averroes.

¿Qué quedará de toda esa historia en la Córdoba actual?, se pregunta el viajero mientras camina entre cordobeses que van y vienen a sus asuntos y centenares de forasteros que, como cada día, han llegado atraídos por su fama de ciudad bella donde las haya y por el imán de su gran mezquita, su imagen ante el mundo por encima de sus otros edificios importantes, claramente eclipsados por aquélla. Viéndola aparecer entre las casas blancas y llenas de flores al final de cualquier calleja de las que van a morir en ella no es de extrañar que a nadie le importen los otros hitos patrimoniales de Córdoba, incluidos el puente romano y el alcázar de los Reyes Católicos, enfrente, y que con su monumentalidad ocupe todo el tiempo de muchas de las personas que llegan a la ciudad para conocerla, como todas estas que la contemplan antes de entrar en su famoso patio de los Naranjos alrededor de un viajero tan fascinado por su visión como la primera vez. En realidad, han sido muchas ya las veces que la ha podido admirar, tanto de día como de noche y en todas las estaciones, pero de nuevo se conmueve al contemplar estos milenarios muros y estos arcos de herradura que decoran la pared que traza el rectángulo de la hoy mal llamada mezquita-catedral de Córdoba, pues es mezquita y de las más grandiosas y lo de la catedral, una imposición postiza.

Pero tiempo tendrá de constatar esa imposición cuando entre en la mezquita, así que mejor no adelantarla hasta su exterior, donde la pureza del gran edificio árabe que pasa por ser el mayor en su estilo de Europa y uno de los mayores del mundo islámico permite ignorarla aún, piensa el viajero dándole la vuelta entera extasiado por su originalidad y admirado de su supervivencia en medio de una ciudad que en todo el tiempo que ha transcurrido desde que Córdoba cayó en las manos cristianas del rey Fernando III el Santo de Castilla, el mismo que conquistó Baeza y Jaén, hasta el día de hoy. Sólo un respeto por la belleza artística casi religioso, entendiendo aquí la religión como espiritualidad sin más, ha podido permitir que haya llegado hasta nuestros días sin más destrozo que el de la catedral impuesta, que desde el exterior apenas se ve por suerte, y con la mayor parte de su decoración intacta. A falta de algunas, contadas, pérdidas, los arcos y las yeserías siguen gritando a los cuatro vientos que este edificio pertenece a un mundo que poco tiene que ver con el que lo rodea hoy.

—¡Qué maravilla! —exclaman junto al viajero en varios idiomas turistas que recorren admirados el perímetro exterior de la mezquita.

Porque, como todas ellas, y de eso sabe bastante Córdoba —al decir de algunos historiadores, llegó a tener más de mil en la época de máximo esplendor de la ciudad—, la mezquita aljama o mayor, que era ésta, tiene un patio de entrada tan enorme como la parte que está techada, que es fabulosa. La extensión de un campo de fútbol ocupa al parecer todo el conjunto, del que el patio sería un tercio aproximadamente. Se entra a él por varias puertas, pero la mayoría de los turistas lo hacen por la de occidente, quizá porque allí es donde los dejan los taxis y los autobuses al ser la calle un poco más ancha que las otras tres. Por esa misma razón, en ella esperan también los coches de caballos que, como en Palma de Mallorca, ponen la nota costumbrista a un entorno ya de por sí bastante folclórico con tantas tiendas y bares como anuncian productos cordobeses y andaluces en un paisaje de postal castiza.

El paisaje de postal continúa dentro del patio de la mezquita (el primitivo patio de las abluciones), pues la imagen que presenta es la que las guías de Córdoba más resaltan, con los naranjos y fuentes que le dan sombra y frescor mirando pasar turistas que son todos los días los mismos aunque cambien sus identidades. Hay japoneses, escandinavos, ingleses, americanos, franceses, españoles, italianos, pero también —y esto sorprende a un viajero que no acostumbra a toparse con ellos en las catedrales— bastantes musulmanes que visitan en familia la mezquita de la que seguramente habrán oído hablar en sus países de procedencia como la gran mezquita perdida de sus ancestros. Todos le ponen la nota de color a este gran patio empedrado en cuyo centro manan dos fuentes, una barroca y otra clasicista, y en cuyos laterales cubiertos están las taquillas donde se compran las entradas para acceder a la parte noble de la mezquita, frente a las que se ven largas colas en este momento. Antes de unirse a una de ellas, el viajero contempla un rato el ir y venir de los visitantes escuchando sus conversaciones y dejándose llevar por el embrujo de este lugar que preside la torre alminar, hoy campanario cristiano pero que durante siglos fue el minarete desde el que el muecín llamaba a la oración a los cordobeses cuando Córdoba era la capital del mundo.

Ahora lo vuelve a ser en cierta manera a tenor de la variedad de gentes que la visitan, cuya prolijidad el viajero observa después de admirar el patio y las vigas originales de la mezquita que se salvaguardan y exponen colgadas en las galerías cubiertas mientras hace la cola de una de las taquillas, que cada vez es más numerosa.

—¿La entrada sirve para todo el día? —le pregunta al taquillero cuando por fin le llega su turno.

—¿Cómo para todo el día? —le mira con extrañeza el de las entradas, que cuestan diez euros, nada más y nada menos.

—Que si salgo puedo volver a entrar...

—No —responde el otro, al que se le ve cansado—. Si sale tiene que volver a comprar la entrada.

—Perdone... Es que yo —pone su tono de voz más convincente el viajero— pienso pasar todo el día en la mezquita, pero para comer tendré que salir al menos.

—Pues tendrá que volver a sacar la entrada —le dice, tajante, el de la taquilla. No tiene buen carácter o un buen día, por lo que parece.

—Es que yo soy periodista —recurre el viajero a su profesión, algo que no suele hacer por principio, ante la perspectiva de tener que pagar diez euros cada vez que entre y salga de la mezquita.

—Entonces necesita una acreditación —le dice el de la taquilla con impaciencia. La cola va aumentando y no parece que eso le guste mucho.

—¿Y dónde puedo conseguirla? —le pregunta el viajero. Se empieza a sentir un acreedor y no un cliente cuya insistencia en preguntar molesta.

—En el cabildo...

—¿Y dónde está el cabildo?

—Enfrente de la mezquita. Pregunte cuando salga fuera —le despacha el taquillero, al que ya sólo le falta decirle que se quite de la cola de una vez.

—¡Qué carácter! —se despide en voz alta el viajero para que todos le oigan.

¿Dónde estará el cabildo? El taquillero le ha señalado el otro lado de la mezquita, esto es, en dirección a la calle que hay detrás de ella, y hacia allí se encamina el viajero abandonando el patio por la puerta opuesta a por la que entró pero volviendo a encontrarse detrás de ella el paisaje costumbrista que llena todas las calles del casco antiguo de Córdoba y especialmente junto a la mezquita. Carteles de toros y de flamenco, de hoteles, de restaurantes que anuncian el menú del día, en el que son obligados el salmorejo y el rabo de toro, de tiendas de todo tipo de objetos, desde ropa a cerámica tradicional pasando por banderillas y sombreros cordobeses de recuerdo. Los vendedores esperan a los turistas al fondo de sus comercios pero se muestran colaboradores con el que pregunta, como hace el viajero ahora por el cabildo.

—Ahí lo tiene —le indica una mujer—. Es esa puerta de ahí.

Es una puerta normal de un edificio normal (de los pocos que no albergan comercios en sus bajos) enfrente de la fachada del mediodía de la mezquita, que por este lado es más alta para salvar el desnivel del terreno. Una placa junto al timbre señala que, en efecto, allí tiene su oficina el cabildo de la Catedral de Córdoba.

Dentro hay tres hombres de mediana edad que, tras abrir al viajero, le atienden con curiosidad. No parecen sacerdotes y no lo son, por lo que le dicen. La oficina es moderna contra lo que cabría esperar y el espacio, muy luminoso.

Cuando el viajero les cuenta el negocio que le trae hasta su oficina, los tres hombres le observan con extrañeza. Como si un periodista no fuera alguien normal. Pero no es eso lo que les sorprende. Lo que llama la atención a los tres hombres es que le hayan hecho venir hasta aquí para algo que no precisa mucha intervención de nadie.

—¿Y le han dicho que venga al cabildo? —le pregunta al viajero el que le abrió la puerta.

—Sí —le responde éste.

—¿Llamo a los de seguridad? —pregunta el hombre a sus compañeros.

—Llama —le dicen éstos.

El hombre llama y habla con alguien y, cuando cuelga, se dirige al viajero, triunfador.

—Ya está, ya ve qué problema.

—Pues para el de la taquilla lo era —dice el viajero con una sonrisa.

—Vuelva allí, que le darán un pase para todo el día —le sonríe el hombre, que ni siquiera le ha pedido el carnet de periodista para cerciorarse de que en efecto lo es.

Pocos minutos después, el que se asoma con aire triunfador a la taquilla (después de volver a hacer la cola, eso sí) es el viajeroperiodista ante la mirada hosca de un taquillero que le hace entrega de una entrada en la que está escrito a mano «Vale para todo el día». Eso sí, los diez euros que cuesta no se los perdonan, que hasta ahí el cabildo no iba a llegar.

¿Cuánto recaudará cada día?, piensa el viajero cruzando el patio entre los turistas, que a esta hora se cuentan por centenares. Junto a las fuentes y bajo los naranjos se hacen fotografías o beben agua y refrescos antes de entrar en la mezquita propiamente dicha, pues el patio es sólo un paso hacia ella. La entrada se hace por la única puerta que se abre para ellos y en la que hay formada otra cola que controlan dos vigilantes de seguridad. Al que le muestra su entrada mira al viajero con la expresión de quien ya le estaba esperando. Quizá fue el que escribió en la entrada «Vale para todo el día».

Tras el control de la puerta, el viajero, como todos los visitantes, se enfrenta casi de golpe a la fabulosa imagen que ya conoce desde que siendo niño la contemplaba en los cromos junto con otras Maravillas del Mundo como el Coliseo de Roma, el Partenón ateniense, las pirámides de Egipto, el Taj Mahal indio o las cataratas del Iguazú. Eran cromos que el viajero coleccionaba y miraba con emoción, aunque no más que la que ahora le invade al ver de nuevo uno de ellos, sólo que en la realidad. Tras el panel que explica la historia de este grandioso edificio, la maravilla de sus columnas se abre como un gran bosque de piedra que sostiene con sus fustes esos arcos de herradura blancos y rojos de almizcle que han hecho de él uno de los más visitados del mundo. Desde ese lugar, además, las incrustaciones de la catedral cristiana todavía no rompen su simetría, con lo que la sugestión que la luz produce parece llegar desde aquellos tiempos en los que la gran mezquita de Córdoba aún no había sido violentada para adorar a otro dios distinto de Alá. Lástima que en seguida esa fascinación se interrumpa en cuanto el viajero comience a andar hacia el fondo siguiendo el rastro de los turistas y las indicaciones de la audioguía que le han dado con la entrada.

Antes, no obstante, están los restos arqueológicos que, traspasada apenas la puerta, muestran la huella de la basílica que precedió a la mezquita omeya y que, según un panel informa, perteneció a un conjunto monástico erigido en el siglo VI y que estuvo dedicado a San Vicente. El panel informa también de que los restos de cimientos que pueden verse pertenecieron a dos iglesias distintas, suponiéndose que sus basas, columnas y capiteles se utilizarían para la primitiva mezquita.

Ésta, que ocupaba una quinta parte de la actual, justo en la que está el viajero, la mandó construir Abderramán I, príncipe sirio nacido en Damasco y el primer emir independiente de Córdoba, en el siglo VIII y, aunque su muro occidental acoge varias capillas cristianas, así como una puerta redecorada según esta religión, se conserva bastante íntegra, al contrario que las sucesivas ampliaciones que hicieron los descendientes del fundador a medida que la mezquita se iba quedando pequeña para la cantidad de fieles que acudían a rezar en ella, que sufrieron con más ímpetu la cristianización artística y arquitectónica que los conquistadores de Córdoba les impusieron. La ampliación de Abderramán II hacia el sur que alargó el primitivo espacio de la mezquita casi en treinta metros (la original tenía setenta y nueve) y añadió ochenta columnas a las ciento cuarenta y dos de ésta, sobre todo, quedó completamente desfigurada al recibir la capilla mayor y el coro de la catedral cristiana en su mismo centro. Pero por suerte el viajero aún no los ve, parado como está en el primitivo espacio de la mezquita, dejándose seducir por la sucesión de arcos y de columnas rosas y grises que componen este bosque fascinante y misterioso en el que hasta las pisadas de los turistas parecen deshacerse en un silencio que se diría viene de tiempos remotos, aquellos tiempos en los que los arquitectos omeyas levantaron esta ensoñación de piedra que conmueve al que la ve no importa que sea la primera vez o la cuarta o la quinta. El viajero ya no recuerda cuántas la ha visto, pero de lo que sí es consciente es de que su emoción ha sido la misma en todas. Es más, puede que sea la misma emoción que sentía cuando la veía de niño en el álbum de cromos de las Maravillas del Mundo.

Poco a poco, caminando entre los turistas, cuyo número parece acrecentarse por momentos, el viajero avanza por la mezquita cruzando sus diferentes ampliaciones históricas, desde la de Abderramán II a la última, cuyo autor fue el legendario

Almanzor. Entre ellas apenas hay diferencias más allá de su decoración y forma, pero, entre medias, las capillas cristianas adosadas a los muros o encapsuladas entre las arcadas árabes rompen la simetría visual de unas naves cuya elegancia hace más notable aún la brutalidad de la imposición de aquéllas. Y no porque entre las capillas y los altares cristianos no los haya de gran valor, que los hay, como, en la unión de la primitiva mezquita y la ampliación ordenada por Abderramán II, sucede con la capilla de la Concepción, que en cualquier catedral gozaría de la admiración del viajero con su preciosa cúpula en forma de media naranja y su espectacular retablo de piedra roja con imágenes de Pedro de Mena, sino porque su anacronismo en este lugar hace que al visitante, al viajero por lo menos, le golpeen estéticamente. En vez de sumergirle en la sugestión pretendida por sus autores lo que consiguen es que su espíritu se rebele contra sus obras.

Durante todo el día, el viajero se debatirá en ese malestar estético que el contraste entre las dos culturas y los dos credos aquí enfrentados le producirá cada vez que lo redescubra. ¿Qué no sentirán entonces los musulmanes que visitan la mezquita dándole algunos de ellos con sus atuendos tradicionales la ambientación que le falta para serlo nuevamente de verdad? Al viajero le gustaría saberlo, pero no se atreve a preguntárselo.

Así que de la segunda ampliación de la mezquita ordenada por Alhakén II, hijo del primer califa de Córdoba, el todopoderoso Abderramán III, que es la de decoración más rica, a la tercera y última de Almanzor, que fue la mayor de todas (prolonga toda la banda oriental de las anteriores), y de ésta a las más antiguas de nuevo, el viajero vaga durante un rato tratando de no ver las agresiones que el cristianismo infligió a este maravilloso edificio que se salvó milagrosamente de la piqueta, pero no de la acción de éste. Lo normal hubiera sido que, como tantas otras mezquitas, esta de Córdoba hubiera desaparecido también para dejar su lugar a una catedral cristiana, pero su grandiosidad y belleza quizá convencieron a los conquistadores castellanos de que debían preservarla como muestra de la magnificencia de la ciudad del Guadalquivir. Si bien ello no le evitó que, tras su consagración como catedral en 1236 (antes lo fue como simple iglesia), sufriera amputaciones y mataduras arquitectónicas y funcionales de todo tipo, como la sustitución de los arcos que abrían al patio por puertas cerradas o la conversión de su eje axial en un verdadero templo. Tarde o temprano el viajero tendrá que enfrentarse a ello por más que le pese.

—¿Pero lo de catedral es en serio? —pregunta a uno de los vigilantes, el que más aburrido de todos parece, llegado al cascarón arquitectónico que la capilla mayor y el coro forman en medio de la ampliación de Abderramán II.

—¿Cómo que si va en serio? —le mira el guarda con desconfianza.

—Que si el obispo de Córdoba dice la misa aquí...

—Cuando viene a decirla, claro.

—Pero si esto es una mezquita... —exclama el viajero.

—Mezquita-catedral —le dice el guarda, al que se le ve que tiene la lección bien aprendida.

Mezquita-catedral será, pero al viajero no le termina de convencer la acepción porque, aparte de antinatural (o es catedral o es mezquita, o es agua o es aceite, o es musulmana o es cristiana, piensa mirando a su alrededor), salta a la vista que ha sido impuesta. Y menos tras recorrer, como vuelve a hacer —posponiendo nuevamente la visita al núcleo de la catedral cristiana (las que serían las capillas están adosadas a los cuatro muros de la mezquita, a muchos metros de donde se encuentra aquél)—, la ampliación del califa Alhakén II, la más decorada y rica de todas y, por ello, la más visitada por los turistas. No sólo sus artesonados de madera y sus arcos polilobulados y entrelazados con arabescos y nervaduras concitan su atención y su interés, sino que en ella, que fue la última hacia el mediodía, está el lugar más santo de la mezquita, el mihrab desde el que el califa, como máxima autoridad religiosa, se dirigía a los fieles, y por lo tanto el más rico y lujoso. El mismísimo emperador de Bizancio Nicéforo Focas envió a petición de Alhakén II a sus mejores artistas para construirlo y ello se nota tanto en la ornamentación floral, típica de aquel imperio, como en los materiales utilizados, también traídos desde Turquía. Si lo que Alhakén II quería era

mostrarle al mundo su poder, lo logró, pues todavía hoy, once siglos después de haber sido hecho, sigue causando impresión este espacio lleno de oro y mosaicos preciosos ante el que los turistas se agolpan para fotografiarlo.

Del mihrab los turistas se van hacia las capillas que, prácticamente a continuación, cobijan el tesoro catedralicio de Córdoba, pero el viajero, que ya le ha dado dos vueltas enteras a la mezquita, regresa sobre sus pasos para enfrentarse a la catedral cristiana, cuyas capillas ha visto dispersas entre las naves, aprovechando sus arcos y sus paredes como soportes. Y lo hace por su corazón y eje, esto es, por la nave construida en el centro justo de la mezquita como si fuera una muñeca rusa dentro de otra. Sólo que aquí las muñecas rusas no son iguales; al revés: no pueden ser más distintas. Solamente después de varios minutos, cuando el recuerdo de la mezquita se difumine, el visitante podrá admirar este enorme templo que en medio de las arcadas sutiles y elegantísimas de aquélla se yergue airoso rompiendo toda proporción. No es de extrañar que sus constructores ejecutaran su obra con gran polémica, no sólo entre los cordobeses sino entre los propios curas, pese a la cual pudieron llevarla a cabo al ser su promotor, el obispo Alonso Manrique, que gobernó la diócesis cordobesa entre los años 1516 y 1523, fecha esta última en la que se comenzó la obra, protegido del emperador Carlos V. Hasta el cabildo que hoy cobra entrada por verla se manifestó en contra de lo que a todas luces constituía una aberración.

Si uno se abstrae de ello, no obstante, y se olvida de lo que le rodea, puede incluso hasta admirar esta gran nave renacentista que, como una burbuja dentro de otra, las dos tan diferentes como excluyentes, se eleva en medio de la mezquita como si ésta hubiera desaparecido. La profusión de objetos y de elementos decorativos y la grandiosidad de todo el conjunto, en especial de la cúpula central, por la que entra la luz en él (y que vista desde fuera es la culpable de que la mezquita no sea horizontal como todas), hace que ésta desaparezca de la memoria eclipsada por los brillos de los mármoles y bronces y por las luminarias de una capilla mayor en la que el altar de plata destella como una piedra preciosa tras la que hace lo propio un tabernáculo fastuoso que cobija bajo un arco el gran retablo mayor, cuya calle central preside una pintura de la asunción de la Virgen, la advocación de la catedral. A su alrededor, otros cuatro lienzos dedicados a los cuatro mártires cordobeses más conocidos: San Acisclo, Santa Victoria, San Pelagio y Santa Digna, componen un panteón de figuras que atrae todas las miradas de la gente que está sentada en los bancos, todos turistas que aquí descansan un poco. Cuando se cansen de verlo los esperan todavía los dos púlpitos, de madera de caoba como el coro, unos y otro labrados en la segunda mitad del siglo XVIII, los púlpitos por el marsellés Michel Verdiguier y el coro por el sevillano Pedro Duque Cornejo, cuyos mortales restos descansan a la entrada de él, así como los dos órganos que coronan la sillería en sus laterales. Su brillo es tal que compite con el del altar mayor, al fondo, y con el de las artesonadas bóvedas que cubren toda la nave, cuya decoración va del Renacimiento al Barroco como toda la fábrica de esta catedral ficticia. Porque ficticia parece después de haber visto la mezquita como imaginaria parece ésta ahora, desaparecida detrás del cascarón arquitectónico que los maestros de obras Juan Ruiz padre e hijo, Juan de Ochoa y Diego de Praves (éste, autor de la cúpula central y la bóveda del coro) levantaron para aislar ambas.

Un nuevo viaje en el tiempo y el viajero vuelve otra vez, abandonado el espacio de la catedral cristiana, al bosque pétreo de la mezquita, con la conmoción que eso le supone. De tanto ir de un lugar a otro, de un tiempo a otro, de una arquitectura a otra, el viajero empieza a sentir que las imágenes le bailan en la cabeza, como quizá les suceda al resto de los turistas. Que siguen deambulando por las naves con sus audioguías pegadas a las orejas en una repetición de escenas y de personas que a los vigilantes de seguridad se les deben de hacer ya más que aburridas. Los que el viajero se cruza tienen impreso en sus rostros todo el tiempo que llevan dentro de la mezquita mirando pasar a la gente.

—¿Tiene hora? —le pregunta el viajero a uno de ellos para entretenerlo un poco.

—La una y media —dice el hombre consultando su reloj.

—Gracias.

El viajero sigue su rumbo y el vigilante se queda mirándolo, quizá extrañado, porque ha visto su reloj. Lo tendrá estropeado, pensará, lo cual le ayudará a seguir despierto otro rato. El viajero tiene la impresión de que en la mezquita todos están dormidos excepto él. Bueno, y don Luis de Góngora, cuya popular efigie le mira desde la urna funeraria que alberga sus restos en la primera capilla del muro del mediodía por la derecha. Que lleva el nombre de San Bartolomé, cuyo martirio se representa en un retablo-marco de estilo barroco al que antecede un altar cubierto con azulejos árabes del siglo XV. De nuevo el sincretismo se aparece ante los ojos de un viajero desbordado por tanta mezcla de órdenes y de estilos artísticos diferentes.

Tras el mihrab, que ocupa el centro del muro sur y cuyo lujo y delicadeza constituyen la demostración del refinamiento y riqueza de la corte califal de Córdoba, tres capillas cristianas incrustadas junto a él (quizá para disputarle su condición de corazón de la mezquita-catedral) albergan el tesoro catedralicio cristiano, del que la pieza principal es la custodia procesional del Corpus de Enrique de Arfe, cuya riqueza y envergadura le permiten competir con cualquier joya que hubiera en la mezquita de verdad en sus tiempos de máximo esplendor. Sobre un basamento de casi un metro de lado se alza un árbol de plata y oro de dos y medio cuya labor orfebre constituye un derroche de oficio e imaginación a la altura de los de los autores de los mosaicos que adornan la portada y la concha del mihrab. Hay también en las salas del Tesoro otras joyas de orfebrería de gran valor, pero la principal es esta custodia que el cabildo cordobés sacó por vez primera a la calle el día del Corpus Christi de 1518, aunque al viajero, perdido entre los turistas, que no paran de fotografiarlo todo, le llama más la atención la cruz del primer obispo de Córdoba, de nombre Lope de Fitero, y dos pequeños portapaces pertenecientes a otro obispo que vivió en el siglo XVI. No por más grandes las cosas son más hermosas.

En el muro oriental, donde el viajero acaba su recorrido, hay unas cuantas capillas más, todas a lo largo de él, e igual ocurre en el que da al patio, pero el viajero las mira al paso, pues ya van a ser las dos, que es la hora a la que ha quedado con un amigo, un poeta cordobés al que le une una amistad de años y al que llamó por teléfono anoche desde Jaén. Hay varias capillas interesantes, pero al viajero le cuesta concentrarse en su visión teniendo a su alrededor los arcos dobles de la mezquita, que en esta zona están sin tocar, por suerte. ¿Cómo admirar unas creaciones teniendo al lado otras tan distintas y tan poco habituales en un país que renegó de ellas y las destruyó? ¡Cuánta razón tenía Carlos V si es verdad lo que la tradición dice de él: que, después de interceder para que su amigo el obispo Alonso Manrique pudiera construir una catedral en medio de la mezquita, exclamó al ver el resultado: «Habéis destruido lo que era único en el mundo y habéis puesto en su lugar lo que se puede ver en todas partes»!

—¿Tú qué opinas, Alejandro? —le pregunta el viajero a su amigo, al que saluda en el patio en el que ya le espera cubierto con un sombrero del sol que cae esta mañana en Córdoba.

—Pues lo mismo que tú, ¿qué voy a opinar? —sonríe Alejandro, que, como cordobés, ama la mezquita pero aborrece la apropiación que de ella ha hecho la Iglesia católica—. Y yo soy católico, ¿eh? —advierte al viajero.

Alejandro y él van caminando ya por la judería, en la que el sol castiga con fuerza a las riadas de turistas que buscan dónde comer o lo hacen mientras caminan y entran y salen de los comercios.

—¡Esto no es nada! —dice Alejandro—. Calor lo de la otra semana, que llegamos a los cuarenta y cinco grados.

Ahora habrá bastantes menos, pero el viajero acusa el calor, sobre todo al cruzar una ancha avenida, abandonado el casco histórico de Córdoba, que cierra un trozo de muralla, lo único que queda prácticamente de ella, parece. Menos mal que el restaurante al que Alejandro le lleva está ya cerca, al otro lado de un jardín que da nombre al barrio entero. Y menos mal, también, que de sus especialidades una, el rabo de toro, ya no les queda. Con el calor que hace ahora tomar rabo de toro habría sido una inconsciencia, le confía el viajero a su amigo, que le ha llevado hasta la taberna Moriles, toda una institución en Córdoba, precisamente por ese plato y no está de acuerdo con él en que hoy haga tanto calor como para no poder con un guiso así.

—Se ve que eres del norte... —lo ridiculiza.

Al final, salmorejo y un flamenquín para cada uno, también especialidades de la taberna Moriles, son suficientes para reponer las fuerzas y para dar pie a una conversación de amigos que no se veían desde hacía tiempo. El suficiente al menos como para que a Alejandro la vida le haya cambiado, para mal y para bien. Para mal porque perdió su trabajo, que desarrollaba en su comarca de origen, al norte de la provincia de Córdoba, y para bien porque a causa de ello se vino a vivir a la ciudad, donde se siente mucho más libre, dice. Aunque echa de menos su valle de los Pedroches, la dehesa natural en la que nació y vivió hasta hace poco y en la que tiene una casa a la que se irá esta tarde y de la que no volverá hasta setiembre, cuando su mujer, que es maestra, empiece de nuevo las clases.

—Allí, en mi dehesa de El Verdinal, soy feliz mirando los pájaros, escuchando el silencio, contemplando las nubes por el día y por la noche las estrellas —se entusiasma Alejandro al recordar su casa de la dehesa, que le aguarda ya.

—Pero aquí, en Córdoba, estás bien... —le dice el viajero, que sabe lo que a su amigo le ha costado adaptarse a la ciudad en la que estudió de joven y a la que ha vuelto con cincuenta y siete años. Entre otras cosas, porque sin trabajo el tiempo dura una eternidad.

—También —acepta su amigo—. Y para escribir —añade— mejor aquí que allí, que te distraes con la naturaleza.

Pasa la sobremesa en un repaso a amigos comunes, a escritores y libros que los dos conocen, a los acontecimientos de una vida literaria de la que Alejandro, pese a vivir lejos de Madrid, está más al tanto que un viajero que ya hace mucho dejó de interesarse por ella, ocupado como está en mirar las nubes por el día y las estrellas o los neones por la noche, tanto cuando está en su ciudad como cuando, como ahora, recorre España de catedral en catedral en un empeño que ya empieza a parecerle interminable.

—¿Cuántas catedrales te quedan por visitar? —le pregunta Alejandro.

—Once. Nueve de Andalucía, incluyendo la de Ceuta, y las dos de Canarias —le contesta el viajero.

—¿Y cuántas hay en total?

—Setenta y cinco —sonríe el viajero apurando el café, dispuesto a regresar a la mezquita en cuanto se despida de su amigo, al que le espera ya su mujer para comenzar sus vacaciones de verano en su casa de campo del valle de los Pedroches.

Suerte que no había rabo de toro, piensa otra vez el viajero después de ello mientras desanda el camino que le llevó a la taberna Moriles, en la que dejó a otras personas comiendo aún, en busca del edificio en cuyo interior pasó la mañana entera y en el que pretende pasar la tarde hasta que lo cierren, no sólo porque eso es a lo que ha venido a Córdoba sino porque en él se estará más fresco. No hará el calor que Alejandro dice que puede llegar a hacer en esta ciudad, pero para el viajero el de hoy es ya suficiente.

En el interior de la mezquita, en efecto, las naves árabes acogen como un gran útero al visitante que huye del sol, incluso a los vigilantes, que buscan las zonas más frescas, que son aquellas que dan al norte. El ruido de las fuentes en el patio y las pisadas de los turistas, dentro de la mezquita, ayudan, además, a diluir la pesadez de una hora en la que todos parecen más sonámbulos aún que por la mañana, cuando el bullicio lo llenaba todo. Ahora hay mucha menos gente, lo cual se nota, especialmente en el silencio y en la soledad que invade zonas enteras de la mezquita. Por ellas un viajero adormilado deambula a paso lento volviendo a ver lo que ya miró y deteniéndose ante las capillas por las que pasó de largo (algunas de ellas de enorme mérito, reconoce, como la del Espíritu Santo, en el centro de la ampliación de Almanzor, posiblemente la mejor muestra de arte renacentista de la mezquita junto con la capilla mayor, o la que hace las veces de parroquia, en el ángulo suroriental, decorada al fresco y en la que reposan tres obispos cordobeses), pero admirándose sobre todo de la serenidad de las naves árabes que se pierden en el palmeral de piedra que las columnas y sus perspectivas forman. La luz, que es más transparente, convierte el bosque en un sueño que poco a poco va penetrando en la conciencia de quien lo mira, como ahora hace el viajero, que se ha ido a sentar en un banco, uno de los escasos bancos que hay en toda la mezquita, desde el que se domina gran parte de ella. Sentado en él, con los brazos en cruz descansando sobre el respaldo de madera, la cabeza apoyada contra la pared y los pies descalzos sobre el suelo, no tardará en quedarse dormido aunque no será consciente de ello hasta que despierte al cabo de media hora, o al menos eso calcula, pues no miró su reloj antes de cerrar los ojos. En cualquier caso, la breve siesta le ha hecho despertar confuso, como si la mezquita fuese una ensoñación fantástica, un lugar fuera del tiempo y de la realidad a la que intenta regresar. ¿Qué es más ficticio, se pregunta mientras la contempla, lo que está viendo o lo que soñó?

En otro lado de la mezquita, donde otro pequeño banco sirve de asiento a una pareja que se fotografía aprovechando el grumo de sol que da justo en él, un rayo que entra por un rosetón del muro, la ensoñación se hace realidad, pues todo allí parece irreal, tanto como para que más personas se fotografíen también en el banco cuando la pareja de enamorados deja de hacerlo. Cuando todas se han fotografiado ya, el viajero se sienta a sentir el sol mientras apunta en su libreta de viaje unas cuantas ideas, dejando, eso sí, cada poco el sitio para que más personas se fotografíen. Los colores de la luz en la pared hacen que el banco parezca un caleidoscopio.

—Por supuesto —deja su sitio el viajero otra vez a los nuevos novios que se lo piden, ella cubierta con velo.

Reprimiendo de nuevo las ganas de preguntar qué se siente visitando una mezquita adulterada por una fe diferente, el viajero mira a los musulmanes hacerse fotos, primero él a ella y luego la chica al chico, los dos felices y sonrientes, antes de seguir vagando por unas naves que el sol, que empieza ya a declinar, ilumina casi en diagonal en este momento. Entre los arcos y sobre las baldosas la luz destella cada vez más suave, lo que produce una sensación extraña, como de fantasía arquitectónica, que la oscuridad que envuelve los muros y las capillas que hay sobre ellos permite que no se evapore como cuando a mediodía la luz del sol los alumbra con fuerza. Solamente en la catedral cristiana, esa que parece un sueño dentro de otro, una muñeca rusa dentro de otra muñeca rusa, las dos distintas y contradictorias, la cúpula deja pasar el sol por unas vidrieras diseñadas para inundarla de luz. ¡Qué diferencia entre una cultura y la otra, entre la fe del islam y la de la cruz, entre un mundo, el musulmán, que hace de la sugerencia y la sutileza su razón de ser y otro, el católico, empeñado en llenarlo todo de luz y mármoles para que su poder se vea!

Pasa un rebaño de japoneses, el último quizá ya de los de esa nacionalidad por hoy (lo del rebaño el viajero lo piensa, pero en seguida se arrepiente de ello: ¿quién es él para despreciar a nadie?), y quedan algunas personas sueltas dispersas por la mezquita, cada vez menos, pues otras ya han ido saliendo. A las siete menos cuarto, quince minutos antes de que la mezquita cierre, los vigilantes empiezan a arrear a las que quedan, a éstas sí como si fueran ovejas de verdad, hacia la salida, entre ellas a un viajero que se resiste, más que a salir, a que le traten como a una oveja más.

Pero lo es. Se lo demuestra uno de los vigilantes al que pregunta por la inclinación de algunas columnas, las que van cruzando en este momento, que salta a la vista.

—Vaya saliendo, por favor —le responde sin atender a su curiosidad.

A las siete menos cinco, en una maniobra perfecta de pastoreo (cada vigilante empuja a los visitantes desde una dirección asegurándose de que nadie se queda detrás de él), los encargados de la seguridad de la mezquita, que al parecer ha aumentado a raíz de los últimos atentados yihadistas en Europa, han conseguido que todos los turistas salgan al patio, primero, y luego de éste a la calle, el último de todos un viajero remolón que quiere ser el último de hoy. Y lo consigue. Es su pequeño triunfo personal tras sentirse tratado como una oveja, que es lo que él pensó de los japoneses y se arrepintió en seguida.

—¡Buenas tardes! —se despide del vigilante que cierra la puerta tras él sin que éste se digne responderle. Se ve que el hombre está deseando olvidarse de la mezquita por hoy.

En el exterior de ésta la vida sigue ajena a lo que pasa dentro, los comerciantes atentos a sus negocios y los turistas y los cordobeses yendo y viniendo de un sitio a otro, acrecentando la animación que ya había con la caída del calor. Queda tarde por delante, pero la temperatura invita a dar un paseo y a tomar algo en las terrazas de los bares que salpican toda la Córdoba vieja entre las tiendas y los comercios de souvenirs. Sorteándolos, el viajero le da otra vuelta a la mezquita, cuyos arcos resplandecen con el resol del atardecer, se asoma al Guadalquivir, que corre próximo salpicado de aceñas abandonadas y de vegetación y, luego, sin un rumbo definido, regresa al corazón de la ciudad perdiéndose voluntariamente por sus calles y viendo cómo la gente invade todas las tiendas excepto una librería cuyo dueño fuma un cigarro a la puerta con gesto de aburrimiento.

—Es un dolor levantar la persiana cada mañana —le confiesa el hombre al viajero, que es el único que repara, según se ve, en su soledad completa.

—Pues está muy bien —dice el viajero mirando la librería desde la puerta.

En la plaza en la que desemboca, que es una de las principales de Córdoba (de las Tendillas, se llama, y está llena de terrazas y comercios), el viajero busca un lugar en el que descansar y en el que anotar todo lo que ha visto, que ha sido mucho hasta este momento. Ese lugar lo encuentra en el Gran Bar, un clásico a lo que se ve y que, aparte de tranquilo (la gente está en la terraza, afuera), tiene aire acondicionado, lo cual se agradece aunque no haga todo el calor que puede llegar a hacer en Córdoba por esta época. Mientras los camareros entran y salen atendiendo a las mesas de fuera, el viajero, arrimado al ventanal, escribe durante un par de horas sintiéndose un observador extraño no sólo por lo que escribe sino también por lo que da en pensar mientras mira pasar la vida a su alrededor, dentro y fuera del Gran Bar, que poco a poco se va llenando de gente. Es la vida provinciana de una ciudad tranquila y moderadamente feliz, el *carpe diem* de un pueblo antiguo que ha hecho de su pasado su mayor orgullo y el mejor espejo de su presente, un presente que es espejo al mismo tiempo de sus sueños. Basta mirarla por el ventanal del Gran Bar reflejarse en él como en las aguas de un río que no deja de correr desde hace siglos. Aunque el verdadero río de Córdoba, ese que identifica a la ciudad y que fue el origen de su existencia misma, corre cerca de este bar, al pie de las callejuelas que el viajero desanda de nuevo, ahora ya iluminadas, pues es de noche, entre turistas que cenan en las terrazas de los bares típicos y patios cuajados de flores que lo llenan todo de olor, en busca de una mezquita que, iluminada también como toda Córdoba, compone un sueño irreal, ahora aún más que por el día. Tras ella, el puente romano, ese que lleva ya dos mil años atravesando el Guadalquivir y cosiendo la ciudad con su campiña, compone otro extraño sueño, iluminado en la noche y lleno de gente que pasea por él como por una avenida pétrea o se asoma a mirar las negras aguas de un río que ruge abajo igual que cuando le construyeron el puente, en tiempos en los que Córdoba ni siquiera era una ciudad. Entre la gente que pasea por él, el viajero se asoma también a mirar el río imaginando lo que habrá visto antes de llegar aquí y, al final del puente, frente a los restaurantes y edificios que han saltado a la otra orilla a falta de más espacio en el otro lado, se vuelve a contemplar la gran luciérnaga de Córdoba, ese rosario de luces blancas y de colores que ilumina todo el cielo, entre ellas las más brillantes de todas, las de la mezquita árabe, que, enfrente justo del puente, parece flotar sobre el cielo mismo. Quizá lo haga en verdad, pues son ya muchos siglos los que lleva evocando a los cordobeses su época más esplendorosa y a los viajeros que llegan a visitarla, confirmándoles que no era mentira lo que imaginaron. El viajero, por lo menos, hoy lo ha vuelto a comprobar y lo confirmará otra vez cuando, al volver a su hotel, le aborden tres chicos jóvenes, dos alemanes y una cordobesa, que le han reconocido por la calle, no porque sea famoso, que no lo es para su fortuna, sino porque la cordobesa ha presentado hoy mismo su trabajo de fin de carrera sobre un libro suyo. ¿Qué mejor sueño para la chica y para un viajero que ya pensaba que se retiraría pronto a dormir sin saber que el sueño de Córdoba no acaba nunca?

La ciudad del oro

Guadalquivir abajo, la mañana se comba como el cielo mismo, como el paisaje de regadío y de monte bravo alternados que guía a la carretera hacia un horizonte detrás del que se esconde la ciudad del oro. Esa que todos los viajeros idealizaron desde que tras la conquista de América se convirtió en El Dorado de España y de Europa entera, que identificaban Sevilla con la riqueza y las oportunidades.

Pero para llegar a Sevilla hay que dejar atrás antes otros pueblos que por el Guadalquivir abajo salen al paso de la carretera erguidos en los alcores o arracimados entre los cultivos que pueblan su vega: La Carlota, Écija, La Luisiana, Fuentes de Andalucía, Carmona... Son antesalas de la ciudad que los carteles anuncian prácticamente a cada kilómetro (también las de Huelva y Cádiz) pero que tarda en aparecer, pues entre Córdoba y ella hay muchos kilómetros. Ciento cuarenta y cinco para ser exactos, que al viajero le lleva hora y media recorrerlos.

Pero hacia las once avista Sevilla, primero como una bruma que comienza a surgir en el horizonte y después, poco a poco, con sus contornos y sus colores más definidos hasta que termina por corporeizarse en forma de enormes bloques y de polígonos industriales que las autovías que se entrecruzan cada vez en mayor número van dejando a sus costados hasta que la ciudad como tal aparece al fondo de la que ha traído al viajero desde Córdoba. Siguiendo siempre por ella, cuando se quiere dar cuenta está ya en el centro de Sevilla o por lo menos no lejos de él. Los colores blanco y albero característicos de la ciudad hispalense ya pintan todos los edificios, que son más bajos y antiguos que los de los grandes barrios de la periferia.

Una parada para dejar sus cosas y el coche en el hotel (Don Paco, en la plaza del Padre Jerónimo de Córdoba, a diez minutos andando del centro según su publicidad, que es por lo que lo eligió el viajero) y éste ya está dispuesto a abordar una de las catedrales más grandes de España y la de mayor superficie entre las catedrales góticas del mundo. Aunque antes le da tiempo, mientras se dirige a ella, a contemplar la vida de una ciudad que presume de vitalidad y de derrochar energía y arte por todos sus poros. Y ciertamente es así. A las once y media de la mañana, Sevilla bulle de actividad y sus calles y jardines resplandecen como si acabaran de ser estrenados. Eso sí, el ruido es ensordecedor pese a que en su parte histórica, que es por la que marcha el viajero, los coches apenas pueden circular. El ruido lo hacen los sevillanos y las riadas de turistas que se encaminan hacia la catedral, cuya famosa Giralda ya se ve cerca.

La catedral impresiona por sus dimensiones. Cuando aparece al fondo de la calle, la última de las seis o siete que, obedeciendo las indicaciones de otros peatones, el viajero ha seguido para llegar hasta ella, su imagen es tan espectacular que durante algunos segundos hace dudar de que sea posible abarcarla, cuánto más visitarla en su totalidad. Y eso que aún no la ve al completo, ocultas tras la propia fábrica las naves de sus capillas posteriores y los pórticos y saledizos que circunvalan todo su perímetro, incluidas esas gradas en las que según Cervantes tenían su asiento muchos ladrones y pícaros de los que en la Sevilla del Siglo de Oro se contaban por millares y en las que ahora entretienen el tiempo, amén de algún posible Rinconete a la espera de su oportunidad, docenas de turistas que ya han visitado la catedral o se disponen a hacerlo en cuanto recuperen las fuerzas, minadas ya, a lo que se ve, por el calor que hace en Sevilla a esta hora. Es mediodía y los termómetros marcan treinta y cinco grados.

¿Por dónde empezar a verla?, se pregunta mirando la catedral un viajero que ya se ha enfrentado a edificios enormes (ayer en Córdoba mismo o antes de ayer en Jaén), pero al que esta de Sevilla se le antoja la catedral más descomunal que ha visto hasta hoy incluidas la de Toledo y las góticas de Castilla y León.

Lo es en extensión según parece, pero también da el aspecto de serlo en altura y volumen, pese a que no sea cierto, tales son sus dimensiones. Lo mejor, concluye el viajero, es darle una vuelta entera para hacerse una idea de cómo es y hacerlo con ayuda de la guía que compró en un quiosco cuando venía junto con el periódico, cuya noticia más importante son los combates que se están librando en Mosul, en Irak, entre las tropas de ese país y las del Estado Islámico. Parece mentira que aquí, mientras tanto, la gente viva despreocupada de todo ello disfrutando de la vida y de los placeres que ofrece esta gran ciudad que también fue islámica y estuvo en guerra durante siglos pero que ahora vive en paz y armonía.

Guía en mano, pues, el viajero busca la Giralda, cuya altura supera la de cualquier otro edificio de Sevilla a excepción de la Torre Pelli, pero cuyo cuerpo muestra su primitivismo (es el del minarete de la mezquita aljama o mayor de Ishbiliya, el nombre árabe de Sevilla, sobre cuyo solar se levantó la catedral), por lo que se convirtió en el símbolo por antonomasia de la ciudad, y desde ella emprende un camino en torno al perímetro de un edificio que no parece que vaya a terminarse nunca. De hecho, el viajero tarda casi una hora en darle la vuelta, tiempo en el que se detiene ante varias puertas, así como en los detalles que adornan toda la fábrica por el exterior, que son muchos, incluida una iglesia, la del Sagrario, de tamaño también importante. De las puertas, que tienen nombres a veces curiosos (de Palos, de Campanillas), a veces solemnes (del Príncipe, del Nacimiento), cualquiera de ellas justificaría todo ese tiempo para sí sola sin contar con que la fábrica en sí también lo merece, al igual que algunos de los palacios que la rodean, como el Arzobispal, de estilo barroco, o el del Archivo de Indias, donde se guardan los documentos correspondientes a la conquista de América y que, junto con la catedral y el alcázar, fue declarado Patrimonio de la Humanidad por la Unesco.

Las puertas de Palos y de Campanillas, llamadas así respectivamente porque ante la primera se amontonaban los palos (los maderos) para la construcción de la catedral y por las campanillas que servían para llamar al trabajo a los obreros —la segunda—, están cada una a un lado de la cabecera al carecer el templo de girola, caso único entre las catedrales góticas, y son semejantes, pues el estilo es el mismo, el gótico tardío del XVI, y la composición idéntica. Lo que las diferencia es el motivo de los tímpanos, tallados en terracota por el francés Michel Perrin, que en la puerta de Palos es la adoración de los Reyes Magos y en la de Campanillas, la entrada de Jesús en Jerusalén. La puerta del Príncipe, en la fachada sur de la catedral, en cambio, es ya de estilo renacentista y tiene ante ella un atrio con verja en el cual hacen cola los turistas, pues es por donde se entra a la catedral según los carteles; no por la puerta principal, que sólo se abre para los reyes y príncipes, de ahí su nombre, sino por una lateral, pequeña, tras la que están las taquillas, como el viajero comprueba al asomarse a ella.

Del lado occidental son tres las puertas como corresponde a la fachada principal del templo, las tres magníficamente decoradas si bien son de épocas muy distintas; la del Nacimiento y la del Baptisterio, del siglo XV y la de la Asunción, que es la central, del XIX. Como sus nombres indican, los tímpanos representan el nacimiento y el bautismo de Jesús y la asunción de la Virgen, la advocación de la catedral, siendo los dos primeros obra de Mercadante de Bretaña, que es tanto como decir dos joyas del arte gótico.

Pero la puerta más bella, al menos para el viajero, es la de la fachada norte, que es la puerta en realidad del patio de los Naranjos que hace las veces de claustro abierto a la catedral de Sevilla como a la mezquita de Córdoba el suyo, y que no es sino la antigua puerta principal de la mezquita sevillana, de ahí su arco de herradura y la caligrafía cúfica de su decoración, elementos que, junto a la Giralda, recuerdan al visitante que esta catedral se alza en el lugar que ocupó la mezquita mayor de Sevilla. Lástima que también aquí adulteraran esos elementos con el añadido de un campanario, en el caso del minarete, y de una espadaña con dos campanas y otro relieve de terracota de Michel Perrin, amén de dos esculturas, una de San Pedro y otra de San Pablo, hechas por el mismo autor, en el de la puerta del antiguo patio de las abluciones de la mezquita. Para acabar de cristianizarla, los curas la bautizaron como del Perdón, nada que ver con el nombre original seguro.

De nuevo ante la Giralda, cuya afiligranada decoración proclama a los cuatro vientos su origen árabe a pesar del trozo añadido, el viajero piensa qué hacer. Es ya la una y, por lo que le dijeron los que hacían cola ante la taquilla, la catedral cierra a las seis (la taquilla, a las cinco y media), que en principio parece mucho tiempo pero que, a la vista de las dimensiones de la catedral, posiblemente no lo sea tanto y más sabiendo que dentro guarda grandes tesoros. Por otra parte, la entrada sólo faculta para acceder a ella una vez, como en Córdoba, por lo que debería comer primero aunque sea pronto aún. Para el viajero, que no para los turistas, algunos de los cuales ya están haciéndolo en los restaurantes y en las terrazas de los alrededores, bastantes a pleno sol sin pensar en las consecuencias. Los cocheros que en gran número aguardan a los turistas están a la sombra, en cambio, pues el sol para ellos no es novedad.

Un par de tapas con una cerveza en un bar de Mateos Gago, la calle que parte enfrente de la Giralda y que, como todas las de los alrededores, vive de los turistas casi en exclusiva, y el viajero ya está dispuesto para pagar los euros que cuesta visitar una catedral que sus promotores, los canónigos sevillanos de 1401, quisieron, según la leyenda, que fuera tan gigantesca que en la posteridad los tuvieran por locos. Locos lo estarían aquéllos, que los de ahora no lo parece, dada la organización perfecta que para la explotación de semejante locura tienen puesta en marcha. Si la mezquita de Córdoba era una mina recaudatoria, la catedral de Sevilla no se queda atrás. Deberían poner la entrada, rezonga el viajero, en lugar de por la puerta del Príncipe por la del Perdón, en la que un relieve representa la expulsión por Jesús de los mercaderes del templo.

—¿Cómo dice? —le pregunta la chica de la taquilla dándole el tique y una audioguía después de comprobar que funciona bien.

—Nada. Hablaba solo —dice el viajero.

La entrada a la catedral se hace por la pinacoteca antigua, hoy un pequeño museo cuyo contenido es sólo un aperitivo de lo que el templo alberga en su interior. Aun así, algunas de las piezas que se exponen, como el lienzo del rey San Fernando, el conquistador de Sevilla (y de media Andalucía), de Murillo, o la cabeza de un Cristo decapitado de Pedro de Mena bastarían por sí solas para justificar la existencia de éste y de cualquier museo. Pero aquí los turistas pasan prácticamente sin detenerse, deseosos de alcanzar el interior de una catedral que imaginan espectacular después de verla por fuera.

Y aciertan. No sólo es espectacular sino que corta el aliento al verla por primera vez. Y es que sus dimensiones son tan fabulosas que incluso alguien como el viajero, que ha visto ya catedrales de todos los tipos, de todos los tamaños y colores, se queda paralizado al ver estas cinco naves que ciertamente parecen soñadas por unos locos. Como los demás turistas, ha entrado por el final de la de la Epístola y ante sí tiene el inmenso espacio del trascoro, que es mayor que alguna catedral entera. Y con la altura sucede igual. Es tan desmesurada que las columnas se pierden casi de vista en su ascensión en busca del techo.

Por lo demás, la catedral brilla como una patena. La luz del mediodía sevillano, que es intensísima, entra por las vidrieras que festonean sus muros inundándolo todo de claridad, tanta que hasta las capillas se advierten nítidamente, incluso las más escondidas. La espaciosidad del templo ayuda a que sea así, cosa que se agradece, pues hay algunos que, como el viajero sabe por experiencia, cuesta mirarlos de tan oscuros. Un primer vistazo a éste y la información que da la audioguía y que la guía del viajero corrobora le confirman en su sospecha de que se trata de la mayor catedral española en cuanto a extensión y en que se hizo en no mucho tiempo, tal es su homogeneidad. Sobre su superficie la audioguía dice que sólo la superan el Vaticano y la catedral de San Pablo de Londres en todo el mundo cristiano, y respecto de su homogeneidad, que se construyó en apenas setenta y cuatro años, del 1433 al 1507, pese a sus grandes dimensiones y pese a que fue necesario erigir para soportar su cubierta treinta y seis pilares, para lo que se trajo piedra de más de veinte canteras de la región.

Según dice la audioguía también, la catedral se erigió al revés de lo que es la costumbre, esto es, comenzando por la cabecera, dado que ésta se reservó para la capilla real, que ya ocupaba ese sitio en la antigua mezquita, que se utilizó como catedral durante siglo y medio. Por ello empieza la visita por los pies siguiendo el curso de las obras en un itinerario circular que llevará al visitante de allí hasta el patio de los Naranjos tras recorrer la catedral entera. La primera parada la hace, pues, ante la fachada principal o de poniente, sobre la que destaca un gran rosetón, lágrimas de colores visto desde la distancia, y cuyo interior ocupan varias capillas y altares intercalados entre sus tres puertas o adosados directamente a ellas. Tanto unos como otras dan ya la medida de la catedral. Así, las dos capillas dedicadas a San Isidoro y a San Leandro, los dos hermanos cartagineses que alcanzaron el arzobispado de Sevilla en época visigoda y la santidad junto a otros dos hermanos suyos, San Fulgencio y Santa Florentina, son dos muestras hermosísimas del arte renacentista y el barroco, guardando la de San Leandro una deliciosa reja a la que rodea una portada trilobulada de piedra que completa el magnífico conjunto. Los altares, por su parte, son más de media docena, pero el viajero se para ante todos ellos, pues todos tienen algo de interés: el del Nacimiento, junto a la puerta del mismo nombre, las ocho tablas manieristas pintadas por Luis de Vargas con el tema de la adoración de los pastores; los de la Virgen de la Cinta y del Madroño, sus imágenes, obra de Mercadante de Bretaña la segunda y de algún discípulo suyo la primera, que muestran escenas de gran ternura (la Virgen de la Cinta le da a leer un libro al Niño Jesús mientras que la del Madroño le ofrece el pecho para que mame, pero el Niño no le hace caso porque está pendiente de los madroños que le ofrece una tercera figura, un ángel arrodillado ante ellos); el del Ángel de la Guarda, otro de los Murillos que guarda la catedral de Sevilla y que representa al ángel custodio; el del Consuelo, la tabla de la Virgen del Consuelo con el Niño obra de Alonso Miguel de Tovar; el del Niño Mudo, el pequeño retablo barroco con la imagen del Niño con los labios apretados, de ahí su apodo, que algunos quieren que sea de Montañés; y el de la Visitación, en fin, que está adosado a la puerta del Bautismo, el cuadro de la Virgen visitando a su prima Isabel del pintor manierista del siglo xvi Pedro de Villegas y los azulejos de la misma época. Y aún queda otra cosa más: el pendón que se expone en una vitrina enfrente de este último altar y que no es otro que el estandarte que ondeó en la Giralda tras la conquista de Sevilla por el rey de Castilla Fernando III el Santo en el año 1248.

—¡Quién lo diría! —exclama una señora contemplándolo mientras su marido la fotografía en esa actitud.

No lejos del pendón, en el centro del espacio del trascoro, una pequeña aglomeración de personas delata que hay algo de interés y el viajero, naturalmente, se acerca a mirar qué es. Resulta ser una lápida, la de un hijo de Cristóbal Colón —Hernando, el segundo— que también reposa en la catedral como el padre, aunque en su caso en el suelo. No es el único, como el viajero verá, pues la catedral de Sevilla es un gran cementerio, como todas.

¿Por dónde seguir la visita? La audioguía lleva a los visitantes hacia la nave del Evangelio, donde los esperan varias capillas más, pero el viajero decide no hacerle caso de momento, pues le atrae más el trascoro. De jaspes y mármoles coloridos, tiene también adornos en bronce y en su centro una Virgen de los Remedios, una preciosa tabla del siglo xv de inspiración italiana que rebosa majestad y paz. Aunque para majestad y paz las de las cuatro capillas simétricas, dos en cada lateral del coro, llamadas de los Alabastros por el material del que fueron hechas, especialmente las dos de la pared sur, en las que sendas rejas platerescas protegen dos de las joyas más delicadas de una catedral que las debe de contar por miles: el retablito renacentista que representa la anunciación, en la capilla de la izquierda, y la talla de la Inmaculada obra del gran Martínez Montañés a la que se la conoce como la Cieguecita por tener los ojos cerrados. La Cieguecita en particular con su estilizado rostro y su expresión de serenidad y dulzura se ha ganado un sitio en el corazón de los sevillanos, que vienen a visitarla siempre que pueden.

Ahora ya sí, el viajero retoma el rumbo de la audioguía y prosigue la visita por la nave de la Epístola, que como la del

Evangelio es doble y está llena de capillas, todas repletas de grandes tesoros. ¡Cómo se nota que Sevilla fue la aduana española de las Indias en la época en la que se hizo esta catedral! Sólo la enumeración de las riquezas que encierra convierte su descripción en un tratado de exquisiteces como aquellos de los cuentos infantiles que parecían fruto de la imaginación. Pero el de la catedral de Sevilla no lo es, al contrario. El viajero lo sabía pero lo comprueba *in situ* recorriendo estas naves y sus capillas y dependencias junto con los centenares de visitantes que siguen la audioguía como hace él. Los hay de todas las razas y religiones salvo de la musulmana, que si los hay no visten al modo tradicional como ayer sí hacían en Córdoba. Debe de ser que aquí se sienten fuera de lugar, al contrario que en la mezquita cordobesa, que la consideran suya.

Por la nave de la Epístola, el visitante se encuentra cinco capillas antes de desembocar en la del crucero, donde está el mausoleo de Cristóbal Colón, y otras tantas a partir de ella. Aparte están la sacristía mayor y la sala capitular, con su intermedio patio del Cabildo y la sala del Tesoro. Todo un rosario, pues, de estancias y dependencias que el viajero recorre con voluntad sin saber si tendrá fuerzas suficientes para contemplarlo todo. Aquí quisiera ver él a Stendhal, piensa mientras anota en su cuadernillo la conmoción que le causa la figura orante del cardenal Lluch arrodillado sobre su mausoleo de mármol en la capilla de San Laureano, a los pies del templo, o el conmovedor retablo de San Bartolomé, uno de los más antiguos de la catedral, pues es gótico, en la capilla de Santa Ana o del Cristo de Maracaibo, que de las dos maneras se la conoce, por su advocación y por el Cristo al que representa una tabla en el retablo central y que es el que se venera en la ciudad de Venezuela famosa por su legendario lago. También la que le producen, en las dos capillas siguientes, llamadas de San José y de San Hermenegildo, los cuadros de *Los desposorios de la Virgen y San José*, de Valdés Leal, y *La cena del rey Baltasar*, del pintor barroco flamenco Frans Francken el Joven, y el fabuloso túmulo sepulcral de alabastro blanco del cardenal Juan de Cervantes tallado en el siglo XV por Mercadante de Bretaña y que está considerado el mejor de la catedral sevillana. Y, por supuesto, en la capilla de la Virgen de la Antigua, la última antes del crucero y tenida por la mejor de las capillas menores del templo, el conjunto de piezas que integran su patrimonio y que hacen de ella una iglesia en pequeño. Desde la reja, de estilo renacentista, obra del escultor y rejero andaluz Juan López, al retablo principal, en cuyo arco central campea la imagen pintada al fresco de la titular, pasando por los dos sepulcros, uno en el muro izquierdo y otro en el derecho, del cardenal Diego Hurtado de Mendoza (éste tallado en Génova en el XVI por Domenico Fancelli, quien vino a montarlo personalmente a Sevilla) y del arzobispo Luis de Salcedo y Azcona, obra del sevillano Pedro Duque Cornejo, dos siglos posterior, y por los cientos de maravillas artísticas que se acumulan en este espacio cuadrado gracias a sus benefactores. Hay, por ejemplo, veintiún lienzos del sevillano Domingo Martínez, varias lámparas de plata a cuál más delicada y admirable, un tabernáculo hecho con jaspes y piedras preciosas, una vidriera que sustituye a la original, perdida en el siglo XVIII, pero cuya ejecución no la desmerece en nada, y hasta una puerta, la de la sacristía, que está cerrada al público, hecha en madera de ébano y con incrustaciones de carey y bronce. Pero lo mejor de todo, siendo de gran valor lo anterior, es la pintura de la Virgen, que ya estaba en la mezquita-catedral antes de que se construyera ésta (la tradición quiere incluso que el rey Fernando III la hallara oculta tras un muro de aquélla que se volvió transparente por un milagro divino), lo que explica su nombre de Antigua, y cuya delicadeza y aire bizantinos justifican de sobra la devoción que por ella sienten los sevillanos. Y el viajero a partir de este momento, pues pocas veces ha visto una Virgen tan bella y eso que ha visto muchísimas a lo largo de su periplo por las catedrales de todo el país, la última la Cieguecita de Montañés.

La dulzura de la Virgen de la Antigua (tres ángeles la coronan mientras ella sujeta amorosamente al Niño, que porta un pajarillo, símbolo de la inocencia, al que ella corresponde con una rosa que aprieta contra su pecho en actitud protectora) contrasta ostensiblemente con el mausoleo de Cristóbal Colón, tan gigantesco como desproporcionado pero que por eso mismo concita la atención de todos los turistas antes incluso de descubrir a quién pertenece. En realidad, los restos del descubridor de América ocupan sólo una pequeña urna que está dentro de la grande que llevan a cuestas las esculturas de los cuatro reyes de los reinos históricos españoles: León, Castilla, Navarra y Aragón. Aunque por la manera de andar más parecen costaleros de un paso de la Semana Santa sevillana, en los que quizá se inspiró el autor para esculpirlos.

Una gran pintura al fresco de San Cristobalón y dos capillitas, ambas cerradas por bellas rejas renacentistas y con dos espléndidos lienzos en su interior, uno de Adán y Eva, de Luis de Vargas, pintor sevillano del Renacimiento, y otro de la piedad, de varios autores de la misma época, completan la decoración del brazo sur del crucero y dan paso al último tramo de la nave de la Epístola, que según la audioguía es donde están los museos catedralicios. ¿Los museos?, piensa un viajero asustado ante lo que se le avecina. Si lo que ha visto hasta ese momento es cosa menor, puesto que se expone con naturalidad, qué no habrá dentro de esas dependencias que se guarecen detrás de otras tres capillas —la de los Dolores, la de San Andrés y la del Mariscal—, y que ocupan antiguas estancias privadas de los canónigos. Mejor verlo con tranquilidad, decide haciendo un alto en su recorrido para recuperar las fuerzas. Son las tres menos cinco de la tarde, le quedan tres horas aún, así que lo aconsejable es que se tome con calma la visita, no vaya a ser que le pase lo que a todas esas personas a las que ve arrastrarse por las naves sin capacidad ya para disfrutar de lo que están viendo.

En la denominada zona museística (¡como si el resto de la catedral no lo fuera!, piensa el viajero acercándose a ella) la capacidad de asimilación de los visitantes se resiente más todavía, tal es la abundancia de objetos y de elementos artísticos y arquitectónicos a contemplar. Pinturas, joyas, retablos, imágenes, sepulcros, incluso muebles lo llenan todo de tal manera que el visitante bastante hace con seguir andando y no sentarse en uno de aquéllos negándose a ver nada más, diga lo que diga el guía, o la audioguía, si va por su cuenta. Con apagarla no hay que obedecerla más.

Pero el viajero es muy obediente. El viajero se ha propuesto ya hace mucho visitar las catedrales de España una a una y mirar en lo posible todo lo que conservan y guardan sea mucho o sea poco y tenga interés o no, y lo cumple. Así que, armado de valor, entra en la primera de las capillas que hacen las veces de museo siquiera sea sólo porque sirven de paso obligado hacia él. Se trata de la llamada capilla de los Dolores (por la Virgen que preside el retablo barroco, obra de Pedro de Mena) y que sirve de pórtico a la sacristía de los Cálices, antiguo espacio de estilo gótico en el que se atesoran pinturas de gran valor de varios pintores (Zurbarán, Goya, Mattia Preti, Jacob Jordaens...; la audioguía recuerda que la catedral de Sevilla es la tercera pinacoteca de España por importancia después del Museo del Prado y del de Bellas Artes sevillano), así como una colección de cálices de todos los estilos y las épocas que son los que le han dado nombre a la dependencia.

La siguiente capilla, llamada de San Andrés, podría pasarse de largo de no ser por el maravilloso Cristo de Montañés que se expone en ella entre los terciopelos que mandó colgar el cardenal Segura al acabar la guerra civil y la mediocre copia del cuadro del *Martirio de San Andrés* de Roelas que le dio nombre; también, es verdad, entre cuatro preciosos sepulcros góticos pertenecientes a alguna antigua familia noble. El Cristo de Montañés, conocido como de la Clemencia, es una de las obras cumbres del genial escultor barroco andaluz y conmueve por su serenidad, siendo una espléndida anticipación artística de lo que el visitante va a ver a continuación en el espectacular espacio de la sacristía mayor. Construida en el siglo XVI, la antigua sacristía catedralicia (ahora ya sólo se usa en ocasiones excepcionales, según la audioguía) tiene planta de cruz griega y la cubre una cúpula de media naranja primorosamente labrada desde cuyo centro una linterna ilumina el interior de la sala con ayuda de los cuatro óculos que calan sus bóvedas. Tanto la sacristía como lo que se expone en ella darían para una tarde completa, pero el viajero no dispone de tanto tiempo. Así que se conforma con admirar todo brevemente y detenerse ante lo que más le gusta, que es mucho: la vidriera superior, de Arnao de Flandes, los libros de coro antiguos, las cajonerías talladas por Pedro Duque Cornejo en el XVIII, la fantástica tabla del descendimiento de Pedro de Campaña y los numerosos y espléndidos lienzos de autores como Zurbarán, Murillo, Bayeu o Valdés Leal, las soberbias imágenes de la Inmaculada de Alonso Martínez y de San Fernando de Pedro Roldán, el relicario encargado por Alfonso X el Sabio para su oratorio y que contiene trescientas veinte reliquias en sus cajoncitos y, por supuesto, la custodia de plata de Juan de Arfe que, como en todas las catedrales andaluzas, ocupa un lugar de honor. Cosa que no es de extrañar. La torre de cuatro cuerpos de ésta mide tres metros y medio y pesa cuatrocientos kilos.

—¡Ooooooh! —exclaman al unísono unos japoneses al conocer la noticia (se ve) por boca de su guía.

—Pues a mí no me parece ni medio bien —comenta, en cambio, al lado del viajero, una española a sus compañeras, que son tres, las tres vestidas iguales: pantalón corto, camiseta de tirantes, mochila y gafas de sol—. ¡Con el hambre que hay en el mundo!

—Ni a mí —le responde otra.

Al viajero tampoco se lo parece, pero no va a entrar en la conversación y no por falta de ganas. El viajero a estas alturas en lo único en que piensa es en seguir recorriendo la catedral para ver si consigue mirarla entera antes de que la cierren. Así, de la sacristía mayor pasa al patio del Cabildo, también llamado del Mariscal por la capilla que tiene enfrente y que fue obra de Asensio de Maeda y Hernán Ruiz el Mozo, y de él al Antecabildo, un gran rectángulo decorado y con el techo en forma de bóveda de cañón con casetones típicos del Renacimiento también obra de Hernán Ruiz el Mozo y Maeda que al parecer servía de sala de espera para los canónigos antes de entrar en la sala capitular a sus reuniones. El viajero lo hace en compañía de los japoneses, que no son canónigos pero podrían, tales son su discreción y su respeto hacia todo lo que les enseñan, al contrario que otros turistas, cosa que aquél agradece mucho. Ojalá fueran todos japoneses, piensa el viajero observando a éstos escuchar en total silencio a su guía.

La sala capitular, también obra de Maeda y Hernán Ruiz, es un espacio circular cuya majestuosidad lo equipara a la capilla de la Antigua o a la sacristía mayor. De estilo muy parecido al Antecabildo y con la parte inferior, como éste, forrada de terciopelo rojo y la superior de relieves labrados en mármol por el canónigo Francisco Pacheco, tío del pintor homónimo, la sala capitular posee, en cambio, una bóveda renacentista cuya monumentalidad no eclipsa, al revés, las pinturas que hizo para ella Murillo siguiendo su curvatura y entre las que destaca el cuadro (el resto son retratos de santos sevillanos) de la Inmaculada, quizá la más lograda de cuantas pintó en su carrera, que fueron bastantes. Al pie de la Inmaculada, una silla arzobispal del XVI preside en solitario el espacio vacío de esta sala que, al parecer, ya no se utiliza para lo que se construyó.

A continuación de la sala capitular, la antigua sala de las cuentas en las que se llevaban las de la catedral tampoco se usa ya para lo que la concibieron, sino para dar cobijo al Tesoro, si es que lo que el viajero ha visto hasta ahora no merece también ese calificativo. En cualquier caso, aquí se exponen cuidadosamente ordenadas y protegidas en vitrinas de cristal algunas de las más valiosas joyas litúrgicas y ornamentales de la catedral de Sevilla, amén de diversos cuadros de enorme valor asimismo. En su libreta, el viajero anotó varias de ellas, pero por las ganas las habría registrado todas: la llamada custodia chica, de finales del siglo XVI, que contiene en su relicario una espina de la corona de Jesús; el ostensorio de oro y esmaltes, con 1.336 piedras preciosas, de Ignacio Thamaral; otro ostensorio de oro, plata y diamantes y mil quinientas perlas en forma de uvas, del XVIII; las vinajeras de oro con campanilla traídas de México en el mismo siglo por algún obispo; el portapaz con la Virgen que perteneció al rey de Francia Felipe V; el busto-relicario de Santa Rosalía tallado en Sicilia por Lorenzo Castelli y donado a la catedral de Sevilla por el cardenal Palafox; el *lignum crucis* del siglo XVI llamado de Constantino, de autor anónimo; el cáliz de oro con la copa de ágata contemporáneo de aquél; la cruz de plata románica de origen desconocido pero que, fechada en el siglo XIII, es una de las piezas más antiguas de la catedral...

—¡Con el hambre que hay en el mundo! —exclama el viajero para que le oigan las cuatro españolas que en la sacristía mayor decían lo mismo.

Y aún no han terminado. En la capilla del Mariscal, que les sale al paso a continuación de la sala del Tesoro y que hay que atravesar para volver a las naves de la catedral salvo que se desande el camino hecho, un retablo de Pedro de Campaña y Antonio Afián de la encarnación de los mejores de ambos artistas y una preciosa vidriera de Arnao de Flandes con el dibujo de los desposorios de San José y la Virgen acaban de rematar a unos visitantes cuya capacidad de asimilación de belleza y arte ya es casi nula. No es extraño que una chica se haya sentado en el suelo y mire al techo con la mirada perdida en claro gesto de no poder más.

Al viajero está a punto de sucederle lo mismo. Después de todo lo que ha visto, después de ver tanto arte y tanta riqueza juntos, necesita un descanso para no desfallecer también. Y qué mejor lugar para hacerlo, piensa, que cualquiera de los bancos que frente a la capilla mayor permanecen vacíos a la espera de que los turistas los llenen. Sólo hay media docena de momento.

Pero es muy difícil dejar la conciencia en paz. Por cansado que se esté y el viajero lo está de verdad (lleva dos horas sin darse una tregua), es difícil abstraerse de lo que se tiene enfrente y más si se trata, como es el caso, del retablo mayor de la catedral de Sevilla, que es tanto como decir uno de los retablos más bellos e impresionantes del mundo. Pese a que no está iluminado y pese a que la preciosa reja renacentista que lo protege lo oculta a medias, deslumbra de tal manera que es imposible olvidarse de él. Y lo mismo sucede con las bóvedas del techo, que en el crucero son estrelladas para mayor sugestión. El viajero, desbordado, cierra los ojos, pero en seguida los vuelve a abrir. El retablo sigue ahí reclamando su atención, deslumbrándolo con su llamarada áurea, invitándole a que se acerque para poder contemplarlo entero a través de los barrotes de la reja, que tampoco es, por cierto, ninguna obra menor. Labrada, según la audioguía, por el fraile dominico Francisco de Salamanca a comienzos del siglo XVI, es una maravilla más del conjunto que forma con el altar de plata y el espectacular retablo mayor, que es el más grande de la cristiandad.

Aunque lo mejor de él no sea eso. Lo mejor de este gran retablo gótico (renacentista en sus laterales, que le añadieron con posterioridad) en cuya elaboración trabajaron varios artistas desde su diseñador, que fue el flamenco Pieter Dancart, durante cerca de un siglo entero y cuya infinidad de minúsculas tallas marea es la belleza de su realización. Imposible no quedarse deslumbrado por sus oros, pero también por la acumulación de figuras que en veintiocho cajetones separados por un bosque de labores y detalles preciosistas, con la majestad de la talla de la Virgen de la Sede, patrona de la catedral, presidiéndolas, reproducen escenas de la vida de Jesús y de la Virgen con tanta prolijidad que es imposible imaginar siquiera cuántas imágenes habrá esculpidas en él. Baste saber que las grandes son más de cien, siendo de todas ellas la más famosa, aparte de la Virgen de la Sede, que es anterior al retablo, puesto que está fechada en el siglo XIII, el Cristo del Calvario del remate, conocido como del Millón por las indulgencias que ha concedido desde que ya lo hiciera en la mezquita antes de que se construyera esta catedral. Sin palabras para describirlo él mismo, el viajero se remite a las que José Gestoso, pintor y arqueólogo sevillano del siglo XIX, dedicó a este retablo según la audioguía: «El espíritu se abisma al considerar el prodigioso alarde de trabajo material y de inventiva que representa aquel verdadero mundo del arte, sus colosales proporciones, el esmero y delicadeza de su talla, los infinitos pormenores con los que está enriquecido, que se escapan a la más penetrante mirada, y el exquisito gusto que en toda la obra se advierte producen un verdadero asombro...».

¿Por dónde seguir ahora? ¿Es posible continuar mirando más cosas después de haber visto esta maravilla que, al decir de los sevillanos, hizo llorar al papa Juan Pablo II cuando se arrodilló a rezar ante ella? ¿No será descender del cielo a la tierra?

El viajero halla la respuesta pronto cuando, dado la vuelta, encara la reja del coro, obra del mismo fraile dominico de la de la capilla mayor que acaba de ver y tocar, y tras ella la fabulosa sillería que le hace la réplica. Ni a la tierra ni al infierno. El viajero sigue en el cielo mirando esta fantasía tallada en el siglo XV por una serie de entalladores anónimos (sólo uno, Nufro Sánchez, dejó su nombre grabado en ella) en la que, como en el retablo mayor, es imposible contar las figuras y los detalles que adornan todo el conjunto. Solamente el facistol y el templete con la imagen de la Virgen obra de Bautista Vázquez, escultor salmantino del XVI, ya sirven para elevar este coro mudéjar, único al parecer en su estilo, a la categoría de único, pero es que además los asientos, que son ciento veintisiete en total, componen una partitura en madera que no necesita casi de voces para oír su música. ¡Cómo debe de sonar la de verdad cuando el organista haga sonar esos órganos que coronan los flancos de la sillería mientras los seises bailan su arcaica danza litúrgica vestidos con sus llamativos trajes delante del altar mayor en las ocasiones en las que eso sucede!

Aquí sí definitivamente el viajero tiene que interrumpir la visita, pues además de descansar brevemente necesita un trago de agua para poder seguir viendo lo que le queda. El agua la encuentra en la fuente del patio que cruzó al entrar en la catedral (ha tenido que regresar hasta él, pues) y el descanso en el ir y volver. Bastaron cinco minutos sin ver retablos ni grandes bóvedas para que el viajero se haya recuperado un poco y pueda continuar su visita donde la dejó. O mejor, cerca de allí, en la nave del Evangelio, que es ya lo único que le queda por ver aparte de la capilla real y el patio de los Naranjos. Y la Giralda, pero ésa es ya otra canción.

Para su suerte la nave del Evangelio tiene menos que ver que la de la Epístola (y, si lo tiene, el viajero no le dedica, cansado como está ya, la misma atención) y la capilla real, eje de la cabecera y panteón real desde muy antiguo (guarda, entre otros, los restos del rey Fernando III el Santo, el conquistador de Sevilla, dicen que momificados, de su esposa Beatriz y de su hijo Alfonso X el Sabio o los de Pedro I y su esposa María de Padilla), está cerrada por obras, por lo que se le aligera el trámite. Aun así, deja constancia en su cuadernillo de cuantas cosas llaman su atención tanto de las capillas del Evangelio como de las dos de la cabecera que hacen de escoltas a la real. De las primeras, la pila bautismal de mármol de estilo renacentista, casi una copa por su perfección, y el impresionante lienzo (tanto por su tamaño como por su factura) de *La visión de San Antonio de Padua,* de Murillo, en la capilla que lleva el nombre del santo; el gran retablo renacentista y el sepulcro del obispo de Scalas (que está vacío, pues murió en Roma), los dos de mármol de Italia, en la capilla que lleva el nombre del fundador; el cuadro de la batalla de Clavijo, de Juan de Roelas, y el delicado relieve de la Virgen con Niño llamada del Cojín por el que soporta a éste, del italiano Andrea della Robbia, así como el sepulcro gótico del arzobispo Gonzalo de Mena, con la figura yacente a tamaño natural del difunto, en la capilla de Santiago; el espectacular altar macizo de plata que se usa en las celebraciones del Corpus y que ocupa el brazo norte del crucero (hay en éste también dos capillas menores, una con una pintura de la Virgen de Belén de Alonso Cano de enorme belleza); la vidriera de Enrique Alemán (una de las más antiguas de la catedral, del año 1478) en la de San Francisco; y el retablo barroco de José Ribera dedicado a la anunciación de la Virgen y la reja, renacentista, preciosa, en la de las Doncellas. Y de las de la cabecera, el retablo ensamblado con lienzos de Zurbarán, en la de la izquierda, que lleva el nombre de San Pedro, y la imagen de la Concepción y el retablo barroco, obras del escultor Alonso Martínez y del arquitecto y ensamblador Martín Moreno en la de la derecha, llamada indistintamente de San Pablo o de la Concepción Grande (por la imagen de la Virgen) y que fue en su origen, parece, el lugar de enterramiento de los caballeros que acompañaron al rey San Fernando en la conquista de Sevilla.

¿Quién da más? El viajero, llegado hasta aquí, se lo pregunta a sí mismo consciente de que nadie le va a responder. Tiene la sensación de haber superado una maratón artística y disfruta de su pequeño éxito. Tras él han quedado ya montañas de arte y siglos de historia a los que tiene la sensación de haber sobrevivido más que disfrutado de ellos. Y es que no se puede acumular tanto, piensa mirando las naves de la catedral, por las que siguen pasando y pasando turistas.

A la puerta de la Giralda, que arranca en la esquina izquierda de la cabecera, al final de la nave del Evangelio, también hay muchos turistas, como no podía ser de otro modo. Los hay por todas partes, yendo y viniendo de un lugar a otro, como si fueran una invasión de langostas. Lo malo es que en la Giralda, cuyas rampas características de las mezquitas árabes del medievo (el muecín solía subir y bajar en burro a rezar por ellas) obligan a un esfuerzo en la subida, los turistas mayores o menos acostumbrados a esos esfuerzos se van apelotonando, con lo que la subida se hace muy lenta. Menos mal que cada poco, en los espacios que forman los ángulos de las rampas, el cabildo catedralicio ha dispuesto pequeñas exposiciones de objetos de todo tipo (elementos utilizados en la construcción de la catedral, como poleas y mazas de hierro, campanas primitivas, cerámica encontrada en las excavaciones del subsuelo, la maquinaria de un reloj antiguo...), lo que entretiene el tiempo de espera. Por fin, después de varios minutos, el viajero alcanza la parte alta de la Giralda, desde la que domina toda la catedral y Sevilla entera, no en vano sigue siendo un mirador privilegiado pese a que no sea ya la torre más alta de la ciudad y de España como fue en tiempos. No sólo cuando se construyó imitando, según la guía del viajero, el alminar de la mezquita Kutubía de Marrakech por los almohades en el siglo XII, sino cuando, tras haber perdido en un terremoto dos siglos después las cuatro bolas doradas que la remataban y que, al decir de quienes las vieron, resplandecían en la lejanía como cuatro soles, el cabildo le encargó a Hernán Ruiz el remate actual, que elevó la altura de la torre hasta los ciento cuatro metros, incluyendo los tres y medio del Giraldillo, que es como se conoce popularmente en Sevilla a la estatua giratoria de la Fe que hace las veces de veleta. Debajo de ella quedan el cuerpo del campanario —con veinticuatro campanas hoy electrificadas pero que en ocasiones se tocan aún volteándolas todas a la vez, lo que produce un estruendo que se oye en toda Sevilla—, el cuerpo del reloj, del que cuelga la campana veinticinco, que es la de éste, y otros dos cuerpos más pequeños, éstos ya circulares en lugar de cuadrados como los anteriores, llamados de las Estrellas y de las Carambolas por su decoración, que son los que sirven de base al Giraldillo. En la terraza que cubre el cuerpo de las campanas, en cuyas cuatro esquinas otros tantos jarrones de azucenas hechos en bronce delatan la advocación mariana de la catedral de Sevilla, es donde está ahora el viajero contemplando junto a otros muchos visitantes la gran ciudad abajo como sobre un plano. Ni siquiera hace falta abrir el de verdad para descubrir en una y otra dirección, aparte de la catedral y de los edificios nobles que la rodean (el Archivo de Indias, el alcázar con sus jardines enormes, la Diputación y el Palacio Arzobispal), los diferentes barrios y monumentos más conocidos de la ciudad. Una ciudad que atraviesa el río Guadalquivir, a cuyas orillas viajan, junto a la plaza de toros de la Maestranza y la Torre del Oro, las construcciones lejanas de la isla de la Cartuja y el parque de María Luisa con su verdor de palmeras entre el caserío blanco.

Eso a lo lejos, porque en las cercanías de la catedral, el blanco alterna con el amarillo albero del barrio de Santa Cruz y de la Sevilla histórica en esos edificios con terrazas en los que los vecinos toman el sol mirando hacia la Giralda o sestean bajo los tejados rojos sin saber que otras personas vigilan su vida en este momento desde las alturas de la catedral. Una de ellas, la señora encargada de vigilar también a los visitantes de la Giralda, no se sabe si para que no se caigan de ella o para que alguno no se quede arriba, perdidos la razón y los sentidos por la belleza de este lugar cuando todos bajen.

—Por las dos cosas —le responde al viajero sonriendo la mujer, demostrándole que en sus años como vigilante ha visto de todo.

La señora, que es sevillana de pura cepa y que vive de los turistas como muchos de sus vecinos, comenzando por el cabildo de la catedral, para el que trabaja, no tiene pelos, no obstante, en la lengua para criticar la avaricia de los sevillanos. Tras ayudar al viajero a encontrar el barrio de la Rochelambert, en el que al parecer reside y por el que aquél le ha preguntado sin decirle por qué (se sorprendería mucho de saberlo) y a identificar los pueblos que se divisan en torno a Sevilla (San Juan y Mairena de Aljarafe, Tomares, Castilleja la Nueva), le reconoce sin medias tintas que en Sevilla todo el mundo «va a lo que va».

—A la manteca —dice guiñándole un ojo y frotando los dedos de la mano en inequívoco gesto—. Los primeros, los curas.

Lo ha dicho en respuesta a la pregunta del viajero sobre el tiempo que hace que cobran por ver la catedral. El viajero recuerda haberla visitado otras veces y no tener que pagar por ello, sólo por subir a la Giralda, el que lo quería.

—Dentro de nada, le cobrarán a uno hasta por respirar —dice con gracia la mujer, que ya está de vuelta de todo y a la que le debe de quedar poco para jubilarse—. ¡Menudos son los curas! —exclama mientras continúa su ronda.

Por visitar el patio de los Naranjos el cabildo no cobra, pero sí ha puesto una tienda en él de souvenirs y libros de la catedral para que el que lo desee pueda seguir dejando dinero a sus propietarios, esos cuya avaricia critican hasta sus trabajadores. Está en el lado oriental del patio, frente a la puerta del Lagarto, así llamada por el cocodrilo que hay encima de ella. Junto al cocodrilo hay también colgados otros objetos extraños, entre ellos un colmillo de elefante, que le dan al lugar un aire un tanto surrealista. La guía del viajero dice que los otros dos objetos misteriosos son una brida de jirafa y la vara de mando del enviado de un sultán de Egipto que vino a Sevilla a pedirle al rey de Castilla Alfonso X la mano de su hija Berenguela y que trajo como regalos, entre otros presentes, un cocodrilo del Nilo y una jirafa, además del colmillo de elefante. Parece que el rey Alfonso no accedió a la petición del sultán egipcio, pero el cocodrilo y la jirafa se quedaron en Sevilla, donde murieron, siendo el primero disecado para exponerlo en la antigua mezquita a modo de exvoto junto con el colmillo y la brida de la jirafa y la vara de mando del embajador del sultán, si bien el cocodrilo con el tiempo se pudrió y fue sustituido por uno de madera, que es lo que ahora ven los turistas. El patio de los Naranjos, por lo demás, con su fuente en el centro que recuerda que fue el de las abluciones de la mezquita a la que perteneció, trae a la memorioa el de Córdoba tanto por su disposición como por la cantidad de turistas que van y vienen por él. Lo diferencia, eso sí, la impostación de uno de sus tres muros (el cuarto es la catedral), derribado para construir la nueva iglesia del Sagrario, y la presencia en él de algún elemento ajeno a su esencia árabe, como la capilla llamada de la Granada por la talla de una Virgen que lleva en la mano ese fruto, junto a la puerta del Lagarto, o la nave que acoge la biblioteca donada a la catedral por el hijo de Cristóbal Colón cuyos restos reposan en el trascoro. De lo que ya no queda sino el recuerdo es de la función que este patio tuvo en los siglos de más esplendor de Sevilla de mercado y de refugio de pícaros y ladrones al ser territorio eclesiástico y, por lo tanto, fuera de la jurisdicción civil y hasta hace no muchos años, según parece, de lugar de juegos infantiles mientras las puertas permanecieron abiertas a la ciudad. Hoy lo está sólo una, la del Lagarto, pero para que los turistas salgan tras su visita a la catedral.

—Adiós —la despide el viajero después de cuatro horas en ella en la persona de la empleada de la tienda.

En la calle, la vida estalla de luz y de algarabía. Como si volviera a ella después de días y no de horas, el viajero siente de nuevo la vida plena y no la disecada del lagarto o la momificada de los sepulcros y las mil joyas de la catedral. Y eso que con el calor los sevillanos aún no han salido de casa y son los turistas los que andan ahora por los paseos y por las callejuelas de la Sevilla antigua. Ellos y los cocheros de los carruajes de caballos que esperan pacientemente a que alguno de ellos requiera sus servicios.

—¿Dónde puedo encontrar un jardín cerca? —le pregunta el viajero a uno que refresca a su animal con una manguera bajo los naranjos de la plazuela del Triunfo, entre el alcázar y la Diputación.

—Ziga por ahí —le señala el hombre una callejuela— y lo encontrará en zeguida. Los jardines de Murillo ze llaman... ¿No quiere dar una vueltecita? —ofrece sus servicios por si acaso. No parece que hoy esté animado el negocio de los carruajes.

—No, muchas gracias —le sonríe el viajero.

Por las callejuelas del barrio de Santa Cruz, que es el que cruza en busca de los jardines de Murillo, el viajero oye sonar sus pasos apenas confundidos con los de otros turistas que vienen y van embriagándose de los colores y olores de la Sevilla más popular. Las casitas con ventanas enrejadas y los naranjos que asoman de los pequeños patios o crecen en las plazoletas los acompañan en su camino como vienen haciendo desde hace siglos. De cuando en cuando una tiendecita o la terraza de un bar los invitan a entrar o a sentarse, en el mejor de los casos a la sombra.

Al final del barrio aparecen los jardines de Murillo, que, aunque se llamen así, en plural, resultan ser uno solo, con su verde acogedor y sus sombras prometedoras de frescor. El viajero lo viene buscando como el otro día en Jaén para descansar un rato mientras escribe en su cuadernillo lo sucedido y visto hasta este momento, que es más de lo que desearía. Sevilla es mucha Sevilla y su catedral, mucha catedral. Pero, para su contrariedad, no encuentra una terraza en la que sentarse como la otra tarde en Jaén. Tan sólo bancos aislados en los que para escribir hay que apoyarse en una rodilla. En uno de ellos, un músico ensaya con su violín amparado en la soledad del entorno, cuyo silencio apenas rompen los pájaros y el rumor del tráfico en la avenida.

En busca de una terraza (el viajero, además, necesita un café), éste regresa sobre sus pasos y entra de nuevo en el barrio de Santa Cruz, que lo acoge como si fuera un útero maternal tras su breve salida a la intemperie que los jardines de Murillo suponen junto con los que se adivinan detrás de la avenida y que no son otros que los famosos del parque de María Luisa, el mayor jardín de Sevilla y el más visitado por los turistas, muchos de los cuales van hasta ellos en coche de caballos como los antiguos señoritos de cortijo sevillano. El viajero no lo es y por eso se conforma con la modesta montura de una silla de metal en la terraza de una taberna que comparte con otra una pequeña plazuela que, aparte de estar en sombra, tiene una fuentecita en el centro cuyo surtidor de agua contribuye a dar sensación de tranquilidad y frescor. La que no contribuye tanto es la mujer que atiende la terraza, una señora mayor que no para de hablar con los clientes, todos de fuera como el viajero, haciendo demostración de sus rudimentarios conocimientos de idiomas y de los monumentos y otros atractivos de su Sevilla de los amores. Mientras escribe, el viajero no deja de oírla, ya aconsejando a unos italianos a qué lugares ir por la noche, ya presumiendo con unos jóvenes bilbaínos de los conocimientos que también tiene de Bilbao, adonde fue de excursión con unas amigas hace un par de años:

—Bilbao también es muy bonito —dice con condescendencia satisfaciendo el orgullo de los bilbaínos.

Cae la tarde. En la fuente se refresca una paloma mientras los turistas siguen pasando por la plazuela en busca de quién sabe qué secretos ya. Alrededor de la catedral hay músicos callejeros y una animación mayor. Se ve que los sevillanos han comenzado a salir de sus casas para disfrutar del atardecer de julio. En el patio de armas del alcázar, al que el viajero llega por azar, varios niños juegan al balón y una pareja se besa, lo que le da al antiguo patio castrense una connotación diferente.

Calle arriba y calle abajo, entre los sevillanos y los turistas que van y vienen por la avenida de la Constitución, el paseo principal de la ciudad junto con la calle Sierpes, que la continúa, el viajero llega ya anocheciendo ante el edificio del Ayuntamiento, frente al que está la plaza en cuyo centro se alza la estatua ecuestre del rey San Fernando, el conquistador de Sevilla, que fue canonizado en esta ciudad. La estatua, alzada sobre un pedestal de piedra en el que varios relieves recuerdan a personajes que colaboraron con él en la conquista de Sevilla como el almirante Bonifaz, que entró por el Guadalquivir con su flota cántabra y asturiana rompiendo la cadena de defensa, o su hijo y sucesor Alfonso X, el de las cantigas, impone en el anochecer sevillano con el cielo tiñéndose de azul cobalto sobre ella. Aunque salvo el viajero nadie la mire, ocupados como parecen la mayoría en vigilar a los niños que corren a su alrededor o en observar los escaparates de los comercios de enfrente, entre ellos el de la heladería a la que el viajero entra atraído por el nombre de uno de los helados que se ofrece como novedad.

—¿Sudachi...? —pronuncia a la vez que pregunta qué es a las chicas de la heladería.

—Es una fruta japonesa. Parecida a la lima pero más fuerte de sabor... Pruébelo, que está muy bueno —le explica una de ellas ofreciéndoselo a probar.

Ciertamente está muy bueno. Así que el viajero pide un helado de la extraña fruta y se va con él en la mano entre los paseantes de la avenida, ahora de vuelta hacia la catedral y el río, donde le espera ya iluminada la Torre del Oro al igual que toda Sevilla. Son las diez y veinticinco y la noche ha caído del todo.

Por eso luce más esa torre circular (dodecagonal realmente) que es el otro gran símbolo junto con la Giralda de Sevilla, tanto que puebla muchas de sus leyendas y hasta sus canciones mismas. No en vano, después de ocho siglos junto al Guadalquivir, en el antiguo arenal en el que fondeaban los barcos que traían el oro de las Indias o simplemente el pescado de las marismas o de la mar abierta y en el que reparaban sus cascos los carpinteros de ribera, la torre albarrana de defensa cuyo primer cuerpo mandó levantar el gobernador almohade de Sevilla Abū l-Ulà en 1220 y que recrecerían luego con otros dos más pequeños el rey Pedro I el Cruel en el siglo XIV y el ingeniero militar de origen belga Sebastián van der Borcht en el XVIII forma parte inseparable del paisaje de una ciudad que se mira en ella tanto en su perspectiva real como en su reflejo sobre el Guadalquivir. Las mil leyendas que la acompañan —desde la que asegura que la llamaron del Oro porque estaba revestida al principio de azulejos que le darían ese color dorado característico al ser iluminados por el sol (no es verdad, el color se lo da la mezcla de cal y paja de su argamasa aglutinadora) hasta la que afirma que fue por haber servido de almacén del que llegaba en los barcos de América— flotan en torno a ella como las sombras de quienes corren por la ribera haciendo deporte junto a sus perros o contemplan las luces de Triana enfrente. Esas luces de bares y restaurantes animadísimos cuyos sonidos y voces saltan el río para llegar hasta el otro lado y hacia las que el viajero se encamina ya cruzando el puente de San Telmo, junto con el de Triana el más popular de todos los que cruzan el Guadalquivir a su paso por Sevilla.

En uno de esos restaurantes, una taberna castiza de la calle Betis, como se llama la que recorre la orilla derecha de aquél (Betis fue el nombre que los romanos le dieron al río; Guadalquivir se lo pusieron los árabes), el viajero se acoda en la barra de zinc y, entre los gritos de los camareros a la cocina y viceversa y el ruido de las conversaciones de los clientes, todos vecinos de la zona a lo que se ve, se toma otro par de tapas que completen las del mediodía antes de regresar caminando a su hotel, que está lejos, por una ciudad que brilla, como la Torre del Oro y como su catedral, como si fuera de oro bajo la noche de julio.

Los ingleses

La mañana ha amanecido brumosa. Sobre la ciudad, cortinas de niebla gris apenas dejan pasar el sol y una luz dorada y negra —según se cuele entre ellas o no— se extiende sobre los edificios y sobre los frondosos parques que convierten Sevilla en un vergel, máxime si como esta mañana sus árboles resplandecen entre la luz cambiante y la niebla.

Poco a poco, pese a su gran tamaño, la capital del Guadalquivir se va quedando detrás, adormecida bajo su pesada historia y ensimismada en las torres y puentes que el río enhebra a su paso como si se tratara de monumentos alzados por los sevillanos a mayor gloria de su compañía. Algunos, como el del V Centenario, tardan en desaparecer del retrovisor del viajero, tal es su altura y su localización.

La autovía de Huelva, en la que desemboca al fin, corre directa hacia esta ciudad, que es la más occidental de las andaluzas y que dista noventa kilómetros de Sevilla según los carteles. Una hora, piensa el viajero mirando el paisaje, que es llano y que comienza a mostrar una vegetación atlántica que delata la proximidad del mar. Huelva, aunque no esté propiamente en la costa, está ya muy próxima, y a medida que se acerque a ella el mar marcará el paisaje aunque no se vea desde la autovía. Las gotas de lluvia que han empezado a caer lo dulcifican aún más a partir de un momento, justo cuando los carteles señalan Doñana y Almonte a la izquierda. Aquí ya no se ven fieros castillos en los alcores ni poblaciones amuralladas en el horizonte. Las que aparecen descansan confiadas en la llanura, que la vegetación y las gotas de lluvia convierten en una acuarela, como la evocadora Niebla. En la radio del coche del viajero la música contribuye, por su parte, a que esa percepción crezca. Suena la *Oración de la mañana* de Hector Berlioz. La conjunción entre coche y paisaje es total.

La conjunción se rompe antes de llegar a Huelva al terminarse la música, pero también porque el paisaje empieza a cambiar cuando aparecen los primeros bloques de una ciudad de la que el viajero lo desconoce todo salvo su fama de contaminada y fea, puesto que nunca la ha visitado hasta hoy. ¿Lo será de verdad tanto como dicen?

Por las calles que le conducen hacia su centro, el viajero va contemplándola desde su coche y de momento no le parece que sea más fea que otras, aunque sí percibe que es casi toda nueva. No nueva de ayer mismo, sino de las últimas décadas del siglo pasado y de los años que van del presente. Abundan los edificios de los sesenta y setenta del siglo anterior y todo tiene un aire un tanto caótico, fruto quizá de un rápido crecimiento de la ciudad, que sucedería en torno a esos años. Según leyó antes de salir, Huelva creció de forma considerable en el siglo XIX con el comienzo de las explotaciones mineras de Río Tinto, al norte de la provincia pero que repercutieron en la capital, y con la creación en su territorio del Polo Químico e Industrial, en la segunda mitad del siglo pasado. Así que poco debe de quedar ya en ella de la legendaria Ónuba, el asentamiento tartesio del siglo X antes de Cristo que el historiador y arqueólogo romántico alemán Adolf Schulten tuvo por el poblamiento más antiguo de la Europa occidental, ni de la Onuba Aestuaria romana de la que habló mucho antes que él Plinio el Viejo, ni siquiera de la Welba árabe que se asentó en sus cabezos a raíz de la invasión de la península y que llegó a ser capital de un reino taifa. Por lo que puede ver el viajero, ni siquiera deben de quedar restos apenas de la época de la Reconquista, que protagonizó el rey Alfonso X de Castilla, ni de la expansión a América, a la que los onubenses tanto contribuyeron pero cuyos beneficios se llevaron mayoritariamente Cádiz y Sevilla, por donde entraban los barcos con los tesoros procedentes del Nuevo Mundo. Huelva, como el viajero ha leído también, vivió postrada en su lejanía durante siglos hasta que los ingleses primero y luego su industrialización moderna la convirtieron en la ciudad que es hoy.

Un par de vueltas por ella (más obligadas que voluntarias, por cuanto no encuentra dónde estacionar el coche) y el viajero por fin consigue poner pie en tierra tras abandonarlo en un descampado sin asfaltar en el que un policía municipal le recomendó que lo hiciera, detrás de la plaza de toros. Por el camino ha visto la catedral, cuya fachada barroca de color ocre rojizo le ha recordado a las coloniales de América. La plaza de toros también tiene el mismo color, pero está mucho más dejada. Necesita una mano de pintura y una remodelación urgente, pues parece una plaza de toros de la posguerra. Hasta el Tendido del 12, el bar de la peña taurina que ocupa uno de sus bajos frente al descampado que sirve de aparcamiento a los coches a falta de uno de verdad en la zona, remite a esos años de nuestra historia tanto por su decoración como por el mobiliario. Incluso el hombre que lo atiende parece sacado de un documental del No-Do.

Del No-Do no, pero de la actualidad tampoco se dirían sacadas las personas, jubiladas muchas de ellas, que el viajero se cruza en su camino hacia la catedral, que no está muy lejos, y que le observan con curiosidad. Deben de ser vecinos que ya están hartos de ver siempre a la misma gente, por lo que el forastero les llama la atención. No parece que a Huelva vengan muchos turistas y menos en el verano y se nota. Al viajero el ambiente de las calles le recuerda el de las ciudades del interior del país, nada que ver con el de las de la Andalucía turística.

La catedral de Huelva, que lo es con todos los honores si bien que desde hace sólo medio siglo (exactamente desde el año 1954, que fue cuando se consagró, poco después de que se creara la diócesis onubense y se nombrara a su primer obispo), se alza entre los edificios mediocres con sus dos torres acampanadas y su fachada barroca que prolonga la del antiguo convento al que perteneció y que hoy alberga la Universidad onubense, según dicen los carteles que hay delante. Frente a ellas, una plaza ajardinada, quizá perteneciente también al antiguo convento, realza su arquitectura, que evoca la colonial de la América colombina, aunque sin duda ha de ser al revés. Parece mucho más lógico que sea esta arquitectura la que influyó en las iglesias de Hispanoamérica, adonde la llevarían sus descubridores.

La catedral se llama de la Merced. El nombre le viene del monasterio, que fue de frailes mercedarios según explica un cartel que añade que se fundó en el año 1605 y que funcionó como tal hasta la desamortización del año 1835, cuando pasó a manos de la Diputación de Huelva, que lo destinó a diferentes usos (cuartel militar, instituto, escuela de Magisterio y hospital) antes de convertirlo en la Universidad local. La iglesia, por su parte, conservó el culto religioso y así continúa, hoy con la categoría de catedral pese a su modestia. Arruinada en el siglo XVIII por tres terremotos, uno de ellos el famoso de Lisboa, la antigua iglesia renacentista de autor o autores indeterminados (los libros citan varios nombres, pero no se ponen de acuerdo en ninguno) se reconstruyó en estilo barroco después de ellos y así ha llegado hasta nuestros días. Eso sí, los dos campanarios son del siglo XX, pues hasta entonces carecía de campanas con las que llamar al culto, puesto que los frailes no las necesitaban.

Nombrar las campanas y oírlas ha sido todo uno. El viajero mira el reloj y comprueba que son ya las once en punto. Buena hora, piensa, para entrar al templo. En la puerta un papel señala el horario: de diez de la mañana a la una. ¿Y por la tarde?

—Por la tarde está cerrada —le dice un hombre que barre con una escoba, el único que se ve dentro de la catedral—. Soy el sacristán —se presenta.

El hombre, de gran altura, andará por los sesenta años y tiene ganas de conversación:

—¿Quiere que le enseñe la catedral? —ofrece.

—Si quiere... —acepta el viajero sorprendido de su amabilidad.

La catedral es una iglesia de tres naves sin capillas en los muros (tan sólo hay una en la cabecera de la del Evangelio) no mayor que la de cualquier pueblo grande de Andalucía. Está encalada, además, como la mayoría de ellas, lo que demuestra que fue una iglesia hasta hace muy poco. Y que lo sigue siendo. El sacristán barre con una escoba casera y todo tiene un aspecto humilde. Hasta el altar mayor se ve pobre comparado con los de otras catedrales.

—Catedral la de Sevilla —le dice al viajero el sacristán, que ya ha dejado de barrer y se dispone a enseñarle la suya. Se encarga de su cuidado desde hace seis años sólo, pero ha sido tiempo de sobra para empezar a verla con otros ojos—. El roce hace el cariño, como dicen. Y a mí me empieza a gustar —afirma reconociendo que al principio no le sucedía igual.

El sacristán anda ligeramente encorvado y tiene ademanes de barman más que de cuidador de templos. Y sus conocimientos de éste no son gran cosa, como en seguida advierte el viajero. Pero los sustituye con su amabilidad. Durante casi una hora le enseña paso por paso toda la iglesia y las pocas cosas que alberga, que no son nada del otro mundo tampoco. El presbiterio apenas acoge un altar desnudo y la silla episcopal, moderna, junto a un pequeño coro partido en dos, y las naves laterales, media docena de altares con retablitos, ninguno de ellos de demasiado interés. En la catedral de Sevilla ni siquiera estarían expuestos, pero aquí son los protagonistas. Sobre todo con Pedro contando sus historias o ponderándolos con su expresión castiza: «Esto es tela de bonito», «Esto es tela de antiguo», «Este cuadro vale tela»...

Después de darle la vuelta entera a la catedral con el sacristán contándosela, el viajero se sienta en un banco para anotar las cosas que éste le ha revelado y las conclusiones que él ha sacado mientras le escuchaba hablar. En todo el rato apenas han entrado dos turistas que se han marchado rápidamente, de un cura mayor al que el sacristán se ha acercado, servicial, a saludar.

Un Cristo llamado de las Cadenas (por las de los mercedarios, le dijo el sacristán cuando se lo enseñó, «que se cambiaban por presos como Cervantes») y una imagen de la Virgen de la Cinta, que es la patrona de Huelva (el viajero le contó a él a su vez que también lo es de Tortosa, en la provincia de Tarragona, cosa que desconocía), en la nave de la Epístola, y otras dos imágenes en la del Evangelio: la de Nuestra Señora Santísima de los Dolores, que acaban de restaurar en Sevilla («Hasta las lagrimitas le han devuelto», dijo el hombre al contemplarla), y un Cristo muy popular en Huelva, el conocido como del Buen Viaje por ser al que se encomendaban los marineros antes de echarse a la mar, es todo lo que el viajero anota junto con el altar de plata de la única capilla lateral, que también acoge un trono policromado de madera con una imagen del Niño Jesús que según el sacristán sacan en Semana Santa a hombros dieciséis hombres porque es muy pesada. Sólo el Niño, que es de plomo, ya pesa «tela», o sea, mucho. Aparte de ello, la cúpula con pechinas y ventanas con vidrieras del crucero y la tribuna lateral desde cuyos balcones asistían a misa los frailes enfermos en los tiempos en los que esta iglesia pertenecía al convento de la Merced y se comunicaba directamente con él es cuanto recordará, pues poco más hay que ver en la catedral de Huelva.

A pesar de ello, el viajero se dispone a darle otra vuelta. Hasta la una, que es cuando cierra, lo hará varias veces, supone, pues a partir de esa hora ya no podrá hacerlo más. El sacristán le ha dicho que a las ocho y media la abren para una misa, pero el viajero no cree que esté ya en Huelva para esa hora. ¿Qué va a hacer toda la tarde con la catedral cerrada en una ciudad que aparentemente tiene tan pocas cosas que ver?

La tarde y parte del mediodía. Pues para su sorpresa el sacristán se acerca a decirle que tiene que salir justo cuando se levantaba. Su desconcierto es tal que no le comprende. El sacristán le dice que va a cerrar ya la puerta.

—Yo cumplo órdenes —señala al cura que entró hace un rato en la catedral y que, tras esperar en vano a algún pecador en el confesionario que hay en un lateral, acaba de pasar en dirección a la capilla en la que está el altar de plata y el templete con el Niño Jesús de plomo.

—Pero si falta casi una hora para la una —mira el viajero su reloj.

—Ya. Pero el padre me ha pedido que cierre antes porque va a decir la misa —dice el sacristán, muy serio.

—¿Y por eso me tengo que ir? —pregunta el viajero, que no entiende nada.

—Es que al padre le gusta decir la misa solo. Es un poco especial —añade el sacristán bajando la voz.

—Ni tan especial —protesta el viajero, que educadamente obedece y abandona una catedral en la que entró hace cosa de una hora y de la que ya le obligan a salir. Y que no abrirá hasta la noche otra vez. Aunque tampoco le importa mucho en el fondo, pues todo lo que había que ver ya lo ha visto.

A la puerta, que cierra detrás de ellos al salir («El padre tiene llave», comenta el sacristán guardando la suya), éste, al que se le ve feliz (ahí es nada, piensa el viajero mirándolo: su jornada de trabajo hoy ha sido de dos horas, de las que una se la pasó de conversación con él), responde a su curiosidad: qué hacía antes de trabajar en la catedral.

—Era camarero.

Lo imaginaba, le gustaría decirle al viajero, pero se calla. El viajero se enorgullece de su intuición, pero no quiere ofender al hombre. Aunque tampoco hay ningún motivo para que el sacristán se ofenda por eso. Sus ademanes son los que son y su formación también.

—Un cura que era cliente del bar en el que trabajaba me ofreció el puesto, que había quedado vacante, y aquí estoy. Y contento —dice alejándose calle abajo después de desearle al viajero buena estancia en su ciudad.

Las doce y veinte, mira éste su reloj. Y la catedral ya está vista y requetevista, incluso por fuera. Salvo las torres y la fachada que da al jardín y que continúa la de la Universidad poco más tiene que ver, como no sean las hornacinas que adornan su cuerpo central y que desde 1978 ocupan las esculturas de terracota de la Virgen de la Merced, San Leandro, San Walabonso (¿quién sería éste?, piensa el viajero leyendo el nombre), la Virgen de la Asunción y el beato Vicente de San José realizadas por un escultor local. Junto a ellas un reloj le confirma la hora: las doce y veinte del mediodía.

Guiado por el sacristán, que ya ha desaparecido de su vista, el viajero se encamina hacia la plaza de las Monjas, donde le ha asegurado que existe un punto de información para los turistas. Puede que en él le indiquen qué ver en Huelva, puesto que hasta este momento, salvo la plaza de toros y la catedral, el viajero no ha visto nada que merezca siquiera pararse un minuto. Y camino de la plaza de las Monjas ocurre lo mismo. Todo es bastante caótico, con comercios y bares que no invitan a entrar en ellos salvo por necesidad. Aunque muchos vecinos lo hagan. Mujeres que hacen la compra y hombres que no trabajan y que toman café mientras se juegan sus ahorros en las máquinas tragaperras, cuyo inconfundible sonido llega a través de las puertas.

La plaza de las Monjas, a la que el viajero arriba después de andar unos diez minutos, es un rectángulo con cuatro árboles y un monumento a Colón en medio del laberinto urbano de Huelva. No es una maravilla, pero tiene cafés con terrazas bajo las sombras de aquéllos y un quiosco mal envejecido que el Ayuntamiento ha habilitado como punto de información turística. La chica que lo atiende quizá sea amable de natural, pero su simpatía aumenta seguramente ante lo inusual de que alguien se acerque a ella, como ahora hace el viajero. La chica le confiesa que no vienen muchos turistas a Huelva y menos en esta época. A las playas sí, dice, pero a la ciudad no muchos.

Y casi es mejor que sea así, piensa el viajero mirando el puesto. Porque salvo un plano de la ciudad y dos folletos de propaganda nada más tiene la oficina para ofrecer a los que se aproximan en busca de información. Eso sí, la muchacha suple con su amabilidad la falta de medios con los que se desenvuelve. Rotulador en mano le marca en el plano al viajero la media docena de sitios que, según ella, merece la pena ver.

—¿Sólo? —le sonríe el viajero despidiéndose.

—Luego está la provincia, que es muy bonita —trata la chica de compensar.

Compense o no, el viajero ahora no piensa en nada que no sea esta ciudad cuya actividad no parece excesiva, quizá porque es mediodía. A falta de turistas y con sus vecinos trabajando, se supone, por las calles sólo se ven jubilados y chicos jóvenes, que ya están de vacaciones. Dos de ellos, chico y chica, discuten airadamente, a saber por qué motivo, si lo hay.

La calle de Vázquez López es junto con la de Martín Alonso Pinzón, el que fuera capitán de una de las carabelas del primer viaje de Colón a América, la más comercial de Huelva y por eso la chica del punto de información se la marcó con rotulador al

viajero en el plano. Por eso y porque en ella está uno de los cuatro hitos que los ingleses dejaron en una ciudad que les debe gran parte de su patrimonio histórico. Se trata del Gran Teatro, un edificio clasicista inaugurado en 1923 para que los empleados ingleses de la Rio Tinto Company Limited destinados en Huelva entretuvieran sus ratos de ocio y amortiguaran la melancolía que sin duda debían de sentir tan lejos de su país natal. El otro gran edificio que construyeron fue el hotel conocido como la Casa de Colón y que queda al final de la calle Martín Alonso Pinzón. El viajero lo verá luego, puesto que ahora camina en la dirección opuesta.

La calle Vázquez López termina en una avenida que circunvala la parte antigua de Huelva, al otro lado de la cual se adivina ya la ría del Odiel pese a que la ciudad ha crecido casi hasta su misma orilla. Se trata de barrios nuevos en los que viven trabajadores de las industrias del Polo Químico, cuyas chimeneas se ven también a lo lejos, detrás del campo de fútbol, que ya vienen a comer. Uno de ellos encamina al viajero hacia el antiguo muelle de carga de la Rio Tinto Company, el tercer monumento destacable que los ingleses dejaron en Huelva.

—Al final de esta calle lo encontrará.

La calle, que se llama Presidente Adolfo Suárez, lleva, en efecto, hasta lo que parece el mar, pero que es la ría que el Odiel forma antes de unirse al río Tinto para seguir ya juntos hacia el océano Atlántico, que está a tiro de piedra. Al fondo, una estructura de hierro penetra aguas adentro de la ría a pocos metros de un barco de vigilancia de la Guardia Civil pintado de verde oliva, como corresponde. La estructura es lo que queda del antiguo embarcadero del mineral de Río Tinto que llegaba en tren hasta aquí por la vía que el viajero ha visto al venir y que era cargado en barcos para su transporte. Abandonado al igual que la vía, el muelle-embarcadero hoy es una atracción turística y un lugar de paseo para los onubenses, que desde aquí contemplan la ría y las marismas del Odiel o pescan con caña lo que el río cría.

—Poco, cada vez menos. Con la mierda del Polo Químico y de los residuos tóxicos se lo están cargando todo —dice Juan, maquinillero de barcos de altura que entretiene sus días de permiso tratando de pescar algo por pasar el rato. En casa, dice, no se acostumbra a estar.

No es de extrañar. Juan, onubense de nacimiento y toda la vida en el mar, se pasa seis meses en éste por cada uno que tiene de permiso.

—Por África principalmente. Mauritania, Senegal... Son barcos congeladores.

—¿Y qué hace un maquinillero? —le pregunta el viajero, que del mar entiende lo mismo que el marinero de catedrales, imagina.

—Es el que se encarga en el barco de la máquina que sube y baja la carga y los aparejos.

Ruge la ría bajo el embarcadero. La caña de Juan permanece inmóvil, señal de que ningún pez ha picado el anzuelo. Al fondo, las marismas del Odiel, intactas en la otra orilla por lo que se observa, ven levantarse aves indefinidas, quizá gaviotas y algún flamenco.

—También hay menos cada vez —dice Juan—. Las industrias químicas y la de celulosa lo han destrozado todo... Cuando yo era chaval —señala la lancha de la Guardia Civil, que es el único barco que se ve en este momento en el muelle—, esto estaba lleno de barcas de pesca. Ahora ya no queda casi ninguna... Se han cargado la ría —repite.

—¿Entonces por qué pesca aquí? —le pregunta el viajero mirando la ría.

—Por pasar un poco el rato —responde el hombre, que pronto se irá a comer, dice. Tiene esposa y cuatro hijos a los que apenas ve un par de meses al año, pero no da la impresión de que le importe mucho—. En casa me canso de estar —repite—. Como me he acostumbrado a la libertad...

Hablar de comer le ha dado hambre al viajero. Son las dos y desde que desayunó en Sevilla han pasado ya seis horas, así que, piensa, será cosa de ir a comer también. Por la orilla de la ría no parece que haya donde hacerlo (a partir del embarcadero los antiguos terrenos baldíos de la marisma hoy los ocupan el campo de fútbol del Huelva y varias fábricas y almacenes), así que será cuestión de volver al centro, donde está la «oferta gastronómica» a la que se refirió la chica del punto de información turística. En concreto le habló de dos o tres restaurantes, pero ha olvidado los nombres.

Da lo mismo. De regreso hacia la plaza de las Monjas, que hace por otra calle para variar, el viajero se encuentra un bar atestado de gente en el que se toma una caña con unas gambas (todo el mundo lo está haciendo, así que él no va a ser menos) y luego, ya en la calle principal de la ciudad, la subrayada a rotulador en su plano, dedicada al marino Martín Alonso Pinzón, se sienta en una terraza cuyo nombre le ha convencido de ello. Se llama Garum, como la pasta de vísceras de pescado podridas que los romanos consideraban una exquisitez y que llevaban mayoritariamente de estas costas en ánforas que de vez en cuando aparecen entre los pecios de algún naufragio de aquellos tiempos. El viajero no pide *garum,* pues no lo hay (y aunque lo hubiera: la idea de tomar vísceras de pescado, fermentadas o no, no es la que más le seduce); se conforma con una ensaladilla de mariscos y unos chopitos, pero anima al dueño del restaurante, que está orgulloso de él, a que lo ponga pronto en la carta.

—El *garum* lo hacíamos nosotros, los de Huelva y Cádiz, y se lo vendíamos a los romanos, que nos lo pagaban bien —el hombre habla como si viviera entonces—. Hay una empresa en Badajoz que lo fabrica... Algún día lo tendré en la carta.

Hace calor. La luz es suave, no obstante, comparada sobre todo con la de Sevilla o Córdoba. No en vano es ya luz marina, esa que la proximidad del Atlántico tamiza y llena de humedad, lo que la vuelve más azulada. La calle Martín Alonso Pinzón, que recorren soportales tras los que los comercios buscan la sombra, está casi desierta, pues son las cuatro de la tarde y los onubenses están durmiendo la siesta o tomando el sol en las playas próximas. Así que el viajero tiene prácticamente la calle para él solo, lo que le hace sentirse más forastero aún. Como si fuera un inglés, piensa mirando el hotel que éstos construyeron al final de la calle Martín Alonso Pinzón para que sus ingenieros y directivos vivieran a gusto el tiempo que estaban en la ciudad.

—Fue el primero de Europa con cinco estrellas y también en tener agua caliente —le dice al viajero el hombre con el que entabla conversación en el jardincillo que hay tras cruzar el vestíbulo y que está rodeado por otros tres pabellones. El hombre acaba de salir de uno de ellos, pues es empleado del Ayuntamiento, que es el que ocupa el antiguo hotel con sus oficinas.

El viajero mira a su alrededor tratando de imaginarlo. Los ingenieros ingleses llegando al hotel en coche después de su viaje en barco desde Inglaterra o de largas jornadas en las explotaciones mineras de Río Tinto e instalándose en este edificio decimonónico que recuerda la época colonial británica. Un edificio cargado de historia pese a la función administrativa a la que se le destina ahora.

—Aquí se fundó, por ejemplo, en el año 1889 el Recreativo de Huelva, que es el equipo de fútbol más antiguo de España, como habrá oído. Lo fundaron los empleados ingleses de la compañía de Río Tinto. Y ahí, en ese pabellón —señala el hombre el del centro de los tres de atrás— se celebraban bailes de sociedad de los que todavía habla la gente mayor de Huelva. Ahora hay un auditorio y está cambiado completamente, pero yo he visto fotos del salón y las lámparas eran una maravilla.

El jardín es un oasis en medio de la ciudad. Hay dos estatuas, una de Platero, el burro al que Juan Ramón Jiménez, que era de Moguer, inmortalizó en una de sus obras, y la otra del Inca Garcilaso, el primer escritor mestizo de Iberoamérica. Hay también una gran fuente cuyo frescor se contagia a todo el espacio y entre los árboles se ve un tocón de palmera que, según Pepe, el empleado municipal, es de la última que seguía en pie de las varias que plantaron los ingleses cuando hicieron el hotel. Las actuales son ya posteriores.

—¿Ha visto el Barrio Obrero? —le pregunta Pepe al viajero—. El de los ingleses —dice, por si no le entiende.

—No, aún no —responde el viajero.

—Pues es muy interesante —dice el empleado municipal, que por su disposición y conocimientos más parece un guía turístico que un oficial del Ayuntamiento—. Y, si tiene coche, debería acercarse también hasta el cementerio de la Soledad para ver la tumba del hombre sin nombre...

—¿El hombre sin nombre? —se interesa el viajero, que está feliz de haberse encontrado a Pepe.

—William Martin, el hombre sin nombre... ¿Nunca ha escuchado su historia?

—Pues no —le reconoce el viajero.

La historia de William Martin, el llamado hombre sin nombre, que Pepe le cuenta a grandes trazos (tiene que irse, le dice), es la de un misterioso personaje cuyo cadáver apareció en las playas de Huelva vestido de militar británico y con un maletín atado a la gabardina con una cadena. En realidad, se trataba del cuerpo de un hombre desconocido (un vagabundo londinense según algunos investigadores, amplía Pepe la información) que en la Segunda Guerra Mundial los servicios secretos británicos utilizaron para engañar a los alemanes y convencerlos de que el desembarco aliado en el Mediterráneo se iba a hacer en Cerdeña y Croacia y no en Sicilia, como sucedió. El que el cadáver apareciera en las costas de Huelva se explica porque, al residir en la ciudad muchos ingleses entonces, la zona estaba también infestada de espías alemanes a los que las autoridades españolas, que sólo eran neutrales teóricamente en el conflicto, entregaron el maletín con los documentos falsos, cayendo de inmediato los alemanes en la trampa urdida.

—¡Qué historia! —exclama el viajero mirando a su alrededor, hacia los pabellones del hotel donde sucediera todo—. ¿Y por qué lo llaman la Casa de Colón?

—Se llamaba el Hotel Colón cuando se construyó —dice Pepe—. Pero luego se quedó con la Casa de Colón y hay mucha gente convencida de que lo fue de verdad, siendo como es del siglo XIX.

Avenida Alameda Sundheim adelante (¿quién sería el tal Sundheim?, piensa el viajero mirando el letrero), un jardín que prolonga el del hotel muestra maquinaria antigua, sin duda de las explotaciones mineras de los ingleses, a modo de decoración, y más allá está el Museo de Huelva, seguramente interesantísimo, pero el viajero pasa de largo en busca del Barrio Obrero del que Pepe le acaba de hablar y que la chica del punto de información le señaló con un círculo en el plano. En realidad, se llama barrio de Reina Victoria. Así lo dice el cartel en forma de arco que a la entrada de él recibe a los visitantes junto al edificio que en tiempos fuera la casa del guarda y hoy acoge un bar-merendero. Tanto el cartel como el edificio tienen un inconfundible aire inglés que realza la cabina de teléfonos traída directamente desde Londres para decorar el sitio. La barriada, que está en lo alto de una colina a la que se llega subiendo una cuestecilla, es también inequívocamente británica pese a la incorporación de elementos arquitectónicos andaluces y hasta neomudéjares. Construida en los primeros años del siglo XX por la Rio Tinto Company Limited como casi todo aquí para alojar a parte de sus trabajadores, que cada vez eran más numerosos, sigue el modelo de la ciudad jardín que entonces se estaba implantando en la Europa industrial, pero que en la atrasada Andalucía de aquel tiempo constituyó toda una novedad. En total son nueve calles paralelas más dos perpendiculares en las que se alinean ochenta y ocho edificios, todos con aire de chalets ingleses. Entre ellos, magnolios, acacias y pimenteros dan sombra a las rectilíneas calles, que se identifican con letras en vez de con nombres (la A, la B, la C, la D...) y por las que, salvo una mujer joven y un coche, el viajero no se cruza con nadie. ¿Será por la hora o porque aquí vive poca gente?

—Sí vive, sí —le dice la mujer joven sin dejar de caminar, pues va con prisa—. Lo que pasa es que en verano muchos están en las playas.

—¿Tú vives aquí? —le pregunta el viajero, deseando pegar la hebra.

—Yo sí.

—¿Y naciste aquí?

—Yo no. El que es del barrio es mi marido.

—¿E ingleses queda alguno?

—No, ya no. Los que vivimos somos todos españoles.

La mujer se aleja en dirección a la entrada del barrio y el viajero continúa su paseo acompañado sólo por un perrillo que le sigue por aburrimiento. El mismo aburrimiento que desprenden a esta hora todos estos chalets ingleses en los que no se advierte un soplo de vida, al igual que sucedía en la ciudad. Son las cinco de la tarde y todo parece detenido en ella.

De vuelta al arco de entrada, en el bar que ahora ocupa la antigua casa del guarda (hasta los barrios de los trabajadores eran guetos de los ingleses en Huelva, a lo que se ve), el viajero se sienta a tomar algunas notas mientras piensa qué hacer a partir de ahora. Ya ha visto todo lo que la chica del punto de información le marcó en el plano y al cementerio, que el empleado municipal le animó a visitar para ver la tumba del hombre sin nombre (en la que nunca faltan flores, le dijo), no le apetece demasiado ir. Está fuera de la ciudad y tendría que hacerlo en su coche o en un taxi. Mejor se toma un batido helado de fresa, piensa leyéndolo en un cartel (lo hay también de otras frutas), en este bar lleno de fotografías antiguas del Barrio Obrero y sus pobladores y luego ya decidirá qué hacer.

A las seis y cuarto de la tarde, tomadas ya todas las notas de su paseo por Huelva desde que a las doce y media abandonó obligado su catedral y sin nada que ver ya a partir de ahora, el viajero vuelve hacia aquélla por el camino que hizo al venir, esto es, cruzando la avenida Alameda Sundheim (del que ya sabe, porque se lo contó el del bar del barrio Reina Victoria, que fue el alemán casado con una onubense que promovió la explotación minera de Río Tinto, entre otras obras en la provincia), la calle Martín Alonso Pinzón y la plaza de las Monjas, ya un poco más animadas, aunque tampoco tanto como para quedarse en ellas. En el jardín frente a la catedral, en cambio, varias personas miran pasar la tarde de julio, unas de espaldas a la catedral y otras de frente, la mayoría de ellas mayores y adolescentes. La catedral continúa cerrada. Hasta las ocho y media no volverá a abrir, si lo hace. El viajero, que lo duda (¿y si el cura que dice la misa quiere hacerlo también en privado?, piensa recordando al otro), pasa ante ella sin detenerse, aunque, eso sí, encomendándose al darle la vuelta al Cristo del Buen Viaje, que falta le hará, pues hasta Madrid, adonde regresa, le quedan seis horas de conducción.

El coche le espera donde lo dejó. Le espera al sol, pues sombra no hay; menos mal que ya hace menos calor. Por la carretera de circunvalación, el viajero deja la ciudad, que por su parte occidental continúa rodeada de marismas, las del Odiel, sobre las que sobrevuelan aves que pintan el cielo como si fuera un haiku japonés. En un momento dado, un letrero indica la dirección del cementerio de la Soledad, pero el viajero ya va tan rápido que no se desvía a ver la tumba del hombre sin nombre.

Decimotercer viaje

LA FRONTERA DE GRANADA

Jerez: gitanos y señoritos

Cinco meses después y en puertas ya de la Navidad, el viajero vuelve a cruzar la meseta en dirección a Despeñaperros para continuar el viaje por Andalucía que dejó inconcluso en Huelva en verano. Esta vez, en lugar de ir de este a oeste, lo hará en sentido contrario, o sea, de oeste a este, saliendo desde Jerez y cumpliendo meta en Almería, la última provincia de España para él, pues es la última que conoció de todas. Fue hace ya tiempo, con ocasión de un viaje crepuscular en compañía de un amigo cineasta al que le dedicaban un curso allí y en un tren que desde Madrid tardó en llegar siete horas.

Casi tantas son las que hoy tarda él en alcanzar Jerez en su coche, de las que buena parte las hizo en mitad de la noche, pues salió de Madrid temprano, cuando la ciudad aún dormía ajena a sus intenciones. Le amaneció ya llegando a Despeñaperros (una luz rosa por el levante, apenas una línea remarcando el horizonte de los montes de Montiel) y no acabó de hacerse de día del todo hasta Andalucía, como si el sol le esperara allí. Para celebrarlo (y por descansar un poco) el viajero se detuvo a desayunar por segunda vez en la cafetería de una gasolinera, aunque, viendo el mostrador, se conformó con un café con leche sin más.

De nuevo Córdoba y de nuevo la autovía hacia Sevilla con sus filas interminables de camiones le saludaron como este verano, aunque en esta ocasión dejó de lado las dos ciudades, pues su destino estaba más allá. En la provincia de Cádiz, en medio de la campiña que a la derecha de las montañas de Grazalema y Ubrique se extiende suavemente hasta el Atlántico y en cuyo centro se desparrama Jerez, conocida como de la Frontera por la que en tiempos más belicosos que éstos delimitaba cerca de ella los territorios del reino moro de Granada y los arrebatados por Fernando III de Castilla y su hijo Alfonso X a sus correligionarios de la Andalucía del norte, desde Baeza y Jaén hasta Sevilla y Cádiz, ya junto al mar. Casi dos siglos de diferencia entre la reconquista de las dos Andalucías pasaron y ello se nota, como el viajero podrá comprobar muy pronto.

Por el momento, Jerez, cuyos colores blanco y albero y su disposición horizontal sobre la campiña la asemejan a Sevilla, si bien sin el Guadalquivir cruzándola, se ve que es ciudad tranquila, dedicados sus vecinos a vivir y a disfrutar de los tres productos que la han hecho conocida en medio mundo: el vino, los caballos y el flamenco. Estos dos últimos tardan en atisbarse, pero el vino lo preside todo en un caserío en el que las bodegas determinan hasta el trazado urbanístico. Sus nombres también famosos (Domecq, Osborne, González Byass, Garvey...) saludan al visitante desde los rótulos señalando la pertenencia de aquéllas, así como la dominación inglesa que, como en Huelva por el mineral, aquí también se vivió y continúa viviéndose en cierto modo. La ciudad entera vive del vino y el vino está en manos de los ingleses, reconvertidos en españoles después de generaciones pero ingleses de apellido y de costumbres.

Junto a la bodega de González Byass, después de dar unas cuantas vueltas buscando sitio, el viajero aparca por fin su coche entre los jardines del antiguo alcázar y otro menor que los comunica con la catedral, cuyos muros y arbotantes se avistan ya detrás de él. En el jardín, presidiéndolo, una escultura del fundador de González Byass, un tal Manuel María González, vestido al gusto del XIX, y el anagrama del fino Tío Pepe rinden tributo al que una placa señala como el primer exportador de vino de Jerez al mundo y a su tío José, que dio nombre al más popular de todos, aparte de ser su mentor. Junto a ellos unos turistas se fotografían para llevarse como recuerdo las dos imágenes: la del sobrino en el pedestal de bronce y la del vino Tío Pepe impresa en las paredes de la bodega.

Al pie del jardincillo está ya la catedral. En posición descendente, pues está construida en cuesta lo mismo que los jardines sobre la ladera del cerro que ocupó el alcázar de Jerez, lo que obligó a sus arquitectos a diseñar diversas escalinatas y planos de elevación. Al final, la fachada principal se abre sobre una plaza que también se sitúa en cuesta aunque menos, tras la que se domina una buena parte del caserío urbano de Jerez.

De la catedral, que, como el viajero ha leído ya, apenas lo es desde 1980, cuando el papa Juan Pablo II restituyó la antigua diócesis de Asidonia segregándola de la archidiócesis de Sevilla y trasladando su sede de Medina-Sidonia a Jerez (en realidad, ya lo había sido en sus primitivos tiempos, antes de la llegada de los musulmanes a la península), lo primero que llama la atención es que no tiene torre, por lo que se sirve de la de la iglesia vecina, que ocupa según parece el solar de la antigua mezquita aljama de Jerez (Xerez para los árabes), que es por su apariencia heredera a todas luces de su minarete. La catedral, en cambio, en nada recuerda ya el pasado árabe de la ciudad, puesto que se trata de un edificio que alterna tres estilos típicamente europeos: el gótico, el barroco y el clasicista. La que fuera iglesia colegial de Jerez se comenzó a construir en 1695, cuando la cultura árabe había sido borrada de la ciudad como en tantas otras, y además se hizo con la intención de que un día pudiera ser catedral, como en efecto sucedería pasado el tiempo.

—A ver, dejad pasar al señor...

El que se lo dice a sus jóvenes alumnos es un profesor también joven todavía en la escalinata que va a caer a la plaza, sobre la que revolotean algunas palomas. Los chicos vienen de Arcos de la Frontera aprovechando el puente de la Constitución.

—No te preocupes —le dice el viajero.

Más allá hay otros dos grupos, cada uno con su profesor al cargo. Se ve que el puente es un buen momento para enseñarles a los alumnos los monumentos de Jerez.

—A ver, atended un poco —reclama la atención de los suyos el de Arcos sin mucho éxito. Cuando continúa con su lección de arte, la mayoría de sus alumnos se ponen a hablar y a empujarse entre ellos—. La fachada, ¿la veis?, es de estilo barroco, con tres puertas y sin torres, que se quedaron sin hacer por falta de dinero...

Sorteando a los muchachos, el viajero llega a la puerta de entrada. Se trata de una puerta lateral en la pared del lado del mediodía tras la que se abre una dependencia que el cabildo jerezano ha convertido en recepción y en la que charlan, cuando el viajero hace su entrada en ella (justo a la vez que un grupo de escolares), un hombre con sombrero y la encargada de la recepción. La mujer se queja de la *jartá de frío* que está pasando estos días, y eso que la temperatura en Jerez es muy suave. Incluso luce el sol aunque no caliente mucho.

Cinco euros y la confirmación de que podrá salir y volver a entrar tantas veces quiera franquean al viajero una nueva puerta, la que comunica la dependencia de entrada, una antigua sacristía al parecer, con la catedral en sí. El viajero espera para cruzarla a que los escolares hagan lo propio (éstos son de otro pueblo de la zona) y lo hace a la vez que el hombre del sombrero, que ha venido —le oyó decirle a la de la tienda— a ver a la Virgen de la Amargura, que está en la catedral estos días. El hombre, con aires de señorito de Jerez y un sentido del humor que le desborda cada vez que abre la boca, se presenta como Juan Romero y dice pertenecer a la cofradía de la Esperanza Coronada del barrio de San Miguel, donde vive, lo que no le impide venir a ver a «la competencia», esa preciosa Virgen barroca cuyo deslumbrante trono preside la catedral de Jerez a un lado del altar mayor y que es la más popular de la Semana Santa local, parece, por lo que ha sido elegida para celebrar el dogma de la Inmaculada, de cuya proclamación este año se cumplen los cuatro siglos.

La catedral es grande y tiene planta de salón. Está llena de luz, pues el sol brilla a pesar de ser ya diciembre, y por sus cinco naves de desigual altura se ven grupos de escolares y operarios que van y vienen a sus faenas, uno de ellos el sacristán, un hombre rubio y de barba corta que saluda con guasa a Juan Romero:

—¿Tú qué haces aquí si no eres de esta parroquia?

—Vengo a ver a la Virgen de la Amargura, que me he enterado de que la tenéis aquí —dice el vecino de San Miguel, que es conocido del sacristán, a lo que parece.

Éste está componiendo un belén gigante que ocupa un tramo entero de la nave exterior de la Epístola; un gran *presepe* napolitano que le regaló a la catedral de Jerez el famoso empresario y banquero Ruiz-Mateos, según le dice al viajero el sacristán.

—El mayor ratero de España —apostilla Juan Romero, divertido.

Entre frases y bromas sobre la vida local, Juan Romero y el sacristán, que es mucho más joven («Amargura la mía, con lo que cobro», dice con gracia por el apodo de la Virgen), acompañan al viajero hasta donde ésta se encuentra, encaramada en un trono de plata que destella en este instante con el sol, que le da de lleno por detrás. El manto de la Virgen, bordado en hilo de oro, parece la cola de un pavo real de tan extendido.

—Es un bordado milanés, hecho con siete agujas con hilos de siete colores, que ya no se hacen —explica Juan Romero, que es un experto a lo que se ve en imaginería—. A mí todo lo que sean vírgenes... —dice, con una sonrisa.

La que están viendo es espectacular. Alzada en su palio de plata, con su manto bordado a la milanesa con hilos de seda y su corona de oro macizo, la Virgen de la Amargura parece una diosa antigua traída quién sabe de qué Olimpo mayestático hasta el lugar en el que está ahora. Por poco tiempo, dice el sacristán, pues el 8 de diciembre, día de la Inmaculada, regresará a la iglesia en la que reside, que es la de los Descalzos, tras concluir las celebraciones del cuarto centenario del dogma concepcionista, que es por lo que la trajeron.

—Es preciosa —dice el viajero observándola desde cerca.

—La más bonita de Jerez —exclama Juan Romero, que no para de hacerle fotos—. Después de la Esperanza Coronada, claro...

—Tendría que verla también —le dice al viajero el sacristán—. En la iglesia de San Miguel es bonito hasta el diablo.

—¿Hasta el diablo...? —se sorprende el viajero, dudando de que el otro no le esté tomando el pelo. El sacristán y su acompañante lo dicen todo en tono de broma.

—Es de Martínez Montañés. Como todo el retablo.

—¡Ah! —exclama el viajero.

La conversación deriva hacia las otras iglesias y Vírgenes de Jerez, que el sacristán y Juan Romero las conocen todas y se los ve orgullosos de ellas. Donde esté Jerez que se quite Cádiz, dicen al conocer la intención del viajero de visitar mañana la capital de la provincia. Lo dicen riéndose, pero lo piensan.

Las naves de la catedral continúan, entre tanto, recibiendo grupos de escolares que se ve que se han puesto de acuerdo en venir todos el mismo día y a la misma hora. El murmullo de su presencia rompe el silencio del templo, cuya alargada planta recuerda a la de una mezquita. No así su arquitectura, que es gótica, aunque sus arcos sean de medio punto en vez de ojivales.

—Voy a ver la catedral —se despide el viajero del sacristán y de Juan Romero, que sigue haciendo fotos de la Virgen de la Amargura con su pequeña cámara digital («¿Pero tú sabes hacer fotos?», escucha mientras se aleja que le pregunta el sacristán con guasa).

—No es la de Burgos, pero es bonita —le dice Juan Romero al viajero al despedirlo—. Y no se olvide de ir luego a ver la iglesia de San Miguel... Y la de Santiago, si le queda tiempo.

—Si puedo, lo haré —promete el viajero.

La catedral se ve en diez minutos. Tiene seis naves (las cinco principales más el transepto) y unas pilastras majestuosas, pero, al carecer de capillas laterales y de coro, se ve en muy poco tiempo, a excepción de la zona que, tras el altar mayor, ha sido aislada del resto y habilitada como museo. A falta de una cabecera digna, que nunca se terminó por problemas técnicos (el propietario de una casa colindante se negó, según parece, a vendérsela al cabildo colegial cuando la iglesia se construyó), el espacio que hay entre el altar mayor y el pequeño claustro delantero, apenas un patio grande, que en tiempos fueron las sacristías, se utiliza hoy día como museo, lo que reduce la catedral abierta al público casi en un tercio. Aunque para visitar la zona museística sirve la entrada general. Se trata simplemente de separar del resto del templo la zona que quedó a medio construir para que no rompa la armonía.

Fuera de la airosa cúpula y de la ornamentación de las bóvedas de la nave central, que contrasta con la desnudez de las de las laterales dobles, el templo ofrece poco que ver, lo mismo en éstas que en la principal. La capilla mayor, por ejemplo, se amuebla con un calvario sin demasiado interés visto desde lejos y tres trozos del antiguo coro puestos en semicírculo en torno al altar, y las naves laterales apenas muestran algún retablo e imagen dignos de hacer pararse ante ellos a los visitantes. El viajero sólo lo hizo, de hecho, ante los cuatro retablos barrocos de las dos naves del Evangelio, de gran belleza y plasticidad, y, por motivo distinto, ante el sepulcro del primer obispo asidonense, originario de Arcos de la Frontera y de nombre Rafael Bellido Caro, que gobernó la diócesis del año 1980 al 2000, y ante el altar dedicado al restaurador de ésta, el papa Juan Pablo II, un altar de diseño *kitsch* pero que alberga un relicario con sangre del titular, ambos ya en las naves de la Epístola.

—¿Qué? ¿No lo acabáis? —les pregunta al pasar por su lado al sacristán y a otro hombre refiriéndose al belén que están montando desde hace horas, quizá desde hace ya días.

—Ya falta poco —le responde el sacristán, que es muy alegre para su profesión.

El que vigila el museo es más serio, lo cual no es de extrañar, metido durante horas en estas salas oscurecidas y sin hablar con nadie prácticamente hasta que termina. El hombre tiene a su cargo todo el museo, que, al estar dividido en salas, no es fácil de vigilar. Eso sí, saluda a todo el que llega y está presto a responder cualquier pregunta.

Pero el viajero no tiene ninguna. Por lo menos de momento. Las cartelas que acompañan a cada obra de las que se exponen explican su procedencia, autor y siglo en el que fue hecha, con lo que no necesita más. Aparte de que tampoco se trata de obras de gran importancia, salvo unas pocas. Tras visitar entero el museo, el viajero apenas toma nota en su libreta de un lienzo de la Virgen Niña de Zurbarán (en la catedral de Sevilla los hay por docenas), de la custodia procesional, que mide más de tres metros («Para desmontarla no veas», le dirá luego el sacristán), de un conjunto de cálices con piedras preciosas, de otro de vestimentas litúrgicas, de un órgano romanticista de decoración bellísima y de dos grandes cuadros del Tahonero, pintor jerezano del XVIII al que se llegó a comparar exageradamente con Goya, uno de ellos de San Caralampio, el mártir más longevo del santoral de la Iglesia católica, pues sufrió su martirio con ciento siete años, según el texto de la cartela. Por su curiosidad, el viajero anota también dos cáncavas, dos muebles a modo de armarios bajos a los que al parecer los maestros del coro hacían subirse a los alumnos torpes o revoltosos para humillarlos, y se acabó. No hay más que destacar de este museo al que en la catedral se refieren pomposamente como el Tesoro.

—¿A qué hora cierran?

—¿A mediodía...? No cerramos —le dice al viajero el vigilante, al que se le ve que está deseando irse.

Al final del museo, el claustro de la catedral, al que se accede por una pequeña puerta, es un oasis de luz y de calor donde le da el sol. El espacio es muy pequeño y parece más un patio vecinal que un claustro, pero media docena de naranjos y un montón de ánforas en un rincón, la mayor parte de ellas rotas, le dan un aire romántico que acentúa el matrimonio que hay en él. Sentados en el único banco que hay para ello, toman el sol en silencio como si fueran los dueños de una propiedad vecina. Por suerte para el viajero, al cabo de unos minutos el matrimonio se va y puede ocupar su sitio, dedicando el tiempo que le resta a tomar las notas anteriores.

Cuando termina son ya las dos. No le sorprende la hora, pues llegó a Jerez cerca de las doce, pero sí el silencio que se ha instalado en la catedral cuando vuelve a ella. Los escolares se han ido todos y ni siquiera se ve al sacristán. ¿Se habrá ido ya a comer? El vigilante del museo, quieto en su sitio aunque está ahora solo, despide con un gesto al viajero cuando éste sale, no se sabe si de resignación o hastío. Seis horas, o las que sean, aquí metido dan para las dos cosas.

A la de la tienda le sucede igual, aunque ésta está más contenta. En seguida la vienen a relevar, confiesa.

—¿Y dónde voy yo a comer? —le pide el viajero consejo.

—Hay muchos sitios... —responde ella sin decir ninguno—. Vaya a la plaza de Plateros —se decide a recomendarle finalmente—, que está llena de bares para tomar tapas, si le gustan. Y hay restaurantes, si quiere.

—¿Está lejos?

—Aquí al lado. En Jerez está todo cerca —contesta la mujer, que está deseando, dice, irse a comer también.

Las calles de Jerez a mediodía lucen con un brillo extraño. El sol, aunque es ya invernal (faltan quince días para el invierno), brilla con intensidad y, aunque apenas logra calentar el aire, arranca a los edificios una luminosidad profunda que produce la impresión de estar en otra estación. Así, la plaza del Ayuntamiento —en cuyo centro una fuente y la estatua ecuestre del dictador Miguel Primo de Rivera, que era de Jerez, concitan la presencia de todas las palomas y los chicos que hay en ella— recuerda épocas primaverales e igual sucede con las aledañas y con las calles y callejuelas que se entrecruzan entre una y otra. Hasta los rótulos de publicidad, muchos de ellos de vinos de Jerez, resplandecen como si en vez de ser de diciembre el mediodía fuera de abril o de octubre. Suerte de estar tan al sur, piensa el viajero mientras camina en busca de la plazoleta que le recomendó la mujer de la catedral.

En efecto, no estaba muy lejos. En el laberinto del Jerez antiguo todo está cerca, pues no es muy grande, así que la placita de Plateros en seguida aparece detrás de una calle en curva. La plaza, que es muy pequeña, está tomada por las terrazas de los varios bares que se la reparten, todas a medio ocupar. Se ve que no es temporada alta. El viajero duda en cuál de ellas tomar asiento. Mejor en las de sol que en las de sombra, piensa, aunque no está muy seguro de ello. Aunque no caliente mucho, el sol no deja de dar de lleno. Al final, mientras se decide, un hombre le ayuda a salir de dudas. El mejor sitio para comer, le aconseja, está en una calle próxima, apenas a unos cien metros. Yo voy hacia allí, se ofrece.

—¿Y está seguro de que se come bien?

—Y a buen precio, hágame caso —insiste el hombre empezando a andar.

El restaurante es un asador abarrotado de gente a esta hora. Parece una cervecería de Múnich en plena fiesta del Oktoberfest. Cuesta encontrar una mesa, aunque los camareros se las arreglan para conseguirlo. Conducen al viajero hasta una libre al lado de otra ocupada por tres señoras elegantemente vestidas. Se ve que tienen dinero. El resto de la parroquia lo integra gente de Jerez y algún turista mezclado, todos hablando animadamente entre ellos. Se nota que el asador es muy popular y que la mayoría de los clientes se conocen.

—¡¿Una cola de toro...?! —preguntan a voz en grito los camareros yendo y viniendo del mostrador a las mesas.

—¡Para mí! —reclama uno de los hombres que ocupan mesa frente a la del viajero.

—También... Cola de toro —pide éste cuando le corresponde el turno. El plato de su vecino le ha animado a degustar una de las comidas típicas tanto de Jerez como del asador.

—¿Para beber?

—Vino... De la Rioja —precisa el viajero, pues el jerez no le gusta. Espera no ofender al camarero con su elección.

—Voy trayéndolo.

La comida dura lo que dura el vino. Y el café que el viajero pide, en lugar de postre, para terminar. Junto al viajero, las tres señoras siguen pasando revista a la sociedad jerezana, mientras que los de enfrente hablan de caza y de la actualidad política. Cataluña está que arde según ellos. El asador, entre tanto, continúa atestado de gente, incluida la terraza delantera, por la que el viajero sale después de pagar su cuenta, por la puerta contraria a por la que entró, y en la que un gitano flaco y con aspecto de drogadicto, con la bandera del Ejército sudista americano colgada al cuello a modo de palestina, canta flamenco para sacar unas perras ante las mesas que ocupan los que para él han de ser los señoritos de siempre.

De vuelta hacia la catedral, el viajero observa otra vez la ciudad. Hay menos gente, pues es la hora de la siesta, sobre todo en el entorno de aquélla. Los jardines del alcázar se ven vacíos prácticamente e igual sucede con las callejas de alrededor, por las que no pasan casi ni coches. Junto a la bodega de González Byass el del viajero espera aparcado junto a otros varios a que vaya a buscarlo cuando termine.

—¡Buenas tardes!

El sustituto de la de la recepción de la catedral también está solo en ella. Se ve que por la tarde vienen menos visitantes, lo cual es lógico, pues los grupos de escolares deben de haber regresado ya a sus lugares de origen. Y turistas no hay muchos en esta época, al parecer.

—Pocos —le dice al viajero el nuevo guarda del museo, que es mayor que el anterior. Está solo en la penumbra, rodeado de cuadros y obras de gran valor, pero mudas.

El viajero, a falta de más que ver, echa la tarde en contemplar con detenimiento los retablos y altares de la catedral que esta mañana miró apenas por encima. Principalmente los barrocos de las dos naves del Evangelio, que son los más llamativos.

Comenzando por la cabecera, el primero es el del Cristo de la Viga, imagen muy popular en Jerez y con varias leyendas que explican su nombre (el de la recepción se las contará al viajero después). Se trata de una imagen gótica del siglo XV que, según la tradición, ya estaba en la primera iglesia colegial que el rey Alfonso X, tras reconquistar Jerez, mandó construir sobre la antigua mezquita, y que sale en procesión los Lunes Santos a hombros de los braceros de la hermandad que lleva su nombre, además del de la Virgen del Socorro y el del Salvador, el titular de la catedral. Exactamente, el nombre completo de la cofradía es nada menos que el de Antigua y Fervorosa Hermandad y Cofradía de Nazarenos del Santísimo Cristo de la Viga, Nuestro Señor San Salvador y Nuestra Señora del Socorro. ¡Amén!, habría apostillado el sacristán, piensa el viajero, pero el sacristán no está.

A la izquierda del Cristo de la Viga, también en la cabecera pero en la nave exterior, está la Virgen del Socorro sobre otro retablo barroco. Se trata de una dolorosa con gran parecido a la de la Amargura y que es copatrona de Jerez, que le prodiga una gran devoción desde que en 1580 obrara un milagro que el encargado de la recepción le contará también al viajero cuando termine la visita: al parecer, estando la Virgen de procesión por Jerez, se escapó un toro al control de sus lidiadores y empezó a embestir a diestro y siniestro hasta que, al llegar donde estaba la Virgen, cuyos braceros habían huido, cayó de bruces frente a la imagen pudiendo ser reducido y devuelto a la plaza sin mayores daños para los vecinos.

En el primer tramo de la nave lo destacable es una caja lacrada con las reliquias de San Teófilo traídas de la cartuja de Jerez (el retablo, dedicado a Jesús Caído, es de estilo neoclásico, nada que ver con los anteriores), mientras que el segundo acoge otro retablo barroco dedicado a las ánimas benditas, que aparecen representadas en él ayudando a salir del purgatorio a otras con menos fortuna. Redondeada, la obra es de gran factura, como corresponde a su autor, el sevillano Diego Roldán.

Pasada la nave del crucero, otros dos retablos barrocos, uno de ellos dedicado a San Dionisio, el patrono de Jerez, al que por su decapitación se le representa con la cabeza en la mano, y el otro, al beato Diego José de Cádiz, famoso predicador capuchino, completan el decorado de las dos naves del Evangelio, mucho más rico que el de las de la Epístola, como el viajero ya vio esta mañana. Si bien en ésta repara ahora en algo que entonces le pasó desapercibido: el lienzo que reproduce el martirio del longevo San Caralampio y que es obra también del Tahonero. Está en el centro de un retablito neoclásico, en la parte trasera de la pared. En la cabecera, en cambio, el retablo barroco de la Inmaculada, en la nave interior, y la propia arquitectura de la capilla del Sagrario, la única de todo el templo, en la exterior, ya le habían llamado la atención por la mañana (el primero por su laboriosidad, atribuida al flamenco José de Arce, y la segunda por su desnudez) aunque no se detuviera mucho tiempo a contemplarlos. Lo hizo más, por la curiosidad, ante la sepultura del primer obispo de Jerez y ante el altar dedicado a Juan Pablo II. Cosas del pintoresquismo.

Cae la tarde. Las luces de las vidrieras juegan con la catedral formando imágenes y transparencias a modo de caleidoscopios. Ocurre en todas las iglesias, pero en esta de Jerez, desierta completamente en este momento, la luz es muy especial, pues llega desde un Atlántico que no está muy lejos de la ciudad. De Jerez a El Puerto de Santa María, que es su punto más cercano, no llegan a veinte los kilómetros. En el claustro, al que el viajero regresa cruzando las estancias del museo en el que el vigilante se aburre como una ostra, la luz no es tan colorida, pero tiene un aura romántica a la que contribuye la presencia de las ánforas y de los capiteles amontonados en las esquinas a modo de ruinas decorativas. El banco en el que el viajero se sentó esta mañana a tomar sus notas es el único elemento extemporáneo en un espacio que parece, a la luz del atardecer de invierno, perdido en la historia antigua. Esa historia que en Jerez comenzó al decir de los historiadores hace más de tres mil años, con la llegada a estas tierras de los fenicios y su encuentro con la cultura tartesia que ya estaba establecida en ellas.

—Luego vinieron los romanos, los visigodos, los árabes, los franceses... Por aquí ha pasado todo el mundo —completa el apunte histórico el de la recepción de la catedral, que sabe mucho de ésta. Por lo menos conoce muchas de sus historias, como la del Cristo de la Viga, ante el cual se celebrará a las siete una misa, le dice al viajero antes de que se vaya—. Lo del Cristo de la Viga viene de que estuvo colgado de una viga en la anterior iglesia colegial que construyó el rey Alfonso X el Sabio.

—¡Ah! —exclama el viajero, sorprendido de la explicación.

Hasta el inicio de la misa queda aún más de media hora, así que el viajero aprovecha para acercarse a su coche a coger otra prenda de abrigo, pues con la noche teme que haga más frío. La oscuridad llena ya los jardines del alcázar, cuya silueta iluminada se eleva al fondo, frente por frente de la catedral. Ésta también la acaban de iluminar y uno y otro edificio resplandecen en la noche jerezana, que definitivamente ha caído del todo pese a que aún son las seis y media. Diciembre es lo que tiene, piensa el viajero llegando junto a su coche, que continúa esperándolo al lado de la bodega de González Byass.

El coche sí, pero no lo que contenía. Cuando el viajero abre el maletero recibe una gran sorpresa: le han robado parte del equipaje. El ladrón sólo le ha dejado la maleta de la ropa pero se ha llevado todo lo demás.

Sin acabar de creerlo, mira a su alrededor. El jardín está desierto y por la calle no pasa nadie tampoco. Solamente en una garita, al final de la pared de la bodega, se ve al vigilante de la entrada a ésta.

—Me acaban de robar varias cosas del coche... ¿Usted no habrá visto nada? —le pregunta el viajero tras recorrer la distancia hasta él.

—¿Le han robado?... No, yo no he visto nada... ¿Cuál es su coche? —le pregunta el otro.

—Aquél —le señala el viajero al fondo.

—Pues no, no he visto nada... Y es raro. Aquí no suele haber robos precisamente porque estamos nosotros.

El caso es que, aunque la vigilancia de la bodega ahuyente a los ladrones jerezanos —«que hay muchos, pero no por esta zona», dice el hombre con resignación—, al viajero le han robado su equipaje o por lo menos parte de él. Menos mal que le han dejado la maleta con la ropa, que, si no, iba a tener que comprarla de nuevo.

—Denúncielo a la policía —le aconseja el vigilante—. La comisaría la tiene cerca, a cincuenta metros de la catedral.

Por si acaso, el viajero mira en el jardín. Puede que al ver lo que contenía la bolsa los ladrones se deshicieran de ella entre los arbustos, desea. Pero no encuentra nada por más que busca. La oscuridad no ayuda mucho, además. Al final, el viajero, resignado, decide hacerle caso al vigilante y acudir a la policía para denunciar el robo aunque dude de que vaya a servir de algo hacerlo.

Sus dudas se acrecientan al llegar a la comisaría, que está, en efecto, cerca de la catedral, en lo que parece haber sido un palacio por su jardín interior y sus escaleras. El estado de abandono es tal que produce la impresión de estar en una comisaría de la posguerra, con las paredes llenas de desconchones, los radiadores con óxido y el mobiliario a punto de desplomarse. Más que denunciar el robo, al viajero lo que se le ocurre es darle limosna a la policía. La espera en un pasillo macilento junto a otras personas que vienen a denunciar robos como él se le hace más larga por el entorno, pues en la comisaría el tiempo parece haberse parado hace muchos años. Al final, pone la denuncia (el policía tarda un buen rato en cursarla pese a que es joven; se ve que se ha contagiado del ambiente en el que trabaja) y sale a la calle con la sensación de haber estado en otro país y no en este que ahora ve, representado por una ciudad que está ya en el siglo XXI y por una catedral que, aunque centenaria, ha sido remodelada y se ha sabido adaptar a los nuevos tiempos. Aunque quizá no todo en ella sea tan actual. Por una puerta lateral, cuando el viajero llega a la plaza, sale un grupo de personas que acaba de asistir a la misa de las siete, esa que se celebraba ante el altar del Cristo de la Viga y a la que él pensaba acudir de no haber sido por el robo. La mayoría son muy mayores o visten como si lo fueran.

—Llego tarde —le dice el viajero al hombre de la recepción, que es el que cierra la puerta tras ellos.

—Sí, ya acabó.

—Hasta mañana entonces.

—Hasta mañana —le responde el otro al viajero creyendo que va a volver.

Pero no. El viajero no va a volver. El viajero ya ha visto la catedral y no va a volver mañana, porque le aguarda otra, la de Cádiz, que no está muy lejos por suerte, por lo que no tendrá que madrugar tanto como hoy.

Tiene tiempo por delante, por eso mismo, para darse una vuelta por Jerez antes de retirarse a dormir y disfrutar de la buena temperatura de una ciudad que aun en diciembre vive en la calle y de cenar de tapas como es costumbre entre sus vecinos, entre los que los hay señoritos por el aspecto y rateros por la catadura. En cada uno de éstos el viajero proyecta su sospecha de si será el que le robó la bolsa, y posiblemente acierte, pues entre los sucesores de Monipodio rige la norma de todos a una y uno para todos. Por si acaso, no pregunta, como tampoco espera noticias de la denuncia que acaba de interponer, pues aunque la policía lo haga le va a pasar lo mismo que a él.

—¿Me pone una tapa de ensaladilla?

—¿Para beber?

—Vino.

—¿Un fino?

—No, un rioja. O un ribera del Duero, si no tiene rioja.

¡Qué lejos quedan de aquí La Rioja, con sus dos catedrales de Calahorra y de Santo Domingo de la Calzada más la concatedral de Santa María de la Redonda de Logroño, y la Ribera del Duero, con las de El Burgo de Osma y Valladolid!, piensa el viajero mirando el bar, decorado con carteles de flamenco y de las procesiones de la Semana Santa de Jerez. Sin quererlo, el viajero se acerca ya al final de su recorrido, ese que comenzó en 2001 en Santiago y del que lleva ya hechas más de sesenta etapas, y, sea por eso o sea por el robo de su equipaje, se empieza a sentir nostálgico, algo que casa muy poco con el ambiente que tiene a su alrededor.

Las campanas de Cádiz

El matinal tampoco es muy diferente. Alrededor del mercado de Jerez, cerca de donde durmió, la animación, aunque de otro tipo, es también considerable, con la gente yendo y viniendo de un lado a otro a comprar o entrando a desayunar a los bares que abren sus puertas en torno a los puestos. En La Perla, que es el que el viajero elige por su decoración, que lo convierte en un museo vivo (las paredes están llenas de carteles de flamencos y de toros y hasta hay una reproducción a tamaño natural de Lola Flores, la gran bailaora jerezana), la clientela está a tono con el local, lo que significa que ya es muy mayor. Aunque hay también un par de turistas jóvenes. Todos toman churros con el café como si fuera algo obligatorio, pero el viajero opta por un pan con aceite, más andaluz y menos perjudicial para la salud. Mientras desayuna, mira las fotos de los cantantes y bailaores flamencos, la mayoría de ellos gitanos y casi todos de Jerez: Moraíto, Capullo, la Paquera, el Tío Borrico..., y que son junto a los toreros los verdaderos héroes de la ciudad. Ni un escritor, ni un político, ni siquiera uno de los bodegueros que han hecho Jerez conocido en el mundo merecen un lugar entre los retratos de las paredes del bar La Perla ni de ninguno de los que el viajero ha visto.

De Jerez a Cádiz se llega pronto. Apenas las separan treinta o cuarenta kilómetros y además las une una moderna autopista. El paisaje, a sus costados, es ondulado al principio, con cultivos y viñedos en este tiempo en barbecho, pero en seguida se vuelve plano en cuanto se aproxima al mar. Y anfibio, por causa de éste. Tierra y agua se entremezclan llenando el aire de humedad, sobre todo a partir del río Guadalete, la frontera entre las diócesis asidonense y gaditana, y, en un momento famoso de la historia de la península ibérica, escenario de la batalla campal entre los invasores árabes y las mermadas tropas de don Rodrigo, el rey visigodo, que supondría un vuelco en el discurrir de aquélla. Poco a poco, por la costa comienzan a dibujarse las ciudades y los pueblos que la ocupan (El Puerto de Santa María, Rota, Puerto Real, San Fernando, Cádiz enfrente de ellos), blancos en la lejanía, y en el cielo, las grúas de los astilleros que se reparten la bahía de Cádiz junto con los grandes buques que entran y salen de ella. En un momento dado, en el horizonte de la autopista aparece también una extraña vela, una especie de gigantesca arpa blanca que resulta no ser otra cosa que los tirantes de sujeción de un gran puente que comunica Cádiz con la tierra firme después de años unida a ella por uno solo. El puente, que el viajero ve hoy por primera vez, mide unos cuantos kilómetros y atraviesa la bahía gaditana por el medio elevándose en el centro muchos metros para permitir el paso de grandes barcos bajo su vuelo. Al mismo tiempo, esa elevación permite contemplar, como hace el viajero ahora, la pintoresca ciudad de Cádiz desde las alturas y aproximarse a ella como desde el cielo. ¿Quién habrá sido el autor de esta obra?, piensa el viajero con admiración.

Cádiz, en la que desemboca el puente, sigue siendo la misma ciudad que conoce, no obstante. Apretada en la isla sobre la que se construyó buscando la protección del océano, tampoco puede cambiar demasiado, pues su propio emplazamiento se lo impide. Como tampoco puede crecer ya más. Pueden crecer sus ciudades satélites, pero no ella, lo que le permite seguir siendo la que era. Y es de congratularse, pues es bellísima y, a la vez, fácil de reconocer. El viajero, por lo menos, mientras la cruza en busca de la catedral, tiene la sensación de haberla visto cien veces pese a que son sólo dos o tres las que ha estado aquí.

Si se trastabilla en ella es, pues, por culpa del tráfico. Y de la organización de éste, que parece diseñada para hacerlo más difícil. El viajero ve la catedral ya cerca (su enorme cúpula contra el cielo azul) pero le cuesta mucho llegar hasta ella, porque las direcciones prohibidas le obligan a dar cien vueltas, muchas por un casco antiguo que es un auténtico laberinto.

—¡Qué difícil es llegar hasta este hotel! —exclama en la recepción de La Catedral, como se llama en el que reservó la noche y que debe su nombre a la de verdad, que tiene frente por frente. Los separa la plaza, que es peatonal.

—Ya lo siento —le dice la recepcionista, que es guapa y muy sonriente, quizá para compensar.

Liberado de sus preocupaciones (el coche está en un aparcamiento y su equipaje, en la habitación del hotel, donde nadie se lo robará, supone), el viajero sale a la plaza y se enfrenta al objeto de su visita. Es gigantesco, como ya ha visto, aunque desde la puerta del hotel parece mayor aún. La catedral de Cádiz quizá sea el doble que la de Jerez, con permiso de Juan Romero y del sacristán de ésta, que opinaban que donde esté Jerez que se quite Cádiz.

La fachada principal, que es lo que ahora tiene el viajero ante sí, debe de medir cien metros y otros cincuenta o sesenta de altura (con las torres mucho más). Tiene forma de retablo, con sus tres calles paralelas, la central con un intradós acabado en ático, y resplandece contra el cielo azul, pues la piedra con la que la hicieron es muy blanca. Por lo menos de la mitad para arriba. La parte baja, que se distingue perfectamente, es de piedra más oscura, lo que indica que la catedral no se construyó de un golpe. Por su parte, las torres, que son redondas, tienen algo de observatorios astronómicos, si bien las campanas delatan su verdadera función.

Justo cuando está mirándolas, al viajero le sobresaltan las campanadas de las once. Suenan con solemnidad pese a que hoy no es domingo ni festividad ninguna que se sepa. Es un martes cualquiera de diciembre y tanto fuera como en el interior del templo la concurrencia de gente es modesta. Afuera, un par de mendigos que piden en las escalinatas, y en el interior, unos cuantos turistas y los empleados de la catedral, que se afanan en sus ocupaciones. Las palmeras de la plaza contribuyen además a darle a la catedral un aire tranquilo, como de ciudad colonial hispanoamericana.

Y algo de catedral colonial tiene, sin duda. Comenzada a construir en el siglo XVIII, el siglo de oro de las Américas, cuyas riquezas entraban en la península por la Correduría de Cádiz, se benefició no sólo de ellas sino también de las influencias arquitectónicas que llegaban del otro lado del mar. Dice la guía que el viajero compra al entrar en la catedral, en el puesto donde venden los billetes para verla, que se hizo siguiendo planos del arquitecto santanderino Vicente Acero, defensor de un barroco manierista de líneas curvas y onduladas, para sustituir a la escueta catedral gótica de Santa Cruz, que se había quedado pequeña para los aires de grandeza y el crecimiento de una ciudad que era muy rica en aquellos tiempos. La catedral vieja de Santa Cruz todavía resiste a pocos metros de la nueva (el viajero no la ha visto), pero ahora ya es sólo una iglesia, parece.

La audioguía que acompaña al billete de acceso a la catedral está muy bien hecha, pero la salutación con la que comienza no deja de ser irónica. Saluda a los visitantes como si todos fueran católicos y les da la bienvenida a una catedral en la que para entrar a verla han tenido que pagar. ¡Qué hospitalidad más rara!, piensa el viajero con una sonrisa.

La catedral es enorme, como por su exterior. Está llena de luz (el sol afuera luce con toda su fuerza) y, como el edificio es redondeado y simétrico, produce una gran sensación de armonía. Las naves son espaciosas y las capillas de las laterales son todas iguales y del mismo estilo. Arriba, las cúpulas, también redondas, contribuyen a la perfección de un templo que parece haber sido hecho para buscar la paz del espíritu del que lo contempla.

El viajero le da una vuelta según su costumbre antes de comenzar a verlo con más atención. En el altar mayor hay varias personas componiendo un belén, como en Jerez, y por las naves y la girola se encuentra a algunos turistas que caminan siguiendo las explicaciones de sus audioguías. No son muchos, aunque sí los suficientes como para que la catedral parezca viva y no un museo como otras. Pero lo es. El control de la puerta principal hace que los gaditanos ya no se acerquen a ella, igual que sucede en tantas.

De su primera inspección el viajero saca una conclusión. Y es que la catedral de Cádiz se hizo en muy poco tiempo, pues casi toda ella pertenece al mismo estilo. Hay partes rococós y neoclásicas, pero, por lo general, tanto la arquitectura como la imaginería es tardobarroca, lo que le da una homogeneidad perfecta. Su forma acampanada, que reproduce cada capilla a escala pequeña, incluso el templete del altar mayor, que ya es clasicista, acentúa esa impresión de homogeneidad e igual sucede con la decoración. Todos los muros están vestidos de arriba abajo de mármol blanco y tanto las cúpulas como las columnas, que son muchísimas, agrupadas en haces de seis u ocho, fueron pintadas o cinceladas de modo idéntico o por lo menos muy parecido; las cúpulas, con casetones y las columnas, con capiteles de orden corintio y estrías que las dulcifican.

Vuelto sobre sus pasos, el viajero enchufa su audioguía. Escucha otra vez la salutación (que de nuevo le provoca una sonrisa maliciosa) y luego obedece sus instrucciones, que son precisas y que siguen un orden muy racional: de capilla en capilla, comenzando por la más próxima, le da la vuelta a la catedral para acabar en el coro y en la capilla mayor y en la cripta subterránea que hay bajo éste. Ante cada capilla se detiene a contar su historia y a destacar lo mejor de ella. Así, en la nave del Evangelio, por la que empieza, el altar de mármol de Carrara con la escultura de San Pedro, su titular, que es precioso; el retablo de mármol y jaspes dedicado a la Virgen de la Asunción, en la capilla dedicada a ella; y el lienzo de San Sebastián firmado por el genovés Ansaldi y la talla policromada del eccehomo obra de Luisa Roldán, la Roldana, en la de San Sebastián, mientras que en la girola, donde son muchas, destaca la gran custodia procesional, toda repujada en plata, hecha en el siglo XVII, que se conserva en la del beato fray Diego José de Cádiz; las esculturas gemelas de San Servando y San Germán, los patrones de Cádiz, obras de la Roldana también, que presiden los retablos de las capillas que flanquean la del ábside, donde se guardan las santas reliquias de la catedral en estantes de caoba embutidos en el muro; y la Inmaculada del valenciano Ignacio Vergara, en la del Sagrario, así como la puerta de éste, labrada en plata y que perteneció al de la catedral vieja según parece. Por último, en la nave de la Epístola, la audioguía manda pararse ante el altar de mármol de San Pablo complementario del de San Pedro en la del Evangelio y ante un lienzo del luxemburgués afincado en Cádiz Pablo Legot, pintor del siglo XVII, en la capilla de la Adoración de los Reyes, y ante la escultura en bronce del Sagrado Corazón del valenciano Mariano Benlliure, en la dedicada a él. Bastantes de esas piezas, según dice la audioguía, pertenecieron a la catedral vieja, de donde las trasladaron a ésta cuando se inauguró.

La sillería del coro tampoco fue hecha para ella. Tallada en maderas nobles, cedro y caoba principalmente, perteneció a una cartuja de Sevilla de donde la hizo traer el obispo de Cádiz Juan José Arbolí Acaso para rellenar el hueco de la catedral. Mimetizada con ella, hoy ya no se nota su extranjería, al contrario, parece haber sido hecha expresamente para este templo, cuyo tramo central ocupa siguiendo la tradición española. Sobre el coro, los dos órganos, en cambio, sí se hicieron exprofeso para la catedral de Cádiz, el más antiguo para la vieja y el moderno en el XIX para la nueva. Más escondidos, en las paredes del trascoro varios cobres atribuidos a Frans Francken el Joven, pintor barroco del XVII, con distintas escenas del Evangelio (la curación del ciego, las bodas de Caná, la acusación a la mujer adúltera...) y, sobre todo, una pintura de la Virgen del Rosario, patrona de la ciudad de Cádiz, obra del mexicano Miguel Cabrera, del XVIII, prosiguen un inventario que aún continúa con la visita a la capilla mayor, donde se encuentra según la audioguía la mayor riqueza de la catedral.

Aunque no es para tanto, piensa el viajero, que acaba de verla. Cierto que el tabernáculo del sagrario es espectacular y que la cúpula que hay sobre él conmueve por su belleza, pero, comparada con otras, la capilla mayor de Cádiz tampoco es tan maravillosa como la audioguía pretende. Es más, el templete diseñado a semejanza de las torres, con una cúpula circular como la de ellas, hecho para celebrar la visita a Cádiz de la reina de España Isabel II, eclipsa con su volumen lo mejor de la capilla mayor, que son los dos púlpitos con barandilla corrida del presbiterio, hechos también para la ocasión, y sobre todo los lienzos apaisados que decoran el arco toral del ábside y que para poder verlos bien hay que mirarlos desde la girola. Se trata de cinco lienzos realizados por diferentes pintores, todos del siglo XVIII excepto el último, que pintó en 1904 el jerezano Bottaro y que representa la conquista de Cádiz por el rey Alfonso X. Los otros reproducen, de izquierda a derecha, la invención de la cruz por Santa Elena, madre del emperador Constantino, la exaltación del Santo Madero, el triunfo del juicio final y a los santos patronos San Servando y San Germán, cuya presencia es constante en la catedral.

—¿Y todas esas redes para qué están puestas? —les pregunta el viajero a los tres hombres que continúan montando el belén en el presbiterio, al pie del púlpito del Evangelio.

—Para la calicha —responde uno de los tres, parándose a mirar las que el viajero le muestra sobre sus cabezas.

Las hay por toda la catedral. Y es raro. Normalmente suelen estar en los claustros y en los campanarios para evitar que las aves entren y aniden en ellos, llenándolos de excrementos. Pero dentro de la catedral...

—¿Qué es la calicha? —pregunta el viajero, que nunca ha oído esa palabra.

—La cal que suelta la piedra —le responde el hombre—. La piedra de aquí es muy blanda y no deja de soltarla. Por eso han puesto las mallas: para que no le caiga a la gente.

Al belén todavía le falta mucho. Están con el armazón de madera que, recubierto de musgo, sugerirá los montes y los vallejos donde se aposentarán las piezas, que esperan en cajas a que eso suceda. Los hombres no pertenecen a ninguna asociación belenista ni son empleados de la catedral. Son voluntarios que por afición montan el belén y lo hacen como les parece, puesto que nadie les dice cómo ha de ir.

—Aquí a diario no aparece un cura —dice uno de los hombres, el más hablador de los tres.

Alrededor, sólo los turistas siguen pasando con sus audioguías como el viajero ha hecho hasta hace un momento. Parecen zombis en su ensimismamiento como también él se lo habrá parecido a los del belén. Al final, con una audioguía en la oreja, todo el mundo se convierte en un robot.

La cripta, bajo el altar, es la última estación de la visita turística a la catedral. Se accede a ella por la girola a través de dos escaleras, una a cada lado de ella, y sorprende por sus dimensiones, que son enormes, nada comunes en estos espacios, que suelen ser agobiantes de tan pequeños.

Además, tiene forma de caracola. De escasa altura y aire de búnker, es circular como una campana y se cubre con una bóveda casi plana que le da cierto aspecto también de platillo volante. Pero de su perímetro parten unas galerías simétricas que son las que sirven de lugar de enterramiento a las personas que han querido reposar para siempre en este sitio: obispos y canónigos y personalidades que se ganaron el derecho a ello por su poder o sus méritos. Así, en una de las galerías, una lápida de piedra con la inscripción en latín «Sólo a Dios el honor y la gloria» cubre los huesos de Manuel de Falla, el músico gaditano y español más universal, y en otra, un mausoleo más ostentoso, de mármol blanco y reja de bronce, hacen lo propio con los de José María Pemán, escritor también gaditano que disfrutó de los privilegios y honores de la dictadura franquista, a la que sirvió. No deja de ser una paradoja que dos personas tan diferentes y con vidas tan distintas (mientras que Pemán gozaba de los favores del régimen, Falla moría en el exilio) compartan vecindad en un espacio cuyo carácter funerario acentúa en otra de las galerías la momia de Santa Victoria, que se expone en una vitrina con la cara cubierta por una mascarilla de cera y que parece haber sido jibarizada, tan pequeña se la ve. Los turistas, de hecho, componen todos al verla un gesto de desagrado, empezando por el viajero, cómo no. Una cosa es la veneración y otra distinta, la necrofilia, piensa alejándose del lugar.

La catedral ya está vista. Al menos en su interior. Al viajero le queda verla por fuera y asomarse a una de sus torres, cuya visita incluye el precio de la entrada, como ya sabe. Y qué mejor hora que ésta para hacerlo, después de dos dentro de la catedral.

A la torre cuesta subir, como a todas. Y eso que tiene rampas en vez de escaleras, salvo en el tramo final, antes del cuerpo de las campanas. En éste, cuando el viajero llega por fin, encuentra a varios turistas que contemplan desde allí con la luz del mediodía la bellísima postal de Cádiz. Rodeada completamente de mar (la cabecera de la catedral, al otro lado de su estructura, está

ya pegada a él), la ciudad es una maqueta cuyas calles rectilíneas ilumina un sol brillante o cubren las sombras de los edificios, según la orientación en la que estén. Alrededor, un paseo y una circunvalación marítima le dan la vuelta por completo siguiendo el cerco de las defensas que Cádiz tuvo por su situación y de las que restan garitas y puestos de artillería hoy convertidos en miradores. Aunque ninguno como éste en el que está el viajero y desde el que se dominan no sólo Cádiz y su bahía sino las tierras del interior y el mar en muchos kilómetros. No es extraño que la mujer que tiene a su lado le pregunte a su marido que por qué no se vienen a vivir aquí.

—¿De dónde son? —se entromete el viajero.

—De Extremadura —le responde la mujer—. De Cáceres.

—Pues Cáceres es una maravilla —los halaga, con una sonrisa.

—Sí, pero a mí me gusta más Cádiz. Yo necesito el mar —dice la mujer.

El marido no abre la boca. Mira Cádiz en silencio, quizá imaginándose ya viviendo ahí abajo. ¿En qué barrio? ¿En qué calle? ¿Quizá en el paseo marítimo para que su mujer vea el mar que tanto le gusta desde la casa?

—Extremadura es el culo de España —sentencia ésta con pena—. Y España es el culo de Europa...

El matrimonio se va y el viajero se queda solo mirando el paisaje, que continúa a un lado y a otro de Cádiz por la costa que en tiempos fuera la entrada a Iberia de todo tipo de gentes, de fenicios a griegos a cartagineses y árabes. Otros, como los romanos, o como los franceses bastantes siglos después, llegaron por tierra para asediarla en una tradición que forma parte ya de la convulsa historia de esta ciudad; una ciudad que ha sufrido tantos asedios como siglos tiene a su espalda.

Al bajar de la torre, el viajero piensa qué hacer ahora. Es la una y media, pronto para comer, pero la catedral ya la ha visto. Le falta verla por fuera, pero eso le llevará poco tiempo. ¿Estará la catedral vieja abierta?

Por la calle de los Piratas, evocador nombre para un callejón que comunica las dos iglesias catedralicias, llega ante la más antigua en medio minuto, pues dista poco de la nueva. Está en lo alto de una cuestecilla, recortada contra el azul del cielo y del mar, que tiene detrás. Pero es muy distinta de apariencia. Encalada de blanco salvo un torreón adosado a ella (el campanario, también blanquísimo, está separado del cuerpo central), recuerda a las iglesias canarias de los primeros años de la hispanización. Al viajero al menos se lo parece viéndola desde la plazoleta que sube en distintos planos hasta la puerta.

Está cerrada, como ya vio de lejos. Y no hay ningún papel que indique a qué hora la abren, si es que la abren. Menos mal que en la casa de al lado, que alberga el museo catedralicio y que en su origen fue la Casa de Contratación que controlaba el comercio con las colonias de ultramar cuando el rey Felipe V decidió trasladarla de Sevilla a Cádiz, el vigilante acude en su ayuda: la catedral vieja abre hacia las siete y media, un poco antes de la misa, que es a las ocho.

El museo, en cambio, cierra a las dos, o sea, que apenas quedan veinte minutos para que lo haga. Aun así, el viajero, que ya está en él, le echa un vistazo muy rápido más que por ver lo que alberga, que es mucho (lo mejor a simple vista es la custodia tardobarroca apodada del Millón por lo que según parece le costó a su donante en moneda de la época y un Cristo de marfil de Alonso Cano), por conocer por dentro el edificio que fue el centro del comercio ultramarino y de la navegación entre España y América, que es tanto como decir el epicentro de la actividad económica de España en aquellos tiempos. ¡Qué diferencia debía de haber entre el silencio que hoy lo envuelve y el bullicio que habría entonces!, piensa el viajero saliendo fuera.

En la plaza de la catedral y en la calle que va de ella hacia la del Ayuntamiento, el bullicio y trasiego de personas está más cerca del de la Casa de Contratación y su entorno en sus buenos tiempos que de la tranquilidad y la paz que ahora los rodea. Es la hora de comer y los gaditanos invaden los bares y los restaurantes, que aún en diciembre tienen las terrazas puestas, les dé el sol o no les dé. A la del bar Cortés, en la calle Plocia, no le da (son apenas cuatro mesas muy pequeñas con cuatro sillas cada una), pero se está muy a gusto en ella viendo pasar a la gente y tomando un aperitivo que el viajero completará con un par de tapas, las dos muy originales y muy sabrosas, en previsión de que le suceda lo mismo que ayer en Jerez, cuando tuvo que pujar toda la tarde por la cola de toro que comió. Después, toma un café en el Atlántida, una cafetería sin nada especial salvo un niño vestido de colegial que en la hora que el viajero permanece en ella tomando sus notas no levanta la cabeza del iPad con el que juega y al que está conectado por auriculares. Debe de ser el hijo de la dueña. Por el contrario, en la mesa más próxima a la cristalera, un matrimonio mayor mira pasar a la gente a su través sin prestarse ninguna atención uno a otro.

La catedral sigue abierta como cuando la dejó el viajero. Así continuará hasta las siete, de modo que el viajero se tumba un rato en su habitación del hotel, cuyo bar-recepción está animadísimo. El ruido se oye desde las habitaciones pese a que la del viajero está en el segundo piso.

A las cinco y media vuelve a bajar. El sol empieza ya a declinar y la plaza y la catedral se llenan de sombras, si bien la gran cúpula de ésta, recubierta de cerámica amarilla, destella bajo los últimos rayos incendiando el azul del cielo y del mar. Iluminado por ellos también, el viajero le da una vuelta a la catedral antes de entrar en ella de nuevo demorándose en la visión de las luces que el sol proyecta sobre sus muros a punto de despedirse definitivamente un día más. ¡Qué pronto se hace de noche aquí!, piensa el viajero mirando desde la orilla del mar, apoyado en la barra del paseo marítimo, los redondeados volúmenes de la catedral de Santa Cruz sobre las Aguas o sobre el Mar, como se la conoce por su vecindad con éste.

En el interior de la catedral todo sigue como lo dejó. Eso sí, se ven menos turistas y los belenistas del altar mayor están ya concluyendo su obra. Con el musgo y las figuras puestas, la instalación de madera y cartón parece otra cosa.

—Ya está, ¿no? —felicita el viajero a sus constructores.

—Va estando —dice el hombre más hablador de los tres.

De nuevo con la audioguía, el viajero le da otra vuelta a la catedral. La luz es ya muy borrosa, pues la claridad afuera se está yendo por momentos. Hay ya velas encendidas en alguna capilla de las laterales, lo que contribuye a darle a la catedral un aire de misterio. Especialmente en el trascoro, donde la oscuridad apenas permite ya ver el cuadro mexicano de la Virgen del Rosario de Cabrera ni las pilas de agua bendita hechas en mármol genovés que ocupan ambas esquinas, y en la cripta, donde la luz artificial acentúa la sensación de misterio e irrealidad que produce. Sobre todo si no hay nadie en su interior, como sucede en este momento, salvo los enterrados en ella y la momia incorrupta de Santa Victoria, cuyo parecido con la de Lenin no disipan el tul blanco que la cubre ni la rosa roja que tiene en una mano. Menos mal que al regresar al exterior el viajero escucha una voz angelical que le hace olvidar de golpe el silencio mortuorio de la cripta, en la que no quisiera ser enterrado por nada del mundo.

La voz que, al principio, el viajero cree proviene de la megafonía tales son su dulzura y belleza pertenece a una mujer de carne y hueso que está cantando frente al altar en el que los belenistas le dan los últimos toques a su creación. La mujer canta en medio de un grupo de personas y no se sabe por qué lo hace, excepto si lo hace por ensayar, cosa extraña, pues no parecen estar aquí para ello. Cuando termina, a algunos de los que la escuchan se les saltan las lágrimas por la emoción.

—No es profesional, pero canta en un coro —le dice al viajero el hombre, impresionado por su magnífica voz—. Nosotros venimos de Allón, en Navarra. Estamos aquí de visita.

—Pues canta maravillosamente —dice el viajero, mirando a la que lo hacía. Es gorda, pero de cara muy dulce, con cierto aire monjil.

—No, no es monja —responde una de sus compañeras, a la que el viajero vuelve a preguntar.

El grupo de Allón se va y el viajero se queda solo frente al altar con los belenistas, que definitivamente han terminado su faena. Recogen sus herramientas y los restos de materiales no utilizados o inservibles para irse por donde vinieron. Antes de hacerlo, miran su obra con satisfacción.

El viajero se va detrás de ellos. Son las siete menos diez y están ya a punto de cerrar la catedral. De hecho, es el último en salir, pues ya no quedan turistas en su interior.

—Adiós —se despide de los empleados del puesto de venta de entradas, que están recogiendo también sus cosas.

—Adiós —le contestan por inercia.

En la calle es ya noche cerrada. La luz artificial lo ilumina todo dándole a Cádiz una nueva imagen. Tanto la plaza de la catedral como ésta parecen ahora más grandes y lo mismo sucede con el paseo marítimo, por el que mucha gente pasea ahora mirando el mar y los edificios de Cádiz que lo acompañan hasta donde la oscuridad lo borra. Enfrente, el centro de la ciudad, que ocupa la parte más estrecha de la isla, muestra su perfil de cal ensombrecido por las farolas que al mismo tiempo lo iluminan.

En el entorno de la catedral vieja, la soledad es la misma que la del mediodía. Tan sólo un garaje mecánico tiene su portón abierto y un par de jóvenes pasan por él. Dejan detrás de sí un olor a hachís que marea, como sucedía junto a la estatua del obispo Domingo de Silos Moreno, el que concluyó y consagró la catedral nueva, a la izquierda de ella, donde varias chicas fumaban también sus porros.

La catedral vieja está abierta. Son aún las siete y veinte, pero está ya abierta aunque no iluminada del todo. Dentro, unas pocas personas, posiblemente una de ellas el párroco, están preparando una grabación o al menos eso parece. Hay una cámara de la Televisión de Cádiz.

El edificio tiene tres naves y su aspecto es el de una mezquita por su rectangularidad y altura, más baja de lo normal, así como por los arcos de medio punto que sujetan las dos filas de columnas. Se nota que, a pesar de sus transformaciones, guarda las dimensiones y la influencia de la mezquita sobre la que se construyó por orden del rey Alfonso X, el conquistador de Cádiz, para celebrar su gesta. Eso fue en el siglo XIII, pero desde entonces el templo sufrió varias modificaciones y fue rehecho por completo en una ocasión, cuando, a raíz de su destrucción a manos de las tropas anglo-holandesas del conde de Essex en 1596, quedó completamente en ruinas. Lo que hoy se ve es una iglesia barroca levantada sobre una fábrica gótica que se apoya a su vez en la planta de una mezquita. Aunque mejor se vería, piensa el viajero mirando a su alrededor, si la iluminaran bien.

Pero no lo hacen. A las ocho, para la celebración de la misa, el párroco enciende sólo las luces de la capilla en la que la va a decir (para siete personas contadas, que son las que hay en los bancos), con lo que el viajero tiene que ver el resto casi en penumbra. Incluido el retablo de la capilla mayor, al que por suerte le llega un poco de luz de la de la misa, que es la primera del lado del Evangelio, y que en seguida advierte que se trata de una gran obra barroca, tan bella como la Inmaculada que la preside y que por el aspecto es ya posterior (del siglo XVIII, lee el viajero en la guía que compró en la catedral nueva y que habla también de la vieja).

El resto de los retablos e imágenes, así como la propia arquitectura del templo, el viajero tendrá que adivinarlos más que verlos mientras por la megafonía oye la voz del párroco, que es muy potente. Si gastara más en iluminación y menos en megafonía..., piensa el viajero tratando de apreciar las capillas de la nave de la Epístola, que son cuatro, la última grande y cuadrada, pues ocupa la base del torreón. Aunque, salvo una talla de San Francisco de Paula, vestida, del XVIII y dos enormes lienzos, uno que representa la última comunión de San Fernando Rey y otro a los Santos Mártires Vito, Modesto y Crescencia, el primero atribuido a Valdés Leal y el segundo, anónimo, no parece que alberguen mucho de interés. En la nave de enfrente, en cambio, la preciosa capilla del baptisterio, la única que se conserva de la primitiva catedral gótica, como muestran su arco ojival y su bóveda de crucería, y, sobre todo, la conocida como de los Genoveses por sus constructores, que es donde están diciendo la misa ahora, son suficientes por sí solas para aconsejar una visita a esta catedral que ya no lo es salvo para los gaditanos, que la conocen como la vieja. Los mármoles blancos y rojos de Italia, las columnas salomónicas de jaspe y la pequeña talla de la Virgen que ocupa el arco sobre el sagrario, en la de los Genoveses, brillan en todo su esplendor, además, pues es la única iluminada.

Aunque, al terminar la misa, también le quitan la luz, como a las demás. El cura entra en la sacristía y sus pocos feligreses van saliendo de la iglesia, si se descuidan a oscuras, pues apenas se ve ya la catedral. E igual ocurre en el exterior, donde la soledad y la poca luz de la plazoleta permiten a dos chicas besarse sentadas en la puerta de la Casa de Contratación, a pocos metros de la de la catedral, sin que nadie de los que salen se fijen en ellas.

—¿Pero esta iglesia es catedral o no? —le pregunta el viajero a un matrimonio que va del brazo para no tropezar al salir.

—Era, ya no —dice el hombre, que se ve que habla con conocimiento—. Desde el año 1838 la catedral es la otra.

—¿Y por qué hay misa aquí y en aquélla no?

—Eso tendría que preguntárselo usted al señor obispo —responde el hombre sonriendo.

Dónde estará el obispo y qué estará haciendo a esta hora, se pregunta el viajero cruzando la plazoleta y volviendo a embocar la calleja de los Piratas, en la que el garaje mecánico sigue con luz. A su puerta, tres hombres fuman, uno de ellos vestido con mono.

—¿Por qué se llama esta calle de los Piratas?

—Por nosotros no —dice el mecánico, mirando a sus compañeros, que se sonríen igual que él.

La noche de Cádiz, fuera de estas callejas, está llena de luces. La Navidad ha llegado con todos sus adornos y bombillas de colores y las calles del centro se han animado, pues mañana es fiesta, la de la Constitución. Mucha gente, además, disfruta de puente, ya que el viernes vuelve a ser fiesta: la de la Inmaculada. Las tiendas están todas abiertas y la gente va y viene de una calle a otra en medio de una algarabía festiva. Suenan villancicos típicos y músicas actuales que sirven como reclamo de los comercios. El viajero, como un gaditano más, se deja arrastrar por la animación y, como ya ha terminado de ver las catedrales de Cádiz, que es a lo que vino, durante más de una hora recorre la ciudad sin rumbo fijo y sin ninguna intención concreta. Simplemente la de disfrutar de esta noche preinvernal y fría pero llena de calor humano a pesar de ello. Y, cuando se cansa de andar, busca un sitio en el que reponer las fuerzas, pues lleva todo el día yendo de un lugar a otro y sin comer más que un par de tapas, eso sí, muy originales y ricas.

Las que toma ahora son más tradicionales (unas tortillas de camarones y un plato de jamón y queso), pero le saben a gloria, pues tiene hambre y se está muy a gusto en el bar que ha elegido para ello. Por el aspecto del local y por el de los clientes, todos ya de cierta edad y con pinta de tener dinero, lo que le garantizó si no una compañía agradable, sí una cocina de calidad. Para una comida de verdad que va a hacer en todo el día, que sea buena.

La animación en Cádiz prosigue cuando el viajero vuelve a la calle. La ciudad resplandece bajo las luces de Navidad y los jóvenes gritan y cantan por las avenidas. Se nota que están contentos. Frente al mar, en el paseo marítimo, los que se ven son más silenciosos o más románticos. En parejas o por grupos pasean mirando el mar y los barcos que surcan la bahía en la noche. En el puerto, en primer plano, un gran crucero tiene todas sus luces encendidas como si fuera un extraño árbol de Navidad. En la plaza de la catedral, en cambio, a la que el viajero vuelve cruzando la ciudad de lado a lado, el árbol, que es de mentira, muestra su luz para poca gente, puesto que poca gente pasa ante él. La catedral, al fondo, iluminada también, parece una gran campana bajo la noche de Cádiz; una campana que duerme, pues ya es muy tarde.

Para el viajero también lo es. No por la hora, que son las doce, sino porque mañana tiene que levantarse a las seis. Y aún le quedan por tomar algunas notas si no quiere que se le acumulen como a los malos estudiantes, que todo lo dejan para el día siguiente. Así que vuelve al hotel, donde también hay fiesta, ésta de alguna familia que la celebra con música y copas de champán en la cafetería de la recepción. Como se prolongue mucho, piensa el viajero subiendo a su habitación, tendrá que bajar y sumarse a ella.

La estrella de África

A las seis y media de la mañana, el desayuno le espera en el comedor del hotel, donde ya no hay rastro de la fiesta. Sólo está el recepcionista de la noche, que ha accedido a hacerle un café él mismo, puesto que los desayunos no empiezan a servirse hasta dentro de media hora. Es marroquí y muestra una amabilidad infinita.

—¿Para ir a Algeciras qué es mejor? —le pregunta un viajero medio dormido aún con el plano de España en la mesa.

—Más rápido por la autopista. Más bonito por la costa —le señala el recepcionista las dos carreteras, una pintada en color azul y otra, en rojo. A la de la costa se la ve más curva.

—¿Pero hay que volver hasta Jerez? —se sorprende el viajero al ver el trazado de la autopista interior.

—No —le dice el recepcionista, indicándole un punto en el plano mientras el viajero apura su café—. Puede coger una carretera en Puerto Real que acorta... La de Paterna. ¿La ve?

Aún no ha amanecido en Cádiz. La ciudad duerme todavía, como la catedral, la fiesta de anoche y apenas un par de coches pasan por el paseo marítimo por el que el viajero arrastra su maleta en busca del aparcamiento donde dejó el suyo al llegar. Sólo el mar está ya despierto, rugiendo en la oscuridad como un gran dragón.

La ciudad continúa dormida mientras el viajero atraviesa sus calles en dirección al puente de la Constitución de 1812, más conocido como de la Pepa por el nombre popular de ésta, y que es el mismo por el que ayer cruzó la bahía, sólo que hoy lo hará en sentido contrario. Hacia Sevilla, hacia el norte, aunque por el camino se desviará en Puerto Real, desde donde una carretera comarcal le llevará a enlazar con la autopista del sur, la que conduce al campo de Gibraltar y a Algeciras. Se ahorrará así unos cuantos kilómetros y, lo que es más importante, el tiempo que tardaría en recorrerlos, que le vendrá muy bien para llegar a coger el ferri de Ceuta sin prisas.

Eso pensaba el viajero mientras cruzaba el puente de la Pepa mirando abajo los barcos y a lo lejos las luces de El Puerto de Santa María y de Rota sin saber que en Puerto Real se iba a perder y a dar un montón de vueltas, las últimas por el aparcamiento del hospital, en medio de un laberinto de direcciones y calles cortadas. Y sin nadie al que poder preguntar, pues no hay nadie a esta hora por ellas. Y con la ayuda del GPS tampoco logra salir del bucle en el que se ha metido, pues ya no son carreteras, sino calles y caminos, algunos entre pinares. Por fin, al cabo de un rato largo (que al viajero se le hizo eterno, perdido en medio de la noche) logra salir de ese laberinto con ayuda del dueño de una furgoneta que trae algo al hospital y que le encamina por una pista de tierra entre los pinares justo cuando en el cielo empieza a amanecer. ¡Menos mal!, suspira el viajero, que ya pensaba que se iba a quedar para siempre allí.

La autopista no tiene pérdida, así que el viajero pisa el acelerador, pues teme llegar tarde a coger el ferri de Ceuta, ya que hasta Algeciras quedan noventa kilómetros. Y, entre unas cosas y otras, son ya las ocho. A ambos lados del camino, el paisaje acompaña con su suavidad. Es ondulado y lleno de pinos, aunque en algunos tramos se envalentona un poco. Aparecen algunos montes y hasta montañas hechas y derechas, aunque por lo general la autopista avanza sin dificultad. En los letreros de los desvíos el viajero lee los nombres de pueblos llenos de historia pero que no se ven desde la autopista: Medina-Sidonia, Alcalá de los Gazules, Benalup-Casas Viejas, el de la matanza de los anarquistas... Por fin, después de muchos kilómetros, Los Barrios y, tras él, la bifurcación que lleva hacia Algeciras o hacia La Línea de la Concepción y Gibraltar. Son ya las nueve de la mañana y el ferri del viajero sale a las diez.

Así que debe correr, buscar el hotel y dejar sus cosas (el coche, la principal; desde que le robaron el equipaje en Jerez es su primera preocupación) y encaminarse hacia el puerto, que ya divisa tras el caserío caótico de una Algeciras que ve por primera vez. Nunca había llegado hasta tan abajo, aunque sí estuvo una vez, viniendo desde Málaga, en La Línea de la Concepción.

Por suerte, las dársenas de los ferris están cerca del centro de Algeciras, a diez minutos andando desde el hotel Mir Octavio, un veterano establecimiento recientemente remodelado por el aspecto, con lo que llega a tiempo para coger el suyo. Por el camino ha venido viendo la transformación social que entre Jerez y Cádiz y Algeciras se puede observar, pues hay muchos peatones extranjeros. Se ven también muchos descuideros, aparcacoches que ayudan a encontrar sitio al que no lo encuentra y buscavidas de todo tipo que disimulan su condición pero se les nota. Uno de ellos, con maleta, bastón y gafas negras de ciego, no hace más que cruzar un paso de cebra de un lado a otro pidiendo ayuda a grandes gritos ante la indiferencia de los demás, que se ve que ya lo conocen. Cuando el viajero vuelva a la noche quizá se lo encuentre aún cruzando el paso de cebra en el mismo sitio.

Los hangares de los ferris son enormes, pero están llenos de viajeros. En el de Ceuta se ven muchos magrebíes aunque también grupos de turistas, la mayoría jóvenes, que aprovechan el puente de la Constitución para cruzar el Estrecho. Los magrebíes portan grandes bultos y los jóvenes, mochilas y maletas pequeñas de ruedas. El viajero, como otros muchos, viaja, en cambio, con lo puesto, pues no necesita más para pasar unas pocas horas en Ceuta.

Le habría gustado dormir esta noche allí, pero de Ceuta a Málaga, adonde viajará mañana, hay cuatro horas de viaje si ha de cruzar el Estrecho, el doble que desde Algeciras. Ojalá no se haya equivocado, piensa el viajero mirando cómo la costa queda detrás a medida que el ferri se aleja de ella dejando al este la silueta del peñón de Gibraltar, tan inconfundible como disputado. Parece mentira que una roca así sea el objeto de discusiones sin fin y hasta de enfrentamientos entre dos naciones.

Ceuta lo es asimismo, pero la que la reivindica es otra. Y no es extraño, pues por más que quieran los ceutíes y la historia diga que era española antes de que existiera Marruecos, lo cierto es que está en territorio de éste, igual que Gibraltar, en el de España. Basta mirar un mapa para advertirlo. Al viajero, en cualquier caso, las reivindicaciones territoriales de España o a España le importan poco. Él se limita a cumplir lo que se prometió a sí mismo cuando comenzó en Santiago de Compostela el viaje a las catedrales españolas que ya está a punto de terminar y que no es otra cosa que visitarlas todas independientemente de donde estén. Y la de Ceuta, de momento, es española aunque esté en África en vez de en Europa.

¿Será por esto que lo primero que se ve al aproximarse a ella sea una gran bandera española ondeando al borde del mar y otras muchas más pequeñas en los edificios de la primera línea de costa y en lo alto de la fortaleza que la protege desde un espigón? El viajero, desde el ferri, ve acercarse la ciudad (como si la que se moviera fuera ésta y no el barco) y trata de imaginar la vida de sus vecinos, aquí alejados de la península ibérica y rodeados por un país enemigo. O por lo menos ésa es la sensación. Al desembarcar del ferri, la policía controla a los pasajeros con pasaporte marroquí como si de verdad lo fueran.

Aunque por el puerto la mitad de la gente que se ve es marroquí también. Si no de pasaporte, sí de naturaleza, pues los que viven en Ceuta son ya españoles. O aspiran a serlo. Por la calle principal, la que sube hacia el centro de la ciudad, cuyo trazado se adapta al perfil del trozo de tierra en el que se aprieta, apenas una península que se une al continente por un istmo muy delgado, los ceutíes de origen marroquí y los de origen europeo suben y bajan mezclados, acostumbrados los unos a los otros después de tanto convivir. Quizá les extrañen más los turistas, pues Ceuta no es un destino muy visitado por éstos salvo de paso a Marruecos, como muchos de los que venían en el ferri.

A mitad de la subida, una muralla corta el paso de repente a los que llegan. Es la muralla antigua de Ceuta, que durante siglos lo hizo de verdad, cuando la ciudad cerraba sus puertas de noche por miedo a ser asaltada por sus enemigos. Lo cuentan unos paneles de cerámica en el interior del arco y se lo confirma al viajero un hombre que reza ante un Crucificado, enfrente, ante el que muchos de los que pasan se santiguan o se paran a rezar una oración.

—Se llama el Cristo de los Afligidos, aunque también se lo conoce como el del Puente, por el levadizo que había aquí antiguamente. Lo cerraban a las cinco y el que se quedaba fuera se quedaba fuera y el que se quedaba dentro igual... Yo ya no lo conocí, pero mi padre y mi madre sí —dice el hombre, que tiene ochenta años, todos vividos en Ceuta.

Pasado el arco de la muralla, en seguida aparece la Comandancia Militar. Es un edificio blanco con cierto aire colonial tanto por su arquitectura como por las palmeras que lo embellecen y por el color granate de sus ventanas y puertas. Frente a él, una vieja iglesia cierra una plaza arbolada que flanquean por los lados un edificio decimonónico y otro moderno, de hormigón (el parador de turismo), y al fondo un templo neoclásico que resulta ser la catedral de Ceuta. La catedral de la Asunción de Ceuta, según dice el letrero que la indica. En el centro de la plaza, en medio del arbolado, un monumento recuerda a los caídos en la guerra de África, cuatro de cuyos momentos representan cuatro relieves al pie.

La catedral, blanca y amarilla, con dos torres paralelas y una fachada bastante simple (un intradós con un ático triangular), tiene su puerta principal cerrada, lo que hace pensar al viajero que se entrará a ella por alguna lateral. Pero su sorpresa es grande cuando al llegar delante de la puerta ve un papel pegado que dice que la catedral estará cerrada por obras del 2 al 7 de diciembre. ¡Qué putada!, exclama el viajero, que ha llegado hasta Ceuta sólo para verla.

—¿Está cerrada...? —se sorprenden los hombres que toman café, todos de traje y con la insignia de Ceuta en las solapas de las chaquetas, en la terraza de un bar cercano—. De todos modos, tiene aquella iglesia abierta —le dice al viajero uno de ellos, señalándole la del otro lado del jardín.

El papel de la catedral también lo decía: que, mientras ésta esté cerrada por obras, el culto se traslada al santuario de la Virgen de África, que es la iglesia que hay enfrente. Pero la que el viajero venía a ver es la catedral, no la otra. Él no quiere escuchar misa, ni confesarse, por si los de las insignias en las solapas del traje lo piensan. Deben de ser concejales que se preparan para asistir a algún acto de celebración del Día de la Constitución, que es hoy. Por eso Ceuta está llena de banderas españolas.

—Por eso y por lo de Cataluña —le dice uno de los de las insignias, aludiendo al conflicto independentista que se libra en este momento en todo el país.

Al mendigo que guarda la puerta de la iglesia de la Virgen de África, que es musulmán, lo de la independencia de Cataluña y la Constitución española le da lo mismo. Él está a ver si consigue unas perras con las que mantener a los cinco hijos que afirma tener y en cuyo nombre le da las gracias al viajero por las monedas que acaba de darle. No es mucho, pero algo ayudará, supone.

En el interior de la iglesia sólo hay una persona; un hombre que está rezando delante de un Cristo en un lateral. La iglesia, que es de tres naves, la central más alta que las otras, tiene tres cabeceras rectangulares cuyos testeros tapan otros tantos retablos, el del centro de estilo barroco y con una Virgen presidiéndolo. Debe de ser la Virgen de África, la que nombra al santuario y, al parecer, a muchas ceutíes, como el viajero sabrá después. La talla, de estilo gótico, fue entregada en el año 1421 a Ceuta por Enrique el Navegante, el marino portugués que conquistó toda la costa africana, en prueba de su devoción.

—Es la patrona de Ceuta —le confirma el hombre que rezaba ante un Crucificado y que conoce bien la historia del templo y la de la Virgen. Exmilitar de origen gallego, lleva aquí toda la vida, de donde son ya sus hijos, dice.

—¿Y usted sabe si va a haber alguna misa?

La pregunta del viajero tiene una doble intención: convencer, por un lado, al exmilitar gallego de que puede fiarse de él (al exmilitar se le ve que es muy religioso) y, por otro, saber si vendrá algún cura al que preguntar cómo ver la catedral. Si le dice que ha venido desde Madrid expresamente para conocerla, quizá se apiade de él y le busque el modo.

—Por la mañana creo que no. Por la tarde sí —dice el exmilitar gallego—. De todas formas, tiene el horario en la puerta.

En efecto, otro papel en la puerta (que mira a la Comandancia Militar en lugar de a la catedral, como debería) indica el horario de misas y, por lo que pone en él, no hay ninguna hasta las ocho. Así que malamente vendrá ningún cura antes de esa hora por más que la iglesia esté abierta todo el día.

Desde el centro de la plaza, donde dos hombres y una mujer pintan detalles de ella en sus caballetes (son franceses, de Toulouse; el viajero se lo pregunta al pasar), éste observa el movimiento que se está produciendo ahora en el edificio de estilo *art nouveau* que domina la plaza y la calle que se abre enfrente de él. Se trata de una comitiva que sale de él en este momento presidida por un grupo de maceros y de músicos y en la que van los hombres de las insignias que tomaban hace un instante café en la terraza del bar de la plaza. Definitivamente deben de ser concejales, y el edificio, el Ayuntamiento de Ceuta, en el que se están celebrando los actos solemnes de la fiesta de la Constitución.

—El Ayuntamiento no, el Gobierno. En Ceuta tenemos un gobierno autónomo que sustituyó al ayuntamiento antiguo —le dice al viajero el dueño del bar, al que también pregunta para saber.

Sobre la catedral lo tiene más difícil. El del bar no sabe mucho de ella (la catedral para él, como para la mayoría de los ceutíes, dice por la de enfrente, es «la otra») y en sus alrededores no se ve a nadie. En sus laterales apenas hay una librería —la Librería Diocesana, cerrada como todo hoy— y un par de construcciones adosadas a la iglesia cuyas puertas también están clausuradas a cal y canto. Y, por detrás, el paseo que separa la catedral del mar por el sur (el istmo aquí es muy estrecho) no deja que haya ya más construcciones ni puertas. ¿Qué puede hacer todo el día?, piensa el viajero mirando la playa en la que se ve a varias personas haciendo deporte aprovechando que hoy es festivo y a lo lejos la costa de Marruecos.

Pero va a ser verdad que Dios aprieta pero no ahoga. Cuando el viajero ya regresaba dando una nueva vuelta a la catedral resignado a no verla por dentro y a pasarse el resto del día dando paseos por Ceuta, ve a unas personas que entran en la iglesia por una puerta lateral. Se trata de un hombre y una mujer y un grupo de niñas, lo que indica que no son los obreros que en teoría hay dentro trabajando pero a los que desde fuera no se les oye.

—Perdonen —se abalanza el viajero hacia ellos, que lo ven llegar con sorpresa—. ¿Van a entrar a la catedral?

—Sí —dice la mujer, sonriendo. Es la que tiene la llave con la que acaban de abrir la puerta.

El viajero ensaya su mejor cara:

—Mire, he venido de Algeciras expresamente para ver la catedral. Y me he encontrado con que está cerrada... ¿Me dejarían entrar con ustedes? Aunque sólo sea un par de minutos...

—Yo le dejo —dice la mujer, simpática, quizá extrañada de que alguien venga a Ceuta para ver su catedral, que muchos ceutíes ni la consideran tal, como el dueño del bar de la esquina—, pero sólo mientras ensayamos. Nosotros no somos de la catedral. Nos ha dejado las llaves el párroco para ensayar —dice, señalando a las niñas.

—Prometo no molestarlos —le asegura el viajero, entrando en la catedral con ellos. La mujer cierra la puerta con llave detrás.

En la catedral no hay nadie. Los obreros deben de descansar hoy por la fiesta y el silencio es total y absoluto. Y sea porque está en obras y el polvo lo cubre todo o sea por su desolación, el templo tiene el aspecto de una iglesia moribunda, no ya de una ciudad grande como es Ceuta, sino de un pueblo de tamaño medio. Encalada y llena de desconchones, sólo el hecho de tener una girola la distingue de cualquier iglesia de pueblo por más que diga su nombre.

Antes de comenzar a ensayar, Inmaculada, como se llama la directora del coro, y Fernando, su marido (el viajero, lógicamente, se ha presentado al entrar), le enseñan lo mejor que, según ellos, tiene esta catedral de aspecto tan pobre. Se trata de una capilla lateral, la mayor de todo el templo, que lleva el nombre del Santísimo y que fue construida, según dice una placa en la pared, «gracias a la devoción y a la esplendidez del general Rafael Varela y Marcén, comandante general de las plazas de

África en los años 50 del siglo xx». De la devoción del general Varela podría hablar el viajero (su padre, que hizo la guerra a sus órdenes, recordaba siempre sus atrocidades), pero de su esplendidez hablan las obras con que dotó a la capilla, sobre todo los frescos de Bernardini, pintor burgalés pese a su apellido afincado en Ceuta en el pasado siglo, y la imagen de la Virgen Capitana portuguesa que preside el retablo barroco. A saber, eso sí, de dónde los trajo.

Junto al altar mayor, seis niñas de ocho o diez años (las cuatro que venían con Fernando e Inmaculada y otras dos que acaban de aparecer) esperan ya a su directora musical, las seis muy formales y bien vestidas. Tres y dos deben de ser hermanas, pues van vestidas igual (unas de blanco y otras de rosa), mientras que la sexta, que es más morena, viste de gris. Inmaculada las saluda, cariñosa, mientras Fernando se sube al presbiterio a conectar el aparato de música con el que acompañará el ensayo, que es ya el último al parecer. Pasado mañana es la Inmaculada, que es cuando tendrá lugar su actuación.

—¡Bueno, vamos a ensayar, chicas...! Poneos de tres en tres —les pide Inmaculada, su directora, señalando los peldaños que separan la nave del presbiterio.

—Prometo no hacer ruido —se despide el viajero, yendo a ver la catedral mientras ensayan.

No tiene mucho que ver. Como ya intuía, la catedral, que es de estilo barroco aunque su fachada principal neoclásica le llevó a confundirse al verla por fuera, y tiene tres naves delimitadas por pilares cuadrados que soportan arcos de medio punto sobre los que se sostienen bóvedas de cañón en la nave central y de aristas en las laterales, así como un crucero con cúpula en media naranja y pechinas, apenas tiene que ver, puesto que está muy desnuda. Y lo que enseña no tiene mucho interés. Tan sólo el órgano, en la pared de atrás, el único de tubos que hay en Ceuta según Inmaculada, que es la que lo toca (se lo enseñó al viajero antes de dirigirse a ensayar), y otros cuatro frescos de Bernardini pintados en el trasaltar, además de la capilla del Santísimo merecen destacarse de este templo que para ser la catedral de Ceuta mucho tiene que envidiar a la iglesia de enfrente, esa que los ceutíes consideran la verdadera catedral por acoger a su patrona, entre otras razones.

Y, sin embargo, por lo que el viajero lee en Internet (por supuesto no hay guía dedicada a ella), la catedral de la Asunción de Ceuta, esta por la que pasea ahora, se construyó como tal antes de que existiese siquiera la iglesia de la Virgen de África, sobre la antigua mezquita mayor ceutí tras la conquista de la ciudad por los portugueses en 1415 y la constitución por bula papal de la diócesis episcopal de Ceuta. Antes, parece ser, existió una iglesia primitiva de la que no quedan restos arqueológicos e igual sucede con la catedral primera, que se arruinó a causa de los asedios que Ceuta sufrió por aquellos años y de la fragilidad de la piedra con la que se levantó, quedando abandonada hacia la mitad del siglo XVII para ser sustituida por la actual, que se consagró como catedral en 1726 (su construcción comenzó en 1686) y que también ha experimentado diversas reformas hasta acabar ofreciendo la imagen que hoy muestra. De ahí que sea barroca en su concepción y clasicista en su aspecto exterior, incluso de estilo ecléctico y contemporáneo en cierto sentido.

Pero las modificaciones no sólo han afectado a su arquitectura, sino a la disposición de los elementos comunes a una catedral. Así, el coro (lo que queda de él) ocupa en la actualidad el fondo del presbiterio tras el altar, donde en lugar del retablo mayor, que existió, campea hoy un lienzo de la asunción de la Virgen de no demasiado mérito. E igual sucede con la cúpula semicircular del crucero, que se desplomó en el siglo XIX y tuvo ser rehecha lo mismo que sus pinturas.

Lo demás, tanto la imaginería como la decoración, ha corrido distinta suerte a lo que se ve, pues hay imágenes de hace dos días junto a otras más antiguas, como la de San Daniel, el patrono de la catedral y la diócesis (hoy ya unida a la de Cádiz bajo la fórmula de dos diócesis y un obispo; se ve que Ceuta no da para otro), que preside el eje de la girola rodeada de vidrieras modernas y que es una talla del XVII de estilo barroco bastante preciosa. San Daniel —le dirán luego al viajero Inmaculada y Fernando— fue un fraile italiano que llegó a evangelizar el norte de

África junto a otros seis compañeros a comienzos del siglo XIII (¿a quién se le ocurre?, pensó el viajero al oírlo), siendo martirizados por los musulmanes en Ceuta en el año 1221.

Frente a la capilla de San Daniel, los cuatro frescos de Bernardini muestran escenas de otros momentos históricos de la ciudad, desde la entrada de los portugueses tras su conquista a los musulmanes (después llegarían los españoles) o la ceremonia en la que Juan I de Portugal arma caballeros a sus hijos a otras más actuales, como el famoso paso del Convoy de la Victoria, como se llamó al enfrentamiento en aguas del Estrecho entre buques de guerra republicanos y sublevados, en la guerra civil española, o la procesión por las calles de Ceuta de la Virgen de África coronada. Los frescos tienen la gracia de las ilustraciones, aunque destilan una ideología nacional-catolicista que ni el polvo ni su deterioro alcanzan a disimular.

El resto de las capillas de la girola, como las de las dos naves laterales, que apenas están apuntadas en las paredes, no guardan nada de interés, así que el viajero vuelve sobre sus pasos hacia donde están ensayando Inmaculada y sus niñas. En este momento, el popular villancico *Fuentecilla que corres cristalina,* más conocido como *Nana, nanita* por su estribillo. Suena bien en este marco y en las voces de las niñas, que mueven las manos con gracia al cantar.

El ensayo aún dura un buen rato, que el viajero aprovecha para tomar unas cuantas notas sentado en uno de los bancos mientras lo escucha de fondo. La ciudad ha quedado lejos, tanto como las celebraciones de la Constitución y sus concejales con insignias y trajes de fiesta y los ceutíes que hacen deporte en la playa o transitan por las calles aprovechando que hoy no trabajan tampoco.

—Bueno, la última y nos vamos ya —anuncia Inmaculada a su marido, que con paciencia hace de *disc-jockey* con el rudimentario aparato de música del que se sirven para ensayar.

Ya es la una. Las madres de las niñas (Cayetana, Nerea, Carlota, María, Cristina y Julieta, las seis integrantes de la Escolanía de la Corte de Infantes de Santa María de África, de la que hoy faltan otros dos, niño y niña) ya esperan delante de la puerta a que salgan para llevárselas a comer. Las niñas se despiden de Inmaculada con un par de besos y del viajero y Fernando con una sonrisa y se van dejándolos solos y dispuestos a despedirse también entre ellos.

—¿Puedo invitaros a un vino? Por permitirme entrar a la catedral... —ofrece, no obstante, el viajero a los otros, que son matrimonio, como parecía. Él, de Navarra y ella, de Ceuta, donde nació y ha vivido siempre.

—Bueno —aceptan Inmaculada y Fernando, a los que el forastero parece haberles caído en gracia.

No todos los días llega gente nueva a Ceuta, le dirán luego ante una copa de vino en la terraza de un bar que está debajo de donde viven, donde se conocen todos. Inmaculada es la que habla más, aunque Fernando también opina, pues lleva ya mucho tiempo en Ceuta. Desde que se casó con ella.

La invitación se repite y se prolonga luego a otro bar cercano, El Mentidero de nombre, por algo será, donde Fernando pide unas tapas, pues ha decidido de acuerdo con su mujer que hoy, como es fiesta, van a romper la rutina y no comerán en casa. Lo que pide, en honor al viajero, son platos tradicionales ceutíes: caballa, pinchos morunos y corazones de pollo asados. Serán muy tradicionales, pero con los corazones de pollo el viajero no se atreve. La casquería nunca le ha gustado.

—Pues están buenísimos —dice Inmaculada, que saluda sin cesar a otras personas demostrando que conoce a todo el mundo en su ciudad.

Y sabe también mucho de ella. No en vano es hija de un cronista oficial de Ceuta, José García Cosío, ya fallecido, y no en vano está enamorada de su ciudad, como continuamente repite. Para mí es la más bonita del mundo, ha dicho ya un par de veces. Y en su enamoramiento ofrece al viajero enseñársela, cosa que a éste le pilla por sorpresa y que no sabe si agradecerle o no. No quiere que su viaje se le convierta en una visita guiada al estilo de las que los japoneses hacen. Pero por educación no se atreve a rechazar la proposición. Y menos cuando Fernando ya ha ido a buscar su coche, puesto que, aparte del casco urbano de Ceuta, que es muy pequeño, le quieren enseñar todo su territorio, que es mayor de lo que imagina. Andando necesitaría un día para verlo, le dice Inmaculada, subiéndose al asiento de atrás del coche para que su invitado pueda ver el paisaje a placer.

—Yo ya lo conozco —dice.

Así que aquí está el viajero recorriendo Ceuta y su territorio perimetral, que, en efecto, es mayor de lo que imaginaba y más accidentado de lo que podría pensarse. Hasta trescientos cincuenta metros miden sus montes más altos, desde los que se dominan la ciudad y sus barrios y pueblos ya del vecino Marruecos y el Estrecho de Gibraltar con las montañas de la península ibérica al fondo. Entre mirador y mirador (en el que están ahora es el de Isabel II, bautizado así en honor de la reina, que a saber si lo visitaría), aparecen también al paso cuarteles de la Legión y baterías de artillería dispuestas para defender la plaza de posibles ataques enemigos. Se ve que Ceuta está en la frontera, aunque la valla que la delimita no se vea desde allí.

La tarde pasa dándole la vuelta a Ceuta y con el atardecer sus luces se encienden. Desde la fortaleza del monte Hacho, legendario espigón en la memoria bélica de la ciudad, ésta se ve como una estrella en medio del mar rodeada de otras más pequeñas, que son sus barrios y los pueblos fronterizos de Marruecos, que también han comenzado a encender las luces. Al otro lado del Estrecho, las de Algeciras y Gibraltar las borra la bruma, pues la noche aún no ha caído del todo.

—¿Es bonita Ceuta o no? —le pregunta al viajero Inmaculada contemplando orgullosa el paisaje junto a él.

Lo es, no se le puede negar. Pero el viajero ha venido a otra cosa y empieza a sentirse incómodo con la excesiva amabilidad de sus anfitriones. Ahora quieren enseñarle la ciudad, que preferiría descubrir por su cuenta y a solas como acostumbra. Menos mal que Ceuta no tiene mucho que ver, pues la escasez de terrenos para construir ha hecho que sus edificios antiguos hayan sido sustituidos por otros modernos con alguna excepción, la principal la llamada Casa de los Dragones, de espectacular fachada historicista, por lo que en seguida acaban. Y, como la tarde se va deprisa, el viajero invita a un café a sus dos anfitriones y se despide de ellos para volver a la iglesia de la Virgen de África.

—Le acompañamos. Nos queda al lado de casa —le responden.

A la puerta del santuario, Inmaculada y Fernando se despiden por fin. Es la iglesia en la que se casaron y por su gusto entrarían a verla con el viajero, pero ya se han dado cuenta de que éste quiere quedarse solo y se retiran discretamente. El viajero les está muy agradecido y así se lo hace saber. De no haber sido por ellos no habría visto la catedral.

—Nos volveremos a ver —les dice.

—Nosotros aquí estaremos —le responde Inmaculada mientras Fernando asiente con la cabeza.

En la iglesia de la Virgen de África, a las siete de la tarde, noche cerrada ya, hay más gente que por la mañana. Las luces están todas encendidas y los presentes rezan delante de las imágenes o esperan en los bancos a que comience la misa, aunque aún falta una hora para las ocho. Quizá se adelante hoy por ser fiesta.

El viajero, ajeno a lo que a su alrededor sucede, le da una vuelta a la iglesia para detenerse al fin ante el retablo barroco de la capilla mayor, en cuyo centro reina la Virgen de África, que brilla como una estrella en la cabecera de este templo que fue erigido para ella. Según una hoja informativa que el viajero ha cogido de una mesita junto a la entrada, la imagen, de autor anónimo, llegó a Ceuta con los portugueses, que la donaron a la ciudad con la condición de que la venerasen con el nombre del continente en el que se iba a quedar. De cerca, la Virgen conmueve por su expresión y belleza, pero el que emociona más, éste por su dramatismo, es el Cristo que sostiene en las rodillas y cuya figura muerta contrasta con la vivacidad de aquélla por más que sea dolorosa. La Virgen de África es una piedad en la más pura tradición gótica de esa advocación mariana.

A las siete y media el viajero sale en dirección al puerto. Su ferri zarpa en poco más de una hora, por lo que debe ir ya bajando para no perderlo. Antes, no obstante, se acerca a despedirse de la catedral de Ceuta, que iluminada parece aún más nueva de lo que es y que continúa cerrada y sola al fondo del jardín que la precede y que la separa a la vez de la plaza, que está desierta por esa zona. Detrás, el mar la duerme con su rumor como desde hace muchos siglos.

En la bajada hacia el puerto, el viajero se cruza otra vez con la estatua de su conquistador, el infante Enrique de Portugal, conocido como el Navegante, erguido en su pedestal como si siguiera vivo, y a poca distancia de él, junto al baluarte llamado de los Mallorquines, con el busto del geógrafo romano que según la tradición bautizó a Ceuta al referirse a sus siete colinas como Septem (de donde derivaría el nombre) Frates (Siete Hermanos, en latín) y que dejó escritas estas palabras que aún resuenan bajo él: «Fue el mismo Hércules quien separó los dos montes unidos, Abila y Calpe, como una cordillera continua y así fue como al océano, contenido antes por la mole de los montes, se dio entrada a los lugares que ahora inunda». El geógrafo se llamaba Pomponio Mela y vivió en el siglo I después de Cristo.

Aparte de ellos, también, el viajero se cruza, pues es la hora, con numerosos ceutíes que van y vienen del puerto al centro de la ciudad visitando los comercios y los bares y disfrutando de los adornos de Navidad que alumbran ya sus escaparates a dos semanas de que llegue ésta. Muchos de ellos son *morunos,* como llamaba Inmaculada a los ceutíes de origen marroquí (y a los marroquíes sin más) demostrando un recelo evidente hacia ellos (hay que vivir aquí para hablar, justificó ante el viajero algún comentario xenófobo), pero se ve que, aunque la fiesta sea cristiana, no les importa. Lo importante es que es fiesta y hay muchas luces.

Las del puerto son también muchas, aunque no decorativas. Están para iluminar los muelles y los ferris que van y vienen hacia Algeciras a cada hora. El del viajero sale a las nueve. Con menos gente que a la venida y con más ganas de llegar a puerto. Ceuta queda detrás en seguida iluminada bajo la noche y temiendo, como a lo largo de toda su historia desde que los portugueses la conquistaron a los *morunos* dos siglos antes de que pasara a los españoles, que los marroquíes la tomen y la separen para siempre de España y de Europa. Pero lo último que se ve de ella (y de África, a la vez) es una enorme estrella luminosa que corona la fortaleza del monte Hacho anunciando la Navidad que se acerca.

Las palomas de Picasso

La noche algecireña el viajero la pasó con más pena que gloria pese a ser fiesta, pues la tercera ciudad de Cádiz parecía cualquier cosa menos eso. Ni en su parte nueva ni en la antigua había prácticamente gente cuando él llegó y por la zona del puerto, cerca de su hotel, la que había no parecía muy recomendable. Así que se fue a la cama casi sin cenar, pues no encontró ningún sitio que le gustara o que tuviera un mínimo de animación. ¿Quién diría que Algeciras es la puerta entre África y Europa?

La Línea de la Concepción, con la que comparte el título enfrentadas una a otra a cada lado de la bahía de Gibraltar, de mañana aparece más fabril, con sus chimeneas y grúas elevándose junto a la autopista como el peñón que se ve a lo lejos y que constituye una espina clavada en el orgullo de muchos españoles. Al viajero, empero, lo único que le trae al pensamiento es la canción que cantaban en las fiestas de los pueblos españoles en su infancia y que se pone a tararear llevando el ritmo mientras conduce: «¡De luces y de colores se viste el mar, / hay luces en las casitas de Gibraltar! / ¡España mostró el camino de la verdad, / por eso le estoy cantando a su libertad! / ¡Gibraltareña, gibraltareña...!». Tiene gracia, piensa mirando el Peñón en la lejanía, que cuando él escuchaba ese pasodoble —años sesenta del siglo XX— España diera lecciones a los ingleses de libertad.

Hoy no sabe si se las podría dar, pero sí que puede presumir de desarrollo económico y de infraestructuras sin sentir ningún complejo ante los gibraltareños, algunos de los cuales circulan en sus coches (sus matrículas los delatan) por la autopista que conduce a Málaga bordeando la costa durante doscientos kilómetros. El viajero los ve pasar y piensa qué sentirán poniendo sus vehículos a correr después de no poder hacerlo en su territorio por falta de sitio.

La provincia de Cádiz se despide pasado Sotogrande, la urbanización de lujo donde tienen su residencia primera o vacacional muchos ricos españoles y foráneos, incluidos algunos gibraltareños que allí pueden jugar al golf o montar a caballo sin tener problemas de espacio tampoco. En la Costa del Sol, que comienza aquí, el dinero garantiza la exclusividad y el buen tiempo lo asegura la climatología. Hasta Málaga, desde Manilva, todo será ya una sucesión de urbanizaciones y pueblos que la autopista va superando encaminada entre el mar y las grandes montañas que han empezado a asomar por su izquierda. Se trata de la cordillera Penibética, formación montañosa que corta el paso del mar hacia el interior y cuyas alturas alcanzan los dos mil metros. Así que no se trata de colinas ni de pequeños montes fáciles de superar, por lo que la autopista se ve obligada a bordearlos y a atravesarlos de vez en cuando a través de túneles, cuando la cordillera cae hasta el mar. A cambio, eso sí, la belleza de sus cumbres cortando el azul del cielo y la de los pueblos y urbanizaciones blancos que se desparraman por sus laderas y faldas compensa la dificultad de la conducción, que se ha de adaptar a las muchas curvas que entre la cordillera y el mar le obligan a hacer. Las urbanizaciones tienen nombres extraños para el viajero, pero los de los pueblos (que empiezan a ser ya ciudades a partir de Estepona y Marbella) los conoce todos, no en vano son los destinos turísticos más populares de la Costa del Sol: Fuengirola, Mijas, Benalmádena, Torremolinos... Hoy, 7 de diciembre, sus playas están vacías, pero la vida continúa en ellos gracias a los extranjeros que viven todo el año aquí.

Como en Málaga, la gran ciudad de la Costa del Sol, capital de la provincia de su nombre, cuyos edificios surgen de pronto al pasar un túnel extendidos en la llanura fluvial que ha creado al llegar a la costa un río, el Guadalhorce, que el viajero cruza en seguida dejando el aeropuerto de Málaga a su derecha y antiguos campos de caña de azúcar a su izquierda en una confrontación entre pasado y futuro que está claro quién va a ganar. Mientras la ciudad continúe creciendo como desde hace décadas, el poco campo que la rodea tiene los días contados, lo mismo que la costa a un lado y otro de donde termina ahora.

Mientras la mira, el viajero va atento a la autopista, pues ha de coger el desvío hacia la urbanización en la que vive una hermana suya con su familia y en cuya casa se quedará esta noche. Le aguarda ya desde hace un rato, de hecho, para recibirlo y para llevarle luego hasta el centro, donde está la catedral, como ya sabe; la ha visitado más de una vez. Su hermana tiene que regresar al trabajo, pues ha hecho una pausa para recibirlo.

—¿Llevas esperando mucho? —se disculpa el viajero al llegar al fin ante su vivienda, un chalet adosado a otros seis u ocho en la ladera de un monte desde el que se dominan varias urbanizaciones más y, al fondo, el castillo de Gibralfaro y un trozo de la ciudad y del mar.

—Un rato —le responde ella mientras le ayuda a guardar el coche en el garaje, que ha dejado libre para él.

—Pues esta vez no me he perdido...

La casa está limpia, resplandeciente, llena de luz y de color por las buganvillas. Da gusto llegar aquí y respirar esta tranquilidad tan cerca de la ciudad y al mismo tiempo tan lejos.

—¿Quieres un café? —le ofrece su hermana tras dejar la maleta en su habitación.

—¿Te da tiempo? —le pregunta él.

Le da. Así que hace café y lo toman con unas pastas de mantequilla antes de coger el coche (el de la hermana, no el del viajero) para bajar al centro, donde se quedará.

—¿Vengo a buscarte para comer? —le pregunta su hermana llegando ya a la plaza de la Marina, donde lo deja. Al otro lado de las palmeras el mar brilla como un trampantojo.

—No. En todo caso, por la tarde... Te llamo yo cuando me canse de dar vueltas por aquí —dice el viajero, despidiéndose.

El corazón de Málaga, que delimitan el paseo marítimo, la calle Larios y la colina de la alcazaba con sus ruinas históricas —romanas y musulmanas—, no es grande, pero late lleno de vida y animación. La gente ocupa las calles y los turistas lo invaden todo demostrando que en Málaga la temporada de vacaciones no se termina con el mal tiempo. Fundamentalmente porque en Málaga el mal tiempo no existe. A 7 de diciembre, que es hoy, el sol calienta lo suficiente como para que muchos turistas vayan en pantalón corto, quizá exagerando un poco, es verdad. Entre ellos, la corte de los milagros que llena el centro de cualquier ciudad turística y que conforman gitanas vendiendo romero, pedigüeños, loteros, pintores a pincel o con el dedo, guitarristas flamencos y vendedores de todo tipo de baratijas vocean su mercancía apostados en las aceras más transitadas y, sobre todo, en el entorno de la catedral. Que ya se adivina al fondo semioculta detrás de unos edificios pero con su única torre, altísima, delatando su monumentalidad. Sólo una gran catedral puede tener una torre tan alta y tan visible desde cualquier lugar.

La torre, como el viajero sabe ya por otras visitas, es la culpable de que a la catedral de Málaga los malagueños le digan la Manquita, apelativo cariñoso que alude a su asimetría, pues a la torre existente le falta la compañera, cuyo último cuerpo quedó inconcluso por falta de dinero o de voluntad de acabarlo cuando lo hubo, como ocurre hoy. Sólo con ver la cantidad de personas que se disponen a entrar en la catedral en este momento el viajero se hace una idea de cuál ha de ser la recaudación diaria, igual que viendo a los centenares de turistas que llenan las calles de alrededor imagina el dinero que ha de quedar en esta ciudad cada día sólo de sus visitantes. De todos modos, piensa el viajero mirando la catedral, puede que ocurra también que, acostumbrados ya a conocerla como la Manquita, los malagueños no quieran cambiarle el nombre construyéndole la torre que nunca se terminó.

En la Librería Diocesana, abierta en un lateral de la catedral, cerca de la torre mocha, la vendedora no tiene una opinión clara sobre el asunto («Yo como la he visto siempre así...», se encoge de hombros), pero a la monja que charla con ella la pregunta del viajero le parece sencillamente superflua. Lo importante no es que la catedral esté terminada o no, lo importante es que en ella está Dios, asegura.

—¿Cuánto cuesta este de *Remando juntos*? —le pregunta a la vendedora a continuación, por un libro.

—¿No lo pone por detrás?

—No lo veo —dice la monja.

El viajero sí ve el precio de la guía que ha elegido para él: dieciséis euros. Está editada en varios idiomas y tiene más fotos que texto, pero tampoco necesita más. Se trata de disponer de algo en lo que apoyarse a la hora de visitar esta catedral en cuyas catacumbas se encuentra ahora.

—Hasta luego —se despide.

—Hasta luego —le responden la vendedora de la librería y la monja, que sigue sin decidir si compra *Remando juntos* o no.

Frente a la fachada principal de la catedral, que da a la plaza del Obispo, cuajada de terrazas y cafés, la aglomeración de gente sigue en aumento. Hay varios grupos de turistas que atienden a las explicaciones de sus guías y otros que van por su cuenta y riesgo. El viajero, a falta de grupo propio, saca su guía de papel y lee: «El 18 de agosto de 1487 —festividad de San Luis, obispo de Tolosa— la ciudad de Málaga era conquistada por las tropas castellanas. La mezquita aljama fue convertida en catedral, consagrada bajo la advocación de Santa María de la Encarnación. Los Reyes Católicos la dotaron de imágenes, ornamentos y reliquias para que pudiese funcionar como una catedral desde el primer momento. El antiguo alminar se convirtió en campanario y los espacios entre las columnas se fueron delimitando para configurar capillas, mientras el altar mayor se orientaba ritualmente al Este. La aljama ocupaba la superficie que actualmente corresponde al sagrario y sus jardines...».

La guía sigue contando los avatares de la construcción de la catedral moderna desde que se presentaron los planos originales —debidos según parece a Diego de Siloé— en 1528 hasta su consagración en 1588, así como los arquitectos que intervinieron en esa fase (todos los grandes del Renacimiento: Siloé, Pedro López, Vandelvira, Hernán Ruiz II, Diego de Vergara padre y Diego de Vergara hijo), y las vicisitudes por las que pasaría después tanto por los problemas de financiación que tuvo que afrontar a causa de los saqueos y robos que sufriría en los siglos siguientes como los de los franceses en la guerra de la Independencia o los de la guerra civil española del 36, cuando la catedral sirvió de refugio a los que huían de los pueblos ante el avance de las tropas franquistas, pero el viajero se fija más en la gran fachada cuya portada en forma de retablo se alza enfrente de él. De composición barroca y elevada sobre un atrio delantero que protege una verja de hierro y dos balaustradas de piedra, ofrece una magnificencia que ni siquiera la falta de una de las dos torres disminuye, como tampoco la disminuye la cantidad de excrementos de palomas y de gaviotas que se acumulan en su superficie. Las tres calles separadas por columnas y los dos pisos de que se compone, el inferior con tres arcos con puertas altas y medallones que representan la advocación de la catedral —el del centro— y a San Ciriaco y a Santa Paula, los patrones de Málaga, los laterales, y el superior con ventanas y óculos, le dan una prestancia a la fachada que anticipa lo que la catedral muestra en su interior. A su lado, la única torre acabada, con las campanas en el tercer cuerpo (el cuarto lo ocupa el reloj) y la memoria del músico que vivió en ella según cuenta la guía porque quería estar cerca del órgano, al viajero se le antoja un faro por su soledad y altura. Sobre todo en la noche, cuando se la ve desde la autopista dominando iluminada la ciudad.

En la fachada norte, llamada de las Cadenas por las que cierran el jardín que la precede y que se prolonga hasta el ábside de la catedral, hay una larga cola de gente que espera a entrar en ella, pues en la puerta está la taquilla. Es invierno y los naranjos del jardín no huelen como en la primavera, pero alegran la espera de los de la cola, que llega casi hasta la calle de enfrente. Por ella, otros turistas pasan de largo sin detenerse a mirar la portada de la catedral, que es tan extraña como original, pues tiene dos partes muy diferentes: la inferior, que enmarca la puerta, es renacentista pura, mientras que la superior, de estilo barroco, sorprende por su atrevimiento: dos torreones llenos de balcones escoltan una pared traspasada también por óculos y aberturas que le dan cierto aire italiano al conjunto. Máxime si, como el viajero ahora, se escucha a su alrededor hablar el idioma de Dante, pues hay muchos italianos entre los que hacen la cola para acceder a la catedral.

La entrada, que se acompaña de una audioguía, vale para todo el día, como el viajero se encarga de asegurarse antes de recoger ambas, no vaya a ser que luego se lleve sorpresas. La chica que se las vende (como vienen tantos turistas, hay tres) se ofrece ella misma como garantía. Y le escribe su nombre en el papel.

—Pues gracias, Mónica —le agradece el viajero la deferencia.

La catedral de Málaga es una explosión de arte. Llena de claridad, además, se abre tras atravesar la puerta como una gigantesca caja de música en la que todo brilla, del techo al suelo; el techo por los ventanales y el suelo por el reflejo en sus mosaicos de la luz, que los convierte casi en espejos. Sobre ellos, los visitantes se mueven como en un escenario que alterna cuadros blancos y rojos como si fuera un ajedrez de piedra.

Como el acceso se hace por la puerta norte del crucero, lo que el que entra tiene delante es el espacio intermedio entre el coro y la capilla mayor, esto es, donde están los bancos para los feligreses, así que el viajero no necesita andar mucho para encarar las dos partes más importantes de la catedral *a priori*. La capilla mayor, que es espectacular en efecto, produce una impresión majestuosa con sus pilares de delimitación integrados por columnas redondas de orden corintio que prolongan otras de estilo renacentista, cuadradas, que sujetan la inmensa bóveda del mismo estilo y que dejan entre ellas grandes arcos alargados a través de los cuales la luz de las vidrieras se cuela inundándola de claridad. El coro, en cambio, más escondido, oculta a medias el virtuosismo de sus autores —uno de ellos, el gran Pedro de Mena—, que ha hecho que esté entre los más importantes del Barroco español según la guía del viajero, que no le escatima elogios. Incluso recoge la afirmación de Antonio Palomino, el pintor cordobés, que lo llegó a catalogar como «la octava maravilla del mundo». Un poco exagerado el tal Palomino, piensa el viajero mirando el coro desde la reja.

La audioguía es más comedida. Aun sin dejar de alabar la capilla mayor y el coro, explica ambos con menos excesos verbales y lo mismo hace con las capillas menores. Antes, sí, cuenta la historia de la catedral y los distintos momentos de su construcción, así como sus características: de planta rectangular, con tres naves más la del crucero, todas de idéntica altura, más girola y ábside poligonal y capillas radiales en todo su perímetro. Al viajero en cierto modo la catedral le recuerda a la de Cádiz por su simetría. Y por las bóvedas, que aquí son de estilo renacentista, decoradas con círculos y casetones como corresponde, y allí pasaban del Renacimiento al Barroco por ser más tardía.

Las capillas de la nave del Evangelio, que son las que la audioguía recorre en primer lugar, están dedicadas a San José, San Rafael y San Sebastián. Entre estas dos últimas, está la puerta que da al patio del Sagrario, hoy cerrada, por lo que se ha convertido en otra capilla más. De las cuatro, lo más destacable, al menos a los ojos de un viajero que todavía está fresco para contemplarlo todo, es el tríptico de la Anunciación pintado en 1580 por el italiano Cesare Arbasia —el mismo que decoró la capilla mayor—, así como el lienzo también italiano, éste del siglo XVIII, de la pared de enfrente, en la de San José, y el Cristo crucificado y la imagen de San Sebastián, ambos de autor anónimo, en la que lleva el nombre de éste. Al parecer, tanto la capilla de San Sebastián como la de San Rafael sufrieron grandes destrozos en la guerra civil española, por lo que mucho de lo que muestran es nuevo.

En el lado contrario, la nave de la Epístola tiene también cuatro capillas iguales y simétricas a las de la del Evangelio. En eso la catedral de Málaga se vuelve a parecer a la de Cádiz. Las de la nave de la Epístola, no obstante, son más ricas que las otras. La capilla de los Caídos, llamada así porque en ella están enterrados los restos de más de mil personas que perdieron la vida en la guerra civil y que quedó arrasada durante su transcurso, acoge, por ejemplo, dos de las mejores piezas escultóricas que se pueden ver en la catedral malagueña: un Cristo crucificado de Alonso Cano y una Dolorosa de Pedro de Mena a cuál más conmovedor pese a estar enmarcados por un retablo neoescurialense hecho después de la guerra. A su lado, la capilla del Sagrado Corazón, también saqueada en la guerra civil, muestra, en cambio, aunque no es suyo, un preciosista retablo barroco traído desde Palencia para sustituir al que desapareció. La capilla del Rosario, que es la tercera, por su parte, acoge un espectacular lienzo del propio Alonso Cano, cuya presencia en esta catedral, a lo que se ve, es más que anecdótica, que representa a la Virgen rodeada de ángeles y observada desde abajo por varios santos de la Iglesia y que está considerado una de las joyas de este templo. Y la última capilla, dedicada a la Inmaculada Concepción, con otro gran lienzo enmarcado representando a la titular atribuido por unos a Mateo Cerezo y por otros a Claudio Coello, pero que, sea de quien sea, es otra de las maravillas de la catedral malagueña tanto por su composición y colores vivos como por la expresión de dulzura de la Inmaculada, que parece flotar en las nubes.

Un descanso. El viajero, llegado hasta aquí, necesita hacer un descanso para poder seguir mirando capillas, que continúan por la girola y por las tres paredes del trascoro. Mejor observar a la gente un rato mientras se recupera sentado en un banco de lo que ha visto, que es mucho y muy interesante.

Los turistas no lo son tanto y, si lo son, su interés se pierde en la masa amorfa que de un lado a otro de la catedral, formando aglomeraciones al desplazarse, la visita. Todos hacen el mismo recorrido y todos llevan la audioguía en la oreja, salvo los que se cansan y se sientan a descansar en los bancos como el viajero (hay también en las naves laterales, delante de las capillas) antes de seguir. ¿Es esto la casa de Dios, como decía la monja de la librería, o un museo gestionado por la Iglesia con igual ánimo de lucro que los demás?

Al viajero nadie le responde. El viajero se lo ha preguntado a sí mismo y la respuesta ya la conoce. Se la ha dado a sí mismo también muchas veces a lo largo de su viaje por las catedrales de España desde Santiago de Compostela hasta aquí. Mejor, pues, no la repite.

Las capillitas del trascoro, apenas unas hornacinas con altares o imágenes simples, no esconden grandes sorpresas a excepción de la principal, que exhibe una piedad de mármol tallada en el XIX por dos hermanos florentinos de apellido Pissani que evoca a los grandes de su país. Las expresiones de la Virgen y del Cristo muerto, así como los pliegues de sus ropas y de la piel de éste son tan perfectos que parece que las figuras fueran a cobrar vida de un momento a otro.

En la girola hay siete capillas. Tantas como brazos tiene el candelabro judío de la tradición. La principal, la del eje, está dedicada a la advocación de la catedral, la Encarnación, y las seis restantes, a santos y Vírgenes diferentes. Así, la primera por la derecha es la de la Virgen de los Reyes, que toma su nombre de la hermosa talla que, al decir de la leyenda, fue regalada por los Católicos tras la toma de Málaga en 1487 y que por sus pretendidos milagros goza de gran devoción entre los malagueños, que le regalan joyas y alhajas continuamente. Al parecer, en la antigua mezquita-catedral ocupó un lugar destacado. Las imágenes orantes de los reyes Fernando e Isabel a sus pies, obras de Pedro de Mena, y los lienzos que acompañan al retablo de la Virgen, principalmente el espectacular de la decapitación de San Pablo, obra del XIX de un tal Enrique Simonet, completan el contenido de una capilla cuya riqueza se extiende a todas las de la girola. No es de extrañar que el viajero emplee el resto de la mañana en recorrerlas sabedor de que son lo mejor del templo y de que, cuando termine, hará una pausa para comer. La capilla mayor y el coro los deja para la tarde, que tendrá más tiempo.

A grandes trazos, las seis capillas restantes de la girola albergan las siguientes joyas, de las que el viajero da buena cuenta en su cuadernillo: «En la capilla de San Francisco de Asís —escribe—, que es la que sigue a la de la Virgen de los Reyes, hay un retablo barroco traído de un convento de Plasencia, Cáceres, para sustituir al que se quemó en la guerra, con esculturas de bulto de santos y santas franciscanos (la del centro es Santa Clara, la titular del retablo) y dos sepulcros de dos obispos del XVI, tío y sobrino según parece, Luis de Torres I y Luis de Torres II, hechos en mármoles italianos y bronces. En la capilla de Santa Bárbara, un magnífico retablo gótico de Nicolás Tiller y Francisco Ledesma con un calvario y diversas imágenes de santos (Santa Catalina, Santa Apolonia, San Roque, la propia Santa Bárbara) y de los evangelistas, todas de extraordinaria composición, y unas pinturas de los altares de las paredes laterales que son consideradas por la audioguía las mejores de su autor, el

pintor Juan Niño de Guevara. En la capilla del eje de la girola, dedicada a la Encarnación y elegida por varios obispos para su enterramiento (¡cómo les gusta estar en el centro de todo!), un retablo dorado de piedra de Mijas con imágenes de alabastro o mármol (blancas, en cualquier caso) de la Virgen y San Gabriel, el Espíritu Santo (la paloma entre rayos y nubes) y los patronos de Málaga San Ciriaco y Santa Paula, un pavimento dorado y negro que continúa los colores del del altar y, en los muros laterales, dos sepulcros de dos de los obispos benefactores, fray Bernardo Manrique, del siglo XVI, y José Molina Lario, del XVIII, con sus imágenes orantes sobre ellos. La capilla de la Virgen del Pilar, siguiendo el camino, no tiene gran interés, pues quedó arrasada en la guerra, exceptuando dos pequeños lienzos del pintor malagueño Diego de la Cerda encastrados en el retablo hecho para sustituir al antiguo. La capilla del Cristo del Amparo, que es la penúltima, aparte de un Cristo crucificado (el del Amparo, claro es) y una dolorosa barrocos y de dos esculturas, una de Santa Teresa de Jesús y la otra de María Magdalena, de escuela napolitana del XVIII, guardadas en sendas vitrinas, hay también dos grandes lienzos de Juan Niño de Guevara (el titulado *Los últimos momentos de San Francisco Javier* es el mejor de todos), y en la capilla de San Julián, la última por ese lado de la girola, un gran lienzo horizontal pintado en el XVII por el flamenco Miguel Manrique, discípulo de Rubens, titulado *El convite del Fariseo*. Tanto su colorido como su composición forman un colofón perfecto para una girola que aquí termina».

Y la mañana con ella. Son las dos del mediodía (¡cómo se ha pasado el tiempo!, piensa el viajero mirando el reloj) y es hora de salir a dar un paseo por Málaga y a tomar un aperitivo para digerir todo el arte ya visto. Y el que aún le falta por ver, vuelve a pensar mirando la catedral, que sigue llena de gente como si el mediodía no rebajara la afluencia de visitantes que entran y salen de ella continuamente.

Afuera, el número de turistas tampoco es menor que el de dentro. Es más, parece que han aumentado desde que el viajero entró en la catedral hace un par de horas. Las calles de alrededor son, de hecho, una romería que se prolonga seguramente por todo el centro. Incluso los jardines que rodean la catedral están llenos de turistas que le hacen fotos o se fotografían entre ellos. El ábside, tras los cipreses, semeja una fortaleza con sus adustos muros de piedra que más parecen de una catedral gótica que de la renacentista que las ventanas de medio punto delatan. Frente a él, en las terrazas, más turistas lo contemplan mientras comen o toman una cerveza aprovechando el sol que les da.

El viajero, después de darle la vuelta (definitivamente, concluye, Málaga es ya tan turística como Barcelona), busca el bar que le recomendó su hermana, cuyo nombre, El Refectorium, le recuerda al del internado en el que estudió de niño, no así la comida que en él se sirve. Mientras que en el refectorio de su colegio los platos eran los mismos siempre y sabían casi igual, los de El Refectorium de la malagueña calle del Postigo de los Abades, frente por frente de la catedral, saben distinto y están riquísimos, por lo menos los que el viajero pide para probar: porra antequerana (el nombre del salmorejo cordobés en Málaga), ensaladilla rusa y un flamenquín. Un café luego en La Aduana Vieja, apenas a un tiro de piedra de El Refectorium y con una terraza que da al paseo y al mar (hay turistas sentados como en la cubierta de un barco disfrutando del sol que le pega), y el viajero ya está listo para encarar la tarde con nuevos bríos, que falta le harán, imagina.

—¿Qué árbol es ése? —pregunta por el que en la plazoleta, a mitad de camino entre El Refectorium y el café, ha llenado todo el suelo de flores de color rosa, las mismas que aún cubren su copa, que es enorme.

La camarera lo ignora y los turistas de alrededor también. La mayoría son extranjeros, así que ellos con mayor motivo.

El matrimonio que está sentado cerca del árbol, junto a la estatua del cardenal Herrera Oria, cuyo sepulcro el viajero ha visto en la catedral, tampoco sabe el nombre del árbol, pero una chica que pasa sí. Es malagueña, quizá la única de todos los presentes, y por eso sabe el nombre del árbol rosa:

—El árbol de la vida... Así le dicen al menos —dice mirándolo con curiosidad.

El viajero recuerda el de Segovia, aquel que pintó en un cuadro con ese nombre: *El árbol de la vida,* el flamenco Ignacio de Ries, pero que más que de la vida era de la muerte, puesto que la muerte era su protagonista. Nada que ver con este de Málaga, que es pura fantasía floral, tan rosa él como el suelo que cubre.

Por la calle del Postigo de los Abades, el viajero rodea la catedral, que por esta fachada muestra una portada simétrica a la de la puerta de las Cadenas (fueron hechas a la vez), y entre turistas y coches de caballos se interna en el casco antiguo malagueño, que es un hervidero de gente. Son las cinco y la animación está en su momento álgido, con todos los visitantes recorriéndolo en busca de sus museos o disfrutando de sus terrazas y bares, que están a rebosar de gente. Nadie diría que es una tarde de invierno como los adornos de Navidad indican. Sin iluminar aún, esperan la llegada de la noche para hacer notar su presencia y para delatar el tiempo del año al que verdaderamente pertenece este día tan soleado.

Las palomas de la plaza de la Merced, las mismas que Picasso vio y pintó cuando era niño, permanecen ajenas a todo el barullo, acostumbradas ya a él por lo que se ve. Las hay subidas a los parterres mientras que otras caminan con sus pasitos minúsculos entre los pies de la gente a la búsqueda del grano que algún vecino les echa. Sobre la efigie de Pablo Picasso, tan natural en su banco que parece que estuviera vivo, dos palomas se reparten la cabeza sin saber que se trata de la del hombre que las convirtió en símbolo de su pintura y de la paz y que tanto las amó que llamó a una hija Paloma. El pintor vivió en una casa de la plaza, la que ocupa la esquina más próxima a donde está su efigie, y aquí jugó y disfrutó de la luz de Málaga que luego llevó a su pintura. Pronto se marchó de aquí, pero de su fidelidad a ellas —a su ciudad natal y a su luz— dan fe sus cuadros y escritos y por eso Málaga le ha dedicado dos museos, uno patrocinado por el Ayuntamiento y otro por la fundación que lleva su nombre y que tiene su sede en París. El de la fundación es más rico en obra, pero el del Ayuntamiento, que ocupa la casa natal del pintor, es más emotivo.

—Hay documentos, fotografías y objetos pertenecientes a la familia de Pablo Picasso y algunas obras de él y de su padre, que también era pintor —le dice al viajero el hombre que vende los tiques de entrada, que cuestan tres euros.

—¿Sólo? —se sorprende el viajero, acostumbrado a pagar el doble en cada catedral.

El museo es muy pequeño. Ocupa el antiguo piso donde vivió la familia Picasso y otros dos más, ahora unidos entre ellos, pero se recorre pronto, pues no contiene demasiadas cosas fuera de la colección de dibujos, grabados y litografías del pintor, que son numerosos, y de las treinta y cuatro piezas de cerámica representativas de su producción. El resto son objetos y fotografías de él y de su familia y muebles traídos expresamente para recrear el aspecto de una casa burguesa del XIX como en la que vivirían. Al viajero, que sigue con las palomas revoloteándole en la cabeza como al pintor, le gusta en especial el cuadro de su padre titulado *El palomar,* del que se dice que pintó a medias con su hijo, al que, pese a ser un niño todavía entonces, se le daba mejor pintar las patas de las palomas que al padre, con ser éste profesor de Dibujo en la Escuela de Bellas Artes de Málaga.

En la plaza, las palomas —ahora vivas— continúan sus paseos ajenas a las del museo y a un viajero que ha vuelto a ella convencido de que son las mismas palomas que acaba de ver en el cuadro pintado por José Ruiz hace más de un siglo. Incluso tiene la sensación de que ellas lo saben y por eso le miran pasar con curiosidad, como si la sabiduría de su creador se hubiera trasladado a ellas.

Ya fuera de la plaza, el viajero toma la calle Granada y luego la de San Agustín, donde se da de bruces con el Museo Picasso (el de la fundación), cuyo entorno ya es una romería de gente. El rey Midas que Picasso fue en vida sigue siéndolo después de muerto y atrae con su solo nombre a personas de todo el planeta. Muchas ni siquiera ven otra cosa que su museo, les dan igual los demás. Como mucho se asoman a la catedral un poco y en seguida vienen a la meca del turismo malagueño desde que abrió sus puertas hace quince años este palacio renacentista adaptado para acoger la colección de tres de los herederos del pintor. Tanto dentro como fuera de él todo lleva su nombre o el de sus pinturas (los cafés, los restaurantes, las tiendas de souvenirs) y por doquier se venden postales y camisetas con sus reproducciones, como si fuera Dios en vez de un pintor. Para más de uno lo es, a juzgar por lo que comentan.

Huyendo de los picassianos, religión nueva pero multitudinaria, el viajero alcanza la catedral, donde le espera, si no otro Dios, sí otra religión artística. La religión del Renacimiento, tan deudora de la luz como Picasso pero mucho más espiritual y diáfana. A esta hora especialmente, la luz del Renacimiento se cuela por las vidrieras del claristorio en su caída hacia el horizonte, pues el anochecer ya está a la vuelta de la esquina. Antes de que la luz se vaya, el viajero aprovecha para contemplar las tres naves del templo, iluminadas de forma muy tenue, lo que les da una belleza especial, y la capilla mayor, a la que la luz le llega a través del ábside, que es por donde primero empieza a desaparecer. Aún alumbra lo bastante, sin embargo, como para que las pinturas murales del friso y las que rodean el tabernáculo se distingan y se pueda apreciar su iconografía. Según la audioguía, que el viajero ha vuelto a coger, se corresponde con el programa redencionista que da comienzo en las bóvedas con la fe, la caridad y la escena de la anunciación y que continúan los frescos y las pinturas de Arbasia, que representan a santos y a padres de la Iglesia y momentos de la pasión de Cristo, respectivamente. En medio, el gran tabernáculo, regalo a la catedral de varias familias adineradas de Málaga, la del marqués de Larios entre ellas, a finales del siglo XIX, recibe toda la luz sobre él demostrando que es el centro de este templo. Por su situación y porque alberga el sagrario y la imagen de la Virgen, en torno a los que todo gira.

Los dos púlpitos del presbiterio atraen, no obstante, más la atención del viajero por su perfección. Le da la razón en ello el guía que pasa ahora con un grupo y que les cuenta que son de piedra de Cabra, Córdoba, y fueron tallados entre los años 1674 y 1677. El hombre habla con gran precisión, lo que tampoco es muy habitual entre los de su oficio.

El coro sigue cerrado, lo que no permite verlo de cerca. Aun así, desde la reja se puede apreciar su magnífica ejecución gracias a la iluminación, que ya han encendido. Según la audioguía, la sillería se construyó en tres etapas, cada una de las cuales corrió a cargo de un escultor diferente: Luis Ortiz de Vargas, José Micael Alfaro y Pedro de Mena. Realizado en caoba y otras maderas preciosas, el que Palomino calificó como la octava maravilla del mundo deslumbra con sus claroscuros abriendo la imaginación del viajero a un mundo de fantasía al que sólo le falta la música de los órganos, cuya trompetería horizontal parece estar a punto de anunciar el juicio final.

Juan Antonio Sánchez López, profesor de Historia del Arte de la Universidad de Málaga, mientras tanto, les cuenta a sus seguidores las particularidades del lienzo de la Inmaculada Concepción de la capilla de la Epístola que el viajero ya vio esta mañana. El viajero les ha preguntado a los que le escuchan sentados en los bancos frente a él. Lo sabe todo de la catedral, le dice un matrimonio, que le anima a que se una al grupo y le escuche. Muchos de los que lo hacen toman notas como si estuvieran en la universidad.

—Somos aficionados al arte. Y participamos en un curso que acaba precisamente hoy.

Así que el que el viajero creyó un guía más cuando pasó a su lado explicando los púlpitos es un profesor de Arte que les está enseñando la catedral a sus alumnos. La mayoría de éstos ya son mayores, pero escuchan con mucha atención a su profesor. No es extraño, pues Juan Antonio Sánchez López, pendiente en la oreja y pelo muy corto y hablar fluido y preciso, lo cuenta todo con tal pasión que es imposible no contagiarse de ella. Al viajero, de hecho, le ha subyugado ya, tanto como para unirse al grupo y seguir sus explicaciones mezclado entre él.

De la capilla de la Inmaculada el profesor conduce a sus alumnos hasta la de la Virgen del Rosario, cuya verja abre, pues tiene la llave (se ve que cuenta con la confianza de los canónigos). Al parecer, allí va a dar por terminado el curso que ha durado cinco semanas y que ha incluido varias visitas a la catedral.

El profesor es una eminencia. Lo sabe todo de todo y lo explica con apasionamiento. Tan apasionado es que no necesita ni beber agua y eso que lleva hablando una hora. Más la que empleará en explicar el lienzo que tienen delante, que no es otro que el de la Virgen del Rosario de Alonso Cano, que, para el profesor, es la principal obra de su autor. El profesor Sánchez López explica la historia del cuadro, del que lo mandó pintar, la del pintor, por supuesto, y sus características y su composición. Así, el viajero, que ya lo vio esta mañana y al que le pareció hermosísimo, se entera del porqué, que no lo sabía: la concepción triangular con que el autor dispuso las figuras es la causante de su armonía y los colores, de su sugestión. Porque nada está elegido al azar. Alonso Cano, maestro de la pintura y de la escultura, conocía y dominaba todos los secretos de éstas y los desarrollaba con gran oficio y sabiduría.

—Aquí está todo el Barroco —explica el profesor, emocionado—. Con este cuadro se puede explicar todo el Barroco español —concluye.

La conclusión coincide con el final del curso, que aquí termina también. Profesor y alumnos se despiden visiblemente contentos de cómo ha resultado y de los ratos que han disfrutado juntos gracias a él. El viajero, que apenas si ha podido hacerlo de su final, le da las gracias de todos modos al profesor y al matrimonio que le animó a unirse al grupo para escucharlo. Y se dispone a salir también de la catedral, pero al rebasar el coro descubre que va a haber una misa ahora, pues el altar mayor está iluminado y hay gente sentada en los bancos que ya no tiene pinta de ser de fuera. Una monja, por ejemplo, en el primero, está preparando un micrófono seguramente para cantar.

Entra un hombre empujando una silla de ruedas en la que lleva a una chica con un chupete en la boca. La escena es desoladora. La chica del chupete no tendrá menos de veinte años.

La misa, de vísperas de la Inmaculada, se celebra con solemnidad. Cantada por la monja del micrófono, que tiene una voz magnífica, y concelebrada por tres sacerdotes, los tres con casullas blancas, se alarga durante demasiado tiempo. El viajero aprovecha para tomar unas cuantas notas. Por suerte eligió el último banco, dando la espalda a la reja del coro. A mitad de la misa, la chica del chupete rompe a llorar y su padre se la lleva. Todo tiene un aire un tanto irreal, comenzando por la voz de la monja, que parece venir de otro mundo, y siguiendo por la iluminación del altar mayor, que hace que todo brille en demasía. El celebrante de los tres curas, en las peticiones, solicita una oración por la unidad de España, de la que la Virgen de la Inmaculada, dice, es patrona. ¿Será una petición ritual o tiene que ver con lo que está ocurriendo en Cataluña estos días? Y, en todo caso, ¿qué tiene que ver la religión con la unidad política de un país?

Son preguntas que el viajero se hace y que evidentemente no se las va a plantear a nadie de los que le rodean. Con la experiencia que tuvo en Jaén ya ha sido más que suficiente. Además, con la misa no ha terminado la ceremonia, pues, por ser la víspera de la Inmaculada, los canónigos van a cantar el rezo de vísperas en el coro, que ha sido abierto para ello ya. Al viajero le falta tiempo para atravesar la verja. ¿Qué mejor forma de ver la sillería de cerca que asistiendo al canto de los canónigos ocupando un asiento a su lado aunque ello suponga quedarse en la catedral hasta que terminen? Son ya cerca de las nueve y su hermana debe de estar esperando noticias suyas para pasar a buscarlo y llevarlo a casa a cenar.

«Hija de Sión, alégrate, porque el Señor está en ti, Salvador y Rey. / Álzate y resplandece porque viene tu luz, / sobre ti se alza la gloria del Señor, / mientras las tinieblas se extienden por la tierra / y yacen los pueblos en densa oscuridad...» El salmo suena en el coro, con los canónigos vestidos con capas moradas sobre las albas de puntillas blancas, como un himno que hace vibrar todo el templo, cuya luz envuelve el espacio en el que muchos de los asistentes a la misa han entrado para presenciar un rito litúrgico al que no es habitual poder asistir. Primero, porque no se celebra todos los días y, segundo, porque los canónigos lo suelen hacer sólo para ellos. Excepcionalmente hoy, por ser víspera de la Inmaculada, permiten no sólo participar de él a la gente, sino que puedan hacerlo desde el interior del coro. Incluso han introducido una novedad, que es que la monja canta con ellos, quizá para darle más realce a la ocasión: «Hija del Señor, alégrate, porque el Señor está en ti, Salvador y Rey. / Verás todo esto radiante de gozo, / te llenarás de emoción / porque te llegan las riquezas de las gentes / y vienen a ti los tesoros del mar...».

Los del mar no, pero los de la familia sí. Cuando el viajero ya se arrepentía de haber entrado en el coro a la vista de que los cantos de los canónigos y la monja parecen ir para largo (de las hojas que le dieron con los textos de los cánticos para poder seguirlos aún van por el salmo primero y llevan veinte minutos) ve a su hermana al otro lado de la reja, que le ha venido a buscar sin aguardar a que él la llamara. No le urge a que salga del coro, pero su presencia le convence de hacerlo. No es cuestión de esperar a que los canónigos terminen de cantar, pues puede que se eternicen a tenor del ritmo que llevan. Y el coro ya lo ha visto bien.

—Vamos —le dice a su hermana.

La calle brilla como la catedral. Los anuncios de Navidad están encendidos contradiciendo el verso del salmo que decía que las tinieblas se extienden por la tierra y yacen los pueblos en la oscuridad, cosa que los malagueños celebran, pues están todos en la calle. Mañana es fiesta además. Las que no se ven son las palomas de Picasso, que deben de haber huido buscando dónde dormir lejos del ruido y de una agitación nocturna que en la calle Larios se desborda, pues a las diez va a tener lugar un espectáculo de luz y música al que todo el mundo parece querer asistir. Ni andar se puede, de tanta gente.

—¿No quieres esperar a verlo?

—Si a ti te gusta...

A la hermana le gusta, así que esperan hasta las diez, cuando toda la iluminación se enciende y comienza a parpadear al ritmo de un villancico, primero, y luego de una canción moderna, despertando la admiración de todos. Menos mal que no dura mucho, pues el viajero está deseando ya descansar.

Las Vírgenes granadinas

Cambió el tiempo. Sea por la diferencia de altitud entre Málaga y Granada o sea porque el invierno ha llegado de golpe, lo cierto es que la temperatura ha bajado bastantes grados y en Granada hace frío pese a que el cielo está azul y radiante. Parece mentira que en apenas cien kilómetros tanto el paisaje como la temperatura hayan cambiado como han cambiado.

Granada, en la mañana de la Inmaculada, que es fiesta grande en todo el país, ha amanecido un día más llena de turistas, a los que está acostumbrada y de los que en parte vive. En el hotel del viajero, los autobuses los descargaban cuando él llegó y del hotel a la catedral no ha hecho más que cruzarse con ellos, pues inundan las calles fotografiándolo todo y comprando en todas las tiendas recuerdos para sus amigos. También dulces como los que en el convento de la Encarnación, frente a la plaza de la Universidad, vende la hermana Lina, de origen hindú, pero veintiún años ya viviendo en Granada. El dulce que más vende es el que lleva el nombre del convento, en realidad una pastela árabe con todas las de la ley. Y es que en Granada el sincretismo es más que una filosofía.

La muchedumbre en torno a la catedral, cuya gigantesca fábrica el viajero avista ya frente a sí, es aún mayor que la de ayer en Málaga, lo que viene a probar que en Granada el turismo es también una plaga que lo invade todo. El viajero apenas puede ya andar. Y eso que la mañana está fría. Lo peor es que muchos de los turistas van sin un rumbo fijo, lo que dificulta todavía más avanzar hacia ningún sitio. ¿Será el turismo la última plaga bíblica de la humanidad como algunos sostienen?, piensa el viajero mirando ir y venir a la gente o invadir las tiendas de todo tipo (de especias, de souvenirs, de marroquinería, de cuero, de azulejería típica granadina, de tés) que le salen al paso.

La que sale al paso ya, para su fortuna, es la catedral, cuya puerta principal, abierta a una escalinata y a la plaza que hay bajo ella, está abarrotada también de turistas. La cola para entrar, no obstante, se debe a que no pueden entrar, pues hay una misa a esta hora.

—Pero es que yo voy a misa —le dice el viajero al que los retiene poniendo cara de sinceridad.

—Entonces pase —le abre el otro la puerta.

¿Veis qué fácil?, les dice con la mirada a los que esperan a entrar en la cola un viajero orgulloso de sí mismo.

La catedral por dentro es aún más espectacular que por fuera. De cinco naves, blanquísima, de gran altura, es un insuperable marco para la misa arzobispal que se está celebrando ahora con asistencia de más de quinientas personas en honor de la Inmaculada Concepción. Desde los pies de la catedral, el templo es tan gigantesco que la vista se pierde antes de llegar al fondo, donde el arzobispo se está dirigiendo ahora a sus feligreses. El viajero lo sabe no porque lo vea desde donde está, sino porque se lo anunció a la entrada el hombre que vigilaba la puerta. El viajero lo que sí distingue es la voz del arzobispo, voz de locutor de radio o de doblador de películas, fuerte y bien modulada.

La homilía del arzobispo de Granada, al que acompañan en la ceremonia varios canónigos y sacristanes (se los distingue por la vestimenta), es directa y está estructurada con habilidad, lo cual no es muy habitual entre sus compañeros de menor rango; por algo es el arzobispo. El viajero, mientras le oye, observa la catedral con detenimiento sobrepasado por su majestuosidad. El viajero ha visto catedrales grandes, pero pocas como ésta en la que la falta del coro en la nave central hace que todavía parezca mayor de lo que ya es.

Según la guía que compró al venir, la catedral granadina mide ciento veinticinco metros de largo por ochenta y dos de ancho, esto es, tiene las dimensiones de un campo de fútbol y no pequeño. Y alcanza los cuarenta y siete metros de altura en la capilla mayor, que es su parte más alta. La voluntad de Carlos I de levantar una catedral grandiosa que sirviera de mausoleo real a él y a sus descendientes a fe que se cumplió, al menos en ese sentido. Otra cosa es que la catedral gótica que proyectaron los Reyes Católicos y que comenzó a construir el arquitecto castellano Enrique Egas tomando como modelo la catedral de Toledo se convirtiera con la llegada de Diego de Siloé en renacentista, la mayor en ese estilo de España. Tras peregrinar durante cerca de un siglo la silla episcopal por diversos lugares (de la mezquita de la Alhambra a la ciudad baja, al solar que luego ocupó un monasterio, y luego a la mezquita aljama de Granada), por fin hallaba su sitio cuando la catedral era consagrada en el año 1563. Habían pasado setenta y uno desde que los Reyes Católicos tomaran la ciudad dando por concluido el período de la Reconquista, en 1492.

El que ha dado por concluida su alocución es el arzobispo. La gente se pone de pie en los bancos y el viajero hace lo propio no vaya a ser que le digan algo los vigilantes que controlan que nadie deambule por la catedral mientras dura la misa. Y más hoy, con el arzobispo de oficiante principal, todo un acontecimiento para una catedral que normalmente debe de ser un museo como todas las de Andalucía.

—Creo en Dios, Padre Todopoderoso, Creador del Cielo y de la Tierra. Creo en Jesucristo, su único Hijo, Nuestro Señor, que fue concebido por obra y gracia del Espíritu Santo...

La misa sigue su curso con todos los asistentes participando en ella de modo activo y con el arzobispo y su séquito dirigiéndola como si fuera un auto sacramental en el que cada uno sabe su papel. Continuamente al prelado sus ayudantes le dan o le quitan la mitra, le ofrecen incienso, le rodean o se alejan de él, acompañan sus evoluciones, que son precisas y medidas como si las hubiera interpretado miles de veces. Y así debe de ser, pues, aunque no parece muy mayor, lleva ya bastantes años en el cargo según le dice al viajero su compañero de asiento, un hombre muy trajeado que asiste a misa con su mujer.

Por fin, después de una comunión con gran participación de los asistentes y del deseo de paz entre unos y otros, parece que la misa acaba, pero el arzobispo, que hoy tiene público y se le ve satisfecho por ello, dirige una última alocución a glosar el dogma mariano que hoy se conmemora y a saludar la presencia en la catedral por ese motivo de la Virgen de Churriana, un pueblo próximo de la vega granadina, que ha sido la elegida para representar este año a todas las Vírgenes de la diócesis. El trono con la imagen está a la izquierda del altar, resplandeciente como una filigrana de oro.

—¡Viva la Virgen de la Cabeza! —grita alguien desde las primeras filas.

—¡Viva! —responden otros a su alrededor.

El arzobispo se despide al fin y se retira hacia la sacristía junto con su séquito de canónigos y sacristanes y en los bancos se produce un curioso movimiento, que es que, en lugar de dirigirse hacia la salida como ocurre siempre al terminar la misa, la mayoría de la gente se abalanza hacia donde está la Virgen invitada este año para la celebración. Muchos llevan un brazalete o una insignia que los identifica como de su cofradía. Otros son concejales de Churriana que han convenido en acompañar a su Virgen de la Cabeza a Granada orgullosos de que haya sido la elegida para representar a todas las Vírgenes de la diócesis en la fiesta de la Inmaculada de este año. El tumulto que se forma en torno a la imagen es tal que se hace difícil poder acercarse a ella. ¡Viva la Virgen de la Cabeza!, ¡viva Churriana!, se oye cada poco gritar a la muchedumbre.

—Es que los churrianeros la queremos mucho —le explica al viajero una concejal que se fotografía con otros vecinos del pueblo delante de ella.

La exaltación de la Virgen de la Cabeza aún dura cerca de media hora, hasta que los vigilantes de la catedral empiezan a pedir a los presentes que salgan ya, pues van a cerrar para mediodía.

—¿Ya? —se sorprende un viajero al que no le ha dado tiempo de verla por encima siquiera.

—Es la una y media.

La culpa la tiene el arzobispo, que prolongó la misa más de la cuenta, pero también él por haberse demorado paseando por Granada, adonde llegó ya tarde (el desayuno con su cuñado y su hermana en Málaga se prolongó más de lo previsto), así que el viajero ahora debe aceptar que tendrá que ver la catedral en sólo tres horas, que son las que permanecerá abierta a partir de que vuelva a abrir. De tres a seis, según los horarios.

En la plaza, el gentío lo ocupa prácticamente todo. A los turistas que van y vienen por ella o contemplan desde allí la fachada de la catedral se unen los asistentes a la misa, entre ellos los de Churriana, que regresan a su pueblo ahora. Regresarán a la tarde para sacar a su Virgen a hombros y llevarla de vuelta a su pueblo, donde descansará de tanto ajetreo como está viviendo estos días. Al parecer, no salía de Churriana desde 1957, cuando vino a Granada junto con todas las Vírgenes de la diócesis.

El viajero duda qué hacer. Si a las tres quiere estar de regreso para que le dé tiempo a ver la catedral con calma, tendrá que ir pensando en comer ya, pero aún no tiene apetito. Así que mejor, decide, darse un paseo corto por Granada y tomar a última hora alguna cosa, que no dejará de encontrar dónde hacerlo. Aunque con tanto turista lo que le puede ocurrir es que todos los bares estén llenos.

Las riadas de turistas aumentan en dirección a la Alhambra y al Albaicín. El Palacio Nazarí, uno de los lugares turísticos más visitados en todo el mundo, asoma sus viejas torres sobre los edificios de la Granada antigua, esa que bajó a la vega tras la conquista de la ciudad por los Reyes Católicos, alzado sobre la montaña desde la que los monarcas granadinos gobernaron su reino durante siglos hasta que aquéllos los expulsaron de él. Detrás, como protegiéndolo, la mole de Sierra Nevada hace hoy honor a su nombre, pues está blanca, signo inequívoco de que el invierno ha llegado ya.

Y se nota. Por plaza Nueva, el centro de la Granada renacentista a cuyo alrededor se agolpan algunos edificios importantes, como la Real Chancillería o la Casa de los Pisa, y los bares más conocidos de la ciudad, y por la que es obligatorio el paso hacia el Albaicín, el barrio moro por excelencia, el aire que baja desde la sierra con el río Darro sopla con fuerza obligando a protegerse de él bajo los abrigos. Parece mentira que a media hora de aquí, en los pueblos de la costa granadina, estén en jersey y tomando el sol como ayer en Málaga y en la capital la gente se arrebuje en sus cazadoras apurando el paso, puesto que el tiempo es francamente invernal.

Darro arriba, por el paseo de los Tristes —que debería llamarse de los Turistas por los cientos que suben y bajan por él obligándoles a andar muy despacio (y a los coches que van o vienen del Albaicín a abrirse paso a base de paciencia)—, el viajero se adentra buscando el mirador desde el que siempre que viene a Granada se asoma a mirar la Alhambra allá arriba, recortada contra el cielo de la sierra, pero a la mitad del camino desiste. La aglomeración de turistas es tal que en las partes más angostas del paseo apenas se puede ya andar, así que menos disfrutar del entorno del río Darro y de la visión de la Alhambra sobre él. Va a ser verdad que el turismo es la plaga bíblica que Dios aún no había enviado a la humanidad para destruirla.

—¿Y todo el año es así? —le pregunta el viajero al camarero de Torres Bermejas, el bar de Plaza Nueva, uno de los más concurridos, en cuya barra ha logrado encontrar un hueco.

—Casi siempre. Aunque hoy, al ser puente, hay mucho más personal que de normal —le responde el camarero mientras le sirve el vino que le ha pedido.

Un par de tapas (una de habas con jamón y otra de chipirones) y una segunda copa de vino y el viajero regresa a la catedral, pues en seguida la van a abrir y antes quiere visitar la capilla real, que, aunque adosada a ella, es un cuerpo aparte. Mandada construir por los Reyes Católicos para su enterramiento, dice el folleto de explicación que dan con el tique de entrada, se levantó en sólo doce años, entre 1505 y 1517, teniendo como arquitectos a Enrique Egas, Juan de Hontañón, Juan de Badajoz el Viejo y Lorenzo Vázquez de Segovia y por modelo la iglesia del monasterio de San Juan de los Reyes de Toledo; esto es, sigue los patrones góticos que comenzaban a desaparecer en aquel momento en Europa. Dedicada a San Juan Bautista y a San Juan Evangelista, desde 1913, cuando se convirtió en museo —continúa el folleto su explicación—, ya no se usa como iglesia salvo en ocasiones muy excepcionales, pese a lo cual conserva su aspecto original y los tesoros artísticos que, como le corresponde al lugar elegido por los Reyes Católicos para reposar, enseguida la cubrieron, como el retablo de Bigarny, fabuloso, y su espléndida reja o las pinturas de la sacristía, entre las que resplandecen un nacimiento de Juan de Flandes y un descendimiento de Hans Memling y, sobre todo, el extraordinario lienzo de Botticelli *La oración del huerto*. Aunque lo principal para los turistas, como es natural, aparte de las coronas y del cetro de los Reyes Católicos y de algunos tejidos y libros de la reina (el rey no debía de leer mucho) que también se exhiben en la sacristía, son los féretros guardados en la cripta subterránea que cobijan sus despojos, los de su hija Juana la Loca y su yerno Felipe el Hermoso y los de su desdichado nieto Miguel, heredero de los tronos de Castilla, Aragón y Portugal pero que, al morir sin haber cumplido los dos años, frustró las expectativas de sus abuelos de unir todos los reinos de la península en uno. Sobre la cripta, mirando al altar mayor y casi a su misma altura (lo que para algunos indica el deseo de los reyes de equipararse con Dios), los imponentes sepulcros de mármol de los cuatro monarcas obra del escultor italiano Domenico Fancelli —los de los Reyes Católicos— y de su discípulo Bartolomé Ordóñez —los de Juana la Loca y Felipe el Hermoso— perpetúan su poder a ojos de los turistas que no bajan a la cripta para no enfrentarse a la realidad o porque se despistan. Hay tanta gente dentro de la capilla real que es normal que muchos no se enteren de que bajo sus pies triunfa la muerte en cajones de plomo.

En la plaza de la catedral el que triunfa es el frío. Con el paso de las horas ha ido en aumento en vez de menguar y entre eso y que los granadinos y los turistas están comiendo, la animación callejera ha decaído bastante. Así que el viajero puede mirar la fachada de la catedral sin impedimento al contrario que esta mañana y admirar su portada y la torre, inacabada también como la de Málaga. La portada, de tres cuerpos, es un retablo barroco que proyecta al exterior la planta de una catedral a la que sus tres puertas sirven de acceso. Sobre ellas, medallones con bajorrelieves en piedra (el del centro, de la encarnación, de José Risueño, y los laterales, de la visitación de la Virgen a su prima Santa Isabel y de su asunción al cielo) y óculos circulares calan los muros ensombrecidos e iluminados a medias por el sol a causa del retranqueo que forman los arcos que rodean cada una de las tres calles o planos de la portada. La mano de Alonso Cano, que fue su diseñador, se nota tanto o más que la de los que la ejecutarían por él al fallecer el genial escultor, arquitecto y pintor granadino al poco de dar comienzo a la obra.

En el interior de la catedral el frío desaparece. La burbuja que forman sus grandes muros hace que la climatología se quede fuera ajena a este hermoso espacio en el que hasta el tiempo parece detenerse. No así la luz, que irá bajando en intensidad a medida que las horas pasen, especialmente en este tiempo en el que las horas de luz son tan pocas. La inmaculada blancura de yeso de la catedral permite, pese a ello, verla sin dificultad incluso en aquellas zonas de las que la luz ya se ha ido del todo. El problema es por dónde empezar a mirarla.

—Pues por el principio —le responde al viajero el vigilante al que le pregunta, uno de los cinco o seis que se reparten la catedral dadas sus grandes dimensiones.

—¿Y cuál es el principio? —le pregunta el viajero, sorprendido.

—¿Usted por dónde entró?

—Por aquí.

—Pues esto es el principio —le responde el otro poniendo cara de inteligencia.

Pero al viajero no le convence. El viajero tiene claro que el principio de la catedral está en el extremo opuesto y hacia allí encamina sus pasos cruzando entre los bancos la gran nave principal, que parece que no se acabara nunca. Hacia la mitad, no obstante, la capilla mayor, al final de ella, empieza a cobrar forma y a elevarse hacia su bóveda como si la cercanía la engrandeciera, mostrando toda su belleza. De veintidós metros de diámetro y cuarenta y siete de altura según la audioguía, constituye, según dice ésta también, una obra cumbre del Renacimiento y el viajero no lo pone en duda; al contrario, a medida que se aproxima al altar mayor, empieza a darle la razón al arquitecto Fernando Chueca Goitia, el responsable de la terminación de la catedral de la Almudena de Madrid entre otras intervenciones en catedrales, quien calificó esta de Granada como «la más noble capilla mayor del orbe cristiano». Su espectacular altura, su bó-

veda en forma de flor celeste con estrellas y nervaduras doradas, sus luminosas vidrieras que filtran la luz del saliente (todas de vivos colores y todas representando escenas de la redención), su arco toral de separación de la nave central tan bello como arriesgado según los profesionales de la arquitectura y los que, descendiendo desde las vidrieras, llegan al suelo crean una sugestión tan fuerte que todo empieza a girar, si no en este gran cilindro cuyo centro ocupa el altar y, tras él, el tabernáculo con el sagrario y la cátedra arzobispal de madera, sí en la imaginación del viajero. La idea de Siloé de prolongar la gran nave central con una circunferencia en torno a la que girara toda la catedral enlaza así con el Renacimiento italiano más puro, este que tiene su inspiración en el panteón de Roma, que es el que, por otro lado, sirvió de modelo al arquitecto burgalés para esta capilla, ya que en principio iba a ser el panteón real español. Fue el abandono de ese proyecto tras la decisión del rey Felipe II de contradecir a su padre, Carlos I, trasladándolo a El Escorial lo que determinó su aspecto actual, con las pinturas de Bocanegra y Juan de Sevilla cubriendo las tribunas destinadas a los enterramientos regios y, sobre ellas, los siete retablos pétreos para los que Alonso Cano pintó la mejor colección de escenas de la vida de la Virgen que se puede ver en toda Andalucía. La concepción, la natividad, la presentación de María, la encarnación del Hijo de Dios, la visitación, la purificación y, sobre todo, una asunción excelsa conforman una rueda iconográfica que gira al compás de una capilla que las vidrieras convierten en un caleidoscopio mágico frente al que rezan las dos estatuas arrodilladas de los Reyes Católicos y cuya acción contemplan los bustos de Adán y Eva, las dos últimas esculturas que talló Alonso Cano y posiblemente por eso dos de las más sugestivas. Finalmente, los dos púlpitos, dorados como la capilla entera, y las lámparas diseñadas por Alonso Cano, auténticas filigranas barrocas, cierran la circunferencia que el tabernáculo, también redondo, preside, si bien sea lo menos atractivo de ella. Una cosa es la importancia litúrgica y otra, la artística, como el viajero ya ha comprobado cientos de veces.

Tras la visión de la capilla mayor, la de las naves menores y el deambulatorio se convierte en un ejercicio absurdo de comparación pese a que el viajero trate de evitarlo. Después de ver sublimarse una arquitectura y con ella todos sus elementos decorativos, la mirada a unas capillas sencillas se hace difícil. Y eso que las hay muy ricas. En la nave del Evangelio, por ejemplo, la de la Virgen del Pilar, con su retablo con esculturas de Juan Adán y el sarcófago del arzobispo benefactor tallado también por él, o la de la Virgen de las Angustias, la patrona de Granada, cuyo espectacular retablo de mármol barroco estuvo antes en el trascoro, lo que explica su horizontalidad, y que junto con él acoge dos bellos lienzos de los pintores granadinos Pedro Atanasio Bocanegra y José Risueño, que tanto trabajaron para esta catedral. Y, en la de la Epístola, la de San Miguel Arcángel, decorada en estilo neoclásico por encargo de otro arzobispo cuyo deseo fue ser enterrado en ella pero que alberga en un lateral una dolorosa de Alonso Cano delicadísima; o la de la Trinidad, cuyos tres retablos barrocos exhiben pinturas de varios artistas, José de Ribera y Alonso Cano entre ellos, aunque al parecer algunas son copias.

Las mejores capillas, no obstante, están en la girola. Pasados los dos altares-retablo, el de Jesús Nazareno y el de Santiago, que flanquean las entradas a la capilla real y a la sacristía —la primera cerrada por aquí—, y que constituyen dos de las obras barrocas más destacadas de la catedral, una por su arquitectura y la otra por las pinturas que acoge, el viajero llega a la cabecera de aquélla, que es tanto como decir a su nacimiento. Porque la girola sí es el principio de la catedral. Por ella se comenzó a construir y en ella está el eje que determina la arquitectura y la disposición de todos sus elementos. Ocho capillas radiales se alinean en su semicircunferencia: la de Santa Ana, la de San Sebastián, la de San Cecilio, la de San Blas, la de Santa Teresa, la del Cristo de las Penas, también llamado de las Ánimas, la de Santa Lucía y la de Nuestra Señora de la Antigua. Entre las ocho reúnen gran parte de la riqueza de una catedral abundante en ella dado su origen regio y la época en que se construyó: el siglo de la expansión española en América. Su relación sería tan larga que el viajero se limita a anotar lo que más llama su atención: de la capilla de Santa Ana, el grupo escultórico de Santa Ana, la Virgen y el Niño realizado por Diego de Pesquera, escultor de la escuela renacentista andaluza, y los dos lienzos de Bocanegra (uno de ellos, el titulado *Aparición de la Virgen a San Juan de la Mata*, mejor que el segundo); de la de San Sebastián, el retablo barroco con el lienzo de Juan de Sevilla que representa el martirio del titular; de la de San Cecilio, que ocupa el eje de la girola como corresponde al patrón de Granada y primer obispo de su diócesis, que fundó en el siglo I, la escultura del santo encastrada en el retablo principal, obra de Miguel Verdiguier, del siglo XVIII; de la de San Blas, los dos lienzos de Juan de Sevilla, uno de San Onofre y el otro de San Jerónimo, y la figura de San Blas con un niño de Alonso de Mena; de la de Santa Teresa, el retablo de Gaspar Guerrero con la imagen de la santa y las cinco pinturas con escenas de su vida; de la del Cristo de las Penas, el maravilloso Cristo del XVI y la escultura del XV de la Virgen de la Guía, considerados los más antiguos de la catedral; de la de Santa Lucía, el retablo central, también de Gaspar Guerrero, y la talla de la titular, de Alonso de Mena; y de la de Nuestra Señora de la Antigua, en fin, los dos retratos de los Reyes Católicos de Francisco Alonso Argüello, pintor granadino del XVII, y la imagen coronada de la Virgen de la Antigua, llamada así por la tradición que asegura que fue donación de la reina Isabel a Granada (por lo que se la representaría con una granada en la mano, símbolo de la ciudad) y que goza de gran veneración entre sus vecinos por ser la primera de la catedral, pese a lo cual hoy nadie le reza, eclipsada por la presencia cerca de ella de la Virgen de la Cabeza de Churriana, cuyo trono está justo enfrente. Toda la gente se fija en la churrianera olvidándose de la principal.

Al viajero le queda por ver ya sólo la sacristía. Está en un lateral de la girola, en el lado opuesto, y la vio al pasar sin entrar en ella para no estorbar la visión conjunta de las capillas, pero ahora regresa a hacerlo abriéndose camino entre los churrianeros que ya rodean a su Virgen, algunos de ellos con los rodales en la cabeza para portar su trono, con el fin de llevarla de vuelta a su pueblo. Será a las seis, para lo que todavía falta media hora.

—¿Y la van a llevar a hombros? —le pregunta el viajero a una mujer, ignorante de los kilómetros que hay de Granada a Churriana.

—¡No, hombre, no! —se ríe la señora, mirándolo como si estuviera loco—. La sacan a hombros hasta una iglesia que está aquí cerca, la de Santo Domingo, y luego la llevan en un camión.

—Ya me parecía a mí —dice el viajero observando el trono, que pesará media tonelada.

La sacristía es un museo en pequeño dividido en dos partes, la antesacristía y la sacristía propiamente dicha, a la que se añade un tercer espacio, un oratorio perteneciente a la contigua sala capitular que alberga un retablo-relicario y preside un magnífico lienzo de la Inmaculada Concepción de Alonso Cano, uno más de los que el granadino dedicó a esa advocación mariana. La joya, no obstante, del diminuto museo es una obra también muy pequeña y también dedicada al mismo tema mariano por Cano, que la esculpió para el facistol del coro, pero que tras el desmantelamiento de éste el siglo pasado se trasladó a donde está ahora, desde donde preside la sacristía de los canónigos junto con un imponente Crucificado de los hermanos García, dos sacerdotes de Granada de la transición del siglo XVI al XVII, cuyo dramatismo contrasta violentamente con la dulce expresión de la Virgen. Representada «en la flor de la edad, como de doce años» según la cartela que tiene a sus pies, la pequeña Inmaculada es tan hermosa que todas las demás Vírgenes sobran, pues ni a hacerle sombra alcanzaría ninguna. El viajero, emocionado, se queda un rato ante ella extasiado por esa imagen con la que su autor logró la perfección suprema. Definitivamente, su madre tuvo el mejor nombre, piensa el viajero mientras contempla esta Inmaculada cuya serenidad tanto le recuerda a ella.

Pero hay que salir. Son las seis menos cinco de la tarde y los vigilantes de la catedral pasan anunciando el cierre. Frente a la capilla mayor, no obstante, la agitación y el ruido de voces indica que los churrianeros aún siguen dentro de ella y que están a punto de sacar a su Virgen en procesión. Los costaleros, de hecho, están ya todos preparados, con los rodales de protección sobre las cabezas. Alguno hace estiramientos preparándose para el esfuerzo físico que los espera.

La procesión comienza a las seis en punto, que anuncian las campanadas del reloj de la catedral. Al fondo de la nave principal la puerta ya ha sido abierta y hacia ella se encamina la comitiva, que encabezan unos niños vestidos con casullas y portando incensarios como si fueran curas en miniatura. Los siguen los integrantes de la cofradía de la Virgen, hombres y mujeres, todos vestidos de negro y con el medallón de aquélla colgando del cuello (algunos llevan también velas encendidas) y, por último, van las autoridades municipales y, tras ellas, el trono de la Virgen a hombros de los costaleros, a los que no se los ve, pues están tapados por él; sólo el que los dirige para que vayan en la dirección correcta muestra el rostro a la concurrencia. Cada poco alguien grita vivas a la Virgen que los demás responden a coro. La emoción se contagia y aumenta entre los presentes, sobre todo cuando la comitiva alcanza la puerta y se asoma a la plaza, en la que esperan cientos de personas, granadinos y turistas que quieren ver el espectáculo. Dentro y fuera arrecian los vivas a la Virgen de la Cabeza y a Churriana, vivas que se reproducen cuando los costaleros, tras un descanso, comienzan a bajar la escalinata que une la plaza con la catedral. Suena el himno nacional y la emoción aumenta en la muchedumbre. Los flashes de los fotógrafos iluminan a la Virgen, que resplandece en lo alto del trono. Aunque ya está atardeciendo, las luces de las farolas aún no están encendidas.

—¡Viva la Virgen de la Cabeza! —grita un hombre al lado mismo del viajero.

—¿Usted es de Churriana? —le pregunta éste.

—Por supuesto —dice el hombre, con lágrimas en los ojos.

El que empieza a tener también lágrimas en los ojos es el viajero, pero por el frío. La caída de la tarde hace que se note aún más y ni la emoción de la salida de la Virgen, que avanza ya por la plaza abajo en dirección a la calle que arranca enfrente, alcanza a caldear el gélido ambiente que envuelve Granada hoy. Es el primer día que hace frío de verdad de los cinco que el viajero lleva por Andalucía.

Tratando de combatirlo (la catedral ha cerrado sus puertas y la procesión de la Virgen de la Cabeza de Churriana se aleja ya por la calle del fondo), busca un lugar en el que tomar un café y lo encuentra dando la vuelta a la catedral, que no es fácil, pues hace honor al apodo que le puso un escritor granadino: la armónica montaña, en la Gran Vía. Se trata del café Vía Colón, un clásico por el aspecto y por la clientela que a esta hora toma café y chocolate con churros como corresponde a una ciudad de orden. El viajero, aunque no lo es, cambia de idea a la vista de ello y pide también chocolate en lugar del café que pensaba tomar, aunque sin churros, que hasta ahí no piensa llegar. Una cosa es caer en la tentación y otra lanzarse a ella de cabeza.

Son las siete. La noche ha llegado ya y la Gran Vía de Granada se llena de gente que sale a pasear a pesar del frío y que se mezcla con los turistas que vienen de vuelta. La mayoría de los monumentos de la ciudad ya han cerrado sus puertas y los turistas regresan hacia sus hoteles o buscan los sitios que todavía no han visitado y que no tienen un horario tan estricto. Uno de ellos, que el viajero descubre por azar, es la capilla exterior de la catedral, que le hace de parroquia y en la que acaba de comenzar la misa de las siete, la última por hoy en el complejo catedralicio, parece. La capilla, que es una auténtica iglesia, está atestada de gente, tanto que casi no queda ya sitio dentro. Dice la misa un cura mayor y le ayuda un joven negro, más negro aún por contraste con el alba blanca que viste. Parece una hucha del Domund, de aquellas que reproducían cabezas de las distintas razas del mundo cuando el viajero era monaguillo en su pueblo. Cuando acabe la misa conocerá que el de aquí se llama Sansón y es ghanés y que el párroco lo acogió tras llegar a España en patera como tantos otros compatriotas. Lleva tres años y hace de todo, desde ayudar a la misa a limpiar la iglesia. El cura ya es mayor y apenas puede.

Ahora sí, la catedral de Granada cierra de modo definitivo. Atrás quedan las Vírgenes en sus capillas y en la sacristía y atrás queda Sansón con sus sueños de prosperidad que de momento se reducen a sobrevivir y gracias cerrando la última de sus puertas. ¡Qué paradoja —piensa el viajero mirándolo— que el guardián de la catedral más grande del Renacimiento español sea un africano que llegó al país en patera y hasta Granada escondiéndose de la policía!

Ya ni el frío asusta a los granadinos. Y menos a los turistas, que aprovechan el anochecer para callejear la ciudad mirando sus muchas tiendas o entrando en los bares y teterías que continuamente les salen al paso. En los alrededores de Plaza Nueva y en la subida hacia el Albaicín, ahora más despejada de gente, bares y teterías se vuelven moros evocando los tiempos en los que Granada entera lo era: la capital del último reino moro de la península. Las calles del Albaicín recuerdan ese pasado por su trazado y por sus celebrados cármenes, las casas de campo antiguas hoy ya integradas en la ciudad que constituyen los verdaderos tesoros de un barrio que los moriscos abandonaron hace ya siglos pero en el que su espíritu sigue latiendo y más con la Alhambra enfrente iluminada contra el cielo negro. El famoso Palacio Nazarí, residencia del último rey musulmán de Granada, se ve desde cualquier lugar, pues domina la ciudad en las alturas. Aunque desde donde mejor se ve es desde el Albaicín, sobre todo a medida que el viajero sube las cuestas que llevan hacia su centro, cada vez más vacío de gente, cosa que agradece mucho. En un punto concreto, la vista lo alcanza todo: la Alhambra enfrente, al otro lado del río Darro, y la ciudad abajo, con la armónica montaña de su catedral iluminada también como aquélla. La Granada musulmana y la cristiana siguen juntas, ambas iluminando al que las contempla.

—¿Y eso de Los Caracoles? —le pregunta el viajero a la dueña de un bar que se llama así, en la placita de Aliatar, uno de los corazones del Albaicín.

—Es que es la especialidad del bar.

—¿Y cómo los hacen, guisados...?

—Exacto. Con jamoncito, ajo y cebolla. Pruébelos, que están muy buenos.

En el bar hay varias personas, todas del barrio por el aspecto. En la televisión hay un partido de fútbol. La noche granadina sigue su curso, con frío, pero en el bar de Los Caracoles se está muy bien.

El bueno, el feo y el malo

El camino de Guadix, la capital del nordeste granadino y de la primera diócesis episcopal española al decir de la tradición, pasa por pueblos desconocidos para el viajero pero cuyos nombres le suenan por su vinculación con la muerte de Federico García Lorca. Son Víznar, Alfacar, Fuente Grande, en cuyos campos fue asesinado el mayor poeta granadino cuando la guerra civil española acababa de comenzar. Por ellos lo han buscado sin hallarlo, pero en algún lugar ha de estar, por lo que se sabe. Y al viajero le conmueve pensar que está muy cerca de él, quizá más cerca de lo que imagina.

Hasta Guadix la carretera atraviesa un paisaje montañoso aunque no tan accidentado como el de ayer entre Málaga y Granada, que debía subir setecientos metros desde la primera. Entre Granada y Guadix la distancia es corta y la diferencia de altitud, pequeña, pues el camino bordea Sierra Nevada, que queda a la derecha cortando el horizonte como si fuera un trampantojo blanco.

Un puerto de montaña —el de la Mora, de mil trescientos ochenta metros de altura— y la carretera empieza a descender hasta alcanzar la gran depresión de Guadix, un altiplano inmenso y encajonado entre sierras que si tuviera más agua sería un vergel. Aun así, la de los dos arroyos que lo atraviesan, el Fardes y el Guadix, da para mantener unos cuantos pueblos, el mayor de los cuales es su capital y el que da nombre a la Hoya, como se denomina en toda la región al enorme territorio que domina desde su posición sobre una colina casi en el centro de él. De ahí que se aviste desde muy lejos y que su catedral presida el paisaje como si fuera un faro en medio del mar.

De Guadix se ha escrito muchísimo y se seguirá escribiendo dadas su peculiar historia y su geografía. Capital de las tierras altas de Granada junto con Baza, asomada ya al Reino de Murcia y a las sierras semidesérticas de Almería, se dice que fue poblada hace ya miles de años, de lo que darían testimonio las casas-cueva que todavía existen y están habitadas. De lo que no hay ninguna prueba fehaciente es de la afirmación de un historiador holandés que sitúa la fundación de Guadix en el siglo x antes de Cristo y la atribuye a fenicios llegados de Tiro; más parece que fueran los romanos, de los que sí se sabe que establecieron aquí una colonia llamada Julia Gemella Acci, de donde derivaría el nombre de Guadix una vez arabizado en época musulmana, que aquí duró hasta casi el final: Wadi Ash (Río Ash), que significa río de Acci. Los musulmanes fueron expulsados de ella el año 1489 (tres años antes tan sólo que de la capital del reino) y de inmediato recuperó la primitiva sede episcopal que, según la tradición, fundó San Torcuato en el siglo I, por lo que sería la más antigua de la península. La mezquita aljama de Guadix, levantada sobre una iglesia visigoda, hizo las veces de catedral al principio hasta que sobre sus cimientos se construyó la actual catedral de la Encarnación, frente a la que el viajero aparca su coche precisamente en este momento. El edificio, de traza gótico-renacentista y ornamentación barroca, tiene delante de él un gran mirador desde el que se domina gran parte de la Guadix moderna y de la depresión que forma su famosa Hoya y en el que se puede estacionar el coche, pues no hay ningún cartel que lo impida. No parece que en Guadix el tráfico sea un problema de relevancia para la vecindad.

La primera visión de la catedral, ya en tierra y a pocos metros de sus muros, le produce al viajero una suerte de tranquilidad, pues no parece ser demasiado grande. Después de las de Málaga y Granada (y antes la de Cádiz, incluso la de Jerez), una nueva catedral grandiosa le habría apagado el ánimo, pues comienza ya a estar cansado de tanto arte y de tanta acumulación de tesoros. Al sexto día ya de su segundo viaje por Andalucía el viajero empieza a acusar el cansancio mental que la visión de tanto retablo, tanta imagen, tanta pintura maravillosa produce.

Pero —hablando de pintura— no todo el mundo se siente como él. Apenas pasado el arco que une la catedral con un palacio contiguo (el Palacio Episcopal, averiguará el viajero en seguida), éste se encuentra a una pareja, ella pintando en un caballete la pared de la catedral de enfrente y él haciéndole compañía. Son de Granada y participan en un concurso de pintura rápida que hoy se celebra en Guadix. La pintora tiene buena mano y el cuadro va tomando forma a base de carboncillo y la ayuda del dedo para extenderlo. El motivo es la catedral, cuya portada norte es barroca y tiene una hermosa puerta con escalera de acceso que no parece que se use mucho. La fachada da a una calle lateral que casi no deja espacio para poder verla en su conjunto.

Cerca de la pintora y de su acompañante, un grupo escultórico que representa a la escolanía infantil de la catedral con su director al frente (un sacerdote, lógicamente) demuestra, sin embargo, que por aquí suele pasar gente, aunque hoy, sábado, apenas se vea. Tanto el colegio de la Divina Infantita (¿quién le habrá puesto ese nombre?, piensa el viajero al leerlo), en la esquina, como el Palacio Episcopal, al fondo, están cerrados y sin actividad.

Al otro lado de la calle, la plaza en la que desemboca tampoco es que esté animadísima. Los comercios tienen cerradas sus puertas, puede que alguno definitivamente, y apenas si hay gente en ella. Sólo un par de personas en el bar de la Sociedad de Cazadores de San Huberto y cuatro o cinco turistas que hacen fotos de la fachada principal, que es un retablo barroco de tres cuerpos como en la de Granada. Abigarrada y llena de columnas, con dos óculos sobre las puertas laterales, la central la coronan un relieve de la Encarnación, la advocación de la catedral (como la de Granada también), y encima el escudo de los Borbones, que refleja el patronazgo de la casa real sobre ella. Al menos así lo cuentan las guías.

Dando la vuelta a la plaza, el viajero llega ante una pequeña puerta abierta al final de un patio en una construcción menor que, adosada a la catedral, en tiempos debió de servir de almacén o silo y que ha sido acondicionada como tienda y despacho de los billetes que dan derecho a acceder a ella. La chica que los vende niega al principio que el mismo billete sirva para entrar más de una vez, pero al final se ablanda y le dice al viajero que sí siempre y cuando nadie lo sepa más que ellos dos.

—Tranquila, que nadie se va a enterar —le dice éste, con una sonrisa.

Con el billete en la mano, el viajero sube la escalera que conduce a un pequeño museo dividido en tres salas, primero, y desde él, sin prestarle demasiada atención, pues está deseando ver la catedral por dentro, cruza la puerta que los comunica, justo a la altura del trascoro. La sensación es la de desembocar en un lugar secreto, puesto que la subida por la escalera no es un acceso habitual a una catedral.

Pero la catedral lo es. La primera de España en antiguedad o no, la iglesia a la que el viajero ha accedido después de subir la escalera y dejar atrás el museo es la catedral accitana que borró la mezquita aljama de Guadix y cuya torre y tejados se avistan desde kilómetros. De tamaño menor que las que el viajero ha visto estos días, salvedad hecha de la de Ceuta, que menos catedral parecía cualquier cosa, contiene todos los elementos que definen a una catedral de verdad, aparte de constituir una lección de estilos arquitectónicos. Porque es verdad que comenzó siendo gótica (lo delatan los arcos ojivales del trascoro) y continuó a la moda del Renacimiento, en lo que bastante culpa tuvo Siloé, que modificó la idea inicial cumpliendo órdenes del obispo, para terminar siendo barroca y hasta rococó, como el viajero podrá comprobar en seguida. Por ahora está en el trascoro leyendo las dos lápidas de mármol que cuelgan de una columna con la relación de sacerdotes asesinados en la guerra civil, que comienza por el propio obispo. Son muchos menos que en Jaén, pero también fueron unos cuantos.

Mientras lee la relación de mártires, como en las lápidas se los denomina, una música de órgano llena las naves de la catedral, en la que, por otra parte, se ven pocas personas. La música no es fluida y se interrumpe y reanuda a cada momento, lo que indica que es un ensayo, en el que intervienen también varios jóvenes, cuyas voces la acompañan a veces. Entre ellas destaca la del organista, que está en lo alto del coro, como los demás, donde debe de estar emplazado el órgano.

Por lo demás, la catedral está sumida en una tranquilidad que apenas rompen los visitantes, pocos, que ahora recorren sus naves. Son tres, las tres de la misma altura, lo que le da al templo el aspecto de un gran salón solamente interrumpido por el coro, que permanece en su centro según la costumbre litúrgica, al contrario que en muchas otras catedrales. Se ve que esta de Guadix, por ser la más antigua de todas, cuida las tradiciones con más esmero que otras. Frente al coro, la gran capilla mayor, muy parecida a la de la catedral de Granada (incluso en el tabernáculo, que también es circular como en ella), preside el templo con su majestuosidad barroca que ilumina una gran semicúpula que es lo mejor de la catedral al decir de las guías. Tras la capilla mayor, la girola permite, además, verla entera, pues ambas están comunicadas por los arcos que les sirven de separación. Más perfección no se le puede pedir a una catedral y a la vez ésta no puede ser más hermosa.

—La verdad es que es muy bonita —comparte con el viajero su apreciación un hombre que pasea por la nave de la Epístola absorto en sus pensamientos, quizá porque ya ha visto el templo un millón de veces.

—¿Usted trabaja aquí? —le pregunta el viajero.

—Sí, soy el sacristán —le responde el hombre.

Lo imaginaba, piensa el viajero orgulloso de haberlo intuido y feliz de encontrar a alguien que no es un turista como todos.

—¡Ya quisiera yo! —dice el hombre con cara de resignación, pues ha de pasar siete horas al día, según afirma, en la catedral. Y agradecido, añadirá al cabo de unos segundos cuando le cuente al viajero que antes tenía un comercio y que aceptó el trabajo de sacristán cuando el negocio comenzó a ir regular, pues además era de tres socios. De eso hace ya catorce años, que son los que lleva cuidando de la catedral más antigua de la península, si no en su versión actual, sí como templo heredero del primitivo que habría en la vieja Acci paleocristiana.

—¿Y quién le ofreció el trabajo?

—Un canónigo que vive en el mismo portal que yo.

Diego, como se llama el sacristán de la catedral de Guadix —el decano, por la antigüedad de ésta, de todos los de su gremio—, está aburrido, pues hoy no hay misas, y se ofrece a mostrarle al viajero sus dominios, incluidos algunos cuya visita no le está permitida al público. Así, el despacho en el que guarda algunos libros y folletos (le regala uno de fotografías de Guadix —*Blanco que te quiero blanco*—, todas nevadas y con versos de acompañamiento en lugar de pies) o el pasillo interior que comunica la catedral con el vecino palacio del obispo a través del arco que se ve por fuera.

—¿Y se utiliza?

—Ya poco —dice Diego cerrando la puerta detrás de él.

Tras la visita a los dominios privados del sacristán, que se queda en ellos, el viajero vuelve a las naves de la catedral para hacer por su cuenta la visita a ésta, pues la mañana avanza y aún no ha comenzado a verla. Por fortuna, y siendo también muy hermosa, es la mitad que la de Granada, con lo que terminará más pronto. Aunque tampoco tiene ninguna prisa, puesto que hasta las seis de la tarde, que cierra, tiene tiempo de sobra para verla.

La audioguía que le dieron con el billete de acceso comienza su exposición a los pies del templo, que es por donde los visitantes entran, así que el viajero vuelve hacia allí para dejarse llevar como uno más por la tecnología. Al fin y al cabo, desde el momento en el que pagó el billete es un turista, se ponga como se ponga, y lo mejor que puede hacer es aprovecharse de ello. Escuchar, por ejemplo, la historia de la catedral, que ya conoce en esencia, pero que la audioguía amplía con datos como el de que tardó en hacerse tres siglos a causa de la pobreza que Guadix sufrió por pestes y guerras, o la lección de arte que a continuación imparte sobre las particularidades arquitectónicas de una construcción que, como consecuencia de lo anterior, aúna varios estilos. El que la audioguía empiece su exposición por los pies de la catedral no es casual. Fue por donde comenzó a construirse y se hizo en estilo gótico, como el viajero ya descubrió al ver los arcos ojivales que sostienen los pilares de esa zona.

El resto del templo es renacentista y barroco. Tanto los arcos, de medio punto, como las hermosas bóvedas son renacentistas puros, mientras que la decoración alterna ese estilo con el que lo sustituyó. Sobre todo en la zona de la girola (característica, por otra parte, de las catedrales góticas) el Barroco impone su ley haciendo de la catedral de Guadix un compendio de arte arquitectónico. Con las capillas, en cambio, no pasa igual, pues todas fueron hechas a la vez y siguiendo el mismo patrón, salvo la de San Torcuato, que es diferente. Es la primera de la girola del lado del Evangelio y es también la mayor de todas; por algo está dedicada al patrón de la diócesis, que según la leyenda fundó en el siglo I antes de sufrir martirio. De planta completamente redonda (las demás capillas son rectangulares) y con un arco de entrada de los llamados de cuerno de toro por estrecharse a medida que se curvan, la diseñó Diego de Siloé para venerar en ella las reliquias del primero de los llamados varones apostólicos, siete discípulos del apóstol Santiago que llegaron a la península ibérica para cristianizarla, siempre según la leyenda. La imagen del santo preside el retablo barroco en cuya parte superior un tondo en relieve ilustra el bautismo de Santa Luparia, considerada la primera accitana en convertirse al cristianismo, y bajo el altar una urna de plata cobija las reliquias del obispo y demás sacerdotes asesinados en la guerra civil, el obispo ya beatificado hace tiempo. Se llamaba Manuel Medina Olmos y su retrato cuelga de una pared lateral junto a un retablito que acoge dos imágenes pequeñas pero de factura espléndida: un San Juanito con cordero de autor anónimo y un eccehomo atribuido a José Risueño.

Del resto de las capillas el viajero anota pocas cosas, puesto que son menos ricas, máxime después de haber sido expoliadas en la guerra de la Independencia, primero, y en la española de 1936, después: los retablos martiriales (por su color rojo sangre) de estilo barroco el de las de San Sebastián y San Fandila, un santo oriundo de Guadix martirizado por los musulmanes en Córdoba el año 853, y el de la de la Encarnación, en la girola, y las imágenes de la Virgen de la Humildad, de Ruiz del Peral, y de la Esperanza, de autor desconocido, en las laterales. El resto no tiene mucho interés, ni siquiera la copia a tamaño natural de la *Piedad* de Miguel Ángel que alberga una de las capillas.

La capilla mayor es ya harina de otro costal. Considerada una de las más hermosas de las catedrales del Renacimiento andaluz, que es tanto como decir español, entre los arcos de sujeción y la cúpula que la cubre a gran altura se desarrolla un programa pictórico que incluye diez grandes lienzos, cinco del lado del altar mayor y otros cinco del de la girola, y cuyo tema es la advocación de la catedral, que es la Encarnación. Las pinturas, del granadino Fernando Marín Chaves, pintor barroco del XVIII, componen una película circular que atrae todas las miradas, pues su color y su fuerza lo llenan todo y eso que la decoración de la cúpula no se queda atrás. El nacimiento de María, la presentación en el templo, las bodas y la asunción, más la encarnación, que ocupa el sitio central por ser la advocación catedralicia, no porque le corresponda según el relato evangélico (según éste, estaría entre las bodas y la asunción al cielo de la Virgen), son verdaderas estampas pintadas para ser vistas desde lejos. Y lo mismo sucede con el tabernáculo, de mármol rosa sobre columnas, y con los dos ángeles lampadarios y los púlpitos, que aunque dañados absurdamente en la guerra (sus figuras en relieve fueron decapitadas sin excepción) completan la decoración de un espacio tan bello como armonioso y tan irreal como lleno de misterio.

Por último, el coro, aunque está cerrado, deja intuir también su inmensa belleza recompuesta a duras penas tras la guerra, en la que fue destrozado completamente. Ni una sola de las cuarenta esculturas que Ruiz del Peral talló para sus asientos sobrevivió a la saña de sus destructores, pese a lo cual la labor tenaz de otro escultor accitano, Ángel Asenjo Fenoy, ha conseguido recuperarlas, lo que permite volver a ver esta magna obra tal como era. Si Torcuato Ruiz del Peral dejó muestras de su técnica y talento en diversas obras en la catedral (los púlpitos o los lampadarios), en la sillería del coro alcanzó su plenitud como imaginero, esa que ha hecho que lo comparen con el murciano Salzillo o el castellano Gregorio Fernández sin exageración. Al revés, la imaginería del coro que el viajero se esfuerza en ver en la oscuridad a través de la reja es la demostración de que su autor había sido elegido por los dioses, si bien no tuvo la suerte de que los hombres respetaran su mejor obra.

El último pensamiento del viajero coincide con el final del ensayo que en la parte alta del coro llevan toda la mañana haciendo y que ha sido el acompañamiento de aquél mientras recorría la catedral deshojándola. Desde las naves apenas si los veía, sólo a veces sus cabezas allá arriba, pero, ahora que han terminado de ensayar, organista y cantores bajan a tierra, por lo que cobran corporeidad. Uno de ellos es un cura, no necesita vestirse de tal para que se sepa.

—Por la gracia de Dios —confirma, orgulloso.

—¿Y es el que tocaba el órgano? —le pregunta el viajero aprovechando que se ha detenido.

—No. Yo sólo dirijo el coro.

El cura es joven aún y se le ve extrovertido. A la pregunta de si es de Guadix, responde que «nacido, criado y engordado» en la ciudad en la que ejerce su ministerio desde que profesó como sacerdote. Lo hace en una parroquia, pero dirige el coro de la catedral.

—¿Y qué ensayaban?

—La misa de Nochebuena.

—¡Ah!...

—¿De dónde viene, si no es impertinente preguntárselo? —el que pregunta ahora es el cura.

—De Madrid.

—¡De Madrid! —exclama el cura sin que se sepa muy bien qué esconde la exclamación—. Pues que disfrute de Guadix —se despide entrando en la sacristía, donde le esperan algunos de los que ensayaban con él.

Irse el cura y aparecer una monja es todo uno. La monja ha salido de una capilla junto con Diego, que saluda al viajero al verlo de nuevo:

—¿Sigue aquí?

—Sí. Y volveré por la tarde —dice el viajero con una sonrisa—. Ya le dije que he venido a visitar la catedral.

La monja mira al viajero con curiosidad. Es la encargada de preparar el altar para las celebraciones, dice. La limpieza la hace una señora contratada expresamente para ello.

—Yo ya no puedo —se justifica la monja, que es muy mayor.

—¿Cuántos años tiene?

—¿Cuántos me echa?

—No sé.

—O-chen-ta y cin-co —silabea ella.

—Pues no son tantos —dice el viajero.

—¡Que no son tantos...! —exclama la monja mirando las flores que trae en la mano; deben de ser para algún altar—. ¡Lo que yo habré frotado estas baldosas para quitar las manchas de ceniza...! —dice, señalando el suelo.

—¿De ceniza? —se sorprende el viajero, mirando a sus pies.

—De las hogueras que hacían cuando la guerra. Para calentarse los que estaban aquí —explica la monja sin más precisión.

—Pues aún se nota —señala el sacristán el suelo.

—¡Y vaya que si se nota! No hay quien lo quite —se lamenta la monja con resignación.

—¿A qué hora cierran? —cambia el viajero de tema.

—A las dos... Pero yo me voy ya dentro de un poco —le responde el sacristán mirando a la monja.

—¿Y ya no vuelve?

—Por la tarde, para cerrar... Menos mal que me queda poco para jubilarme.

El sacristán se va con la monja hacia el altar mayor, que están adornando para mañana, que hay misa solemne, y el viajero aprovecha para irse también. Está deseando tomar un aperitivo y dar una vuelta por Guadix. Al cruzar de nuevo el museo, por donde hay que salir, pues no hay otra puerta abierta, se fija en algunas cosas de las que se exponen en él (cuadros, objetos litúrgicos, vestimentas y báculos episcopales...), pero sin detenerse ante ninguna concreta. El viajero quiere salir a la calle a respirar el aire frío de Guadix.

No es el de ayer en Granada, pero tampoco hay que despreciarlo. Que se lo digan, si no, al pintor que se afana en terminar el cuadro que está pintando junto a la pared de la catedral que mira hacia el campo y que es la ventana con reja que tiene enfrente; una ventana con una reja de hierro que quizá sea la de la sacristía. El pintor, que viene de Málaga, participa también en el premio de pintura que se celebra hoy en Guadix.

—¿Y el tema es la catedral?

—No, el tema es Guadix. Pero cada uno pinta lo que le apetece.

—¿Y cuánto es el premio? —pregunta el viajero.

—Hay varios. El primero son mil quinientos euros —dice el pintor apurando el cigarro que fuma mientras mira su cuadro a ver cómo va.

Cruzando la plaza de la catedral, que continúa casi desierta a pesar de la hora, el viajero desemboca en otra que por su disposición se asemeja a un patio de comedias. Está cerrada por tres de los lados, con apenas unos arcos de salida en las esquinas. Es la plaza de la Constitución, antes del Ayuntamiento, cuya fachada ocupa el lado frontal y que reúne, a lo que se ve, algunos de los edificios principales de Guadix: el juzgado, la oficina de correos, la de turismo, el Teatro Municipal, el Liceo... Hay también varios comercios y un par de bares, uno de ellos el del Liceo Accitano, cuyas terrazas están llenas de gente tomando el aperitivo o comiendo. El sol calienta las mesas y la estructura de la plaza, cerrada a todos los vientos y con soportal en torno, permite que sea así en este tiempo. Pero el viajero, después de echar un vistazo a los bares (el del Liceo parece de la posguerra) y, sobre todo, a los platos que comen algunos clientes, decide buscar otro sitio donde sentarse, puesto que además no tiene hambre todavía. Y, de paso, se da un paseo por Guadix, que a partir de la plaza empina sus callejuelas, ya que está construida sobre una colina. Coronándola, la antigua alcazaba árabe, hoy un montón de ruinas apuntaladas de cualquier manera, sigue agrupando a su alrededor el caserío abigarrado que las tropas castellanas encontraron cuando accedieron a él en el año 1489, pero tanto en el entorno de la fortaleza como en las calles más bajas apenas si se ve gente, prueba de que los vecinos de Guadix viven ya lejos de aquí. En los barrios nuevos que se vislumbran al fondo extendidos por los antiguos campos de cultivo.

En el Guadix antiguo, no obstante, quedan algunos resistentes que, como el dueño del hotel Abentofail, han decidido invertir en él. La casa en la que se emplaza está en una callejuela rodeada de otras cerradas, pero no le faltan clientes. Y no es de extrañar, porque el hotel es acogedor, con un bar que invita a tomar el aperitivo, pues se lo ve animado a esta hora. Del restaurante el viajero podrá opinar en seguida, cuando se siente a comer rodeado de personas que han llegado hasta aquí porque lo conocen o por casualidad como él. Antes se entera de quién fue Ibn Tufail, al parecer el primer novelista de la historia, del que el hotel ha tomado el nombre.

—Era filósofo, pero su obra más conocida la escribió en forma de novela —le comenta el dueño del hotel, un hombre joven y con aspecto de intelectual, a un viajero que nunca había oído siquiera el nombre.

—¿Y era de aquí?

—Parece ser que sí.

El restaurante es sencillo, como el hotel, pero su cocina es buena. Hay platos tradicionales de la región junto con otros de inspiración lejana. Al viajero le atiende una chica voluntariosa que incluso le aconseja qué vino tomar:

—Uno de mi pueblo.

—¿Cómo se llama tu pueblo?

—Polícar. Está cerca, subiendo a Sierra Nevada.

—Bueno, pues te haré caso —concede el viajero a la camarera, que se va a buscar el vino feliz de que el forastero haya confiado en ella—. ¿Tú vives en Polícar? —le pregunta el viajero cuando regresa con la botella.

—No, yo vivo en Guadix. Polícar está cerca, pero ir y venir cada día a Guadix no me compensa... Además —añade la chica—, allí queda poca gente y es aburrido.

El vino de Polícar está bueno, tiene cuerpo de cepas de altura y un aroma a madera que alegra el corazón. Junto con la comida, que está muy buena también, dispone el del viajero para las nuevas experiencias que está seguro aún le deparará Guadix. La primera ciudad episcopal de España y para algunos la más antigua de todas tiene el sabor de los sitios con larga historia y presente humilde, de las ciudades que lo fueron todo y hoy sobreviven en la mediocridad. Hay a quien le apasionan esas ciudades y otros que las aborrecen y el viajero es de los primeros.

¿Dónde, si no, podría encontrar un museo como el que, al volver a la catedral, descubre por casualidad en la plaza del

Ayuntamiento que antes no vio al pasar por ella? Está escondido en el soportal, en una de sus esquinas, y mal anunciado, por lo que se explica.

—¿Pero es un museo o una tienda? —le pregunta a la mujer que aparece en seguida para enseñárselo. Estaba sentada en una de las terrazas a la espera de que llegara algún visitante, pues dentro no debe de haber ninguno.

—Era una tienda, pero ahora es un museo. El Museo La Caja Negra de Bújez —dice indicando el cartel que, apoyado frente a la puerta, reproduce el de la película *El bueno, el feo y el malo,* de Sergio Leone—. Bújez era un fotógrafo, el padre de mi marido —dice la mujer—, el más conocido de Guadix y de la comarca. Le gustaba mucho su profesión y fue coleccionando todo lo que tuviera que ver con ella: cámaras, fotos antiguas... Cuando murió, mi marido, que ya no siguió con la fotografía, hizo un museo para enseñarlo.

—¿Y el cartel? —le pregunta el viajero, por el de *El bueno, el feo y el malo.*

—Es que la cámara que sale en esa película —indica la mujer la del cartel— se la prestó mi suegro para rodar.

Es la joya del museo. La caja negra o cámara de placas con disparador manual que aparece en una de las escenas de *El bueno, el feo y el malo,* que se rodó en la comarca de Guadix, es el atractivo principal de un museo que, junto a ella, recoge otras muchas cámaras de todas las épocas, así como fotografías antiguas, incluida una sección dedicada en el sótano a las tomadas *post mortem,* que antiguamente era una costumbre muy extendida en Andalucía. El problema es que la ambientación del lugar, con las paredes pintadas de negro y los objetos amontonados sin mucho orden ni concierto, recuerda más a un museo de los horrores que a uno de fotografía, sobre todo en el sótano, donde los muertos miran al visitante desde la eternidad en la que ya estaban cuando los fotografiaron.

—Muy bonito —le dice el viajero a su propietaria dando por concluida la visita.

—¿Ya? —se sorprende ella. El viajero no ha estado más de cinco minutos en el singular museo.

La luz de la calle lo devuelve a la realidad. Son las cinco y el sol se ha ocultado tras unas nubes, con lo que el frío ha aumentado en la plaza del Ayuntamiento, pero, comparada con el museo de La Caja Negra, parece un plano de Sergio Leone. En la plaza de la catedral sólo faltan los figurantes para que así sea, pues está tan desierta como los escenarios del wéstern que el director italiano rodó en el castillo de La Calahorra, a pocos kilómetros de Guadix, según la del museo le contó al viajero mientras contemplaba la cámara de fotos que aparece en él.

Dentro de la catedral, la soledad es la misma pero el escenario cambia. De las garitas y adarves de la fortaleza de La Calahorra el viajero ha vuelto a la claridad religiosa, esa que filtran las vidrieras y se condensa en las naves y en los distintos espacios de la catedral. El coro, las capillas, la sacristía, que permanece abierta pese a que el sacristán no está, tienen ahora una luz muy suave, como de fantasía o de ensoñación nostálgica, que ningún sonido interrumpe, pues el viajero está solo en la catedral. Hasta que cierre lo estará prácticamente, pues serán pocas las personas que entren a verla y eso que es sábado, que se supone que Guadix recibirá más turistas que otros días.

La capilla de San Torcuato, con su cúpula redonda y su retablo lleno de luz de oro; los lienzos y casetones de la mayor; la portada de la sacristía, obra magnífica del arte renacentista con los escudos de los obispos Martín Pérez de Ayala y Melchor Álvarez de Vozmediano, ambos participantes en el Concilio de Trento y grandes benefactores de la catedral; el sepulcro de su antecesor fray García de Quijada, el primer obispo de Guadix tras la Reconquista, en la capilla del beato fray Diego José de Cádiz; los estucos de la de Fátima; el altar de mármol del trascoro... En el silencio y la paz de la tarde, que se apaga y difumina poco a poco, la catedral muestra sus tesoros para un único turista que mientras los contempla se siente fuera del mundo, tan lejos de lo que hay en él como se puedan sentir las imágenes de los retablos y las pinturas, que permanecen indiferentes al correr del reloj y de la rotación de una Tierra que ellos no sienten, como le pasará al viajero en seguida. Sentado enfrente de la capilla mayor, con la iconografía de sus pinturas borrándose poco a poco frente a sus ojos, pronto será su conciencia la que se borre sin que se dé cuenta como ya le ha sucedido más veces —en Valladolid o en Córdoba— y sin que nadie pueda advertírselo, puesto que nadie hay en la catedral en ese momento.

Al despertar, está oscuro. La noche ha caído una tarde más y la penumbra invade la catedral de Guadix. Tan sólo en algunas zonas hay una iluminación escasa que permite ver lo mejor de ella a los pocos turistas que aún aparezcan, si es que alguno aparece todavía. Pero en la sacristía hay luz. A través de la puerta abierta, el viajero ve al sacristán y a otro hombre charlando, los dos sentados frente a frente al lado de la ventana, y eso le tranquiliza. Saber que no está solo en la catedral le hace sentir mejor pese a que el sueño aún le tiene confuso.

Pero se le pasa pronto. Otro paseo por la catedral, otro vistazo al trascoro, donde la huella gótica de sus inicios es más evidente, otra visita a la capilla de San Torcuato y a la girola y el viajero ya está despierto, dispuesto a seguir mirando y oyendo todo lo que le cuenten.

—¡Buenas tardes! —se asoma a la sacristía, que está incluida en la visita aunque se use aún como tal.

—¡Buenas tardes! —le responden el sacristán y su acompañante, un hombre también mayor como él.

—¿A qué hora cierran?

—Ahora —dice el sacristán consultando su reloj. Son ya las seis de la tarde, que es la hora fijada para ello.

El sacristán se levanta dando por terminada la conversación con su amigo. Que no es exactamente su amigo sólo, sino el encargado de las obras de la diócesis y responsable de la seguridad de la catedral. Se llama Antonio y viene todas las tardes para conectar la alarma cuando la cierran, pues es el que la instaló y el que mejor entiende su funcionamiento.

—Encantado —le dice el viajero.

—¿Le ha gustado? —le pregunta el hombre, por la catedral—. Supongo que sabe que es la catedral más antigua de España...

—Eso he leído —dice el viajero.

—Bueno, la catedral tal como la vemos ahora no... —precisa Antonio abandonando la sacristía junto con el sacristán y el viajero, los tres andando uno al lado del otro como los protagonistas de *El bueno, el feo y el malo*—. Me refiero a la catedral como sede de la diócesis.

—Claro, claro —dice el viajero, que en lo que está pensando es en cuál de los tres sería el bueno y cuáles el feo y el malo si tuvieran que rodar la película con ellos.

Lo que está claro, piensa al verla aparecer por el trascoro, es que la protagonista femenina sería la chica de las entradas, que llega ahora en busca de Antonio para decirle que ya ha cerrado por hoy. Es la encargada de los turistas, la que le permitió al viajero volver a entrar en la catedral sin tener que pagar de nuevo. Se sorprende al verle hablando con Antonio, que debe de ser su jefe.

—Pues vete, que ya cierro yo —la despide éste para que no tenga que esperar.

La chica desaparece y el viajero se queda solo con el sacristán y Antonio, que van apagando las luces a medida que salen de la catedral. Cuando llegan al trascoro, Antonio les manda salir, pues va a conectar la alarma.

—Yo salgo por la otra puerta —le comenta al sacristán.

En la plaza delantera los tres hombres se despiden. Hace frío y en la noche el sacristán y Antonio, que se van juntos, parecen dos personajes de fantasía perdiéndose en una ciudad que quizá lo sea y más ahora, a la luz de las farolas y de los focos que alumbran la catedral, que quién sabe si no habrá encendido Antonio desde dentro. Parado ante el edificio, el viajero piensa si no lo será él también, un personaje de fantasía en una ciudad fantasma en la que la noche pesa como un secreto, de esos que debe de guardar por millones. Uno de ellos, las ruinas que están excavando en un descampado próximo en cuyo extremo un letrero luminoso ha atraído a un viajero que vuelve a tener apetito a pesar de haber comido no hace mucho: «Horno de pan. Mantecados». La dueña del obrador, que es familiar y muy viejo, se resigna a las excavaciones que han aislado su negocio más de lo que ya estaba por su situación:

—A mí no me parece mal que excaven, pero que no se eternicen, porque me arruinan el negocio.

Y le cuenta al viajero que lo que están excavando es el teatro romano de Guadix, cuyas gradas se extienden por la ladera a la que está agarrada su casa, apenas a ciento cincuenta metros de donde está situada la catedral. ¿Ocupará el lugar de algún templo romano?, piensa el viajero mirándola desde el obrador en el que la dueña le está envolviendo dos mantecados caseros, que es todo lo que le ha pedido.

—¿Cuánto es?

—Sesenta céntimos.

—¿Sólo?

—Sólo —le responde la señora, con una sonrisa.

—Pues no me dé la vuelta —le dice el viajero, que le ha dado una moneda de dos euros, arrepentido de haber molestado a la panadera por sesenta céntimos y agradecido a su amabilidad.

Los mantecados, encima, están riquísimos. Hechos a mano y con buenos ingredientes, se deshacen en la boca, por lo que el viajero se toma los dos (pensaba dejar uno para la noche) mientras regresa hacia la catedral, ahora por la calle que pasa por la parte alta del descampado, que no es otra que la del Palacio Episcopal y el colegio de la Divina Infantita, que termina allí. Está desierta, como todo el Guadix antiguo, incluida la plaza del Ayuntamiento, ahora que ya han cerrado sus comercios. Y en los bares apenas se ven clientes. Subiendo hacia la alcazaba, la soledad es todavía mayor. Ya ni siquiera se ven turistas perdidos y los vecinos, que son muy pocos, están dentro de sus casas, pues hace frío. Solamente al lado del seminario, enorme, pero cerrado —«lleno de ratas, con lo que fue»—, la señora María regresa de su paseo ayudada por la mujer que la cuida. Su casa es la única habitada de la calle y alrededor pintadas en las paredes reclaman al Ayuntamiento que arregle el casco antiguo de Guadix, por ahora parece que sin ningún éxito.

—¡No arreglan *na*! —se lamenta la señora María entrando en su casa una noche más.

Sale la luna, una luna fría y curvada como la del Islam. Los muros de la alcazaba y el casco viejo de Guadix parecen volver a los tiempos en los que la religión de la media luna dominaba estos territorios, incluso en épocas posteriores a la llegada de los castellanos, pues fueron refugio de muchos moros conversos, que se levantarían en armas bastantes años después. Hoy, sin embargo, no parece que nadie se vaya a levantar contra ningún poder que no sea el del Ayuntamiento y ello de forma pacífica, a base de pintadas y de pancartas que piden atención para la ciudad antigua, que se cae a trozos.

En la moderna, a la que el viajero llega buscando un sitio donde cenar, la vida bulle como corresponde a un sábado. Las cafeterías están animadas y los bares de la gente joven más. Incluso el del hotel en el que el viajero ha reservado una habitación para dormir esta noche está lleno de gente que celebra el sábado como corresponde, tomando copas hasta la madrugada. El viajero la oirá desde la habitación que le han asignado y cuyo exorbitado precio comprende al verla: es la suite nupcial del hotel, la única habitación que quedaba libre en Guadix, pues mañana se celebra en la ciudad una carrera popular, según le han dicho en la recepción. Aunque lo intente, no podrá contarle a nadie la experiencia, con un *jacuzzi* frente a la cama y un mobiliario digno de una película victoriana, incluida una mecedora en la que sólo falta la falsa madre de Norman, el protagonista de *Psicosis,* la estremecedora película de Alfred Hitchcock. ¿Quién puede pasar aquí su noche de bodas?, piensa el viajero mientras se desnuda.

La última provincia

De Guadix a Almería la carretera baja los novecientos metros de desnivel que hay entre ambas ciudades, lo que significa que lo hace en continuo descenso salvo al principio, cuando cruza la Hoya de Guadix, plana como una meseta. La carretera se separa, además, de la ciudad, lo que posibilita verla en la lejanía erguida en su pedestal con la catedral en medio y enmarcada por Sierra Nevada detrás. Es lo mismo que pasa, varios kilómetros más adelante, con la fortaleza de La Calahorra, la del rodaje de *El bueno, el feo y el malo* y la caja negra del fotógrafo Bújez.

El descenso hacia Almería comienza pasado Huéneja, prácticamente en la raya de división entre las dos provincias más orientales de Andalucía. La sierra de los Filabres aparece por la izquierda y la autovía busca acomodo en el espacio que queda entre ella y la estribación más extrema por ese lado de Sierra Nevada. El paisaje, pelado, indica que aquí los vientos y la climatología no suelen ser bondadosos, cosa que el viajero sabe, pues no es la primera vez que viaja a Almería pese a haber sido la última provincia de España en visitar. Fue hace ya unos cuantos años y llegó a ella en un tren que cruzaba este mismo escenario adaptándose a sus desniveles como si fuera un convoy del Oeste. No es de extrañar que aquí se hayan rodado tantas películas de ese género aprovechando el gran parecido de estos paisajes con los desiertos de los Estados Unidos.

La estación de servicio de Fiñana bien podría parecer una del Oeste de no ser por su decoración. En medio de unas montañas deforestadas que el viento azota con intensidad, la gasolinera y el bar surgen como un espejismo no muy distinto que el de las casas que se ven salpicando el paisaje a lo lejos, muchas de ellas abandonadas o en ruinas. El sentimiento de soledad es intenso, pero no parece que afecte mucho a la mujer que regenta la estación y que está sola con su hija pequeña.

—Para mucha gente —dice.

El viajero toma un café mientras contempla por la ventana del bar el desolado paisaje, ese que ya es famoso en España y en toda Europa por su desertización. Apenas algunas pitas y plantas esparragueras le ponen una nota verde al marrón negruzco de los serrijones.

—¿Hace mucho que no llueve?

—Un año... O más —dice la mujer.

De Fiñana hasta el desierto de Tabernas, donde están los poblados hechos para rodar las películas del Oeste que convirtieron en los sesenta a Almería en una especie de Hollywood europeo, la autovía desciende entre montes pardos sin apenas pueblos que pueda enhebrar. La tierra aquí no da para vivir y menos después de que la costa almeriense, que ya está cerca, se llenara de los invernaderos que convirtieron la última provincia del país en una de las primeras en producción de fruta y hortalizas. Algo difícil de comprender cuando se circula por un desierto como el que el viajero atraviesa en su coche ahora, impresionado por el paisaje que tiene a su alrededor.

Pero enseguida Almería aparece al fondo, enmarcada por el mar y por una franja de litoral en la que los plásticos de los invernaderos se alternan con poblaciones blancas y rojas por sus tejados y verdes por las palmeras que las puntean. La carretera, antes de entrar en Almería, da un giro por la montaña para descender pasada la ciudad y entrar en ella por el oeste. La vista de la ciudad con el mar enfrente tiene algo de africana por su blancura intensa y su vegetación, que es ya casi tropical. Las palmeras, sobre todo, contribuyen a esa impresión tanto como el azul del mar y como la arquitectura del caserío que domina una alcazaba que, al contrario que la de Guadix, se conserva casi entera y que nada tiene que envidiar por sus dimensiones a otras de países árabes. No en vano Almería fue capital de una taifa mora, aunque ya antes, durante el dominio omeya de al-Ándalus, era el puerto principal del califato cordobés, cuyo primer califa, Abderramán III, fue el que mandó construir la alcazaba en el lugar que ocupaba una fortaleza anterior.

La ciudad baja es ya más moderna. Aun cuando tenga sus antecedentes en una colonia romana y, antes, en otra fenicia que aprovecharon las especiales condiciones de su bahía para comerciar con los indígenas de la zona, la Almería de extramuros no prosperó hasta casi el siglo XIX con el comienzo de la explotación del mineral de Rodalquilar y otras minas próximas y de la exportación de la uva de moscatel, siendo ya en el siglo XX cuando aumentó de verdad demográficamente con la llegada de los invernaderos y del turismo. Hasta entonces, piratas, pestes y terremotos habían mantenido a la ciudad en una postración histórica que su alejamiento de otras y la pobreza de su territorio acentuaban.

Nada de eso se observa ya, al menos por la avenida por la que el viajero circula en este momento entre palmeras y bulevares ajardinados, siempre con el Mediterráneo a la derecha. Dos gigantescos cruceros destacan entre los barcos que cargan o repostan en el puerto, tan enormes que parecen dibujados en el cielo. A mitad del paseo, un cartel indica a la izquierda la catedral y hacia allá se dirige el viajero subiendo ahora una calle estrecha que apenas permite pasar los coches y que desemboca al fin en la plaza en la que la catedral lo espera desde hace horas. La catedral y su hotel, pues está al lado de ella, de ahí que tomara su nombre, motivo por el que el viajero lo eligió para descansar esta noche.

Unas cuestiones de intendencia, un corto viaje para dejar el coche en un aparcamiento próximo y el viajero ya está preparado para afrontar la que será la última de las catedrales andaluzas. Dedicada a la Encarnación como las de Guadix, Granada y Málaga, es la única de la región construida a modo de fortaleza. Y la única de España con esas características hecha en el siglo XVI. La razón fueron los continuos ataques de piratas berberiscos que por aquella época sufría Almería y la ruina de la anterior catedral a causa de un terremoto que destruyó gran parte de la ciudad en 1522. Al parecer, la antigua no estaba en el mismo sitio, sino en el que ocupó la mezquita mayor de Almería, a unos quinientos metros de la actual.

La condición de templo-fortaleza salta a la vista pese a que en sus aspilleras y almenas ya no se vean arcabuces y cañones apuntando a la ciudad. Su planta no es demasiado alta para soportar mejor los impactos de la artillería y carece de ventanas y de cualquier tipo de abertura que pueda constituir una brecha en su inexpugnabilidad. Sólo las puertas, dos en total, la comunican con el exterior, ya sea la plaza o las calles traseras, mientras que los contrafuertes refuerzan su condición de fortín. Aunque nadie diría, viéndola esta mañana de domingo, con la plaza delantera presidida por una esfera navideña de enorme tamaño y la gente tomando café o cerveza en las terrazas de los dos bares de un lateral, uno de ellos el del hotel del viajero, que aquí se libraron combates que no fueron el cinematográfico de la película *Patton,* que se rodó en esta plaza según recordaba una foto en aquél. Una película que ya no sería posible rodar de nuevo tras la reforma de la plaza, hecha, como muchas de las que acostumbran a hacer en España, a mayor gloria de su arquitecto más que pensando en los que la utilizarán: ni hay bancos para sentarse, ni está la fuente que refrescaba en el centro los rigores de los veranos almerienses, ni hay prácticamente sombra. Sólo las de las palmeras y las de los toldos de las terrazas, que hoy no se necesitan.

La fachada, sin embargo, merecería un mejor escenario desde el que ser contemplada. Alargada y cerrada por dos baluartes, el de la torre, que también es maciza y baja, a la derecha, y otro semicircular a la izquierda, en realidad una de las capillas sobresalientes de la girola, dibuja pese a todo una armónica composición en cuyo centro destaca la portada, todo un compendio del arte renacentista de Juan de Orea, el arquitecto que más trabajó en la catedral almeriense. Dividida en tres partes, una inferior —la mayor— que reproduce un arco de triunfo romano con sus dos pares de columnas sobre plintos dedicada a ensalzar el poder imperial de Carlos I —el Hércules metafórico del relieve—, para cuyo palacio granadino trabajaba Juan de Orea cuando fue llamado a Almería con el encargo de dirigir las obras de la nueva catedral; una intermedia más pequeña de carácter ya religioso a la que le falta el relieve de la Encarnación, la advocación de la catedral, que da nombre a la portada a pesar de ello (sí están, en cambio, los de San Pedro y San Pablo), y una tercera aún más pequeña, que ocupa prácticamente el escudo de Carlos I, símbolo de su grandeza y del que pende el cordero del toisón de oro, que lo es de su poderío y alcurnia. La razón es que el emperador contribuyó con sus propias rentas a la construcción de esta catedral en épocas en las que Almería, asolada por pestes y berberiscos, no podía sufragarla con sus medios.

Ha pasado mucho tiempo desde entonces. Se nota en que la catedral y la plaza están pulidas y retocadas e igual ocurre con la ciudad. En el entorno de la catedral al menos, Almería está limpia como una patena y se ve que ha prosperado mucho. Y con el interior de la catedral sucede lo mismo. Resplandeciente y olorosa a incienso, recibe a un viajero que la vio una vez ya hace años y al que le pareció oscura y un tanto triste. Aunque quizá fuera una impresión. La de ahora, en cualquier caso, es totalmente distinta y más a medida que se interna en este templo en cuyo altar mayor está terminando una misa ahora a cuyos celebrantes no ve a causa de la nube de incienso que los envuelve y que alcanza a los asistentes a aquélla. El viajero ni siquiera los distingue cuando, al terminar la misa, se van a la sacristía a la vez que los fieles abandonan con orden sus sitios. Pronto aparece también un hombre que les dice al viajero y a otros turistas que acaban de entrar en la catedral como él que han de salir también, pues van a cerrar la puerta.

—Si quieren verla, tendrán que entrar por el claustro.

—Y pagar... —concluye el viajero.

—Cinco euros —dice el hombre como si le pareciera poco.

Justo cuando está diciéndolo, pasa ante ellos en dirección a la puerta el obispo de Almería acompañado de un hombre joven, posiblemente su secretario, que porta una cartera de cuero. El obispo luce el solideo púrpura y está blanco como si nunca le diera el sol.

—¿Ha dicho la misa él?

—Sí, la dice todos los domingos —confirma el vigilante, o lo que sea, a un viajero renuente a abandonar la catedral.

—¿Cómo se llama?

—¿Quién?

—El obispo.

—Don Adolfo.

—¿Y de dónde es?

—De Salamanca... Pero lleva ya aquí muchos años.

—¿Y es buen obispo?

—Para mí sí —responde el otro con impaciencia.

Con la puerta cerrada detrás de él, el viajero aún alcanza a ver al obispo y a su acompañante entrar en el Palacio Episcopal, que es el edificio de enfrente; seguramente irán a comer ya pronto. Es mediodía y, entre unas cosas y otras, al viajero se le ha ido la mañana una vez más, aunque, de haber llegado antes a la catedral de Almería tampoco hubiera podido verla, pues mientras se celebran misas está vedada al turismo.

Por su exterior, en cambio, puede verla sin problema. Tanto por la fachada occidental (la de la Encarnación, que es la principal, mira al norte, lo cual es poco común) como por la cabecera, la catedral da a calles tranquilas, especialmente hoy, que es domingo. Y lo mismo ocurre con el exterior del claustro, cuyos dos torreones en las esquinas acrecientan su aspecto de fortaleza, que lo fue, y su función de patio de armas durante siglos. La portada occidental, en cambio, conocida como de los Perdones por ser por la que entraban en el templo los que buscaban en él el amparo eclesiástico frente a otras instituciones civiles, continúa la de la Encarnación, si bien de forma más sobria. Aparte de más pequeño, al arco romano de Juan de Orea le falta en la hornacina del centro la escultura que tendría que ocuparla y está menos historiado, quizá porque el arquitecto ya estaba de retirada cuando lo hizo. Sin embargo, a diferencia de la fachada principal, que también la tuvo pero la perdió en la última reforma, conserva la reja que la protege de las agresiones y que le da un aspecto más antañón; un aspecto que comparte con el claustro, cuya muralla también lo aísla de la ciudad, y con el mal llamado Sol de Portocarrero, como se conoce popularmente en Almería a la cabecera de la catedral, cuyos tres absidiolos, dos circulares y uno octogonal, forman bastiones de defensa. Lo de mal llamado Sol de Portocarrero es porque el relieve en piedra de un sol radiante y antropomórfico que mira a levante envuelto en una guirnalda de flores desde el del centro y que es ya símbolo de Almería no representa al obispo Portocarrero, como su nombre sugiere, sino a fray Diego Fernández de Villalán, el impulsor de la catedral almeriense, cuyos restos reposan en la capilla interior.

Dada la vuelta a la catedral, al viajero se le presenta una duda: si entrar a visitarla ya o comer algo antes para no tener que salir de ella hasta que cierre. Al pasar por la puerta del claustro ha visto que los domingos la catedral sólo abre hasta las seis.

—Yo comería —le dice al viajero el hombre del puesto ambulante de chucherías instalado en medio de la plaza, al lado de las terrazas de los dos bares; el hombre lleva puesto un chaleco reflectante y gasta gafas de cristal grueso—. Por aquí hay muchos sitios buenos. Y la catedral no se va a mover de aquí.

—El obispo seguro que ya está comiendo... —le dice el viajero señalando el Palacio Episcopal.

—¿Ése...? ¡Ése está ahora chupándose unas gambas que usted y yo ni las olemos! —exclama el hombre antes de añadir—: ¡Anda que no se lo montan bien...! Y que no están a dos velas, no se crea —dice poniendo cara de picardía—. Tienen sus apaños, sus monjas... Luego se dan dos latigazos y está... Y el obispo ni siquiera eso. Manda a otros que se los den por él.

El viajero está ya convencido. No sólo de que el obispo está chupando cabezas de gambas en su palacio en este momento, sino de que él debe hacer lo mismo, pues ya es hora de comer. Aunque, como las gambas no le gustan mucho, buscará otra cosa por los alrededores, que la habrá sin duda ninguna. Y, si no, en el bar del hotel, en cuya barra ha visto que hay pinchos para salir del paso en caso de emergencia.

—¿Qué? ¿Ya comió? —le pregunta el del puesto de chucherías cuando regresa apenas media hora después de haberse despedido de él.

—Un poco —dice el viajero.

—Pues comer poco pudiendo comer mucho es de gilipollas —le contesta el otro con sinceridad—. Yo, si puedo, como hasta hartarme.

—Como el obispo —le tienta el viajero señalando el Palacio Episcopal. En la plaza el viento agita las palmeras.

—Qué más quisiera yo comer lo que come él... —dice el de las chucherías.

La que vende las entradas para la visita turística a la catedral está más resguardada, pero se la ve aburrida. Es de Berja, en la Alpujarra almeriense, y lleva sólo tres días trabajando aquí. Dice que hoy apenas han venido turistas pero que ayer sí hubo mucha gente. Se ve que, como es domingo, están de vuelta hacia sus ciudades, le explica al viajero.

—¿Y los de los cruceros?

—Ésos no vienen a ver la catedral...

Mejor, piensa el viajero saliendo al claustro, en el que el viento agita también las palmeras, que son altísimas. Son sólo media docena y están colocadas sin ningún criterio, unas a un lado y otras al otro. El patio tiene algo de recinto cuartelero, que es lo que fue en su origen, tan desnudo y desierto se ve.

Al final de él, en una crujía, una puerta conduce a la catedral. Ésta se abre como un joyero gigante en el que la pulcritud y el orden lo determinan todo. Los mosaicos del suelo, blancos y negros en rombos, y la elegancia de sus pilares octogonales, típicos del estilo gótico, le dan una armonía que contrasta con la confusión del claustro. Y eso que no tenía nada.

La catedral no es que tenga mucho pero lo que tiene está bien conservado. Como el viajero ya vio en el poco rato que pudo estar antes de su cierre, se nota que ha sido rehabilitada recientemente, pues todo brilla y está impoluto. Tan impoluto como el propio obispo. La capilla mayor y el coro, por ejemplo, resplandecen como recién hechos y lo mismo pasa con el trascoro, de mármol rojo, neoclásico, y con las bóvedas decoradas con nervaduras formando estrellas al más puro estilo renacentista español y con el deambulatorio de la girola, que apenas da paso a tres capillas, las que por fuera se corresponden con los tres bastiones del callejón del Sol de Portocarrero. Las naves, de igual altura, y la linterna central, el único elemento constructivo que se alza sobre la horizontalidad del templo (la torre también lo hace, pero está adosada a él, no en su interior), contribuyen, además, con su perfección de líneas a la sensación de paz que produce, acentuada por la soledad en la que se encuentra y en la

que seguirá sumido toda la tarde, pues apenas entrarán visitantes en él. Va a tener razón la de las entradas cuando dijo que los domingos los turistas están ya de retirada hacia sus ciudades.

El viajero, sin embargo, no lo está. Hasta mañana, que regresará a la suya, sigue abierto a todas las experiencias, y ésta de la catedral de Almería no es menor pese a lo que podría pensarse al verla por fuera. Aparte de su carácter de fortaleza, de su impureza arquitectónica, que la emparenta con casi todas las andaluzas, hijas de mezquitas árabes y construidas mayoritariamente en la transición del gótico al Renacimiento, incluso barroco al neoclásico, aparte, en fin, de la destrucción que provocaron en ella ataques de todo tipo, desde los de los piratas y los moriscos alzados en armas contra el nuevo poder representado por la cruz varias veces antes de su expulsión final hasta los de los extremistas republicanos que se tomaron la justicia por su mano en la última guerra civil española, la catedral de Almería tiene los suficientes atractivos como para llenar las casi tres horas que aún quedan hasta las seis, que es cuando cierra en invierno. Y el viajero piensa aprovecharlas, claro.

Del trascoro, obra de Ventura Rodríguez, cuya omnipresente huella lo persigue desde Lugo, que es por donde empieza a mirar el templo, el viajero apenas recordará cuando pase el tiempo el brillo rojo del mármol y la imagen blanca de la Inmaculada de la hornacina central (al viajero el estilo neoclásico le sigue pareciendo mortuorio), pero de la capilla mayor y el coro, así como de las tres capillas radiales de la girola, tomará buena nota en su cuaderno, pues todos son elementos interesantísimos.

El coro, por ejemplo, tallado por el propio Juan de Orea —quien se desplazó, al parecer, personalmente a Sevilla para comprar el nogal para los setenta y cinco asientos que construiría—, es una muestra bellísima del arte renacentista que su autor introdujo en Almería y del que dejó muchas más en la catedral, comenzando por la propia fábrica. Las dos cajas de los órganos, uno a cada lado de ella, y la silla episcopal, grandiosa, ponen la guinda a una sillería que constituye una auténtica catequesis en madera para ambientar los rezos corales de los canónigos.

La capilla mayor, frente al coro, aúna los cuatro estilos presentes en la catedral, a saber: gótico, renacentista, barroco y neoclásico. El gótico se ve en su arquitectura, ojival y medievalizante aún, igual que el renacentista (éste, en los arcos de medio punto abiertos a la girola posteriormente a fin de darle profundidad al espacio), mientras que el barroco y el neoclásico se advierten en su decoración, el primero en las pinturas y en los restos del retablo original que la recubren y el segundo en el tabernáculo, obra también de Ventura Rodríguez, cuando menos en su idea (el que lo ejecutó fue el granadino Eusebio Valdés, el mismo que hizo el trascoro). Las pinturas, ocho lienzos con escenas de la vida de la Virgen, la patrona de la catedral, son de Antonio García Puerta, a quien se los encargó el obispo Molina y Rocha en el XVIII, mientras que los dos grupos escultóricos supervivientes del retablo mayor original, una escena de la anunciación y un calvario preciosos, se atribuyen a la gubia de Pablo de Rojas, el que fuera maestro de Montañés y considerado el padre de la imaginería religiosa andaluza. Lástima que sólo se conserven esos dos fragmentos, pues lo que hay hace encarecer el resto. El tabernáculo, en cambio, está como el primer día tras su restauración a raíz de los daños sufridos en la guerra y la recuperación de algunos de sus medallones con relieves de alabastro, y lo mismo le pasa al altar, de mármol blanco de Macael y en cuya base hay una urna de plata con las reliquias del obispo Diego Ventaja Milán, asesinado en la guerra civil junto a su compañero en la cátedra de Guadix y otros sacerdotes considerados mártires por la Iglesia.

Las tres capillas de la girola son las más viejas de la catedral. Destaca sobre ellas la central, de planta rectangular, al revés que las otras dos, que son semicirculares (por el exterior se advierte más claramente su diferencia), y cuyo espacio dominan cuatro elementos que están entre los más bellos de la catedral entera: el arco abocinado de la entrada, elegantísimo, puro Renacimiento oreano, la bóveda octogonal, verdadera rosa o estrella de piedra bajo la que duerme el sueño de la eternidad el obispo fray Diego Fernández de Villalán, el constructor de la catedral, en un sepulcro de alabastro esculpido en persona por Juan de Orea y sobre el que el prelado yace en efigie con todos sus ornamentos y un perro fiel a los pies (el perro, intacto, pero el obispo, desnarigado por algún miliciano en la guerra civil) y, sobre todo, al fondo de la capilla, el famosísimo y venerado Cristo de la Escucha, al que los almerienses sacan en procesión todos los Viernes Santos por la ciudad. La pena es que el que se exhibe es una copia del original, dicen que del siglo XII, que habría llegado hasta esta catedral desde la primitiva que ocupó la mezquita aljama almeriense y que desapareció en la guerra y del que la leyenda afirma que lo encontró una familia cristiana que ocupó una casa de moros que lo habrían emparedado detrás de un muro, haciéndoseles presente a través de una voz que insistía una y otra vez: «¡Escucha!, ¡escucha!...».

La leyenda de la piedad de la capilla del lado del Evangelio, que también es copia de la original, pues desapareció asimismo en la contienda civil, dice que fue el sucesor del obispo Villalán, un salmantino de apellido Corrionero también conocido como el obispo Babilafuente por su localidad de origen, quien la obtuvo de un cautivo de Berbería que se la había quitado a un turco que la llevaba en la punta de su lanza como un trofeo («En una lança hincada / un turco esta imagen llevaba; / y de un cautivo cobrada / de la Piedad ser llamada / supo por muy cierta prueba. / El cautivo aquí llegado / la dio de su voluntad / al muy devoto prelado / Corrionero, que ha mandado / se llame de la Piedad», dispuso éste poner al pie de la imagen). No es de extrañar que quisiera ser enterrado ante ella en esta hermosa capilla construida asimismo por Juan de Orca y en la que los casetones de su bóveda de cañón rivalizan en belleza con las tres tablas de Alonso Cano que se conservan del primitivo retablo. Una vez más, lo que hay encarece lo que falta y hace su pérdida más dolorosa.

En la tercera capilla de la girola, dedicada a San Indalecio, el primer obispo de Almería (fue compañero de San Torcuato, el de Guadix, y por tanto uno de los varones apostólicos que llegaron a la península a predicar la fe de Cristo en el siglo I), lo que falta es directamente todo. Lo que se puede ver son reproducciones hechas después de la guerra y los enterramientos de varios de los sucesores de San Indalecio que eligieron esta capilla para esperar la resurrección de los muertos como Villalán la del Santo Cristo de la Escucha o Corrionero la de la Piedad.

El viajero, como por el momento está vivo y no tiene que esperar ninguna resurrección, deja la nave de la girola y sale a las laterales, donde le aguardan algunas capillas más, alguna tan notable como la del Sagrario, de tamaño bastante mayor que las otras. En general no tienen gran interés, pues lo que poseían desapareció en la guerra civil, lo que hace que su contemplación sea tan breve como desesperanzada. Lo único que anota el viajero en su libreta es el moderno lienzo en el que aparecen —en la capilla rebautizada como de los Mártires— los obispos de Almería y de Guadix fusilados en la guerra junto a varios miembros de La Salle que corrieron el mismo destino que ellos.

Son las cinco. La luz empieza a caer y las vidrieras de la linterna ya apenas alcanzan a iluminar la capilla mayor y la parte inicial del coro. El resto de la catedral se va quedando en penumbra mientras el viajero le da una vuelta final en la única compañía de una familia con hijos pequeños que tampoco permanece mucho tiempo en ella. No hay más. Ni siquiera un vigilante que se ocupe, como ocurría en Guadix con el sacristán y Antonio, de cuidar de que ningún visitante se lleve o estropee algo de valor. Que no hay mucho, pero hay.

De valor, por ejemplo, es la cajonería de nogal de la sacristía, obra de Juan de Orea, que recuerda a la sacristía de las Cabezas de Sigüenza por su decoración (la bóveda de medio cañón está cubierta de casetones con rosas y otras figuras), y la mesa de mármol jaspeado de una pieza, aunque es difícil llevárselas. No así lo que guardan las dos salas del museo, llamadas de Levante y de Poniente por su situación respecto del claustro, al que pertenecen (el viajero ya ha regresado a él), que son sobre todo cuadros e imágenes y objetos de la liturgia eclesial que milagrosamente han llegado hasta nuestros días teniendo en cuenta los saqueos que la catedral almeriense ha sufrido en su historia. La relación es larga, pero en la libreta del viajero quedaron anotadas solamente los mejores o los que más llamaron su atención: un lienzo de la Inmaculada del XVII atribuido a Murillo, algunos otros de autor anónimo de la misma época, dos de José Risueño de gran factura y delicadeza: *Adoración de los pastores* y *Adoración de los Magos,* una talla de San Sebastián del siglo XVIII, una capa pluvial de seda bordada en oro perteneciente a un obispo del XVII y varios cálices, vinajeras, aguamaniles, portaviáticos y ostensorios fechados entre ese siglo y el XIX. En todo el rato que el viajero ha estado viendo el museo ningún vigilante ha entrado a ver lo que hacía.

—¿Le gustó?

—No está mal —le concede el viajero a la mujer de las entradas, que, por la expresión, está deseando cerrar e irse.

En la calle el viento sopla con fuerza. No hace demasiado frío, pero la humedad del mar acentúa la sensación invernal y más con la noche, que empieza a caer en este momento. En la plaza, la esfera de Navidad está ya iluminada y se ven más personas en ella que cuando el viajero entró en la catedral hace tres horas. Cerca del puesto de las chucherías varios niños juegan al balón, algunos de ellos vestidos con camisetas del Barcelona y del Real Madrid; varios son magrebíes, por el aspecto. Junto a la estatua del obispo Diego Ventaja, en el rincón que forman la torre y la fachada de la catedral, una familia musulmana, quizá la de los niños futbolistas, ocupa los únicos bancos que el arquitecto que reformó la plaza consintió en poner sin importarle la condición cristiana del sitio ni la de los adornos navideños que han puesto en los troncos de las palmeras para acompañar a la gran esfera o bola de Navidad del centro. El de las chucherías se frota las manos, pero no por el negocio, sino por el frío:

—Creo que me voy a ir — dice mirando a la gente, que no repara mucho en lo que le ofrece. Con su calva y sus patillas pelirrojas el hombre tiene algo de payaso navideño.

—¿Tan pronto?

—No tardaré ya mucho. Total, para lo que estoy vendiendo... —dice mirando a su alrededor.

A su alrededor la gente contempla la gran esfera navideña mientras vigila los juegos de sus hijos o sus nietos antes de retirarse a sus casas, cosa que es de suponer harán ya también no tardando mucho, pues mañana hay que madrugar. A la derecha de la esfera, el Palacio Episcopal está cerrado y sin una luz, lo mismo que la catedral. ¿Estarán igual de vacíos los dos?, piensa el viajero mirándolos antes de despedirse del dueño del puesto de chucherías, que contempla la plaza aburrido.

—Hasta luego.

—Hasta luego —dice el hombre sin saber que ya vive en la libreta de un viajero del que no sabe nada salvo que no hace más que dar vueltas alrededor de la catedral desde que llegó. Si supiera que comparte su libreta con el obispo seguramente se echaría a temblar.

Siguiendo la luz que la delata a lo lejos, casi a la altura de las estrellas, el viajero echa a andar hacia la alcazaba, que lleva viendo desde que llegó a Almería encaramada en su sitio de privilegio, pero que no ha tenido aún tiempo de visitar. Recuerda haberlo hecho hace algunos años y que desde ella se veían enfrente, colgadas de la montaña que resguarda Almería del viento del norte y con un barranco por medio, las casitas miserables de La Chanca, el barrio de casas-cueva que inmortalizó el fotógrafo Carlos Pérez Siquier en los años sesenta del pasado siglo, contribuyendo a sacarlo de su anonimato. Pero cuando llega a la alcazaba ya es plena noche y la fortaleza ha cerrado sus puertas, lo que le impide volver a verla salvo por fuera, no así La Chanca, cuyas luces iluminan las casitas y las calles allá enfrente enmascarando la gran pobreza que todavía sufre a día de hoy. Con la oscuridad tiene algo de belén, nada que ver con el vertedero que a la luz del día se advierte a su alrededor ni con los traficantes de drogas que esperan a sus clientes apostados en las esquinas sin importarles que los turistas que suben a la alcazaba los vean desde allá arriba.

El regreso a la catedral es más fácil. Cuesta abajo y en zigzag, se hace en apenas quince minutos aunque con el temor a algún mal encuentro que la soledad y la oscuridad de las calles altas, habitadas ahora por gentes de todas las condiciones, unas mejores y otras peores, pueden propiciar. Pero el viajero llega a la catedral sin ningún incidente y a tiempo para la misa que se celebra a las ocho en la capilla del Sagrario, que es la que hace las veces de parroquia, y de la que nadie le había advertido. Lo ha descubierto él al ver la puerta de la Encarnación abierta y luz en el interior.

Poca, pues sólo están encendidas las de la capilla donde tiene lugar la misa, que celebra un cura mayor para dos docenas de personas, todas también de avanzada edad como él. En la penumbra de la catedral, la capilla recuerda a una catacumba de las primeras épocas del cristianismo almeriense, una burbuja de tiempo en medio de una ciudad que disfruta de la noche de domingo llena de luces navideñas y con su puerto alumbrado por las de los dos cruceros atracados en él, que desde la alcazaba parecían todavía mayores, sin duda por la lejanía. Después de setenta y dos catedrales vistas y de docenas de misas contempladas, como esta de esta noche en Almería, el viajero piensa si tienen ya algún sentido real, si no serán los rescoldos de una religión perdida, apagada entre todos, comenzando por la propia Iglesia. No hay más que ver a este sacerdote que ahora levanta la hostia con la desgana mecánica de quien lo ha hecho miles de veces y al que no estimula un auditorio familiar cada vez más envejecido y escaso, como a los propios curas les sucede. Menos mal que por la calle la animación persiste pese a la hora.

No es la del sábado o el viernes en Granada, pero en la Almería moderna la gente pasea o llena los bares a la espera de retirarse a casa a cenar, salvo los que son de fuera, como el viajero. Éste tendrá que buscar dónde hacerlo (la taberna El Quinto Toro, que recuerda de otras visitas anteriores, está cerrada por ser domingo precisamente), aunque antes se llega hasta el Cable Inglés, el descargadero del mineral de Rodalquilar y otras minas próximas que, como el de la Compañía Minera de Río Tinto en Huelva, construyeron los ingleses en el siglo XIX y que constituye una de las imágenes más pintorescas de Almería, amén de característica. Lástima que esté ahora en obras y el viajero no pueda acercarse a él tanto como le gustaría.

A las doce está de vuelta a su hotel. La ciudad duerme ya pensando en madrugar al día siguiente y al viajero apenas lo ven pasar los gatos, que hay muchos, alimentados seguramente por el pescado que tiran los pescadores del puerto, que ya estarán mar adentro repitiendo una labor cuya historia es tan antigua como la de esta ciudad que surgió de ella por más que de un tiempo acá la haya traicionado por la agricultura intensiva de los invernaderos. Como también traicionó al esparto por el turismo o, antes, por las películas del Oeste. Lo que no cambia es la alcazaba, rutilante en lo alto como una estrella de Navidad, la mayor de esta noche que está cuajada de ellas, ni esa catedral dormida que desde la ventana de la habitación del hotel el viajero contempla antes de acostarse recordando todas las que ha visitado estos días de un lado a otro de Andalucía, la región que con más catedrales cuenta de España pese a que fue la última en empezar a hacerlas.

En la televisión, entre tanto, alguien comenta la actualidad de un domingo que ya se ha quedado vieja.

Decimocuarto viaje

LAS CATEDRALES DEL MAR
(CANARIAS)

El palmeral atlántico

En el arranque de su último viaje —que además será muy breve, pues sólo tendrá dos etapas, la de hoy y la de Tenerife—, el viajero nota el punzón de la melancolía, ese sentimiento extraño que es dulce y agrio a la vez, contradictorio en todo caso para el que lo experimenta. Tanto tiempo deseando llegar al final de su recorrido y ahora que se aproxima (hoy es la penúltima etapa) siente que la melancolía le embarga. Puede que en ello influya esta ciudad a la que llegó ayer tarde tras un vuelo de casi tres horas y en la que nada recuerda a las que dejó detrás sumidas en el frío del invierno, tan alejadas mental y físicamente. El viajero va pensándolo mientras recorre sus calles históricas, las de los barrios de Triana y Vegueta, esos que fueron el origen de una Las Palmas que hoy ha crecido hasta el punto de ser la octava en población de España. Su puerto franco y el turismo transformaron en unas pocas décadas la remota ciudadela defensiva que ordenó construir Juan Rejón, el conquistador de la isla de Gran Canaria, en el lugar en el que desembarcó en ella el año 1478 en una macrourbe que se extiende a lo largo de la costa durante varios kilómetros, así como por los altos cerros que la rodean. Cerros pelados de vegetación que hoy coronan casitas de muchos colores que le dan a Las Palmas un aire más africano del que ya tiene por su paisaje semidesértico.

Es temprano. La ciudad acaba de despertarse y el viajero por sus calles camina prácticamente solo disfrutando del aire fresco de un amanecer que huele a mar y a vegetación atlántica, la de los parques y los jardines de los chalets que se alternan por la parte vieja de Las Palmas; nada que ver con la más moderna, que es un montón de cemento arracimado entre el mar y los cerros del interior. Al fondo, en la dirección del puerto, se divisan las torres de varias plataformas petrolíferas (en la noche parecían rascacielos con sus luces), pero las calles que el viajero atraviesa ahora están cercadas por casas bajas, palacios y casonas de tres plantas cuando más, algunos de los cuales dejan entrever sus frescos patios interiores. Por los parques y las avenidas, aparte de árboles gigantescos (ficus, dragos, algún tamarindo y árbol del amor y sobre todo palmeras), el viajero se cruza con las estatuas de grancanarios ilustres, como la del doctor Negrín, presidente del Gobierno en la Segunda República Española, o la del poeta Cairasco, el padre de la literatura canaria, que combinó el cultivo de las letras con la canonjía que desde muy joven disfrutó en la catedral hacia la que el viajero se dirige. Del que no hay ningún monumento es de Franco, quien —por lo que anoche le hizo saber su amigo Diego Talavera, con el que cenó— durmió en el hotel de enfrente, que aún subsiste como tal —y con el mismo nombre: Madrid—, la víspera de su traslado a la península para ponerse al frente de la sublevación militar que originó la guerra civil española.

Mucha historia, pues, hay en estas calles palmenses como corresponde a una ciudad ya antigua por más que hasta el siglo XV su emplazamiento sólo estuviera habitado por los aborígenes que, procedentes, según parece, del continente africano, tan próximo, resistieron la colonización de la Corona de Castilla cuanto pudieron, sufriendo un gran exterminio por ello. Cinco siglos han bastado para que su población creciera, pero sobre todo para que protagonizara sucesos de todo tipo, buenos y malos, como todas las ciudades y los pueblos, que hoy se traslucen en su conformación urbana y arquitectónica, especialmente en su famoso barrio de Vegueta, el más antiguo de todos, crecido a la sombra de la catedral y de los palacios de los gobernadores y obispos, que se conservan también como el viejo templo. La mole de éste, negra por el color de su piedra y altiva con sus dos torres con cúpulas neoclásicas, domina todo el caserío y la espaciosa plaza a la que se enfrenta y a la que ha dado su nombre: Santa Ana. El viajero ya la vio ayer, pero eso no le impide mirarla ahora con ojos nuevos, como le gusta mirar las cosas que no conoce. Desde la plaza, la fachada de la catedral es aún más majestuosa que vista desde la lejanía y parece más clasicista de lo que es. Por el libro que Diego le regaló, el viajero sabe ya que es copia de la de Pamplona.

Por dentro, en cambio, la catedral es de factura gótica, con dos filas de columnas que recuerdan un palmeral de piedra, una continuación de las palmeras de verdad de fuera, que también formaban dos filas a ambos lados de la hermosa plaza. Sobre ellas, las bóvedas de crucería confirman el estilo gótico, si bien éste se diluye en las capillas, que van perdiendo el apuntamiento ojival para dar paso al arco de medio punto renacentista, y en la fachada principal, neoclásica tanto por dentro como por fuera, lo que delata varias etapas constructivas. En efecto, según el libro de Diego, cuyo tamaño es catedralicio también y pesa como un sillar, la catedral de Canarias, como reza el título, se construyó en dos fases diferentes, una inicial, en el siglo XVI, y otra muy posterior, en el XVIII, cuando se concluyó tras muchos años parada por falta de recursos económicos.

Pero el viajero ha llegado cuando comienza una misa, la de las ocho y media de la mañana, y no es momento de ponerse a mirarla ahora. Mejor tomar asiento en uno de los bancos y dedicarse a observar a los asistentes, que suman las dos docenas acostumbradas, y al cura y al sacristán, ambos de avanzada edad, especialmente este último. Le cuesta caminar y lo hace con ayuda de un bastón, lo que le obliga a sentarse casi todo el tiempo. Al levantarse una de las veces, el hombre está a punto de caerse, lo que provoca la alarma entre algunos de los asistentes a la misa, que se ve que lo deben de conocer, y del cura que la celebra, que se vuelve un instante a ver qué sucede tras él. Por fortuna es sólo un susto y la ceremonia sigue con todos atendiendo o contestando a las prédicas del cura y con el viajero observando la catedral, que es lo que de verdad le interesa. La misa no le importa salvo porque le permite estar en el templo antes de que lo conviertan en un museo cuando termine su celebración.

Hoy tiene suerte, no obstante. Al ser Semana Santa hay una misa solemne a las once (la de la bendición del crisma o los santos óleos, anuncia el cura desde el altar), por lo que la catedral continuará abierta hasta esa hora, lo que le permitirá al viajero verla con gente local y no con turistas. Como el sacristán anciano, que sale ya de la sacristía caminando muy despacio apoyado en su bastón por el centro de una nave lateral.

El viajero lo aborda sin disimulo:

—¿Usted es el sacristán?

—No —dice el hombre deteniéndose—. Yo sólo vengo a ayudar a la misa de las ocho y media. El sacristán es otro.

Pero, sin esperar a que el viajero le vuelva a preguntar, el hombre le cuenta toda su vida, que es la de un huérfano gaditano que llegó a Las Palmas de adolescente reclamado por un hermano que le había precedido en la aventura y que ya no se movió de esta bella isla, en la que trabajó toda su vida como camarero hasta que, jubilado, dedica sus horas libres a ayudar a la misa en la catedral y en la capilla del cementerio, que vigila los domingos («Lo hago por Dios y por la Virgen», dice). El hombre, que está soltero, vive solo a pesar de los diez infartos a los que ha sobrevivido ya y de la rotura de cadera que acaba de padecer y que es la que le hace cojear y a pesar de «las cacatúas» que lo persiguen, por la casa y la pensión de jubilado, por lo que cuenta. Una de ellas, asegura, la mujer que leyó la lectura de hoy en la misa y que, según el hombre, no lo deja en paz.

—Pero a mí no me atrapan —dice con gesto de picardía—. Yo con mi perra y mis pajaritos tengo bastante y no quiero otro amor que el de Dios y el de la Virgen. Marimandonas a mi lado no las quiero. Que trabajen si quieren tener dinero como hice yo —dice volviendo a andar hacia la salida.

—¿Vive lejos? —le pregunta el viajero ante su dificultad para caminar a causa de la cadera rota.

—Un poco. Pero cojo un taxi. Lo cojo todos los días tanto a la venida como a la vuelta —dice el hombre. Y añade—: Total, el dinero es mío...

Mientras el sacristán amateur se va hacia la puerta y mientras otros de los que asistieron a misa se despiden entre ellos (deben de ser los mismos todos los días), varios hombres han comenzado a traer bancos y sillas de plástico, que colocan al lado de los primeros sin duda para ser utilizados en la misa de las once; una misa que presidirá el obispo y a la que asistirán gran parte de los curas de la diócesis de Canarias, como se la denomina aún pese a comprender ya sólo tres de las islas del archipiélago: Lanzarote, Fuerteventura y Gran Canaria, en cuya capital está la sede. El viajero lo ha leído mientras se celebraba la misa anterior en el libro sobre la historia de la catedral en la que se asienta, que cuenta también sus vicisitudes. Primero la sede estuvo en el Rubicón, en la isla de Lanzarote, de ahí que la diócesis se denomine canariense-rubicense, y luego se partió en dos, cuando en el año 1819 se creó por una bula del papa Pío VII la nueva diócesis de San Cristóbal de La Laguna, que integra las cuatro islas occidentales del archipiélago, esto es, Tenerife, La Palma, La Gomera y El Hierro, hasta entonces pertenecientes a la única diócesis canaria. Una división que todavía escuece entre los grancanarios, cuya rivalidad con los tinerfeños es proverbial:

—Pero si la catedral de La Laguna no existe... Es un cuento de los de Tenerife —le dijo con ironía al viajero su amigo Diego Talavera al saber que en ella terminará su viaje a través de España de catedral en catedral.

La que existe y no ofrece dudas de ello es esta de Santa Ana del antiguo Real de Las Palmas de Gran Canaria, hoy Las Palmas de Gran Canaria a secas, que el viajero contempla desde su centro rodeado de personas que se afanan en disponer todo lo necesario para la misa de las once y ambientado por la música que en el órgano han comenzado a tocar un canónigo y un hombre joven, que ensayan ya para ella. Con planta de cruz latina y coronada por un cimborrio cuadrado de gran altura, sus muros de piedra negra sólo aliviados a trozos por el revoco blanco que los recubre a partir de la mitad se alzan a lo largo de muchos metros, tantos como los de su fachada, salvedad hecha de sus dos torres. Las bóvedas horizontales y la ausencia de coro en el centro le dan al templo una anchura, además, que hace de él un enorme salón en el que las columnas de división de las naves forman una especie de palmeral gótico cuyas ramas serían los nervios de crucería y los frutos, las claves de las bóvedas. Un palmeral de piedra volcánica, como toda la de la isla, al que sólo le falta moverse al paso de un viento que a la catedral no llega precisamente por sus recios muros.

Fuera de ello su disposición es clásica. Con un ábside cuadrado en el que finaliza una capilla mayor alzada varios peldaños sobre la planta del templo y que llega hasta el centro del crucero, por lo que la luz del cimborrio cae vertical sobre ella, y una docena de capillas repartidas por las naves laterales y en los brazos del crucero, la catedral palmense forma una cruz perfecta cuya silueta subraya su escasa ornamentación. Ni siquiera la capilla mayor tiene elementos de relevancia aparte del tabernáculo neoclásico que la preside y de la sillería del antiguo coro, que fue trasladada allí. La patrona de Las Palmas y titular de la catedral, Santa Ana, representada en una escultura de hace poco más de medio siglo, reposa sobre un pilar en una hornacina del altar mayor.

El resto de las capillas, excepción hecha de las dos de los testeros delanteros de las naves laterales y de las que se sitúan en los brazos del crucero —una de ellas la del Santísimo Sacramento, donde se expone—, tampoco alberga muchas cosas y lo que alberga no tiene gran interés. Quizá el retablo y la dolorosa de Luján Pérez, el más famoso escultor canario neoclasicista, en la capilla de los Dolores, en el brazo del crucero contrario a la del Santísimo, y las imágenes de la Virgen de la Antigua y la también tallada por Luján Pérez en la de San José, cada una en un testero de las dos naves laterales, sean junto con la escultura de la famosa Roldana de San Fernando que se venera en la capilla que lleva este nombre lo único de valor. El resto son imágenes de segunda y tercera categoría y lápidas sepulcrales de personajes eclesiásticos y civiles que han querido morar para siempre en la catedral a la que sirvieron o a cuya construcción u ornato contribuyeron con su patrimonio. Nada distinto a otras catedrales, salvo que los sepulcros y mausoleos tampoco son de gran interés artístico.

Mientras deambula por la catedral, el viajero comienza a ver aparecer gente que toma asiento en la gran nave central pese a que aún falta mucho para las once. A las diez el templo está ya a la mitad y a las diez y media no cabe una persona más en los bancos y eso que son muchos. Los operarios empiezan a desplegar las sillas de plástico junto a ellos, pero también éstas se ocupan en muy poco tiempo. Ciertamente la misa de la bendición de los santos óleos va a ser una misa muy concurrida, pues todavía faltan los sacerdotes que, procedentes de toda la diócesis, van a participar en ella.

—¿De Fuerteventura y de Lanzarote también? —le pregunta el viajero a uno de ellos que llega portando una bolsa, quizá con la ropa que ha de vestir en la misa. Se supone que en la catedral no hay para todos ellos.

—También, también... —dice el cura, que lleva alzacuellos, por lo que lo distinguió el viajero—. Salvo los que no puedan venir por algún motivo o porque tienen que estar de retén...

—¿Y usted de dónde viene?

—De aquí, de Las Palmas, de la parroquia de San Agustín —responde el sacerdote dando la espalda al viajero para saludar a otro compañero que acaba de llegar en ese momento.

El goteo de sacerdotes aumenta a medida que se aproxima la hora de la ceremonia. Todos vienen con una bolsa en la mano como el anterior y alguno con maletín. Los hay de todas las promociones y tipos, aunque abundan los de avanzada edad. Por la manera de comportarse los hay más entusiastas y menos, siendo los jóvenes más de los primeros, quizá porque aún tienen la fe y la ilusión intactas. A muchos se les nota amanerados, con esa forma de andar que dan los años de seminario y de autocontrol, mientras que otros podrían pasar por unos fieles cualesquiera, incluso por turistas, como este que llega ahora vestido con un jersey amarillo y larga melena, muy larga para su edad, y cuyos rasgos faciales recuerdan a los de los aborígenes. Todos van entrando en la sacristía, que está al fondo de la nave de la Epístola, mientras las sillas que quedan libres ya se han ocupado todas. O casi todas. El viajero descubre aún una vacía en un lateral y allí se sienta a ver el espectáculo de la misa.

A las once en punto, con la catedral a reventar de gente, suena una campanilla y a continuación el órgano y de inmediato empiezan a salir curas de la sacristía y a avanzar por la nave de la Epístola en dirección contraria a la del altar, seguramente para llegar a éste por la principal. Delante van tres hombres portando una cruz y dos grandes cirios. La procesión se prolonga más de lo que cabría esperar, pues no dejan de salir curas de la sacristía, hasta más de doscientos tal vez, todos vestidos con alba blanca, aunque algunos llevan también atributos difíciles de distinguir desde lejos. Al que sí se distingue bien es al obispo, que cierra la comitiva báculo en mano y mitra sobre la cabeza, como corresponde a su dignidad. A su paso todos los feligreses lo miran, unos con admiración y otros con curiosidad. El viajero busca su nombre en Internet: Francisco Cases Andreu, natural de Orihuela, Alicante, y obispo de Canarias desde el año 2005.

Cuando el obispo llega al altar ya todos los sacerdotes han ocupado sus sitios, unos en los primeros bancos, que se habían reservado para ellos, y otros en el presbiterio rodeando a su máximo mandatario, que ocupará la cátedra de su propiedad. Desde lejos no se ve bien, pero no parece que sea una pieza de gran belleza, comparada sobre todo con las de otras catedrales españolas. Se ve que esta de Las Palmas no está entre las mejores tampoco por su mobiliario.

El viajero no se extenderá en contar el desarrollo de la solemne misa crismal, las idas y venidas del obispo y de los que lo acompañan allá arriba incensando el altar o rezando a coro, la cantidad de veces que el prelado se quitó y se puso la mitra siguiendo un guion misterioso para todos salvo para los sacerdotes, lo complejo de la ceremonia de bendición de los santos óleos, que esperaban en cuatro vasijas altas de plata en una mesa frente al altar. Al viajero le bastará con decir que la misa duró dos horas y que, cuando terminó, la procesión volvió a repetirse, ahora en dirección a la sacristía, con lo que se prolongó otro rato. Eso y que el sermón del obispo no fue un sermón al uso. Al contrario, fue crítico con la propia Iglesia, a la que acusó de no saber atraer a los jóvenes. «Algo estaremos haciendo mal para que nuestros jóvenes nos hayan dado la espalda», fue la frase que dejó flotando en la catedral y que el viajero se apresuró a apuntar interrumpiendo la lectura del libro que le regaló Diego.

El libro descansa ahora sobre una mesa del bar Te Lo Dije Pérez, en el que el viajero ha entrado a tomar café después de asistir a la despedida de todos los sacerdotes y sus familiares, muchos de ellos llegados desde sus parroquias, y antes de subir a la torre de la catedral, que, como su museo, cierra a las cuatro

según le han dicho. Y antes de ello tendrá que comer, puesto que desde las siete y media, en que desayunó, no ha vuelto a probar bocado. Y la *Historia de la catedral de Canarias* sólo alimenta el espíritu, como el café.

A la torre se puede subir en ascensor, pero el viajero prefiere hacerlo a pie por su claustrofobia y por experimentar un ascenso que es físico y espiritual a la vez, como todos. No es necesario que sea a una catedral para sentir cómo el alma se eleva al tiempo que el cuerpo, sobre todo cuando alcanza su propósito después de un esfuerzo mayor o menor. El de la torre de la catedral de Las Palmas no ha sido de los mayores (el viajero recuerda mucho más duros los de las catedrales de Sevilla o Murcia), pero tampoco de los más ligeros. Doscientos quince escalones ha tenido que subir, que no es poca cosa. Aunque el esfuerzo ha merecido la pena. Las vistas de la ciudad con el océano Atlántico rodeándola sólo son comparables a las que desde el avión tuvo ayer al aproximarse éste al aeropuerto, si bien quedaba tan lejos que sus calles y edificios no se veían como desde aquí. Desde los sesenta metros de altura de la torre, el barrio de Vegueta, en primer plano, y el de Triana, un poco más lejos, parecen maquetas arquitectónicas y lo mismo sucede con las barriadas encaramadas a las colinas que los rodean y hasta con la ciudad moderna y el puerto, pese a que éstos, por la distancia, se ven un tanto borrosos. No así los barcos y las plataformas petrolíferas atracados frente a él y que parecen dibujos de una pintura infantil con el azul del mar envolviéndolos.

Desde esta altura, aunque no tan apacibles, debieron de ver los vecinos de Las Palmas acercarse los barcos holandeses que, mandados por el pirata Pieter van der Does, de triste memoria, arrasaron la ciudad e incendiaron sus edificios antes de retirarse con el botín conseguido a primeros de julio de 1599. La catedral, que ya estaba techada, resistió, no así su imaginería y tesoro, que sucumbieron a la codicia de los piratas o al fuego y ya nunca se pudieron reponer. E igual pasó con las casas del gobernador de la isla, donde la tradición dice que se alojó Cristóbal Colón en su primer viaje a América, y con las consistoriales, que se pueden ver a un lado y otro del perímetro del templo; las consistoriales, al fondo de la plaza de Santa Ana, en la que ahora juegan los niños y se hacen fotos los turistas sin saber que desde la torre de la catedral otros los están mirando.

El Gabinete Literario, antigua sociedad palmense emplazada en un edificio decimonónico que cierra por un costado la plaza del poeta Bartolomé Cairasco frente por frente al Hotel Madrid, es el lugar que el viajero elige para comer no porque considere que lo hará mejor que en cualquier otro de la zona, sino por su mirador-terraza, un auténtico observatorio de la ciudad antigua de Las Palmas, cuya vida transcurre delante de él. También las de los turistas, que por aquí han de pasar necesariamente para ir a la catedral y al barrio de Vegueta, que están muy cerca, al otro lado de la avenida que discurre por el primitivo cauce del barranco de Guiniguada y que es la que hace de frontera entre aquél y el barrio de Triana. De hecho, éste tomó su nombre a imitación del de Sevilla, al que separa de la ciudad el Guadalquivir, según al viajero le contó su amigo Diego, que, como buen periodista, lo sabe todo de su ciudad.

—¿Y tú por qué te quedaste aquí? —le preguntó el viajero, que piensa que su amigo habría tenido una brillante carrera profesional en Madrid o en Barcelona.

—Porque aquí se vive muy bien.

Y que lo diga. Sentado en la terraza del Gabinete Literario, viendo el jardín de la plaza con el busto del poeta Cairasco en el centro y al fondo la catedral y los edificios de Vegueta, la mayoría palacios con jardines interiores con palmeras y mil flores, el viajero, mientras come, piensa que este lugar es lo más próximo al paraíso que puede existir, al menos en este mundo. Otra cosa es el que dicen que hay en el cielo para los católicos, pero en el que él no confía en poder entrar.

—¿Me trae un café, por favor? —pide, acabada la comida, para prolongar la estancia en esta terraza que es un remedo del paraíso.

El paraíso tampoco ha de estar muy lejos del patio de la catedral, que por los tres o cuatro que lo sombrean recibe el nombre de los Naranjos y que es por el que se accede al museo de aquélla; un sitio de *beatus ille* en el que los turistas se sientan a escuchar cantar a los pájaros y el susurro de la fuente en la que beben, en el centro del pequeño jardincillo. A su alrededor, una larga galería de madera, típica de las casonas isleñas, recorre el edificio que antaño fuera de uso de los canónigos y hoy acoge un Museo Diocesano que, aunque ocupa unas cuantas salas, no tiene gran interés. Lo más destacable es la colección de Cristos de marfil, nácar y otros materiales (el mejor, el de Luján Pérez que preside la antigua sala capitular) y los retratos de los obispos canarienses, algunos de los cuales yacen en la catedral. Resulta curioso ver cómo eran físicamente, pues el relato de sus sepulturas sólo habla de sus obras.

Desde el patio se entra directamente a la catedral. Se hace por una puerta renacentista que da a la nave de la Epístola, entre el penúltimo y el último tramo, y que se conoce como la del Aire, nadie sabe bien por qué. Su estilo sí indica, en cambio, que se abrió con posterioridad a la terminación de la fábrica gótica inicial para comunicar el templo con el claustro cuando éste se construyó. Fue en el año 1586, según la *Historia de la catedral de Canarias*, el documentado libro de don Santiago Cazorla León.

En la catedral no hay nadie. Los pocos turistas que la visitaban acaban de salir y el silencio en el templo casi se toca. Envueltas en él, las naves y las pequeñas capillas que se suceden junto a sus muros parecen flotar en la irrealidad de una hora que en ellas da la impresión de ser más tardía. La luz está decayendo y la soledad del templo hace que todo parezca irreal e inmóvil, hasta las velas de los lampadarios, que han dejado de temblar como acostumbran. Las pisadas del viajero son el único sonido que se oye y, cuando él se detiene también, ni eso. ¿Cómo será quedarse aquí encerrado una noche entera?, piensa.

—Nunca se ha quedado nadie —le dice el guardia de seguridad que ha ido a avisarlo para que salga, pues ya es la hora de cerrar—. Hay cámaras y sensores que saltan al menor movimiento. Es imposible que nadie se quede escondido dentro.

—Ya —le responde el viajero mientras salen por la puerta—. Pero tiene que dar miedo quedarte encerrado aquí con todos los obispos que hay sepultados en las capillas...

—A mí los muertos no me dan miedo —dice el guardia—. A mí los que me dan miedo son los vivos —y añade, después de cerrar con llave la enorme puerta—: Un compañero mío al que le tocó vigilar de noche la iglesia de Santo Domingo cuando estuvo en obras decía que había fantasmas, que se oían ruidos. Pues qué suerte tienes, le dije yo. Pregúntales el número que va a salir en la lotería...

A los pájaros del patio tampoco los asustan los fantasmas que a esta hora cruzan las salas altas del museo ni las presencias que se encaminan hacia la salida de éste, pues va a cerrar también de un momento a otro. Ajenos a cualquier ruido cantan y vuelan por el jardín felices de habitar en un lugar que es sombra del paraíso con sus naranjos y sus arbustos de olor. Y con esa humilde fuente cuyo susurro borra cualquier conato de ruido del exterior, que ha quedado tan lejos de estos muros.

Pero está muy cerca. Basta cruzar la puerta de salida, el arco por el que el viajero entró hace una hora para visitar un museo que creía mejor para regresar a una realidad que sigue su curso, si bien en estas calles de Vegueta discurra con placidez. Sobre todo alrededor de la catedral, donde palacios aristocráticos alternan con casas viejas en las que el tiempo se detuvo ya hace mucho al crecer la ciudad hacia otras partes y abandonarlas sus antiguos dueños. Sólo en la plaza de Santa Ana mayores y pequeños parecen darle una vida propia junto con los turistas que se fotografían en ella con la fachada de la catedral de fondo o subidos a los perros que el Ayuntamiento de Las Palmas mandó esculpir frente a ella para homenajear a los famosos canes de presa que los conquistadores de las islas hallaron a su llegada y por los cuales las bautizaron como lo hicieron.

Lo que queda de la tarde el viajero lo dedica a pasear por las calles de Vegueta mirando sus palacios y jardines a falta de otra cosa que hacer ya. La catedral cerró hasta mañana y por fuera no tiene gran interés. Solamente sus portadas merecen algo de atención aunque tampoco son nada del otro mundo. Las calles que las rodean, en cambio, tanto las perpendiculares al mar, que son las más anchas, como las que se cruzan con ella tienen un enorme encanto, incluso a esta hora, que están vacías. Y lo mismo pasa con las placitas y con las callejuelas que trepan hacia los riscos, como llaman los palmenses a los barrios que se alzan en los cerros ante la falta de sitio llano en que construirlos. Son barrios pobres y altos que recuerdan a las favelas brasileñas, pero que el Ayuntamiento ha dignificado pintándolos de colores que los convierten en más alegres. En Vegueta no lo necesitan. Sus edificios son tan hermosos, están tan historiadas sus fachadas con escudos o con galerías de madera hechas al más puro estilo insular que atraen todas las miradas, salvo las de aquellos que están habituados a verlos todos los días. Y muchos tienen placas que recuerdan a sus dueños, algunos tan importantes para la historia de la ciudad o las islas como don José Viera y Clavijo, arcediano de Fuerteventura y considerado el padre de la etnografía canaria, cuya lápida sepulcral el viajero vio esta mañana en la catedral, o Silvestre de Balboa, nacido en la plaza del Espíritu Santo, en pleno centro de Vegueta, en el año 1563 y muerto en Camagüey, Cuba, en 1649 y que inauguró la literatura cubana con su novela *Espejo de paciencia.* Otros, como Néstor Álamo, compositor y escritor y cronista oficial de la isla de Gran Canaria, autor de *Sombra del Nublo,* una de las canciones más populares de su folclore, contemplan el paso del tiempo desde su escultura en bronce como los perros de presa de la catedral. Aunque don Néstor en un rincon más tranquilo, en la trasera del edificio y junto al conjunto de casas conocidas como de Colón por estar entre ellas la del gobernador que acogió en la suya al conquistador de América cuando hizo escala en la isla en su primer viaje para reparar una de sus carabelas. El lugar es hoy un museo dedicado a Colón y a América, pero también a la historia y al arte canarios.

La tarde sigue y el viajero, que ya le ha dado la vuelta a toda Vegueta, duda qué hacer en lo que aún le queda de día. Está de nuevo en la plaza de Santa Ana, en medio de las carreras y de los juegos de los niños que utilizan el espacio para ello viendo cómo sus padres se aburren mientras los vigilan y a los turistas hacerse fotos junto a los perros en escultura o con el fondo de la catedral. Pocos se fijan en las casonas ni en los muros que esconden el jardín episcopal o lo que queda de la llamada catedral baja, un apéndice a medio hacer del edificio principal que se abandonó ante la falta de entusiasmo con la que fue recibido por los vecinos de Las Palmas, cansados seguramente de costear las faraónicas obras catedralicias. Aunque a su lado las camareras de El Canalla de Vegueta, un bar que hace honor a su nombre, ignoran tanto eso como la razón de éste.

—Ni idea —dice una, la más joven de las dos.

—A mí me lo contó una vez el jefe, pero se me olvidó —dice la otra con desinterés.

—¿Y el obispo viene aquí a tomar café? —les pregunta el viajero señalando su palacio, cuyo jardín se recorta enfrente justo del bar.

—Yo nunca lo he visto —responde la más joven, encogiéndose de hombros.

—Yo es que soy poco religiosa, caballero —dice la otra corroborando que ni siquiera reconocería al obispo si entrara al bar a tomar café. Y añade, con la dificultad que le causa al hablar el *piercing* que lleva puesto en la lengua—: El obispo toma el café en taza de oro y aquí no tenemos de eso.

Hasta el anochecer el viajero vagará todavía por los alrededores de la catedral viendo alargarse las sombras y desaparecer el sol de las calles, algunas de las cuales han comenzado a llenarse de gente, jóvenes sobre todo y padres con niños que juegan en ellas aprovechando que no pasan coches. En las terrazas de los cafés, vecinos y turistas se entremezclan componiendo una amalgama variopinta que es la misma que se repite en toda la isla desde que el turismo la ha invadido entera. El viajero entre ellos pasa desapercibido, si bien no tanto como imagina, pues a la noche, cuando regrese a su alojamiento, recibirá un mensaje en su teléfono móvil en el que otra amiga grancanaria de vacaciones en su ciudad aprovechando las de la Semana Santa (es periodista y vive en Madrid) le pregunta si es cierto que anda por Vegueta.

Para entonces el viajero ha contemplado ya el atardecer sobre el viejo barrio cuadriculado y aristocrático, el encendido de la catedral y de las calles de alrededor, el de los barcos y las plataformas petrolíferas enfrente de ellas y la caída de la noche sobre una isla que es un ensueño como la catedral que surgió de ella, hecha con su misma lava y levantada por unos hombres que aún tenían un pie en la mitología y otro en la historia, al revés de lo que hoy sucede. Sus descendientes —estos que ahora aguardan frente a su fachada a que pase una procesión que viene de Santo Domingo y recorre las viejas calles de Vegueta hasta la medianoche o los que, sin interés en ella, buscan la diversión en los bares y restaurantes en grupos animadísimos— en nada se diferencian ya salvo en el acento de todos los que el viajero ha visto a lo largo y ancho de la nación en la que se integran. Pero la vegetación y el cielo, esas palmeras que crecen alrededor de la catedral y dentro de ella (las de dentro, petrificadas por falta de libertad) y ese cielo que se comba como un cubo obligado por la altura de los montes de la isla, todos tan altos como las nubes sobre las que se destacan, delatan que el Atlántico y miles de kilómetros separan el continente europeo de esta placita en la que resuena el eco de la canción que José María Millares compuso para ella y para los niños que juegan a ser aviones entre sus bancos quién sabe si ensayando para cuando sean mayores y hayan de volar muy lejos: «¡Vegueta, Vegueta, / barrio de Vegueta, / barrio donde nací, / torre de la Audiencia / de San Agustín! / Las más alegres campanas / de nuestra catedral, / donde la plaza Santa Ana / al aire se echó a volar. / ¡Al mar, al mar, / repican, repican, / al mar, al mar, / repican, repican, al mar!...».

—Y tú, Diego, ¿por qué no te fuiste nunca?

—Porque se vive feliz aquí.

Viernes Santo en La Laguna

El último día de su viaje, no sólo de éste a las islas Canarias, sino del que comenzó en Santiago de Compostela hace mucho y que le ha llevado por toda España de catedral en catedral, el viajero siente una emoción especial. Se ha despertado temprano, pero ha demorado el momento de ir en busca del último de los templos que visitará en su periplo catedralicio y que se alza muy cerca de su hotel. De hecho, ya estuvo en él ayer noche recién llegado del aeropuerto aprovechando que estaba abierto por las procesiones de la Semana Santa. Hoy, día grande de ésta, Viernes Santo de Pasión, le han dicho que permanecerá abierto también por ese motivo todo el día, pues todas las procesiones de La Laguna tienen principio o final en él.

Mientras se prepara para salir, el viajero mira por la ventana el paisaje, verde y lluvioso como del norte, como si le quisiera devolver a Galicia, donde inició su viaje hace más de dieciséis años. Por el camino quedan paisajes de todo tipo, verdes y ásperos, secos y húmedos, marinos y montañosos, helados y calurosos, sobrepoblados y semidesérticos. Y en ellos, gentes de todas las clases, amables y displicentes, hurañas y hospitalarias, educadas y desagradables. La España poliédrica que hoy acaba aquí, en esta hermosa ciudad trazada con tiralíneas en lo que fuera el lecho antiguo de una laguna, de ahí su apellido, se extiende como un mapa en la memoria del viajero y sobre él las setenta y tres ciudades que ha visitado antes de llegar a ésta: Santiago de Compostela, Tuy, Orense, Lugo, Mondoñedo, Oviedo, León, Astorga, Zamora, Salamanca, Ciudad Rodrigo, Santander, Burgos, Palencia, Valladolid, Ávila, Segovia, El Burgo de Osma, Vitoria, Bilbao, San Sebastián, Pamplona, Tudela, Calahorra, Santo Domingo de la Calzada, Jaca, Huesca, Barbastro, Zaragoza, Tarazona,

Albarracín, Teruel, Lérida, Solsona, la Seo de Urgell, Gerona, Vic, Barcelona, San Feliu de Llobregat, Tarrasa, Tarragona, Tortosa, Madrid, Getafe, Alcalá de Henares, Plasencia, Coria, Badajoz, Toledo, Ciudad Real, Albacete, Cuenca, Sigüenza, Segorbe, Valencia, Orihuela, Murcia, Ciudadela, Palma de Mallorca, Ibiza, Baeza, Jaén, Córdoba, Sevilla, Huelva, Jerez de la Frontera, Cádiz, Ceuta, Málaga, Granada, Guadix, Almería y Las Palmas. Setenta y tres ciudades catedralicias a las que se suma hoy esta de San Cristóbal de La Laguna que fundó en el año 1496 el adelantado Alonso Fernández de Lugo para que fuera la capital de Canarias y que entre todas componen el entramado de catedrales o cajas negras de la memoria de un país tan diverso como largas son las distancias en él. De Galicia a Tenerife el viajero ha recorrido más de veinte mil kilómetros y lo ha hecho en coche, barco y avión. Un viaje de más de dieciséis años que comenzó en Santiago de Compostela el primer día de setiembre del año 2001 y que finaliza hoy, 30 de marzo de 2018, en la última de las catedrales de todas las repartidas por el país.

Pero aún no es el momento de hacer balance de él. Hasta que termine el día de hoy, el viaje no habrá acabado y el viajero sigue haciéndolo por tanto, pese a que sienta que ya ha concluido. Al menos tiene esa sensación mientras cruza las calles de La Laguna, mojadas por la llovizna canaria, tan parecida a la de Galicia, camino de una catedral cuyas torres se alzan sobre el caserío, un crucigrama de casas blancas y tachonadas de escudos y piedras nobles que delatan su aristocrática condición, su carácter antiguo y capitalino, que es el mismo de la ciudad entera. No en vano San Cristóbal de La Laguna se creó para ser la capital del archipiélago y durante varios siglos lo fue hasta que su antiguo puerto de Santa Cruz le arrebató la de Tenerife, primero, y junto con Las Palmas la de la autonomía canaria, más tarde. Su antigua Universidad, que conserva, y la sede del obispado de Tenerife, que consiguió a comienzos del XIX poco después de perder también la Capitanía General Militar de Canarias, son los dos restos de aquella capitalidad que confirman la importante historia de la ciudad junto con los palacios, conventos e iglesias que tachonan su cuadrícula urbanística, esa que sirvió de plano para la construcción de ciudades de Hispanoamérica mucho más famosas, como Cartagena de Indias, La Habana, Lima o San Juan de Puerto Rico. San Cristóbal de La Laguna fue la primera ciudad colonial no fortificada que se construyó en el mundo y eso le sirvió para que la declararan Patrimonio de la Humanidad.

Eso y su conservación. Porque, salvo algún destrozo, la ciudad permanece como cuando la fundaron, sin grandes alteraciones y sin que ningún edificio nuevo moleste a las viejas casas de piedra de cantería o enjalbegadas de cal o yeso que se suceden a lo largo de las calles rectilíneas que conforman la cuadrícula famosa que repetirían muchas ciudades de Hispanoamérica. El adelantado Alonso Fernández de Lugo se adelantó, efectivamente, a su tiempo y no sólo al conquistar para Castilla las islas de Tenerife y La Palma. Así que no es de extrañar que la mejor plaza de La Laguna lleve su nombre y que todo en la ciudad lo recuerde.

Cerca de donde vivió, detrás del convento de Santa Catalina de Siena, donde se conserva el cuerpo incorrupto de una monja en proceso de beatificación, entre las calles de Obispo Rey Redondo —antigua de la Carrera— y Bencomo, la majestuosa catedral alza sus torres simétricas compitiendo con las de otras iglesias, especialmente con la renacentista, a lo lejos, de la Concepción, la más antigua de todas y la matriz de todas las parroquias laguneras. Las torres de la catedral son más altas, pero uno duda al principio de cuál de los dos templos es el principal. Aunque el viajero ya lo sabe desde ayer, cuando visitó los dos aprovechando las procesiones que los mantenían abiertos y el tiempo que tenía hasta la noche, tras llegar a La Laguna a media tarde después de un vuelo de media hora desde Las Palmas. Y si ayer La Laguna le emocionó por su gran belleza, hoy no lo hace menos, con las calles mojadas por la llovizna y el sol pugnando por abrirse paso entre unas nubes que impiden ver enteras las montañas del entorno, incluido el Teide.

En la plazuela de la catedral, apenas un jardincito con unas pocas palmeras, aparte del puesto de información sobre la Semana Santa de La Laguna que atienden dos chicas jóvenes y de otro de venta de refrescos hay mucha gente ya para la hora que es. Son personas que esperan a que aparezca una procesión nocturna y que es muy popular, según parece, porque los que participan en ella van en total silencio. Lo único que se oye es el ruido de las cadenas que arrastran sobre el pavimento, le dice al viajero una señora cuyo marido es uno de los procesionantes.

Pero aún falta para que llegue la procesión a la catedral. Así que la vida sigue alrededor del templo, ante cuya fachada principal, un frontón sostenido por columnas salomónicas y coronado por las dos torres y un intradós triangular central, los operarios de Alquiler de Sillas Perdigón sacan de una furgoneta montones de sillas que alinean por toda la calle para que la gente pueda ver la procesión sentada. ¡Qué previsión!, piensa el viajero, que aún desconoce que las hileras de sillas recorrerán todas las de La Laguna en un despliegue de mobiliario que ni en los grandes desfiles del Ejército se ve.

—¿Y son gratis? —le pregunta a uno de los obreros encargados de colocar las sillas.

—El que quiere da la propina. Pero no es obligatoria —dice el hombre.

¡Qué generosidad! ¡Y qué amor a la Semana Santa!, piensa el viajero observando lo limpio y lo cuidado que está todo en torno al templo, tanto las calles como las fachadas. Se ve que el Ayuntamiento gasta una parte importante de su presupuesto en limpieza y que los vecinos hacen lo mismo por su cuenta. Se nota que aman su ciudad.

Dentro de la catedral, a la que el viajero accede por la puerta principal, que acaba de ser abierta para recibir a la procesión cuya llegada espera la gente (anoche sólo lo estaba la lateral), la limpieza y el cuidado también se notan, pese a que la aglomeración de personas no deje apreciarlos bien. Construida en hormigón (la primera de España y la única hasta el momento) y rematada tras su reconstrucción reciente después de ser demolidas sus bóvedas y su gran cúpula ante su peligro de derrumbamiento en 2009 con fibra de polipropileno (también en ello es pionera), la catedral de los Remedios de San Cristóbal de La Laguna, la última que visitará el viajero, es la más joven de España en cuanto a arquitectura e innovación, pero está dispuesta como si fuera antigua. A algunos se lo parecerá por su impostación neogótica, pero apenas tiene cien años y la cubierta ni eso. Ni está acabada siquiera, pues falta recubrir las bóvedas, desnudas a partir de las columnas de hormigón, que por lo menos imitan a las de piedra de las de las catedrales auténticas. Va a tener razón Diego Talavera cuando le dijo al viajero que esta de La Laguna era un invento de los de Tenerife.

Por lo demás, la catedral es asimétrica, pues el crucero sólo tiene un brazo, el del mediodía, que ocupa la capilla más fastuosa y rica de todas y en la que se ve a más gente rezando ahora. Lo cual la hace más original aún y ello a pesar de la ortodoxa disposición de sus elementos y espacios litúrgicos, con el coro en el centro de la nave principal, una vía sacra delimitada por barandillas de hierro que lo comunican con la capilla mayor, redonda, una girola envolviendo ésta y capillas en las naves laterales, hoy ocupadas la mayoría por los pasos de Semana Santa que saldrán de procesión o que ya han regresado de ella. Como esta que llega ahora y que entra por la puerta principal entre la expectación de todos los presentes y que portan los penitentes de las cadenas, que parecen frailes de la Inquisición. Al sayal negro y a la capucha echada se suman las largas sogas con que aprisionan sus cuerpos y los faroles que portan para darles un aire místico y anacrónico que conmueve a todos los que los miran. Hasta el viajero, que considera las procesiones teatro, siente un pellizco de emoción al ver caminar descalzos a estos hombres disfrazados de penitentes de la Edad Media cuya severidad impone el silencio en la catedral.

—¿Cómo se llama la cofradía? —le pregunta a una mujer que contempla el espectáculo junto a él.

—Del Lignum Crucis —le responde ella.

—¿Y no hablan nunca?

—No mientras dura la procesión.

Menos mal que ya termina. O eso parece, pues han llegado a la catedral. Pero aún han de darle la vuelta entera. Lo hacen en medio de un gran silencio que sólo interrumpen los bisbiseos de algunos espectadores y el rumor de la gente de afuera; un rumor que ha ido en aumento a medida que el tiempo pasaba y que se extenderá al interior de la catedral también cuando la procesión del Lignum Crucis concluya. Lo hace ante la capilla de los Remedios, la que en el brazo sur del crucero han llenado de presentes y de flores estos días las cofradías de La Laguna en honor de la patrona de la catedral (también de la ciudad y de la diócesis), cuya figura preside el gran retablo barroco que cubre el testero de aquél.

Pero la procesión no acaba ante ella. Aunque lo pareció al principio, se reanuda al cabo de unos minutos después de la bendición del párroco, un cura gordo y de pelo rubio y ensortijado que la recibió a la puerta, para volver a salir de la catedral llevándose detrás de ella a muchas de las personas que habían venido para verla. Y se va de la misma forma en la que llegó, con sonidos de cadenas arrastradas y con los penitentes cubiertos por las capuchas como los de la Inquisición.

El viajero aprovecha el vacío que dejan cuando se van para ver la catedral sin tanta aglomeración de gente. No tiene mucho que ver, por lo que no tarda tanto en hacerlo. Lo más interesante, aparte del gran retablo de la capilla de los Remedios, que contiene siete tablas atribuidas a Hendrick van Balen, el maestro de Van Dyck, es el púlpito de mármol de Carrara adosado a la tercera columna del lado del Evangelio y que fue tallado en Génova por Bocciardo, el escultor que también labró la imagen de la Candelaria de Santa Cruz, y el Cristo de los Remedios, una imagen de gran antigüedad y dramatismo que preside el altar mayor desde lo alto del tabernáculo de Luján Pérez y que se parece mucho al que hoy está colocado en un paso de los que esperan a la magna procesión que habrá esta tarde con todos ellos por la ciudad. Se trata del Cristo de La Laguna, el más venerado y querido por los laguneros, y que, aunque pertenece a la iglesia de la Concepción, hoy está en la catedral para participar en aquélla.

Fuera de esas tres obras y del tabernáculo neoclásico de Lujan Pérez, muy parecido también al de la catedral de Las Palmas, que era obra suya asimismo, lo demás no tiene gran interés. Si acaso una Virgen de la Luz del siglo XVI atribuida al taller del flamenco Roque Balduque y un San Lorenzo del XVII y, por su simbolismo, los dos óleos de San Fernando Rey y Santa Isabel de Portugal del muro de la girola que evocan la dependencia de la diócesis nivariense (así llamada por el nombre romano de Tenerife, que hacía honor a las nieves del Teide) de la archidiócesis de Sevilla y el copatronazgo de la reina Isabel de Portugal y su marido el rey Fernando VII, que la promovieron, y el monumento funerario del adelantado Alonso Fernández de Lugo, el fundador de La Laguna y conquistador de la isla de Tenerife para Castilla, también en la girola, en un lateral. Todas las demás imágenes, tanto las que permanecen en sus lugares como las que esperan ya colocadas sobre los pasos que las procesionarán rodeadas de flores, no merecen mucho tiempo de atención.

Mientras miraba la catedral, el viajero ha ido viendo cómo ésta se volvía a llenar de gente. ¿Irá a llegar otra procesión?, se pregunta. Pero no. No se trata de una nueva procesión lo que atrae a la gente a la catedral ahora. Son los oficios del Viernes Santo, que van a dar comienzo en unos minutos y que dirigirá el obispo de La Laguna, según le dice al viajero una monja joven a cuyo lado se sienta para descansar un poco. Al otro toma acomodo en seguida un padre con un hijo retrasado, o sea, que el viajero ha quedado preso en el banco.

Es uno de los primeros de la vía sacra, cuyo interior está lleno ya de gente. Es desde donde mejor se ve el presbiterio, en el que se distingue a varias personas que van y vienen disponiéndolo todo para los oficios. Uno de ellos, alto y de mediana edad, vestido con traje gris y alzacuellos, lleva toda la mañana yendo y viniendo de un sitio a otro vigilando que todo esté en orden y tratando de que el público no meta demasiado ruido. Ahora lo intenta de nuevo a través de la megafonía:

—Por favor, vamos a tratar de guardar silencio. Vamos a comenzar los santos oficios de la Pasión en unos minutos.

Los oficios empiezan a las doce en punto con media docena de sacerdotes acompañando al obispo de La Laguna, canario por el acento, y con la catedral a rebosar. Como el martes en Las Palmas, no queda un sitio libre en los bancos y las naves laterales están llenas de personas que se han quedado de pie. O en Canarias la gente es muy religiosa o es que la Semana Santa se celebra en ellas con particular devoción.

De ello habla precisamente en su salutación inicial el obispo de La Laguna, un hombre no muy mayor, sonriente y de cabello blanco, que se dirige a sus feligreses con familiaridad, como si los conociera a todos. Y no es así, pues como el viajero hay muchos turistas entre los que le escuchan. El obispo expresa su satisfacción por ver la catedral tan llena, lo que demuestra según él que el laicismo de la sociedad española del que tanto se habla no es cierto. Incluso muchos de los que se creen ateos no lo son, afirma, «pues luego son los primeros en portar a hombros la cruz de Cristo en estos días».

Los oficios, que no misa, puesto que Cristo está muerto según la religión católica, duran cerca de hora y media y tienen su punto fuerte en la lectura cantada por tres sacerdotes del pasaje evangélico de la Pasión, cada uno poniendo voz a uno o a varios personajes de ella. El que les presta la suya a los «malos» (Anás, Caifás y Pilatos) tiene una voz tan aguda que dijeran lo que dijeran éstos quedarían en mal lugar frente a Jesucristo, cuya voz es grave y profunda. En el momento cumbre, cuando el narrador de la Pasión canta que Cristo «entrega su espíritu», las vidrieras se iluminan con el sol, que por primera vez desde ayer ha conseguido abrirse paso entre las nubes. Si no fuera un descreído, el viajero pensaría que se trata de una intervención divina, como posiblemente esté pensando en este momento la joven monja que tiene al lado y, como ella, muchos de los presentes.

Y es que la religiosidad de la mayoría salta a la vista no sólo por cómo escuchan el relato evangélico de la pasión según San Mateo, todo un auto sacramental de casi una hora de duración, sino al obispo cuando, terminado aquél, les dirige su sermón, que tampoco es corto. Lo hace sentado en su cátedra, desde la que domina la catedral entera. Y aún quedan la adoración de la cruz, en la que participan prácticamente todos los asistentes a los oficios, incluido el chico retrasado que se sentó con su padre en el mismo banco del viajero, todos cantando *¡Pueblo mío, ¿qué te he hecho?! ¡Respóndeme!,* y la despedida, en la que el obispo vuelve a dirigirse a su grey antes de retirarse a la sacristía junto con el resto de sus acompañantes. ¡Por fin!, suspira el viajero, que se había sentado para descansar un poco y se ha visto obligado a asistir a una ceremonia de casi dos horas.

De nuevo de pie, mientras la gente abandona la catedral lentamente (algunos se demoran viendo los pasos de cerca o re-

zando ante alguna imagen), el viajero consulta en sus notas lo que le falta por ver todavía. Antes leyó en un cartel algo de una colección de iconos, pero no los ha visto por ninguna parte. Quizá estén en la sacristía, desde cuya puerta observa charlar animadamente al obispo y a los sacerdotes que le acompañaron en los oficios, ya sin las ropas litúrgicas.

—Están en el museo, pero estos días está cerrado, lo siento —le dice al viajero el cura del traje gris, cuya amabilidad se trasluce en el gesto y en la buena intención que demuestra—. Si puede venir el lunes...

—Me voy mañana —dice el viajero.

—Pues qué pena —se lamenta el cura—. Es un museo interesantísimo. La mayor colección de iconos bizantinos de España.

—¿Y está aquí? —se extraña el viajero, al que le llama mucho la atención que dentro de una catedral católica haya un museo de arte ortodoxo.

—Sí —le responde el cura—. Comenzó con una colección pequeña de un obispo aficionado a los iconos y luego se ha ido completando con aportaciones de particulares.

—Bueno, pues cuando vuelva otra vez lo veré —le da las gracias el viajero al cura por la información.

Pero éste se ha compadecido de él. Tras confesarle el viajero que hoy finaliza en esta de La Laguna un viaje de dieciséis años por las setenta y cuatro catedrales españolas, al cura, que se ha quedado impactado por la revelación («Yo no conozco ni veinte», le dice), no le queda otro remedio que entrar de nuevo a la sacristía a buscar la llave del museo. Está en las dependencias capitulares, en la zona que debería ocupar el brazo norte del crucero.

—Lo que no puedo es quedarme con usted —le dice al viajero—. Así que, cuando termine, cierre por favor la puerta y le da la llave al sacristán si yo ya me he ido.

—¡Gracias por la confianza! —se sorprende el viajero viéndose de repente en medio de una colección de iconos cuyo valor material ha de ser altísimo. La mayoría de ellos, le ha dicho Celso (llegados a este punto, el cura y él ya se han presentado), tienen más de doscientos años.

Son más de ciento cincuenta según le ha explicado Celso antes de dejarlo solo. Iconos rusos, rumanos, griegos, de la antigua Yugoslavia y de otros países de Europa que se alinean en las paredes componiendo un puzle maravilloso de las historias bíblicas y evangélicas en la visión de los teólogos ortodoxos. Abundan los de Cristo y de la Virgen María, pero los hay también más complejos que se refieren a escenas extrañas para los católicos, como la exaltación de la Cruz o el nacimiento de la Virgen. En conjunto, todos proyectan un aura de placidez que, sumada al silencio y la soledad del museo, impresiona tanto como conmueve. Al viajero por lo menos esos ojos entrecerrados y reflexivos que le contemplan desde las paredes le parecen más de verdad que los abiertos e iluminados de las pinturas católicas. Ojos, eso es con lo que se queda como impresión de esta colección de iconos cuya belleza se esconde en estas salas cerradas en las que el cura Celso le ha permitido entrar en un gesto que nunca le agradecerá bastante. Frente a tanto cura desconfiado y arisco como ha topado en su viaje, hay algunos, como éste, cuya generosidad lo compensa todo.

—¿De dónde es?

—¿Yo?... De La Palma. Del mismo pueblo que el obispo: Braña Vieja. ¿Por qué? —se sorprende el cura de la pregunta.

—Por nada, por saberlo —se despide el viajero devolviéndole la llave del museo y abandonando la catedral, que sigue llena de gente pese a que ya es hora de comer.

Afuera, el cielo ha vuelto a nublarse. Y hace fresco, como por la mañana. Se nota que La Laguna está más alta que Las Palmas y que en primavera aún tiene nieve el Teide. El viajero busca la cumbre pero no la encuentra. La tapa la panza de burro, como aquí llaman a esas nubes persistentes que un día sí y otro no cubren el verde valle de La Laguna.

La ciudad, pese a ello, está animada. Sus calles principales sobre todo, entre la catedral y la iglesia de la Concepción y el convento de San Agustín por el norte, éste desamortizado ya y convertido en un instituto, están llenas de gente que aprovecha la fiesta religiosa para comer fuera de casa antes de acudir a ver la mayor procesión de la Semana Santa lagunera. Es a las cinco de la tarde y cientos de sillas están ya preparadas para recibir a los espectadores que quieran verla sentados. El viajero, sin embargo, prefiere buscar asiento en un restaurante y reponer las fuerzas, pues sospecha que la tarde será larga precisamente por la procesión. Le han dicho que hoy la catedral no cierra hasta casi la medianoche, que será cuando se lleven al Cristo de La Laguna de nuevo a su residencia.

De la comida, nada canaria, en un local con aires modernos, no guardará un gran recuerdo (tampoco malo, la verdad), pero sí de la torrija con la que acompañó el café para cumplir con la tradición de la Semana Santa española, ya que no lo hace con sus celebraciones. La chica que se lo sirve es, además, igual de dulce que ella. Todas en La Laguna lo son, sin duda por el acento, que tiene ecos de Venezuela o Cuba. Al viajero le da por pensar mientras toma la torrija con placer que La Laguna mira hacia América, mientras que Las Palmas lo hace hacia África.

En los alrededores de la catedral, a las cuatro y media de la tarde, la aglomeración de gente es tan importante que resulta imposible acceder a ella. Todas las sillas de Perdigón están ocupadas y en torno a ellas cientos de personas esperan a que comience la procesión ocupando calles y aceras y los dos jardincillos que preceden a las dos puertas de la catedral. Las dos están abiertas, una para que entren los miembros de las cofradías y la principal para que por ella salga la procesión, en la que, al parecer, participan todas. Así que dentro de la catedral debe de haber tanta gente en este momento como en su exterior.

El viajero se coloca en un sitio cerca de la fachada principal al lado de unas señoras que llevan mucho rato esperando a que la procesión comience. La ven todos los años, por lo que dicen. Son naturales de La Laguna y están orgullosas de la Semana Santa de su ciudad.

—Es preciosa —le dice una al viajero al enterarse de que es forastero.

El viajero no lo duda. Como tampoco duda de la religiosidad y del amor de los laguneros a sus tradiciones, pues están aquí casi todos. Unos para procesionar los pasos y otros para contemplar la escena. Al fin y al cabo, unos y otros se necesitan, pues sin espectadores nadie portaría los pasos (o casi nadie, que hay gente muy peculiar) y sin procesión nadie estaría aquí a esta hora. Es la eterna dialéctica del espectáculo público, da igual que sea religioso que militar o civil.

En esta del Viernes Santo de La Laguna se dan los tres elementos. El religioso es el más evidente, con la sucesión de imágenes que portan las cofradías y que son tantas que tardan más de una hora en salir de la catedral, y el militar y el civil porque los aportan la corporación municipal de La Laguna en pleno con su alcalde al frente y el capitán general de Canarias, que desfilan detrás del obispo y su séquito. Aparte de los militares de las bandas de música y de los guardias civiles que escoltan marcando el paso a las cofradías y que interpretan el himno nacional cuando el Cristo de La Laguna aparece en la puerta. La España eterna, que se resiste a desaparecer.

—¡Qué emocionante! —exclama una de las tres señoras junto a las que el viajero se situó.

Las otras no dicen nada, pero asisten al paso de las imágenes con ojos arrebatados al igual que muchas otras personas. Otras, las menos, hacen fotos con sus cámaras o saludan a los nazarenos, de los que serán familiares o amigos. El colorido es muy variopinto tanto entre los que procesionan los pasos como entre los que los contemplan.

—¿A que es muy bonita?... —le pregunta al viajero la señora cuando la procesión se pierde por una esquina.

—Muy bonita —le responde el viajero como es su deber, pues es forastero.

En el interior de la catedral, a la que regresa cuando por fin la procesión y el gentío se alejan por las calles del casco viejo de La Laguna, todavía quedan muchas personas, la mayoría de ellas rezando ante la Virgen de los Remedios, que ésa no participa en la procesión. A sus pies, montones de flores y velas hablan de una religiosidad que evoca la de los santuarios marianos de otras latitudes y no precisamente europeas. En las capillas restantes, por el contrario, vacías ahora de los pasos que esta mañana las ocupaban a la espera de la procesión conjunta, las pocas imágenes que permanecen en sus lugares parecen huérfanas, pues casi nadie les presta atención. Y eso que algunas cuentan también con las preferencias de los laguneros, como la de San José de Anchieta, el jesuita nacido en la ciudad y bautizado en esta misma iglesia en 1534 que, aparte de lingüista, médico, arquitecto e ingeniero, fue misionero en Brasil, de cuya literatura nacional es considerado padre, al igual que de la poesía canaria, o como la del llamado Cristo de Burgos, cuya talla original, del siglo XIV, ardió en el incendio del convento de San Agustín, donde se encontraba, siendo sustituida por una copia que no por ello ha perdido el cariño de los laguneros. Incluso, últimamente, al parecer, han recobrado la tradición de dejar a sus pies huevos de avestruz como, según la leyenda, hizo un mercader burgalés hace mucho tiempo.

De las demás tradiciones de la catedral, así como de sus leyendas, apenas queda el recuerdo de la que cuenta la aparición de la Virgen de los Remedios a un franciscano del XVII, un tal fray Juan de Jesús que aseguró haber visto a la Virgen bendiciendo la ciudad de La Laguna desde lo alto de la catedral, y la de las emparedadas, aquellas mujeres que se recluían en vida en pequeñas habitaciones comunicadas sólo con el altar mayor por un ventanuco por el que oían la misa y recibían la comunión y comida y de las que la catedral de La Laguna conoció a tres: una tal Isabel de la Cruz, que fue la primera y que habría fundado antes de emparedarse una cofradía, la de la Consolación de Nuestra Señora y de su Limpia y Entera Virginidad, su sobrina María de las Vírgenes y la sobrina de ésta, María Emerenciana, quien al parecer se habría emparedado con su tía ya en su niñez. ¡Qué bárbaro!, piensa el viajero mirando a su alrededor para comprobar que la Virgen de los Remedios continúa en su capilla y que tras el altar mayor no hay ninguna habitación oculta. Menos mal que ya no hay milagros y que nadie se empareda, se atrevería a decir si alguien le escuchara.

O mejor, si no le escuchara, pues hay mucha gente cerca y le tomaría por loco. Poco a poco, a medida que la tarde ha ido pasando, la catedral, que ya está en semipenumbra (la luz ha caído rápidamente y las claves de alabastro de las bóvedas se han convertido en ojos de claraboyas), se ha vuelto a llenar de personas que vienen a esperar a las cofradías que ya comienzan a regresar con sus pasos. Los tambores y las trompetas, de hecho, se escuchan otra vez cerca.

Hasta las nueve no dejarán de entrar en la catedral. Lo harán igual que salieron, con gran ceremonia, siendo todas recibidas por el párroco, que constata que cada paso vuelve a su sitio, aparte de bendecir a sus porteadores. Varios de éstos, en un momento concreto, colocan sobre los peldaños de acceso al altar mayor una especie de andas gigantescas de madera sobre las que presumiblemente colocarán un paso o una imagen cuando éste o ésta aparezca. Tarda en hacerlo, pero, cuando lo colocan, la gente se arremolina a su alrededor para contemplar la escena, que ya conocen de otras Semanas Santas, pero que les continúa emocionando igual. Se trata del Cristo de La Laguna, la imagen más venerada por todos los laguneros junto con la Virgen de los Remedios, y que será la única que volverá a abandonar el templo camino de su residencia en la cercana iglesia de la Concepción.

—Impone —dice una mujer mirándolo.

—Papá, ¿va a resucitar? —le pregunta un niño a su padre con miedo, sin duda impresionado por la visión. El padre le responde algo, pero el viajero ya no lo escucha, pues cada vez hay más gente en torno al Cristo y a los que lo colocan.

Lo hacen tumbado sobre las parihuelas dentro de la urna de cristal que lo protege y que atornillan a aquélla para que no se caiga cuando lo trasladen. La operación dura bastantes minutos y la siguen muchas personas, entre ellas un viajero que observa toda la operación con escepticismo pese a que respeta las tradiciones de los demás. ¡Cuánta disposición entre los responsables de colocar al Cristo en las andas!, piensa considerando que quizá en su trabajo diario no sean tan diligentes. Y no digamos en sus casas, donde la mayoría quizá proteste cuando su mujer le pida mover un mueble de un lugar a otro.

Pero, en fin, aquí están acabando de atornillar a las andas la urna que guarda el Cristo de La Laguna, cuyo dramatismo impone, es verdad, aunque no parece que vaya a resucitar como se temía el niño, y aquí está el viajero contemplando la operación en medio de la gente mientras apura los últimos momentos de su viaje por las catedrales españolas, que concluye hoy. Por una parte celebra que sea así, tantos años pensando en este día, pero por otra siente la melancolía de saber que por fin ha llegado. Siempre le ha sucedido lo mismo y siempre le va a suceder.

Pasa el tiempo hasta las diez. La catedral ha apagado todas sus luces y sólo las velas y los faroles de los penitentes de las cadenas iluminan la urna del Cristo de La Laguna, que ya escoltan seis guardias civiles. La excitación entre los presentes, tanto los que lo transportarán a hombros como los que los acompañarán, es palpable e igual sucede en el exterior de la catedral, donde la gente ha vuelto a congregarse para asistir a la procesión del Silencio y cuyo griterío se oye desde el interior. Se supone que cesará cuando por fin comience la procesión.

La procesión comienza a las diez en punto y repite el guion de la de la tarde, sólo que ahora las cofradías desfilan sin los pasos como en ella. Lo hacen siguiendo un orden que ellos conocerán, quizá el de la antigüedad, y que vacía la catedral poco a poco, todas en el más completo silencio. Y en la oscuridad más negra, pues las únicas luces que hay dentro de la catedral son las de las velas. El ruido de las cadenas al rozar con el pavimento de los de la cofradía del Lignum Crucis evoca Semanas Santas antiguas, cuando no directamente medievales. Por último, cuando ya han salido todas las cofradías, se pone en marcha la del Santo Cristo de La Laguna llevando a hombros a éste, momento que llena de flashes la catedral. La salida del Cristo es, además, espectacular, pues los catorce hombres que lo portan golpean el suelo con los bastones de metal que usan para sujetar las andas cuando descansan a fin de marcar el ritmo. Y tras ellos se llevan a toda la gente que aún permanecía en el templo, salvo una docena de personas.

—Vamos a cerrar ya —anuncia el sacristán al cabo de unos minutos después de cerrar la puerta principal por dentro.

Han encendido las luces. Los pocos que quedaban rezándole a la Virgen de los Remedios comienzan a salir ya y pronto quedará sólo el viajero, que, como es su última catedral, quiere abandonarla el último.

—Se acabó el trabajo por hoy —les dice, a modo de despedida, al sacristán y a sus ayudantes.

—Todavía no —le responde aquél—. Aún tenemos que asegurarnos de que no se queda nadie dentro antes de apagar las luces. Estos días, hay que mirar con linternas debajo de los pasos, no sea que alguien se haya escondido.

—¿Suele ocurrir? —se sorprende el viajero.

—Alguna vez ya ha pasado. Se esconden para robar y luego fuerzan la puerta para salir.

No será él quien lo haga. Al menos, así lo piensa el viajero mientras cruza la puerta de la última catedral que visita en este viaje que termina hoy. Afuera, la noche de La Laguna, con los faroles de la procesión del Silencio alejándose, le recibe húmeda y fría pero repleta de aromas y diversión. Los jóvenes que no participan de aquélla llenan los bares como cualquier otro día de fiesta, independientemente de que sea religiosa o no. En eso no se diferencian de los de otras ciudades de España, sean del norte o del sur, del interior de la península o de las islas. El viajero los ha visto tantas veces que le parecen los mismos en todos los sitios, si bien el decorado urbano cambie como este de San Cristóbal de La Laguna, un entramado de caserones y de palacios con varios siglos a sus espaldas y cierto aire ultramarino en el que la vegetación confirma que el viajero está ahora tan cerca de América como de Europa; es decir, tan lejos de todo el mundo como se siente en este momento mientras camina por La Laguna sin rumbo bajo la noche. Esta ciudad provinciana y tranquila pero llena de historia y de universitarios que mañana verá con el Teide al fondo desde la ventanilla del avión que le devuelve a Madrid como tantas veces, aunque ésta recordando, pues no es un vuelo más en su periplo, la frase del mexicano José Vasconcelos que leyó en el cristal de la librería del aeropuerto de Ibiza cuando viajó a la isla mediterránea para ver su catedral: «Un libro, como un viaje, se empieza con inquietud y se termina con melancolía».

Fotografías

Catedral de la Almudena, Madrid (p. 21). Fiesta de la Virgen de los Ángeles en la catedral de Getafe, Madrid (pp. 41 y 42). *Estilos, costumbres y ceremonias sagradas de la catedral de Alcalá de Henares. Impreso en 1729.* Museo de la catedral de Alcalá de Henares, Madrid (p. 57). Calle de Alcalá de Henares, Madrid (p. 58). Justo Gallego trabajando en su catedral de Mejorada del Campo, Madrid (p. 77). Catedral de Mejorada del Campo, Madrid (p. 78). Claustro de la catedral vieja de Plasencia, Cáceres (p. 99). Escalera de la torre de la catedral de Coria, Cáceres (p. 121). Mirando una guía en la catedral de Coria, Cáceres (p. 122). Don Apolonio, canónigo de Badajoz (pp. 145 y 146). Interior de la catedral de Toledo (p. 173). Catedral de Ciudad Real (pp. 197 y 198). Paisaje de la Mancha (pp. 217 y 218). San Ignacio de Loyola triunfante pisando al demonio que, con una teta colgando, sujeta el libro de Lutero. Catedral de Cuenca (p. 239). Catedral de Sigüenza, Guadalajara, al anochecer (p. 259). Estatua del Doncel, en la capilla de Santa Catalina de la catedral de Sigüenza, Guadalajara (p. 260). Escultura homenaje al obispo Luis Amigo en el exterior de la catedral de Segorbe, Castellón (p. 281). Sepulcro de los Vallterra (siglo XIV) en el museo de la catedral de Segorbe, Castellón (p. 282). *Los ángeles músicos.* Frescos del siglo XV de Paolo de San Leocadio y Francesco Pagano en la bóveda de la catedral de Valencia (p. 301). Reunión del Tribunal de las Aguas en la puerta de los Apóstoles de la catedral de Valencia (p. 302). Museo-casa natal de Miguel Hernández en Orihuela, Alicante (p. 321). Fachada de la catedral de Murcia (p. 337). Calle de los Apóstoles, Murcia (p. 338). Islote en el Mediterráneo cerca de la isla de Ibiza (p. 357). Misa en la catedral de Palma de Mallorca (p. 375). Turistas en la catedral de Palma de Mallorca (p. 376). Vista de Dalt Vila con la catedral en lo alto, Ibiza (p. 395). Puerto de Ibiza desde el mirador de Dalt Vila (p. 396). Aula del instituto de Baeza donde impartió clases Antonio Machado (p. 417). Nave del crucero de la catedral de Jaén desde arriba (p. 439). Turistas en la catedral de Jaén (p. 440). Tomando notas en la mezquita-catedral de Córdoba (p. 461). Turistas en la catedral de Sevilla (pp. 487 y 488). Leyendo una guía en la catedral de Madrid (p. 509). Catedral de Jerez (p. 529). Catedral de Cádiz (p. 547). Barrio de Lavapiés en Madrid (p. 565). Palomas en Valencia (p. 585). Escultura homenaje a Picasso en la plaza de la Merced, Málaga (p. 586). Catedral de Granada (pp. 605 y 606). Museo de Bújez, en Guadix, Granada (p. 625). Turistas visitando la catedral de Guadix, Granada (p. 626). Barrio de La Chanca, Almería (p. 643). La alcazaba vista desde el barrio de La Chanca, Almería (p. 644). Catedral de Las Palmas de Gran Canaria (p. 663). Procesión de Viernes Santo en la catedral de San Cristóbal de La Laguna, Tenerife (p. 681).

Este libro
se terminó de imprimir
en Móstoles, Madrid,
en el mes de agosto de 2018

Mondoñedo
Santiago de Compostela
Lugo
Oviedo
Santander
Bilbao
León
Astorga
Orense
Tuy
Burgos
Palencia
Valladolid
El Burgo de Osma
Zamora
Salamanca
Ciudad Rodrigo
Segovia
Ávila